제2판

복지국가와 사회복지정책

안병영 · 정무권 · 신동면 · 양재진

다산출판사

제2판 머리말

돌이켜 보면 2018년에 초판을 낸 후, 많은 전문가와 독자들로부터 과분할 정도의 호의적 평가와 사랑을 받았다. 고맙기 그지없는 일이었다.

대체로 그 이유는, 기존에 나온 사회정책이나 사회보장론 저서들과 달리, 이 책은 복지국가를 중심축으로 거시적 · 역사적 · 철학적 맥락에서부터, 동태적인 사회복지 정책과정과 복지전달체계를 두루 다루고, 아울러 한국 복지국가의 사회복지정책을 주제별로 쟁점 및 현황과 개혁과제를 고르게 논의했기 때문이 아닌가 한다. 이러한 입체적 노력을 통해 사회복지 연구의 인식의 지평이 한 뼘 넓어지고, 연구의 깊이에 한 치의 진전이 있었다면 그 이상 고마움이 없다는 생각이다.

네 사람의 필자들은 집필과정에서 줄곧 역사 · 비교론적 시각을 견지했고, 이론과 실제를 함께 살펴보려고 애썼고, 내면적으로 복지개혁이라는 문제의식을 깊게 공유했다. 아울러 주제의 깊이 있는 논구를 위해 학문적 전공과 칸막이를 과감히 넘어 범사회과학적인 접근을 하려고 노력했다.

개정판을 내게 된 주요 동기는 다음과 같다.

첫째, 2018년 초판이 나온 이후, 저출산 · 고령화의 심화, 코로나-19 팬데믹의 충격과 4차혁명의 도래 등 국내 · 외적으로 큰 폭의 사회적 변화가 줄을 이었고, 이들은 사회복지정책에 적지 않은 영향을 미쳤다. 따라서 그 변화의 의미와 이에 따른 정책과제, 그리고 변화 내용을 새 책에 담을 필요성이 커졌다.

둘째, 초판은 박근혜 정부(2013.2~2017.5)까지의 사회보장제도의 내용만을 담았는데, 이후 문재인 정부(2017.5~2022.5)에서 비교적 큰 폭의 변화가 있었다. 따라서 그 변화 내용을 반영해야 했다.

셋째, 제도와 정책의 변화는 불가피하게 데이터의 변화를 수반한다. 따라서 OECD 및 한국의 각종 자료들, 특히 그 통계자료들을 모두 최신 것으로 바꾸는 작업이 불가피했다.

이러한 절박한 필요에 부응하기 위해 개정판에서는 장별로 다음과 같은 내용이 새롭게 강조되고 추가되었다. 그 요점만 정리하면 다음과 같다.

우선 3장(복지국가의 형성과 전개)에서 최근년에 있었던 독일, 영국, 스웨덴 및 미국에서의 복지정책의 변화를 추가하였고, 아울러 6장(한국 복지국가의 어제와 오늘)에서는 한국복지정책 발달사에 문재인 정부의 신설 사회보장제도와 복지정책 문제를 추가하였다. 또한 8장(복지급여 대상자), 9장(복지급여), 10장(복지전달체계)에서는 문재인 정부와 최근 윤석열 정부에서 이루어진 사회보장제도의 변화를 보탰다.

아울러 13장(공적 연금)에서는 저출산고령화 시대의 다층연금제도하에서 중요성이 커지고 있는 기초연금과 복지정치 문제를 첨가하였다. 또한 14장(고용문제와 노동시장정책)에서는 최근의 디지털경제화와 코로나-19 팬데믹 이후의 변화의 특징과 정책과정이 추가되었고, 12장(보건의료보장제도)과 15장(사회서비스 및 가족정책)에서는 코로나-19 팬데믹의 충격과 포스트 코로나 시대에 보건의료정책 및 사회서비스 공급문제와 돌봄의 중요성이 크게 부각되었다. 아울러 16장(공공부조)에서는 국민기초생활보장제도의 사각지대 해소를 위한 문재인 정부의 개혁조치를 추가하였다.

개정판을 펴내는 과정에서도 네 사람의 필자는 긴밀하고, 치밀하게 협업하였다. 이름뿐인 공동저자가 되지 않기 위해, 장별로 바뀌거나 첨가할 내용을 함께 논의하고, 서로 고치고 결과를 공유했다. 부디 독자들께서 이러한 노력을 함께 교감하셨으면 좋겠다는 바램이다.

이번에도 필자 네 명 중 막내인 양재진 교수가 개정판의 준비 및 출판과정에서 궂은 일을 도맡았다. 따듯한 고마움을 전한다.

어려운 여건에서도 개정판 출간을 적극적으로 지원해 주신 다산의 강희일 사장님께 크게 감사드린다. 이 개정판은 좋은 책을 만들려는 사장님의 뜨거운 열정과 필자들에 대한 그의 깊은 신뢰의 결정체이다. 아울러 언제나 그랬듯이 이번에도 정성껏 그리고 치밀하게 편집 및 출판과정을 보살펴 주신 양선용 편집부장께도 고마운 마음을 전한다.

설악산 기슭 현강재에서

필자를 대표해서 안병영 드림

머리말

필자가 다산출판사 강희일 사장님과 이 책을 쓰기로 처음 계약을 한 것은 1978년이었다. 그러니 이 책은 세상의 빛을 보는 데 만 40년이 걸렸다. 비록 제때 약속을 지키지 못했지만, 나는 그 장구한 세월 동안 이 글빚을 하루도 잊지 않고 살았고, '좋은 책'을 쓰고 싶은 열망을 조금도 식히지 않았다. 그동안 책 제목도 「복지행정」에서 「사회복지정책」으로 그리고 마침내 「복지국가와 사회복지정책」으로 바뀌었고, 책의 구성과 내용도 당초의 구상과는 사뭇 달라졌다. 무엇보다 크게 변한 것은 저자가 네 명으로 늘어난 것이다.

그동안 나는 나름대로 이 책 집필에 그리 소홀히 했던 것만은 아니었다. 그런데 책이 제법 진척이 되어 고비를 넘겼다 싶을 때면, 중요한 학교 보직을 맡거나 정부에 들어가게 되어 한동안 손을 놓게 되곤 하였다. 그런데 일을 마치고 돌아와 보면, 미리 썼던 내용이 학문적 추세에 뒤떨어져 이미 낡은 것이 되어 있었다. 그때마다 나는 새로운 결의로 번번이 다시 시작했다. 그러면서 자주, 커다란 바위를 산꼭대기로 밀어 올려 정상 근처에 이르면 그 바위가 다시 아래로 굴러떨어지는 〈시지프스의 신화〉를 떠올렸다.

힘겨워도 '좋은 책'을 써야겠다는 욕심 속에 숱한 고통과 몇 번의 좌절을 맛본 후, 나는 결국 몇 년 전 연부역강(年富力強)한 제자 세 명과 공동집필을 하기로 작정했다. 고맙게도 정무권, 신동면, 양재진 세 교수가 흔쾌하게 동의했다. 그들은 연세대 대학원 시절 내가 이 책의 집필 때문에 고심하는 모습을 옆에서 가까이 지켜본 제자들이다. 이들은 이미 '복지' 분야에서 일가를 이루고 있는 학계의 큰 별들로 성장했고 하나같이 청출어람(靑出於藍), 스승인 나를 뛰어넘은 지 오랜 학자들이다.

네 명의 필자는 그간 학제적 연구모임인 〈사회정책연구회〉에서 자주 만나 학문적 교류를 지속하고 있다. 더욱이 네 사람은 늘 '한국 사회에 최적화된 복지국가 모형이 무엇인가'에 대해 심층적인 토론을 함께 해 왔다. 따라서 그러한 지적 교감이 아마도 이 책 속에 자연스레 스며들었을 것으로 확신한다.

이 책은 아래에 구체적으로 밝혔듯이 네 명이 일단 절별로 나누어 집필했다. 아울러 지난 1년 반에 걸쳐 네 차례의 워크숍을 통해 각자의 원고를 함께 읽고 토론을 통해 합의하에 첨삭, 수정하는 작업을 계속했다. 그리고 완결된 원고를 다시 돌려 서로 코멘트를 주고받고, 각자가 마지막으로 다듬었다. 이 과정에서는 사제 간, 선후배 간의 사적 관계는 완전히 배제되고, 모든 관계는 '좋은 책'을 만들기 위한 '일의 관계'로 환원되었다. 네 명이 합의했던 집필원칙은 '글은 가능한 한 쉽게, 그러나 내용은 풍부하게' 하자는 것이었다.

이 책은 '복지국가'를 논의의 중심축으로 하여, 사회복지 정책과정과 복지제도를 살펴보고, 이어 한국의 사회복지정책을 집중적으로 논의했다. 집필과정에서 필자들의 사회복지학, 행정학, 정치학, 정책학, 사회학, 정치경제학 지식이 학문의 벽을 넘어 총동원되었다. 따라서 책 자체도 어느 하나의 학문분과에 귀속되는 저서라고 규정하기는 어렵다. 이 책은 대학교 고학년, 대학원 학생들을 위한 교재로는 물론, 이 방면에 관심이 큰 정치가, 전문행정관료, 복지정책 전문가 및 지성인들에게도 두루 유용할 것으로 생각된다. 외람된 말씀이지만, 필자들은 감히 이 책이 우리가 열망했던 '좋은 책'의 반열에 올랐다고 자부한다. 아울러 이 책은 '어떤 복지국가냐' 의 논란 속에 있는 오늘 한국의 현실에서 가장 절실하고 시의적절한 책이라고 감히 말할 수 있다.

필자 네 명 중 막내인 양재진 교수가 간사 역할을 하며 책의 준비 및 출판과정에서 크게 수고했다. 책의 목차 구성에서부터 네 번의 워크숍 주선, 글 재촉, 출판사와의 조정작업에 이르기까지 온갖 궂은일을 다 맡았다. 그의 당찬 추진력과 열성이 없었다면, 시지프스의 고통을 더 이어 갔을지도 모른다.

그래도 이 책의 출간을 가장 기뻐할 사람은 아마도 내가 아닐까 생각한다. 40년 이끼 낀 묵은 약속을 지키게 된 것도 그렇거니와, 여든 문턱에서 50대의 옛 애제자들과 함께 책을 집필할 수 있었다는 것은 더 없는 축복이 아닌가. 학자로서 어디 그 이상의 행복이 있을까.

다산의 강희일 사장님께 깊은 감사의 말씀을 드린다. 지난 40년간 그는 줄곧 내가 언젠가 책을 끝낼 것을 믿어 주셨다. 그러면서 한 번도 책 재촉을 하지 않으셨다. 돌이켜 보면, 그의 무한신뢰가 '좋은 책'을 써야겠다는 내 결의를 다지게 만들었다. 시간에 쫓기면서도 치밀하고 알뜰하게 편집 및 출판과정을 보살펴 주신 양선용 편집부장께도 큰 고마움을 전한다.

설악산 기슭 현강재에서
필자를 대표해 안병영 드림

차례

제1부 사회복지정책의 개념과 철학

제2부 복지국가의 이론과 역사

08 복지급여 대상자 _ 신동면

09 복지급여 _ 신동면

10 복지전달체계 _ 신동면

11 복지재정 _ 양재진

제4부 한국 복지국가의 사회복지정책

12 보건의료보장제도 _ 정무권

13 공적 연금 _ 양재진

14 고용문제와 노동시장정책 _ 정무권

15 사회서비스 및 가족정책 _ 정무권

제1부

사회복지정책의 개념과 철학

1

사회복지, 복지국가, 그리고 사회복지정책

1 — 인간욕구와 사회문제

사회복지는 사회 내의 개인과 집단의 욕구 내지 필요를 충족시키고 사회문제를 다루기 위해 마련된 다양한 사회적 제도를 통해 이루어진다. 따라서 사회복지를 이해하기 위해서는 가장 먼저 인간욕구(human needs)와 사회문제(social problems)에 대한 이해가 필수적이다.

1) 인간욕구와 복지

인간은 동물과 마찬가지로 식욕, 수면욕, 성욕 등을 지니지만, 우리는 인간을 동물과 같은 존재로 생각하지 않는다. 왜냐하면, 동물과 달리 인간은 도구를 사용하며, 이성을 지니고, 사회에서 다른 사람과 교류하며 상호 보완관계를 맺고 살아가는 사회적 존재이기 때문이다. 이와 같은 인간의 존재적 특성에 부합하는 삶을 살아갈 때 우리는 인간다운 삶을 영위한다고 말할 수 있다. 그렇다면 인간이 사회적 존재로서 인간다운 삶을 영위하기 위해 무엇이 필요할까? 인간욕구는 사회적 존재인 인간이 생존과 사회생활을 위해 필요한 것을 말한다. 따라서 인간욕구가 충족되지 못했거나 결핍된 상태에 놓이는 경우, 인간은 생존과 사회생활에 심각한 위험을 경험하게 된다. 그 결과, 다른 사람들과 교류하는 것을 꺼리게 되고 인간다운 삶을 영위하지 못하는 상태, 즉 복지를 상실한 상태가 된다.

이처럼 인간욕구가 복지와 직결되어 있다면, 복지를 위해 충족시켜야 할 인간의 욕구는 무엇인가? 인간욕구를 바르게 이해하기 위해서는 먼저 욕구 내지 필요(needs)의 유사 개념인 '원하는 것(wants)'과 구별할 필요가 있다. 욕구는 대체로 원하는 것에 비해 보편성을 띠며 보다 기본적이고 본질적인 개념이다. 한편 원하는 것은 욕구에 비해 일반적으로 쓰이나 그 지향하는 목표가 개인의 주관적 선호와 문화적 환경으로부터 도출되는 경우가 많다. 예컨대, "나는 담배를 원하지만, 금연이 필요하다."라고 말할 때, 우리는 필요하지 않은 것을 원할 수 있다. 그런가 하면 때로는 원치 않는 것을 필요로 할 수 있다. 예컨대 많은 환자들이 고통이 따르기 때문에 외과수술을 원치 않으나, 질병의 치료를 위해서는 외과수술이 필요하다. 인간욕구의 정의에서, 그것이 충족되지 못하면, 인간다운 삶을 영위하는 데 있어서 심각한 위험에 처하게 될 수 있는데 '원하는 것'은 그것이 없어도 인간다운 삶을 영위하는 데 별다른 위해가 되지 않는 경우가 많다.

인간욕구의 보편성을 강조하는 주요한 개념으로 '기본욕구(basic needs)' 개념을 들 수 있다. 기본욕구는 인간의 욕구들 중에서 누구에게나 공통적이면서 필수적인 것들의 최저 수준을 충족시킬 때 쓰이는 개념이다. 이는 인간에게 필요불가결한 욕구가 적어도 최저 수준에서 충족되지 않으면, 인간다운 삶은 물론 보다 본질적으로 인간성의 확보가 불가능하다는 가정에서 비롯된 것으로 사회복지정책에서 매우 중시하는 개념이다. 기본욕구는 복지국가의 핵심 개념인 국민최저선(national minimum)의 설정과 절대적 빈곤(absolute poverty)의 측정에서 중요한 가늠자가 되고 있다. 또한, '기본욕구' 접근법은 1976년 국제노동기구(ILO)의 세계고용회의에서 도입된 이후, 대부분의 다국적 발전기구들의 정책 및 프로그램에 크게 영향을 미치고 있다.

기본욕구를 논의할 때, 자주 준거하는 개념이 인간의 생물적 욕구(biological needs)이다. 이는 인간이 '생존'하는 데 꼭 필요한 것들, 말하자면 '근근이 이어가는 삶(subsistence)'을 상정하는 경우다. 이때 흔히 제시되는 것이 최저 수준의 의 · 식 · 주다. 그런데 최근에는 많은 이가 생물적 욕구만으로는 크게 부족하다고 보면서 관점의 문제를 제기한다. 예컨대 생물적 욕구를 얘기할 때, 흔히 음식섭취부터 논의가 시작될 수 있는데, 이를 단순히 영양상의 구성문제로 보아서는 안 되고, 그 기준이 사회적으로 받아들여질 것이냐를 따져 보아야 할 것이다. 말하자면 생물적인 것도 사회적 렌즈를 통해서 보아야 한다는 얘기다. 뿐만 아니라 기본욕구에는 생물적 욕구를 넘어 인간다운 삶을 위해 꼭 필요한 사회적 (참여)욕구도 포함되어야 한다. 그런 의미에서 도얄과 고프(L. Doyal and I. Gough)는 인간의 기본욕구로 '신체적 건강(physical health)'과 '자율성(autonomy)'을 들고 있다.[1] 그들에 따르면, 인간이 일상생활에서 단순한 생존을 넘어 사회적 존재로서 두언가 의미 있는 목적을 추구하려면 '좋은(good)' 신체적 건강과 스스로 결정하고 선택할 수 있는 자유, 즉 자율성이 필수적이라는 것이다. 그리고 이들은 기본욕구가 충족되기 위해서 필요한 11가지의 이차적(secondary) 욕구 내지 중간(intermediate)욕구의 목록을 제시하였다. i) 영양 있는 음식과 깨끗한 물, ii) 적절한 주거, iii) 안전한 작업환경, iv) 안전한 물리환경, v) 적정 보건의료, vi) 아동기 보호, vii) 가족관계, viii) 치안 및 방범, ix) 경제적 안정, x) 기본교육, xi) 안전한 출산과 육아가 그것이다.

위와 같이 인간다운 삶을 영위하는 데 필요한 기본욕구와 중간욕구의 목록을 열거하더라도, 그 하나하나가 어느 정도 충족되어야 마땅한지, 또 그것을 어떻게 측정할 것인지 등의 문제를 낳는다. 보다 본질적으로는 과연 욕구를 객관적으로 정의하는 게 가능한지, 또 국가가 이들 욕구를 충족시키기 위해 얼마나 책임을 져야 하는지 등에 대한 논란이 이어진다. 이와 관련하여 브래드쇼(J. Bradshaw)는 인간욕구를 정의하는 네 가지 방식을 보여주고 있는데, 이들은 사회복지정책 논의에서 유용한 잣대로 쓰인다.[2] 그 첫 번째는 i) '느낀 욕구(felt need)'다. 이는 개개인이 느끼고 스스로 의식하는 욕구이다. 다시 말해 당사자의 관점에서의 욕구로서, 이 정의는 욕구 논의에 주관적 요소를 도입했다는 의미가 있다. 다음 두 번째는 ii) '표명된 욕구(expressed need)'이다. 이는 밖으로 공공연하게 밝혀진 욕구이다. 느낀 욕구가 모두 표명되는 것은 아니다. 세 번째는 iii) '규범적 욕구(normative need)'이다. 이는 의사나 사회복지사 또는 연구자 등과 같은 전문가들에 의해 전문적 규범이나 일정 기준에 따라 정의되는 욕구이다. 외부 관찰자에 의해 정의된 욕구라고 할 수 있다. 마지막은 iv) '비교욕구(comparative need)'이다. 이는 판단의 비교 기준을 도입한 것으로, 한 집단의 욕구가 다른 집단의 그것과의 비교를 통하여 정의하는 경우이다.[3] 그동안 대체로 많은 이들은 절대빈곤 또는 상대빈곤의 정의에서 보는 바와 같이 규범적 욕구 또는 비교욕구에 초점을 두고 욕구의 객관적 정의와 측정에 관심을 쏟았다. 그런데 최근에는 느낀 욕구에 초점을 두고 욕구의 주관적 측면에 대한 관심이 고조되고 있는 추세이다.

그럼에도 불구하고, 아직까지 사회복지정책결정과정에서 인간다운 삶을 위해 필요한 인간의 욕구 목록과 욕구의 적정 수준은 규범적 욕구와 비교욕구가 중심이 되고 있으며, 느낀 욕구를 부차적으로 활용하고 있는 것이 현실이다. 그렇다면 사회복지정책 결정과정을 통하여 사회구성원의 욕구에 보다 잘 부응하기 위해서는 어떤 정책과정을 거쳐야 할까? 가장 바람직하기는 i) 전문가들의 체계적 지식을 바탕으로 하는 하향식 접근과 ii) 일반 대중들이 일상생활에서 터득한 경험적 지식을 바탕으로 하는 상향식 접근을 적절하게 조합하는 일이다. 아울러 이 과정에서 빚어질 수 있는 갈등 내지 합의되지 않은 문제는 공개적이고 민주적인 정치과정을 통하여 적절하게 풀어야 할 것이다.

2) 사회문제

사회복지정책의 많은 주제들이 사회문제에 대한 집단적 대응이라고 할 수 있다. 그렇다면 사회문제는 무엇인가? 대체로 i) 많은 사람이나 사회에 부정적 영향을 끼치는 일정 조건이나 행태로서 ii) 그에 대해 적절한 대응이 필요하다고 사회적으로 폭넓게 인식될 때, 그것을 사회문제라고 정의한다. 이때 문제가 되는 사회적 조건이나 행태는 인간의 복지, 삶의 질, 혹은 사회통합이나 사회제도를 위협한다. 그런데 그러한 조건이나 행태가 그 사회 내에 이미 존재하더라도, 만약 그것이 함축하는 문제성 내지 해결의 필요성이 사회적으로 폭넓게 인식되지 않았다면, 그것은 사회문제로 간주하지 않는다. 요즘 우리 사회에서 크게 논란이 되고 있는 조직 내 '성추행'도 분명 이전에도 크게 드러나지 않은 채 은밀하게 사회 내 곳곳에 존재해 왔다. 그러나 그것이 최근 피해자들이 사실을 밝히며 그 심각성을 세상에 알리는 이른바 '미투(Me Too)' 캠페인이 확산됨에 따라, 비로소 공공의식 속에 깊이 각인되고 이에 대한 정책적 대응이 논의되기 시작한 것이다. 미국에서도 성추행, 성폭력이 심각한 사회문제로 부상한 것은 1970년대 이후의 일이다.

이들 문제들은 대체로 '사회적으로 구조화(socially constructed)' 된다. 따라서 사회 구성원의 가치, 신념 및 의견은 그들이 사는 사회에 의해 크게 영향을 받으며, 그 결과 많은 사람들이 그 사회 특유의 공유적 인식을 갖게 되는 게 상례이다. 이는 문제를 보는 관점을 형성하고 정책적 대응전략 및 대안을 결정하는 데 긍정적으로 작용한다. 그런데 만약 사회 내에 일정 문제를 보는 관점이나 태도에 편차가 크면, 정책적으로 문제에 대응하기가 무척 어려워진다. 교사의 체벌에 대해 그것이 훈육에 필요하다는 견해와 심각한 인권침해라고 주장하는 입장이 반반씩 극명하게 갈라져 서로 대립한다면 바로 그러한 예일 것이다.

사회문제는 크게 i) 사회구조적 문제(예: 빈곤, 불평등, 교육, 노동, 환경, 도시 문제 등) ii) 사회해체적 문제(예: 청소년, 가족, 고용, 소득분배 문제 등), 그리고 iii) 사회일탈적 문제(예: 범죄, 탈선, 부적응, 약물중독, 학교폭력, 성폭력 등)로 분류할 수 있다. 이 책에서는 주로 앞의 두 문제영역, 즉 사회구조적 문제와 사회해체적 문제에 초점을 맞춘다. 그러한 맥락에서 아래에서는 사회문제 논의에서 자주 등장하는 핵심적 개념들을 정리하고자 한다. 빈곤, 사회적 불평등, 사회적 위험 및 사회적 배제가 그것이다. 이들 개념들은 이 책의 곳곳에서 구체적 정책과 연관하여 재론된다.

가. 빈곤

빈곤은 인류의 역사와 함께해 온 숙명적 과제이다. 그러나 그것이 사회문제로 인식된 것은 근대 시민사회 성립 이후라고 할 수 있다. 그동안 빈곤은 주로 저소득과 자원 부족과 같은 경제적 맥락에서 논의되어 왔다. 그러나 최근으로 올수록, 그것이 성(性, gender)차별이나 권위관계와 같은 사회적 관계 내지 정치적 이슈와 연관하여 다차원적 개념으로 이해되고 있다. UN은 빈곤을 "소득과 존엄 속에 살아갈 기본적 능력 모두가 결핍된 다차원적 현상"이라고 정의한다.[4] 빈곤은 여러 가지 의미를 가진다. 즉 i) 재화나 서비스가 절실하게 요구되는 열악한 물질적 조건을 뜻하거나, ii) 저소득, 제한된 자원, 불평등, 하위 경제계급과 같은 경제적 지위, 혹은 iii) 가난한 사람들이 겪어야 하는 급여 수급권의 결여, 의존성 혹은 사회적 배제 등과 같은 사회적 의미를 지니기도 한다.

빈곤은 대체로 두 가지 개념으로 대표된다. 그 하나는 '절대적 빈곤(absolute

poverty)'이고, 다른 하나는 '상대적 빈곤(relative poverty)'이다. 전자는 인간이 '근근이 살아가는 데 필요한 최소한의 수준'이 무엇인가를 바탕으로 정립한 개념인 데 비해, 후자는 '상대적 박탈(relative deprivation)' 개념에 기초해서 가난한 사람들을 그 사회 내의 형편이 나은 사람들과 비교하는 개념이다. 한편 '국민최저선(national minimum)'은 인간이 극한적 빈곤에서 벗어나 최소한도의 인격적 존엄을 지키면서 살아갈 수 있는 기본선 개념으로 전후 서구 복지국가 건설에 주요한 사상적 토대가 되었다. 이들 개념들의 정책적 활용은 뒤에 공적 부조에서 재론된다.

빈곤의 원인은 다양한 방식으로 설명된다. 병리적 설명에 따르면, 빈곤은 가난과 나태 등 가난한 사람들의 특징이나 행태에서 비롯된다. 이 경우에도 논의의 초점을 가난한 개인 혹은 가족의 문제로 보느냐, 아니면 빈민들 특유의 하위문화인 이른바 '빈곤문화(culture of poverty)'에 맞추느냐에 따라 다양하게 나뉜다. 한편 구조적 설명은 빈곤을 그것이 발생하는 사회의 맥락에서 설명한다. 이처럼 빈곤을 사회구조의 산물로 보는 경우도 다양한 설명방식이 있는데, 계급론적 관점은 빈곤을 경제적 생산과정에서 한계적 지위에 처해 있는 하위계급의 문제로, 또 '기관(agency)'적 관점은 공공서비스의 실패의 결과로 설명하고, 불평등 관점은 사회구조 내의 불평등에서 빈곤의 원인을 찾는다.

빈곤은 다차원적 현상이며, 빈곤에 대한 대응도 다차원적일 수밖에 없다. 보다 거시적 관점에서 볼 때, 빈곤에 대한 가장 효과적인 대응 전략은 다음 세 가지를 조합하는 것이다.[5] 첫째, 경제발전을 통해 다수의 경제적 조건을 빠르게 개선할 수 있다. 둘째, 사회보호를 통해 빈곤에 취약한 사람들의 상황을 개선할 수 있다. 셋째, 정치적 능력부여(political empowerment)를 통해 가난한 사람 스스로가 자신의 삶을 바꿀 수 있는 이슈를 선택하도록 돕는 것이다.[6]

나. 사회적 불평등

불평등하다는 것은 어떤 사람이 다른 사람에 비해 불이익을 받고 있다는 얘기다. 그러므로 불평등은 사회적 맥락에서의 불이익이다. 불이익을 받는 사람과 그렇지 않은 사람들은 기회나 보상에 대한 접근에서 차이가 난다. 사회 내 불평등은 주로 소득과 부, 계급, 성 및 인종 등에서 발생한다.

첫째, 소득과 부(Income and Wealth)의 불평등이다. 소득과 부와 같은 자원의 소유는 사회적 이익구조에 접근하는 데 핵심적 요소이다. 누구나 자원이 부족하면, 열악한 물질적 상황 때문에 어려움을 겪을 뿐만 아니라, 라이프 스타일이나 다양한 기회의 측면에서도 매우 불리한 입장이 된다. 소득은 안으로 유입되는 자원의 흐름, 즉 유량(流量)을 말하며, 부는 소유하고 있는 자원, 즉 저량(貯量)을 뜻한다. 대체로 부의 불평등이 소득의 불평등보다 더 큰 비중을 차지하는데, 대부분의 문헌들은 복지의 지표로서 소득에 더 집중한다. 부는 잉여소득의 축적으로, 토지나 주식같은 부 자체는 생활에 영향을 주지 못하며 부를 통해 산출된 소득(예컨대, 임대소득 혹은 양도소득)이 생활에 직접적인 영향을 주기 때문이다.

대표적인 소득분배지표로 지니계수가 있다. 이 지표는 빈부격차와 계층 간 소득불균형 정도를 나타내는 수치로, 소득이 어느 정도 분배되는지를 보여준다. 지니계수는 0부터 1까지의 수치로 표현되는데, 값이 '0'에 근접할수록 평등하고, '1'에 가까울수록 불평등하다고 본다. 노르웨이는 0.25, 프랑스는 0.31인 데 비해 미국은 0.4다. 그런가 하면, 소득불균형의 정도를 알아보기 위해 최하위 1/5 인구의 소득을 최상위 1/5 인구의 소득과 비교하는 경우가 많다. 이 5분위수 비율(quintile ratio)을 보면, 영국이 1:7.2인 데 비해, 몇몇 남미국가의 경우 1:20이 넘는다. 유럽연합(EU)은 중위소득(median income)과의 '경제적 거리(economic distance)'를 가지고 빈곤 정도를 확인하는데, 어떤 이의 소득이 중위소득의 60% 이하이면 '빈곤위험'에 있다고 정의한다. 이 방식은 '불평등이 클수록 빈곤률이 높다.'는 명제를 함축하고 있다.[7] 복지국가는 소득의 재분배를 통하여 사회적 불평등을 줄이는 데 기여하고 있다.

둘째, 계급(Class)의 불평등이다. 베버(M. Weber)는 계급을 상대적인 경제적 · 사회적 지위의 관점에서 정의했는 데 비해, 마르크스(K. Marx)는 계급을 생산수단의 소유 여부에 따른 생산관계의 맥락에서 이해했다. 그런가 하면 많은 사회학자들은 계급을 직업적 지위의 측면에서 파악했다. 계급 불평등은 자주 사회의 구조적 문제로 해석되며, 정치사회적 이슈로 부상한다.

셋째, 지위(Status)의 불평등이다. 세상의 어떤 지위는 많은 이로부터 존경(esteem)을 받는데, 어떤 지위는 멸시의 대상이 되기도 한다. 따라서 지위는 불평등을 반영한다. 과거 영국의 구빈법(poor law) 시대에 구빈의 대상이었던 부랑낭민(pauper)들은 사회로부터 거부된 '낙인(stigma)'찍힌 존재였다. 주지하듯이 사회복지정책의 인적 대상들은 빈자, 장애자, 정신질환자, 한부모 등 그 대다수가 낮은 지위의 사람들이다. 따라서 복지수급은 자칫 얼마간의 불명예와 낙인찍히는 수모를 동반할 개연성이 크다. 따라서 현대 복지국가들은 사회복지정책의 운용에서 가능한 한 복지 수급자의 '낙인'을 지우는 데 세심한 주의를 기울일 필요가 있다.

넷째, 권력(Power)의 불평등이다. 권력은 직접적 강제력, 영향력 내지 권위 등을 일컫는데, 이들은 지배적 관계를 함축한다. 권력은 어느 사회에서나 불평등하게 분배되어 있다. 권력과 연관하여 주요한 의문은 i) 어떤 종류의 권력인가?, ii) 권력이 얼마나 집중되는가?, iii) 권력행사에 의해 누가 혜택을 받는가? 등이다. 사회복지정책과 연관하여 세 번째 질문이 중요하다. 비판적 관점에서 볼 때, 권력을 가진 정책결정자들은 사회복지를 명분으로 내세우지만 복지 수급자에게 혜택을 주는 일보다 그들에 대한 '사회통제'에 더 큰 관심이 있다는 것이다. 따라서 사회복지정책 결정과정에서 수혜자에게 참여기회를 부여하여 그들의 주관적 욕구(felt needs)를 반영하는 것이 필요하다.

다섯째, 젠더(Gender)의 불평등이다. 사회복지의 주요 관심사들, 고용, 빈곤, 돌봄, 보건, 노령 등이 하나같이 젠더와 밀접하게 연관되므로, 성 분화(gender divisions)에 대한 바른 이해는 사회복지정책에서 매우 중요하다. 주지하듯이, 복지에 대한 페미니스트 비판은 사회복지정책이 다분히 '한쪽 성(性) 편향적(gendered)'이라는 것이다. 루이스는 복지의 지배적인 모델들이 모두 여성이 남성부양자에게 의존한다는 것을 가정하고 있다고 비판한다.[8] 빈곤의 '여성화(feminised)'도 페미니스트의 주요한 공격 포인트이다. 젠더의 관점에서 볼 때, 노동시장에서의 여성의 지위와 일과 가정의 양립문제는 매우 절박한 이슈이다.

여섯째, 인종(Race)의 불평등이다. 인종차별은 현대사회의 주요한 불평등 쟁점이다. 인종차별은 특정한 인종집단을 열등으로 몰아넣기 위해 의도적으로 역선택하는 경우를 뜻한다. 최근 유럽에서 가장 강하게 거부된 인종집단은 집시와 이슬람교도이다. 국제난민, 외국노동자들도 자주 인종차별의 대상이 된다. 이들은 일상 속에서 타인에게 어렵지 않게 주어지는 자원이나 기회 혹은 다양한 삶의 조건들을 제한받는 불평등과 사회적 배제를 감수해야 될 때가 많다. 유럽의 인종차별은 특히 최근 우파

민족주의 극단주의자들이 정치적으로 부상하면서 더 심각한 사회문제로 대두되고 있다. 이들의 인간적 조건의 개선은 사회복지정책의 주요한 과제이다.

다. 사회적 위험

사람들은 무언가 피해가 발생할 것 같은 가능성이 높을 때 위험하다고 한다. 삶의 조건이 불안정하거나 기본적 안전보장이 되어 있지 않은 경우, 혹은 피해를 방지하거나 최소화할 수 있는 자원이나 보호장치를 갖고 있지 못할 때, 그 사람은 위험에 취약한 존재가 된다. 사회복지정책은 대체로 위험 그 자체보다는 위험의 피해를 입기 쉬운 취약한 사람들을 보호하는 데 관심을 쏟는다. 전후 서구 복지국가는 산업사회의 노동자가 직면하는 전통적 사회적 위험들, 즉 질병, 실업, 노령 및 장애 등으로 인한 소득의 상실에 대해 현금급여중심의 소득보장 프로그램을 통해 해결하였다. 앞서 살펴본 바와 같이 국제노동기구가 밝힌 사회적 위험들인 노령, 장애, 사망, 질병, 출산, 산업재해, 실업, 아동양육 등은 복지국가들이 안고 있는 전통적 사회적 위험이라고 할 수 있다. 사회적 위험들은 가구의 소득감소 또는 상실로 이어져 빈곤을 야기할 수 있다. 따라서 전후 서구 복지국가들은 노령급여, 장애급여, 유족급여, 질병급여, 의료급여, 출산급여, 산업재해급여, 실업급여, 가족급여, 공공부조급여 등을 통해 사회적 위험에 대처해 왔다.

그러나 1970년대 중반 이후 세계화, 탈산업화 및 고령화 등에 따른 급격한 경제사회적 변화들, 특히 노동유형과 가족생활의 변화는 갖가지 새로운 필요와 사회적 위험들을 창출하였다. 이들 이른바 '신사회위험(new social risks)'들은 주로 고용불안정, 장기실업, 근로빈곤(working poor), 한부모, 일과 가정생활의 부조화 및 돌봄수요의 증가 등에서 오는 위험들이다. 여성근로자, 저숙련노동자, 청년실업자, 한부모 등은 이러한 새로운 위험에 가장 심각하게 노출된 집단들이다. 특별히, 세계화, 탈산업화의 격류 속에서 고용불안정이 심화되면서 이른바 '빈곤근로층(working poor)'이 증가하고 있다. 이는 정규직, 비정규직에 관계없이 일터에서 전업으로 일을 해도 빈곤을 벗어날 수 없는 개인이나 가족을 말한다. 과거에는 노동시장에 참여하는 근로자는 당연히 빈곤을 벗어날 수 있었으나, 이제 세계 인구의 약 20% 정도가 공식적인 빈곤선 이하의 임금을 받고 일하고 있는 형편으로, 선·후진국을 막론하고 근로빈곤층 이슈는 구조적인 사회문제로 등장하고 있다.

세계가 앓고 있는 또 하나의 심각한 문제는 '극빈(極貧)'이다. UN은 '극빈'은 인권의 침해라고 규정하고 있다. 세계은행은 '하루에 1.25$'를 '극빈'의 경계로 보고 있는데, 이를 기준으로 할 때 세계 인구의 약 17%(13억)가 극빈자다. UN은 2015~30년간의 지속가능한 발전목표를 '극빈의 퇴치'로 설정하고 있다.

서구의 선진복지국가들은 20세기 말 이후, 이러한 신사회적 위험에 대응하여 다양한 부류의 근로자들을 대상으로 하는 교육, 직업훈련 및 고용 서비스, 그리고 보육, 노인수발 등 돌봄의 사회화에 정책적 역점을 두게 된다. 이에 따라 주로 사회서비스 형태로 제공되는 이들 부문에 대한 사회지출이 크게 늘어나게 된다. 에스핑-앤더슨에 따르면, 사회서비스의 팽창은 복지의 전통적인 제공자인 노동시장과 가족 및 가계의 약화에서 비롯된 것이다.[9] 그런데 문제는 전통적 위험, 즉 구(舊)사회적 위험과 새로 부상한 신사회적 위험은 시대에 따라 강조점이 달라지기는 하나 서로 대체하는 것이 아니라 상호 중첩된다는 것이다. 따라서 한국처럼 구사회적 위험의 극복이 크게 미진한 나라의 경우, 신사회적 위험에 대응의 중심축인 사회서비스 지향과 더불어 구사회적 위험 대응의 중심축인 소득보장에 대해서도 정책적 관심을 소홀히 해서는 안 될 것이다.[10]

라. 사회적 배제(social exclusion)

사람들은 누구나 태어날 때부터 가족이라는 자신을 품어주고 보살펴 주는 네트워크 안에 포함이 된다. 이후 성장하고 사회적 접촉이 늘어나면서 친지들, 다양한 공동체, 그리고 노동시장이라는 네트워크들 속에 포함되어, 그 안에서 상호 작용하며 연대성을 다지게 된다. 그런데 개중에는 이러한 사회적 네트워크에 완전히 통합되지 못하는 사람들이 있다. 어떤 이는 이들 네트워크의 주변(periphery)에서 서성이며 한계적(marginal) 존재가 된다. 또 어떤 이는 아예 사회적 네트워크에서 버려지고, 차단되고, 밀려나기도 한다.

사회적 배제는 대다수 사람들이 일상 속에서 경험하는 사회적 네트워크의 일부가 되지 못하고 제외되는 경우를 말한다. 극빈자, 노숙자(homeless), 에이즈 환자, 사회참여가 거부된 망명신청자, 학습장애자, 정신질환자 등은 사회적 배제에 위험이 높

후한 존재들이다. 사회적 배제는 낙인(stigma), 사회적 소외(social isolation), 가치박탈(deprivation) 등의 개념과 연맥된다. 사회복지의 맥락에서 볼 때, 복지국가의 사회보호체계에서 제외된 사람들도 사회적 배제의 예가 된다.

실제로 사회적 배제는 주로 세 가지 맥락에서 쓰인다. 하나는 돈과 연관된다. 이 경우 빈곤의 개념에 가까운데, 일상적 활동이 불가능할 정도의 극빈이 그에 해당된다. 두 번째는 노동시장으로부터의 배제다. 장기실업이 그 대표적 예이다. 세 번째는 사회적 맥락에서의 배제다. 사회적 네트워크로부터 소외된 예나 낙인찍힌 집단과 동일시되는 경우가 그것이다.[11]

사회적 배제의 아이디어는 프랑스에서 처음 생겼는데, 이는 사회통합(social inclusion *or* insertion social)정책의 핵심 개념이다. 이들 정책은 사회적 급여를 수급자들을 사회에 통합시키는 플랜과 조합하는 것이다. 이 정책은 유럽 여러 나라에서 폭넓게 모방되었고, 최근에는 유럽연합의 주요 개념이 되었다. 특히, 사회적 배제 개념과 관련하여, 인도출신 경제학자로 노벨상을 수상한 센(A. Sen)은 최소한의 인간다운 생활을 영위할 수 있는 능력이 결핍된 상태(the lack of the capability to live a minimally decent life)를 사회적 배제로 정의하였다. 이때, 능력이란 사람이 할 수 있는 것과 될 수 있는 것, 즉 가능성과 기회를 의미한다. 최소한의 인간다운 생활을 위한 능력을 구성하는 요소는 다차원적이기 때문에 사회적 배제에 대한 국가의 관심은 탈빈곤정책뿐 아니라 노동시장의 배제, 대출시장의 배제, 젠더 배제와 불평등, 의료배제, 교육기회 배제, 문화적 배제, 정치적 배제 등의 다양한 사회문제에 국가가 대응해야 된다는 것을 강조한다.

2 — 사회복지와 복지혼합

1) 사회복지와 복지 제공 주체

티트머스(R. M. Titmuss)에 따르면, "사회구성원 모두가 인간다운 생활을 영위하도록 조직화된 다양한 활동들이 이루어지며, 사회복지는 이러한 조직화된 다양한 활동들을 포괄하여 정의되어야 한다."고 보았다. 티트머스의 사회복지에 대한 설명은 복지국가의 역사를 살펴보면 이해하기 쉽다. 서구 국가들에서 산업화와 도시화가 진행되면서 농업사회를 뒷받침했던 대가족제도가 해체되었고 지역사회 공동체에서 성행했던 상호 부조가 약화되었다. 그 결과, 산업사회에서 소득을 상실하여 생활이 곤란해진 사람들이 가족, 친척, 이웃 등 비공식부문의 지원을 기대하기 어렵게 되었다. 예를 들어, 가장이 공장에서 사고로 장애를 입거나, 일자리를 잃거나, 또는 질병으로 일을 못하게 된 경우, 소득을 잃게 되고 가족구성원들도 빈곤에 내몰리게 된다. 이들이 가족, 친척, 이웃 등 비공식부문으로부터 어떠한 지원도 받지 못한다면 인간다운 생활을 영위할 수 없을 것이다. 결국, 비공식부문이 복지 제공자의 역할을 수행하지 못함에 따라 발생하는 복지 제공의 빈 공간을 메우기 위해 비영리조직과 국가가 복지 제공자의 역할을 맡게 되었다. 특히, 제2차 세계대전 이후 서구 국가들이 사회보장제도를 통해 국민최저생활을 보장하고 사회서비스를 제공하면서, 국가가 사회구성원의 복지에 중요한 역할을 맡게 되었다.

위에서 이미 지적한 대로 사회복지는 국가, 시장, 가족, 비영리조직 등 복지 제공 주체들이 수행하는 복지활동의 총합으로 설명되어야 한다. 이를 위해서는 이들 각각의 복지 제공 주체들의 역할과 특성을 살펴보는 것이 중요하다.

가. 국가

사회복지를 위한 국가의 역할은 소득 이전자(income transferor), 서비스 제공자(service provider), 재원 보조자(financial supporter), 규제자(regulator)로 구분할 수 있다.

첫째, 국가는 조세 및 사회보험 체계를 통하여 소득을 재분배하는 소득 이전자 역할을 수행한다. 국가에 의한 소득이전은 조세를 재원으로 저소득층에게 생계비를 지원하는 수직적 소득이전과 사회보험료를 재원으로 사회적 위험에 처한 사람에게 현금급여를 제공하는 수평적 소득이전으로 구분된다. 국가는 소득이전을 통해 사회구성원들 사이에서 통합과 연대의식을 높일 수 있다.

둘째, 국가는 사회서비스를 제공하는 서비스 제공자 역할을 담당한다. 교육, 보건, 보육, 대인 서비스 등에서 복지욕구를 충족시키기 위해 공무원을 통해 서비스를 직접 제공한다. 최근 복지국가들에서는 서비스 제공자 역할을 민간기관에 위탁하고 국가는 서비스 제공에 소요되는 재원을 부담하는 민간위탁 방식이 크게 증가하였다.

교육, 보건, 교육 서비스를 제공함으로써 국가는 지속적인 사회경제 발전에 필요한 노동력을 안정적으로 재생산하는 데 기여할 뿐만 아니라, 여성, 청소년, 노인, 장애인 등 사회취약집단의 인간다운 삶을 위해 필요한 욕구 충족을 돕는다.

셋째, 국가는 민간기관의 복지활동을 촉진하기 위해 지원금을 지급하는 재원 보조자의 역할을 수행한다. 조세는 정부재정의 원천일 뿐만 아니라 정부가 사회복지를 위해 사용하는 주요 정책수단이다. 예를 들면, 국가는 비영리조직에 대한 민간기부금 지원을 확대하기 위해 개인 및 기업이 비영리조직에 내는 기부금에 대해 소득 또는 세액을 공제해 주기도 한다. 그리고 국가는 비영리조직의 사회복지활동을 장려하기 위해 운영비와 사업비를 지원금 형태로 정부예산에서 직접 제공한다. 민간의 사회복지활동을 촉진하기 위해 국가가 제공하는 지원금은 비영리조직의 재원에서 주요 부분을 차지한다.

넷째, 국가는 민간부문의 복지 제공 활동에 대해 조건과 기준 등을 설정하고 이를 준수하도록 감독하는 규제자 역할을 수행한다. 시장에서 영리를 목적으로 복지서비스를 제공하는 경우에 국가의 규제자 역할이 필요하다. 의료서비스를 예를 들어 보면, 환자는 의료정보에 대해 무지하고 적정 서비스를 선택할 능력이 부족한 반면에 의사는 의료서비스를 과잉 공급하거나 가격을 설정할 수 있기 때문에 의료비용이 지나치게 늘어날 수 있다. 또, 민간의료보험에서 보험자들은 위험발생 가능성이 높은 사람을 보험가입에서 배제하기도 한다. 그리고 어린이집, 유치원, 양로원, 요양시설 등에서 민간사업자들이 더 많은 수익을 위해 적정 수준의 서비스 제공을 유보할 수도 있다. 대인서비스부문에서 발생할 수 있는 이와 같은 문제점들을 극복하고 양질의 서비스를 제공하기 위해서는 민간기관에 대한 정부의 규제가 필요하다.

위에서 살펴본 사회복지와 관련된 네 가지 국가 역할은 모든 국가들에서 발견된다. 그런데 네 가지 역할 간의 중요성 정도는 나라별로 그리고 시대에 따라 차이가 난다. 최근 복지국가들에서는 복지재정의 어려움과 관료제의 비효율성에 대한 비판이 높아지면서 소득 이전자와 서비스 제공자 역할을 축소하려는 시도들이 이어져 왔다. 그리고 사회서비스 분야에서 민영화와 민간위탁이 성행하면서 국가의 규제자 역할이 강화되었다. 이와 같이, 사회복지를 위한 국가 역할이 지속적으로 변화하고 있지만, 국가는 사회적 형평과 평등을 높일 수 있고, 시민의 사회권(social rights)을 보장할 수 있는 유일한 복지 제공 주체이다.

나. 시장

일반적으로 시장은 자유경쟁원칙에 의해 다수의 공급자와 수요자가 자유의사에 따라 재화와 서비스를 거래하여 가격이 결정되는 장소 또는 기구를 말한다. 그렇다면, 시장이 사회복지 제공 주체가 될 수 있을까? 사회복지 제공자로서 시장은 영리 추구를 목적으로 재화와 서비스를 제공하는 공급자(금융회사, 병원, 서비스 기관)들을 말한다. 이들은 구매동기와 지불능력을 갖춘 개인에게 재화와 서비스를 판매함으로써 사회복지에서 주요 제공자 역할을 수행한다. 예를 들면, 개인은 미래에 닥칠 질병, 노령 등의 위험에 대비하기 위해 민간금융회사를 통해 의료보험과 개인연금보험을 구입하고, 민간 병원과 양로원에서 의료와 돌봄 서비스를 구입한다. 고전경제학 이론에 따르면, 자유경쟁 원칙이 작동하는 시장에서 재화와 서비스의 자발적 거래는 개인의 욕구와 선호를 충족시킬 수 있는 가장 효율적인 방식이라고 한다.

시장에서 공급자는 영리 추구를 목적으로 금융 및 복지 서비스를 판매하며, 구매자는 자신의 효용을 극대화하기 위해 서비스를 구입한다. 시장에서 거래를 통해 자원의 효율적 배분이 이루어지기 위해서는 다수의 공급자들과 구매자들이 동등하게 충분한 정보를 지니고 있어야 하며, 구매자들이 재화와 서비스를 구매할 지불능력을 갖추고 있어야 한다. 하지만, 의료, 교육, 돌봄 서비스 분야에서 공급자들이 서비스에 대한 정보를 독점하고 구매자들은 서비스에 대한 정보가 부족하다. 그러므로 서비스 제공과정에서 시장은 자기조정력이 미약하고, 서비스의 안정성이 낮을 수밖에 없다. 또한, 시장은 지불능력이 있는 개인에게만 재화와 서비스를 공급하기 때문에 욕구 충족을 둘러싼 사회적 형평과 평등에 관심을 두지 않는다. 시장이 지닌 본질적 문제에 대응하기 위해 시장에서 이루어지는 서비스 제공에 대한 국가의 규제가 필요하다.

다. 비영리조직

비영리조직(non profit organization: NPO)은 국가에 따라 그리고 학문 분야에 따라 다른 이름으로 불린다. 비영리조직이 조직의 비영리성을 강조하는 개념이라면, 조직이 지닌 다른 특성들, 예를 들면 자발성(voluntarism), 비정부성(non-governmentalism)을 강조하는 경우에는 자발적 부문(voluntary sector) 혹은 비정부조직(non-governmental organization: NGO)으로 불리기도 한다. 또 비영리조직이 국가-시장 이분법에 따라 구분한 정부와 시장도 아닌 다른 영역이라는 점을 강조하는 경우에는 제3섹터(third sector)라고 불리기도 한다. 비영리조직은 다양한 개념만큼이나 조직이 추구하는 목적과 사업 내용이 매우 다양하다. 하지만 비영리조직은 이익을 추구하지 않는다는 점에서 시장과 구분되며, 강제성을 띠지 않는다는 점에서 국가와 구분되고, 공식적 성격을 지닌다는 점에서 비공식부문인 가족, 친척, 이웃과도 구분된다. 비영리조직을 연구하는 대표적인 미국 학자인 설러먼(Lester M. Salamon)이 비영리조직의 요건으로 공식성, 비정부성, 비영리성, 자율성(자치성), 자발성, 공익성을 꼽는다.

역사적으로 보면, 교회 등 종교단체와 자선단체 활동에서 볼 수 있는 것처럼 비영리조직은 복지국가가 등장하기 이전에도 고아, 병자, 부랑인 등 사회취약집단에게 복지를 제공해 왔다. 복지국가가 발전하면서 비영리조직이 그동안 담당해 왔던 복지 제공자 역할의 상당 부분을 국가가 대체하게 되었다. 그러나 최근 복지국가의 재정적 어려움이 심화되면서 지역사회에서 비영리조직의 복지 제공 활동이 다시 주목을 받고 있다. 또 정부가 제공해 왔던 사회서비스를 민간부문에 위탁하는 외부계약 사례가 늘면서 비영리조직이 계약 당사자로 각광을 받고 있다. 민간위탁을 통해 정부는 재원 부담자의 역할을 맡고 비영리조직이 서비스 제공자의 역할을 맡는다. 비영리조직을 통한 민간위탁이 활발하게 이루어지면서 사회서비스 기준 설정, 성과 관리, 책임성 확보 등이 새로운 관리문제로 부각되고 있다. 비영리조직은 개인 및 기업의 기부금, 자선단체 보조금, 정부지원금을 통해 재원을 조달하기 때문에 책임성을 확보할 수 있는 거버넌스 체계를 확립하여야 한다.

라. 기업

기업은 임금을 지급할 뿐 아니라 근로자를 위해 사회보험 기여금을 납부하고, 주거, 의료, 자녀 교육 등에 소요되는 비용을 지원하여 근로자와 그 가족의 복지에 중요한 영향을 미친다. 기업이 사회복지에서 담당하는 역할을 감안하여 경제협력개발기구(OECD)는 각 나라의 사회복지 지출을 계산할 때, 공공지출과 민간지출로 구분하고, 민간지출에 기업이 근로자에게 제공하는 민간사회급여(private social benefits), 즉 기업복지 지출액을 포함하였다.

기업복지는 기업이 고용근로자에게 제공하는 임금을 제외한 다양한 형태의 부가급여를 포괄한다. 기업복지는 국가가 법을 통하여 급여를 지급하도록 강제하는 법정 기업복지와 기업이 자발적으로 혹은 단체협약에 따라 급여를 제공하는 자발적 기업복지로 구분된다. 한국의 경우, 법정 기업복지로 퇴직(연)금이 있다. 자발적 기업복지는 주택자금 대출, 식비 지원, 자녀학자금 지원, 의료비 및 건강검진 지원 등을 꼽을 수 있다. 일반적으로 기업복지는 고부가가치 산업일수록 그리고 대기업일수록 급여 수준이 높다. 기업복지는 법정 기업복지처럼 법 규제에 의해 시행되기도 하며, 또 자발적 기업복지처럼 단체협약에 따라 시행될 수 있기 때문에 반드시 시장원리에 따라 작동하는 것은 아니다. 기업복지는 시행 주체가 기업이기 때문에 기업의 생존과 불가분의 관계에 있고, 급여 수급의 근거가 근로자의 욕구가 아니라 고용이라는 자격 조건에 있다. 그러므로 기업복지는 사회적 불평등을 감소시키는 효과를 지닐 수 없으며, 오히려 기업 간 근로 조건의 불평등을 심화시킨다.

마. 가족

어느 사회에서나 가족은 구성원들 간에 소득이전이 이루어지고, 평생에 걸쳐 상호 돌봄을 제공하는 기본단위이다. 가족 내 돌봄은 금전적 동기가 아니라 가족관계에 기초한 사랑, 의무, 호혜성 등을 바탕으로 이루어진다는 점에서 비공식부문(informal sector)에 속하고, 공식부문에 속하는 비영리조직, 국가, 기업 등과 구분된다.[12]

서구 복지국가에서 복지 제공자로서 가족의 역할에 주목한 것은 1970년대 초반 페미니스트들이 가족 내 여성의 다양한 역할(아내, 주부, 어머니)과 불공평한 지위를 강조하면서부터 시작되었다. 이들에 따르면, 지역사회보호는 가족보호이며, 가족보호는 여성에 의한 돌봄을 말한다. 지역사회보호와 가족보호는 여성의 무임금 노동을 통해 이루어지기 때문에 본질적으로 여성에 대한 착취를 수반한다고 보았다. 그러므로 페미니스트들은 복지국가가 돌봄의 탈가족화(de-familialization)를 위한 노력을 기울여야 한다고 주장하였다.

가족 내 여성의 역할에 대한 페미니스트들의 비판과 돌봄 노동의 탈가족화에 대한 주장은 학문적 논의에 그친 것이 아니라 가족정책에 대한 관심으로 이어졌다. 특히, 탈산업사회에서 여성의 노동시장 진출이 늘면서 서구의 복지국가들은 돌봄의 가족화와 탈가족화를 위한 정책을 동시에 추진해 왔다. 출산휴가, 육아휴직 등을 포함한 일 · 가정양립지원정책을 통해 돌봄의 가족화를 지원해 왔다면, 공공보육시설 건립과 보육료 지원 등을 통해 돌봄의 탈가족화를 추진해 왔다. 기혼여성의 취업이 일반화되고 맞벌이 가구가 보편화되면서 기혼여성의 가족 내 역할이 변화하였다. 그럼에도 불구하고, 가족은 사적 소득이전이 이루어고 상호 돌봄을 제공하는 사회의 기본 단위이다. 사회구성원 대다수는 가족을 통해 복지 상태를 유지하고 있다. 하지만 복지제공 주체로서 가족은 가족에 따라 소득 수준이 다르고 가족의 테두리 내에서 복지가 제공되기 때문에 사회적 불평등을 완화하는 데 본질적으로 무력하다. 또한, 가족 내에서 기혼여성의 가사 종사시간이 기혼남성에 비해 월등히 높아 부부간 불공평한 가사분담이 이루어진다는 문제를 안고 있다.

2) 복지혼합(welfare mix)과 복지다원주의

이상에서 살펴본 복지 제공 주체들은 〈표 1-1〉에서 보는 바와 같이 현금 또는 서비스 제공을 통해 개인의 복지에 영향을 미치고 사회적 기능이 서로 다르다. 에버스와 올크(A. Evers and T. Olk)는 사회복지를 위해 활동하는 복지제공 주체들의 활동과 기능을 포괄적으로 파악하기 위해 복지혼합(welfare mix)을 살펴야 한다고 보았다. 복지혼합은 한 사회 내에서 복지의 생산과 전달이 국가, 시장, 가족, 비영리조직, 기업 등에 의해 혼합된 상태를 분석하기 위한 경험적 · 기술적 개념이다. 유사하게 스탠딩(Standing)은 개인의 복지 수준이 복지급여 같은 사회소득(social income)에 의해서도 결정된다고 보았다. 소득은 임금과 자산소득뿐만 아니라, 기업복지, 복지급여, 가족 · 친척 또는 지역사회의 이전소득 등으로 구성되어 있다. 근로자의 가계소득은 기업에서 제공하는 임금 및 기업복지 그리고 자산소득이 중요하지만, 공적 이전소득과 사적 이전소득을 모두 포괄해서 파악해야 한다고 본 것이다.

표 1-1 복지 제공 주체와 기능

제공 주체	복지급여 및 활동	급여 원리	주요 기능
국가	• 현금(사회보험, 공공부조, 수당, 조세지출) • 물품과 서비스(교육, 의료, 돌봄, 고용, 주택 등)	• 시민권 • 수급권	• 사회통합 · 연대를 위한 자원의 재분배
시장	• 현금(민간보험) • 물품과 서비스(교육, 의료, 돌봄 등)	• 구매력	• 재화와 서비스의 거래
비영리조직	• 현금 • 물품과 서비스(교육, 의료, 돌봄 등)	• 자선 • 공익성	• 상호 부조, 자선활동
기업	• 현금(퇴직금, 자녀학자금 등) • 물품과 서비스(복리후생서비스)	• 고용관계	• 고용유지, 애사심 확보
가족	• 현금(사적 소득이전) 및 물품 • 양육 · 돌봄 서비스	• 사랑, 의무	• 출산, 돌봄, 사회화

자료 : Alcock, Pete(1996). *Social Policy in Britain: Themes, and Issues*. Stoke: The Macmillan Press.

복지혼합 관점에서 보면, 한 사회에서 사회복지 수준은 어느 특정 제공 주체에 의해 배타적으로 지배되는 것이 아니며, 복지 제공 주체들의 활동을 포괄하여 파악되어야 한다. 그러나 각 주체들의 복지 제공 활동은 서로 다른 기능을 수행하기 때문에 기능적 등가물이라고 볼 수 없다. 복지 제공 주체들 중에서 사회구성원 모두의 인간다운 생활을 보장할 수 있는 것은 국가의 역할에 달려 있다. 국가는 모든 국민의 인간다운 생활, 즉 사회권을 보장하고 사회경제적 평등을 높일 수 있는 유일한 복지 제공 주체이기 때문이다.

한편, 복지혼합 관점을 복지의 생산과 전달이 국가, 시장, 가족, 비영리조직, 기업 등에 의해 혼합된 상태를 분석하기 위한 경험적 · 기술적 개념으로 사용하는 것을 넘어서 처방적 · 규범적 차원에서 주장하기도 하였다. 1970년대 후반 전통적 복지국가에 대한 비판이 거세게 일기 시작하면서 '복지다원주의(welfare pluralism)', '복지혼합경제(mixed economy of welfare)'의 개념들이 사용되었다. 이들 개념들이 함축하는 관점은 한마디로 인간의 기본적 욕구를 충족시키고 사회적 보호를 제공하는 '복지'는 다수의 원천에서 나온다는 것이다. 그러므로 한 사회의 전반적 복지 수준은 사회복지에 대한 국가의 관여만으로는 평가될 수 없으며, 국가부문 이외에도 상업적 부문, 자발적 · 자선적 부문, 그리고 가족, 친지 등 다양한 비국가영역의 몫도 함께 고려되어야 한다는 입장이다. 이러한 입장은 현실적으로 국가가 가장 중요한 복지 생산자임을 부정하지는 않는다. 그러나 본질적으로 사회복지는 전체사회의 생산품이므로 사회복지를 국가복지와 등식화하는 것은 옳지 않다는 것이다.

따지고 보면, 복지혼합의 개념은 새로운 것이 아니다. 이미 티트머스(R. M. Titmuss)가 '복지의 사회적 분업'에 관한 선구적 연구에서 복지를 국가 주도의 폭넓은 사회복지서비스(social services), 재정복지(fiscal welfare), 기업복지(occupational welfare)로 나누어 논의한 바 있다.[13] 그러나 이후 사회복지 연구의 중심축은 언제나 국가복지중심이었다. 기존의 복지국가적 조망은 다분히 정책결정자들의 복지에 대한 '위로부터 아래로'의 관점이었다. 이에 반해 복지혼합의 관점은 개별 소비자로서 개별 가족의 '아래로부터의 위로'의 관점을 대표한다. 즉 가족의 전체복지는 국가와 시장, 비영리조직, 기업 및 가족 등에서 산출되는 재화와 서비스의 총화로 이루어진다고 보는 입장이다. 가정의 입장에서 볼 때, 복지소비가 만족할 만한 수준에 이르는 것이 가장 중요하므로, 어떤 특정한 원천으로부터의 복지보다 전체복지에 더 큰 관심이 집중되는 것이다.[14]

복지다원주의자들은 국가복지중심의 전통적 복지국가의 한계를 극복하기 위한 대안으로 시장의 활용, 제3섹터 강화, 가족 책임의 재발견 등 다양한 해법을 제시하고 있다. 그러나 대체로 그들은 사적 시장에 비해 가족과 비영리조직과 같은 비공식적 · 공동체적 네트워크에 더 큰 기대를 걸었다. 복지다원론자들은 기존 복지국가의 중앙집권적 통제, 관료제의 경직성, 과도한 전문가주의, 의사결정과정에서의 민주주의 및 참여의 부재, 전달과정의 비능률과 비효과성 및 낭비 등을 신랄하게 비판했는데, 대체로 그 초점이 국가복지의 집권화, 관료화된 전달체계에 맞춰졌다. 이들은 이들 문제점에 대한 해결책으로 대체로 탈집권화(de-centralization)와 참여(participation)를 제시하고 있다.

복지다원주의자들은 복지 제공의 차원에서 다원화된 전달체계가 바람직하다는 점을 강조하였지만, 비국가부문의 공급확대가 국가의 역할을 대체할 수 있다고 보지는 않았다. 복지다원론자들의 기본적 입장은, 현대 국가는 이제 복지를 직접 생산하고 전달하기보다는 국민의 복지증진을 위한 기획과 재원조달, 그리고 규제에 전념할 필요가 있다는 것이다.[15] 비록 복지다원주의가 명시적으로 국가역할 자체의 축소를 표방하지는 않았으나, 그들은 1980년대에 대두한 영국과 미국의 신우파정부가 사회복지영역에서 공공부문의 전반적인 역할 축소와 민영화(privatization)와 상업화(commercialization), 그리고 신공공관리주의(New Public Management : NPM)를 표방하는 데 중요한 논리적 근거를 마련해 주었다.

3 — 복지국가와 사회복지정책

여기서는 이 책의 주제인 복지국가와 사회복지정책에 관하여 기본적 논의를 한다.

1) 복지국가

현대적 의미의 복지국가는 국가가 국민을 위해 포괄적이고 보편적인 복지 제공의 책임을 지기 시작하면서 대두된 개념으로, 제2차 세계대전 이후 서구에서 처음 나타난 현상이다. 복지국가의 등장으로 서구 시민들은 19세기에 성취한 공민권(civil rights)과 정치권(political rights)에 이어 경제적 복지와 안전을 보장받는 사회권(social rights)을 확보하게 된다.

복지국가의 목적은 시장경제와 민주주의의 틀 안에서 경제적 역동성과 사회적 결속을 함께 이루는 데 있다. 따라서 혁명적 사회변화를 추구하기보다는 점진적 개혁을 통하여 시민들의 인간다운 삶을 보장하고 과도한 사회적 불평등을 줄이는 데 역점을 둔다. 복지국가의 관점은 자본주의체제를 반대하는 것이 아니라 보다 인간적인 자본주의체제의 수립을 목표로 한다. 기본적으로 복지국가의 사회복지정책을 경제발전과 고용성장에 필요한 생산요소로 간주하며, 경제와 사회의 통합적 인식과 경제정책과 사회복지정책의 선순환을 사고의 바탕으로 한다.

제2차 세계대전 이후 등장한 서구 복지국가들은 1970년대 중반까지 약 30년에 걸쳐 이른바 '황금기'를 거치면서 크게 확장 · 발전했다. 이 기간 동안 사회보험을 주축으로 하는 사회보장체계가 견고하게 다져졌고, 국가는 복지급여 제공을 통하여 사회적 안정과 비즈니스 사이클의 원활한 흐름을 촉진했다. 주지하듯이, 국가는 세금을 징수하고 복지급여(현금 및 서비스)를 제공함으로써 개인의 복지에 직접적인 영향을 미친다. 조세가 복지국가 이전에도 존재했으나, 복지급여는 복지국가의 산물이다. 현대 복지국가는 크게 세 가지 방식으로 복지급여를 제공한다. 첫째, 특정 사회적 범주에 속한 사람들에게 소득과 자산 또는 고용 상태 등에 관계없이 보편급여를 제공한다. 둘째, 사회보험에 가입한 피보험자와 그 부양자에게 사회적 위험에 대처할 수 있도록 사회보험급여를 제공한다. 셋째, 수급자격 조건을 충족시키는 저소득층에게 자산조사급여(means-tested benefits) 또는 소득연계급여(income-related benefits)를 선별적으로 제공한다. 세 가지 방식의 복지급여 이외에도 국가는 법을 통해 고용주가 근로자에게 복지급여를 제공하도록 강제하고, 영리 및 비영리조직 등 민간기관의 활동을 규제하여 개인의 복지에 직·간접적인 영향을 미친다. 국가가 수행하는 모든 복지 관련 활동을 종합적으로 고려할 때, 사회복지를 위한 국가의 역할은 소득 이전자(income trasferor), 서비스 제공자(service provider), 재원 보조자(financial supportor), 규제자(regulator) 등 매우 다양하다.

이 같은 국가의 역할을 고려하여 바(N. Barr)는 복지국가의 주요 기능으로 '로빈 후드(Robin Hood)' 기능과 '돼지저금통(piggy bank)' 기능을 제시했다.[16] 전자는 마치 로빈 후드가 부자로부터 자원을 빼앗아 가난한 이들에게 나누어 주었듯이, 국가가 빈곤 구제와 더불어 소득과 부를 재분배하고 사회적 배제를 줄이는 등 평등주의 지향의 정책을 수행하는 것을 말한다. 한편 후자는 주로 사회보험을 통하여 자원과 기회를 생애주기에 걸쳐 재분배하는 정부의 활동을 말한다. 복지국가가 실제로 로빈 후드 기능과 돼지저금통 기능을 어떻게 조합하느냐에 따라 개별 복지국가의 성격과 특성이 드러난다.

복지국가가 사회적 불평등을 줄이는 데 얼마나 기여하는지 알아보기 위해서는 복지국가가 어떻게 재분배를 하는지 살펴볼 필요가 있다. 재분배는 흔히 i) 수평적 재분배와 ii) 수직적 재분배로 나뉜다.[17] 수평적 재분배의 대표적 예는 사회보험이다. 사회보험은 생애주기에서 닥치게 될 질병, 실업과 노령 등 전통적 사회위험에 대비하여 설계된 것으로 건강한 이로부터 병자로, 취업자로부터 실업자에게로 소득이 이전된다. 말하자면 국가의 집단적 돼지저금통(piggy bank) 역할이라고 할 수 있다. 그러나 그것은 삶의 안정에는 도움이 되지만 계층 간 평등에는 별로 기여하지 않는다. 한편 수직적 불평등의 예로는 일반조세를 재원으로 저소득자에게 지출되는 다양한 급여를 들 수 있는데, 국가의 로빈 후드 역할이라고 할 수 있는 이 방식은 빈곤과 불평등을 줄이는 데 상당히 긍정적인 기여를 한다. 이때 그 기여의 정도는 i) 조세제도의 누진율(progressivity)과 ii) 사회지출이 가장 형편이 어려운 사람들(the least-well off)에게 불(不)비례적으로 이전되는 정도에 따라 결정된다.

그렇다면 최근으로 올수록, 복지국가의 활동에서 중요한 역할을 차지하는 사회서비스(social services)의 재분배효과는 어떠한가? 우선 보육, 교육, 보건의료, 훈련 프로그램, 근로모성에 대한 지원 등 다양한 사회서비스는 근로자의 고용능력과 소득잠재력 향상에 긍정적 영향을 미치며, 사회적 이동성 향상에 기여한다. 그런 의미에서 상당한 사회투자적 기능을 수행한다. 적지 않은 연구가 이들 사회서비스의 재분배효과도 높이 평가하고 있는데, 특히 탈산업사회의 신사회적 위험에 맞서기 위한 다양한 가족 및 돌봄 서비스에서 더 뚜렷이 나타난다.[18] 교육의 인적 자본 투자효과도 매우 중요한데, 특히 영유아교육에 대한 보편지향의 사회지출은 그것이 생애주기의 초기 단계에서 환경에 따른 인적 자본 편차를 줄여주기 때문에 장기적 조망에서 볼 때 상당한 수직적 재분배 내지 평등주의적 효과를 가져온다고 할 수 있다.[19]

논란이 없지 않으나, 대체로 복지국가들이 평등주의적 방향으로 재분배한다는 데는 많은 이가 동의한다. 그러나 분명한 것은 평등화 추구의 정도는 복지레짐과 나라에 따라 매우 다양하고 정책 분야에 따라 차이가 난다는 점이다. 예컨대, 스웨덴 등 사회민주주의 유형의 북구 여러 나라들은 가장 재분배적인 데 비해, 자유주의적인 앵글로색슨 국가들, 특히 미국은 가장 덜 재분배적이다. 그런가 하면, 대부분의 대인적 사회서비스와 국가의 보조금의 지원을 받는 사회주택은 재분배효과가 큰 데 비해, 고등교육 서비스는 오히려 고소득자에게 유리하다.

돌이켜 보면 1970년대 후반 이후 격류처럼 밀어닥친 세계화, 탈산업화 및 고령화 등 인구 및 가족 구조의 변화는 기존의 국민국가단위 경제, 포디즘적 산업사회, 남성부양자 모델과 총수요관리에 바탕을 두었던 기존의 케인즈적 복지국가의 경제사회적 기반을 통째로 흔들어 놓았다. 장기화되는 경제적 침체와 날로 치열해지는 세계경쟁에서 살아남기 위해 대부분의 선진복지국가들은 복지국가 재편의 길을 걷게 되었다. 이후 1980, 90년대를 거치면서 서구 복지국가들은 사회보장 비용억제, 노동연계복지, 탈규제, 민영화, 재정건정성 등에 주력했다. 그러나 1990년의 중반 이후,

신자유주의의 한계가 명백하게 드러났다. 신자유주의는 시장경제의 역동성을 진작하는 데는 얼마간 기여했으나, 빈곤과 불평등, 사회적 배제 및 사회적 양극화를 심화시켰고, 이는 전체사회의 사회적 결속을 크게 약화시켰다. 뿐만 아니라 신자유주의는 노동시장과 가족관계의 변화에 따라 새롭게 부상한 이른바 '신사회적 위험들'의 확대에도 크게 영향을 미쳤다.

대체로 1990년대 후반부터 '사회투자국가(social investment state)' 패러다임이 부상한다. 사회투자국가는 급여와 권리에 초점을 두는 기존의 소극적 · 보상적 급여국가를 넘어, 인적 자본에 대한 투자 및 활성화(activation)를 통하여 개인의 고용능력을 극대화시키며, 아울러 사회적 포용(social inclusion)을 통하여 사회적 결속을 다지는 적극적 · 예방적 국가이다. 사회투자전략을 가장 효과적으로 시행하는 나라는 스웨덴을 비롯한 북구 여러 나라들이다. 이들 나라들은 전통적 사회보호와 적극적 사회투자를 슬기롭게 조합하여 복지국가 이상에 가장 가까이 다가가고 있다.

돌이켜 보면 서구 복지국가들은 전후 황금기에 이어, 위기와 도전, 그리고 복지체제 재편과정을 힘겹게 겪었다. 한때 많은 이가 우려했던 복지국가의 '해체'나 '축소'는 야기되지 않았다. 오히려 복지국가는 그동안 변화의 물결에 비교적 슬기롭게 '적응'해 왔다는 것이 중평이다. 복지의 총체적 규제자로서 국가의 역할은 전혀 위축되지 않았고, 시민들의 사회권도 책임과 의무가 강조되고 있으나, 그 본질은 훼손되지 않았다. 한마디로 복지국가는 그간의 엄혹한 역사의 시련에서 의연히 살아남았으며, 복지국가의 미래 및 복지 지속성(welfare sustainability)에 대한 시민적 믿음도 퇴색되지 않았다.

2) 사회복지정책의 성격과 범위

역사적으로 볼 때, 서구에서 국가가 사회적 약자의 인간다운 삶 즉, 복지에 관심을 갖고 개입하기 시작하면서 사회복지정책(social welfare policy)이라는 용어가 사용되기 시작하였다. 따라서 사회복지정책은 태생적으로 휴머니즘(humanism)에 대한 사회공동체의 열망으로부터 등장했다고 볼 수 있다. 그런데 서구 복지국가의 발전과 함께 사회적 약자뿐만이 아니라 일반 시민의 복지를 위한 보편적 사회보장제도가 등장하였다. 그리고 국가가 대응책임을 갖는 사회문제 혹은 사회위험의 범위가 늘면서 사회복지정책의 영역이 점차 확대되어 갔다.

보편적 복지국가의 등장과 사회복지정책의 영역 확대에 따라 사회복지정책의 영역을 정의하는 것은 사회복지에 대한 열망을 제한할 뿐 아니라 학문 발전에도 도움이 되지 못한다는 의견이 사회복지정책 연구자들 사이에서 지배적이다. 그럼에도 불구하고, 오늘날 모든 복지국가들이 다름 아닌 사회복지정책이라는 수단을 통하여 자신에게 주어진 역할을 수행하고 있다는 사실을 고려할 때, 사회복지정책의 개념, 본질과 영역을 살펴보는 것은 의미 있는 일이라고 생각한다. 논의에 앞서 미리 밝혀야 할 것은 여기서는 사회복지정책과 사회정책(social policy)을 개념적으로 크게 구별하지 않고 사용한다는 것이다. 실제로 미국에서는 전자를, 그리고 유럽에서는 후자를 더 많이 사용하고 있으나 개념상 차이가 크지 않기 때문이다.

먼저, 이 분야 연구의 선구적인 세 학자, 티트머스, 타운센드, 그리고 마셜의 관점을 종합하여 사회복지정책을 정의하면, "일정 수준의 물질적 및 사회적 '욕구'의 충족을 위하여"(R. M. Titmuss) 또는 "'사회문제'의 해결"(P. Townsend)을 위하여 "서비스 혹은 소득을 제공함으로써 사람들의 '복지'에 직접적인 영향을 미치는 정부의 정책"(T. H. Marshall)을 일컫는다. 위 정의에서 핵심 개념은 '욕구'와 '사회문제' 그리고 '복지'이다. 여기서 한 가지 더 명확히 해야 할 것은 이들에 따르면, "사회복지정책의 주된 대상이 욕구를 시장에서 충족하지 못하거나, 충족시킬 수 없는 사회적 약자"(T. H. Marshall)라는 것이다. 물론, 복지국가의 발전과 함께 국가는 사회적 약자뿐만 아니라 모든 국민을 위한 사회복지정책을 발전시켜 갔다.

그렇다면 오늘날 모든 복지국가들에서 사회복지정책에 포함하는 공통 분야는 무엇인가? 대부분의 학자들이 사회복지정책의 기본영역으로 제시하는 분야는 소득보장, 대인 사회서비스, 보건의료, 교육, 주거, 고용 서비스다. 이들 분야는 대체로 일반 시민 내지는 사회적 약자가 인간다운 삶을 영위하기 위해 필요한 욕구 충족과 연관되는 분야다. 앞서 살펴본 인간욕구 이론에 근거해 말하면 인간의 기본욕구인 건강과 자율성을 실현하기 위해 필요한 재화와 서비스들이다. 이에 덧붙여 적지 않은 학자들이 사회문제와 밀접하게 연관되는 범죄, 정신보건, 중독, 학습장애, 노인요양과 사회적 불이익(social disadvantage)과 연관되는 이슈인 인종, 성, 사회적 배제를 주제로 삼는다.[20] 이 책에서는 사회보험, 공공부조 및 사회서비스를 바탕으로 하는 사회보장체계를 주축으로 보건의료정책과 노동시장정책 및 가족정책을 다루고, 아울러 사회문제와 사회적 불이익과 깊이 관계되는 주제들을 위의 개별 정책논의과정에서 충분히 반영하려 한다.

사회복지정책의 본질을 바르게 이해하기 위해서는 몇 가지 덧붙여 설명해야 할 사항들이 있다. 우선 사회복지정책은 학문 분야라기보다 주제 영역(subject area)의 측면이 강하다. 따라서 독자적 학문성(identity)을 강조하기보다는 이 영역의 연구를 발전시키기 위해 사회과학의 인접 분과들로부터 많은 도움을 받는 것이 타당하다. 사회학, 사회사업학, 심리학, 경제학, 정치학, 행정학, 경영학이 그것이다. 이외에도 역사, 철학 및 법학도 사회복지정책 연구에서 소홀히 할 수 없는 학문 분야이다.

아울러 유의해야 할 점은 사회복지정칙의 핵심 개념이 '복지'인 것은 사실이나, 실제로 관례적으로 사회복지정책의 영역에 포함되지 않은 다른 정부의 정책들도 광의의 복지 내지 공공선에 기여하며, 때에 따라서는 더 많이 기여할 수 있다는 것이다. 예컨대, 기업의 투자와 성장이 없이 실업과 빈곤의 문제를 해결할 수 없다. 따라서 공공정책들을 전체로서 볼 필요가 있으며, 사회복지정책이 그 큰 틀 안에서 다른 정책들과 어떻게 유의미하게 연계되는지를 살펴볼 필요가 있다. 사회복지정책은 특히 경제정책과 밀접히 연관되어 있다. 무엇보다 사회복지정책 부문에 대한 자원의 결정이 나라의 경제상황과 경제정책 결정에 크게 의존한다. 서구 복지국가들이 유례없는 황금기를 구가했던 전후 사반세기가 바로 자본주의 경제의 장기호황기와 시기적으로 일치한다는 사실은 그것을 명증하고 있다. 아울러 사회복지를 경제 및 고용성장을 위한 생산적 요소로 보느냐 아니면 부담 내지 장애요소로 보느냐는 사회복지정책의 규모와 범위 및 역할을 규정하는 데 매우 중요한 요소로 작용한다. 따라서 경제와 사회의 통합적 인식에 기초하고 있는 복지국가적 관점과 달리, 경제정책과 사회복지정책의 선순환 관계를 부정하는 신자유주의 내지 신고전파 경제학의 관점에 입각하면, 국가복지의 축소와 민영화 및 시장화가 불가피해진다.

다음으로 사회복지정책의 이념적 지향에 대해 논의할 필요가 있다. 19세기 말 영국의 페이비언협회가 그랬듯이, 어느 나라에서나 사회복지정책 연구는 태생부터 사회개혁적 지향성을 지녔다. 따라서 초창기에는 이 부문 연구자들 대부분이 사회개혁가들이었다. 그들은 보다 인간화된 사회의 건설을 위하여 사회악과 사회적 불평등을 줄이고 사회적 약자를 돕는 일이 절실하다고 생각했고, 그 의지와 열정을 사회복지정책 연구에 쏟았다. 사회복지정책 연구가 사회적 구조 및 관계의 개혁과 사회문제 해결에 깊은 관심을 표명하는 것도 바로 이 때문이다. 그러므로 사회복지정책 연구의 유전자 속에는 바로 이러한 사회개혁적 지향이 담겨 있다. 영국에서 사회정책 연구가 분석보다는 비판에 강하다는 뒷말을 자주 듣는 것도 이러한 전통과 무관하지 않다. 그러나 오늘날 대부분의 사회복지정책 연구는 과도한 이상 추구나 체제 개혁보다는 실용주의와 점진 개혁에 중심축을 두고, 처방능력을 높이기 위한 노력과 함께, 학문적 분석과 이론화를 위해 애쓰고 있다.

끝으로 사회복지정책은 정치과정의 산물이다. 따라서 다양한 이념을 지향하는 정당들과 정치인, 정책관료, 이익집단, 유권자들의 정치적 역학관계와 정책창출 역할에 깊은 관심을 쏟을 필요가 있다. 아울러 정책결정뿐만 아니라 정책집행과정과 관료의 역할에 대해서도 유의할 필요가 있다. 주지하듯이 사회복지정책의 실질적 효과는 정책이 관료들에 의해 어떻게 해석되고 실천되느냐에 따라 결정되기 때문이다.[21]

1 Doyal, L. and I. Gough(1991). *A Theory of Human Need*. London: Macmillan.

2 Bradshaw, J.(1972). "A Taxonomy of Social Need." *New Society*. 496.

3 *Ibid*. 이 욕구의 정의는 '정의(justice)'의 요소를 내포하고 있다. 만약에 비슷한 조건의 두 집단이 있는데, 한 집단은 국가로부터 급여나 서비스를 받고, 다른 집단은 아무 것도 받지 못했다면, 제외된 집단은 비교욕구의 관점에서 불이익을 당한 것이며, 정의롭지 못한 일이다.

4 UN(2009). *Rethinking Poverty*. Report on the World Social Situation, 2010. United Nations.

5 Spicker, P.(2018). Introduction to Social Policy. http://www.spicker.uk/social-policy/socpol.htm.

6 이러한 관점에서 센(Amartya Sen)은 "민주정부는 가난한 이의 지위에 가장 중요하다."고 주장했다. Sen, A.(2001). *Development as Freedom*. Oxford: Oxford University Press.

7 Spicker, P.(2018). *Op. cit*.

8 Lewis, Jane(1992). "Gender and the Development of Welfare Regimes." *Journal of European Social Policy*. 2(3). pp.159-173.

9 Esping-Andersen, G.(ed.)(2002). *Why We Need a New Welfare State*. Oxford: Oxford University Press.

10 문진영 · 김윤영(2015). "소득보장과 사회서비스의 교환관계(trade-off) 연구." 「한국사회복지학」. 67(4).

11 Spicker, P.(eds.)(2008). *Social Policy: Themes and Approaches*. London: Policy Press.; Spicker, P.(2018). *Op. cit*.

12 공식부문과 대조되는 개념으로서 비공식부문이 제공하는 사회복지란 지역사회에 거주하는 보호를 요하는 사람들에게 가족, 친척, 친구, 혹은 이웃이 무료로 서비스를 제공하는 것을 일컫는다. 반면에, 공식부문(formal sector)은 사회사업 종사자(social workers), 케어 관리자(care managers), 지역 간호사(district nurse), 방문 보호자(home carers) 등 보수를 받는 전문 직업인 혹은 준전문 직업인으로 구성되어 있으며, 일반적으로 정부가 담당하는 대인 사회서비스를 말한다.

13 Titmuss, R. M.(1958). *Essays on "The Welfare State"*. London: Allen and Unwin.

14 Rose, R. and R. Shiratori(1986). "Introduction' in Rose, R. and R. Shiratori. *The Welfare State East and West*. Oxford: Oxford University Press.

15 Johnson, Norman(1987). *The Welfare State in Transition: The Theory and Practice of Welfare Pluralism*. Cambridge: MIT Press.

16 Barr, N.(2001). *The Welfare State as Piggy Bank: Information, Risk, Uncertainty and the Role of the State*. Oxford: Oxford University Press.

17 Hills, J.(2004). *Enequality and the State*. Oxford: Oxford University Press.

18 물적 급여인 사회서비스가 얼마나 사회적 평등에 기여하는가에 대해서는 논란이 없는 것은 아니다. 어떤 이는 형편이 나은 사람들이 자신의 욕구에 비해 불비례적으로 복지서비스의 혜택을

받는다고 주장하며, 그런 의미에서 복지국가가 중산계급에게 '포획'되었다고 비판한다. 그러나 세프톤(T. Sefton) 등은 실증적 연구를 통하여 평균적으로 하위 2/5의 소득자가 상위 1/5 소득자에 비해 두 배 가량 물적 급여의 혜택을 받는다고 밝히고 있다. Sefton, T.(2002). *Recent Changes in the Distribution of the Social Wage*. London: London School of Economics.

19 Esping–Andersen, G. and J. Myles(2007). "The Welfare State and Redistribution." in https://www.researchgate.net/publication/255583959_The_Welfare_State_and_Redistribution.

20 Spicker, P.(eds.)(2008). *Op. cit.*; Spicker, P.(2018). *Op. cit.*

21 Hill, M.(1980). *Understanding Social Policy*. Oxford: Basil Blackwell.

2

사회가치, 이데올로기와 사회복지

이 장은 크게 두 부분으로 구성된다. 앞부분(사회가치와 복지국가)에서는 자유, 평등, 권리, 정의, 민주주의 등 사회복지의 핵심적 가치를 분석하고, 이들 가치들이 복지국가 및 사회복지와 어떻게 연계되는지 살펴본다. 다음 뒷부분(이데올로기와 사회복지)에서는 자유주의, 사회주의, 보수주의 등 주요 이데올로기들의 본질을 사회복지와 연관하여 논의한다. 이들 개별 이데올로기 속에 자유, 평등 등 위에서 살펴본 주요 사회가치들이 어떻게 녹아 있는지 살펴보고, 특히 친(親)복지국가 이데올로기인 사회적 자유주의와 사회민주주의 양자에 주목한다.

1 — 사회가치와 복지국가

1) 자유

가. 자유 개념의 다양성

홉스(T. Hobbes)에 따르면, 자유란 '사슬과 감옥으로부터의 자유' 또는 '행동에 대한 외적 장애의 부재'를 뜻한다.[1] 아마도 이 고전적 정의는 자유를 가장 협의로 규정한 것으로 이해된다. 그러나 이 경우에도 '외적 장애'가 구체적으로 무엇이냐에 따라 다양한 논의가 가능하다. 신체에 직접적 영향을 가하는 물리적 장애로부터, 위협, 법 혹은 사회적 불인정(social disapproval) 등 다양하다.

자유의 조건을 보다 확대하려는 시도 중의 하나로서 자유의 개념 정의에 '복지'가 첨부되어야 한다는 입장이 있다. 즉 최소한의 생필품마저 장만할 여력을 갖추지 못한 자는 자유를 박탈당한 것이나 다를 바 없다는 논리이다. 이 입장은 뒤에서 논하는 적극적 자유의 논리와 그 맥이 통한다. 또 어떤 이는 당사자의 심리적 건전성 내지 정신적 건강, 혹은 바른 선택을 할 수 있는 윤리적 · 도덕적 바탕 등이 개념 규정에 포함되어야 한다고 주장한다. 그런가 하면 오펜하임(F. Oppenheim)은 "명사로서 자유의 개념은 막연한 객체 내지 추상적 실체의 존재를 제시하는 데 그치므로 마땅히 형용사(free–unfree)로 사용해야 한다."고 주장한다.[2]

본질적인 입장에서 자유는 '개개인이 자신의 생활양식을 스스로 결정하는 것'으로 정의할 수 있다. 하지만 누구나 자신이 원하는 바를 마음대로 할 수 있는 자유를 원하나 실제로 한 사람의 자유가 동시에 타인의 부자유를 의미할 수 있으므로, 자유의 개념과 그 한계가 보다 명백히, 그리고 구체적으로 정의될 필요가 있다.

나. 소극적 자유와 적극적 자유

벌린(I. Berlin)은 자유를 소극적 자유(negative freedom)와 적극적 자유(positive freedom)로 분류한다.[3] 소극적 자유는 위에서 논의한 협의의 자유 개념과 같은 것으로, '…으로부터의 자유(freedom from)'를 뜻한다. 즉, 당사자가 타인의 간섭 없이 자유롭게 행동할 수 있을 때 일컬어진다. 한편 적극적 자유는 '…를 할 자유(freedom to)'로, 개인이 자신의 자유 실현에 도움이 되는 일을 적극적으로 시도하고 성취할 것이 기대되며, 이를 위해 정당성을 갖춘 큰 힘, 즉 국가의 지도와 도움도 바람직하다는 입장이다. 대체로 소극적 자유론자들은 자유의 개념을 좁게 파악하여 일종의 기회(opportunity)로 이해하는 데 반해, 적극적 자유론자들은 선택할 수 있는 인간의 적극적 능력에 주목하고 있다. 토니(R. H. Tawney)는 후자의 관점에서 자유는 명목상이 아닌, 실질적 대안 중에 선택할 수 있는 힘이라고 정의한다.

소극적 자유론자들은 개인과 국가의 관계에서 국가의 제약이 부재하거나 그것이 최소한으로 규정될 것을 필수조건으로 생각한다. 이때 국가의 역할은 기본권의 보호 수준에 머무르게 된다. 반면 적극적 자유론자들은 개인이 자기 자신의 주재자로서 그 본연의 목적을 추구하는 과정에서 이를 어렵게 만드는 사회구조나 기타의 비인간적 세력을 극복해야 하는데, 이때 국가가 적극적으로 나서면 진정한 자유를 성취할 수 있다고 본다. 그런 의미에서 적극적 자유의 개념은 '국가에 의한 자유'를 추구한다. 이 관점은 무엇보다 복지국가에서 국가권력의 정당성을 확립시켜 준다는 데 큰 의의가 있다.

사회복지국가의 지지자들은 직업선택의 자유, 개인의 독창력과 책임을 발휘할 수 있는 기회, 개인의 기업활동 등과 같은 자유주의적 자유 개념의 핵심, 즉 소극적 자유의 가치를 인정한다. 그러나 여기에 사회입법 등을 통한 '국가에 의한 자유'가 첨가되지 않는 한, 그러한 자유는 단지 소수만이 향유할 수 있다고 믿는다.

다. 자유의 세 가지 측면

소극적 자유와 적극적 자유의 유형화는 그 지나친 대척적 구성 때문에 자주 비판의 대상이 된다. 비판적 시각에 따르면, 양자는 실제로 절대적 모순관계에 있는 것이 아니라, 각기 동일한 자유 개념의 상이한 측면이라는 것이다.

이런 관점에서 매캘럼(G. MacCallum)은 '세 짝 한 벌'의 자유의 개념을 제시하고 있다.[4] 그에 따르면, 자유는 '*X*가 *Y*로부터 *Z*를 하는 데(하지 않는 데, '*Z*'가 되는 데, 되지 않는 데) 자유롭다(자유롭지 않다)'의 형식을 취한다는 것이다. 여기서 *X*는 당사자(행위의 주제), *Y*는 장애, 간섭 등 제약 조건, *Z*는 행동 또는 상황조건을 뜻한다.

따라서 적극적 내지 소극적 자유는 대안적 개념이 아니라 동일한 기본개념 내의 강조점의 차이라는 것. 즉 소극적 자유는 *X*와 *Y*의 관계, 적극적 자유는 *X*와 *Z*를 강조한다는 것이다.

2) 평등

평등 개념 역시 무척 다의적이다.[5] 사회복지국가는 성별, 부, 전문적 배경을 초월하여 어떠한 인간도 정당한 업적을 이룩하도록 고무될 뿐만 아니라, 자신의 활동이 다른 동료 시민들과 비교하여 정당한 보상을 받을 수 있는 사회적 환경의 창출을 꾀한다는 의미에서 평등의 개념과 밀접하게 연관된다.

가. 기회의 평등과 결과의 평등

기회의 평등은 만인이 똑같은 보상을 받아야 한다고 주장하는 대신, 누구나 똑같은 기회를 가져야 한다고 밝히는 데 그친다. 그러나 사람들은 실제로 천부적 자질, 가정적 배경, 교육의 정도 등에 있어 차이가 크므로 사회 내의 여러 지위에 접근할 수 있는 기회에 있어 차이가 크다. 따라서 기회의 평등을 단순한 법적 평등 내지 시민권적 평등의 차원에서 이해하는 경우, 실제로 적지 않은 결과의 불평등을 초래하게 된다. 최근 기회의 평등을 생애주기와 연관하여 전 생애적 관점에서 이해하는 경향이 두드러진다.

결과의 평등은 글자 그대로 해석하자면 '완전평등화(complete leveling)'를 뜻한다. 이 경우 일반 사회적 권리뿐만 아니라 경제재(經濟財)까지도 그 구성원 모두에게 동일하게 배분될 것이 요구된다. 그러나 오늘날 대부분의 평등주의자들도 이는 바람직한 것도, 가능한 것도 아니라고 생각한다. 따라서 결과의 평등을 주장하는 사람도 "완전평등에 가까우면 가까울수록 더욱 정의롭다."는 상대적 입장으로 선회하고 있다.

대체로 복지국가의 지지자들은 평등의 개념을 협의의 기회의 평등에서 한 걸음 더 나아갈 것을 추구한다. 그러한 관점에서 경제적 영역에서 요구되는 평등은 사회적 계급의 분화를 심화시키는 심대한 소득격차가 줄어든 상태가 된다.

나. 평등과 형평

일찍이 아리스토텔레스는 분배적 정의(distributive justice)를 그 평등주의적 요소와 실적주의적 요소에 따라 수적 평등(numerical equality)과 비례적 평등(proportional equality)으로 나눴다. 이때 수적 평등은 '모든 이에 대한 똑같은 대우(the same treatment of everyone)' 내지 '모두에게 똑같은 몫(to all an equal share)'을 의미한다. 한편 비례적 평등은 '실적에 따른 유사한 사람들에 대한 똑같은 대우(the same treatment of similar persons *or* to each according to his or her merit or virtue)'를 뜻한다. 흔히 전자는 평등(equality)으로 후자는 형평(equity)으로 이해하는 경우가 많다.

사회복지정책에서 자원과 기회의 배분이 평등화되도록 급여를 할당할 때 이는 평등의 가치를 고려한 것이다. 한편 기여도(deservedness)에 따른 공정한 처우(fair treatment)에 입각할 때, 이는 형평의 가치를 중시한 것이다.

다. 실적주의적 분배와 욕구중심의 분배

평등의 정당성을 논의할 때, 실적주의(meritarianism)와 욕구중심주의(need-based principle)로 대비된다. 여기서 실적주의는 위의 비례적 평등 내지 형평에 해당하는 개념으로 개개인은 사회에 대한 자신의 공헌도에 따라 그에 상응하는 몫을 받는 게 마땅하다는 입장이다.[6] 실적주의 원칙은 대체로 기회의 평등, 성과지향, 경쟁 등을 강조하는 입장으로서, 자본주의적 경제체제의 중요한 구성원리가 되고 있다. 한편 욕구중심주의에 따르면, 개개인은 그들의 욕구 내지 필요에 따라 보상되어야 마땅하다는 입장이다. 이 원칙을 가장 앞세우는 마르크스에 따르면, 공산주의 단계에 이르면, 인간은 '능력에 따라 일하고 필요에 따라 분배받게' 된다.

그러나 문제는 보상의 기준을 실적으로 하느냐 아니면 욕구로 하느냐에 못지않게, 어느 종류의 실적, 어느 종류의 욕구가 고려되어야 마땅하냐에 있다고 본다. 특히 욕구의 경우, 어떤 종류의 욕구를 어느 수준으로 충족시켜 주느냐의 문제는 만만치 않다. 따라서 많은 이들은 기본적 욕구(basic need)의 개념을 중시하고, 기본욕구의 균등한 만족을 강조한다. 기본적 욕구의 충족은 자칫 명목상의 평등에 머물 수 있는 기회의 평등 원칙의 실효성을 높이기 위한 주요한 전제가 되며, 실적주의도 그 공정성을 주장하기 위하여 어차피 기회의 평등 원칙 위에 서야 하므로, 기본욕구 충족은 공통분모의 구실을 하게 된다.

라. 평등의 효과

대체로 평등의 가치를 중시하는 논자들은 평등이 사회정의, 연대성뿐만 아니라 경제적 효율성과 자유도 증진시킨다는 점을 강조한다.

토니(R. H. Tawney)는 "평등은 정당한 인간관계의 길을 인도한다. 평등은 동료애의 기반을 형성한다."라고 말한다.[7] 즉 참된 협동과 우애는 동등한 관계에서만 창출될 수 있다는 것이다. 그런가 하면 뮈르달(Gunnar Myrdal)은 평등이 경제적 효율성을 제고한다는 관점에서 "불평등은 인적 자원을 낭비시킨다."는 점을 부각시킨다. 즉 뒤진 집단의 존재는 사회정의뿐만 아니라 경제적 효율성의 성취를 어렵게 만든다는 것이다.

평등은 또한 자유를 확산시키는 도구적 역할을 수행한다고 본다. 즉 평등은 권력자에 의해 약자가 억압받는 기회를 감소시킴으로써 뒤진 집단의 자유를 증진시킨다는 것이다. 이렇듯 평등은 보다 본질적으로 인간성을 확장시키는 점이 부각된다.[8]

3) 권리

권리는 본질적으로 개인 주장의 정당성을 뜻하는 법률적 개념이다. 사회정책의 맥락에서 권리의 중요 쟁점은 사회급여와 서비스에 대한 주장들이 국가권력에 의해 뒷받침되는 게 마땅한지 여부에 관한 것이다. 개인적 권리는 사회정의의 개념과 밀접히 연관된다.

권리가 복지국가와 사회정책의 주요 쟁점으로 등장하는 데는 마샬(T. H. Marshall)의 기여가 컸다. 그는 영국의 경험을 바탕으로 지난 300년간에 걸친 근대화 과정을 시민권(citizenship)의 확장과정으로 이해하고, 이를 18세기 공민권(civil rights), 19세기의 정치권(political rights) 그리고 20세기의 사회권(social rights)의 누적적 전개로 설명했다. 이로써 오늘날 국가에 의해 제공되는 복지급여와 서비스는 시민들의 당연한 권리로서 정당화되었다.

복지영역에서 제반 주장들은 여러 가지 방식으로 권리로서 정당화될 수 있다. 그 대표적인 것이 자격/공적(desert), 필요/욕구(need), 능력(capability)이다. 사회적으로 취약한 집단들은 특권층에 대항하여 이들 여러 가지를 바탕으로 자신들의 권리를 내세우며 정치적 공세를 취한다. 이 중 응분의 보상을 뜻하는 자격은 전형적으로 그 사회의 규범적 체계, 특히 가족윤리나 노동윤리와 깊게 연계된다. 사회권과 그것이 시행되는 방식과 연관하여 특정 집단의 자격에 관한 관점이 매우 중요하다. 예컨대 모성(motherhood)이나 재향군인과 같은 집단의 속성과 활동은 사회로 하여금 이들에게 일정한 서비스를 제공할 의무를 부과한다. 신자유주의가 풍미하면서 자격 규정은 더욱 엄격해지고 있다. 자격에 대한 강조는 복지에 대한 우파적 접근의 중심축이다. 그러나 최근 좌파들도 개인적 기여와 책임을 강조하는 추세이다.

필요/욕구에 기초한 접근을 하는 사람들은 의식주의 기초보장처럼 정부가 마땅히 의무적으로 보장해야 할 일정 부류의 인간적 필요를 확인할 수 있다고 주장한다. 그러나 실제로 이 접근은 경쟁적인 다양한 필요들 간에 선택해야 하는 문제 때문에 어려움을 겪는다. 이 접근은 정부의 피할 수 없는 의무로서 복지의 정당화를 위해 매우 의미심장한 논거를 제시한다.

그런가 하면 능력 접근은 노벨 경제학상을 받은 센(Amartya Sen)의 저작을 통해 크게 각광을 받았다.[9] 센은 개인이 지니는 능력의 관점에서, 웰빙(wellbeing)은 그가 의미 있는 삶을 추구하기 위해 향유하는 본질적인 자유(substantive freedom)라고 이해한다. 이렇게 볼 때, 빈곤은 능력의 박탈(deprivation of capabilities)을 의미하며, 이를 구제하는 책임은 대체로 정부가 지게 된다.[10] 그러나 이 관점은 인간이 원래 자율적 · 독립적이며 자기성찰적이라는 얼마간 비현실적인 가설 위에 서 있기 때문에 그 한계가 노정된다.

4) 사회정의

사회정의는 "누가 무엇을 얻는 것이 마땅한 일인가?"의 쟁점, 즉 정의로운 자원할당(resource allocation)의 문제이다. 위에서 살펴본 평등과 권리에 관한 논거들은 정의에 대한 주장들의 토대를 제공한다. 사회정의에 관한 주장은 대체로 두 가지 부류로 나뉘는데, 그 하나는 개인적 기여와 형편에 따르는 것이 정의로운 할당이라는 개인주의적 접근이고, 다른 하나는 사회적 요소들을 고려해야 한다는 사회적 접근이 그것이다. 전자의 가장 대표적 학자가 노직(R. Nozick)이고 후자의 대표주자는 롤스(J. Rawls)이다.

노직은 자유지상주의(libertarianism)의 관점에서, 국가가 그 역할을 개개인의 자유 및 권리보호에 한정할 때, 최소국가가 가장 바람직한 국가라고 주장한다. 그러므로 재화와 용역을 자발적으로 교환하는 시장체제는 보호받아야 마땅하며, 개인이 노동을 통해 얻은 재화를 전유(專有)하거나 재분배하는 것은 개인의 자율성을 침해하는 것이다. 따라서 빈부의 격차가 아무리 크더라도 취득과 양도 과정에 하자가 없는 한, 이 분배상태는 정의롭다는 입장이다.[11]

한편 롤스는 일종의 사회계약의 개념을 활용하여 분배적 정의의 문제를 풀어보려고 시도한다. 그의 사회적 정의에 대한 관점은 기본적으로 '무지의 베일(a vail of ignorance)'의 개념에 기초하고 있다. 그 핵심적 아이디어는 만약 사람들이 그들이 장차 사회에서 차지하게 될 지위를 알지 못하고, 또 그들이 아무런 기득이익이 없다면, 그런 상황에서 합의하게 될 내용이 정의로운 질서라는 것이다. 그의 '공정으로서의 정의(justice as fairness)'는 두 가지 원칙으로 구성되는데, i) 제1원칙(평등의 원칙)은 모든 사람이 다른 사람의 자유와 상충되지 않는 한도 내에서 가장 광범한 자유를 누릴 동등한 권한을 가져야 하며, ii) 제2원칙(차등의 원칙)은 a) 불평등으로 생겨난 이익은 최소 수혜자(the least advantaged, 사회적 약자)에게 최대의 이익이 되게 하여야 하며, b) 공직과 지위는 공정한 기회균등의 조건 아래서 모든 사람들에게 개방되어야 한다는 것이다.[12]

원칙적으로 자유와 평등의 조화를 추구하는 롤스의 정의관에서, 사회정책에 가장 큰 영향을 미친 대목은 "최소 수혜자에게 최대 이익이 돌아가야 한다."는 차등의 원칙(principle of difference) a)이다. 경제적 불평등은 사회적 약자에게 더 많은 기회를 주는 방식으로 조정되어야 한다는 그의 이 관점은 에스핑 앤더슨을 비롯한 많은 이들에게 영감을 선사했다.

5) 민주주의, 연대성, 안전보장, 경제적 효율성[13]

가. 민주주의

복지국가 이론가들은 민주주의 개념을 정치적 엘리트들 간의 선거경쟁을 둘러싸고 벌어지는 형식적 민주주의에 한정하지 않고, 그것이 시민들의 경제 및 사회생활 속으로 확대되어야 한다고 주장한다. 이러한 참여민주주의적 관점은, 정치나 공공정책이 엘리트들만의 소관사가 아니라, 그와 이해관계가 있는 시민들의 관여 사항이라는 점을 분명히 일깨워 준다. 그런 의미에서, 복지국가론자들의 민주주의에 대한 관점은 밀(J. S. Mill)의 아래와 같은 기본전제에 바탕을 두고 있다.[14]

i) 모든 시민이 정책결정과정에 참여할 때, 비로소 그들의 이익이 보장될 수 있다.
ii) 참여를 통하여 시민은 자신의 이익을 지킬 수 있는 능력을 키우도록 훈련된다.
iii) 참여는 단순히 자신의 이해관계를 넘어 전체의 복지를 위한 책임감을 제고함으로써 개인의 퍼스낼리티를 확장한다.

이 관점은 사회복지와 연관하여 개개인은 지방정부 및 사회복지정책 유관 전문조직의 관리 및 의사결정과정에 참여하는 것이 바람직하며, 아울러 기업 내 노사공동 의사결정을 핵심으로 하는 산업민주주의에 대해서도 매우 적극적인 입장이다.

나. 연대성(solidarity)

복지국가는 연대성, 유대, 우애, 공동체 의식을 크게 강조한다. 이는 자본주의적 시장경제가 지니는 취득경쟁과 교환관계에 대조되는 덕목들로서, 협력과 박애, 동료애와 연민 등이 그 바탕을 이룬다. 연대성은 특히 북구 여러 나라와 프랑스에서 강조된다. 연대성의 기본적 입장은 누구도 타인의 도움과 협력 없이는 아무 것도 성취할 수 없으며, 따라서 개인은 자신의 공헌이나 권리주장에 있어서 겸손할 필요가 있다는 것이다.

다. 보장(security)

사람은 누구나 예측하기 어려운 무수한 위험 앞에 서게 되며, 특히 통제되지 않는 자본주의 경제는 인간존재의 위험성을 증대시킨다. 따라서 불안정(insecurity)의 발생을 미연에 방지하기 위한 예방적 기획과 조처가 필요하다. 사회보험과 같은 예방적 사회정책은 생애주기에서 인간생활의 일상적 비극이나 재난으로부터 개인의 삶을 보장한다.

라. 경제적 효율성(economic efficiency)

사회복지의 관점에서 볼 때, 경제적 효율성은 시장경제의 자율성에서 자연스럽게 드러나는 결과가 아니다. 오히려 그것은 정부가 시장경제의 미비점을 교정하기 위해 의식적으로 개입하는 제반행위들, 즉 안정되고 높은 수준의 총수요를 유지하고, 생산활동의 애로를 완화하며, 독과점을 제한하고, 공해와 같은 외부성에 효율적으로 대처하는 공적 활동의 결과로 이해된다.

2 — 이데올로기와 사회복지

1) 이데올로기의 의미와 분류체계

이데올로기는 세계, 인간성, 도덕, 사회 및 정치에 대해 개인이나 집단 혹은 사회가 내면화하고 있는 아이디어의 집합체 내지 신념체계이다. 이데올로기는 하나의 포괄적인 규범적 비전이므로, 이를 공유하는 사람들은 대체로 인식대상에 대해 일관성 있는 해석과 관점을 지닌다. 따라서 정치행위자의 행태나 정책의 변화, 그리고 사회 변화를 이해하기 위해서는 그 배경에 있는 이데올로기의 추이를 바르게 이해하는 것이 필수적이다.

역사적으로 볼 때, 시대에 따라 그 시대를 풍미하는 지배적 이데올로기가 있었던 경우가 적지 않다. 그러나 근·현대사는 대체로 주요 이데올로기 간의 갈등과 투쟁으로 점철된다. 전후 현대사에서 '이데올로기의 종언'이 공공연히 운위된 적이 두 번 있었다. 그 첫 번째는 1960년대 초였다. 이 시기 서구에서는 순조로운 자본주의적 산업화와 복지국가화의 영향으로 많은 이의 생활 수준이 향상되고 정치이념이나 계급에 바탕을 둔 정치 · 사회적 갈등이 크게 완화되었다. 이러한 배경 아래서 벨(D. Bell)을 비롯해서 많은 정치이론가들이 이데올로기적 논쟁이 불필요한 시대가 열렸다고 공언했다.[15] 그러나 1970년대 초·중반 이후 서구 경제의 침체와 복지국가의 위기는 다시 좌파와 우파 간의 이데올로기 논쟁을 격화시켰다. 이데올로기의 종언이 두 번째 그 모습을 드러낸 것은 1980년대 말이었다. 후쿠야마(F. Fukujama)는 그의 저서 「역사의 종말」에서 동구의 붕괴를 예로 들면서, 자유주의적(자본주의적) 민주주의가 모든 다른 제도를 초월해서 최종적으로 승리했음을 천명하며, 이 제도는 '인류의 이데올로기적 진화의 종점'이자 '인간 최후의 정부형태'라고 표현했다. 그 당시 이미 신자유주의가 시대를 풍미하고 있었고, 이후 현실사회주의(공산주의)는 지구상에서 거의 사라졌다. 하지만 이데올로기적 논쟁은 그 정도의 차이가 있을지언정 세계 곳곳에서 계속되고 있으며, 사회복지가 그 논란의 중심에 있는 경우가 많다.

여기서는 복지와 연관된 이데올로기를 자유주의, 사회주의, 보수주의로 크게 나누고, 자유주의를 다시 고전적 자유주의와 사회적 자유주의로, 그리고 사회주의를 사회민주주의와 마르크시즘으로 재분류하고자 한다. 이렇게 되면 고전적 자유주의–사회적 자유주의–사회민주주의–마르크시즘은 반(反)국가 대 친(親)국가의 일차원적 연속선 위에서 체계적으로 배열되고, 보수주의는 자유주의 및 사회주의와 더불어 3자 간의 역동적 상호 관계의 맥락에서 논의가 가능하다.

미리 간략히 정리하면, 위의 이데올로기들 중, 일차원적 연속선의 중간에 자리한 사회적 자유주의와 사회민주주의는 친(親)복지국가 이데올로기이고, 양쪽 주변에 위치한 고전적 자유주의와 마르크시즘은 반(反)복지국가 이데올로기이다. 자유와 평등이라는 복지국가의 핵심적 사회가치의 맥락에서 볼 때, 친복지국가 이데올로기인 사회적 자유주의와 사회민주주의는 양자를 다 같이 중시한다. 그러나 굳이 그 우선순위를 따지자면, 전자는 자유를, 그리고 후자는 평등을 앞세운다.

한편 보수주의는 가능한 한 자신의 고유한 전통적 가치를 지키면서 새로운 시대적 흐름에 적응하기 위해 적지 않은 타협과 절충을 시도했다. 따라서 그 이념적 일관성과 응집력은 자유주의와 사회주의에 비해 떨어지며, 복지국가관도 시대에 따라 일정치 않다. 따라서 그 참모습도 자유주의와 사회주의와의 역동적 관계 속에서 드러난다.

이 장에서는 정치 이데올로기의 성격을 띤 거대 이데올로기 중심으로 논의한다. 따라서 1970년대 이후 크게 부상한 페미니즘과 생태주의는, 비록 사회복지와 연관하여 이데올로기적 성격이 강하나, 이 책의 제5장 복지국가 이론과 유형론에서 따로 논의한다.

2) 자유주의

가. 고전적 자유주의(Classical Liberalism)

고전적 자유주의는 19세기 초 영국에서 자본주의적 산업화의 여명기에 대두되었는데, 전형적으로 자유방임주의, 자연권, 개인주의, 최소국가론을 바탕으로 하고 있다.

자유에 대한 고전적 자유주의자의 입장은 강제의 부재(不在), 제약의 결여 내지 불간섭을 뜻한다. 따라서 벌린(I. Berlin)의 이른바 소극적 자유에 해당하며, 이 경우 자유는 '국가로부터의 자유'를 뜻한다. 19세기적 자유방임주의 내지 야경국가적 국가관을 그 바탕으로 하고 있다. 자유에 대한 이들 자유주의자들의 관심은 본질적으로 법적 · 정치적인 것이다. 따라서 그 내용도 협의적이며 단순하다. 이들은 특히 개인의 사적 영역에 대한 정부의 관여나 간섭을 기피한다. 그러므로 자연히 국가의 기능은 최소한에 머무르게 된다. 그런 가운데, 고전적 자유주의는 19세기 이래 다양한 정부와 시장의 관계에서 벤담(J. Bentham)과 같은 효용성에 기준을 두는 공리주의적 관점에서 밀(J.S. Mill)과 같이 자유의 극대화를 위해 최소한의 필요한 공공재를 인정하는 것에서부터 다양한 이념적 스펙트럼으로 진화했다.

현대의 대표적 자유주의자인 프리드먼(M. Friedman)에 따르면, 자유를 보전하기 위해서는 정치권력을 제한하고 분권화해야 마땅하다. 그는 특히 정부의 역할에 대해, "법과 질서를 유지하고 사적 계약의 실효성을 보장하며 경쟁적 시장을 튼튼히 하는 데 그쳐야 한다."고 주장한다.[16]

고전적 자유주의자들은 특히 '자유 사기업 교환경제(a free private enterprise exchange economy)'를 특성으로 하는 이른바 경쟁적 자본주의를 표방하며 경제적 자유주의와 정치적 자유주의의 밀접한 연관관계를 강조한다. 자유를 최우선시하는 이들은 자유의 보완적 가치로서 개인주의(individualism)를 중시하며 아울러 자조(自助)의 정신을 높게 평가한다. 하이에크(F. Hayek)에 따르면, 개인주의는 인류에게 18, 19세기의 경제적 진보를 선사하고 아울러 우리가 향유하는 정치적 자유의 바탕을 마련해 준 '인류문명을 창조한 힘'이다.[17]

고전적 자유주의자들은 인간능력의 편차를 강조하고 거기서 비롯되는 불평등의 불가피성 내지 그 순기능에 주목한다. 따라서 평등에 대한 이들의 관심은 기껏해야 권리의 평등 내지 가장 좁은 의미의 기회의 평등일 뿐, 물질적 평등이나 결과적 평등에 대해서는 극히 부정적이다. 이들에 따르면, 평등의 개념을 소득과 부의 차원까지 확대하는 경우, 이는 불가피하게 정부의 강제력의 동원을 초래하므로 바람직하지 못하며, 일에 대한 개인의 노동유인에 유해한 영향을 미쳐, "황금알을 낳는 거위를 죽인다."고 잘라 말한다.

이처럼 고전적 자유주의자들은 분배적 정의를 거의 전적으로 '보이지 않는 손'에 의지하며, 경제재의 자유경쟁적 분배만을 선호하므로 결과적으로 현대 자본주의사회의 사회적 불평등문제에 대해서는 외면하고 있다. 그 때문에 라이언(Ryan)은 오늘날 자유주의는 보수주의로 변모하였으며, 빈자들에게 빈곤의 책임을 전가하는 '희생자비난 이론'의 논리로 전락했다고 비판하고 있다.[18]

고전적 자유주의자들은 복지국가에 대해서도 부정적이다. 우선 이들은 복지국가화에 따른 '개인의 몰락과 사회적 생명력의 쇠잔'을 문제삼는다. 이들의 비판의 요지는 국가적 복지주의는 개인의 자조능력, 성취능력을 마비시켜 끝내는 활력을 잃은 정체적 사회를 낳는다는 것이다. 따라서 이들의 경우 사회복지의 개념은 다분히 잔여적(殘餘的, residual)이며, 자산조사(means test)를 바탕으로 선별주의(selectivity) 원칙이 적용되어야 한다는 것이다.

나. 사회적 자유주의(Social Liberalism)

베버리지(W. Beveridge), 케인즈(J. M. Keynes), 갤브레이스(J. K. Galbraith) 등은 수정공리주의자, 소극적 집합주의자 등으로 일컬어지고 있으나, 여기서는 편의상 사회적 자유주의자로 통칭하고자 한다. 사회적 자유주의는 지적 실용주의(intellectual pragmatism)와 인도주의(humanism)를 바탕으로, 이미 자기규제력을 잃은 시장자본주의를 수정하여 그 본질적 요소를 활성화시켜 보려는 관점이다. 이들은 자본주의는 적지 않은 결함을 지니고 있으나 그것은 근본적이라기보다 수정 가능하다고 믿으며, 자본주의에 내재하는 비효율성과 부정의를 배제하기 위해서는 정부의 개입, 즉 적절한 규제와 통제가 필요하다는 입장을 피력한다.

사회적 자유주의는 문제접근에 있어서 이데올로기보다는 구체적 상황논리와 실용주의적 문제해결에 역점을 두며, 강력한 인도주의를 바탕으로 실업 및 빈곤 등 다양한 사회악을 추방하는 데 남다른 정열을 기울였다. 영국형 복지국가의 창출과 전후 복지국가의 전개, 그리고 미국의 '뉴딜' 및 '빈곤과의 전쟁(War on Poverty)' 등의 전개에 적지 않은 영향을 미쳤다.

이들에게 있어 자유는 개인주의 및 경쟁적 사기업에 대한 신념과 더불어 근본적 가치이다. 그러나 이들에게 있어 자유의 개념은 고전적 자유주의자들의 그것에 비해 폭넓게 해석되고, 자유의 사회적 맥락에 대하여 깊은 관심을 기울인다. 베버리지에 따르면, "자유(liberty)는 정부의 자의적 권력으로부터의 자유(freedom) 이상을 의미한다. 그것은 결핍과 불결 및 다른 사회악으로부터의 자유를 의미한다."[19] 따라서 이들의 관심은 소극적 자유의 개념을 넘어서 적극적 자유의 개념으로 선회하고 있다.

이들 사회적 자유주의자들의 주된 관심은 사회적 불균형의 늪에서 허덕이는 시장자본주의를 보다 안정적 · 효율적으로 개선하는 데 있었다. 그러나 이들의 지적 관심은 적극적으로 평등을 성취하는 데 있기보다 오히려 사회적 불평등을 줄이는 데 있었다. 이러한 소극적 입장 때문에 이들은 사회 내의 일반적 불균형 구조를 허물기 위한 노력보다는 제한된 종류의 불평등을 줄이는 데 더 힘을 쏟았다. 따라서 이들이 특히 관심을 기울였던 분야는 고용, 교육, 보건 등이었는데, 이들 분야에 있어서 불평등의 지속은 경제적 · 사회적 내지 군사적으로까지 그 역기능이 심각하다는 것이다.

사회적 자유주의자들은 지나친 불평등은 마땅히 줄여야 하나, 일에 대한 동기유인 때문에 차별(differential)이 없어져서는 안 된다는 입장을 지켰다. 또한 이들은 불평등의 수정전략의 구상에 있어서도 자유시장제도에 대한 직접적이고 본질적인 도전은 피했고, 소득이나 부의 평등화에 있어서도 비교적 소극적 입장에 머무른다. 그런 의미에서 이들의 기본적 입장은 기회의 평등이라고 볼 수 있다. 그러나 이들은 법적 · 정치적 평등에만 집착하는 고전적 자유주의자들에 비해 기회의 평등의 개념을 보다 폭넓은 사회적 맥락에서 이해하려는 경향이 두드러진다.

사회적 자유주의자들에 따르면, 자본주의는 자율적이지 못할 뿐만 아니라 낭비적이고 비효율적이며, 자원배분을 제대로 못한다는 것이다. 뿐만 아니라 자본주의는 그 자체로서 빈곤이나 부정의를 제거할 수 없다고 본다. 이러한 관점에서 이들은 특히 경제 관리 및 사회복지와 연관하여 '적극적 국가(active state)'를 표방했다. 케인즈는 개인의 행동과 사회 전체의 필요 사이에서 빚어지는 '구성의 오류(fallacy of composition)'를 해소하기 위하여 정부의 공공지출은 반드시 필요하다고 주장한다. 그에 따르면 시장경제의 최대 약점은 유효수요의 부족이다. 따라서 정부는 총수요관리정책을 통하여 간접적으로 경제활동에 개입하게 된다. 그러나 케인즈는 정부활동은 조정되지 않는 개인적인 노력에 의해 얻어낼 수 없는 결과를 성취하는 데만 국한되어야 한다고 믿었다.

1942년 이른바 베버리지 보고서(원명: Social Insurance and Allied Services)에서 강조한 '국민적 최저선(national minimum)'의 개념은 사회적 자유주의자의 복지국가관의 주요한 기조이다. 여기에는 두 가지 이유가 있으니, 그 하나는 보다 관대한 혜택은 개인적 책임을 손상시키며, 두 번째로 최소한 이상의 혜택은 개인의 책임이지 결코 사회적 책임이 아니라는 것이다. 갤브레이스도 정부의 복지서비스 확장에 동조하였으나 그 한계는 명백히 의식하고 있었다. 즉 그의 주된 관심사는 국가가 사기업에 의하여 적절하게 공급되지 않는 것을 제공하는 일, 저소득이나 소득상실로 인해 야기되는 결핍을 제거하는 일 내지 풍요로 인하여 새로이 생겨난 욕구에 대응하는 일이다. 따라서 그의 관심의 초점이 평등–불평등 문제보다는 빈곤문제였으며, 재분배

보다는 사회적 균형의 문제에 집중되었다.[20]

3) 사회주의

가. 사회민주주의

현대의 사회주의는 워낙 그 갈래가 많아서 명료하게 나누기는 쉽지 않다. 여기서 말하는 사회민주주의는 영국의 노동당과 독일이나 스웨덴 등의 사회민주당과 같이 의회주의를 통한 점진적인 개량을 통해 자본주의 국가를 바꿀 수 있다고 믿는 온건한 사회주의의 관점이다.

위에서 살펴본 두 자유주의의 경우, 가치의 우선순위에 있어 자유가 평등에 앞섰으나, 사회주의자들의 경우 그 유파에 따라 편차가 있으나 대체로 그 차례가 바뀐다. 따라서 많은 경우 평등이 우선적 가치이며, 자유는 평등과 연관하여 그 의미가 주어지는 맥락이다. 즉 자원이나 권력의 불평등이 존재한다면, 다른 이에게 종속될 수밖에 없으므로, 자유는 자연 평등에 의존하게 된다는 논리이다.

그러나 사회민주주의자들은 자유의 의의에 대해서도 깊이 공감하며, 자유에 대한 신념을 명백하게 표방하고 있다. 1951년 '사회주의 인터내셔널'의 원칙선언에서 이들은 "사회주의자는 민주적 수단으로 자유 속에서 새로운 사회를 추구한다. 자유 없는 사회주의는 존재하지 않는다." 라고 설파하고 있다. 다만 자유를, 보다 폭넓은 사회적 · 경제적 맥락에서 이해해야 된다는 것이 그들의 입장이다. 즉 이들에 따르면, 진정한 자유는 심화된 경제적 불평등과 어우러질 수 없기 때문에, 자유의 개념을 정치적 영역에서 경제적 영역으로 확대시켜야 한다는 것이다.

이들은 특히 자유란 정부의 비(非)활동(government inaction)에 의하여 얻어지는 것이라기보다 오히려 그 활동의 산물이라는 점을 강조한다. 그러므로 정부는 사회 내의 힘 있는 개인이나 집단의 법적 · 정치적 · 경제적 자유를 불가피하게 제한하게 되는데, 그들의 자유의 제약은 타인의 기본적 자유를 보장하는 데 필요하기 때문이다.[21] 사회민주주의자들의 평등에 대한 신념은 투철하다. 영국의 페이비언 사회주의자인 크로스랜드(Crosland)에 따르면 사회적 평등은 "실질적으로 모든 사회주의 교의 중에서 가장 강력한 윤리적 영감이며, 오늘날까지도 사회주의 사상의 가장 두드러진 특징이다."[22]

사회민주주의자들은 평등의 실현은 사회적 통합, 효율, 사회정의 및 자아실현을 위해 필수적이라고 본다. 우선 이들은 보다 큰 평등은 사회통합을 위해 불가결(不可缺)하다는 점을 강조한다. 또한 이들은 불평등은 비효율을 낳는다는 점을 지적한다. 즉 자유시장경제는 필요(need)가 아닌, 수요(demand)에 따라 반응하므로 여기서 비롯되는 거대한 불평등은 생산능력을 잘못된 방향으로 이끌며, 아울러 불평등구조는 인간의 재능을 크게 낭비한다는 것이다. 이 밖에도 불평등은 자연권의 부정을 뜻하므로 사회주의 이념에 반하며, 또한 자아실현의 기회를 축소시킨다고 주장한다.[23]

민주사회주의자들은 불평등 사회에서 기회의 평등이 내용 없는 허구가 되어 버리는 점을 크게 우려한다.[24] 따라서 이들은 광의의 기회의 평등 내지 실질적 기회의 평등을 추구한다. 그렇다고 보다 평등한 사회를 위하여 소득이나 부의 평등화 내지 결과의 평등까지 주장하고 나서지는 않는다. 이들은 인간의 역할, 능력 및 선호의 다양성을 수긍하며, 소득평등화를 위한 무리한 규제가 자칫 무리를 낳을 수 있음을 인정한다.

그러나 대체로 민주사회주의자들의 평등의 관점은 기본적으로 실적주의 이상을 의미한다. "(그들의) 평등관은 자연적인 능력차이가 크고 근본적인 것이라 할지라도, 그것이 개인의 삶의 기회를 결정하도록 용납되어서는 안 되며, 사회의 개입으로 균형을 되찾도록 해야 한다. 신체적 · 지적 약점으로 나타나는 이러한 차이는 결코 제거할 수 없으나 관용스러운 사회적 분위기 속에서 감소될 수 있으며, 사람의 노력에 따라 그것이 사회적 차별을 낳지 않도록 할 수 있다. 자연에 의해 주어진 불리함이라고 해서 인간이 어떻게 할 수 없는 것으로 생각해서는 안 된다."[25]

자유주의자들에 있어 자유의 개념이 필연적으로 개인주의와 결연되듯이, 사회민주주의자들에게 평등은 우애(fraternity) 및 연대(solidarity)와 밀접히 연관된다. 우애란 경쟁보다는 협동, 권리보다는 의무, 개인보다는 공동체를 강조하는 것으로 사회주의 휴머니즘의 정수(精髓)이다.

사회민주주의자들은 또한 민주주의를 시민들의 모든 생활영역, 특히 사회적 · 경제적 생활영역까지 확대하는 데 치열한 관심을 표명한다. 따라서 시민들은 전통적인 선거과정에의 참여를 넘어 지방자치단체 및 사회복지기구의 운영, 그리고 공장 등 산업조직의 주요 의사결정과정에의 참여를 강조하고 있다. 특히 노동자의 경영참여

를 내용으로 하는 산업민주주의는 스웨덴, 독일 등 중·북구 사회복지국가의 주요한 특징이 되고 있다.[26]

사회민주주의는 절대화된 시장모형이나 계획모형이 아닌 혼합경제모형을 추구한다. 독일 사회민주주의의 '탈(脫)마르크스주의화(化)'의 이정표가 되었던 고데스베르크(Godesberg) 강령을 보면, "사회민주주의적 경제정책의 목표는 복지의 끊임없는 증대, 국민경제 생산물에의 모든 사람의 공정한 참여, 모욕적인 종속과 수탈이 없는 자유로운 생활"이라고 밝히고 있다. 이들은 위의 목표를 달성하기 위하여 경제적 권력은 민주적으로 통제되어야 한다는 점을 강조하고 있으나, 생산수단의 사적 소유의 폐지나 자본주의의 소멸 등에 관하여는 더 이상 언급하지 않았다.

영국 노동당이 표방하는 사회민주주의는 대체로 이미 19세기 말 쇼(B. Shaw)와 웹(S. Webb) 등이 주창한 페이비어니즘(Fabianism) 및 도덕적 가치와 기독교적 의무를 강조하는 윤리적 사회주의(ethical socialism)를 그 정신적 바탕으로 하고 있다. 페이비어니즘은 국가를 어느 특정 계급의 창조물이 아니라 정치적으로 중립적인 정부의 행정적 수단으로 간주했다. 따라서 자본주의국가 역시 그 자체로서 사회주의를 실현하는 데 장애가 아니라고 보았다. 이러한 국가관은 1950년대 이후 영국 노동당이 표방한 복지국가주의(welfare statism)의 근간이 되었다. 그러나 1980년대 이후 신자유주의가 영국 정치를 풍미하자, 노동당도 이러한 시대적 흐름에 부응하여 이른바 '제3의 길'을 표방하며 자유주의를 시민권, 공동체, 사회정의 등 전통적인 윤리적 사회주의 가치와 연계하는 새로운 시도를 하고 있다.

스웨덴 복지국가 모형도 사회민주주의를 그 이념적 바탕으로 하고 있다. 이 모형은 무엇보다 조세정책, 이전지출 등을 통한 부의 재분배에 큰 관심을 표명하며, 아울러 정부의 적극적 개입과 노동조합의 민주적 참여를 통한 사회적 평등의 제고가 주요한 경제목표가 되고 있다. 스웨덴은 복지목표의 실천을 위해 권력의 재편, 민주적 참여 및 정치적 협력을 특히 강조하기 때문에 퍼니스(Furniss)는 이 나라 복지전략을 '정치정책(political policy)'이라고 부르며, 이 나라야말로 명실공히 사회복지국가(social welfare state)라고 표현한다.[27]

나. 마르크스주의

마르크스는 노동이 인간의 기본적 욕구이며, 인간은 노동을 통해 그가 자유롭다는 사실을 확인하게 된다고 주장했다. 그러나 생존을 위해 자신의 노동력을 팔 수밖에 없는 자본주의적 생산관계 속에서 인간은 어쩔 수 없이 소외(疏外, Entfremdung)를 경험하게 된다는 것이다. 그는 특히 자본주의적 생산구조에서 사유재산과 분업에 특히 주목하여, 이들의 지양(止揚)이 소외극복의 전제라고 보았다. 마르크스에 따르면, 인간은 소외과정 속에서도 그들을 억압하는 파괴적 세력을 극복하고 자신에게로 귀환할 수 있는 잠재력을 보유하고 있다. 그런데 이 '참된' 인간의 본성은 프롤레타리아 혁명이 자본주의체제를 전복시키고 공산주의 사회를 달성한 후에 제대로 발현되며, 그때 인간은 비로소 생산과정 속에서 자유로운 노동의 주체가 된다고 보았다.[28]

소외의 극복과 참된 자기로의 귀환을 의미하는 마르크스의 자유관은 그의 평등관과 내적으로 깊게 연관된다. 그에 따르면 평등은 사적 생산수단의 폐지에 의해서만 성취될 수 있으며, 생산수단의 공유는 착취와 계급투쟁을 불식하고, 계급차이의 철폐와 더불어 그로부터 비롯되는 모든 사회적 · 정치적 불평등을 자동적으로 사라지게 한다고 보았다. 마르크스는 공산주의의 첫 단계, 즉 사회주의 단계에서는 '능력'에 따른 분배가 불가피하나, 그들의 이상향인 공산주의 사회에 이르면, '욕구/필요(need)'에 따라 분배받게 된다고 주장했다. 레닌은 이를 형식적 평등에서 실질적 평등으로의 전이라고 설명했다.

당초 마르크스 사상에서 구체적으로 복지국가와 사회정책은 별로 부각되지 않았다. 그러나 마르크시즘에 따르면, 자본주의 사회는 본질적으로 계급으로 나뉘며, 사회주의의 목표는 계급 없는 사회를 이루는 것이다. 또한 정통 마르크시즘은 기본적으로 i) 자본주의의 틀 내에서의 노동자의 경제적 지위개선의 불가능성, ii) 지배계급의 프롤레타리아의 착취와 이 목적을 위한 국가의 이용, iii) 노동가치설과 최저 생존임금 및 잉여가치론, iv) 산업의 독점화, 착취 및 궁핍화가 심화되는 역사적 추세 등의 교의(敎義)에 바탕을 두고 있다. 따라서 마르크스주의는 그 본질적 맥락에서 볼 때, 현존 자본주의적 복지국가를 이론적으로 수용할 수 없다.

현대 마르크스주의자들이 복지국가를 이론화하기 위한 시도는 대체로 1950년대부터 시작한다. 네오마르크시스트들은 그 관점이 다양하나, 대체로 자본주의하에서 사회복지의 모순적 통합을 강조한다. 복지국가는 노동계급의 압력 내지 그들의 치열한 계급투쟁의 전취물이라고 본다. 현대 복지국가는 무엇보다 노동계급의 '탈상품화'에 기여했으며, 이는 긍정적인 성과라고 볼 수 있다. 그러나 다른 한편 현대 복지국가는 아래와 같은 방식으로 자본주의를 강화하고 연장하는 기능을 수행하고 있다.[29]

i) 복지국가는 그 존재 자체로서 자본주의를 보다 인간적이고 수용할 만한 것으로 보이게 만든다. 그러면서 그 안에 내재하는 야만성을 위장한다. 이것이 계급관계의 정당화 내지 재생산 기능이다.

ii) 복지국가는 (적어도 이론적으로) 노동시장에서 충분히 교육받고, 건강하며 안전하게 거주하는 노동인구의 활동을 보장한다. 이것이 노동력의 재생산 기능이다.

iii) 복지국가는 하부구조—학교와 병원, 대학, 사회주택 등을 위한 건물과 장비 설치 등—에의 투자를 통하여 자본축적에 직접적으로 기여한다. 이것이 자본의 재생산 기능이다.

네오마르크시스트들에 따르면, 1970년대 초·중반 이후의 시기는 자본의 공세에 따른 노동계급의 후퇴의 시기로 보고 있다. 즉 자본주의자들의 입장에서 볼 때, 복지국가의 비용이 재생산과 정당화에 따른 기능적 이득보다 크기 때문에 대량실업과 계급불평등의 확대의 형태로 노동시장에서 노동의 상품화를 위해 강제력을 다시 구사하고 있다는 것이다.

대체로 네오마르크시스트들은 현대 복지자본주의 국가는 그럴듯한 외관(外觀, appearance)에도 불구하고, 그 안에 본질적으로 계급에 기초한 사회적 분열이 그대로 남아 있기 때문에 노동계급의 실제 이익과 어긋나며, 장기적으로 생존할 수 없는 자기모순적 제도라고 보고 있다.

4) 보수주의(Conservatism)

가. 보수주의의 본질과 역사

보수주의는 무엇보다 질서와 계속성을 중시하며, 변화의 추구보다는 과거에 대한 의미 부여에 그 정신적 바탕을 두고 있다. 보수주의 정치 및 사회사상의 또 하나의 특징은 사회 그 자체에 대한 존중과 사회제도에 대한 유기적(organic) 관점이다. 보수주의는 고삐 풀린 시장세(市場勢, market forces)나 과도한 국가규제(state regulation) 양자에 대해 똑같이 회의적이다. 그런 의미에서 한편으로는 신자유주의와, 다른 한편으로는 사회주의와 구별된다. 역사적으로 볼 때, 보수주의는 때로는 사회주의와 더불어 자유주의에 대항했고, 또 때로는 자유주의와 더불어 사회주의에 대항했다.

사회복지에 대한 보수주의적 접근은 추상적인 원리의 구성보다, 가족, 공동체, 계급, 종교, 사유재산 및 정부와 같은 기존의 사회제도의 실제에서 출발한다. 유럽, 특히 영국에서 사회복지와 연관하여 보수주의적 사상이 전개되는 과정을 간략히 살펴보면 다음과 같다.

18세기 유럽에서 빈자에 대한 도움은 대체로 가족, 지역공동체, 교회, 일터에 바탕을 둔 비공식적 네트워크에 의해 제공되었다. 이들 비공식적인 네트워크의 구조와 기능에는 두 가지 전통이 내재한다. 그 하나는 계층적 사회질서의 가부장적 가치 및 그로부터 비롯되는 권위와 효과성이다. 이 질서 속에서 귀족과 부자들은 서민과 빈자들에게 복지 책임을 수행했다. 다른 하나의 전통은 친척, 이웃 및 동료 노동자들 상호 간의 책임 수행으로 엮어지는 수많은 형태의 상호 부조체계와 그 바탕을 이루는 평등주의적 · 우애적 가치이다. 이들 비공식적 복지전통에 내재하는 도덕적 역동성은 계몽주의가 강조하는 합리성이나 이성과는 거리가 멀다. 따라서 19세기 초 계몽주의에 기초한 프랑스혁명이 유럽을 휩쓸자, 그 급진적 이상과 목적들에 반대하며, 혁명 이전의 질서를 복원하려는 일단의 보수주의 사상가들이 대두되었다. 이들은 구체제의 유기적(organic) 사회모형에 대한 신념을 바탕으로 당시 시대적 추세인 개인주의의 발호에 대해 강한 혐오감을 표명했다.

이렇듯 전통적인 영국 보수수의 사상의 중심 교리는 사회의 유기적 모형에 대한 신념, 그리고 자연권이나 계약과 같은 추상적 개념이 아니라 기존 제도의 전통과 도덕성에 기반을 둔 책임과 권리 및 자유에 대한 존중이다. 보수주의가 기존 사회질서를 존중하고, 재산가의 특권을 방어하며, 국민적 통합성을 강조하는 것도 그 때문이다. 보수주의자들은 이러한 신념들을 바탕으로, 시장자유주의에 대한 생래적 회의와 더불어 중앙정부가 지방적 사항에 지나치게 관여하는 것에 대해서도 강하게 반대한다.[30]

현대 보수주의의 창시자인 버크(E. Burke)는 "정치는 인간 이성(human reasoning)이 아니라, 인간성(human nature)에 따라 조율되어야 한다."고 주장하며, 이성은 인간성의 한 부분에 불과하다고 보았다. 아울러 그는 이성이 작용하는 경우도, 그것은 시대의 검증을 거친 선례(precedent)의 지도를 받아야 한다고 주장했다.

그러나 19세기 영국의 빅토리안(Victorian) 보수주의는 산업혁명의 소용돌이와 근대 행정국가의 대두를 겪으면서 새로운 시대적 조류와 정면으로 대결하기보다는 타협과 적응을 통하여 자신의 생명력을 이어갔다. 그들은 점증적 과정을 통하여 변화하는 현실과 적절히 타협하면서, 자신의 전래의 가치들, 즉 질서, 계층제 및 가부장주의를 새 시대의 주된 가치인 경쟁과 개인주의와 조율하는 노력을 지속한다. 19세기 말 영국 보수주의는 마침내 시장 자본주의를 수용하기에 이른다. 아울러 경제활동 영역에서도 얼마간의 국가 규제의 필요성을 인정하고 지지한다. 그런 의미에서 이들은 개인주의(individualism)와 집합주의(collectivism) 간의 갈등을 조정하는 특유의 능력을 선보였다. 한편, 독일에서는 이미 1880년대에 보수주의자 비스마르크 수상의 주도하에 사회보험을 도입하여 복지국가로의 전이를 시작했으며, 이러한 전통은 제2차 세계대전 이후 서독 기독교민주당의 친복지국가 노선인 '사회적 시장경제(social market economy)'로 발전적으로 계승된다.

제2차 세계대전 이후 오랫동안 영국의 보수당과 노동당은 정치적 타협을 통하여 이른바 중도주의적(centrist) 노선을 추구한다. 이른바 '버츠켈리즘(Butskellism)'이 풍미했던 이 시기 동안 양당은 완전고용, 혼합경제 및 전후 복지국가 원칙에 합의하고, 이를 영국 정치에 반영한다.[31] 이 시기 동안 영국의 보수주의는 사회복지에 관한 한 영국 노동당이 주도하는 복지국가주의에 동조하는 입장을 지속했다.

그러나 1970년대에 진입한 이후 영국의 보수주의는 새롭게 부상하는 신자유주의의 영향을 받으면서 '우'로 급선회한다. 급기야 1979년 집권에 성공한 보수당의 대처 수상은 전통적 보수주의와 고전적 자유주의 원칙을 혼합하여 이른바 대처리즘(Thatcherism)으로 표현되는 신보수주의로 전환된다. 대처의 신보수주의는 특히 사회복지에 있어서 신자유주의의 영향이 뚜렷했다. 즉 사회복지서비스의 지급과 그 재원조달에 있어 국가의 역할은 축소되어야 하며, 관료적 · 전문적 권력 또한 감축되어야 한다는 것이다. 그런 의미에서 반복지국가관을 강하게 내면화하고 있다. 이들은 민영화와 탈규제화에 앞장서며, 복지의 주된 원천으로 시장과 가족을 내세우고, 분배원칙으로 필요(need) 대신 자격/공적(desert)을 강조했다. 아울러 대처는 권위주의적 보수주의의 차원에서 노조의 내부문제로부터, 지방정부의 지출우선순위, 대학의 커리큘럼 및 가족행태에 이르기까지 과도한 규범적 통제를 서슴지 않았다.[32] 그런 의미에서 영국 보수주의가 지니는 역설은, 전통적 가치를 견지하면서도 급격한 변화에 복고적으로 적응하는 타의 추종을 불허하는 능력과 균형감이다.[33]

한편 미국의 보수주의는 18세기 미국 독립혁명과 공화주의(republicanism)에 뿌리를 두고 있으며, 유럽에 비해 고전적 자유주의와의 연계가 깊다. 미국 보수주의 정치사상의 기본적 원리에 따르면, 인간 복지는 개인적 책임(personal responsibility)과 사적 제도를 통하여 가장 잘 구현될 수 있다. 이에 근거하여, 미국 공화당의 정치공약은 대체로 개인의 도덕적 책임성, 개인주의 및 자유방임주의를 크게 강조하고 있다. 1980년대, 대처와 같은 시기 미국을 풍미한 이른바 레이거니즘(Reaganism)은 고전적 자유방임주의와 권위주의적 민중주의를 바탕으로, 반복지주의를 강력하게 표방하며 복지 프로그램을 '꼭 도움이 필요한 자들(the truly needy)'에게만 초점을 맞추었다.

나. 자유주의-보수주의-사회주의의 역동적 관계

세계의 근·현대사의 큰 흐름을 주도한 거대 이데올로기는 자유주의, 보수주의 그리고 사회주의이다. 전후 영국 정치사는 이들 간의 역동적 관계를 이해하는 데 도움이 된다. 여기서 미리 밝히고자 하는 것은 어떤 이데올로기도 현실 정치와 정책 속에서는 그 순수한 형태로 모습을 드러내지 않는다는 것이다. 많은 경우, 이들 이데올로기들은 서로 영향을 주고받으며, 시대에 따라 다소간 변용된다. 예컨대, 1980년대 이후 영국 정치를 주도했던 대처리즘도 그 내용을 따져 보면, 전통적 보수주의의 면모보다는 신자유주의적 성격이 두드러졌다. 그런 의미에서 영국 정치는 약 20년간 '뉴 라이트(New Right)'에 의해 지배됐다고 말할 수 있다. 전후 영국 정치에서 이들 세 가지 전통적 거대 이데올로기의 역동적 상호 작용을 분석하기 위해 전통적인 일차원적인 연속선보다, [그림 2-1]과 같이 삼각형을 매개로 그 관계를 설명하는 편이 유용하다.

그림 2-1 이데올로기의 역동적 상호 작용 삼각형

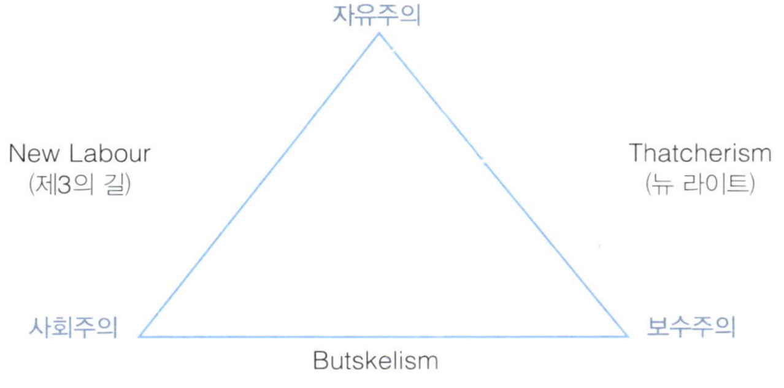

자료 : Dearlove, J. and P. Saunders(2000). *Introduction to British Politics*. Third Edition. Cambridge: Polity Press. p.426.

우선 큰 그림을 그려 보자. 자유주의자와 보수주의자들은 사적 재산과 부의 재분배 등의 쟁점에 관해서는 사회주의에 대항하는 공동의 입장을 취한다. 자유주의자들은 개개인들이 정당하게 소유한다면 그들의 재산을 즐길 권리를 갖는다고 믿기 때문에, 평등주의를 추구하는 사회주의적 처방에 강력하게 반대한다.

그런가 하면, 사회주의자들과 보수주의자들은 집합체(collectivity)와 연관된 쟁점들에 대해서는 자유주의자들에 대항하는 공동의 입장을 취한다. 이들은 똑같이 집합체에 대한 의무와 책임을 강조하며, 얼마간의 개인적 희생을 치르더라도 공동선에 기여하는 정책을 지지한다. 반면, 자유주의자들은 집합체의 권리를 개인의 그것보다 상위에 올려놓고, 무엇이 최상의 이익인지를 바르게 가릴 수 있다는 주장에 대해서 대단히 회의적이다.

그렇다면 영국의 전후 현대 정치사에서 이들은 실제로 어떻게 상호 작용을 했는가? 전후 시기 중 오랫동안 노동당 및 보수당 정부는 양당 간의 정치적 합의에 의해 사회주의와 보수주의 사이에 자리한 '중도주의적(centrist)' 정치형태를 취했다. 이른바 '버츠켈리즘(Butskellism)'으로 상징되던 이 시기는 대체로 완전고용, 혼합경제 및 전후 복지국가에 대한 합의를 바탕으로 하였다. 이 시기 동안 신자유주의는 실제로 영국 정치에서 종적을 감췄다. 그러나 이 합의는 1960년대부터 흔들리더니 1970년대에 들어 그 빛을 잃었다.

이후 영국 정치는 이데올로기의 양극화로 치달았고, 이 과정에서 새로 복귀한 신자유주의가 큰 몫을 했다. 이 시기에 보수당과 노동당은 자신들의 이데올로기적 노선을 다시 정렬한다. 보수주의자들은 보수주의 쪽으로 '우'향 했으나, 동시에 그 내용에 있어 자유주의 쪽으로 크게 '상'향했다. 한편 노동당은 사회주의 쪽으로 '좌'향했다. 결국 대처 총리의 정치적 리더십 아래 보수주의자들은 보수주의와 자유주의의 사이에 터를 잡았고, 이후 20년 동안 '뉴 라이트'는 영국 정치를 지배한다.

신자유주의의 부상으로 크게 궁지에 몰린 노동당은 마침내 큰 폭의 자기 변신을 시도한다. 1997년 총리가 된 블레어(T. Blair)는 '신'노동당의 기치 아래 이른바 '제3의 길'을 표방하면서, 급 '우'선회하며 사회주의와 자유주의 사이에 터를 잡았다. 대처가 재발굴한 신자유주의를 '국민성(국가성, Nationhood)'에 바탕을 둔 전통적 보수주의 가치와 조합하려고 노력했는 데 반해, 블레어는 자유주의를 시민권(citizenship), 공동체(community) 및 사회정의(social justice)에 바탕을 둔 '윤리적 사회주의(ethical socialist)' 가치와 조합하는 데 큰 힘을 기울였다. [그림 2-1]은 영국에서 전후 주요 정치세력들이 이데올로기와 연관하여 어떻게 역동적으로 상호 작용했는가를 비교적 선명하게 보여주고 있다.[34]

1 Hobbes, T.(1965). *Leviathan*. Oxford: Basil Blackwell. p.138.

2 Oppenheim, F. E.(1955). "Interpersonal Freedom and Freedom of Action." *American Political Science Review*. 49(2). p.354.

3 Berlin, I.(1969). *Four Essays on Liberty*. Oxford: Clarendon Press.

4 MacCallum, G.(1967). "Negative and Positive Freedom." *Philosophical Review*. 76(3).

5 오펜하임(F. E. Oppenheim)은 평등주의(egalitarianism)의 전통적 기준으로 i) 공정성, ii) 모두에게 똑같은 것, iii) 동등한 자에게 똑같은 몫, iv) 비례적 평등, v) 연관된 차이에 따른 같지 않은 몫, vi) 실적에 따른 분배 등 여러 가지를 들고 있다.

6 그러나 이 경우, 각자의 상대적인 실적의 측정이 다분히 가치평가적이라는 데 문제가 있다. 실적주의 원칙에 동의하는 경우라도 실제에 있어 차별적인 대우의 필요성을 뒷받침할 수 있는 설득력 있는 논거의 제시가 쉽지 않기 때문이다. 즉 어떤 이는 실적평가에 있어 노동에 가장 큰 비중을 두어야 한다고 주장하는가 하면, 다른 이는 노동 이외에 생산수단의 기여를 중시하기도 한다.

7 Tawney, R. H.(1964). *Equality*. London: Unwin.

8 Furniss, N. and T. Tilton(1979). *The Case for the Welfare State: From Security to Social Equality*. Bloomington: Indiana University Press.

9 Sen, A.(1999). *Development as Freedom*. New York: Oxford University Press.

10 유엔 인간발전 지표(UN Human Development Index)는 다양한 나라에서 일련의 능력들이 성취되는 정도를 비교하기 위해 마련한 유용한 수단이다.

11 Nozick, R.(1974). *Anarchy, State and Utopia*. New York: Basic Books.

12 Rawls, J.(1999). *A Theory of Justice*. Revised Edition. Harvard University Press.

13 이 부분은 Furniss, N. and T. Tilton(1979). *Op. cit*. pp.34–39에 많이 의존했다.

14 Furniss, N. and T. Tilton(1979). *Op. cit*. pp.34–35.

15 Lipset S. M.(1960). *Political Man*. Garden City: Doubleday.

16 Friedman, M.(1962). *Capitalism and Freedom*. Chicago: Chicago University Press. pp.2–3.

17 Hayek, F. A.(1944). *The Road to Serfdom*. Chicago: Chicago University Press. p.12.

18 Ryan, W.(1971). *Blaming the Victims*. New York: Basic Books.

19 George, V. and P. Wilding(1976). *Ideology and Social Welfare*. London: Routledge and Kegan Paul. p.44.

20 Galbraith, J. K.(1965). *The Affluent Society*. Middlesex: The Pelican Books.

21 George, V. and P. Wilding(1976). *Op. cit*. p.375.

22 Crosland, C. A. R.(1956). *The Future of Socialism*. London: Jonathan Cape. p.113.

23 George, V. and P. Wilding(1976). *Op. cit*. pp.63–64.

24 Tawney, R. H.(1964). *Op. cit*. p.104.

25 Furniss, N. and T. Tilton(1979). *Op. cit*. p.84.

26 안병영(1983). "산업민주주의와 서독의 의사결정제도." 「연세행정논총」. 10. pp.43–61.

27 Furniss, N. and T. Tilton(1979). *Op. cit.* pp.122–152.

28 Jordan, B.(1976). *Freedom and the Welfare State*. London: Routledge & Kegan Paul. pp.27–28.

29 Ginsburg, N.(2012). "The Socialist Perspective." in Alcock, P. *et. al.*(eds.). *The Student's Companion to Social Policy*. Forth Edition. Oxford: Blackwell. p.82.

30 Pinker, R.(2012). "The Conservative Tradition of Social Welfare." in Alcock, P. *et.al.*(eds.). *The Student's Companion to Social Policy*. Forth Edition. Oxford: Blackwell.

31 1950년대 영국의 시사주간지 「이코노미스트」는 보수당의 재무장관이었던 버틀러(Butler)와 노동당 예비내각의 재무장관이자 후에 노동당의 수정주의 흐름을 주도했던 게이츠켈(Gaitskell)의 이름을 합성하여, 양당 간의 정치적 합의의 정신적 바탕을 버츠켈리즘(Butskellism)이라 명명했다.

32 안병영(1992). "신보수주의와 복지국가: 1980년대 대처와 레이건의 정책 비교." 「사회과학논집」 23. pp.84–87.

33 Pinker, R.(2012). *Op. cit.* p.69.

34 Dearlove, J. and P. Saunders(2000). *Introduction to British Politics*. Third Edition. Cambridge: Polity Press. pp.405–435.

제2부

복지국가의 이론과 역사

3

복지국가의 형성과 전개

이 장은 복지국가의 역사적 전개과정을 i) 복지국가의 전(前) 시대, ii) 태동기(1870~1920년대), iii) 정착기(1930~40년대), iv) 확장기(1950~70년대 중반) 그리고 v) 재편기(1970년대 후반 이후)로 나누어 논의한다. 주지하듯이 복지국가는 그 태동 이후 갖가지 난관에도 불구하고 1970년대 중반까지 팽창을 거듭하였으나, 이후 위기와 도전에 직면하여 체제를 재구조화하는 노력을 경주하고 있다. 복지국가의 형성과 전개과정은 정치경제적 맥락에서 볼 때, 현대국가의 발전과정을 가장 극명하게 조명하고 있다. 이 장에서는 복지국가의 형성과 전개의 다양성을 이해하기 위해 서구 복지국가를 대표한다고 볼 수 있는 독일, 영국, 스웨덴, 미국의 사례를 보다 비중 있게 다뤘다.

1 — 복지국가의 전(前) 시대

1) 중상주의(mercantilism) 시대

빈곤은 인류역사와 함께 했으나, 서양에서 중세까지만 해도 빈민구제는 교회의 몫으로 생각했다. 대체로 빈곤문제가 '사회문제'로 인식된 것은 16세기 중상주의 시대에 진입하면서부터다. 유럽에서 16세기부터 18세기까지를 중상주의(重商主義,

mercantilism) 시대로 부르는데, 이때 강력한 왕권과 중앙집권적 관료제를 바탕으로 최초의 근대국가 형태인 절대왕정이 출범한다. 이들 중상주의적 절대국가들은 민족주의를 표방하며, 국부(國富) 증진에 온 힘을 쏟았는데, 국부는 '다수의 근면한 빈민'들에 있다는 이른바 '빈곤의 유용성(doctrine of the utility of poverty)'을 믿었다.[1] 따라서 당시 노동자의 삶은 빈곤의 굴레에서 벗어나지 못했다.

1601년 영국의 구빈법(救貧法, the Elizabethan Poor Law)은 사회복지정책이 교구(敎區, parish)단위의 자선사업 차원에서 국가단위의 빈민 및 노동력 관리의 차원으로 옮겨가는 주요한 전환점이 되었다. 이 법은 인도주의적 차원보다는 법과 질서유지 및 가용 노동력의 활용을 위해 마련되었다. 하지만 적어도 국가가 빈민의 삶과 그들의 생활보호에 정책적 관심을 쏟기 시작했다는 점에서 큰 의미를 지닌다. 이 법에 따르면 교구가 구빈의 책임을 지는 행정단위가 되어 노인과 무능력자, 요보호아동을 돌봐 주며, 일할 능력이 있는 자에게 일자리를 마련해 줄 의무가 있다.

중상주의 국가의 관점에서 볼 때, 일할 능력이 있으면서 걸식하며 부랑하는 이른바 부랑빈민(pauper)의 존재는 국부의 원천인 유용한 잠재노동력을 헛되게 유실하는 것이기 때문에 눈엣가시일 수밖에 없었다. 따라서 근로능력이 있으나 '(도움받을) 자격 없는 빈민(undeserving poor)'들을 노역원(勞役院, workhouse)에 집단 수용하여 최소한의 생존을 보장해 주면서 노역을 강제하는 정책을 강구하였다. 이를 거부하는 자들은 교정원(矯正院, correction house)으로 보내졌다. 한편 노인, 맹인, 장애자 등 근로무능력자들은 '(도움받을) 자격 있는 빈민(deserving poor)'으로 간주되어 구빈원(救貧院, almshouse/poorhouse)에 수용하고 그들의 삶을 보살펴 주었다. 이처럼 빈민들을 도움받을 자격 여부(deserving or undeserving)에 따라 분류하는 방식은 구빈법에 의해 그 단초가 열려 오늘날까지 공공부조의 기본원리로 활용되고 있다.

노역원은 얼마간 인도주의적 동기에서 시작했으나, 18세기에 이르러 '공포의 집'으로 변했다. 노역원의 개념에서 상징적으로 드러났듯이, 중상주의 사회정책은 '억압적 보호(repressive protection)' 내지 '억압적 온정주의(repressive paternalism)'의 성격이 강했다.[2]

18세기 말에 이르면서, 구빈사업에 투입되는 비용은 크게 증가한다. 이는 인구의 급증과 밀접한 관계가 있다. 기존의 구빈제도를 비판하고 자유주의 시장경제를 강력하게 표방한 애덤 스미스(Adam Smith)의 「국부론」과 맬서스(Thomas Robert Malthus)의 「인구론」이 출간된 것도 바로 이 즈음이다.

그러나 한편으로 빈민법의 억압적 성격과 빈민들의 생활을 통제하려는 시도는 18세기 후반기에 들어서면서 상당히 완화되었다. 특히 프랑스의 경우, 계몽주의의 인본주의적 정신이 확산되면서 노동자의 사회적 권리 및 노동세계의 인간화에 대한 사회적 관심이 크게 고조된다. 영국에서 면방직공장에 종사하는 아동들의 작업환경과 노동시간에 대한 규제를 규정한 1802년의 공장법(factory law)도 이러한 노력의 일환이었다.

2) 자유주의 시대

영국과 프랑스는 19세기에 접어들면서 산업혁명의 격류 속에서 농업과 수공업 사회에서 산업사회로 빠르게 옮겨가고 있었다. 이러한 소용돌이 속에서 서구 선진국가들에서 자본주의적 시장경제가 서서히 자리잡게 되고, 국가보다는 시장, 사회보호 대신에 개인의 자조능력을 강조하는 자유주의 사상이 빠르게 확산되었다. 이에 따라 중상주의 시대의 제도적 유산과 관행은 자본주의적 산업화를 지향하는 경제적 요구와 갈등을 빚게 되었다.

영국은 기존의 구빈법체계를 새로운 자유주의 시대에 걸맞게 재정비하는 작업에 착수한다. 이렇게 마련된 1834년 '신구빈법(New Poor Law)'은 새로운 구빈체계를 위한 법적 · 행정적 틀을 정립했다. 훗날 공공부조의 주요 원칙을 제시한 이 법이 노동가능한 모든 인력은 공장에서 일하거나, 아니면 노역원의 엄혹한 규율에 따라야 하도록 규정함으로써, 빈민들이 구빈에 의존할 수 있는 유인을 철저하게 배제했다.[3] 이 법은 자유로운 노동시장의 확산에 크게 기여했다. 이 법의 산파역이었던 신(新)구빈법위원회는 빈민의 사회보호에 매우 소극적이었으나, 빈곤의 예방문제에 깊은 관심을 쏟아, 교육, 위생, 사고예방 등 일련의 빈곤예방 차원의 정책 개혁을 주도하는 등 산업사회의 대두에 대비하는 모습을 보였다.

자유주의적 자본주의(liberal capitalism)가 풍미하던 19세기 국가는 이른바 '야경국가(夜警國家)'로 불릴 정도로 시장의 경제활동에 대한 개입에 소극적이었다. 그러나 19세기 후반 산업화와 자본주의의 심화과정에서 경제사회적 갈등이 첨예화되면서,

국가는 불가피하게 공장노동, 주택, 공공보건 및 교육 등에 광범위하게 관여하게 되었고, 기본적 서비스 제공과 산업재해에 대한 강제보상 등에 정책적 관심을 쏟게 된다. 특히 독일이나 오스트리아처럼 권위주의적이고, 가부장적 전통을 가진 국가들이 사회복지에 대해 보다 개입주의적 태도를 보였다.

2 — 복지국가의 태동기(1870~1920년대)

19세기의 마지막 사반세기에 접어들면서, 유럽사회에서는 19세기를 풍미하던 개인주의적 자유주의의 도도한 물결에 거슬러 국가개입주의의 물결이 서서히 대두된다. 이 시기에 산업주의가 폭발적으로 전개되고, 대중민주주의가 확산되면서, 유럽의 국민국가가 그 절정에 이른다. 인구성장률이 유럽 역사상 가장 급속하게 진행되었는데, 산업생산력은 그보다 훨씬 빠르게 증가했다.

당시 국가개입주의의 증대와 이에 따른 복지국가의 태동을 보여주는 주요한 척도는 i) 사회복지에 대한 공적 지출의 증가 및 그 구조적 변화와 ii) 사회보험제도의 도입을 들 수 있다.[4]

정부지출 중 사회복지에 대한 지출의 정도는 나라마다 편차가 컸다. 19세기 말, 20세기 초를 기준으로 할 때, 후발 산업국가이며 자유주의의 세례를 적게 받은 독일의 경우, 사회지출이 전체예산의 약 25% 수준이었는 데 비해, 산업화와 자유주의의 기수였던 영국에서는 그 비중이 10% 정도에 불과했다.[5]

복지국가 태동기에 나타난 가장 중요한 제도 개혁은 사회보험제도의 도입이었다. 사회보험의 출범과 더불어 바야흐로 복지국가 시대가 개막되었다. 사회보험의 제도화에 따라 노동자들은 산업재해, 질병, 노령 및 실업 등 산업사회의 일상적 삶과 직결되는 주요한 사회적 위험으로부터 보호받을 수 있게 되었다. 사회보험제도는 i) 구빈법과 달리 사후적 차원이 아닌 예방적 차원의 사회보호체계이며, ii) 기존 소득 수준 유지를 겨냥하고, iii) 보험가입이 법에 의해 강제되고, 자격요건이 자동적 · 보편적으로 주어지며, 또 iv) 보험가입자가 기여금을 통하여 재정의 일부를 스스로 부담하므로 일종의 사회계약의 성격을 띠며, 사회보험급여에 대한 법적 권리가 발생하는 특징을 지닌다. 그러한 맥락에서 자산조사(means test)와 과도한 재량 및 낙인(stigma)으로 얼룩진 구시대의 구빈법제도와 확연하게 구별된다. 사회보험제도는 대체로 남성선거권 내지 보통선거권이 점차 보편화되는 시점에 도입되어 시민권 확장에 크게 기여하였다.[6]

플로라(P. Flora)는 복지국가의 태동, 특히 사회보험제도의 도입시기의 거시적 상황조건으로, 자본주의 경제, 산업사회화, 국민국가, 대중민주주의 및 인구성장을 들고 있다.[7] 한편 미쉬라(R. Mishra)는 산업화, 자본주의의 심화 및 대중민주주의의 전개와 노동계급의 정치적 조직화[8]를 중시한다.

복지국가의 태동시기는 나라마다 차이가 난다. 국가별 편차 요인으로 i) 경제발전의 주역이 누구냐와 ii) 어떤 헌정체제(憲政體制, constitutional system)냐의 두 가지를 들 수 있다.[9] 우선 미국이나 영국처럼 자유주의적 중산계급이 경제발전을 주도한 나라에서는, 중산계급의 개인주의적 · 자유주의적 성향으로 인하여 복지국가 태동이 늦는 데 비해, 독일, 오스트리아와 같이 귀족이나 대지주 등 전통적 지배계급이 경제발전의 주역이었던 나라에서는 보수적 지배계급의 가부장적 · 권위주의적, 국가주의적 입장으로 인해 복지국가 수립이 앞당겨진다. 그런가 하면, 독일이나 오스트리아 등과 같이 국왕 및 그를 보좌하는 관료제의 권력이 국민 대표기구인 의회를 압도하는 이른바 '입헌적 이원(二元)군주제(constitutional-dualistic monarchy)'에서는 일찍이 대의적 민주주의를 제도화한 영, 미 등에 비해 사회보험제도의 도입에 더 적극적이며, 따라서 도입시기도 빨라진다. 이유인즉, 입헌적 이원군주제는 그 정치체제의 비민주성 때문에 체제를 위협하는 적대적 성향의 노동계급의 충성심을 확보해야 할 정치적 필요성이 더 절실했고, 이들 나라에서는 이미 사회보험을 실효성 있게 관리할 수 있는 강력한 국가관료제를 확립하고 있었기 때문이다.[10]

1900년까지는 권위주의 국가를 중심으로 복지국가가 태동되었다.[11] 주지하듯이 그 첫 번째 주자는 비스마르크의 독일이었다. 그러나 20세기에 진입한 이후 1900~14년간에는 서구의 대의적 민주주의 국가에서 복지국가 실험이 왕성하게 전개되었다.[12] 그러나 이 태동기가 끝날 때까지, 자유주의의 영향력이 가장 강력했던 미국의 경우, 복지국가로의 전환 가능성은 보이지 않았다. 대부분의 나라에서 사회보험의 가입 대상은 노동자들이었으나, 조금 뒤늦게 출범한 스웨덴에서 육체노동자가 아닌 전 국민을 대상으로 하는 세계 최초의 조세기반의 기초연금과 사회보험제도를 도입함으로써, 국민개(皆)보험 시대를 앞당겼다. 사회보험의 최초 도입시기를 비교해 보면 다음과 같다.

표 3-1 사회보험의 최초 도입시기

국가	산재보험	연금보험	의료보험	실업보험	가족수당
독일	1884	1889	1883	1927	1934
스웨덴	1901	1913	1910	1931	1947
영국	1897	1908	1911	1911	1945
미국	1908	1935	1965/2010	1935	

자료 : Heidenheimer, A. J. *et. al.*(1975). *Comparative Public Policy: The Politics of Social Choice in Europe and America*. New York: St. Martins' Press. p.88 재구성.

복지국가의 태동기(1870~1920년대) 동안 많은 나라에서는 국가의 공적 활동의 경계가 어디냐 혹은 강제적 사회보험 프로그램의 정당성 여부 등 복지국가의 본질과 연관하여 논란이 끊이지 않았다. 그러나 주요 이념집단들은 자신이 추구하는 자유, 평등, 보장 등 주요 사회가치를 나름대로 복지국가제도와 조화시키려는 노력을 전개하였다.[13] 그러나 아직도 사회복지정책을 자유주의 정치경제학의 예외로 생각하는 분위기였다. 복지국가 태동기 주요 국가의 구체적 상황을 살펴보면 다음과 같다.

1) 독일

독일은 뒤늦게 산업화의 대열에 들어섰으나, 단기간 내에 급속도로 산업사회로 이행하여 19세기 말에는 유럽 굴지의 선구적인 산업국가가 되었다. 그러나 이 나라는 통일국가 형성(1871년)이 늦었을 뿐 아니라 시민혁명도 거치지 않았으므로, 산업화의 소용돌이 속에서 국가형성과 민주화의 과제도 함께 풀어야 할 어려움이 있었다. 이러한 제반 역사적 상황은 독일에서 자유주의의 개화를 늦췄다.[14]

독일이 세계 최초로 사회보험제도를 도입한 데는 지역단위로 동일 직역(職域)의 구성원을 강제가입시키는 독일 특유의 공제조합의 전통이 한몫을 했다. 비스마르크 수상의 사회보험입법은 일차적으로 요원의 불길처럼 확산되는 급진적 사회주의 운동을 차단하고 독일제국에 대한 노동자들의 충성심을 확보하기 위한 시도로 이해된다. 그러나 사회보험제도의 도입은 신생 독일의 국가 및 국민 형성에도 기여했다. 또한 그것은 국가통제 아래 기여에 바탕을 둔 강제적 사회보험원칙을 제도화했다는 점에서 자유주의와의 급진적 단절을 의미했다. 그런가 하면 비스마르크에 의한 복지국가의 출범은 국민국가의 새로운 역할에 대한 선례를 남겼고, 국가의 복지책임이라는 이슈가 전 유럽으로 확산되는 계기를 마련했다. 사회입법의 구체적 목적과 방법 등 주요 쟁점에 관해 보수주의자, 자유주의자 및 사회주의자들 간에 격렬한 논쟁과 조정을 거쳐, 1883년 건강보험, 1884년 산업재해보험, 1889년 노령 및 장애 보험이 차례로 도입되었다. 당초 비스마르크는 국가가 사회보험을 직접 운영하고자 하였으나, 국가사회주의의 대두를 우려한 의회의 반대로 실패하고, 결국 보다 분권적 · 자치관리적 성격의 조합중심 보험체계가 구축되었다.

독일의 사회보험제도의 실시는 이 나라 노동계급의 생활위협을 줄이고, 그들의 삶을 안정시키는 데 기여했다고 평가된다. 그러나 주로 사용자와 피용자가 기여금을 분담하는 재원조달방식 때문에 소득재분배에는 그다지 기여하지 못했다. 하지만 20세기에 접어드는 시점에서 사회주의자들의 혁명적 열정이 점차 누그러지고 사회민주주의 내의 수정주의가 대두된 일이나, 정부와 사민당 간의 소통과 상호 협력이 증진된 것도, 독일제국이 다른 나라에 앞서서 복지국가의 도정을 밟았다는 사실과 연관되는 것으로 해석된다.

1911년 전체사회보험은 '국가보험법(Reichsversicherungsordnung)'이라는 단일의 국민보험법으로 통합되었다. 1919년 민주주의 세력의 주도로 바이마르 공화국이 출범하면서, 사회적 정의구현과 평등화의 차원에서 독일의 사회보장체제는 보다 견고한 지위를 다지게 된다.

2) 영국

자조(自助, self-help)를 앞세우는 영국의 자유주의 문화는 이 나라의 복지국가 대두 시기를 늦췄으나, 19세기 말에 이르자 새로운 변화의 물결이 찾아든다. 무엇보다 빈민과 산업노동자들의 각박한 삶에 대한 사회적 공감대가 형성되기 시작했다. 중산층 출신의 개혁주의자들이 빈민의 삶의 세계에 뛰어들어 그들과 어려움을 나누고자 했던 인보관(鄰保館) 운동(the settlement house movement)이나, 자선조직 활동의 조정 및 합리화를 통하여 민간의 자발적 자선노력을 극대화하려 했던 자선조직협회(the charity organization society)의 활동이 이러한 노력의 대표적인 예였다. 무엇보다 괄목할 만한 일은 1884년 쇼(G. B. Shaw)와 웹 부부(B. and S. Webb) 등이 주도한 페이비언협회(Fabian Society)의 출범이었다. 페이비언협회는 의회주의 바탕의 점진적 사회 개혁을 통하여 사회주의 이상에 다가가려는 온건 사회주의 노선을 표방하면서, 복지증진을 위한 국가의 적극적 역할을 강조하여 주목을 끌었다. 페이비언협회는 1890년대에 정치조직화하여 세기전환점인 1900년 영국 노동당으로 발전한다. 노동당의 '국가복지주의(welfare statism)'의 노선은 영국의 실용주의적 · 경험주의적 전통에서 비롯된 바 크다.[15]

20세기에 진입한 후, 영국은 석탄광을 비롯한 여러 산업분야에서 대규모 실업사태가 빚어진다. 이를 계기로 기존의 구빈제도나 자선사업으로 노동자복지에 대응하기에는 역부족이라는 사고가 크게 확산되었고, 이에 따라 1905년 왕립구빈법조사위원회가 구성되어 구빈제도의 개선방안을 논의하였다. 이러한 시대적 흐름 속에서 1906년 급진 자유주의자들이 주도하는 자유당의 새 내각은 노동당의 측면지원을 받으며, 사회보험제도 도입의 역사적 첫걸음을 옮긴다. 1906년 산재보험, 1908년 연금보험, 그리고 1911년 의료보험과 실업보험이 국민보험법을 통해 도입되면서, 영국도 한발 늦게 복지국가 대열에 합류한다. 비록 연금보험은 실제로 노령극빈자에 대한 단순한 보조금 형식이었고, 의료보험 또한 제한적 성격을 띠었으나, 국가에 의한 강제적 실업보험은 영국에서 세계 최초의 기록을 남겼다.[16]

3) 스웨덴

사회보험제도가 노동자계급만을 대상으로 실시된 독일과는 대조적으로, 스웨덴에서는 처음부터 사회보장제도가 계급타협을 통하여 획일적이고, 평등주의적인 전국체제 형식으로 도입된다. 이렇게 된 데는 이미 선거권의 확대를 위한 정치투쟁과정에서 산업노동자와 소농민 간의 협력관계가 이루어졌던 역사적 경험이 크게 작용했다. 1913년 스웨덴 연금제도가 도입되는 시점에서, 농업부문에서 일하는 노동력의 비중이 월등이 컸고(산업부문 고용인력 25%, 농업노동력 46%), 더욱이 농업이 소농들에 의해 지배되었으므로, 이러한 제반여건이 복지제도 창출과정에서 계급타협을 요구했고, 보편주의 연금제도는 이를 용이하게 만들었다.

4) 미국

미국은 주지하듯이 자유를 찾아 신대륙으로 건너간 이민자들 및 그 후손들이 세운 나라이다. 따라서 개인적 성취 및 자조정신에 바탕을 둔 자유주의의 영향력은 영국보다 오히려 더 강렬했다.[17] 이른바 '진보시대(progressive era)'로 불리는 1880~1920년대에 이르면서, 주택, 아동 및 모자 복지, 노동조건 규제 및 산재보험 등 여러 분야에서 일련의 제도 개혁이 이루어졌다. 그러나 그때그때 임시변통에 치중했을 뿐, 사회문제에 대한 구조적 해결책을 모색하는 분위기는 아니었다. 따라서 자유주의와의 단절이 별로 없는 산재보험 이외에 다른 사회보험에 관해서는 구체적 입법논의가 진행되지 않았다. 1880년에 창설된 미국노동연맹(AFL)의 전설적인 지도자 곰퍼스(S. Gompus) 역시 자원주의(自願主義, voluntarism)에 집착하여 반(反)국가보호주의의 기치를 높이 세웠다. 이에 따라 미국의 복지국가 실험은 1930년대로 미루어질 수밖에 없었다.[18]

3 — 복지국가의 정착기(1930~40년대)

이 시기는 1930년대의 극심한 경제공황과 대량실업, 민주주의의 붕괴와 파시즘의 대두, 그리고 인류역사상 미증유의 대참사였던 제2차 세계대전과 전후 복구시기로 이어지는 어두운 시대였다. 이 암울한 시기에도 복지국가로의 도정은 계속되었다.

복지국가 정착기 동안 획기적 사건은 미국이 복지국가의 대열에 합류한 것과 자유주의 전통이 강한 영국에서 전후 베버리지형의 현대적 복지국가가 탄생한 것이다. 또한 사회복지부문의 정부활동이 사회보험 이외에도 고용, 교육, 보건, 주택 등으로 크게 확대된다. 이러한 변화의 바탕에는 세계적 규모의 경제공황과 최악의 전쟁 상황 및 이에 따른 국민적 결속과 합의 형성, 시대에 뒤진 기존의 복지제도의 쇄신 필요성, 그리고 루즈벨트와 베버리지 경과 같은 뛰어난 정치적 리더십이 크게 작용했다. 스웨덴에서 사민주의형 복지국가의 기본틀이 형성된 것도 바로 이 시기다.

1) 독일

히틀러 통치기간(1933~45년) 동안 기존의 사회보장정책은 별다른 본질적 변화 없이 그 골격을 그대로 유지한다. 제2차 세계대전이 끝난 후, 서독 기본법은 법치국가와 사회국가의 합성어인 '사회적 법치국가(Sozialer Rechtsstaat)' 개념을 정립하고, 경제 및 사회 정책의 맥락에서 개인책임과 국가책임의 균형점을 모색한다. 이러한 시대적 사조에 부응하여 아데나워(K. Adenauer) 정부는 '사회적 시장경제(Sozialer Marktwirtschaft)'를 표방하면서, 자유시장경제와 사회적 개입주의 간의 화해를 추구하는 중도노선을 선보인다.[19]

2) 미국

1920년대까지 미국에서 구빈(救貧)사업은 주로 지방관청의 주변적 관심사였고, 연방정부는 별로 관여하지 않았다. 그러나 1930년대 미증유의 경제공황은 미국이 산업사회에 내재하는 사회경제적 위험에 대처할 수 있는 아무런 준비가 되어 있지 못한 가운데 갑작스럽게 찾아들었다. 따라서 실업으로 인한 소득상실에 대한 공적 보호 수준은 최악이었다. 그 결과 공황은 평균적 미국인의 삶을 완전히 망가뜨렸다.[20]

경제공황의 격류 속에서 1932년 말 대통령에 당선된 루즈벨트(Franklin D. Roosevelt)는 뉴딜(New Deal)정책을 앞세워 경제위기 극복에 온 힘을 쏟는다. 뉴딜정책의 기조는 "공공투자가 더 큰 사적 투자를 유발한다."는 케인즈 경제학의 유효수요 원리에 입각한 것이었다. 뉴딜정책은 크게 두 가지 방향으로 진로를 정했다. 그 하나는 연방정부가 보조금을 통하여 빈궁에 빠진 시민들의 생계를 직접 돕거나 공공사업을 일으켜 일거리와 노임을 제공하는 구호사업이고, 또 하나는 사회입법을 통하여 시민들의 삶을 제도적으로 보장하는 것이었다.

뉴딜 행정부의 구호사업은 초기(1932~35년)에는 보조금을 통한 직접구조(direct relief)와 공공사업을 병행하였으나, 대체로 1935년 공공사업촉진청(Works Progress Administration)의 창설을 계기로 공공사업의 방향으로 정책을 선회한다.

뉴딜 행정부는 위의 공공사업과 더불어 실업, 노령 등의 생계 위협요소로부터 개개인의 삶을 보호하기 위해 장기적 사회보장 프로그램을 개발하여, 1935년 역사적인 사회보장법(Social Security Act of 1935)을 제정한다. 이 법은 세 가지 중요한 프로그램을 포함하고 있다. 즉 i) 연금과 실업보상을 주축으로 하는 사회보험, ii) 노인과 요보호시각장애자 및 요보호아동을 위한 범주적 공공부조, 그리고 iii) 다양한 보건, 복지서비스가 그것이다. 이 밖에도 와그너 노동관계법(the Wagner National Labor Relations of 1935)을 제정하여, 단체협상에서 노동자의 조직 및 참여권을 강화하였다.

뉴딜정책의 국가개입주의는 전통적인 미국의 국가역할 내지 사회복지정책의 관행에서 볼 때 가히 혁명적 변화라고 말할 수 있다. 그러나 전체적으로 볼 때, 이 또한 미국의 전통적인 자유주의의 큰 틀을 벗어난 것은 아니었다. 즉 시민들은 일차적으로 자조적 노력을 통하여 자신의 생활보장을 이루어야 하며, 이를 위해 국가는 고용여건 형성에 힘써야 한다는 것이 기본적인 전제였다. 하지만 그들이 고용기회를 잃게 될 경우, 국가가 취로 구호사업과 사회보장제도를 통해 그들의 생계를 보살펴 주게 되는 것이다.

3) 영국

전후 영국형 복지국가 건설에 청사진이 된 '베버리지 보고서(Beveridge Report)'가 발표된 1942년 말은 영국이 제2차 세계대전 중 가장 어려움에 처했던 암울한 시기였다. 그런 의미에서 이 보고서는 좌절의 늪에 빠져 있는 시민에게 보내는 희망의 메시지였다. 이 보고서의 원래의 이름은 '사회보험과 연관 서비스들(Social Insurance and allied Services)'이다. 여기서 정부는 마땅히 다섯 가지 '큰 악(惡)들(Giant Evils)', 즉 궁핍(want), 질병(disease), 무지(ignorance), 불결(squalor) 및 나태(idleness)와 투쟁해야 하며, 이를 위해 종합적인 사회보장계획이 필요하다고 주장했다. 전후 총선에서 승리한 노동당의 애틀리(Clement Attlee) 내각은 이 보고서를 바탕으로 종합적인 사회보장체계를 구축한다. 베버리지형 복지국가의 경제이론적 기초는 완전고용 목표와 총수요관리를 겨냥하는 '케인즈주의(Keynsianism)'였다.

영국의 베버리지형 복지국가는 다섯 가지 프로그램을 바탕으로 하고 있다. 즉 i) 종합적·포괄적이며, 적절한 수준의 사회보험 프로그램, ii) 전국적 공공부조 프로그램, iii) 가족수당, iv) 전 국민적 무료 보건 및 재활 서비스, v) 공공사업을 통한 완전고용 유지가 그것이었다. 여기서 완전고용, 국민보건서비스(National Health Service: NHS) 및 가족수당 등의 사회보장조치는 공공부조와 사회보험을 근간으로 하는 기존 사회보장정책의 차원을 넘어 보편주의를 지향한 획기적인 내용이었다. 그 때문에 베버리지 사회보장체제는 이른바 '요람에서 무덤까지(from the cradle to the grave)'라는 평을 받았다.

베버리지형 복지국가는 '국민최저선(national minimum)'의 개념을 표방하였는데, 이는 적어도 영국시민이면 일정 수준 이상의 기본적 삶이 보장되어야 한다는 점을 강조한 것이다. 이로써 사회권으로서의 사회복지의 의미가 부각되었다. 또한, 베버리지는 사회보험제도 원칙으로 균등갹출(flat rate of contribution)과 균등급여(flat rate of benefit), 즉 모든 피보험자의 갹출금과 급여를 균일하게 규정했다는 것이다.

여기에는 세계대전이라는 한계상황을 함께 체험한 동포들 간에 형성된 '한배를 탔다.'는 공동체 의식과 평등사상이 크게 작용했을 것으로 보여진다. 그러나 여기서 유의할 점은 베버리지안 자체는 자유주의 발상에 의해 설계된 것이라는 점이다. 따라서 보편주의를 골격으로 하고 있으나 "최저생활비 이상은 국가가 책임지지 않으며, 개인의 자발적 선택에 맡긴다."라는 자유주의적 사고의 틀은 견지된다. 그 때문에 베버리지 플랜이 보장하는 복지급여의 수준이 대체로 낮다.

4) 스웨덴

1932년 총선에서 스웨덴 사회민주당은 43%의 득표를 얻어 한손(P. A. Hansson) 내각을 출범시킨다. 이로써 스웨덴 사회민주당의 장기집권 시대가 열리고, '인민의 집(People's home)'으로 비유되는 스웨덴형 복지국가 건설에 막이 오른다. 당시 스웨덴 사민주의의 대표적 이론가인 비그포르스(E. Wigforss)는 사회주의는 도그마가 아니라 끊임없이 경험적으로 검증해야 하는 '작업가설'로 보아야 한다고 밝혔다.[21]

사민당은 연정(聯政) 파트너로 농민당을 끌어들여 이른바 '적록(赤綠)동맹'을 구축한다. 아울러 1938년 스톡홀름 교외 살쯔요바덴(Saltsjobaden)에서 노사 간의 역사적 화해를 바탕으로 사회협약을 체결하여, 협력적 노사관계에 바탕을 둔 조합주의(組合主義, corporatism)를 제도화한다.[22] 이후 노총(LO)의 조직률은 급상승(1920년대 38%, 50년대 67%)하고, 노동쟁의의 수는 극소화된다.

1934년 스웨덴 사민주의는 출산율 급감이라는 인구정책의 위기에 대응하여 예방적 차원의 사회정책의 필요성을 제기한다. 특히 자녀와 가족에 대한 정책적 관심을 촉구하며, 인적 자원에 대한 투자 차원에서 출산 및 육아지원책(1937년 출산수당, 1947년 아동수당)을 마련하고, 여성취업조건의 구비, 노동시간의 단축, 주택정책 등 사회공학적 · 페미니스트적 지향의 정책을 강화한다. 1930, 40년대에 스웨덴 사민주의가 추구했던 일련의 예방적 차원의 인적 자원 투자정책은 반세기 이후 서유럽 여러 나라에서 대두된 '사회투자국가(social investment state)'의 이념적 · 제도적 효시로 간주된다. 당시 인구문제의 위기로부터 사회투자적 관점의 보편주의적 복지정책에 대한 사회적 합의를 끌어내는 과정에서 특히 뮈르달 부부(Alva and Gunnar Myrdal)의 기여가 컸다.

제2차 세계대전이 끝날 무렵, 1944년 사민당은 전후 사회복지정책의 기반이 될, 이른바 〈27개 조항〉(the Twenty-Seven Points)을 발표했는데, 그 세 가지 목표는 완전고용, 공공적 분배, 산업에 있어서의 효율과 민주주의였다. 스웨덴 사민당은 여기서 한 걸음 더 나아가 1947년 '연대임금정책'을 추진한다.

4 — 복지국가의 확장기(1950~70년대 중반)

흔히 복지국가의 '황금기'로 불리는 이 사반세기의 기간은 서구 제국이 지속적 경제성장과 완전고용, 정치경제적 국가자율성, 상대적으로 낮은 부양률과 적정 수준의 복지욕구, 그리고 노동시장 및 성(性) 역할과 가족의 안정이라는 최적의 경제사회적 조건 아래서 복지국가가 크게 확장했던 시기이다.

이 복지국가의 확장기는 산업사회가 고도화되었던 시기이며, 자본주의가 유례없이 장기호황을 누렸던 기간이다. 복지지급의 유형은 '남성부양자 모델(male breadwinner model)'에 기초해 산업사회의 맥락에서 생산노동자가 경험하는 욕구/필요를 바탕으로 구조화되었다. 노동과 상품 시장은 대부분의 필요로 충족했고, 사회보험을 바탕으로 하는 사회보호체제는 산업재해, 실업, 질병 및 노령 등에서 오는 소득단절에 대비할 수 있었다. 사회보장제도는 사회적 안정을 촉진했고, 정부는 경제 사이클이 하향했을 때 인프라 확대를 위한 재정지출과 고소비성향의 집단들을 위한 서비스와 급여 지출을 늘려 비즈니스 사이클을 원활하게 조율했다.

이 시기에 유럽에서는 중도좌파정당인 사회민주당(내지 노동당)이 크게 부상하여 여러 나라에서 정권을 획득하였고, 총수요관리를 바탕으로 하는 케인즈 경제이론이 복지국가의 정책기조로 굳건히 자리를 잡았다. 그런가 하면, 유럽의 여러 나라에서 국가를 매개로 한 노사 간의 협약체제인 조합주의(corporatism)가 자리를 잡아 주요한 사회경제문제의 해결과 복지국가 발전에 기여하였다. 복지국가의 진전은 계급 간 간격을 줄여 불평등의 감소와 계급 간 연대형성에 크게 기여했다. 벨(Daniel Bell)의 「이데올로기의 종언」(1960)도 이러한 시대적 배경 아래서 출간되었다. 이 시기는 한마디로 서구에서 '복지자본주의(welfare capitalism)'가 안정적으로 제도화되는 시기였다.

이 시기 동안 대부분의 서구 제국에서 사회보장의 확대와 보장 수준의 강화가 지속적으로 이루어졌다. 많은 나라에서 기존의 노동자계급 외에 화이트칼라 및 자영업자 등이 점차적으로 사회보장체제 내에 수용되었고, 기존의 사회복지정책의 빈틈이 메워지고 새로운 프로그램이 첨가되는가 하면, 내용도 충실해졌다. 또한, 점차 소수자, 여성, 장애자 등 사회적 약자의 사회권에 대해서도 정책적 관심이 고조되었고, 보건, 주택 및 교육 등의 프로그램이 기본적 시민권으로 발전했다.

1960~70년대 중반까지 주요 나라의 GDP 대비 공공지출은 평균적으로 30%가 증가했다. 이러한 정부지출의 급속한 팽창의 주된 원인은 사회복지지출의 폭발적 증대에서 비롯된 것인데, 이를 상쇄할 국방비의 감소가 이루어지지 않아 정부재정부담은 계속 증가했다. 대체로 공적 사회지출 중에서도 이전지출(transfer payment)이 가장 빠르게 증가하는 추세 속에서, 이제 정부는 가계소득의 가장 주요한 분배자로 등장했다.

구미(歐美)의 주요 복지국가들은 태동기, 정착기, 확장기를 거치면서, 상호 적지 않은 공통점에도 불구하고 문화권마다 고유한 제도적 특성을 발전시켜 나갔다. 1990년 에스핑-앤더슨이 유럽의 복지국가들을 앵글로 색슨의 자유주의 레짐, 유럽대륙의 보수주의 레짐, 그리고 북구의 사민주의 레짐으로 나눈 것도 바로 그 때문이다.

1) 독일

서독은 이 시기에 인내자본(patient capital), 노동시장 안정, 노사 간 협력, 고숙련도 등을 내용으로 하는 이른바 '조정시장경제(Coordinated Market Economies: CMEs)'

의 뿌리를 내린다.[23] 그런가 하면 1951년 광산 및 철강 부문에 적용되는 '공동의사결정법(Montan Mitbestimmungsgesetz)'을 제정하여 산업조직의 의사결정과정에 노동자의 참여를 제도화한다. 이는 산업민주주의의 발전에 크게 기여했다.

독일은 이 기간 동안 다양한 사회보험의 적용범위를 확대하여 모든 피용자들과 자영업자들, 그리고 그들 가족들이 폭넓게 포함될 수 있도록 조치하고 관대성의 수준도 높인다. 아데나워 수상 아래서 실시된 1957년 연금 개혁은 직역 간 분립과 격차를 유지하는 가운데 그 적용범위를 화이트칼라까지 확대하고, 급여 수준을 65% 전후로 크게 개선하여 연금제도에 대한 신뢰성을 높였다. 1957년 연금 개혁으로 연금제도의 목표가 '최저보장'에서 '소득지위브장'으로 바뀌었다. 사회보험의 재원조달은 전과 다름없이 기여금을 바탕으로 하고, 기금관리에는 사회적 파트너들을 포함시켰다. 주지하듯이 독일을 비롯한 유럽대륙형 복지국가들은 전형적인 '남성부양자 모델(male breadwinner model)'에 바탕을 두었다. 따라서 정부는 남성가장의 일자리 안정과 소득보장에 각별한 정책적 관심을 쏟았다. 사회서비스는 여전히 보족성 원리(補足性原理, principle of subsidiarity)를 앞세워 가족 내 여성과 제3섹터에 맡겼다.

2) 영국

영국에서는 1950년대 중반 소득비례형 연금제도의 도입이 활발하게 검토되기 시작한다. 이는 만성적 인플레이션으로 인해 공적 연금의 급부액이 부득이 저소득층의 수준에 맞춰 최소 생활비로 억제되는 바람에, 화이트칼라의 생활 수준과 격차가 크게 벌어진 데에 기인한다. 마침내 1959년 국민보험법(the National Insurance Act of 1959)의 제정으로 기존의 정액기여, 정액지급의 노령보험이 소득비례형 연금으로 바뀌어, 차등급여 및 차등지급의 길이 열렸다. 그러나 연금 개혁으로 적지 않은 수의 노동자들이 보다 유리한 민간 직역연금을 선택하는가 하면, 연금수급자 중 25%가 보충급여(supplementary benefit)에 의존하는 등 연금제도의 파행이 두드러진다.

3) 미국

1960년에 들어 미국은 시민권 운동의 열풍 속에서 케네디 대통령의 '뉴 프론티어(New Frontier)' 및 존슨 대통령의 '위대한 사회(the Great Society)'가 추진되면서, 다양한 사회복지 프로그램을 선보였다. 특히 후자는 직업훈련, '푸드 스탬프(Food Stamps)', 고령자 의료보험(Medicare), 저소득자 의료보험(Medicaid), 정신보건 프로그램 및 다양한 사회적 서비스를 출범시켰다. 아울러 부양아동가족지원(AFDC)의 요건이 완화되어 그 인적 대상이 대폭 증대되면서 이른바 '복지폭발'을 주도했다. 그러나 부양아동가족지원은 자산조사를 수반하는 선별주의적 성격이 강한 공공부조 프로그램이라는 점에서 보편주의적 사회보장체제를 지향하는 유럽과는 본질적인 차이가 있었다.

미국에서는 특히 적극적인 고용정책이 없어 실업, 그 자체에 대한 정책적 대처는 무척 소극적이었다. 이에 경제적 약자들은 자율적 경제능력을 획득하지 못한 채, 점점 더 소득보장 프로그램에 의존하기 때문에, 경제능력이 있는 다수와의 간극이 더 심각하게 벌어졌다. 이로써 미국형 복지국가의 한계를 드러냈다.

4) 스웨덴

스웨덴 사회민주당은 이제 '풍요한 사회'에 진입한 만큼, 개인의 자유추구와 공공책임이 일체가 되어야 한다는 점을 강조하며, 중간층을 끌어들여 사회적 연대의 기반을 넓히기 위한 지속적 노력을 전개했다.

이 시기 스웨덴의 경제정책은 '렌-마이드너 모형(Rehn-Meidner model)'으로 알려진 변형된 케인지안정책이 근간을 이룬다. 이 모형의 핵심은 '연대임금정책(solidaristic wage policy)'과 '적극적 노동시장정책(active labor market policy: ALMP)'이다. 연대임금정책은 직종 간 합리적 임금격차를 유지하면서 동일 내용의 노동에 대해서는 기업과 부문의 생산성의 높고 낮음을 불문하고 동일 임금 수준을 적용한다는 입장이다. 한편 적극적 노동시장정책은 산업구조의 고도화에 따라 저생산성 부문에서 합리화나 도산으로 생겨난 잉여노동력을 노동자의 '자발적 이동'을 촉진하여 고생산성 부문으로 옮기자는 데 그 목적이 있다. 이를 위해 단순한 직업 알선이나 실업수당 등을 통해 상황에 수동적으로 대응하는 대신, 고생산성 부문의 고용촉진과 이에 대응한 실업자에 대한 교육과 직업훈련, 그리고 직업 알선 등을 내용으로 한다는 점에서 '적극적' 노동시장정책으로 일컬어진다.

1959년 강제가입, 소득비례의 공적부가연금제도가 의회를 통과한다. 평등이념에서 보면, 소득비례형 연금은 '결과의 평등'에서 '조건의 평등'으로 역점이 이동했다는 의미를 갖는다. 스웨덴의 소득비례형 연금은 베버리지가 제시하였던 고전적 보편주의와 구분되는 새로운 보편주의의 이정표를 세웠다. 1960년 선거 이후 사민당은 지속적으로 화이트칼라층으로부터 더 많은 정치적 지지를 얻는 데 성공한다.

5 — 복지국가의 재편기(1970년대 후반 이후)

1) 복지국가 위기의 도래

1970년대에 들어설 즈음, 전후 복지자본주의는 바야흐로 공고화, 성숙화의 단계에 들어선다. 그러나 수급자 증대, 전반적 정책유연성의 점진적 상실 등 복지체제의 내재적 문제점이 심각하게 부각된다. 특히 과도한 복지지출로 인해 정부 부채와 적자가 급증하는 가운데, 국가재정은 만성적인 적자의 늪에 빠진다. 특히 1973년 제1차 석유파동으로 인해 자본주의의 장기호황 시대가 끝나고 경기침체기로 접어들면서 비대해진 복지지출은 국민경제에 큰 부담이 되기 시작한다.

이후 복지국가의 위기는 재정 · 경제 위기를 비롯해서, 이념적 · 정치적 위기로 확산된다. 무엇보다 1970년대 후반 이후 격류처럼 밀어닥친 국내외적인 변화와 도전들, 특히 세계화와 후기 산업화, 그리고 노령화 등 인구 및 가족 구조의 변화는 복지국가의 기반을 크게 흔들어 놓았고, 이에 따라 위기는 더욱 심화된다. 복지국가의 미래는 짙은 회의의 그림자에 가려지게 된다.

국내외적인 변화의 소용돌이 속에서 기존의 국민국가 단위 경제, 포디즘적 산업사회, 남성부양자 모델과 총수요관리에 바탕을 두었던 기존의 케인즈적 복지국가와 국가–노동–자본 간의 정치적 화해구조는 그 기반이 크게 침식되고, 새로운 사회적 위험들에 대응할 수 있는 체제능력을 상실한다. 복지국가의 위기와 도전들을 살펴보면 다음과 같다.

가. 재정 · 경제 위기

1973년 석유파동이 서방경제에 가져다준 충격은 엄청난 것이었다. 이후 경제성장과 산업생산성은 크게 떨어지고 국가재정은 적자에 허덕이게 된다.

경제위기의 가장 뚜렷한 징표의 하나는 바로 증가일로의 정부부채였다. 경제가 침체될수록 그만큼 정부지출, 특히 실업수당 등 사회적 지출에 대한 요구는 커졌다. 이처럼 요구는 증대하는데, 세원의 확대를 가져올 경제는 침체의 늪에 빠져 세입은 감소했다. 결국 복지국가의 경제위기는 세출과 세입의 엄청난 격차와 공공부채의 급속한 증가에서 명확히 그 모습이 드러나게 되었다.

석유파동을 계기로 경기가 침체되자, 정부는 전통적인 케인즈 경제이론의 '총수요관리' 정책처방에 따라, 확대 재정 · 금융 정책(reflationary policy)을 답습했다. 그러나 기대와는 달리 높은 인플레이션 속에서도 생산활동은 계속 침체되고 실업률은 높아만 갔다.[24] 바야흐로 '스태그플레이션(stagflation)'의 수렁에 빠진 것이다. 저성장과 대중실업은 복지국가의 경제적 기반을 크게 흔들어 놓았다.[25] 이 경제적 위기에 대안으로 고개를 들기 시작한 것이 통화주의(monetarism)와 공급중시 경제학(supply-side economics)이다.[26]

나. 이념적 · 정치적 위기

복지국가에 대한 비판의 목소리는 이미 1960년대 이후부터, 이념적으로 좌·우 양쪽으로부터 계속 고조되어 왔다. 자유주의자들은 복지국가의 지나친 시장개입으로 개인의 자유와 자율성이 침해됐을 뿐만 아니라, 시장 메커니즘을 왜곡시켜 경제위기를 가져왔다고 비판했다. 또한 우파들과 일부 좌파들도 복지국가는 관료제의 팽창과 행정의 경직성, 비능률과 낭비를 초래했고,[27] 이익집단의 발호와 '정부의 과부하(過負荷, government-overload)'의 문제를 낳았다고 공격했다.[28] 그런가 하면, 복지국가가 사회적 불평등을 줄이는 데도 별다른 기여를 하지 못했다는 좌파의 비판도 매서웠다.[29]

복지국가의 본질적 모순에 대한 이념적 비판도 거세졌다. 우파들은 자유자본주의(liberal capitalism)와 복지국가의 '시장-침탈적(market-usurping)' 정책 간의 근본적 갈등을 비판했고,[30] 마르크시스트들은 자본주의 국가의 두 가지 기본적 기능, 즉 '축적(accumulation)'과 '정당화(legitiamation)' 기능 간의 본질적 모순을 비판했다.[31] 양측 모두 복지국가의 미래를 암담하게 조망했다.

이러한 이념적 도전 속에서 후기 산업사회로 접어들면서 노동자의 수적 감소와 동질성 약화로 사회민주당의 정치사회적 기반이 크게 침식된다. 이러한 흐름은 현실 정치세계에 그대로 투영되었다. 복지국가 황금기를 주도하던 유럽의 사민당들과 미국의 민주당이 차례로 무너지고, 그 자리에 보수적 정권이 들어섰다. 그 대표적인 예가, 1979년 영국의 대처(Thatcher) 수상(보수당), 1980년 미국의 레이건(Reagan) 대통령(공화당), 그리고 서독의 콜(Kohl) 수상(기민당)의 집권이었다. 이들 보수정당들은 시장과 자유화, 경쟁을 중시하고, 탈규제, 민영화, 그리고 복지국가의 감축을 지향하는 신자유주의를 강력히 추구했다.

이에 더하여 사회주의의 몰락은 세계정치의 지형을 바꿔 놓았다. 1989년 소련 및 동구의 공산국가들이 붕괴되면서 전후 반세기 가까이 지속되어 온 동서냉전체제가 종언을 고했다. 이로써 사회주의적 대안의 실종은 서구 여러 나라들로 하여금 고전적 자본주의로의 회귀를 재촉했다. 바야흐로 자본주의와 사회주의 사이에서 '제3의 대안'으로 각광을 받던 복지국가의 지위가 빛이 바래게 되었다.

2) 복지국가에 대한 도전들

가. 세계화의 파장

그동안 복지국가는 비교적 안정된 국제환경 속에서 국가가 경기변동에 개입하여 국내경제를 조정하고 국민경제적 성과를 바탕으로 복지를 확장해 나가는 일종의 '1국 복지국가(national welfare state)'체제를 바탕으로 하고 있었다. 그러나 1980년대 이후 세계화가 진전되면서 무역개방, 자본이동성의 증가, 금융시장의 탈규제 등에 따라 국민경제가 보다 개방되고, 그것이 초국가적 경제의 영향 아래 놓이게 되면서 상황은 급변한다. 무엇보다 금융자본의 국가 간 이동의 자유화로 국가가 리플레이션 정책을 통하여 고용과 경제성장을 창출하던 케인즈적 거시경제관리는 한계에 부딪힌다.[32] 이후 개개 국민국가들은 자국의 정치경제, 특히 자국의 재정 · 금융 정책을 자율적으로 설계 · 관리할 수 있는 정책자율성을 크게 제한받게 되고, '1국 복지국가'의 국제적 · 거시적 기반은 근본적으로 흔들리게 된다.

그런가 하면 세계화로 인하여 글로벌 생산네트워크가 형성되면서 기업들은 국경을 넘어 세계시장에서 경쟁에 유리한 투자처를 찾아 나서게 되었다. 이제 복지국가들은 자국 기업의 경쟁력 강화는 물론 외국인 직접투자를 유치하기 위해 온 힘을 쏟는다. 이러한 소용돌이 속에서 낮은 임금과 열악한 근무조건, 낮은 사회적 보호, 규제완화, 낮은 세금을 추구하는 이른바 '사회적 덤핑(social dumping)'이 쟁점으로 부상한다.

나. 후기 산업화의 충격

널리 알려졌듯이 복지국가는 산업화사회의 산물이었다. 그러나 서구 선진자본주의 국가는 지난 세기 마지막 사반세기에 이르면서 탈공업화, 서비스화 및 지식기반경제를 특징으로 하는 '후기 산업사회(post-industrial society)' 내지 '지식사회(knowledge society)'로 빠르게 이행했다. 기존의 산업사회는 소품종-대량생산, 표준화된 생산공정, 대규모 공장설비와 대량의 육체노동이 주축이 되는 포디즘(Fordism)적 생산체계이다. 그러나 후기 산업사회는 다품종-소량생산, 극소전자기술 및 재도급(subcontracting), 다기능 지식노동자들이 중시되는 이른바 '포스트 포디즘(post-Fordism)'적 생산체계이다.

이러한 전이과정에서 남성 육체노동자의 비율이 크게 감소하는가 하면, 노동자의 동질성 약화로 노동계급 내부의 결속과 연대가 느슨해졌고, 이에 따라 기존의 강력한 중앙집권적 노조가 크게 약화된다. 이는 다시 사회민주당의 정치적 기반과 노동-자본 간의 조합주의적 타협의 사회적 기초를 크게 침식했다. 이 모든 과정은 복지국가의 정치사회적 기반의 약화를 의미한다.

노동시장의 변화도 두드러졌다. 제조업의 쇠퇴와 서비스경제로의 이행, 기술변화와 지식기반경제의 등장, 그리고 국제경쟁의 격화 속에서 대부분의 나라에서 취업노동의 세계에 큰 변화가 찾아왔다. 제조업분야의 질 좋은 일자리가 지속적으로 감소하고 그 대신에 서비스업분야에서 저임금 일자리가 크게 늘어나면서 근로빈곤층이 증대하였고, 청년실업자와 장기 실직자가 늘어나 복지수요의 증가를 가져왔다. 무엇보다 '정규 노동관계'의 침식이 두드러졌는데, 그것은 취업상실과 비정규직 고용의 확산이다. 정규 노동관계는 지속적 · 전시간적 노동관계이며, 이는 노동법과 사회법에 따라 보장된다. 그러나 이제 임시직, 프리랜서, 단시간 노동, 기간제 고용, 파견근무 등이 급증했고, 생애주기가 예전에 비해 비정규적 · 비표준적 경향을 많이 띠게 되었다. 이들 일자리의 상당수는 저임금과 낮은 고용안정성, 그리고 사회적 보호를 필요로 하는 취약한 일자리였다.

이에 더하여 급속한 테크놀로지의 발전은 노동자들 간의 기술격차를 크게 벌려, 저기술 노동자들은 노동시장 내에서 약자로 전락하였다.

다. 인구 · 사회 구조의 변화

20세기 말 이래 현대 복지국가를 둘러싼 인구 · 사회 구조적 환경은 전후 복지국가의 환경과는 판이하게 다르다. 인구의 고령화, 가족구조의 변화, 여성의 경제참여 증가가 그 핵심적 내용이다.

무엇보다 낮은 출산율과 함께 인구의 급속한 고령화는 대부분의 선진자본주의 국가들이 안고 있는 '시한폭탄'이다. 이들 나라들은 이미 1960년대에 고령화사회에 진입했고, 이후 고령화 속도는 점차 빨라졌다.[33] 고령화는 생산인력의 중심축을 중년층으로 이동시켜 중장기적으로 경제성장의 둔화를 초래한다.[34] 이에 따라 잠재적 인적 자원을 극대화하고, 이를 개발 · 활용하는 것이 주요한 국가정책으로 부상한다. 아울러 노후생활의 안정이 절박한 사회문제로 대두되었고, 연금보험과 의료보험 재정이 크게 위협받으면서 복지국가의 재정적 위기를 심화시켰다. 이는 많은 나라의 연금 개혁을 촉발시켰다.

이와 더불어 가족유형이 크게 변하고 있다. 핵가족의 해체, 이혼의 급증, 독신과 한부모 및 미혼모 가구의 증가, 독거노인 및 노인가족의 증가 등으로 가족형태가 다양화, 비(非)정형화(atypical)되고 그 안정성이 크게 흔들린다. 이는 개인화로 설명되기도 한다.[35] 그런가 하면 여성의 교육수준 향상과 더불어 노동시장 참여가 크게 늘었다. 맞벌이 부부가 늘면서, 여성이 가사를 책임지고 아동 및 노인을 돌보는 기존의 사회보호 역할은 크게 줄고 있다. 이에 따라 '정규직 남성 전업 노동자'가 홀로 가계 책임을 지고 여성이 무급으로 안살림을 두루 돌보는 가족 및 일의 구조를 전제로 한 기존의 사회보호체계는 더 이상 적합하지 않게 되었다.

남성가장중심의 전통적 가족형태가 흔들리고, 한부모, 맞벌이 가계가 늘어나면서 일과 가족생활의 조화와 균형을 잡는 일이 주요한 쟁점으로 부상한다. 특히 아동과 노인을 돌보고 보살피는 일이 점차 가족의 품을 떠나면서, '탈가족화(defamiliarization)'와 국가복지의 증가, 그리고 '케어서비스의 전문화(professionalization of the care service)'가 진척된다. 아울러 개인적 생애경로의 다양화, 경력 및 노동시장 참여유형의 비표준화는 보다 유연한 사회정책을 요구하게 된다.[36]

3) 복지국가의 재편과정

가. 신자유주의 시대(1980, 90년대)

1970년대 후반 이후 유럽에 실업과 인플레이션이 동시상승하는 초유의 현상, 즉 스태그플레이션이 빚어지자, 기존의 케인즈 이론을 가지고는 이를 설명할 수도, 또 정책적으로 대응할 수도 없었다. 이에 케인즈 이론은 혹독한 공격이 표적이 되었고, 급기야 신자유주의로의 패러다임 전환에 이르게 된다.

신자유주의 패러다임

신자유주의를 표방하는 신고전파 경제학자들의 관점에서 볼 때, 실업과 인플레이션은 수요의 부족에서 오는 것이 아니라, 노동시장의 경직성(과도한 노동비용, 지나친 노동규제, 관대한 사회급여)에서 비롯된 공급의 제한 때문이다. 그러므로 이제 국가의 역할은 축소되고, 대신 시장의 역할이 강화되어야 하며, 경제의 역점은 수요 측면에서 공급 측면으로 전환되어야 한다는 것이 그들의 입장이었다. 이들은 한결같이 탈규제, 민영화, 사회보장의 축소, 통화주의적 경제정책, 예산의 엄격성, 시장경쟁 및 근로연계복지(workfare)를 주장했다. 특히 이들은 복지국가에 대해 부정적 입장을 분명히 했다. 이들의 눈에 비친 사회복지정책은 경제성장의 자극제, 정치사회적 안정의 촉진제가 아니라 경제 및 고용 성장의 비용이자 장애물이었다.

복지국가의 축소

이처럼 신자유주의의 이념적 헤게모니와 '영원한 긴축(permanent austerity)'이 강요되는 재정 · 경제 상황 속에서, 1980년대 이후 구미(歐美)의 대부분의 나라들은 비용억제 내지 복지축소(welfare retrenchment)에 나섰다. 무엇보다 사회보험의 자격요건의 강화, 부담률과 급여율의 조정, 수혜연령의 변경, 대기기간의 연장 등을 통해 사회보험영역의 비용억제에 큰 힘을 기울였다. 특히 미국이나 영국과 같이 자유주의적 전통이 강한 나라들에서는 공공부조 및 빈곤정책의 감축이 두드러졌다. 이들 나라들은 자산조사를 강화하고 '표적화(targeting)'에 역점을 두었다. 그런가 하면 많은 나라들이 국가의 역할을 줄이고, 대신 시장과 기업, 비영리조직의 비중을 높이는 방향으로 '복지다원주의(welfare pluralism)'의 처방을 따르고자 하였다.

세계화와 유럽화의 흐름 속에서 IMF나 OECD와 같은 국제기구들도 복지비용의 축소지향적 압력을 구사했다. 1991년 마스트리히트 조약에서 출범을 준비하는 유럽경제통화동맹(EMU)의 가입조건으로 '재정적자 GDP 3% 이내, 국가부채잔액 GDP 60% 이내'라는 이른바 경제수렴기준을 제시하자, 유럽복지국가들은 이 기준에 맞추기 위해 예산 절약에 박차를 가했고, 이는 복지비용 축소에 힘을 보탰다.

서구 복지국가의 사회지출 중에서 가장 큰 비중을 차지하는 노령연금은 주요 개혁 대상이 되었다.[37] 인구고령화로 연금비용이 더 늘어날 것이 예상되므로, 연금 개혁은 복지국가의 비용억제의 성패를 가름하는 분수령이 된다. 따라서 많은 나라들은 1990년 이후, 단순히 연금보험료를 인상하고 지출액을 줄이는 식의 임시방편이 아닌 보다 근본적인 연금제도의 구조 개혁을 추진했다. 서구 복지국가들의 연금 개혁을 꿰뚫는 주된 방향은 대체로 i) 연금의 보험기능과 기초보장기능을 분리하여 국가의 역할을 후자에 집중하도록 다층구조화하고, ii) 민간보험 또는 민간보험적 요소의 강화를 통해 시장역할의 확대와 개인책임의 증진을 도모하며, iii) 연금수령자의 노동동기를 고양하는 제도적 조치를 마련하는 것이다.

의료 및 보건 분야의 '비용폭발'에 대응하여, 서구 여러 나라들은 이 분야의 비용삭감에도 적극적으로 나섰다. '공동지불(co-payment)'을 통한 본인부담금의 증액, 서비스 전달에 대한 규제강화 및 전달자들 간의 경쟁유도 등 다양한 방식을 시도하는 한편, 상병급여 수준을 내리는 노력도 병행해 왔다.

그러나 모든 사회정책분야에서 비용억제가 가능한 것은 아니다. 후기 산업사회로의 전이에 따른 급격한 경제사회적 변화들, 특히 가족생활과 노동유형의 변화는 갖가지 새로운 필요(needs)와 새로운 사회적 위험들을 창출했는데, 이들 '신(新)사회적 위험들(new social risks)'에 대한 정책적 대응에는 비용이 많이 들었다.[38] 주로 사회서비스 형태로 제공되는 보육, 노인수발, 건강, 교육, 훈련 및 고용 서비스 등은 사회지출의 확대를 불가피하게 만들었다. 에스핑-앤더슨에 따르면 사회서비스의 팽창은 복지의 전통적인 제공자인 노동시장과 가족 및 가계의 약화에서 비롯된 것이다.

근로연계복지

대다수의 복지국가들은 이 시기에 경제발전을 위해 임금, 고용, 단체교섭 등 노동시장영역에서 유연성을 높이는 노력을 경주했다. 무엇보다 주목할 일은, 1990년대 이후 노동시장정책에서 실직자에 대한 보호보다 고용극대화를 강조하였다는 사실이다. 이에 따라 고용정책과 사회정책 간의 새로운 연계가 설정됐다. 그 초기 형태는 이미 미국, 영국 등 자유주의 복지국가에서 시행되고 있었던 근로연계복지(workfare) 모델이었다. 신자유주의의 산물인 이 모델은 기존의 무조건적 복지혜택 대신에 취업을 전제로 한 조건부 복지제공을 원칙으로 했다. 근로능력이 있는 복지수급자들을 노동시장으로 끌어들이기 위해 '당근', 즉 근로에 대한 유인책 못지않게 '채찍', 즉 급여 의존의 억제책을 구사했다.

그러나 1990년대 중반에 들어서면서, 유럽 여러 나라에서는 근로연계복지가 점차 활성화(activation) 방향으로 전환하는 추세를 보였다. 활성화 전략은 적극적 노동시장정책(ALMP)을 통하여 수급자의 직업능력과 기술 수준을 향상시켜(upskilling) 보다 안정된 일자리를 찾을 수 있도록 도와주는 데 정책적 역점을 두고 있다는 점에서 근로연계복지와 차이가 난다. 전자가 의무와 유인에 역점을 두는 데 비해, 후자는 기술형성과 능력부여에 강조점이 있다. 그러나 양자는 고용극대화에 목표를 두고 있으며, 급여수급과 근로를 연계한다는 점에서 공통점이 있다. 활성화 전략은 2000년 이후 신자유주의 패러다임이 '사회투자국가' 패러다임으로 바뀌면서, 새 패러다임의 핵심전략으로 자리를 잡는다.

복지국가의 탄력성과 신정치(New Politics)

1980년대 초 세계화의 격류가 엄습할 때 많은 이들은 복지국가의 미래에 대해 매우 암울한 전망을 했다. 적지 않은 이가 복지국가의 해체(dismantling), 쇠퇴(decline) 혹은 침식(erosion)을 점쳤고, 누구나 적어도 복지국가 축소는 불가피할 것으로 예견했다. 그러나 그 후 20년이 지난 후, 그 결과는 예상과 너무 달랐다. 대부분의 나라에서 GDP 대비 사회지출의 몫은 절대액과 인플레이션을 조정한 실질액 모두에서 늘었다. 또 그것은 경제성장률에 비해 더 빠른 속도로 증가했다. 신자유주의가 풍미하던 1980, 90년대에 어느 나라에서도 큰 폭의 복지축소는 없었다. 복지국가의 제도적 붕괴(institutional breakdown)나 대체(replacement)는 물론, 많은 이가 우려했던 '바닥으로의 경주'는 야기되지 않았다. 한마디로 복지국가는 변화된 상황에 적응하며, 놀라운 탄력성(resilience)을 보여준 것이다.

그렇다면 왜 복지국가는 쇠퇴라는 암울한 전망과 달리 탄력성을 지니며 재편될 수 있었을까? 피어슨(P. Pierson)은 복지축소를 겨냥하는 오늘의 정치과정은 복지확대로 치닫던 지난 시대의 그것과는 본질적으로 다르다는 점을 강조한다. 즉 그에 따르면, '신정치(New Politics)' 에서는 정책결정자가 이전 정부의 약속에 갇히고(lock-in), 기존의 사회 프로그램 주위에서 형성된 이익집단들(policy takers)에 의해 크게 제약된다. 이러한 '역사적 유산들(historical legacies)'이 복지 프로그램의 삭감을 어렵게 만든다. 그뿐만 아니라, 어느 정부나 유권자로부터 인기 없는 복지삭감에 대한 비난과 책임을 회피하거나 모면하려고(blame avoidance) 애를 쓴다. 여기에 위험을 기피(risk averse)하는 시민들의 심리적 동태까지 보태져서 실제로 복지축소는 어렵다는 것이다.[39]

그러나 적지 않은 정부들이 복지축소의 절박한 필요 때문에 때로는 은밀하게(Politics of Stealth), 또 때로는 명분을 앞세우며 사회적 합의방식을 통해 축소 개혁을 감행한다.[40] 그러나 어느 경우에도 당초 의도한 만큼의 예산절약을 성취하지는 못했다.

신자유주의의 한계와 그 파장

신자유주의는 1990년 중반 이후 점차 그 한계가 명백하게 드러났다. 무엇보다 신자유주의 처방을 곧이곧대로 시행했던 나라들에서는 예외 없이 불평등과 빈곤, 사회적 배제가 증가했고 사회양극화라는 어두운 그림자에 휩싸이게 된다. 그런가 하면, 국가가 신자유주의가 처방하는 정책수단만으로는 치열한 세계화의 여울 속에서 추락하는 계층들을 위해 필요한 완충역을 감당하기 어렵고, 아직도 의연히 존재하는 '구'사회위험이나 새롭게 부상한 '신'사회위험을 극복하기에도 역부족이었다. 큰 그림으로 볼 때, 신자유주의는 시장경제의 역동성과 효율성을 높이는 데는 얼마간 기여했을 수 있으나 사회적 결속과 정의의 실현이라는 맥락에서는 크게 실패했다.

그러면 신자유주의 시대는 끝났는가? 신자유주의가 이미 그 민낯을 드러낸 것은 사실이나, 아직도 그 위세는 크게 꺾이지 않았고, 영향력은 지속되고 있다. 실제로 많은 나라에서 복지축소의 맥락에서 복지 개혁이 진행되고 있으며, 신자유주의의 산물인 근로연계복지 전략도 활성화라는 보다 업그레이드된 전략 속에서 나름대로 그 명맥을 유지하고 있다. 그런 의미에서 새롭게 부상하는 '사회투자국가론'도 신자유주의의 청산인이라기보다 그 승계인에 가깝다.

나. '사회투자국가' 시기(2000년 이후)

사회투자국가 패러다임의 대두

대체로 1990년대 후반부터 등장한 '사회투자국가(social investment state)' 패러다임은 신자유주의에 대한 대안적 의미를 지닌 복지국가 재편 패러다임이다. 이는 대체로 신자유주의가 지향하는 경제적 효율성과 전후 사민주의 복지국가들이 표방하던 사회적 형평성 간의 조화를 추구하는 정책 노선이다.[41]

사회투자국가론의 이론적 뿌리는 멀리 1930년대까지 소급한다.[42] 그러나 현대적 맥락에서 볼 때, 1997년 영국에서 집권한 토니 블레어 노동당 정부가 '제3의 길'을 표방한 것이 그 첫걸음이었다고 할 수 있다.[43] 이에 뒤이어 1998년 총선에서 승리한 독일의 슈뢰더 총리가 '신 중도노선'을 천명하고, 2002년에 '어젠다 2010'에서 그 방향을 제시하면서 보다 구체화된다. 이후 사회투자적 관점 및 전략은 유럽연합(EU)과 OECD 등 국제기구의 측면 지원 아래 유럽 각국으로 확산되었고, 특히 2008년 금융위기 이후 다수의 유럽연합(EU) 국가에서 복지국가 재편의 주된 흐름으로 자리를 잡았다.

사회투자론자들은 무엇보다 사회정책을 경제발전과 고용성장의 필수적인 생산요소로 간주한다. 따라서 이러한 관점은 복지지출이 경제와 고용에 부담이 된다는 기존의 신자유주의적 관점과 본질적인 차이가 있다. 이 접근은 경제와 사회의 통합적 인식과 사회정책과 경제정책의 선순환 내지는 '복지–고용–경제–재정'의 선순환 구조를 그 인식의 바탕으로 하고 있다.[44]

사회투자국가는 또한 급여와 권리에 초점을 두는 기존의 소극적 케인지언 급여국가 대신에 인적 자본에 대한 투자를 통하여 개인의 고용능력을 향상시키는 적극적 사회투자국가를 지향한다. 그러한 점에서 위험이 초래된 이후에 뒤늦게 '보상(補償)', '보수(補修, repairing)'하기보다는 위험에 미리 '예방(豫防)', '대비(對備, preparing)'해야 한다는 적극적 사회정책적 개입전략이다. 사회투자적 관점은 또한 정책의 초점을 '현재'의 '산출의 평등(equality of outcomes)' 대신에 '생애주기'와 '미래', 그리고 '기회의 평등(equality of opportunity)'에 맞춘다. 사회투자적 관점이 지향하는 인간상(像)은 자존감과 책임의식이 강한 적극적 · 생산적 시민이다.

사회투자적 접근에 따르면 역동적인 지식기반, 서비스 경제에서 변화하는 고용조건과 가족유형 및 이에 따르는 신사회위험에 바르게 대응하기 위해서는 고기술, 고지식과 높은 적응능력이 필수적이며, 이 능력을 갖출 수 있도록 도와주는 것이 바로 사회복지국가가 추구해야 할 새로운 역할이라는 것이다. 사회투자론은 또한 생애주기적 관점에서 정책접근을 한다. 특히 생애 초기단계를 중시하는데, 이때 적절한 정책적 개입을 하면 사회경제적 불평등을 줄이고 기회의 평등을 높이는 데 최상의 효과를 거둘 수 있기 때문이다. 이들이 특히 영유아교육과 아동 돌봄에 역점을 두는 것도 그 때문이다.

2000년 유럽연합(EU)의 '리스본 어젠다(Lisbon Agenda)'에 제시된 사회투자국가의 목적은 "지속적인 경제성장과 사회적 결속을 통하여 경쟁력 있고 역동적인 지식기반 경제를 이루는 것"이다. 사회투자전략은 크게 세 개의 축(軸)으로 구성되는데, i) 인적 자본 형성 ii) 활성화 및 iii) 사회적 포용(social inclusion)이 그것이다. 연구개발(R&D)과 교육 등을 통한 인적 자본에의 투자는 고용에서의 고부가가치를 창출하기 위해 필수적이다. 또한 활성화를 위해서 노동시장의 유연화와 적극적 노동시장정책의 강화, 그리고 사회보장체계의 재설계가 요구된다. 아울러 사회적 포용을 위해 빈곤과 불평등 및 사회적 배제를 줄이고, 청년과 노령 노동자, 저기술/저기능 노동자, 비정규직 및 여성 노동자 등 고위험집단들에 대해 특별한 정책적 관심을 쏟는다.[45]

사회투자국가 전략의 시행

사회투자전략을 가장 효과적으로 시행하는 나라는 스웨덴을 비롯한 북구 여러 나라들이다. 이들 나라들은 전통적 사회보호와 사회투자를 슬기롭게 조합하는 길을 걷고 있다. 특히 스웨덴은 연구개발(R&D)과 고부가가치를 창출하는 지식집약적 산업에 대한 투자에서 가장 앞서 있으며, 이에 첨단분야 혁신기업의 부상이 두드러진다. 이 나라는 이렇듯 역동적 경제와 사회적 결속이라는 사회투자국가의 두 가지 목적을 동시에 성취하고 있는 셈이다.

이와 대조적으로 자유주의 국가인 영국은 전통적인 보상적 지출을 줄이고, 이를 인적 자본에 대한 새로운 투자로 대체하는 방식을 취하고 있다. 그 결과 경제성장과 고용, 특히 여성고용과 교육성취에서 성과를 보이고 있으나, 빈곤극복과 불평등을 줄이는 데는 실패했다.

한편 대부분의 유럽대륙 국가들은 사회투자국가로의 전환을 위해 다양한 시도를 하고 있으나, 아직은 전통적인 보상적 복지국가(traditional compensatory welfare state)의 틀에서 크게 벗어나지 못하고 있다. 그중 네덜란드가 가장 앞서고 있고, 독일이 그 뒤를 따르고 있다. 독일은 2003~6년간 시행된 이른바 '하르츠(Hartz) 개혁'으로 사회투자국가로의 전환을 위한 기틀을 마련했다. 한편 프랑스와 벨기에는 가족정책에서 성과를 보이고 있다. 그러나 이탈리아, 스페인, 그리스 및 포르투갈 등 남부 유럽국가들은 아직 사회투자국가로 진입조차 하고 있지 못한 형편이다.[46]

사회투자전략을 시행하는 데는 적잖은 난관이 있다. 무엇보다 아직 신자유주의시대가 끝나지 않았다는 것이다. 또한 많은 나라들이 아직도 저성장, 고실업, 과중한 국가채무에 시달리고 있기 때문에 '작은 국가'와 비용억제에 대한 요구는 여전히 절실하다. 아울러 사회투자전략을 제대로 시행하려면 비용이 무척 많이 들고, 그 성과가 나타나려면 시간을 요한다.

실제로 유럽의 대부분 나라에서 고부가가치를 창출하기 위한 연구개발(R&D) 및 교육투자, 그리고 높은 생산성 환경의 조성은 아직 미흡하며, 사회적 포용전략의 실질적 성과도 그리 두드러지지 않는다. 사회지출을 전통적인 보상적 사회지출(노령, 조기퇴직 및 실업보상 등)과 새로운 사회투자지출(가족, 교육, 적극적 노동시장정책 등)로 나누어 볼 때, 아직도 많은 나라들이 정책집행에서 사회투자적 관점을 충분히 고려하지 못하고 있다.

그럼에도 불구하고, 2000년 이후 전 유럽을 통해 가장 활발하게 진행되고 있는 것은 활성화다. 활성화는 복지축소에 비해 사회적 저항이 적기 때문에 그 앞날이 비교적 밝다.

다. '레짐'별 복지국가 재편 양상

대체로 볼 때, 자유주의 전통이 강한 미국, 영국, 호주, 뉴질랜드 및 캐나다 등은 1980, 90년대를 풍미한 신자유주의의 격류 속에서 복지국가를 감축하는 방향으로 나아갔다. 1989년 11월 베를린 장벽이 무너진 후 국가사회주의로부터 자본주의로 전환한 동구 여러 나라들도 체제개편과정에서 신자유주의 영향을 많이 받았다.

한편 북구 및 유럽대륙의 여러 나라들은 복지국가에 대한 대내외적인 도전 속에서도 기존의 사회복지제도의 큰 틀을 본질적으로 바꾸기보다는 점진적으로 복지 개혁을 추진하는 추세다. 그런 가운데 독일, 오스트리아 등 유럽대륙 국가들의 경우, 기존의 견고한 '포디스트' 체제를 해빙(解氷)하는 개혁과정이 유달리 힘겨웠다. 큰 그림으로 볼 때, 북구와 유럽대륙 국가군은 시간이 갈수록 상호 수렴하는 양상을 보인다.

그런가 하면 스페인, 포르투갈, 그리스와 같은 뒤늦게 민주화를 성취한 남유럽국가들은 그동안 뒤처진 복지의 결손을 메우기 위해 복지국가 감축이라는 세계화의 격류에 거슬러서 오히려 복지국가를 확장하고 있는 추세이다.[47]

스칸디나비아 국가군

주지하듯이 스웨덴을 비롯한 스칸디나비아 여러 나라에서 사회보호는 보편적 시민권으로 간주되며, 관대한 소득유지급여 외에 폭넓은 공공사회서비스와 적극적 노동시장 프로그램이 특징적이다. 또한 높은 수준의 여성고용은 대규모의 공공부분 일자리와 궤를 같이한다.

북구 모형은 이러한 특성 때문에 다른 모형에 비해 노령화와 탈산업화 사회로의 전이에 따른 새로운 위험요인들과 그 필요에 대응하는 데 매우 유리한 내재적 조건들을 갖추고 있다고 평가된다. 우선 기본적 소득보장은 빈곤과 사회적 배제에 맞서기 위한 강력한 안전판 구실을 하며, 폭넓은 공공사회서비스는 가족의 돌봄 필요에 적절히 부응하고, 그 비용을 사회화하는 데 큰 몫을 수행한다. 더욱이 여성의 높은 노동시장 참여를 바탕으로 하는 '2인 소득자(dual-earner)' 모델은 경제활성화에 기여하며, 연금체제의 재정적 압박을 줄여준다.

그럼에도 불구하고 스웨덴은 특히 1970년대 이후 변화된 국제경제 환경 속에서 국내외적인 도전에 직면하여 침체와 혼란을 겪으며 한때 '유럽의 경제적 동맥경화'의

표본으로 지목되기도 했다. 무엇보다 지나치게 관대한 복지 프로그램에서 비롯되는 고비용과 극도로 높은 조세율, 과대성장한 공공부문에 대한 비판과 저항이 컸다. 이에 스웨덴은 1990년대에 결연히 통화주의적 정책기조를 확립하고, 대규모의 구조개혁, 특히 규제개혁과 재정개혁, 광범한 사회서비스 개혁과 고령화 시대에도 재정적으로 지속가능한 공적 연금 시스템을 구축하면서, 힘겹게 '복지-고용-경제-재정' 간의 균형을 되찾고, 첨단산업에의 투자를 통하여 새로운 성장의 동력을 확보했다. 스웨덴은 특히 이러한 일련의 구조조정과 시장지향적 개혁에도 불구하고 보편주의적 복지국가 자체를 훼손하지 않았다는 점에서 그 특유성이 발견된다. 이른바 '복지 축소 없는 자유화'에 성공한 것이다.[48]

북구 복지국가들은 특히 연금 및 노령간병, 보육, 보건의료 및 교육 영역에서 점차 공공부문의 역할을 줄이고 시장적 해결 및 개인적 책임을 늘리는 방향으로 변화를 모색하고 있다. 스웨덴이 1999년 전통적인 확정급여방식의 공적 연금을 명목확정기여(Notional Defined Contribution)방식으로 바꾼 것이 그 대표적 예이다. 이런 의미에서 점차 북구 모형의 '유럽화'의 경향성을 감지할 수 있다.[49] 그러나 스웨덴을 비롯한 스칸디나비아 국가들의 경우, 복지국가에 대한 상대적으로 높은 대중적 지지(복지국가가 '국민의 집(Volkhemmet)'이라는 문화 전통) 때문에 대부분의 개혁 어젠다가 대안적 관점이나 시나리오에 대한 '대 논쟁(grand controversy)'을 불러일으키기보다는 비용억제 이슈중심의 실용적, 문제해결 논의에 머무른다. 따라서 스칸디나비아 복지국가들의 개혁은 패러다임의 전환이나 체제차원의 감축(systemic retrenchment)이 아닌 탄력적 · 점진적 개혁이다.

활성화는 스칸디나비아 복지 개혁 어젠다 중 핵심주제의 하나다. 특히 스웨덴과 덴마크는 '유연안전성(flexicurity)'을 선구적으로 추진하면서, 개인별 맞춤형 고용서비스와 폭넓은 직업훈련 기회, 그리고 여전히 높은 공보육과 공교육에 대한 재정투자 등을 통해 북구 모형의 특징을 여실히 드러내고 있다.[50] 그런 의미에서 이들 나라들은 '사회투자국가'형 복지체제 개혁의 선두주자라고 할 수 있다.

유럽대륙 국가군

독일, 프랑스, 베네룩스 3국, 오스트리아, 스위스 등 유럽대륙형 보수주의 복지레짐은 여러 가지 장점에도 불구하고 비스마르크 모형 특유의 적지 않은 태생적 문제점을 안고 있었다. 즉 사회보험 기여금의 과도한 부담과 급여의 소극적 · 보상적 성격, 소득대체급여의 관대성 및 장기간, 높은 최저임금, 그리고 시대착오적 남성부양자 모형과 상대적으로 강도 높은 노동시장 규제가 그 대표적인 것들이었다. 이들 나라들은 이러한 내재적 문제점들 때문에 1970년대 후반 이후 복지체제 개혁의 필요성이 절실한 데도 불구하고 유럽의 다른 복지레짐에 비해 체제 개혁이 어려우리라는 인식이 일반화되어 있었다.[51]

이들 대륙 국가들은 1970년대 말부터 1980년대 초, 실업의 급증과 사회예산 적자 등으로 심각한 위기에 처한다. 기업들은 경제침체가 장기화되자, 노동자들이 누리는 관대한 사회보험 급여권과 이를 위한 높은 사회보험 기여금 부담 때문에 전통적인 '포디스트' 고용을 억제하고, 조기퇴직, 장애연금 등을 통해 노동자들을 노동시장으로부터 밀어내는 이른바 '노동 없는 복지(welfare without work)'전략을 구사했다. 실업문제는 소득유지의 소극적 조치들을 확대하는 방식으로 대처했고, 이와 연관된 지출증가는 정치적으로 수용 가능한 수준에서 기여금을 높여 메웠다. 경제침체는 특히 저숙련 노동자들, 청년 및 여성들에게 부정적 영향을 미쳤다. 전통적인 남성부양자 모델의 영향 때문에 여성고용률은 저조했고, 남성부양자에 대한 과도한 일자리 보장으로 인해 노동시장에서 '내부자(the insider)'와 '외부자(the outsider)' 간의 간극은 점점 벌어졌다. '얼어붙은 포디즘(frozen Fordism)', '불활성(不活性) 함정(inactivity trap)' 등의 은유도 바로 이런 대륙형 복지국가 특유의 신드롬에서 비롯된 것이다.[52]

1990년대에 이르러 복지국가 개혁의 첫 번째 물결이 찾아온다. 국제 정치경제(금융시장의 탈규제, 동구 블록의 붕괴에 따른 입지 경쟁의 심화, 유럽 내의 역내시장의 창출과 통화단일화에 대한 대비)의 급격한 변화에 따라 이들 나라들은 사회보호 시스템의 축소가 불가피하다는 점을 인식하기에 이른다. 그러나 당시의 축소지향 개혁은 비스마르크 모형의 재편이라기보다 체제 안정화를 위한 온건개입 수준이었다.[53]

1990년대 후반, 유럽 노동시장의 위기에 직면하면서 개혁의 절박성은 더욱 높아졌다. 이 시점에 이르러 처음으로 대륙형 복지국가의 사회보장체제의 기본 논리(높은 기여금 부담, 높은 임금대체율, 노동시장의 규제밀도, 조합중심 관리규칙) 자체가 부분적으로 체제위기에 원인이라는 점을 인식하기에 이른다. 제도적 개혁의 불가피성이 폭넓게 인식되면서 바야흐로 포디스트적 체제의 약화가 시작되었다.

복지국가 개혁의 파고가 높아지면서, 대륙형 국가들은 새로운 사회정책수단을 발전시키기 시작했다. 일자리 없는 청년과 장기실업자들, 한부모들을 위해 새로운 급여가 창출되었고, 조기퇴직 수급자의 규모를 줄이는 노력을 가속화했다.[54] 소극적 단기 현금급여를 줄여 사회지출구조를 합리화하는가 하면, '내부자'와 '외부자' 간의 간극을 줄이기 위해 노동시장규범을 개혁하고, 적극적 노동시장정책에 박차를 가했다. 그런가 하면 노령화에 맞서 국가연금체계를 뛰어넘어 사적 · 자발적 연금제도의 도입을 시도했다.[55] 아울러 적극적으로 가족정책 개선에 노력하면서, 보건분야의 비용 폭발에 직면하여 공적 보상범위를 줄이고, 사보험이 들어올 수 있는 여지를 마련했다. 이들 모든 경우에, 사회보험의 적용범위는 축소되고, 기여금 재원조달을 줄이면서 조세를 통한 새로운 재원조달방식을 도입하였다.

2000년대에 들어서면서, 체제 개혁은 보다 본격화되었고 사회정책의 패러다임적 변화가 찾아왔다. 노령보장에서 다(多)기둥(multi-pillar)체제를 구축하고, 활성화 정책에 더욱 박차를 가하면서 노동시장 내의 저임금부문을 창출한다. 이울러 보건체제 내에 경쟁과 기획수단을 도입하고, 아동보육영역에서 여성 및 아동 친화적 정책을 강화한다. 이러한 구조 개혁들은 공급 측면적 경제에 의해 주도되며, 기존의 소득유지체제에서 활성화를 겨냥한 친(親)고용체제로의 페러다임 전환을 의미한다.[56]

2003년 독일 슈뢰더 총리의 사민당 정부가 단행한 '하르츠 개혁'으로 불리는 노동시장 개혁이 이러한 패러다임 전환의 대표적 예이다. 무기한 제공되던 실업부조를 사회부조와 통합해 없애고, 고용조건과 사회보험 기여금을 낮춘 '미니잡(Mini-job)'이라 불리는 비정규직을 확대해 노동공급을 늘리고, 동시에 공보육의 확대 등 여성의 노동시장 진출을 도모하였다. 한편 네덜란드는 사회적 파트너 간의 '유연안정성(Flexicurity)' 협약을 통해 정규직 노동자의 고용보호를 완화하는 대신 여성 취업의 2/3를 차지하는 시간제 및 임시직 근로자의 사회권을 정규직 노동자와 동일하게 보장하는 윈-윈 관계를 수립하였다.

독일, 네덜란드, 오스트리아 등 대표적 유럽대륙 국가들은 2008년 금융위기가 찾아오자, 사회정책의 수요주의적 기능을 다소 강화하여 신자유주의의 희생자들을 보듬는 등, 신사회적 위험에 대처하는 복지국가의 균형 잡기에 나섰다. 큰 흐름으로 볼 때, 유럽대륙형 국가들은 점차 스칸디나비아제국에서 비롯된 '유연안정성'을 폭넓게 수용하며 '제3의 길'인 사회투자국가를 지향하고 있다고 볼 수 있겠다.

앵글로색슨 국가군

영국과 미국 등 자유주의 국가들은 대체로 복지급여의 삭감과 근로연계성을 강화하는 흐름을 보여준다.

영국의 보수당 정부는 대처와 메이어로 이어지는 18년간의 집권기간(1979~97년) 동안 통화주의적 정책 패러다임 아래 민영화와 사회보장의 감축 및 노동시장 탈규제를 가속화하였다.[57, 58]

이후 블레어(T. Blair, 1997~2007년 재임) 총리의 신노동당(New Labour)은 이른바 '제3의 길'을 표방하며, 복지지출의 사회투자적 측면, 특히 인적 자본에의 투자를 강조하는 '사회투자국가(social investment state)'를 지향했다. '복지에서 근로로(from welfare to work)'를 내세웠던 신노동당은 복지 개혁에서 근로(work)에 역점을 두었는데, 단순한 근로연계보다 수급자 개인의 직업능력 개발을 통한 고용증진을 겨냥했다는 점에서 보다 활성화 모델을 지향했다고 평가된다. 블레어 정부의 다양한 개혁 어젠다 중 대표적인 것이 1997년에 도입한 뉴딜(New Deal)정책이다. 신노동당은 이 프로그램을 통하여 기술제고와 일자리 찾기 강제 유인들을 결합하는 방식으로 청년 실업자들의 고용촉진에 앞장섰다. 이어 1999년부터는 복지급여에 대한 의존성이 높은 장기실업자, 편부모 및 장애노동자를 대상으로 그들 각각의 특별한 필요에 맞춰 고용촉진사업을 펼쳤다. 아울러 신노동당은 법정 최저임금제를 도입하였고, 저임금 근로자의 소득지원을 위해 아동세액공제와 근로가족세액공제(Working Families Tax Credit: WFTC)를 도입했다.[59] 블레어의 '제3의 길' 근대화 전략은 조세증가에 대한 일반 공중의 만만치 않은 정치적 저항에 부딪혔다. 그러나 블레어 정부 10년간 영국은 전례 없는 안정적 경제성장을 누렸으며, 청년 및 여성의 고용률이 크게 증가하였고, 빈곤탈출과 사회적 배제문제 해결에도 얼마간 성과를 거두었다. 그러나 신노동당의 복지 개혁은 대륙의 복지국가에서처럼 관대한 소득이전 프로그램에 의해 뒷받침되지 못했으며, 직업훈련, 기술제고, 상향이동성의 상대적인 중요성도 제한적이었고, 개인책임 원리를 과도하게 강조하고, '당근'보다 '채찍'에 더 의존했다는 비판을

받았다.[60]

영국에서 2010년 집권에 성공한 캐머런(David Cameron)이 이끄는 보수당/자민당 연립정부는 복지국가의 축소를 공식적으로 천명하였다.[61] 이어 캐머런 총리는 2012년, '복지시스템 단순화'와 '일하는 복지'를 겨냥한 복지개혁법안, '유니버셜 크레딧(Universial Credit)'을 입법화했다. 이 제도는 복지급여제도 및 전달체계 단순화, 복지급여의 노동연계성 강화, 수급조건의 엄격화와 제재, 처벌의 강화를 주요 내용으로 하고 있었다.

미국은 레이건 행정부(1981~89년) 아래서 복지축소로의 정책전환이 급격하게 진행된다. 레이건은 재정위기를 타개하기 위하여 사회지출비용을 대폭 줄이고, 시장기능을 활성화시키는 한편, 근로연계를 통하여 복지수급자들의 복지의존성을 줄이고 시장적응력을 키우는 데 앞장을 섰다.[62, 63] 1970년대 후반 이후 미국의 사회지출의 실질규모는 증가했으나, 정부총예산에서 차지하는 비중은 계속 하락했다. 그런 가운데 1977~92년간 최하위 10분위 소득계층은 세후 소득으로 20.3%를 상실하였는 데 반해, 최상위 1% 계층은 135.7%로 상승하였다.

클린턴의 민주당 정부에서 1996년 제정한 '개인책임과 근로기회조정법(Personal Responsibility and Work Opportunity Reconciliation Act)'은 근로연계복지를 더욱 강화하여, '현금급여의 무조건 자격'을 폐지하고 경제활동의 참여를 수혜조건으로 못박았다. 그 결과 미국의 대표적인 빈곤정책이었던 AFDC는 주정부의 임의성이 강화된 TANF(Temporary Assistance to Needy Families)로 바뀌어, 수혜기간이 평생에 걸쳐 5년으로 제한되고, 수급자에게도 2년 내 취업이 강제되는가 하면, 취업거부 시 수혜자격이 박탈됐다. 클린턴이 그의 취임연설에서 밝혔던 "우리가 알고 있던 그런 복지의 '종언'(end welfare as we know it.)"이 현실화된 것이다. 경제회복과 흑자재정을 성취한 대가로 소득불평등과 빈곤은 심화되었다.

2008년 금융위기를 극복하는 과정에서 오바마 행정부는 다른 선진국에 비해 과감한 경기부양책과 사회지출을 시도했다. 자동안정장치로서 사회보장제도가 취약한 미국으로서 불가피한 조치였다. 무엇보다 오바마는 루즈벨트의 뉴딜시대 이후 미국의 오랜 숙원이었던 전국민의료보험제도를 도입함으로써 사회정책의 주요한 제도적 개혁을 이루었다.[64] 그러나 '오바마 케어'로 알려진 새 의료보험은 실제로 중하위 저소득계층을 위한 차상위 공적 의료부조의 성격이 두드러진다는 점, 그리고 이를 세금의 형태로 감당해야 하는 중산층의 부담이 과중하다는 점 등 적지 않은 제도적 결함을 지니고 있어 계속 논란의 대상이 되고 있다.

남유럽 국가군

이탈리아는 그중 형편이 나은 편이나, 유럽 남부의 스페인, 포르투갈 및 그리스 등은 대체로 사회복지가 뒤처진 나라들이다. 이들 남유럽 여러 나라들은 대체로 가족 네트워크와 자발적 조직에 크게 의존하는 가운데, 복지제도와 재정지원체계가 미발달되었고, 제도의 내적 불균형이 심하다. 또한 생애주기에 따른 사회적 위험에 대한 정책적 대응에 있어 지나치게 노령자 보호에 치중하고 있다. 그런가 하면 '내부자'인 핵심 산업노동자와 관료 등 특정 집단들에게 과도한 관대성을 보이는 반면, 비정규직 노동자, 소기업 노동자 및 실업 가계에 대해서는 소홀히 하는 특징이 있다. 따라서 '내부자'와 '외부자' 간의 첨예한 균열이 있다.[65]

그러나 이들 나라들은 유럽연합 회원국의 자격을 유지하고 경제통합의 대열에 합류하기 위해 재정안정화 개혁을 단행하고 연금 등 복지지출 삭감에 나서며 동시에 공공보건의료체제 수립, 공보육의 확대 등 보편주의적 사회서비스를 확대하려는 노력을 보이고 있다. 특히 이탈리아는 1995년 '디니 개혁(Dini reform)'을 통하여 부분적으로나마 스웨덴이 도입한 명목확정기여방식의 연금 개혁을 단행하여 기여와 급여를 보험수리적으로 연계시켰다. 아울러 1990년대 말에는 이들 남유럽 여러 나라들이 최저소득보장문제 해결에 적극적으로 나섰다. 또 같은 시기에 가족급여가 제도화되고 사회서비스 및 부조의 광범한 개혁이 이루어졌다. 이들 개혁들을 통해 남부유럽에 사회권이 제고되었다. 그러나 이러한 노력들이 기존의 내부자와 외부자 사이의 사회보장 격차를 크게 줄이거나 노동시장 분절화를 극복하는 정도에는 아직 이르지 못하고 있다.[66]

6 — 결론

서구의 복지국가들은 그 태동 이후 1970년대 중반까지 확장을 거듭했고, 그 과정 속에서 착실하게 내실을 다졌다. 그러나 1970년대 후반 이래 세계화, 탈산업화, 전통적 가족구조와 성역할의 변화, 새로운 테크놀로지의 도입, 그리고 재정적 내핍의 압박 등 다양한 도전을 받는다. 이에 따라 지난 시대에 맞춰 설계된 복지국가 프로그램들은 급변하는 현실과 부조화를 겪게 되는 심각한 문제에 봉착한다. 급기야 서구 여러 나라들은 기존 체제가 기초했던 복지의 틀을 기능적 · 규범적 · 분배적 그리고 제도적 맥락에서 다시 짜게 된다.[67]

대체로 볼 때 서구 복지국가들은 지난 40년간 국내외적인 제반 도전에 대해 매우 다면적으로, 그리고 탄력적으로 대응해 왔다는 것이 복지이론가들의 주된 평가이다. 그러므로 복지국가의 재편과정은 초기 단계에서 우려했던 복지국가의 '해체'나 '축소' 이상의 것이며, 그것은 '단선적(linear)' 변화나 '바닥을 향한 경주'가 아니라, 오히려 변화에 대한 '적응'과 '재조정'에 가깝다는 게 중론이다. 또한 지난 3, 40년간의 사회지출 및 주요 복지 프로그램의 추세를 살펴보면, 복지국가는 분명 '축소' 보다는 '확대'의 과정을 밟았다고 평가된다. 그동안 복지혼합(welfare mix)의 변화는 있었으나, 복지의 총체적 규제자(regulator)로서의 국가의 역할은 크게 위축되지 않았고, 시민들의 사회권도 책임과 의무가 강조되고 있으나 권리는 오히려 확대되었다. 그런 의미에서 그간의 모진 풍파에도 불구하고 복지국가는 의연하게 살아남았으며, 복지국가의 미래 및 복지지속성(welfare sustainability)에 대한 시민적 믿음도 퇴색되지 않았다.

많은 복지이론가들은 서구 복지국가들의 체제 재편은 어떤 원대한 구상(grand design)이나 합리적으로 안출된 마스터 플랜에 의해 시행되는 것이 아니라, 복지정치 과정에서 숱한 시행착오와 학습과정을 거치면서 불완전하게 변화해 온 '진화적' 과정이라는 점을 강조한다. 그런가 하면, 서구 선진복지국가의 체제변화과정은 급변하는 환경변화에도 불구하고 다분히 경로의존적(path-dependent)이며, 정책유산(policy legacies)적 성격이 강하다. 급진적인 경로이탈의 예가 흔치 않고, 복지레짐에 따라 사회복지정책이 차이가 나는 것도 그 때문이다.

또한 서구 복지국가의 재편과정에서 나라마다의 정치제도와 정책결정과정이 주요한 역할을 하고 있음이 분명하다. 정치체제가 '다수제적(majoritarian)'이냐 아니면 '합의제적(consensual)'이냐에 따라, 그리고 정책과정에서 거부점(veto points)의 수에 따라 복지국가 재편과정에서 차이가 드러난다.[68] 이외에 정책결정자의 쇄신능력과 같은 리더십 요인도 체제 개혁과정에서 주요한 구실을 하고 있다. 그런가 하면, 복지국가 재편과정에서 나라 간의 사회적 학습(cross-national social learning)이라는 측면도 소홀히 할 수 없다. 특히 유럽의 경우 이웃나라 간에 정책실험의 결과나 다양한 정책정보가 상호 교류, 학습되면서 체제 개혁과정에 주요한 영향을 미치고 있다.

복지국가 위기 및 재편과정에서 국제기구들의 반응은 특히 중요하다. 복지국가의 황금기가 끝나는 1970년대 중반 OECD와 같은 국제기구들이 서구 복지국가들에게 제시한 조언들은 한결같이 신자유주의적 처방들이었다. 그러나 20세기 끝자락에 이르자 이들은 더 이상 신자유주의적 어젠다를 옹호하지 않았고, 대신 사회투자국가 쪽으로 크게 선회한다. 이러한 입장은 금세기 초 세계적 규모의 금융위기를 거치면서 더욱 심화되었다. 또한, 유럽국가들 사이에서 유럽연합(EU)의 영향력을 빼놓을 수 없다. 1970년대 후반 이래 가속화된 유럽의 거시경제적 불안정은 1990년대 유럽경제통화동맹(EMU)의 수립으로 이끌었다. 이러한 변화는 여러 나라에서 정부와 사회적 파트너들 간의 사회협약의 부활에 상당히 긍정적인 영향을 미쳤고, 이는 임금협상, 적극적 노동시장정책 그리고 연금 등 복지 개혁에서 새로운 정책쇄신의 전기를 마련했다. 또한 이렇게 일궈낸 국내적 성취는 다시 유럽연합(EU)의 고용 및 사회 정책 어젠다로 발전했다. 유럽연합은 노동시장규제에 대한 공통의 지침(EU directives)을 마련하는가 하면, 이른바 '공개적 조정방식(Open method of Coordination)'을 통해 고용정책, 지속발전, 환경, 빈곤 및 사회적 포용 등에 대해 회원국가들 간의 목표를 조정하고 그 진전을 모니터링하고 있다.

복지체제의 재편과정을 살펴보면, 변화에 대한 탄력성이 복지레짐 및 나라에 따라 다르다. 그런가 하면 복지국가 전개는 정책영역에 따라 다양하게 펼쳐진다. 주지하듯이 지난 시대에 비해 사회보험의 비중은 상대적으로 약화되었는 데 비해, 사회서비스의 역할은 강화되었다. 연금은 시장화가 진척되었으나, 권리는 확대되었고 계속 비시장적 규제영역으로 남았다. 노인 돌봄 서비스도 많은 경우 민간부문에 의해 전달되지만, 지방과 지역 관청들의 관여에 의해 이루어진다. 대부분의 나라에서 실업보험과 공공부조 프로그램은 삭감되었으나, 가족정책, 특히 일과 가정의 양립과 연관되는 제반정책들은 확대되고 있다.

1990년대를 통하여 분명해진 것은 복지국가의 종언에 대한 극화된 신자유주의의 예언은 과장되었다는 것이다. 국가가 생애주기에 걸쳐 인적자본형성의 기회를 제공하고 가족 내 돌봄의 사회화를 위해 대규모 공공부문을 형성한 스칸디나비아 복지국가들이 자유주의 복지레짐을 발전시킨 나라들보다 더 나은 경제적 성과를 낳고 있다는 사실은 우리에게 많은 것을 시사한다. 경제에서 '높은 효율(high efficiency)'이 생애주기적 기회 분배에서 '높은 평등(high equality)'과 밀접하게 연계되어 있음을 알 수 있다.

1980년대 및 1990년대는 신자유주의의 헤게모니 아래 미래에 대한 '불확실성'이 매우 컸던 시기였었다. 하지만 2000년대 이후 서구 복지국가들은 '신자유주의를 넘어', 바야흐로 '탈(脫)신자유주의 시대'로 진입했다. 특히 2008년 세계금융위기를 겪으면서[69] 이미 1990년 후반부터 움텄던 '사회투자국가'가 많은 선진복지국가들로부터 지지를 얻고 있다. 비록 사회투자국가가 여명기에 있다고 하지만, 모름지기 경제적 효율성과 더불어 사회적 결속을 다져야 할 복지국가들 사이에서 새로운 패러다임으로 자리를 굳힐 것이 분명하다.

1 Rimlinger, G. V.(1971). *Welfare Policy and Industrialization in Europe, America and Russia*. New York: John Willey.

2 그러한 의미에서 훗날 웹 부부(Sidney and Beatrice Webb)는 16세기부터 19세기까지의 영국 구빈제도의 특성을 '억압의 틀 안에서의 구빈'이라 규정하고 그것이 함축하는 '낙인(stigma)'효과를 문제시하였다. Rimlinger, G. V.(1971). *Ibid*. p.18.

3 이 법은 두 가지 중요한 원칙을 제시했는데, 그 하나가 '노역원 검증(workhouse test)'이다. 이는 당사자가 진정 가난하고 자립이 불가능한 사람인지 여부를 조사하는 것으로, 오늘날 자산조사(means test)의 원형이라고 할 수 있다. 이로써 정부는 '건장한 자(the able-bodied)'에 대한 원외(院外)구빈을 근절하겠다는 정책적 의지를 분명히 하였다. 또 하나의 원칙은 이른바 '열등 처우의 원칙(the principle of less eligibility)'으로, 내용인 즉 "구빈 대상자의 처지는 최저계층의 독립 노동자의 삶의 조건보다 더 열악해야 한다."는 것이었다. 현대적 의미로 말하면, 공공부조의 생계급여 수준은 노동시장의 최저임금보다 낮아야 한다는 것이다. 이 원칙도 오늘날까지 많은 나라에서 공공부조의 주요 원리로 남아 있다.

4 Flora, P. and J. Alber(1981). "Modernization, Democratization and the Development of Welfare States." in Flora, P. and A. Heidenheimer(eds.). *The Development of Welfare States in Europe and America*. New Brunswick: Transaction. pp.48-52.

5 서구 산업국가의 경우, GDP 대비 사회지출도 19세기 말 이후 계속 증가했다. 1900년을 기준으로 할 때 사회지출이 GDP의 3%에 이른 나라는 독일과 스위스, 두 나라에 불과했으나, 뒤이어 스웨덴과 영국(1905), 뉴질랜드(1911) 등이 이 분기점에 다다른다. 그러나 미국(1920), 네덜란드(1920), 프랑스(1921), 벨기에(1923) 등은 그보다 훨씬 뒤늦었다.

6 대체로 선거권의 확대경로가 귀족, 대지주 등 전통적 특권층으로부터 중산층, 그리고 노동자계급으로 확산되는 하향식 전개였는 데 반하여, 사회보험제도의 확산경로는 오히려 노동자계급에서 시작하여 점차 중산층, 그리고 전 국민으로 확산하는 상향식 전개였다. Flora, P.(1982). "Krisenbewaeltigung oder Krisenerzeugung? Der Wohlfahrtsstaat in historischer Perspektive." in Mommsen, W. and W. Mock(Hrsg.)(1982). *Die Entstehung des Wohlfahrtsstaates in Grossbritanien und Deutschland 1850-1959*. Stuttgart: Klett-Cotta. p.336.

7 Flora, P.(1982). *Ibid*.; Flora, P. and J. Alber(1981). *Op.cit*.

8 Mishra, R.(1977). *Society and Social Policy: Theoretical Perspective on Welfare*. London: Macmillan.

9 Flora, P. and J. Alber(1981). *Op.cit*.

10 이 밖에도 이 헌정체제의 실질적 주역인 보수적 지배계급이 사회지출의 비용을 중산계급(소득과 이윤에 대한 조세와 사용자 보험기여금을 통해)과 노동계급(간접세와 강제적 보험기여금을 통해)에게 전가시킬 수 있다는 정치적 계산을 하고 있었다.

11 20세기에 진입할 당시 유럽의 12개국이 산재보험을 도입했고, 그 대상인구는 고용인구의 약 20%였다. 7개국이 질병보험을 도입했는데, 그 가입자는 피용자의 17%였다. 노령 및 폐질에 대한 강제보험은 독일이 유일한 예였고, 4개국이 제한된 제도를 가지고 있었다. 그러나 어느 나라

에도 실업보험은 없었다.

12 실증적 연구에 따르면, 대의적 민주주의 국가에서 선거권의 확대는 사회보험제도의 도입을 촉진시키는데, 대체로 성인 남자의 50% 이상이 선거권을 획득하는 경우, 복지국가로의 길이 빨라진다는 것이다. 그 수준이 말하자면 '선거권 분기점(suffrage threshold)'이라고 할 수 있다. Flora, P.(1982). *Op. cit.* p.72.

13 보수주의자들은 사회보험이 노동자의 생활보장을 통하여 체제저항을 약화시킨다는 데 의미를 부여했고, 자유주의자들은 그것이 인간의 실질적 자유를 높일 수 있다는 데, 그리고 사회주의자들은 평등의 제고에 기여할 수 있다는 데에서 의미를 찾았다. Heclo, H.(1981). "Towards a New Welfare State?" in Flora, P. and A. J. Heidenheimer(eds.). *The Development of Welfare States in Europe and America*. New Brunswick and London: Transaction Books.

14 Dahrendorf, R.(1965). *Gesellschaft und Demokratie*. Muechen: Piper.

15 이창곤(2014). 「복지국가를 만든 사람들」. 인간과 복지.

16 안병영(1984). "복지국가의 태동과정의 비교연구: 독일과 영국의 예를 중심으로." 「한국행정학보」. 18(2). pp.440-441.

17 당시 미국에서는 '사회적 다위니즘(Social Dawinism)'의 주창자인 스펜서(H. Spencer)의 제자 섬너(William Graham Sumner)의 사상이 풍미하여, 국가개입주의가 발 디딜 틈이 별로 없었다.

18 Rimlinger, G. V.(1971). *Op. cit.* pp.62-86.

19 Rimlinger, G. V.(1971). *Op. cit.* pp.141-148.

20 미국의 실질국민총생산이 1929년의 1조 8,000억(1954년 경상가격) 달러에서 1933년에는 1조 2,066억 달러로 약 1/3이 감소했다. 실업이 가장 높았던 1933년 3월, 전체인구의 약 29%인 1,500만 명이 실업상태였다.

21 스웨덴 사민주의의 대표적 이론가인 비그포르스(E. Wigforss)에 의하면, 사회주의로의 길은 작업가설에 기초하여 실험과 부분적 개량의 축적에 의하여 사회를 최적화(最適化)하며 전진하는 것이다. 그러나 그는 다른 한편으로 노동운동은 단순히 경험주의에 매몰되어서는 안 되며, 경험주의로부터 자유로운 구상력을 펼치기 위해서는 유토피아적 성격을 가져야 한다고 주장했다. 그는 이러한 유토피아를 '잠정적 유토피아'라고 일컬었다. 미야모토 타로(2004). 「복지국가전략: 스웨덴 모델의 정치경제학」. 임성근 옮김. 논형. p.71.

22 안병영(1992b). "복지국가의 스웨덴 모형." 「작은 정부를 위한 관료제」. 소정 이문영 교수 정년기념 논문집. pp.112-114.

23 조정시장경제는 시장메커니즘을 통한 조정이 이루어지는 자유시장경제(Liberal Market Economies: LMEs)와 달리 기업과 기업 간 관계와 노사관계의 조정과 규율은 비(非)시장적 기제에 의거하며, 관계적 계약이 중시된다.

24 전통적인 케인즈 경제이론에 따르면, 확대 재정 · 금융 정책은 '수요유발-생산증가-고용증가-실업률감소-사회지출감소-재정적자감소'로 이어져야 한다. 케인즈 학파의 관점에서는 높은 인플레이션은 낮은 실업률을 의미한다. 따라서 현상적으로 나타나는 '높은 인플레이션=높은 실업

률'은 설명할 수가 없었다.

25 케인즈 학파의 전통적인 총수요관리정책이 1970년대의 '스태그플레이션(stagflation)'을 설명하지 못하는 무력성을 로빈슨(J. Robinson)은 '경제학의 제2의 위기'라고 표현하였다.

26 프리드먼(M. Friedman)으로 대표되는 통화주의자들은 "통화량은 장기성장률에 부합하는 일정한 비율로 증가되어야 한다."는 입장이다. 이렇게 되면 정부의 개입 없이도 자동적으로 경기 조정과 성장이 이루어지며, 통화팽창으로 인한 인플레이션 또한 없어진다는 것이다. 한편 공급중시 경제학은 수요나 구매를 강조하는 총수요관리의 거시경제학적 통념에 반기를 들면서 공급과 생산에 더 관심을 기울이는 입장으로, 특히 조세의 유인효과를 크게 강조한다. 이를 주창하는 일단의 경제학자들(A. Laffer, M. Feldstein, M. Boskin 등)은 조세감면은 경제성장을 촉진하며, 한 걸음 더 나아가 생산이 활성화되면 이른바 적하효과(滴下效果, trickle-down effect)의 확대로 빈곤문제도 오히려 국가의 개입 때보다 효과적으로 풀릴 수 있다고 주장한다. 통화주의나 공급중시 경제학의 정치적 함의는 정부가 시장개입에서 손을 떼라는 것이다.

27 이는 총제적으로 '국가비대화(Verstaatlichung)'로 개념화되며, 이러한 추세는 관료화(Buerokratisierung), 기술화(Technisierung), 전문화(Professionalisierung), 기획화(Verplannung) 등을 빚어내어, 국가를 집권화된 '복지 리바이어던(welfare Leviathan)'으로 만들었다는 것이다.

28 이익집단과 선거구민에 의해 정부에 대한 요구는 계속 늘어가는 데 반해, 민주화의 진척으로 정부가 활동하는 데 필요한 능력—권위와 자유 등—은 오히려 약화된다. 이러한 정부의 능력을 능가하는 정부에 대한 요구 때문에 극단적으로는 '민주주의의 통치불능(ungovernability of democracies)'이 도래할 수 있다고 말한다. Crozier, M., S. P. Huntington, and J. Watanuki(1975). *The Crisis of Democracy*. N.Y.: New York University Press.

29 복지정책의 실질적 수혜자는 기존의 중산층이라는 비판과 함께, 복지국가는 부자로부터 빈자로의 재분배에는 기여하지 못하고, 기껏 계급 내적 내지 수평적 재분배에 그치고 있다는 것이 비판의 요지이다.

30 Pierson, C.(2006). *Beyond the Welfare State: The New Political Economy of Welfare*. Third Edition. Cambridge: Polity.

31 O'Connor, J.(1973). *The Fiscal Crisis of the State*. New York: St. Martins Press.; Offe, C.(1984). *Contradictions of the Welfare State*. Cambridge: MIT Press. pp.32-57.; Gough, I.(1979). *The Political Economy of the Welfare State*. London: Macmillan.

32 복지국가의 관점에서 가장 극적이고 중요한 변화가 '금융의 세계화'이다. 1970년대까지 모든 서구 나라들은 엄격하게 자본이동과 환율을 통제하고 있었다. 이는 브레튼우즈(Bretton Woods) 조약하의 전후 국제경제 재구축제도의 일부였다. 그러나 1974년에 미국, 1979년에는 영국이 자본통제를 포기했다. 1990년대 초에 이르자 대부분의 유럽 국가들이 자본통제를 해제했다. 고정환율이 종언을 고했고, 금융의 세계화가 범세계적 현상이 되었다.

33 대부분의 유럽 국가들은 2040년경 65세 이상 인구비율이 전체인구의 22.2%로 증가할 것이 예상되며, 이에 더하여 전체인구의 규모는 감소하고 있으며, 앞으로 감소비율은 더 가속화될 것이

예상된다. 이는 앞으로 점차 더 적은 노동인력이 노동시장 외부의 더 많은 사람들을 부양해야 되는 문제를 낳는다.

34 노령화는 노동공급 측면에서 생산가능 인구의 감소와 인구 자체의 고령화를 야기시키며, 자본공급 측면에서 저축이 감소하고 이에 따라 가용자금 및 투자가 위축된다. 그런가 하면 소득분배 측면에서 비생산인구가 증가되고, 노령인구의 증가에 비례해서 퇴직, 보건, 사회적 케어를 위한 공공지출이 확대됨으로써 소득분배구조가 악화된다.

35 Giddens, A.(1991). *Modernity and Self-Identity: Self and Society in the Late Modern Age*. Cambridge: Polity.

36 Jæger, M. M. and J. Kvist(2003). "Pressures on State Welfare in Post-industrial Societies: Is More or Less Better?" *Social Policy and Administration*. 37(6). pp.555-572.

37 유럽연합(EU) 국가들은 평균적으로 매년 GDP 대비 12% 이상을 연금지출에 사용하고 있는데, 이는 사회보장비지출의 약 반을 차지한다.

38 신사회위험들은 고용불안정, 장기실업, 근로빈곤(working poor), 한부모 및 일과 가족생활의 부조화에서 오는 위험들이다.

39 Pierson, P.(2001). "Coping with Permanent Austerity: Welfare State Restructuring in Affluent Democracies." in Pierson, P.(ed.). *The New Politics of the Welfare State*. Oxford: Oxford University Press.; Pierson, P.(2001). "Post-Industrial Pressures on the Mature Welfare States." in Pierson, P.(ed.). *The New Politics of the Welfare State*. Oxford: Oxford University Press.; Levy, J. D.(2010). "Welfare Retrenchment." in Castles, F. G. *et. al.*(eds.). *The Oxford Handbook of the Welfare State*. Oxford: Oxford University Press.

40 Leibfried, S. and S. Mau(eds.)(2008). *Welfare States: Construction, Deconstruction, Reconstruction*. I. Chaltenhem, UK: Edward Elgar Pub.

41 양재진 · 정형선 · 김혜원 · 이종태(2008). 「사회정책의 제3의 길: 한국형 사회투자정책의 모색」. 백산서당.; Giddens, A.(1998). *The Third Way: The Renewal of Social Democracy*. Cambridge: Cambridge Policy Press.; Morel, N., B. Palier, and J. Palme(2011). "Beyond the Welfare State as We Knew It?" *Towards a Social Investment Welfare State*? Oxford: Oxford University Press.

42 이 관점은 당시 스웨덴의 저명한 경제학자이자 사민주의자인 뮈르달 부부(Alva and Gunnar Myrdal)에 의해 정립되었는데, 그들은 사회정책을 단순히 사회급여와 재분배를 위한 수단이 아니라 생산의 사회적 조직화를 위한 노력으로 이해하였다. 이후 인적 자원에 대한 투자와 더불어 사회정책과 경제정책의 선순환을 바탕으로 하는 '생산적' 사회정책의 개념은 1930년대 이후 스웨덴 사회정책의 지도원리가 되었다. Morel, N., B. Palier, and J. Palme(2011). *Op. cit.*

43 '제3의 길'의 대표적 이론가인 기든스는, 국가가 복지지급을 통하여 개개인의 불이익을 경감시키기보다 그들에게 불이익을 피할 수 있는 스스로의 '자산(asset)'을 마련해 주어야 마땅하며, 이렇게 될 때 삶의 기회가 확장되고, 공정성의 정의와 더불어 경쟁력과 경제적 효율성도 증진된다고 보았다. 이러한 '자산에 기초한 평등주의(asset-based equalitarianism)'는 기존의 '해방정치

(emancipatory politics)'로부터 '생활정치(life politics)'로의 전환이며, 그것은 전통적인 좌와 우를 넘어서는 차원이라고 설명한다. Giddens, A.(1998). *Op. cit.*

44 유럽연합(EU)은 1999년 암스테르담 조약과 2000년 리스본 어젠다를 통해 사회투자적 전략을 표방하고, 사회정책 투자는 체제의 적응력, 유연성, 안정성 및 고용가능성을 높이고 사회적 배제의 발생과 비용을 절감한다는 입장을 천명했다.

45 Taylor-Gooby, P.(2006). "European Welfare Reforms: The Social Investment Welfare State." www.kent.ac.uk/Scarr

46 Taylor-Gooby, P.(2006). *Ibid.*

47 Abrahamson, P.(2010). "European Welfare State Beyond Neoliberalism: Towards the Social Investment State." *Development and Society*. 39(1). pp.61-95.

48 양재진 외(2021). 「성장, 일자리, 복지의 선순환 경제」. 한국행정학회.

49 Abrahamson, P.(2010). *Ibid.*

50 Ferrera, M. and A. Hemerijck(2003). "Recalibrating Europe's Welfare Regimes." in Zeitlin, J. and D. Trubeck(eds.). *Governing Work and Welfare in a New Economy: European and American Experiments*. Oxford: Oxford University Press.

51 Ferrera, M. and A. Hemerijck(2003). *Ibid.*

52 Esping-Andersen, G.(ed.)(1996). *Welfare States in Transition: National Adaptations in Global Economies*. London: Sage.

53 임금대체율의 수정, 보험원칙의 강화 등의 조정이 있었으나, 체제의 근본문제에 의문을 제기하지 않은 채 기존체제의 구성논리를 그대로 지키는 수준이었다. 이러한 개혁은 다양한 정당, 그리고 사회적 파트너들 간의 협상과 합의로 이루어졌다.

54 네덜란드에서는 질병 및 장애 급여가 고용주에게 더 비싸게 먹히도록 만들었는가 하면, 독일도 당사자들에게 표적화된 훈련과 고용정책, 나이든 노동자들을 위한 보조금 지원의 일자리 등을 통하여 다시 일자리로 돌아오도록 만들었다.

55 그 대표적인 것이 독일의 슈뢰더 정부가 '2010 어젠다'를 바탕으로 시행한 2001년 독일의 연금개혁이다. 그 첫 번째 목표는 급여삭감을 통해 연금재정의 지출을 줄이고, 공적 연금의 보험료 인상을 억제하는 것이었고, 두 번째 목표는 사적 연금을 확대하여 공적 연금과 개인연금의 균형을 추구하고 개인의 자율적 노후보장을 장려하는 것이었다. 이를 위해 정부는 보조금 지급과 세금공제 혜택을 통해 이른바 리스터(Riester) 연금을 도입했다.

56 Palier, B. and C. Martin(2008). "From 'A Frozen Landscape' to Structural Reforms: The Sequential Transformation of Bismarkian Welfare Systems." in Palier, B.(eds.). *Reforming Bismarkian Welfare Systems*. Wiley-Blackwell.

57 안병영(1992a). "신보수주의와 복지국가: 1980년대 대처와 레이건의 정책비교." 「사회과학논집」. 23.

58 특히 대처(M. Thacher, 1979~90년 재임) 총리는 복지지급, 보조금 및 규제의 모든 영역에서 민영화에 박차를 가했다. 1979~87년에 가스, 수도 등을 그리고 1990년까지 전기를 시장화했

다. 또한 1980~87년에는 약 110만 채 이상의 시영주택을 판매했다. 그런가 하면 소득 연관 연금제도의 혜택 수준을 낮춰 시민들이 어쩔 수 없이 민간보험으로 관심을 쏠리게 했다. 1986년 사회보장법은 이에 더하여 소득 연관 연금이나 직장연금방식을 포기하고 사적 연금을 택하려는 자들에게 그들의 기여금의 일부를 국가가 후원하도록 규정하였다. 규제부문에서도 차별적 조치가 두드러졌는데, 노동시장, 집세 및 여성노동에 대한 탈규제를 통하여 노동자, 세입자 및 여성 등 뒤진 집단들을 시장 메커니즘에 떠맡겼다.

59 이는 전업노동자를 가진 모든 가족에게 상대적으로 관대한 최저임금을 보장하는 것으로, 그것이 조세제도를 통해 실시되므로 급여신청에 따른 '낙인'을 피할 수 있었고, 임금과의 직접적 연계를 통해 복지보다 근로의 이점을 명백하게 드러나게 했다.

60 Classen, J.(2005). *Reforming European Welfare State: Germany and the United Kingdom Compared*. Oxford: Oxford University Press.

61 캐머런 총리는 "영국 인구와 국내총생산(GDP)은 각각 전 세계의 1%와 4%를 차지하는데 영국의 복지지출은 전 세계 복지지출의 7%를 차지한다."며 영국의 '복지 과잉' 상태를 비판했다. 2010년 집권 당시 11.7%에 달하던 재정적자를 2019년까지 흑자로 돌리겠다는 계획을 천명하고 복지예산 축소를 통해 이를 달성하겠다고 밝혔다.

62 안병영(1992a). 전게서.

63 레이건은 취임 즉시 총괄예산조정법(Omnibus Budget Reconciliation Act: OBR)에 서명을 하였는데, 이 법은 자산조사를 거치는 대표적인 공적 부조 프로그램인 부양아동가족지원(AFDC)의 수급자들에게 큰 타격을 가했다. 이 법으로 40만 이상의 가정이 자격을 잃었고, 여타의 30만 가정의 혜택이 줄었다. 고령자 의료보험(Medicare)의 자격요건이 AFDC와 연동되므로 후자를 잃은 자는 전자까지 잃었다. 그런가 하면 100만 이상이 푸드 스탬프(Food Stamps)의 자격을 잃었다. 연금이나 저소득자 의료보험(Medicaid) 등 보편적인 서비스는 그대로 놓아두고 사회지출의 18%에 해당하는 저소득계층의 공적 부조 프로그램을 집중 공략한 것이다.

64 미국은 자유주의 이념의 강고함, 강한 연방제, 그리고 상·하 양원제 등 거부점이 다양하게 존재하는 정치제도의 특징과 강력한 의사집단의 압력 등으로 인해 공적 의료보험의 도입이 미루어졌다.

65 Ferrera, M. and A. Hemerijck(2003). *Op. cit.*

66 그런 가운데 스페인은 1997~2000년에 노동법을 개정하여 이른바 '핵심(core)' 노동자에 대한 과잉보호를 완화하고, 비정규직 · 임시직 노동자들의 사회보장권 및 정규시장으로의 진입기회를 크게 개선했다.

67 Ferrera, M. and A. Hemerijck(2003). *Op. cit.*; Hemerijck, A. C.(2006). *Recalibrating Europe's Semi-Sovereign Welfare States*. Wissenschaftszentrum Berlin fuer Sozialforschung(WZB) Order-Nr.: SP 2006-103.

68 Taylor-Gooby, P.(2006). *Op. cit.*

69 유럽연합 내의 사회투자국가를 지향하는 '보다 포괄적 복지국가들(the more comprehensive welfare states)', 즉 스웨덴, 덴마크, 네덜란드, 오스트리아 및 독일은 총체적 수요감소의 충격

을 줄이고 사회적 곤궁에서 벗어나는 데 놀라울 정도로 탄력적이었다. Hemerijck, A. C.(2013). "The Adaptive Capacities of Welfare States." *Changing Welfare States*. Oxford: Oxford University Press.

4

복지국가 이론과 유형론

이 장은 복지국가의 이론부분과 유형부분으로 구성된다. 이론부분은 다시 복지국가의 생성 및 전개 이론과 복지국가의 재편 이론으로 나뉘는데, 전자는 복지국가의 태동 및 확장기에 관한 대표적 이론들이고, 후자는 복지국가가 1970년대 후반 이후 위기와 도전에 직면하여 체제전환을 꾀했던 재편과정과 연관되는 주요 이론들이다. 다음 복지국가 유형론은 복지국가들을 일정 기준에 따라 분류하여 그 개념적 특성을 부각시키는 시도로 앞의 복지국가 이론과 밀접하게 연관된다. 복지국가 이론과 유형에 대한 바른 이해는 복지국가의 본질에 접근하는 지름길이다.

1 — 복지국가 이론

1) 복지국가 생성 및 전개 이론

아래에서 복지국가의 태동 및 전개 과정을 설명하는 다수의 이론을 소개한다. 이들 이론들은 다양한 이념적 시각이나 지적 관심에 따라 복지국가 형성과정을 다양하게 설명하고 있다. 그러나 어느 것도 다차원적이고, 복합적인 전체과정을 충분하게 설명하지는 못한다. 여기서는 비판적 시각에서 각각의 이론의 강점과 약점을 논의한다.

가. 산업주의 논리(the logic of industrialism)

'산업주의 논리'에 따르면, 복지국가는 산업화 과정에서 창출된 새로운 필요(needs)와 새로운 자원(resources)의 산물이다.[1] 이렇게 볼 때, 복지국가의 기원은 산업화의 광범한 과정과 연관된 세속적 변화들, 예컨대 전통적 삶의 형태의 붕괴, 경제성장, 인구의 증가, 분업의 진전, 노동계급의 창출, 주기적 실업의 도래, 유용한 노동력에 대한 산업적 필요 등과 밀접히 연관된다.

이 관점은 1950, 60년대 영미를 풍미했던 기능주의 사회학의 입장으로, 복지국가 발전의 근본 원인은 경제성장이며, 실제로 정치적 이념이나 정치제도와는 별로 상관이 없다는 것이다. 그런 의미에서 복지국가는 산업사회의 '기능적 필요성(functional necessity)'의 산물이며, 따라서 산업화에 대한 산업국가들의 대응양식은 기본적으로 서로 유사하다는 입장이다.

산업화가 복지국가 발전의 배경조건이었다는 점에 대해서는 대체로 많은 이들이 동의한다. 그러나 이 관점은 지나치게 경제적 측면만을 강조하고, 정치적 측면을 소홀히 함으로써 정태적 이론에 머무르게 되었다는 비판을 받는다.[2] 또한 이 이론은 부자 나라와 가난한 나라 간의 차이는 설명하지만, 다양한 복지국가들, 특히 선진산업국가들 사이에 차이를 해명하는 데는 미흡하다는 약점이 있다. 따라서 사회복지정책의 특징들과 채택시기 등을 결정하는 구체적 인과관계를 밝히기 위해서는, 다시 말해 산업화 논리의 빈틈을 메우기 위해서는, 산업화에 따른 국가–사회 관계의 변화를 고려할 수 있는 부가적 논리가 필요하다.

1980년대 이후 세계화 현상이 급속도로 전개되면서, 세계화가 선진산업사회의 경제 내지 자본주의에 미치는 영향과 연관하여 이른바 '수렴론(收斂論, convergence theory)'이 크게 부상했는데, 많은 이가 이를 일종의 '신(新)산업주의 논리'라고 평하고 있다. 이 관점에 따르면, 경제적 세계화가 진행되면서 나라들은 저마다 세계경쟁에서 생존하기 위해 시장과 생산제도를 시장친화적인 방향으로 바꾸게 되어 복지국가의 축소 내지 자유주의적 국가 및 시장으로의 제도적 수렴이 불가피하다는 것이다. 수렴론에 대한 반론으로 이른바 이산론(離散論, divergence thesis)이 제기되는데, 양자에 관해서는 뒤에 다시 논의한다.

나. 시민권 접근(citizenship approach)

이 접근에 따르면, 근대세계의 등장은 두 가지 혁명, 즉 산업혁명과 정치혁명의 결과인데, 복지국가는 바로 산업화의 맥락에서 전개된 정치적 민주화와 그에 따른 제도적 변화과정이라는 것이다.[3] 이러한 관점은 특히 완전한 시민권(full citizenship)을 성취하기 위한 역동적인 민주화 과정을 중시하는데, 그런 의미에서 위에서 논의한 산업화 명제의 정치적 버전이라고 말할 수 있다.

이 접근의 대표적 학자인 마샬(T. H. Marshall)은 영국의 경험을 바탕으로 지난 300년간에 걸친 근대화 과정을 시민권의 확장으로 이해하고 그 경로를 다음과 같이 정리하고 있다.[4]

표 4-1 시민권(citizenship)의 성장

	공민권 (civil rights)	정치권 (political rights)	사회권 (social rights)
특징적 시기	18세기	19세기	20세기
정의 원칙	개인적 자유	정치적 자유	사회복지
전형적 조치	인신보호 영장 언론, 사상, 신념 및 계약의 자유	선거권 의회개혁 국회의원에 대한 수당지불	무상교육 의료보호 (복지국가)
	→	누적적 성장	→

자료 : Marshall, T. H.(1950). *Citizenship and Social Class and Other Essayas*. Cambridge: Cambridge University Press.; Marshall, T. H.(1963). *Class, Citizenship, and Social Developments*. Chicago: Chicago University Press.

위의 과정을 부연하면, 18세기의 공민권은 무엇보다 계약의 자유를 통하여 자본주의적 시장경제의 바탕을 마련하였다. 이어 19세기의 정치권, 특히 노동계급의 참정권은 대중적 사회민주당의 대두를 가져왔고, 이는 20세기에 사회권을 확보할 수 있는 계기를 마련했다. 복지국가는 바로 이러한 3세기에 걸쳐 '누적적'으로 진척된 시민권의 확장, 즉 (정치적) 근대화 과정의 산물인 것이다.

그러나 마샬이 주장하는 시민권 확대의 단선적(單線的, unilinear) 과정은 역사적 실제와 그대로 일치되는 것이 아니라는 반론이 적지 않다. 그동안 시민권의 본질 및 그

자격에 관하여 엄청난 논란이 있었고, 아직도 그 다툼은 그치지 않고 있다. 그런가 하면, 전후 복지국가의 성공적 전개는 시민권의 일률적 보편화나 합의에서 비롯된 것이라기보다, 그에 못지않게 다양한 정책수요를 동시에 만족시킬 수 있었던 당시의 유리한 경제적 상황과 연관된 것으로 이해해야 될 것이다.

1990년대 후반 이후 '제3의 길'과 '사회투자국가'론이 대두되면서 적극적 고용의 중요성이 강조되고 '복지급여에 대한 배타적 권리' 혹은 '무조건적 자격'이 거부되고 복지급여 수급조건으로 근로를 요구하면서 마샬의 사회권 개념은 새로운 도전을 받고 있다. 이제 마샬이 상정했던 보편적 사회권 원칙은 적극적 시민권, 생산적 시민권의 맥락에서 재해석되며, 권리 못지않게 책임과 의무가 강조되고 있다.

다. 다원주의적 관점(pluralist perspective)

다원주의자들은 산업화 논리가 자유민주주의 정치체제 내에서 벌어지는 정치과정을 경시하였다고 비판하면서, 사회복지 지출 증가나 사회 프로그램의 발전 등과 같은 복지국가의 전개는 자본주의에 바탕을 둔 자유민주주의체제 내에서 전개되는 정당 간의 경쟁 및 다양한 이익집단들로부터의 압력, 그리고 이와 연관된 경쟁적 선거의 결과라고 주장한다.[5]

자유민주주의의 정치과정은 서구 복지국가 발전의 중요한 정치적 조건이었음은 부정하기 어렵다. 그러나 이 관점은 왜 사회복지정책이 사회문제를 근본적으로 해결하기보다는 사회집단이나 사회계급 간의 불평등한 권력관계를 재생산하고 있는가와 같은 보다 구조적인 문제와 왜 국가가 이익집단으로부터의 두드러진 압력에도 불구하고 자율적으로 행동하는가에 대하여 설명력이 빈약하다. 그런가 하면, 이 관점은 비스마르크체제와 같은 권위주의체제하에서 유럽의 초기 복지국가가 태동되었고, 최근 신흥공업국가들과 같은 권위주의적 정치체제들도 복지국가의 도정을 밟았다는 점 등을 설명하는 데 한계를 드러내고 있다. 따라서 이 관점은 다원주의적 정치제도를 허용하고 제한하는 보다 근본적인 구조적 힘들의 설명을 통하여 보완되어야 할 것이다.[6]

라. 권력자원 모형(power resources model)

이 관점에 따르면, 선진자본주의 아래 제도적 권력투쟁은 '시장논리'와 '정치논리' 간의 투쟁으로 집약되는데, 조직화된 노동계급 세력이 강화되면 될수록 복지국가는 더 깊숙이 뿌리를 내리고 제도화되며, 이에 반하여 시장에 의한 할당원칙은 약화된다는 것이다.[7] 달리 표현하면, 복지국가는 노동운동과 사회민주주의 정당 간의 연계를 바탕으로 노동계급의 정치적 권력이 상대적으로 강화된 결과라는 것이다.[8]

그러나 이 모형은 노동계급이라는 한 계급에 지나치게 초점을 맞췄기 때문에 적지 않은 한계를 드러낸다. 우선 권력자원 모형으로는 사회보험의 창시자라고 할 수 있는 독일의 비스마르크가 보수적이고, 권위주의적인 사회세력에 기반을 두고 있었다는 사실을 설명하기 어렵다. 또 유럽 복지국가의 대두과정에서 나라에 따라 농민계급의 입장이나 가톨릭 정당들의 역할도 매우 주요했다는 역사적 사실에도 유의할 필요가 있다. 또한 계급의 중요성이 강조되는 경우도, 노동계급 이외의 다른 계급들, 그리고 여러 계급 간의 역동적인 상호 작용과 계급연합을 고려하지 않고는 복지국가 형성과정을 바르게 조명하기 어렵다는 점도 이 모형이 지닌 한계이다. 그뿐만 아니라 권력자원 모형은 국가의 성격이라든가, 자본주의 경제가 지니고 있는 구조적 제약들,[9] 관료들의 역할[10] 및 국가의 구조[11] 등과 같은 계급 외의 제 요인들을 경시하고 있다는 비판을 받고 있다.[12]

권력자원 모형에 대한 비판이 거세지자, 코르피는 복지국가 발전을 노동계급이라는 단일요인 이론(one-factor theory)으로 이해할 것이 아니라 보다 복합적인 입장, 즉 기독교민주당과 같은 교파정당들, 정당연합들, 그리고 보수 계급세력들의 선취적 역할도 고려해야 한다는 입장으로 재정리하고 있다.[13]

그럼에도 권력자원의 관점을 복지국가 위기 이후 복지국가 재편과정에 적용하기에는 적절치 못하다. 즉 복지국가 위기 이후 조직화된 노동과 좌파 정당들의 권력은 상대적으로 크게 약화되었으나, 이러한 쇠퇴에도 불구하고 복지국가 내의 사회적 프로그램은 크게 감축되지 않았기 때문이다. 즉 좌파 권력자원의 약화와 복지국가 축소의 규모 간에는 상관관계가 그리 크지 않았는데, 이에 대한 설명력이 약하다.

그런가 하면, 최근 복지국가의 정치과정을 보면, 조직화된 노동과 좌파 정당뿐만 아니라 개별 사회정책과 연계된 이익집단들, 다시 말해 프로그램 수혜자 집단이 주요한 정치적 행위자로 크게 부상하고 있다. 성숙한 복지국가의 사회 프로그램들은 노동운동으로부터 본질적으로 자유로운 지지기반을 발전시키며, 그 과정에서 복지 프로그램을 둘러싼 기득권 집단들이 복지국가 재편에 새로운 동력을 제공한다는 것이다. 이렇게 볼 때, 권력자원 관점의 현실적 한계가 드러난다.

마. 마르크스주의적 관점(marxist perspective)

마르크스주의 진영 내에서도 매우 다양한 관점이 존재하고 있다. 그러나 그들은 한결같이 사회복지정책의 전개를 자본주의 내의 갈등과 모순의 결과로 이해하려 한다.

이 진영에 속하는 일단의 학자들은 복지국가 발전의 원인을 자본주의 정치경제 발전과 계급갈등의 모순에서 찾는다.[14] 이들은 대체로 사회복지정책은 자본주의체제가 재생산하기 위한 '기능적 필요'에서 비롯되나, 결국은 그 중심기능 간의 모순 때문에 자본주의체제의 위기로 귀결된다고 주장한다.

오코너에 따르면, 자본주의 국가는 기본적으로 두 가지 기능, 즉 '자본축적(accumulation)'과 '정당화(legitimation)'의 기능을 수행해야 한다. 전자는 국가가 자본축적의 가능한 조건을 창출하고 유지하는 기능이며, 후자는 사회적 조화를 위한 조건을 만드는 기능이다. 사회복지정책은 바로 후자의 필요의 산물이다. 그런데 자본축적 기능과 정당화 기능은 종종 모순을 빚게 된다. 문제는 자본축적을 지속하기 위해 우호적 환경을 만드는 데 필요한 사회적 비용이 바로 자본이 창출하는 잉여에서 나오는 데 있다. 따라서 사회적 비용이 많이 들수록 자본이 자본축적을 위해 재투자할 몫이 줄어들게 되며, 이는 역설적으로 자본축적과정 자체를 위협하게 된다. 결국 자본주의체제의 정당화를 위해 복지정책이 시행되나, 그 소비성으로 인해 자본축적에 장애가 되고, 이는 재정위기로, 그리고 더 나아가 자본주의체제의 위기로 발전한다는 논리이다.

마르크스주의적 관점은 다른 접근들이 간과한 국가정책과 자본주의 경제와의 관계를 연결시켜 주는 중요한 시각을 제공한다. 이 관점은 사회복지정책의 전개에 대한 구조적인 인과관계뿐만 아니라 자본주의가 사회발전에 미치는 구조적 제약들을 이해하는 데 도움이 된다. 그러나 이 접근은 그 기능주의적 관점의 한계 때문에, 서구 자본주의 국가들 간의 사회복지정책의 채택시기와 정책의 형태와 내용에 있어서의 다양한 차이를 설명할 수가 없다. 그러한 점에서 산업화 논리와 크게 다를 바 없다.

바. 국가주의적 관점(statist perspective) / 신제도주의(new institutionalism)

스카치폴(Theda Skocpol) 등은 사회복지정책 전개의 주요 원인으로서 국가구조와 그 구조 내의 국가관리자들, 즉 정치적 지배자와 행정관료들의 역할을 강조한다. 여기에는 복지국가 및 사회정책 이론들이 지나치게 사회 · 경제적 기반에 초점을 두는 것에 대한 비판적 동기가 작용한다. 국가주의적 관점은 i) 국가의 행정능력을 결정할 수 있는 국가구조, 즉 집권화/분권화, 국가관료제도, 정당구조와 같은 국가의 조직구조와 정책유산, 그리고 ii) '지배계급'을 비롯하여 다른 사회그룹으로부터 독립적으로 국가목표를 설정할 수 있는 국가관리자들의 혁신적인 역할을 강조한다.[15] 19세기 국가관료제가 가장 발달했던 프로이센에서 복지국가가 최초로 태동했다는 것이 좋은 예가 될 수 있다. 이 관점은 정치적 행위자로서 '국가자율성(state autonomy)'을 전제한다는 점에서, 다원주의나 마르크스주의 시각들이 지닌 이른바 '사회중심적' 관점과 대칭적인 입장에 선다.

국가주의적 관점은 국내 사회세력들의 조직화 수준이 약하고 국가기구들이 상대적으로 과대성장한 발전도상국에서 국가 엘리트와 관료들이 이들 나라의 경제사회 발전을 주도하는 과정을 설명하는 데 상당한 설득력이 있다. 그러나 이 관점은 국가와 사회와의 연계를 무시하면서 사회형성자로서 국가의 개념을 지나치게 강조하고 있다는 본질적인 약점이 있다. 따라서 국가주의자들에 의해 개발된 국가자율성의 개념이 제 빛을 발휘하기 위해서는 마땅히 사회와 연관하여 논리를 재구성할 필요가 있다.

국가주의적 관점에서 근년에 크게 부상한 것이 '신(新)제도주의(new institutionalism)'다. 신제도주의는 학문의 갈래에 따라 역사제도주의, 합리선택적 제도주의, 사회학적 제도주의로 구분되는데, 이들 중에서도 국가주의적 관점에서 발전한 역사제도주의는 '거버넌스의 유형(patterns of governance)'을 중시하면서, 복지국가 발전에 관해 적지 않은 논점을 제기한다.

2) 복지국가 재편 이론들

가. 복지다원주의

복지다원주의는 인간의 기본적 욕구를 충족시키고 사회보호를 제공하는 '복지' 활동이 국가 이외에도 자발적 · 자선적 부문, 영리적 부문, 그리고 가족, 친지 등 다수의 원천에서 나온다는 입장이다. 복지다원주의는 '공사역할 분담'을 지향하는 규범적 개념으로 국가중심 복지제공 패러다임의 변화를 함축하며, 복지의 사회적 분업을 표방하는 입장이다.[16] 복지다원주의는 1970년대 복지국가 위기 이후 전통적 복지국가 모형에 대한 비판이 가열화되고, 사회복지 지출의 감소와 공공서비스의 민영화 추세가 두드러지면서 대두되었다. 복지다원주의자들은 경직되고 집권적인 복지관료체제, 의사결정과정에서의 비민주주의와 참여의 부재, 과도한 전문가주의, 복지국가 프로그램의 비효과성과 비효율성을 비판하며, 복지서비스 제공에 있어서 분권화(decentralization), 권한이양(devolution), 권한부여(empowerment) 및 참여의 가치를 강조했다.[17]

복지다원주의는 기본적으로 복지는 전체사회의 생산품이므로, 다수의 복지원천 중 하나인 국가의 역할이 줄어들었다고 해서 전체복지가 줄어들었다고 보지 않는다. 왜냐하면 그것은 복지지급이 한 부문에서 다른 부문으로 옮겨가는 문제일 수 있기 때문이다. 복지다원주의는 특히 사회서비스 공급에 있어 비영리부문 내지 제3섹터의 역할을 강조했는데, 이들 조직이 기업적 기제를 도입하여 보다 효율적으로 서비스를 제공할 수 있으며, 자율적 운영과 지역사회와의 밀착활동을 통해 지역사회의 문제를 해결하고 공공의 목표를 효과적으로 달성할 수 있다는 점, 그리고 지역단위에서 거래비용의 감소와 다양성 및 소비자주의를 지향할 수 있다는 점에 주목했다. 복지다원주의자들은 다원화된 복지전달체계가 바람직하다고 보았으나, 서비스 전달의 형평성, 다양성을 제고하고 서비스의 질적 저하를 방지하기 위해서는 기획과 규제, 그리고 재정적 책임의 맥락에서 국가의 역할은 여전히 중요하다는 점을 수용하고 있다.

국가가 노동연계복지(workfare)를 매개로 개인이 시민적 책무를 다하도록 유도하고 이를 위해 공적 지원을 제공한다는 맥락에서 복지다원주의는 이른바 '역량형성국가(enabling state)'와 맥을 같이하고 있다.

나. '신(新)정치(new politics)' 이론 : 복지국가의 탄력성

1980년대에 들어서도 복지국가의 '종언'을 예언하는 학자들이 적지 않았으나, 서구 다수 국가의 사회지출은 감소되지 않았음은 물론, 경제 전체의 증가세에 비해 오히려 더 빠른 속도로 증가하는 추세였다. 이러한 흐름에 직면하여 피어슨(P. Pierson)은 복지국가의 '탄력성(resiliency)'을 주장하기에 이른다. 피어슨은 오늘날 복지국가 정치는 복지국가 확장기와 본질적으로 다른 '신정치(new politics)'라고 정의한다. 그에 따르면 오늘날 모든 정부는 '영원한 긴축(permanent austerity)'을 강요하는 예산제약과 복지국가의 존속을 열망하는 대다수의 선거구민과 대면하고 있다. 따라서 좌파정부는 예산제약 때문에 복지확대를 포기해야 하고, 우파정부는 선거제약 때문에 복지지출의 삭감을 시도하기가 현실적으로 어렵다는 것이다. 이러한 '신정치' 상황에서 복지국가의 급격한 변화는 기대할 수 없으며, 복지국가의 탄력성이 기본적인 추세라는 것이다.

복지국가 탄력성을 주창하는 피어슨, 에스핑 안더슨 등 주류 복지국가 이론가들은 대체로 복지국가의 변화는 레짐 특유한(regime specific) 것이며, 따라서 체제 내외의 어떠한 변화의 압력에도 레짐이 창출한 궤도(trajectory)를 크게 벗어나기 어렵다는 입장을 표방한다. 이를 뒷받침하는 주요 논점을 정리하면 다음과 같다.[18]

록인(lock-in)

한번 자리를 잡은 사회 프로그램은 그 프로그램의 도움을 받는 사람들로 구성된 강력한 고객들 내지 이익집단을 창출하고, 이들 '정책수혜자(policy taker)'들은 복지감축에 대항하는 복지국가의 가장 의미 있는 방어벽이 된다. 예컨대 연금생활자, 장애인, 실업자 등과 사회서비스의 공급자인 의사, 변호사, 간호사, 요양보호사 등이 그 예이다. 복지국가는 이미 많은 나라에서 그 나라의 정치문화 속에 깊숙이 뿌리를 내렸다. 따라서 감축을 겨냥하는 복지개혁은 특히 선거정치의 맥락에서 거의 실현 불가능하다.

경로의존성(path-dependence)

과거의 정책 결단은 미래의 선택 가능성을 줄이기 때문에, 사회 프로그램은 제도적으로 경로의존적이다. '정책피드백(policy feedback)', '정책유산(policy legacies)' 등이 이를 뒷받침하는 논점이다. 예컨대 많은 이들이 퇴직 후 생활계획을 짤 때, 그것이 연금을 받게 되리라는 기대 위에서 세워지므로, 연금은 일종의 준(準) 소유권으로 간주된다. 따라서 정부가 함부로 연금을 삭감하는 일은 쉽지 않다. 따라서 한번 경로가 정해지면, 법과 규정의 급진적 · 본질적 변화에는 상당한 위험부담이 따른다. 그러므로 경로파괴적 개혁은 그것이 절실하게 필요하고, 신중하게 추진한다 해도 매우 어려운 일이다.

거부점(veto points)

임머것(E. Immergut)에 따르면, 거부점은 정책과정의 참여자가 자신의 전략에 따라 결정을 뒤엎을 수 있는 기회를 말한다.[19] 행정부와 입법부의 관계, 입법부 구성, 행정부 내 부처 간 관계, 선거 등의 제도적 특성에 따라 거부점의 수와 위치가 결정되고, 이들은 정책과정에서 참여자들의 전략과 정책선택에 영향을 미친다. 거부점이 적은 나라, 즉 권력이 크게 집중되어 있는 나라는 상대적으로 복지개혁이 수월하다. 따라서 복지개혁 능력은 영국과 같은 웨스트민스터체제가 스위스나 미국과 같이 권력이 고도로 단편화되어 거부점이 많은 나라보다 크다.

비난 회피하기(blame avoidance)

복지국가 확장기에는 정부가 복지를 확대함으로써 정치적으로 이득을 볼 수 있으나, 복지축소를 겨냥하는 복지개혁은 선거인들에게 인기가 없고 비난의 대상이 된다. 따라서 불가피하게 복지축소를 시도하는 경우, 대체로 비난을 회피하기 위해 다양한 전략들을 구사한다.[20] 그러나 규범적 · 실용적 이유에서 별로 소득이 없는 경우가 많다. 오히려 그보다는 공공연하게 보다 높은 목표를 표방하면서, 정부(내지 연립정부)와 사회적 파트너 간의 사회적 합의를 거치고, 뒤처진 자들에 대한 배려 프로그램도 함께 포함하는 공정성(fairness) 개혁을 추구하는 것이 낫다.

다. 세계화, 후기 산업사회, 인구변화와 연관된 제 이론

세계화: 수렴론(收斂論, Convergence) 대 이산론(離散論, Divergence)

복지국가의 위기가 확산되고 특히 세계화 현상이 급속하게 진전되면서, 세계화가 선진복지국가의 경제 내지 자본주의에 어떤 영향을 미치는가에 관해 치열한 논쟁이 전개되었다. 그 하나의 입장이 경쟁론(competition thesis) 내지 효율성 이론(efficiency thesis)이고, 반대의 관점이 보상론(compensation thesis)이다. 경쟁론은 현대 복지국가의 고수준의 사회지출과 보호주의적 노동시장이 글로벌 시장에서의 경쟁력을 약화시킨다는 논점에서 출발한다. 따라서 세계경쟁에서 살아남기 위해 국가 엘리트와 기업들은 효율성 차원에서 정부로 하여금 사회지출을 줄이고, 과부하(過負荷)된 공공영역을 민영화하며, 노동시장의 유연성을 높이도록 압력을 구사하게 된다는 것이다. 이에 더하여 금융의 세계화로 인하여 자본이동이 자유로워지면서 조세부담이 적은 나라로 자본이 흘러가기 때문에, 나라마다 경쟁적으로 조세인하 경쟁을 벌이고, 그 결과 복지국가의 재정기반이 침식되고 있다고 주장한다. 그러므로 경제적 세계화는 불가피하게 시장친화적인 방향으로 국가제도 간의 수렴을 유도하게 된다는 논리이다. 이 입장은 결국 자유주의적 국가와 시장만이 글로벌 경제에서 살아남을 수 있는 유일한 대안이라는 명제를 뒷받침한다.

이에 반해서 보상론(compensation thesis)은 국가가 경제적 세계화가 초래하는 부정적인 경제적 외부효과(economic externalities)들, 즉 실업과 소득불평등을 상쇄하고 해직노동자들을 돌보기 위해 복지지출을 늘린다는 관점이다. 즉 한 국가가 국제무역에 노정이 되면 될수록, 국내적으로는 시장정향적 경제정책에 대한 반발이 커지며 정치적 불안정은 고조된다. 이렇게 되면, 국가는 세계화의 충격에 대항하여 완충(insulation)역을 수행하며, 보상적 차원에서 신자유주의적 변화과정에서 뒤처진 사회영역이나 지역으로 복지이전(welfare transfer)을 시도하게 된다는 것이다.[21] 따라서 세계화는 반드시 복지체제의 축소나 수렴을 가져오는 것이 아니라, 복지체제의 이산(離散), 즉 다양한 복지체제와 자본주의 경제를 낳게 된다는 것이다.

이렇듯 경쟁론 및 효율성 이론은 수렴론의 기반이 되며, 보상론은 이산론을 뒷받침한다. 그러나 실제로 개개 국가가 '경쟁' 혹은 '보상' 전략을 선택할 것인가의 문제는 복지국가에 대한 세계화의 충격을 여과하는 매개변수로서 국내적 정치, 경제 제도와 국가능력에 의존하는 바가 크다. 그러므로 여러 나라들은 세계화의 충격을 수용하는 과정에서 신자유주의자들이 주장하는 것처럼 복지국가를 일률적으로 감축하는 것이 아니라, 새로운 환경에 대응하여 얼마간 기존의 경로를 바탕으로, 다양한 방식으로 재편(restructuring)하고 있다고 할 수 있다.

후기 산업화와 'trilemma' 이론

후기 산업사회에서 크게 대두되는 노동집약적인 '새로운' 서비스 경제는 재화가 아닌 노동이 소비되므로, 제조업 위주의 산업사회의 생산성의 증가를 따라가지 못한다(보몰의 비용질병 이론(Baumol's 'cost–disease' thesis)). 대인서비스, 보건 · 의료, 교육과 같은 서비스 부문에서 생산성 증가는 매우 느리고 임금 역시 크게 증가하지 않는다. 또 이 제 3부문의 많은 일자리는 대단히 기술집약적이고, 적잖은 사회적 · 문화적 능력을 요구한다. 이러한 새로운 서비스 경제에서 복지국가는 점차 고용과 평등 간의 교환(trade–off)에 직면하게 된다. 이와 연관하여 '서비스 경제의 트릴레마'(trillema) 이론이 제시된다.[22]

그림 4–1 트릴레마와 탈(脫)트릴레마 전략의 세 가지 모형

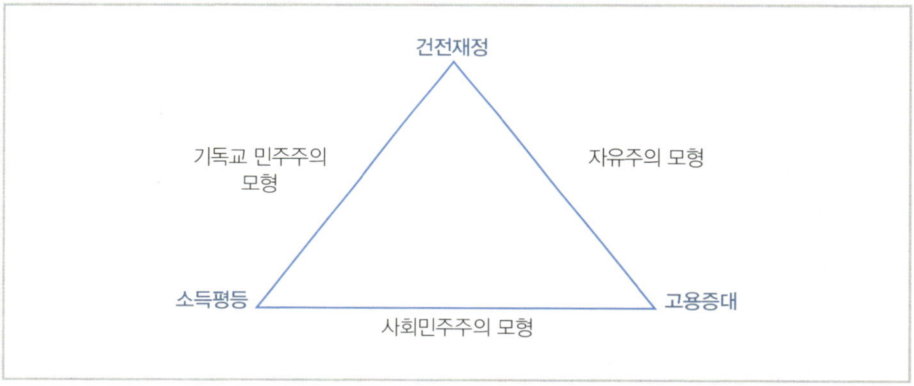

자료 : Iversen, T. and A. Wren(1998). "Equality, Employment, and Budgetary Restraint: The Trilemma of the Service Economy." *World Politics*. 50.

트릴레마로 일컬어지는 후기 산업주의적 명제는 서비스 경제에서 정책결정자들은 완전고용, 재정적 균형, 평등이라는 세 가지 목적 중에 두 가지를 추구할 수 있으나, 세 가지를 동시에 취할 수는 없다는 것이다. 자유주의 복지국가 모형의 미국을 예로 들면, 신자유주의 전략, 즉 저임금경제 내의 노동시장의 유연화를 통하여 재정적 균형과 높은 고용률을 얻어냈으나 불평등이 높아졌다. 이에 대한 대응전략으로 근로빈곤층(working poor)을 위한 임금보조금(wage subsidies/EITC)을 인상했다. 이는 비(非)근로빈곤층(nonworking poor)에 대해서는 정부 책임을 줄이고, 근로빈곤층을 지원한다는 전통적 자유주의적 설계의 재구성이라고 할 수 있다. 한편 제3의 길을 대표하는 스칸디나비아의 사회민주주의 복지국가들은 소득 평등과 높은 고용률 양자에 높은 우선순위를 두면서, 주로 공공부문을 통하여 서비스 고용을 높였다. 그러나 재정규율에는 실패하였다. 한편 독일 등 유럽대륙의 기독교 민주주의 국가들은 대체로 높은 임금비용과 그에 따른 낮은 수요 때문에 서비스부문 일자리를 확장하는 모든 노력이 약화되었다. 따라서 평등과 예산균형이라는 두 목표는 어느 정도 이루었으나, 고용성장에는 성과를 거두지 못했다. 트릴레마에 대한 국가적 대응전략으로 여성고용을 늘리고 노동시장의 유연화를 꾀하려 한다는 관점이 우세하다.

'신위험(new risks)'의 관점

이 관점은 현대 복지국가는 노동시장과 가족구조의 전환을 고려하여 개혁되고 있다는 점을 강조하고 있다. 특히 가족형태의 변화와 성 역할의 변화는 두드러진다. 이혼율의 증가, 한부모 가정의 증가, 여성의 노동시장 참여 및 패치워크 가족(patchwork family) 등이 그 대표적인 예이다. 동시에 후기 산업사회 고용의 주요한 특징으로 비정규직 노동과 근로빈곤의 증가를 들 수 있다. 이러한 변화와 함께 하는 '신사회위험'은 기존의 남성위주, 정규직중심의 산업사회의 생애주기와 구별된다. 산업사회의 복지정책은 주로 질병, 실업 및 퇴직으로부터의 소득단절과 연관이 되는 데 반해, 오늘날 복지정책은 아동과 노인의 돌봄, 더 많은 기회의 평등, 노동시장의 활성화와 필요(needs)의 관리에 더 역점을 둔다.

라. 자본주의 다양성 접근

자본주의의 다양성(varieties-of-capitalism)을 전제로 하는 이 접근은 비교정치경제적 관점 내지 고용주중심(employer-centered)의 관점으로, 복지, 노동시장 및 생산레짐 간의 단절을 가교하기 위한 시도라고 볼 수 있다.[23] 여기서는 복지국가를 시장 및 자본주의의 반명제(反命題)가 아닌 보완적 제도르 간주하며 생산과 사회보호 체제가 어떻게 상호 연계되는지를 살펴보고, 그간의 피드백 회로(feedback loop)를 찾는다. 이에 따르면, 사회보호체제는 시장의 실패를 극복하기 위한 시장보호기제로서, 특히 그것이 특정한 기술을 지닌 노동력을 끌어들이고 지탱하게 하는 능력을 제고하는 데 도움을 주는 측면을 강조한다.

홀(P. Hall) 등은 생산체제 및 기업의 행태에 따라 우선 자본주의의 두 가지 유형, 즉 자유시장경제(Liberal Market Economies: LMEs)와 조정시장경제(Coordinated Market Economies: CMEs)를 다음과 같이 나누고, 이들 각각이 어떤 사회보호체제와 연계되는가를 논의하여, 생산레짐과 복지레짐 간의 선택적 친화성을 강조한다.

표 4-2 자본주의의 다양성(varieties of capitalism)

	자유시장경제	조정시장경제
교육, 기술축적	일반교육	직업교육, 직업별 고용
산업관계	탈규제와 회사별 임금 갈등적 산업관계	협조적 산업관계
기술이전	경쟁	강한 네트워킹
기업 거버넌스	단기투자이익 지향	장기자본투자 허용
정치시스템	다수결주의	합의제도
국가 예	앵글로색슨 국가들, 아일랜드, 이스라엘	북유럽 스칸디나비아, 독일, 오스트리아, 스위스, 베네룩스, /일본, 북이탈리아/프랑스

자료 : Hall, P. A. and D. Soskice(2001). *Varieties of Capitalism: The Institutional Foundation of Comparative Advantage*. Oxford: Oxford University Press 참조.

미국과 같은 자유주의 복지국가의 경우, 그 훈련체제가 일반기술에 초점을 맞추고 있고 따라서 고수준의 사회보호의 필요성이 크지 않으므로, 자유시장경제와 궁합이 맞는다. 반면 독일처럼 비시장적 기제에 의존도가 큰 조정시장경제는 고도로 전문화된 노동력에 의존하고 있고 그들을 다른 기업들이 낚아챌 위험이 크므로, 생산체계의 안정화를 위해서는 산업별 임금 수준의 평등화, 고수준의 실업보상, 포괄적 훈련체계 등을 통한 높은 수준의 사회보호가 필요하다.

이 접근에 대한 가장 큰 비판은 이 관점이 지나치게 결정론적이며, 따라서 제도적 변화를 구체적으로 설명할 수 없다는 것이다.

마. 역량형성국가론

길버트(N. Gilbert)는 고전적 복지국가의 재편 방향을 이른바 '역량형성국가(the

enabling state)'로 개념화하고 그 주요한 특징으로 근로촉진, 선택적 표적화, 민영화 그리고 의무와 연계된 급여로 집약하고 있다.[24] 이를 간추려 설명하면 다음과 같다.

우선 고전적 복지국가가 사회보호를 위한 소득지원 프로그램에 주안점을 두었는 데 반해, 역량형성국가는 근로연계 개혁을 통하여 '노동의 재상품화'를 촉진하고 있다. 이에 따라 기존의 무조건적 현금급여는 근로연계를 촉진하는 적극적 조치에 의해 대체되고 있다는 것이다. 그런가 하면, 대부분의 선진산업국가들은 사회복지 프로그램의 수급자가 되기 위한 자격 기준을 높이는 한편, 급여기간의 축소, 자조 유인의 제공 및 지속적 급여수급에 대한 제재부과 등을 통해 그 퇴출을 촉진하는 개혁을 단행했다.

표 4-3 복지국가에서 역량형성국가로의 전이

복지국가(welfare state)		역량형성국가(enabling state)
노동의 보호(protecting labor)		**근로촉진**(promoting work)
사회적 부조	→	사회적 포섭(social inclusion)
노동의 탈상품화	→	노동의 재상품화
무조건적 급여	→	유인과 재제의 활용
보편적 자격(universal entitlement)		**선별적 표적화**(selective targeting)
낙인의 회피	→	사회적 형평의 회복
공적 제공(public provision)		**민영화**(privatization)
공공기관에 의한 전달	→	사적 기관에 의한 전달
서비스형태로 이전	→	현금이나 바우처
직접지출에 초점	→	간접지출의 증가
사회적 권리로의 급여 (benefits as social rights)		**의무와 연계된 급여** (benefits linked to obligations)
공유된 권리의 연대성	→	공유적 가치와 시민적 의무의 결합

자료 : Gilbert, N.(2004). *Transformation of the Welfare State: The Silent Surrender of Public Responsibility*. New York: Oxford University Press. Table 2.1. p.44.

역량형성국가의 두 번째 특징은 사회적 할당의 기초를 보편주의로부터 선별주의로 전환했다는 것이다. 선택적 표적화를 통하여 수급자의 수를 줄이고, 적격성의 기준을 높였다. 이러한 일련의 조치는 복지비용을 줄이려는 정책적 노력과 연관된다.

세 번째 특징은 민영화이다. 사적 영역의 장점에 대한 공공의 신뢰는 사회복지영역에 시장경제의 가치와 방식을 활용하도록 유도했다. 이에 따라 사회서비스 전달에 영리기관의 참여가 증가하고 있으며, 현금 및 바우처의 활용을 늘리고, 환급 세액공제 등의 방식으로 간접지출을 증가했다. 마지막으로 기존의 고전적 복지국가의 경우, 사회적 급여는 사회권으로 공유적 권리의 연대성이 강조되었으나, 역량형성국가에서는 이를 의무와 연계시킴으로써 개인적 책임을 강화하고 있다.

길버트는 미국과 유럽의 구체적 정책사례를 예로 들면서, 복지국가 위기 이후 고전적 복지국가가 역량형성국가로 재편되고 있음을 강조하고 있다. 실제로 길버트가 개념화한 역량형성국가의 몇 가지 두드러진 특징이 복지국가 위기 이후 여러 나라의 복지국가 개편과정 속에서 비록 농담(濃淡)의 차이가 있을망정 얼마간 드러나고 있음을 부정하기 어렵다. 그러나 역량형성국가의 개념은 미국을 대표적 예로 하는 자유주의 복지국가의 재편을 설명할 때, 혹은 복지국가 위기에 대한 신자유주의적 초기(1980~90년대 초)대응을 설명하는 데는 유용하나, 유럽의 다양한 복지레짐이나 복지국가 재편의 최근 경향을 설명하는 데는 적절치 못한 부분이 적지 않다. 다시 말해 이 개념을 복지국가 개편의 패러다임의 변화로 일반화하기에는 역부족이라는 것이다.

바. 사회투자국가론

사회투자국가론(social investment state)은 대체로 1990년대 후반에 등장한 복지국가 재편 패러다임으로, 신자유주의적 처방에 대한 사회민주주의의 정치적 대응의 의미를 지닌다.[25] 그런 의미에서 앞서 논의한 역량형성국가(enabling state)의 사회민주주의 버전으로 이해할 수 있다. 기든스(A. Giddens)에 따르면, 사회투자국가는 신자유주의와 전후 복지국가(구 사민주의) 사이의 '제3의 길'로 파악된다.

사회투자론자들은 무엇보다 사회정책을 경제발전과 고용성장에 필수적인 생산요소로 간주한다. 따라서 이들은 사후적 · 소극적 보상에 치중하는 기존의 사회정책과 달리, 사전적 예방과 활성화(activation)를 강조한다. 그런 의미에서 이 관점은 경제와 사회, 노동시장과 사회정책 간의 관계의 재설정이라고 할 수 있다.

이들은 기회의 평등 내지 생애기회의 평등을 강조하며, '기회'와 '능력'의 분배 및 재분배에 초점을 맞춘다. 따라서 그들은 저숙련 및 저지식 등(지식기반사회의 새로운 사회적 위험)을 극복할 수 있는 능력을 갖출 수 있도록 도와주는 일이 복지국가가 추구해야 할 새로운 역할로 인식한다. 사회투자국가론은 세 개의 기둥으로 구성되는데, 그것은 i) 인적 자본, ii) 활성화, 그리고 iii) 사회적 포용(social inclusion)이다. i)과 ii)를 각각, 저량(貯量, stocks)과 유량(流量 flows)이라면, iii)은 일종의 완충장치(buffers)로서 사회보호를 위한 안전망을 의미한다.[26] 사회투자국가의 핵심정책을 열거하면, 초기 유아교육과 양육, 고등교육, 평생학습, 여성고용지원정책, 능력향상(upskilling) 지향의 적극적 노동시장정책, 유연안정성(flex-security) 등이다.[27]

그러나 사회투자국가론에 대해서도 적지 않은 문제점과 비판이 제기된다. 우선 핵심 개념들이 애매하고 다의적이라, 다양한 해석과 정책응용 가능성이 크다는 것이다. 예컨대 그들이 중시하는 '활성화' 개념도 그 강조점을 권리, 기술형성, 능력부여에 두는지, 아니면 의무, 유인에 주어지는지에 따라 상이한 결과가 빚어진다는 것이다. 또한 미래에 초점을 맞추면서, 실제로 오늘의 '빈자'는 방치하는 경향이 있다는 것이다. 그런가 하면, 활성화에 역점을 두면서, 노동의 질을 소홀히 한다는 비판을 받고 있다. 또한 '경제화(economicization)'의 강조로 인하여 상대적으로 사회적 차원이 뒷전으로 밀리고, 사회적 시민권이 약화된다는 지적도 있다. 이러한 비판에도 불구하고 사회투자국가론은 경제적 효율성과 사회적 결속을 동시에 아우르는 강점 때문에 현대 복지국가가 지향해야 할 모델로 많은 지지를 받고 있다.

사. 젠더 이론

1970년대 이후 기존 복지국가에 대한 많은 비판 이론 중 가장 격렬하게 전개된 것이 페미니스트에 의한 '가부장적' 복지국가에 대한 비판이다. 이들은 특히 복지국가가 젠더관계, 즉 남성과 여성의 생활조건을 어떻게 재생산, 혹은 변화시켰는가에 초점을 맞추고 있는데, 비판의 핵심은 복지국가가 남성 우위의 가부장적인 자본주의를 전제로 하고 있다는 것이다. 즉 자본주의 복지국가 내에서 가족의 생계를 책임지며 임금노동에 종사하는 남성가장과 그 지배에 종속하면서 가사노동에 전념하는 부인에 대한 고착화된 성 분업이 재생산되며, 이는 젠더관계를 결정짓는다는 것이다. 이를 달리 표현하면, 전후 복지국가 모델은 여성의 가족 내 노동이 남성가장 임금노동의 전제임에도 불구하고, 남성-유급-시장노동자, 여성-무급-가사노동자, 혹은 남성-생계부양자, 여성-피부양자라는 성 분업적 전제를 받아들인다는 것이다.[28] 젠더 이론은 비단 성평등의 관점에서뿐만 아니라, 경제와 인구의 재생산을 위한 폭넓은 함의 때문에 복지국가 논의의 주요 이슈로 부상하였다.[29]

전후 복지국가의 이러한 가부장적 성 분업체제는 복지국가 위기와 함께 찾아온 제반 변화들, 즉 세계화, 탈산업사회화, 인구고령화, 가족구조의 변화와 여성의 사회참여의 증대 등에 의해 급격히 변화하고 있다. 상승하는 여성고용은 가족연관 서비스들(아동 및 노인 돌봄 등) 팽창의 원인이자 결과이며, 이는 여성의 노동시장 진입을 용이하게 하고 맞벌이 가계를 이제 전형적인 가족단위로 만들고 있다. 특히 저출산과 고령화에 따른 고용감소에 맞서서 필요한 고용을 유지하고, 복지국가를 재정적으로 뒷받침하기 위해서는 여성고용의 증가는 필수적인 과제가 되었다.

주지하듯이 북유럽 국가들은 공공부문(보건, 교육, 사회 서비스)의 높은 여성고용을 통하여 여성고용(및 임금) 문제를 풀었다. 높은 여성고용, 남녀 간의 임금불평등의 최소화, 공공서비스와 급여의 폭넓은 배열 등이 바로 코르피(W. Korpi)의 이른바 '맞벌이 젠더 정책모형(the dual-earner gender policy model)'이다.[30] 에스핑-앤더슨 역시 페미니스트의 관점에서 탈상품화와 더불어 탈가족화(defamilization) 개념을 제시하고 있다.[31]

2 — 복지국가의 유형론

1) 잔여적 모형과 제도적 모형[32]

잔여적(殘餘的) 모형(the residual model)은 복지를 제공하는 통상적인 통로들, 즉 가족과 시장이 실패할 때, 비로소 국가가 나서서 구호적 · 잠정적으로 관여하게 되는 모형으로 기본적으로 시장주권(market sovereignty)에 대한 신념을 바탕으로 하고 있다. 따라서 국가의 관여는 제한적이며, 자조능력이 없는 극빈자 등을 대상으로 하고, 급여 수준도 변변치 못하다. 이 모형은 '보살펴야 마땅한 빈자와 그렇지 않은 빈자(deserving or undeserving poor)'의 구별에 초점을 맞춘다. 오랫동안 미국이 이 모형의 경험적 예로 상정되었다.

한편 제도적 모형(the institutional model)은 개인복지를 사회공동체의 책임으로 보는 관점으로, 모든 시민은 '어느 정도 적절한 생활 수준(decent standard of living)'을 누릴 자격이 있다고 보며, 그런 의미에서 보다 완전한 사회적 시민권을 추구한다. 그러므로 공적 복지지급을 통해 일차적 분배 네트워크인 시장을 보충해야 한다는 입장에 선다. 보편적 프로그램이 주축을 이루며, 공적 급여와 서비스는 광범위하고, 또한 적절한 수준을 지킨다. 재원조달은 주로 조세를 바탕으로 하며, 소득재분배에 대해서도 정책적 관심을 갖는다. 이 모형의 대표적 예는 스웨덴이라고 할 수 있다. 양자를 비교하면 〈표 4-4〉와 같다.

그런가 하면, 티트머스(R. Titmuss)는 위의 2분법에 더해서 잔여적 모형과 제도적 모형의 중간에 산업성취성과 모형(industrial achievement performance model)을 더하고 있다. 산업성취성과 모형은 사회복지제도를 일종의 경제의 접속물(adjunct of economy)로 보며, 사회적 필요는 업적(성과)과 생산성의 바탕 위에서 충족된다고 본다. 따라서 실적주의적 속성이 강하다. 이 모형은 비스마르크 모형의 현대적 버전에 가까우며, 대체로 노동시장 내의 상이한 집단마다 별개의 프로그램을 가지고 있다. 정상적 임금생활자를 표준으로 하며, 급여는 소득연계적이며, 노동시장 밖에 있는 사람들은 노동시장 안에 있는 사람들과 같은 척도로 측정될 수 없다는 입장이다.

표 4-4 잔여적 모형과 제도적 모형의 비교

차원 / 모형	잔여적 모형	제도적 모형
사회목적에 기여하는 국민소득의 비율	낮 음	높 음
급여의 수준	빈약	적절
법적 서비스와 급여의 범위	제한적	광범위
적용범위	소수	다수
예방 프로그램의 중요성	부존(不存)	본질적
지배적 프로그램	선별적	보편적
사적 조직의 역할	크다	작다
국가개입의 이데올로기	최소(minimal)	최적(optimal)
분배의 이데올로기	주변적(marginal)	개입주의적(interventionist))

자료 : Wilensky, H. and C. Lebeaux(1958). *Industrial Society and Social Welfare*. New York: Russel Sage Foundation.

2) 비스마르크 모형과 베버리지 모형

1880년대 독일의 수상 비스마르크가 주도한 사회보험제도는 산업노동자라는 사회적 범주를 인적 대상으로 하여 그들의 소득보장을 위해 마련한 제도이다. 자산조사를 바탕으로 하는 기존의 빈곤법 체제와는 달리, 사회보험 원칙에 따라 피용자와 고용자가 함께 기여하고, 제3의 파트너로 국가가 관여(재정지원, 행정통제)한다. 기여기록에 따라 자격이 부여된다. 급여는 소득과 연계되며, 비교적 관대한 편이다.

한편, 베버리지 플랜은 제2차 세계대전 이후 1940년대 후반, 영국의 사회보장 입법의 준거틀이 되었다. 이 모형은 빈곤방지를 목표로 전 국민을 대상으로 보편적 · 포괄적 사회안전망의 구축을 겨냥한 것이다. 현대적 노동시장의 맥락 안에서 사회보험과 노동과 복지 간의 밀접한 관계에 초점을 맞추면서, 전체공동체가 개별 사회구성원에게 일정 정도의 돌봄과 예방(care and protection)의 책임이 있음을 분명히 하였다. 복지수혜의 조건으로서 거주 및 필요(needs)가 바탕이 되었고, 기여금 및 급여는 정액제를 원칙으로 한다. 급여 수준은 관대한 편이 못된다. 조세가 재원조달의 바탕이 된다.

비스마르크 모형(the Bismarchian Model)은 이후 유럽대륙의 복지모형의 원형(原型)적 구실을 했으며, 베버리지 모형(the Beverigean Model)을 보다 평등주의적 맥락에서 관대하게 발전시킨 것이 스칸디나비아 모형이라 할 수 있다. 이를 간략히 도식화하면 다음과 같다.

표 4-5 비스마르크 모형과 베버리지 모형

	비스마르크 모형	베버리지 모형
목 적	소득유지	최저생계
급 여	소득연계급여	균등급여
자 격	기여기록	거주 혹은 필요
적용범위	피고용인(노동자)	전체인구
재원조달	기여금(사회보험료)	국가예산(조세)
행 정	조합관리, 대체로 노사 동등 참여	공공관리
수직적 이전효과	낮 음	높 음

자료 : Schmid, J.(2010). *Wohlfahrtsstaaten im Vergleich*. *VS Verlag*. p.108 재구성.

3) 에스핑-앤더슨(Esping-Andersen)의 세 가지 복지레짐

에스핑-앤더슨(Esping-Andersen)은 서유럽의 복지국가들을 복지혼합(국가-시장-가족의 역할), 그리고 그 결과로서 '탈상품화(脫商品化, decommodification)'와 계층화(stratification)에 대한 영향에 따라 세 개의 레짐, 즉 앵글로색슨계 국가들의 자유주의 레짐, 독일, 오스트리아, 프랑스 등의 유럽대륙 국가들의 보수주의 레짐, 그리고 스칸디나비아 국가들의 사회민주주의 레짐으로 나누고, 그 각각의 특징을 부각시켰다. 여기서 탈상품화는 시민들이 자신의 노동력을 노동시장에서 팔지 않고서도 생계를 이어갈 수 있는 능력, 즉 시민이 국가의 개입으로 자신을 한낱 시장에 내놓은 상

표 4-6 Esping-Andersen의 세 가지 복지레짐

비교 기준 \ 레짐		자유주의 (앵글로색슨)	보수주의 (유럽대륙)	사회민주주의 (스칸디나비아)
시장-국가-가족		시장중심	보족성 원리 (가족우선, 다음 국가)	국가중심
급여		최소화 자산조사급여중심	중간 소득비례급여중심	최대화 보편급여+사회서비스중심
급여 수준		최저생계비	계급과 지위에 따라 차이(보험원칙)	중간계급 생활 수준
본인부담		많음(시장구매)	다소 많음(보험료)	적음(사용자+국가부담)
노동연계		일자리 우선	전통적 남성부양자 모델	근로능력 배양 활성화 + 생산적
탈상품화 수준		최소한 개인의 시장성과가 소득분배를 결정	비교적 높음 계급/지위와 연계된 사회권	아주 높음 시민적 지위와 연계된 사회권
계층화	재분배 기능	매우 미약	제한적	높음
	평등에 대한 강조	매우 미약 자유와 경쟁 강조	중간 수준 보족성 강조	매우 강함 연대성 강조
코포라티즘		약함	강함	약함
해당 국가들		미국, 캐나다, 호주	독일, 오스트리아, 프랑스	스칸디나비아 국가들

자료 : Esping-Andersen, G.(1990). *The Three Worlds of Welfare Capitalism*. Cambridge: Polity.; Esping-Andersen, G.(1996). *Welfare States in Transition. National Adaptation in Global Economies*. London Sage.

품의 신세를 면할 수 있는 가능성을 말한다. 예를 들면, 실업급여, 질병급여, 연금에서 복지급여의 소득대체율이 높고, 수혜기간이 길수록 탈상품화 정도가 높다. 계층화란 노동시장에서 직종과 소득에 따라 형성되었던 지위와 계층이 복지제도를 통해 유지되는 정도를 뜻한다. 예컨대, 단일한 공적 연금제도를 가지고 있는 스웨덴 같은 나라와 수십 개의 직역별 연금을 가지고 있는 독일, 이탈리아, 그리스 같은 나라들은 계층화 정도가 다르다고 본다. 에스핑-앤더슨의 복지레짐 논의는 1990년경의 시점에서 지난날의 역사적 전개를 그 안에 함축한 서구 복지국가들의 오늘의 모습을 비교론적 · 분석적 시각에서 유형별로 명쾌하게 정리했다는 점에서, 복지국가 이론가들로부터 엄청난 반향을 불러일으켰다.

에스핑 앤더슨의 유형론은 레짐 유형들 내의 복합성을 소홀히 하고 지나치게 단순화했다는 비판과 더불어 페미니스트적 관점을 간과했다는 등의 비판을 받았다.[33] 그 밖에도 남유럽 국가군을 제대로 포함시키지 못했다는 지적도 받았다.

세 가지 복지레짐을 간략히 비교하면 다음과 같다.

사회민주주의 복지레짐

사민주의 복지레짐은 사민주의 이데올로기인 평등과 연대를 강조한다. 대부분의 사회복지정책이 보편주의에 입각하여 폭넓게 펼쳐지며, 시민의 사회권에 기초하여 관대한 수준의 보편적 급여를 제공한다. 공공사회서비스가 중심이며 주로 일반조세에 의해 재원이 조달된다. 또한 적극적 노동시장정책과 여성들의 높은 노동시장참여가 특징적이다. 탈상품화 수준이 높고, 복지의 재분배 기능도 강력하다. 스웨덴 등 스칸디나비아 국가들이 해당된다.

보수주의 복지레짐

보수주의 복지레짐은 주로 시민들의 노동시장에서의 지위와 연계된 직종별 · 산업별 사회보험에 기초하고 있다. 가족주의의 영향으로 여성의 노동참여 수준이 낮기 때문에 공공사회서비스가 상대적으로 덜 발달되어 있다. 사회보험제도는 계급 및 지위에 따라 분절적으로 운영되며, 지위 차이의 보존을 겨냥하므로 복지의 재분배효과는 제한적이다. 그러나 사회급여의 수준은 비교적 관대하므로 탈상품화 수준은 대체로 중간 정도이다. 가톨릭 사회교리의 영향으로 시장의 우선성을 거부하고, '보족성 원리(subsidiary principle)'에 따라 가족의 복지역할을 중시한다. 남성이 노동을 통해 가족을 부양하고 여성이 가정에 남아 가사와 돌봄의 책임을 지는 '남성부양자 모델(male breadwinner model)'이 근간이다. 독일, 오스트리아, 프랑스 등 유럽대륙 국가들이 이 레짐에 속한다.

자유주의 복지레짐

자유주의 복지레짐은 이념적으로 개인주의와 시장의 효율성을 강조한다. 따라서 자조를 앞세우며 국가가 시장에 최소한으로 개입한다. 잔여적, 자산조사 위주의 공적 부조의 비중이 상대적으로 크고 사회보험 급여는 낮은 수준이다. 그러므로 탈상품화 수준이 최소화되며, 복지의 재분배 기능은 대우 미약하다. 보수주의 복지레짐과 달리 직종별 · 산업별 사회보험이 발달하지 않아 복지제도의 분절성은 낮으나, 복지급여 수준이 낮기 때문에 중산층은 민간의료보험이나 사적 연금 등을 구매하여 사회적 위험에 대비하는 경향이 있다. 따라서 공적 부조에 의존하는 저소득층과 시장에 대한 의존도가 큰 중산층과의 계층화라는 이중국가(dual nation)적 특징을 보인다. 미국, 캐나다, 호주 등 앵글로색슨계 국가들이 이에 해당한다.

4) 케인지언 복지국가와 슘페테리안 '근로연계' 국가

조절이론가 제솝(B. Jessop)은 포디즘으로부터 포스트포디즘으로의 축적체제 변화에 따른 조절모형의 변화 추세에 따라 기존의 케인즈주의적 복지국가(Keynesian Welfare State: KWS)가 슘페터주의적 노동연계국가(Schumpeterian Workfare State: SWS)로 전환되고 있다고 주장하고 있다.[34] 그에 따르면, 대량생산과 대중소비의 포드주의적 축적체제로부터 다품종 소량생산과 차별화된 소비를 특징으로 하는 포스트포디즘적 축적체제로 이행되면서, 케인즈주의적 복지국가라는 조절양식이 그 한계에 도달했고, 이는 슘페터주의적 노동연계국가로의 전이를 재촉했다는 것이다.

기존의 케인즈주의적 복지국가는 폐쇄적 일국경제, 고도성장, 완전고용 및 총수요관리, 단체교섭 및 복지권의 확장, 국가에 의한 시장실패의 보상, 정책주체로서의 국민국가 등을 특징으로 하고 있었다. 그러나 새로운 조절체제 유형인 슘페터 경쟁국가는 개방적 글로벌 경제하에서 혁신과 구조적 경쟁력 제고, 공급 측면 개입에 역점을 두고, 복지수급자의 노동시장으로 편입 및 노동시장의 유연성 강화에 많은 노력을 경주한다. 또한 새 체제하에서는 사회정책이 경제정책에 종속되는 경향이 두드러지며, 사회임금에 대한 하향적 압박이 심해진다. 그런가 하면 정치경제의 탈국가화, 정책레짐의 국제화 등에 따라 국가역할의 제설계가 불가피해지고, 이에 따라 기존의 거버먼트에서 거버넌스, 메타거버넌스로의 변화가 진행된다고 설명한다. 두 체제를 비교하면 다음과 같다.

표 4-7 케인즈주의적 복지국가(KWS)와 슘페터주의적 근로연계국가(SWS)

	KWS	SWS
생산체제/축적체제의 성격	포드주의	포스트 포드주의
경제체제	폐쇄적 일국경제 고도성장, 조절된 금융시장	개방적 글로벌 경제 저성장, 탈조절된 글로벌 금융시장
경제정책	완전고용, 총수요관리, 대량생산. 대중소비를 위한 하부구조	혁신과 기업가정신, 경제의 구조적 경쟁력 제고, 공급 측면 개입
사회정책	단체교섭, 복지권의 확장, 탈상품화	사회정책의 경제정책에의 종속 사회임금의 하향조정, 노동유연성 강화
국가역할	국민국가의 정책결정 주도, 시장실패에 대한 국가의 보상	국가역할의 상대화, 거버넌스 중심, 메타거버넌스의 중요성 증대

자료 : Jessop, Bob(1993). "Towards a Schumpeterian Workfare State?: Preliminary Remards on Post-Fordist Political Economy. *Studies in Political Economy*. 40. pp.7-40.; Jessop, Bob(2002). *The Future of the Capitalist State*. Cambridge: Polity Press.; Schmid, J.(2010)의 재구성.

1 Wilensky, H. and C. N. Lebeaux(1965). *Industrial Society and Social Welfare State*. London: George Allen & Unwin.; Wilensky, H.(1975). *The Welfare State and Equality: Structural and Ideological Roots of Public Expenditures*. Berkeley: University of California Press.; Mishra, R.(1973). "Welfare and Industrial Man: A Study of Welfare in Western Industrial Societies in Relation to a Hypothesis of Convergence." *Sociological Review*. 21.

2 Myles, J. and J. Quadagno(2002). "Political Theories of the Welfare State." *Social Service Review*(March 2002).

3 Flora, P. and A. J. Heidenheimer(1981). "The Historical Core and Changing Boundaries in the Welfare State." in Flora, P. and A. J. Heidenheimer(eds.). *The Development of Welfare States in Europe and America*. New Brunswick: Transaction.

4 Marshall, T. H.(1950). *Citizenship and Social Class and Other Essays*. Cambridge: Cambridge University Press.; Marshall, T. H.(1963). *Class, Citizenship, and Social Development*. Chicago: Chicago University Press.

5 Castles, F. G. and R. D. Mckinlay(1979). "Public Welfare Provision in Scandinavia: The Sheer Futility of the Sociological Approach to Politics." *British Journal of Political Science*. 9.

6 정무권(1992). "서구 복지국가 이론들의 비판과 한국적 적용을 위한 전제."「현대사회와 행정」. 3. pp.191-215.

7 Stephens, J.(1979). *The Transition from Capitalism to Socialism*. London: Macmillan.; Korpi, W.(1989). "Power, Politics, and State Autonomy in the Development of Social Citizenship: Social Rights during Sickness in 18 OECD Countries since 1930." *American Sociological Review*. 54.; Esping-Andersen, G.(1985). *Political Parties Against Markets: The Social Democratic Road to Power*. Princeton: Princeton University Press.

8 이 관점은 복지국가를 사회주의로의 점진적 전이과정이라는 점을 강하게 한다는 점에서, 전통적인 온건사회민주주의의 입장과 구별되는 좌파사회민주주의의 입장이라고 볼 수 있다. 전통적 사민주의의 입장은 대중의회민주주의(mass parliamentary democracy)의 승리를 전제로 사민주의가 정권적 차원에서 뿌리를 내리면, 복지국가의 틀 안에서 사민주의의 정치적 권력과 자본의 경제적 권력 간에 효율적 균형 내지 교착, 그리고 노사 간의 화해가 이루어질 것이라고 본다. 그러나 권력자원 모형은 조직화된 노동권력의 강화가 일정 시점에 이르면, 이 운동은 '정치적' 복지국가를 넘어 전진하고, 직접적으로 경제사회화의 전통적 사회주의 목표를 추구할 수 있다고 본다.

9 Martin, A.(1975). "Is Democratic Control of Capitalist Economy Possible?" in Linderg, L. N. *et.al*. *Stress and Contradiction in Modern Capitalism*. Lexington: Lexington Books.; Poulantzas, N.(1980). *State, Power, and Socialism*. London: Verso.; Offe, C.(1984). *Contradictions of the Welfare State*. Cambridge: MIT Press.

10 Heclo, H.(1974). *Modern Social Policies in Britain and Sweden: From Relief to Income Maintenance*. New Haven: Yale University Press.

11 Weier, M. and T. Skocpol(1985). "State Structures and the Possibilities for 'Keynesian' Response to the Great Depression in Sweden, Britain, and the United States." in Evans, P., D. Rueschemeyer, and T. Skocpol(eds.). *Bringing the State Back In*. Cambridge: Cambridge University Press.

12 정무권(1992). 전게서.

13 Korpi, W.(1989). *Op. cit*.

14 O'Connor, J.(1973). *The Fiscal Crisis of the State*. New York: St. Martins Press.; Gough, I.(1979). *The Political Economy of the Welfare State*. London: Macmillan.; Offe, C.(1984). *Op. cit*.

15 이미 제도화된 국가구조는 행정적 변수로서 뿐만 아니라, 하나의 '정치적 학습과정(political learning process)'으로서 사회복지정책의 형태와 내용에 영향을 미친다고 주장한다. Heclo, H(1974). *Op. cit*.; Orloff, A. S. and T. Skocpol(1984). "Why Not Equal Protection? Explaining the Politics of Public Social Spending in Britain, 1900-1911, and the United States, 1880s-1920." *American Sociological Review*. 49(6). pp.726-750.; Weier, M. and T. Skocpol(1985). *Op. cit*.

16 복지다원주의와 유사한 개념으로 복지혼합(welfare mix)이 사용되고 있는데, 복지다원주의가 국가복지의 축소를 지향하고 복지제공에서 공사역할 분담을 주장하는 규범적 · 처방적 성격의 개념이라면, 복지혼합은 한 사회에서 복지제공 주체들에 의해 복지활동이 어떻게 분담되어 있는지를 보여주는 분석적 · 기술적 성격의 개념이다.

17 Johnson, N.(1987). *The Welfare State in Transition: The Theory and Practice of Welfare Pluralism*. Amherst: The University of Massachusetts Press.

18 Pierson, P.(1996). "The New Politics of the Welfare State." *World Politics*. 48(2). pp.595-628.; Pierson, P.(2001). "Coping with Permanent Austerity: Welfare State Restructuring in Affluent Democracies." in Pierson, P.(ed.). *The New Politics of the Welfare State*. Oxford: Oxford University Press.; Myles, J. and P. Pierson(2001). "The Comparative Political Economy of Pension Reform." in Pierson, P.(ed.). *The New Politics of the Welfare State*. Oxford: Oxford University Press.; Myles, J. and J. Quadagno(2002). *Op. cit*.

19 Immergut, E.(1990). "Institutions, Veto Points, and Policy Results: A Comparative Analysis of Health Care." *Journal of Public Policy*. 10(4). pp.391-416.

20 점감주의(declementalism), 부담나눔(burden sharing), 분할정복(divide and conquer) 등이 대표적인 예이다.

21 Cameron, D. R.(1978). "The Expansion of the Public Economy: A Comparative Analysis." *The American Political Science Review*. 72(4).; Katzenstein, P. J.(1985). *Small States in World Markets: Industrial Policy in Europe*. Ithaca, NY: Cornell University

Press.; Rodrik, D.(1998). "Why Do Open Economies Have Bigger Governments?" *Journal of Political Economy*. 106(5). pp.997–1032.

22 Iversen, T. and A. Wren(1998). "Equality, Employment, and Budgetary Restraint: The Trilemma of the Service Economy." *World Politics*. 50.; Myles, J. and J. Quadagno(2002). *Op. cit*.

23 Hall, P. A. and D. Soskice(2001). *Varieties of Capitalism: The Institutional Foundation of Comparative Advantage*. Oxford: Oxford University Press.

24 Gilbert, N.(2004). *Transformation of the Welfare State: The Silent Surrender of Public Responsibility*. New York: Oxford University Press.

25 Giddens, A.(1998). *The Third Way: The Renewal of Social Democracy*. Cambridge: Cambridge Policy Press.; Esping–Andersen, G., G. Duncan, A. Hemerijck, and J. Myles(2002). *Why We Need a New Welfare State*. New York: Oxford University Press.

26 Hemerijck, A.(2004). "Beyond the Double Bind of Social Europe." in Magnusson, L. and B. Strath(eds.). *A European Social Cititzenship*. Brussels: P. I. E. Lang.; Leoni, T.(2015). *Welfare State Adjustment to New Social Risks in the Post–Crisis Scenario. A Review with Focus on the Social Investment Perspective*. Work Package 102, Working Paper No. 89. www.foreurope.eu.

27 Morel, N., B. Palier, and J. Palme(2012). "Beyond the Welfare State as We Knew It?" *Towards a Social Investment Welfare State? Ideas, Policies, and Challenges*. Chicago: The University of Chicago Press.

28 이혜경(2004). "한국 사회안전망의 재점검과 대책: 탈가부장적–복지–다원주의 패러다임을 향하여." 「2004년 한국사회복지학회 심포지엄 '사회안전망의 현황과 대책' 자료집」.

29 Orloff, Ann Sholar(2006). "From Paternalism to "Employment for All": State Politics to Promote Women's Employment across the Affluent Democracies." in Levy, J. D.(ed). *The State After Statism: New State Activities in the Age of Liberalism*. Cambridge, MA: Harvard University Press.; Orloff, Ann Sholar(2009). "Gendering the Comparative Analysis of Welfare States: An Unfinished Agenda." *Sociological Theory*. 27(3). pp.317–343.

30 Korpi, Walter(2000). "Faces of Inequality: Gender, Class and Patterns of Inequalities in Different Types of Welfare States." LIS Working Paper Series, No.224, Luxembourg Income Study(LIS), Luxembourg.

31 탈가족화란 사회정책이 여성들을 가족책임의 부담으로부터 자유롭게 해 주는 정도, 즉 모성이 직업과 양립할 수 있는 정도를 뜻한다. 에스핑–앤더슨은 탈가족화 수준으로 1) 보육서비스 제공 2) 아동수당 3) 모성 및 부모휴가 수준을 측정기준으로 제시하였다. 이혜경(2004). 상게서.; Esping–Andersen, G.(1999). *Social Foundations of Postindustrial Economics*. Oxford: Oxford University Press.

32 Wilensky, H. and C. Lebeaux(1958). *Industrial Society and Social Welfare*. New York: Russel Sage Foundation.

33 Myles, J. and J. Quadagno(2002). *Op. cit*.

34 Jessop, Bob(1993). "Towards a Schumpeterian Workfare State?: Preliminary Remards on Post-Fordist Political Economy." *Studies in Political Economy*. 40. pp.7-40.; Jessop, Bob(2002). *The Future of the Capitalist State*. Cambridge: Polity Press.

5

복지자본주의의 정치경제

19세기 산업혁명으로 자본주의 시장경제가 전일적으로 확대되어 갔다. 그러나 시장의 논리가 확대되어 감과 동시에 이에 대항하는 사회적 보호의 논리도 함께 성장했다. 시장은 혁신과 파괴를 동반한다. 다수의 지배를 받는 민주주의의 성장과 함께 시장의 변덕과 파괴로부터 노동자와 시민을 보호하는 사회복지 기제들이 제도화되기 시작한다. 19세기 후반 비스마르크의 독일에서 사회보험이 도입된 것은 상징적인 사건이다. 현대 복지국가는 자본주의 시장경제와 공존하며 발전해 왔다. 다수의 지배를 받는 복지국가는 시장에서 발생하는 사회적 위험을 관리하고, 구조적 불평등을 완화하며, 직업훈련 및 취업 알선을 통해 고용을 증진시키고, 경기 침체 시에 복지급여의 제공을 통해 소비를 촉진하여 경기를 활성화시킨다. 복지국가를 복지자본주의(welfare capitalism)라고 부르는 이유이다.[1]

복지자본주의는 민주주의 정치체제하에서 복지국가와 자본주의 시장경제를 동시에 지향하는 정치경제체제다. 복지는 시장원리에 거스르거나 상충하는 것으로 이해되기 쉽다. 그러나 복지는 시장과 함께 성장해 왔고, 많은 경우 복지와 경제는 선순환을 그린다. 복지자본주의는 사회정책과 경제정책을 연계해 성장과 복지의 선순환을 추구하는 정치경제체제라 할 수 있는 것이다. 본 장에서는 복지자본주의의 두 가지 대표적 유형에 대해 배우고, 민주주의체제하 정치제도와 복지의 관계, 그리고 복지와 경제의 관계를 보다 구체적으로 다루고자 한다.

1 — 복지자본주의, 숙련형성 그리고 소득보장제도의 다양성

1) 자유시장경제 vs. 조정시장경제

자본주의가 다양한 형태와 내용을 갖는 체제로 구분될 수 있다는 주장을 정교화한 이론을 '자본주의의 다양성론(Varieties of Capitalism: VoC)'이라고 부른다. 에스핑-앤더슨의 복지자본주의 유형론이 전통사회 생산자 조직화 전통과 노동세력의 권력자원 크기, 그리고 이들이 농민이나 화이트칼라 계층과의 연대형성 여부에 주목하여 복지국가를 구분하였다면, 자본주의 다양성론은 생산레짐(혹은 생산체제, production regime)의 영역에서 나타나는 특징에 주목하여 영국과 미국으로 대표되는 자유시장경제(Liberal Market Economy: LMEs)와 독일과 일본으로 대표되는 조정시장경제(Coordinated Market Economy: CMEs)로 구분한다.[2]

자본주의 다양성론자들은 자본주의 시장경제가 역사적으로 축적된 관행과 제도에 의해 다양한 모습을 띤다고 본다. 제도는 경제행위자들이 특정한 규범체계와 태도 등을 지니도록 사회화 기능을 수행하고, 경제행위자들 간의 권력관계를 규정하고, 경제행위자들이 일정한 패턴으로 행동하도록 유도하는 제제 및 유인의 기제로 작용하고, 경제행위자들 간의 전략적 상호 작용에 영향을 준다는 것이다. 예컨대, 노사관계와 직업훈련체계가 나라마다 다르고, 기업지배구조, 은행-기업 관계, 기업 간 관계들이 동일하지 않다. 이념형적 차원에서 서로 유사함과 다름을 종합해 보면, LMEs와 CMEs로 나뉠 수 있으며, 기업지배구조, 금융시장구조, 노동시장구조와 노사관계, 산업구조와 복지제도에 뚜렷한 차이를 보인다. 제도의 차이로 인해 경제주체 간 조정과 협력의 양태도 달라지는데, LMEs에서는 기업이 시장의 가격 신호에 따라 움직이고 서로 경쟁적인 조정을 이루는 반면, CMEs에서는 기업, 노동자, 협력업체, 금융자본 등 이해관계자의 정치적 협상 또는 합의가 시장메커니즘과 함께 주요한 조정양식이 된다.[3]

2) 숙련형성과 소득보장제도의 다양성[4]

자본주의 다양성론자들은 생산레짐과 복지체제 간의 제도적 상호 보완성이 있다고 본다. 생산물시장의 특성에 따라 숙련에 대한 투자유인이 달라진다고 보는데, 숙련의 필요성에 따라 고용보호 정도와 소득보장 수준이 달라진다고 보기 때문이다.[5] LMEs의 대표국가인 미국의 경우, 기업의 자본조달이 주식시장에 의거하고 있고 주가의 등락에 민감하게 반응해야 하는 구조이다. 따라서 대기업일지라도 기업 내에 숙련노동자 풀(pool)을 보호하지 않고, 불경기에는 잉여 숙련인력에 대한 구조조정을 감행한다. 단기적 경영성과의 극대화를 위해 대량해고 등 수량적 유연화에 보다 많이 치중하는 경향을 보인다. 그 결과 내부노동시장의 형성이 상대적으로 미약하다 할 수 있다. 이러한 상황에서 미국은 특정 생산물의 고급숙련을 요하지 않는 포디즘적 대량생산의 형성을 통해 경쟁력을 추구한다. 미숙련 혹은 반숙련 노동자로 포디즘적 대량생산체제를 유지 혹은 확대발전시키는 데 충분하기 때문에 숙련노동자의 보호를 위한 내부노동시장의 형성이나 특별한 직업훈련시스템을 갖추지 않고, 숙련노동자들의 형성과 지위 유지에 도움을 주는 고용보호나 고수준의 실업보험제도도 발달하지 않았다고 본다.

반면, 일본의 대기업은 기업별로 특화된 숙련기술(firm-specific skill)을 바탕으로 한 고품위 제품생산을 추구한다. 대기업은 연공제 임금, 승진제도, 평생고용보장을 통해 기업별로 내부노동시장을 형성하고 숙련노동자의 유출가능성을 낮춘다. 주거래 은행을 통해 인내자본(patient capital)을 수혈받는 일본 기업은 불경기에도 잉여 숙련인력을 유지하여 숙련노동자 풀(pool)을 형성한다.[6] 일본의 노동자는 고용보장이 이루어지고 장기 재직이 임금상승에 유리하기에 이동가능성(portability)을 포기하더라도 기업별로 특화된 숙련기술을 익힌다. 기업별 내부노동시장 형성에 도움이 되는 기업복지가 활성화되는 반면, 공공재적 성격이 강한 높은 수준의 실업보험은 형성되지 않는다고 분석한다.

일본과 마찬가지로 은행중심의 장기투자자본이 공급되는 독일의 경우에도 고품질의 특화된 상품생산을 추구한다. 기업은 일정한 고용보호를 통해 숙련노동자의 내부노동시장을 형성함과 동시에 숙련을 요하는 산업별로 소득비례형의 관대한 실업보험을 노사가 공동으로 운영한다. 자본력이 풍부하지 못한 중소기업으로 생산물시장이 형성된 경우, 산업별 소득보장체계가 더 발달하게 된다. 덴마크가 대표적인데, 경기순환주기에 의해 유휴노동력이 발생해도 이를 중소기업이 자체적으로 흡수하는 고용보장을 이룰 여력이 부족하기 때문이며, 따라서 산업별로 실업보장을 함으로써 숙련노동자를 보호하는 것이 합리적 선택이 되기 때문이다. 이 경우 노동자들은 기업별로 특화된 기술보다는 산업별로 특화된 기술을 습득하는 경향을 보인다. 높은 사회적 임금(social wage)은 숙련노동자가 저가로 저숙련 산업에서라도 노동력을 팔아 생계를 유지해야 하는 압력을 차단하여, 숙련을 요하는 동종 산업 내에서 숙련노동자의 풀(pool)을 유지하는 기능을 한다고 해석한다.

요약하면, 유럽에서 발견되는 높은 수준의 소득보장은 숙련노동자를 보호하기 위한 것이고, 이를 통해 고품위의 제품을 생산하는 고급기술 균형(high skill equilibrium)이 달성된다고 본다. 대기업이 지배하는 일본의 경우, 연공급제와 기업복지를 통해 기업별로 고급기술 균형을 형성하고, 미국은 고숙련이 필요 없는 기계화된 대량생산체제를 구축하고 빠른 구조조정을 통해 경쟁력을 유지하기에, 숙련노동자를 보호하기 위한 높은 수준의 소득보장제도가 필요 없다고 본다. 반면에, 미국은 과학기술에 기반한 혁신형 벤처기업이 성장하기 좋은 제도적 환경을 갖는다. 모험자본의 투자 획득이 용이하고 노동시장의 유연성은 재빠른 인력 수급과 조정을 가능하게 해 준다. 기업공개를 통해 주식시장에서 대규모 자본을 동원하고, 초기 투자자들에게 막대한 이윤을 안길 수도 있다. 창업에 실패하더라도, 자본시장을 통해 투자받은 자금은 은행 대출과 달리 고정비용(fixed cost)이 아니기에, 창업가는 또다시 재기의 가능성을 엿볼 수 있다. 하이테크형 신산업을 선도하는 이유이다.

3) 자본주의 다양성론의 기능주의적 한계와 정치의 중요성

자본주의 다양성론은 사회복지가 노동의 힘에 의해 쟁취되는 것이라거나, 선거를 매개로 표와 교환되는 것이라는 기존의 주류적 설명과는 시각을 달리한다. 복지국가 이론의 주류인 권력자원론에서 가정하고 있는 '노동과 자본의 이해관계 상충' 그리고 '노 · 자의 상대적 힘에 따른 공공복지의 수준'이라는 해석과는 매우 다른 가정을 깔고 있다. 문화나 이데올로기 그리고 국가의 역할을 강조하지도 않는다. 그동안 복지국가 연구에서 소외되었거나 반(反)복지의 주체로 여겨지던 자본(혹은 기업)의 선호와 역할에 주목한다. 자본은 공공복지에 우호적일 수 있고, 자본의 지배적인 생산전략이 무엇이냐에 따라 산업 수준 혹은 기업 수준에서 노동과 계급 간 연대(class alliance)를 맺을 수 있다는 것이다. 그리고 이러한 노자 간의 연대를 가능하게 하기 위해 기업 수준 혹은 산업 수준에서 사회보장제도를 발전시키거나 적어도 이를 용인한다고 본다. 유럽의 큰 복지국가는 노동운동과 민주주의의 산물이기 이전에 자본에 의한 생산전략의 일환으로 해석되는 것이다. 자본주의 다양성론은 소득보장제도의 다양한 유형과 수준에 대해 새로운 시각에서 통찰력 있는 설명을 제공한다.

그러나 실업보상과 직업훈련 등 노동시장정책을 중심으로 분석한 결과를 의료, 연금, 보육 등 다른 거대한 프로그램을 포괄하는 복지국가 차원의 이론으로 격상시키기는 어렵다. 그리고 근본적으로는 기능주의(functionalism)의 문제점을 갖고 있다. 재분배로서 복지가 내재적으로 갖게 되는 '정치성'을 지나치게 사상(捨象)하기 때문이다. CMEs에서 이해관계자의 합의가 중요한 조정기제가 되는 것은, 노동자의 단결력이 높고 이들이 기업거버넌스 구조에 제도적으로 참여하고 있기 때문이다. 독일에서는 공동의사결정법에 의해 경영이사회를 감독하는 감독이사회에 노동자 참여가 보장되어 있다. 이는 강력한 노동정치의 산물이지, 기업이 원하는 생산전략의 산물이라고 하기는 어렵다. 기업은 정치에 의해 결정된 제도의 기반 위에서 생존과 확장을 위한 생산전략을 짜고, 이러한 축적의 결과물이 자본주의 시장경제를 지탱하는 독특한 유형의 생산레짐과 복지레짐으로 나타난다고 보는 것이 현실에 부합한다.

실제로 정치제도적으로 볼 때, CMEs는 연립정부하 합의제와 선택적 친화성(elective affinity)을 갖고 있고 영국과 미국 LMEs는 승자독식구조를 정치체제적 특징으로 하고 있다. 승자독식구조는 정권변화에 따라 기존의 정책은 물론 노사정의 사회적 합의도 쉽게 뒤엎을 수 있기에, 이해관계자 간의 협의와 합의에 의한 조정을 특징으로 하는 CMEs와 함께 양립하기 어렵다. 독일과 덴마크 등 CMEs적 특징을 보이는 유럽 복지국가에서 고수준의 소득보장제도가 가능한 것은, 일정 부분 생산시스템의 요구도 있지만, 강한 노조와 합의제 민주주의가 뒷받침하고 있기 때문이다. 반면에, 승자독식구조는 비난의 '독박'구조이기도 하다. 단순다수결 민주주의에서는 1%의 지지율 하락으로 패배해도 '전무(全無)'가 된다. 누구나 싫어하는 복지증세에 나서기 어려운 구조이다. 낮은 조세부담률, 낮은 수준의 복지를 특징으로 하는

LMEs에서는 빈자에 대한 잔여주의적 복지, 중산층은 기업복지로 보호, 민간보험 시장의 발달 등을 보일 수밖에 없다. 낮은 수준의 사회보장을 모두 LMEs 생산전략 때문이라고 할 수는 없는 것이다.

2 — 정치제도와 복지국가

1) 선거제도: 소선거구제 vs. 비례대표제[7]

자본주의 시장경제에서 각 복지국가 유형마다 독특한 형태로 발전시켜 온 사회보장제도는 다양한 생산체제의 기능적 요구가 투영되어 있기도 하지만, 조직노동의 힘과 선호, 그리고 정당정치의 특성이 반영된다. 복지국가 설명이론 중 대표적인 주류 이론인 권력자원론은 노동자들의 복지 요구 그리고 정치참여와 정권획득을 통한 공공복지의 실현을 상정한다. 그러나 좌파정당의 집권 혹은 좌파야당의 의석 분포가 단선적으로 복지국가 발달 수준을 결정하는 것은 아니다. 또 노동자와 국민의 복지확대 요구가 곧바로 공공정책화하여 사회보장제도의 확충으로 이어지는 것도 아니다. 정치가들이 얼마나 민감하게 노동의 복지 수요에 반응하여 정책의제화하고 법제화 노력을 펼치느냐에 따라서 상당한 굴곡이 생긴다.

많은 학자들이 지적하듯이, 정치가들의 정책선호와 행태에 미치는 영향요인 중 가장 중요한 요인은 선거제도라 할 수 있다. 일반적으로 선거제도는 두 가지 이념형으로 구분해 볼 수 있다. 전국 단위 혹은 권역별 대선거구에서 정당 득표율에 의해 의석수가 결정되는 비례대표제(Proportional Representation System)와 다수의 작은 지역구에서 인물투표에 의해 득표율 1위 후보자만 의석을 차지하는 소선거구제(Single Member District System)이다. 일반적으로 LMEs는 소선거구제를 채택하고 있고, CMEs는 비례대표제를 갖고 있다. 다른 조건이 같다면, 비례대표제가 소선거구제 방식에 비해 공공재로서의 사회복지정책을 의제화하고 입법화하는 데 보다 우호적인 조건을 형성한다. 선거구의 크기가 큰 비례대표제일 경우, 정당은 전국을 상대로 전체유권자의 지지 동원에 유리한 사회복지 같은 공공정책을 통해 득표를 꾀할 유인이 크기 때문이다. 그리고 비례대표제는 소선거구제와 달리 1등을 하지 않아도 지지율만큼 의석을 차지하는 구조이기에, 신생 정당도 의회진입이 용이하다. 따라서 비례대표제 국가에서는 민주화 운동과정에서 탄생한 친복지적 좌파세력이 의회에 진입하는 데 어려움이 없다. 비례대표제가 견인하는 다당제구도하에서, 좌파세력이 정부구성에 참여할 가능성도 상대적으로 높다. 따라서 비례대표제하에서는 선거에 참여하는 정당들이 복지공약을 실현해 성과를 내고 이를 매개로 다시 정치적 지지를 동원해 내는 선순환구조가 형성될 가능성이 높다.

반면에, 소선거구제도하에서 지역구 후보는 전체국민에 영향을 미치는 사회정책을 의제화하였다고 해서 투표에 의해 보상될 가능성이 적다. 소선거구제도하에서는 정당의 공공정책도 중요하지만 해당 지역구의 출마자에 대한 인물 선호가 승패를 가르고, 해당 지역 개발현안이나 지역구 서비스 확충과 관련한 선거공약이 훨씬 더 득표에 유리하다. 소선거구제하에서도 정당지도부나 '거물' 정치인들은 비례대표제 국가에서처럼 공공복지를 매개로 전국적인 지지율을 높이려는 유인을 갖는다. 그러나 지역구 의원(혹은 출마자)과 정책선호도에 차이가 발생하기에 강한 정당규율로 의회에서 의원들을 이끌고 가지 않는 한 공공복지의 의제화와 입법화는 뒤처지게 된다. 한편 앞서 지적했듯이, 비례대표제와는 달리 소선거구제하에서는 민주화 이후 선거경쟁에 뛰어든 신생 좌파정당의 의회 진출가능성이 낮다. 작은 정당의 후보가 지역구에서 1등하기는 어렵기 때문이다. 그리고 소선거구제도는 양당제를 견인하기에 연립정부보다는 단독정부(single party government)가 성립될 가능성이 매우 높다. 따라서 신생 좌파정당이 의회에 진출하더라도, 연립정부의 한축을 구성할 가능성도 낮다. 결국 좌파정당의 복지공약은 실현되지 못할 공약(空約)에 머물 가능성이 상대적으로 높고, 그 결과 복지가 정치적 지지 동원의 안정적인 수단으로 자리 잡기도 상대적으로 어렵다.

2) 권력구조: 의원내각제 vs. 대통령제

현대 민주주의 국가의 권력구조는 크게 의원내각제(Parliamentary System)와 대통령제(Presidential System)로 나뉜다. 대통령제는 입법 · 사법 · 행정의 3권 분립과 상호 견제의 원리에 기반해 있는 정부형태이다. 가장 큰 특징은 행정부의 성립과 존속이 입법부와 독립적이라는 데 있다. 행정부의 수장인 대통령은 국민에 의해 선출되며, 내각은 대통령이 임명한다. 대통령의 임기는 고정되어 있으며, 그 임기 동안 입법부의 신임과 상관없이 권력을 행사한다. 대통령제하에서 입법부의 의원들 또한 국민에 의해 선출되며 일정한 임기를 갖는다. 즉, 대통령은 의회를 해산할 수 없고, 의회 또한 대통령을 불신임할 수 없다. 서로 국민으로부터 선거를 통해 각각 통치권을 위임받았기에, 대통령과 의회는 통치권을 둘러싸고 충돌할 수 있다. 대통령의 당이 의회에서 소수당이 되는 경우, 즉 여소야대(혹은 분점정부, Divided Government)가 되는 경우, 야당이 주도하는 의회와 대통령의 충돌가능성은 극대화된다. 반면에 대통령의 당이 총선에서 승리하여 의회에서 다수당이 되는 경우, 대통령과 의회의 충돌가능성은 크게 줄어든다. 대통령 선거는 단수다수제로 치러지기에, 승자독식(all or nothing)이라는 특징을 지닌다. 여대야소 국면에서는 승자독식이 극대화되며, 최고결정권자로서 대통령의 권력행사는 정점에 이른다. 전임 정부의 정책의 개폐와 새로운 정책의 결정과 시행 가능성이 높아진다.

의원내각제는 대통령제와 달리 권력융합형이다. 총선을 통해 의회의 다수당이 결정되면, 다수당이 정부를 구성한다. 의회의 다수파와 행정부의 내각은 한몸인 것이다. 헌법적으로는 의회는 총리와 내각을 불신임할 수 있고, 총리는 의회를 해산하고 새로운 선거를 통해 의회를 구성할 수도 있다. 그러나 '한몸'이기에 상호 견제 카드는 실제에서는 잘 사용이 되지 않는다. 의원내각제가 소선거구제도하 양당제와 만나면 소위 영국식 웨스트민스터(Westminster)형 의원내각제가 되고, 매우 강력한 승자독식구조가 된다. 반면에 내각제가 비례대표제하 다당제와 만나면, 연립정부가 구성되고 합의제 민주주의의 형태를 띠게 된다. 대부분의 유럽대륙국가들은 다당제에 기반한 의원내각제 국가로 합의제 민주주의를 구현하고 있다.

일반적으로 다당제에 기반한 의원내각제가 대통령제보다 복지국가의 발전과 긍정적인 관계를 갖는다. 비례대표제에서는 앞서 지적했듯이 지역의 이해보다 전국적 차원에서 사회복지 같은 계층의 이해를 동원하려는 유인이 크다. 그리고 승자독식이 아니고 여러 정당이 정부를 구성하므로, 정책의 개폐가 쉽지 않다. 사회복지정책의 후퇴나 개폐가 어렵다.

소선거구제하 국회의원처럼 대통령도 단순다수대표제로 선출되지만, 대통령은 이들과 달리 전국을 포괄하는 단일 선거구에서 선출된다. 따라서 전국적 수준의 이해관계를 대변하고 이를 정치적 지지로 동원할 강한 유인을 갖고 있다. 따라서 전 국민에 영향을 주는 공공복지 등을 주요 선거공약으로 삼고 집권 시 정부의제로 삼는 경향이 크다.

그러나 대통령제 권력구조하에서는 친복지적인 좌파대통령일지라도 대통령의 영향력이 여소야대 상황에서는 크게 제한된다. 의회를 지배하고 있는 야당의 협조가 없이는 행정부의 정책이 법제화되기 어렵기 때문이다. 그리고 대통령제가 내포하고 있는 승자독식구조(winner-takes-all system)로 인해 정권변화에 따른 정책변화의 폭이 크기 때문에, 안정적으로 복지정책이 개발되고 성장하지 못한다. 게다가 대통령 선거는 단순다수제를 바탕으로 하고 있다. 1%의 작은 표 차이라도 지게 되면 모든 것을 잃게 된다. 비례대표제하 의원내각제에서 1% 정당득표율로 지는 것이 의석수 1%만 뒤지는 결과를 낳는 것과 크게 다르다. 따라서 대통령이나 대통령 후보들은 중도에 포진되어 있는 다수 중산층 유권자의 표심에 매우 민감하게 반응한다. 중산층은 '복지'와 이를 위한 '증세'의 사이에서 표류하는 계층이다. 심리학의 기대이론(prospect theory)에 따르면 인간은 '얻는 것'보다 '잃는 것'을 크게 여기는 경향이 있다. 따라서 대통령제 국가는, 비례대표제하에서 연립정부를 구성하는 대다수 의원내각제 국가에 비해, 복지증세에 어려움을 겪는다. 미국, 한국, 멕시코 등 대통령제 국가의 국민부담률과 공공사회 복지지출이 유럽의 많은 의원내각제 국가보다 낮은 이유라고 할 수 있다.

3 — 복지와 경제

1) 복지와 경제활동

앞서 복지자본주의의 생산체제적 특성에 조응하는 사회보장제도에 대해서 살펴보았다. 생산체제를 넘어서 복지와 경제는 매우 밀접하게 상호 영향을 주고받는다. 거시적 차원에서 한번 보도록 하자. 경제가 성장하고 고용률도 높으면, 복지국가의 물적 토대가 튼튼하게 된다. 반대로 복지도 경제에 직·간접적으로 큰 영향을 미친다. 경제활동을 생산-분배-교환-소비의 순환과정으로 이해할 수 있는데, 복지정책은 생산, 분배 그리고 소비의 단계에서 직접적인 영향을 미친다.

첫째, 생산측면에서 보면, 정부는 시장에서 사회적으로 소망스런 만큼 공급되지 못하는 재화와 서비스, 즉 시장실패(market failure)를 경험하는 재화와 서비스를 보완하거나 대체하기 위해 가치재(merit goods)나 공공재(public goods)를 생산하여 공급한다. 범죄나 사회적 갈등 등 사회적 문제를 줄여 복지 수혜자뿐만 아니라 사회공동체 성원 누구나 혜택을 받는 공공부조, 외부경제가 큰 전염병 예방 등 의료서비스, 정보비대칭과 불확실성 문제로 민간시장에서 보험이 성립하기 어려운 실업, 연금, 의료 등 사회보험 같은 복지제도가 그 예이다.

둘째, 분배 측면에서 보면, 복지는 조세정책과 결합하여 매우 강력하게 분배에 영향을 미치고 있다. 복지급여는 고소득에서 저소득층으로의 계층 간 소득재분배는 물론 사회보험 납부자로부터 사회적 위험에 빠진 자로의 소득재분배(예컨대, 건강한 자로부터 환자, 취업자로부터 실업자로 소득이전) 그리고 전체국민으로부터 특정 집단(노인, 장애인, 어린이 등)으로 소득재분배를 야기한다.

셋째, 소비 측면에서 복지는 경제에 가장 큰 영향을 미친다. 복지급여는 저소득층과 실업, 육아, 은퇴 등의 사유로 소득활동을 멈춘 이들의 소비 수준을 높여 줌으로써 유효수요를 창출하고 이를 통해 국민경제의 내수기반을 안정화시킨다. 소득 수준이 높아질수록 한계소비성향은 체감하기 때문에, 소득이 부유층에 집중되어 있는 경우에 비해 복지를 통해 소득이 보다 균등하게 분배되어 있는 사회의 한계소비성향이 높다. 이는 기업들이 생산한 상품에 대한 수요가 더 많다는 뜻으로, 생산과 고용에 긍정적인 영향을 미친다. 게다가 소득이전을 통해 소비여력이 높아진 중·저소득층이 소비하는 재화와 서비스의 경우, 국내에서 생산되는 중소기업 제품과 골목 서비스일 확률이 높아, 국민 경제의 발전에 도움이 된다.[8]

2) 사회복지정책의 경제성장 촉진효과

위에서 복지가 경제에 미치는 영향은 대체로 긍정적이다. 복지는 시장실패를 교정하고, 유효수요를 증가시켜 경제의 안정적 성장을 견인하기 때문이다. 특히 후자와 연관해, 케인즈주의적 거시경제관리의 관점에서 볼 때, 복지는 자동안정화 장치(automatic stability) 역할을 하는 것으로 해석할 수 있다. 자본주의 시장경제는 성장과 불황을 반복하는 사이클을 그리는데, 1930년대 미국의 대공황기를 예로 들면, 가계소비는 1929~33년 사이에 41%가 떨어졌다. 투자도 91%가 감소했었다. 당시 전체 실업자의 1/3은 수요의 급격한 감소에 따른 것이었다.[9] 당시 미국에 지금과 같은 복지프로그램이 가동 중이었다면, 경제 불황기에 소비와 투자를 유지하고 고용을 안정시키는 데 크게 기여했을 것이다. 역으로, 경기가 지나치게 활황이 되어 물가상승 압력이 높아지는 것을 복지가 완화시켜 주기도 한다. 사회보험료와 세금 납부로 개인과 기업의 소비 및 투자를 줄이는 효과를 보기 때문이다. 그리고 복지급여는 사회적 임금(social wage)으로 볼 수 있는데, 이는 임금인상 압력을 완화시켜 주기도 한다.

케인즈주의적 수요관리에 복지가 기여하는 것은 사실 단기적 긍정효과라 볼 수 있다. 그러나 복지가 경제에 미치는 긍정적 효과는 단기에만 머물지 않는다. 중·장기적으로 볼 때, 복지는 고용률을 높이고, 노동력의 질을 높여 생산성을 높이는 데도 기여할 수 있다. 탈상품화 효과 때문에 복지는 고용을 줄이고, (장기)실업자를 양산하는 부작용도 발생시킨다. 하지만 복지는 고용을 늘리고 인적 자원의 질을 높이는 데 기여하기도 한다. 공보육이나 공공요양서비스 같은 복지 프로그램은 여성의 경제활동 참여를 촉진한다. 완력의 필요성이 낮아진 후기 산업화 사회 혹은 지식기반 경제에서 여성이 경제활동을 많이 하면 많이 할수록 경제는 성장하고 세원은 확대된다. (장기)실업자에게 교육훈련과 고용서비스를 제공하여 새로운 일자리를 찾아 준다면, 이 또한 근로자 개인뿐만 아니라 국가 경제에 도움이 된다. 저소득층 등 소외된 가정에 태어난 아이가 타고난 재능을 발휘할 수 있도록 어려서부터 공보육과 공교육을 통해 중산층 가정 아이들과 동등한 교육 기회를 제공받는다면, 이 또한 사회통합과 경제성장에 도움이 된다. 실업에 대비한 사회적 안전망이 갖추어져 있다면, 산업합리화 내지 기업의 구조조정에 대한 노동자들의 저항이 작아져, 구조조정이 원활하게 진행될 수 있다. 경제 전반의 효율성이 제고되고 국가경쟁력이 향상된다. 이렇듯, 복지는 단기적으로 비용을 유발하지만, 중·장기적으로 볼 때 그 이상으로 경제에 이득을 가져다줄 수 있는 것이다.

3) 사회복지정책의 경제성장 저해효과

복지가 경제에 미치는 긍정적 효과 못지않게, 부정적 효과도 크다. 케인즈주의적 수요관리의 황금기였던 전후 약 30년 동안 서구 복지국가는 케인즈주의적 복지국가(Keynesian Welfare State)로 불리며 전성기를 구가하였다. 경제는 안정적으로 지속성장하였고, 이를 바탕으로 복지급여와 대상자는 확대되었다. 그러나 1973년 제1차 오일쇼크를 계기로 가시화된 서구 자본주의 경제의 장기침체는 복지와 경제에 대한 생각을 비판적으로 돌려 놓게 된다. 아래 표에서 보다시피, 서구 각국의 경제는 1973년부터 경제성장률은 반토막나고 완전고용에 가까웠던 실업률은 두 배 이상 늘어나는데, 인플레이션은 크게 오르고 복지지출이 급격이 늘어나 만성적인 재정적자를 야기하기 시작했다.

표 5-1 서구 복지국가의 경제 및 복지지출 지표 (단위: 연평균, %)

	경제성장률		인플레이션		실업률		GDP 대비 복지비	
	1963 ~72년	1973 ~81년	1963 ~72년	1973 ~81년	1963 ~72년	1973 ~81년	1963 ~72년	1973 ~81년
스웨덴	3.9	1.8	5.4	10.0	1.9	2.2	12.3	34.8
서독	4.4	2.4	3.2	5.2	1.1	3.8	17.1	27.8
프랑스	5.5	2.8	4.7	11.1	1.9	5.1	14.4	26.3
오스트리아	5.1	2.9	3.9	6.4	2.6	1.9	10.1	20.1
영국	2.9	1.3	5.9	14.2	2.0	5.4	12.4	19.6
미국	3.9	2.6	3.7	8.8	4.7	6.0	9.9	18.7
일본	9.9	4.6	6.0	8.8	1.2	2.0	7.6	13.7

주 : 1) 스웨덴의 복지비는 각각 1962년과 1983년 수치임.
2) 오스트리아의 복지비는 각각 1950년과 1977년의 수치임.
자료 : 김태성 · 성경륭(1993). 「복지국가론」. 서울: 나남. p.114.

경제가 침체 국면인데 인플레이션이 만연된 소위 스태그플레이션(stagflation)이 지속되자 케인즈주의적 수요관리에 대한 믿음은 약해지고, 공급중시 경제학(supply-side economics)의 복지국가 비판이 힘을 얻었다. 공급중시 경제학은 경제의 수요가 아닌 공급(민간부문의 노동공급과 투자 또는 생산) 측면을 강조하는데, 지나친 복지(혹은 공공부문의 팽창)로 인해 민간경제의 공급 측면이 '망가졌다'고 진단한다.

첫째, 복지국가의 높은 한계조세부담률은 근로와 투자 의욕을 크게 떨어뜨린다. 실제로 미국의 최고소득세율(marginal income tax rate)은 제2차 세계대전이 끝난 1945년에 94%였고, 이후 전쟁이 끝났어도 1960년에 91%에 머물러 있을 정도로 높은 수준을 유지하고 있었다. 법인세의 실효세율(effective tax rate)도 50%에 달했다. 둘째, 고율의 세금뿐만 아니라, 후한 복지급여도 근로의욕을 떨어뜨려 장기실업과 조기은퇴를 유인하여 고용률을 떨어뜨린다. 고용주 부담의 사회보험료도 인건비를 높여 기업의 고용회피적 경영을 촉발한다. 고용률이 떨어짐은 복지국가의 세원이 작아짐을 뜻하고, 반대로 실업 등 미취업자의 증가는 복지지출을 야기하여 재정적자를 심화시킨다. 셋째, 노동집약적인 서비스산업은 제조업에 비해 생산성 향상이 어려운데, 복지의 확대로 사회서비스가 지나치게 팽창하여 국가경제 전체의 생산성 향상을 떨어뜨린다.

공급중시 경제학자들은 복지국가의 '큰 정부(big government)'가 지나치게 성장해 경제를 짓누르고 있다고 진단하고, 경제가 역동성을 회복하도록 감세정책을 실시하고 복지급여를 삭감할 것을 대안으로 제시하였다.

경제의 공급 측면은 높은 한계조세와 초과지출이라는 중량에 눌려 있는 탄력 있는 용수철과 같은 것이다. 위험부담이나 투자확대를 억제하는 세금을 없애고 민간부문이 사용할 노동과 자원을 흡수하는 정부지출을 되돌리면 용수철에 내재한 역동성이 나타날 것이다.[10]

래퍼(Arthur Laffer) 같은 학자는 세금을 줄이고 복지급여를 줄이면 상당한 정도로 노동공급이 늘어나고 투자가 활성화되어 GDP가 커질 것인데, 그렇게 되면 낮은 조세율에도 불구하고 전체 조세수입은 오히려 늘어날 것이라고 주장하였다. 실제로 감세정책을 대표 공약으로 내세우고 신자유주의 복지 개혁에 나선 미국의 레이건 행정부는 1980년 70%에 달하던 최고한계소득세율을 1988년에 28%까지 단계적으로 떨어뜨리는 등 유효수요 창출보다 감세로 인한 근로와 투자의 유인효과를 극대화하기 위한 개혁을 단행했다.

한편, 통화주의(monetarism)도 케인즈주의적 수요관리의 정치성에 주목하며 복지를 비판적으로 본다. 복지국가가 확대재정정책을 통해 경기부양에 나서면 이후 아무리 경기가 호전되어도 이를 되돌리기 어려워 만성적인 인플레이션의 원인이 된다고 본다. 따라서 정부는 정치적으로 달콤한 복지지출 등을 통한 확대재정정책을 포기하고, 경제관리는 정부의 통제로부터 독립된 중앙은행의 통화량 조정에 맡길 것을 주문하고 있다. 중앙은행이 정치적 고려 없이 통화량을 국민총생산의 잠재성장률에 부합하는 일정한 비율로 증가시키면, 경기가 자동조절된다는 것이다. 잠재성장률을 상회하게 경기가 과열되어도 통화공급량이 제한적이기 때문에 이자율이 높아져 과열된 경기가 서서히 식을 것이며, 반대로 잠재성장률을 하회하게 경기가 침체되어도 잠재성장률만큼 통화를 충분히 공급하면 이자율이 떨어지고 유동성이 풍부해져서 투자와 소비가 늘고 경기가 회복된다는 것이다.[11]

4 — 한국 복지자본주의 발전과 복지와 경제의 선순환을 위하여

자본주의 다양성론에 의하면 한국은 산업화 초기에는 숙련이 필요없는 풍부한 저임금 노동에 기반한 경공업 제품의 대량생산을 추구하였기에, 높은 수준의 소득보장이 불필요했다. 이후 대기업을 중심으로 일본식 내부노동시장이 형성되어 기업복지가 발달하고, 대기업과 원하청 관계를 맺고 있는 대다수의 중소기업은 미국식 생산체계적 특징(반숙련 노동과 수량적 유연성의 결합)을 보이고 있다. 따라서 대기업중심의 기업복지와 낮은 수준의 공공복지가 결합되어 있는 모습을 띠고 있다고 해석된다. 사회보험이 뒤늦게나마 도입되고 전 국민에 적용되는 프로그램으로 성장했으나, 서구 복지국가에 비해 사각지대가 넓고 급여의 수준도 높지 못하다. 사회서비스나 아동수당 같은 현금성 수당도 뒤늦게 발전하기 시작했다.

복지국가 건설을 위해 새로운 복지제도의 도입이나 급부인상 같은 노력도 중요하다. 하지만 복지국가의 성장을 저해하는 제도적 배열(institutional configuration)을 갖고 있는 국가는 정치제도의 개혁과 함께 복지가 경제와 선순환할 수 있도록 복지프로그램을 재설계하여야 할 것이다.

앞으로 제6장에서 자세히 다루어지겠으나, 우리나라에서 복지국가의 발전을 가져오기 위해서는, 노동운동의 산별화를 통한 초기업 노동운동의 활성화가 필요하다.

대기업의 발전이 한국 복지국가의 물적 토대 형성에 큰 도움을 주나, 기업별 노조체제하에서는 노조가 임금인상이나 기업복지의 확대에 공을 들이고, 사업장 울타리를 넘어서는 공공복지의 향상에는 무관심을 넘어 오히려 제약요인이 되기 때문이다.[12]

비례대표제의 도입 등 정치제도 개혁은 복지국가의 발전을 위해서도 필요하다. 선거제도를 비례대표제로 전환 시에는 선거구를 권역별로 쪼개기보다는 지금처럼 전국을 하나의 선거구로 하여 전국적인 사회경제적 문제를 정책화하는 유인을 높여야 한다. 그리고 직능별로 협소한 이해를 대변하는 다수의 정당이 난립하지 않고, 온건다당제 체제가 되도록 현재 3%인 의회진입의 문턱을 독일처럼 5% 수준까지 높여야 할 것이다. 복지국가 발전은 큰 정당들이 전국적 지지도를 높이기 위해서 경쟁할 때 가능할 것이다. 작은 정당들이 의회에 난립하면, 이익집단들이 의회에서 제각기 고객집단을 위해 파편화된 복지를 남발할 가능성만 높아진다. 유럽의 많은 복지국가들처럼 의원내각제로의 개헌도 고려해 볼 수 있겠다. 그러나 지역대표를 뽑는 현행 소선거구제를 그대로 유지하면서 의원내각제로 전환하는 것은 문제가 크다. 그나마 전 국민의 지지 동원을 위해 공공복지정책을 중요한 의제로 다루는 대통령제를 버리면, 지역구중심 정치의 중앙화 문제를 낳을까 우려된다. 비례대표제로의 선거제도 개혁 없는 이원집정부제로의 개헌도 마찬가지이다. 한국의 대통령제는 나름 소선거구제도하에서 더 지체될 수 있었던 한국 복지국가의 발전을 견인해 오고 있는 유일한 제도적 기반이다. 따라서 우리나라에서 복지국가의 발전을 가져오기 위해서는 권력구조의 개편보다는 먼저 노동운동의 초기업화 그리고 비례대표제의 도입에 힘을 쏟아야 할 것이다.

한편, 복지지출의 증가가 곧 복지국가의 발전은 아니다. 단순히 복지지출 총량을 늘리기보다는, 복지가 경제성장을 저해하지 않고 중·장기적으로 경제와 선순환관계를 맺을 수 있도록 복지 프로그램을 구성하고 재원배분을 해야 한다.

다음의 [그림 5-1]을 보자. 큰 복지국가를 유지하면서도 국가경쟁력 순위에서 항상 상위를 차지하고 있는 스웨덴과 덴마크 등 스칸디나비아 국가의 복지 프로그램 구성에 주목할 필요가 있다. 이들 국가에서 특이한 점은, 고령화와 연관되어 있는 공적 연금과 의료비 지출이 상대적으로 통제되어 있고, 사회서비스와 적극적 노동시장 정책 그리고 실업, 육아휴직 수당 등 근로연령대 인구에 대한 소득이전 지출의 크기가 크다는 점이다.

그림 5-1 OECD 국가의 사회지출 구성(2017년) (단위: GDP 대비 %)

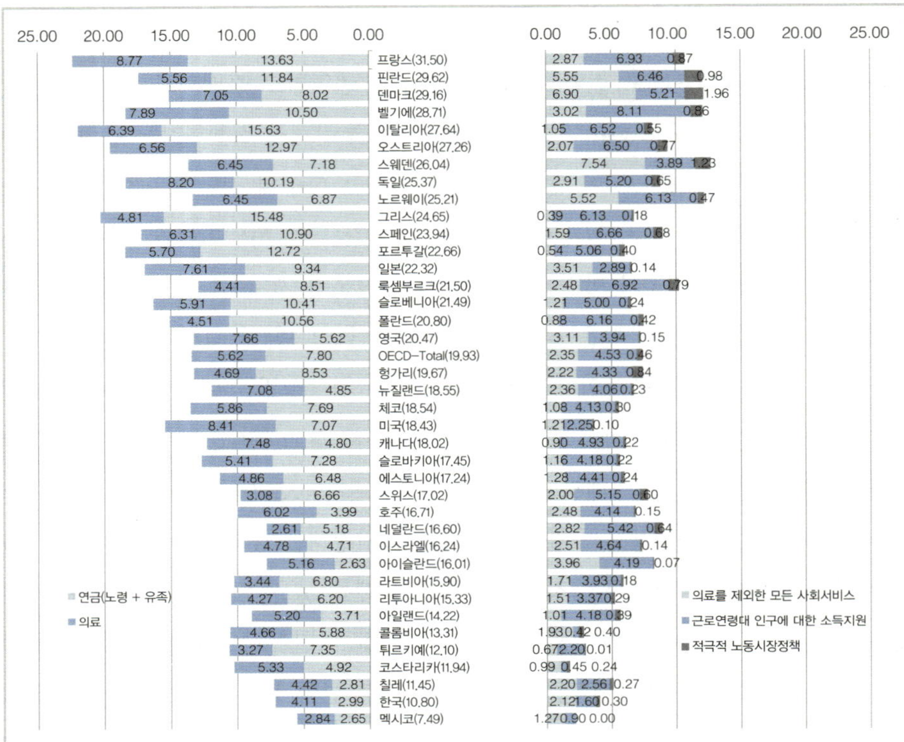

자료 : OECD SOCX를 토대로 저자가 작성.

앞서 지적했듯이, 스웨덴과 덴마크의 복지급여는 고용량을 늘리고 인적 자원개발 효과가 큰 복지 프로그램의 비중이 상대적으로 높은 것이다. 그리고 근로세대의 소득보장은 상대적으로 급여 수준이 높으면서도 적극적 노동시장정책과 연계된 조건부 수급으로 유효수요 창출효과를 보면서도 노동시장으로의 재복귀를 유도하게 설계가 되어 있다. 관대한 공보육과 비용이 사회화된 육아휴직은 높은 출산율을 유지하는 기초가 됨과 동시에, 저소득 가정 아이도 중산층 가정 아이와 동일한 출발선에서 타고난 재능을 계발하는 기회를 부여하고 있다.

한국은 아직 복지지출 규모가 작다. 후발주자의 이점을 살려, 사회복지적 목적을 달성하면서도 경제와 선순환 구조를 그릴 수 있게 복지 프로그램의 구성과 재원배분에 힘을 쏟아야 할 것이다.

1 안재홍(2013).「복지자본주의 정치경제의 형성과 재편」. 서울: 후마니타스.

2 Hall, Peter and David Soskice(2001). *Varieties of Capitalism*. New York: Oxford University Press.

3 신동면(2006). "한국의 생산체제와 복지체제의 선택적 친화성."「한국정치학회보」. 40(1).

4 이하 내용은 다음 자료에 의거해 작성되었다. 양재진(2004). "한국의 산업화시기 숙련형성과 복지제도의 기원: 생산레짐 시각에서 본 1962-1986년의 재해석."「한국정치학회보」. 38(5).; 신동면(2006). "한국의 생산체제와 복지체제의 선택적 친화성."「한국정치학회보」. 40(1).

5 이하 내용은 양재진(2016). "작은 복지국가 연구: 성과, 한계 그리고 연구방향의 제시."「정부학연구」. 22(3)에 의거해 작성되었다.

6 인내자본은 투자에 따른 이윤회수에 있어 단기간이 아닌 장기적으로 안정적인 이윤획득을 목표로 하는 투자자본을 뜻한다. 보통 인내자본은 독일과 일본 같은 조정시장경제(coordinated market economy)의 은행이 공급한다. 미국 같은 자유시장경제(liberal market economy)의 주식시장에서 기업의 단기적 성과에 민감하게 반응하는 투자자본과 대비하여 불리는 경향이 있다.

7 양재진 · 정의룡(2012). "복지국가의 저발전에 관한 실증 연구: 제도주의적 신권력자원론의 타당성 검토."「한국정치학회보」. 46(5)에 의존해 작성되었다.

8 전병유 외(2007).「미래 한국의 경제사회정책 패러다임 연구」. 서울: 노동연구원. 제1장.

9 하일브로너, 로버트 · 레스터 서로(1994).「경제를 어떻게 이해할 것인가」. 조윤수 역. 서울: 까치. p.116.

10 상게서, p.145.

11 상게서, pp.167-169.

12 양재진(2014). "제도주의적 권력자원론과 한국의 노동, 자본, 정치가의 복지정책 선호에 관한 실증연구."「한국정치학회보」. 48(2). p.100.

6

한국 복지국가의 어제와 오늘

1 — 한국 복지국가의 현재

한국 복지국가의 태동과 형성은 서구에 비해 상당히 뒤늦었다.[1] 보통 한 국가의 사회지출이 국내총생산(GDP)의 3% 혹은 5%를 넘게 되면 복지국가로 진입하였다고 평가한다. 사회보험제도를 선구적으로 실시한 보수주의 복지국가 유형의 독일은 3%를 1900년에 넘고, 5%는 1915년에 넘어섰다. 사회민주주의 복지국가 유형을 대표하는 스웨덴이 각각 1905년, 1920년에 3%와 5% 문턱을 넘었고, 공공복지지출의 규모가 작은 자유주의 미국 또한 1920년에 3%, 1931년에 5%를 넘어섰다. 한국의 경우는 어떠한가? 한국은 1990년에서야 사회지출이 GDP의 3%를 넘었고, 5%를 넘은 것은 1998년도이다. 한국이 얼마나 뒤늦게 복지국가에 진입했는지를 알 수 있다. 앞서 배웠듯이 서구 복지국가가 산업화와 대중민주주의의 산물인 것임을 감안하면 왜 한국의 복지국가 진입이 뒤늦었는지를 이해하게 된다. 한국의 산업화는 1960년대 본격화되고, 민주화 또한 1980년대의 일이기 때문이다. 그렇다 해도, 한국의 경제성장이나 민주화 정도에 비하면 상대적으로 복지국가의 태동이 늦었고 아직도 저발전된 상태이다. 그리고 한국 복지국가가 뒤늦게나마 빨리 성장하고 있으나, 복지국가의 성격은 자유주의 복지국가 유형에 가깝다. 먼저 아래 [그림 6-1]을 보자.

그림 6-1 한국 복지국가의 급여 관대성과 프로그램 발전도 국제비교

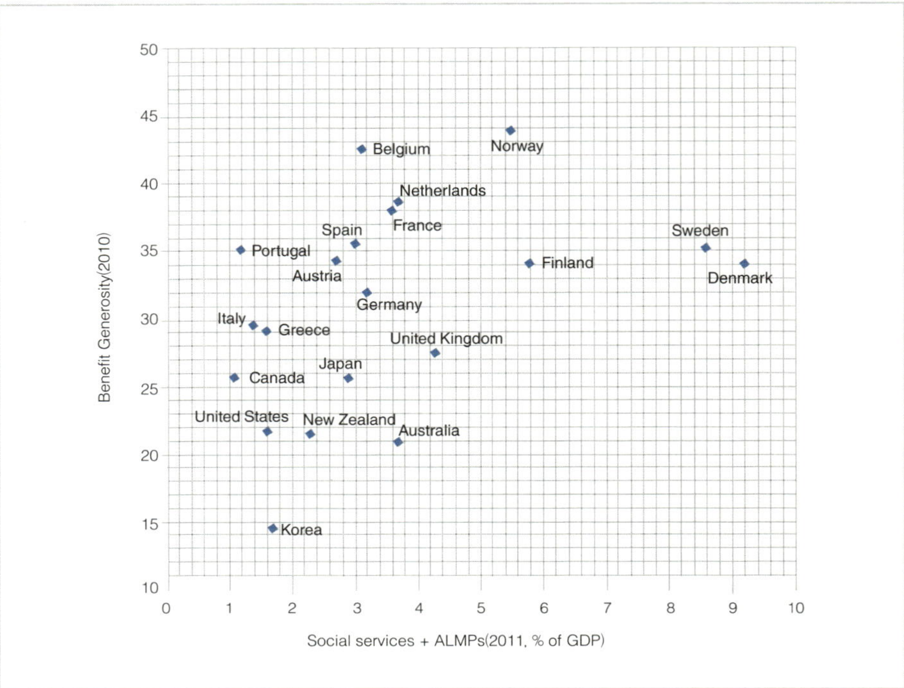

자료 : Yang, Jae-jin(2017). *The Political Economy of the Small Welfare State in South Korea*. New York: Cambridge University Press. p.4.

한국은 복지급여가 다른 OECD 국가들에 비할 때 매우 낮은 것을 알 수 있다. Y축의 급여관대성(Benefit Generosity)은 소득보장제도(income maintenance program)의 수준을 나타낸다. 평균소득을 올리는 40세 근로자가 20년 동안 근로하였을 때를 가정하고, 실업, 장애, 퇴직 시 받을 수 있는 복지급여를 지수화한 것이다. 한국의 급여관대성이 다른 OECD 국가와 비교해 볼 때 매우 낮은 것을 알 수 있다. 한국과 가장 가까운 급여관대성 수준을 보이는 나라는 자유주의 국가군인 미국, 뉴질랜드, 호주, 캐나다 그리고 일본 등이다. 산업화도 뒤처지고 1970년대 중반이 되어서야 민주화가 이루어진 포르투갈이나 스페인에 비해서도 한국의 급여관대성은 매우 낮다(스페인의 41% 수준). X축은 보육, 요양, 적극적 노동시장정책 등의 지출이 GDP에서 차지하는 비중을 나타내고 있다. 소득보장제도를 제외하고 사회서비스 등 1960년대 이후 도입되기 시작한 새로운 복지 프로그램들의 발달 정도를 나타내 준다. 한국은 사회서비

스와 적극적 노동시장정책의 발달 정도가 낮은 것으로 나타나고 있다. 최근 공보육을 중심으로 사회서비스가 빠른 속도로 확장되고 있으나, 미국 등 자유주의 국가와 이탈리아, 그리스 등 남부유럽 복지국가보다 조금 나은 수준일 것으로 추정된다. 종합해 볼 때, 한국의 사회보장제도의 발달 정도는 높지 않다. 2021년 경제규모 세계 12위, 수출액 세계 6위, 1인당 GDP도 OECD 평균을 넘는 자유로운 민주국가인 한국이 유독 복지에 있어서는 OECD 국가들 중 하위권에 놓여 있는 것이다.

한국은 연금, 의료, 실업, 산재 등 4대 사회보험은 물론, 장기노인요양보험, 공보육을 위시해 선진복지국가들의 사회보장제도를 거의 모두 다 가지고 있다. 그럼에도 불구하고 복지급여의 관대성이나 사회서비스의 지출 수준이 낮게 나오는 이유는, 한국의 대다수 사회보장제도들이 i) 공적부조 등 선별주의적 프로그램들은 수급 조건이 엄격하여 복지수급자가 적고, ii) 기초연금처럼 보편주의를 지향하는 일반재정 프로그램들은 급여수준이 낮으며, iii) 소득비례형 급여를 지급하는 사회보험 급여는 급여 상한이 매우 낮아 실질 급여가 얼마 안 되기 때문이다. 실업급여의 경우 2022년 현재, 명목소득대체율은 60%이나, 급여 상한액이 월 최대 198만 원으로 중산층 근로자들의 실질소득대체율은 상당히 떨어진다. 육아휴직의 경우도, 명목소득대체율은 50%이나 월 상한액은 120만 원에 묶여 있다. 국민연금의 경우도 명목소득대체율이 2028년까지 40%로 하락하는 것과 별도로, 보험료부과소득상한이 2022년 현재 월 553만 원에 불과해, 이를 넘는 중산층 소득자의 실질소득대체율은 이에 크게 못 미친다.[2]

2 — 한국 복지국가 저발전의 이해

앞의 4장에서 살펴보았듯이, 서구 복지국가는 산업화, 민주화, 노동운동과 좌파정당의 성장, 그리고 국가관료제의 성립 등으로부터 영향을 받으며 성장한다. 한국도 장기적으로 보았을 때는 위와 같은 거대한 사회변동과 함께 복지국가의 태동과 성장을 이루었다. 1960년대 산업화와 함께 사회보험이 도입되었고, 1980년대 민주화와 연이은 노동운동의 활성화로 국민연금 도입, 전 국민 의료보험의 시행 등 사회보장제도가 크게 확장되었으며, 상대적으로 진보적인 김대중 정부와 노무현 정부 시기에 사회보험이 전 국민에게 확대되고 공보육 같은 사회서비스가 크게 확대되는 등 한국 복지국가가 한 단계 도약을 하였다. 사회보장제도의 도입과 시행은 유능한 한국의 관료제가 있었기에 가능했다. 그러나 앞서 지적되었듯이, 사회보장제도의 발전과 성숙은 한국이 경제발전 속도나 민주화의 공고화 정도를 따라가지 못하고 있다. 한마디로 한국이 갖고 있는 잠재력에 비해 복지국가의 발전은 더딘 것이다. 이를 어떻게 이론적으로 설명할 수 있을까? 서구 복지국가의 발전 이론을 한국적인 상황에서 재해석하는 것이 필요하다.

첫째, 산업화 논리(logic of industrialism)는 전통농업사회에서 볼 수 없었던 산업화가 양산하는 각종 사회적 위험(social risks)에 국가는 복지정책으로 대처하지 않을 수 없고, 그 결과가 복지국가의 성장이라고 본다. 그리고 산업화로 인해 그전 농업사회보다 국가재정이 대폭 확충되어 복지비용을 충당할 수 있는 조건이 성숙된 것 또한 중요하게 지적한다. 이러한 산업화 논리는 경험적으로 증명되고 있다. 시계열적으로 볼 때, 거의 모든 서구 국가에서 산업화가 진전될수록 복지제도는 확충되고 복지지출은 늘어나는 경향을 보이기 때문이다.

한국의 경우도 예외는 아니다. 산업화가 본격적으로 시작된 박정희 정부에서부터 근대적 사회복지제도라고 할 수 있는 사회보험제도가 도입되기 시작하였고, 이후 경제력이 커가면서 서구 복지국가의 여러 제도들이 도입되고 복지지출이 증가하고 있는 것이다. 그러나 이러한 기능주의적 설명(functionalism)은 복지정책 형성에 있어 행위자(actor) 요인을 간과하고, 비슷한 산업화 단계를 경험하고 있는 많은 나라의 횡단면적 차이를 설명하지 못하는 이론적 한계를 지닌다. 현재 산업화 수준이나 GDP 등 경제력에서 유럽 국가에 전혀 뒤지지 않는 우리나라가 복지정책의 제도화나 복지지출 수준에 있어서는 상대적으로 많이 뒤떨어지고 있다는 사실을 어떻게 설명할 수 있을까?

한국은 서구 복지국가와 달리, 국가주도 산업화를 이루었다. 1960년대 초 박정희 정권이 군사혁명 이후 국가기구와 경제 및 사회 개혁을 실시하고, 청와대와 경제기획원이 주도한 경제발전계획에 따라 수출지향 산업화 전략을 추진하면서 산업화가 시작된 것이다. 자본과 기술이 부족했던 산업화 초기에 풍부한 저임금 노동력이 수출경쟁력을 지탱해 주는 가장 중요한 요소였다. 1960년대에는 농촌에서 거의 무한한 노동공급으로 임금억제를 위한 특별한 조정기제가 요구되지 않았으나, 중화학공업화가 시작되고 숙련노동자 부족현상이 나타난 1970년대 초 이후에는 국가가 수출경쟁력을 유지하기 위해 임금억제에 적극적으로 개입하였고, 이를 위해 노동운동에 대한 억압과 배제가 강화되었다. 노동비용 상승을 불러오는 각종 사회보장제도의 도입은 최대한 늦춰지고, 도입 시에는 기업의 부담능력에 발맞추어 단계적으로 시행되었다. 이때, 복지수혜의 자격요건이 사회권적으로 '무상으로' 모든 시민에게 주어지는 것이 아니라, 고용된 상태에서 기여를 하는 경우에만 반대급부로 수급권이 주어지는 고용연계수급권(employment-based entitlement)의 원칙이 강하게 적용됐다. 따라서 사회보장의 근간은 수급자의 기여가 전제되는 사회보험(social insurance)으로 이루어졌고, 사회보험의 적용 확대는 복지수요보다는 기여금 지불능력에 따라 단계적으로 적용이 확대되었다.

둘째, 권력자원론(power-resources model)은 산업화된 국가에서 나라별로 복지제도의 내용과 지출 수준에서 차이를 보이는 이유를 설명하고 있다. 권력자원론은 국가복지정책의 최대 수혜자라 할 수 있는 임금노동자의 정치적 힘이 클수록 복지국가가 발전한다고 주장한다. 따라서 이 이론은 노조의 조직력, 좌파정당의 힘, 이들 노동세력이 여타 사회집단(농민, 화이트칼라, 노인 및 여성)과 맺는 정치적 연대의 성사 여부, 그리고 노동의 제도화된 이익투입기제인 조합주의(corporatism)의 수준 등에 주목한다.

이 이론은 시계열적으로 보았을 때, 민주화로 노동권이 고양된 1987년 이후 우리나라 복지정책의 확대를 설명하는 데 도움을 준다. 그리고 동시에 횡단면적으로 보았을 때, 아직도 유럽의 많은 복지국가와 현격한 차이를 보이는 한국 복지국가의 현주소를 이해하는 데 기여를 한다. 위에서 지적되었듯이, 산업화 시기 권위주의 국가는 노동운동을 오랜 기간 억압하였고, 노조와 좌파정당의 정치적 활동을 불허하였다. 민주화가 된 이후에도 한국의 노조조직률은 유럽과 달리 10%에 머물고 있고, 좌파정당의 정치적 영향력이 미미하다. 노사정위원회가 가동되고 있으나 노동은 조합주의적 의사결정을 거부하거나 소극적으로 참여해 사실상 한국에서 조합주의는 유명무실하다. 권력자원론에 비추어 보면 한국 복지국가는 크게 성장할 수 없다.

그러나 권력자원론이 그리는 한국의 복지정치는 일면 사실에 부합하면서도 다른 한 면은 그러하지 못하다. 한국의 노동은 전반적인 노조조직률은 낮지만, 우리 경제의 중추를 이루는 수출대기업과 공공부문에는 거의 모두 조직화가 되어 있다. 노동운동의 양식 또한 매우 전투적이다. 이러한 조직화된 노동의 힘이 복지국가의 건설에 모아졌다면 지금보다 한국의 공공복지 수준은 높아졌을 것이다. 그러나 유럽의 노동운동이 전국 수준 혹은 산업별 노동운동의 형태를 띤 것과 달리 한국의 노동운동은 기업 수준에서 이루어졌다. 따라서 기업의 울타리를 넘어서는 노동시장의 문제, 빈곤 등 사회적 이슈를 협상테이블에 올리지 못하고 임금인상이나 기업복지 확충 같은 기업 내부의 이슈가 단체협상의 단골 주제가 되고 있다. 결과적으로 민주화 이후에 노조가 조직되어 있고 지불능력이 있는 대규모 사업장의 임금과 기업복지 수준은 지속적으로 올라가지만, 조직화가 되지 못하고 고용주의 지불능력도 떨어지는 중소기업은 상대적으로 정체되어 있는 양상을 보이고 있다. 재벌기업의 조직화된 거대한 노동자군은 한국 복지국가의 잠재적 추동력이면서도 기업의 울타리를 벗어난 공공복지의 확대를 요구하거나 추동하지 못하고, 다른 사회세력과의 정치적 연대도 이루지 못하고 있는 상황은 한국 복지국가의 한계를 설명해 주고 있다.

셋째, 서구 복지국가의 역사를 되돌아 보면, 주요 복지정책의 입안과 시행이 노동세력이 아닌 다른 정치세력에 의해 주도된 사례가 다수 발견된다.[3] 우리의 경우도,

그림 6-2 기업규모에 따른 임금 수준의 격차 추이(1986~2007) (단위: 천 원/월)

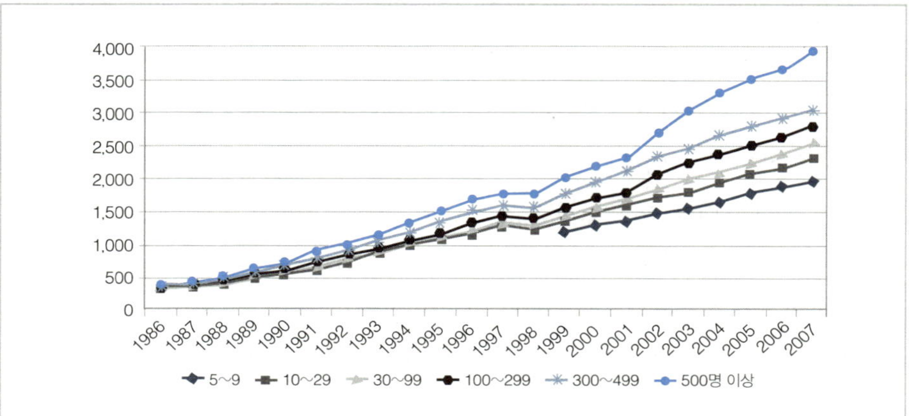

주 : 기업규모는 근로자 수에 따름.
자료 : Yang(2017: 173).

그림 6-3 기업규모에 따른 기업복지 수준의 격차 추이(1986~2007) (단위: 천 원/월)

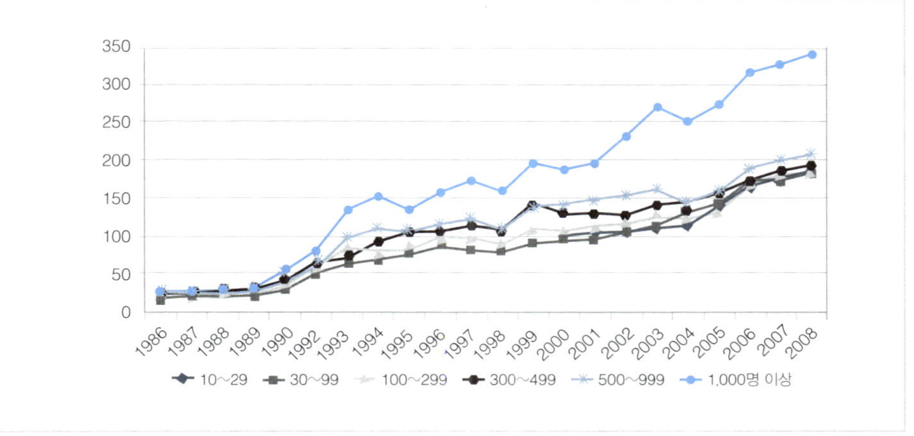

주 : 기업규모는 근로자 수에 따름.
자료 : Yang(2017: 174).

민주화 이후 김대중 정부에서 도입된 주요 복지정책(예를 들어, 국민기초생활보장법, 의료보험통합 등)을 이해하는 데 있어 노동보다는 시민단체와의 역할에 주목하는 것이 역사적 사실에 부합한다 할 수 있다. 권력자원론의 한계는 민주주의와 선거경쟁 이론에 의해 보완될 수 있다. 복지정책은 분배를 핵심으로 하는 정책으로 다수의 유권자에게 직접적인 혜택을 부여하게 되는바, 민주주의하에서 이들의 지지를 획득해 정권을 차지하고자 하는 정당은 좌 · 우 및 보수 · 진보를 불문하고 복지정책의 입안과 시행에 적극적일 수밖에 없기 때문이다. 물론 정치적 이념에 따라 복지정책의 내용과 수준에 대한 차이를 보이지만, 그 정도는 권력자원론이 상정하는 것보다 그리 크지 않다고 본다. 오히려 중요한 것은 민주적 경쟁의 정도와 복지정책의 정치공학상 유용성 여부이다.

우리의 경우, 전두환 정부 말기인 1985년 '3대 복지입법'(최저임금제, 전국민의료보험, 국민연금)을 천명하여 반(反)정부 · 민주화 열기를 흡수하려 했던 시도, 노태우 정부하 3대 복지입법의 시행, 15대 총선을 앞둔 김영삼 정부의 '삶의 질의 세계화를 위한 대통령의 복지구상' 선언, 김대중 정부의 '생산적 복지', 박근혜 대통령을 당선시킨 2012년 대선에서의 무상복지 경쟁은 정치민주화와 선거경쟁의 산물로 이해될 수 있다. 하지만 민주주의의 역사가 짧고 정당정치가 안정적으로 제도화되어 있지 못한 많은 후발 민주주의 국가에서 복지정책을 이해하는 도구로서의 민주주의와 정당의 역할을 강조하는 이론의 유용성은 제한적일 수밖에 없다.

게다가 한국은 민주화되었어도 과거 권위주의 시대부터 내려왔던 다수대표제인 소선거구제에 기반한 국회의원 선거와 대통령제라는 권력구조를 채택했다. 유럽 복지국가의 비례대표제나 의원내각제가 아닌 미국식 권력구조와 선거제도를 다시금 민주화된 한국의 정치제도로 삼은 것이다.

앞서 4장에서 살펴보았듯이, 소선거구제도하에서 지역구 후보는 전체국민에 영향을 미치는 사회정책을 의제화하였다고 해서 투표에 의해 보상될 가능성이 적다. 소선구제도하에서는 정당의 공공정책도 중요하지만 해당 지역구의 출마자에 대한 인물선호가 승패를 가르고, 해당 지역 개발 현안이나 지역구 서비스 확충과 관련한 선거공약이 훨씬 더 득표에 유리하기 때문이다. 반면, 선거구의 크기가 큰 비례대표제일 경우, 정당은 전국을 상대로 전체유권자의 지지 동원에 유리한 사회복지 같은 공공정책을 통해 득표를 꾀할 유인이 크다. 그리고 비례대표제는 소선거구제와 달리 1등을 하지 않아도 지지율만큼 의석을 차지하는 구조이기에, 신생 정당도 의회진입이 용이하다. 소선거구제하에서도 정당지도부나 '거물' 정치인들은 비례대표제 국가처럼 공공복지를 매개로 전국적인 지지율을 높이려는 유인을 갖는다. 그러나 지역구 의원(혹은 출마자)과 정책선호도에 차이가 발생하기에 강한 정당규율로 의회에서 의원들을 이끌고 가지 않는 한 공공복지의 의제화와 입법화는 뒤처지게 된다. 그리고 앞서 지적했듯이, 비례대표제와는 달리 소선거구제하에서는 민주화 이후 선거경쟁에 뛰어든 신생 좌파정당의 의회 진출가능성이 낮고, 많은 의석을 얻기도 어렵다. 그리고 소선거구제도는 양당제를 견인하기에 좌파정당이 연립정부의 한축을 구성할 가능성도 상대적으로 낮다. 따라서 좌파정당의 복지공약은 실현되지 못할 공약(空約)에 머물 가능성이 상대적으로 높고, 그 결과 복지가 정치적 지지 동원의 안정적인 수단으로 자리잡기도 상대적으로 어렵다.

대통령은 전국을 단위로 하는 단일 선거구에서 선출되므로 전국에 널리 퍼져 있는 이해관계를 대변하고 이를 정치적 지지로 동원할 강한 유인을 갖고 있다. 따라서 공공재 성격이 강한 안보, 경제성장, 공공복지 등을 주요 선거공약으로 삼고 집권 시 정부의제로 삼는 경향이 크다. 한국의 경우, 권위주의 시기 국가주도 경제발전기에는 당시 시대적 과제라고 할 수 있는 경제성장을 복지보다 우선하여 정치적 지지를 동원해 왔으나 민주화 이후 점차 공공복지도 중요한 대통령의 정책의제로 부상하고 있다. 그러나 비례대표제하 다당제 구조하에서 연립정부를 구성하는 의원내각제와 달리 다수대표제하 승자독식구조인 대통령제에서는 증세문제에 매우 민감하게 된다. 비인기정책인 증세는 복지국가의 확대를 위해 절대적으로 필요한 조건이다. 그러나 비난을 나눠가질 수 있는 의원내각제의 연립정부와 달리 대통령은 온전히 그 정치적 책임을 혼자서 감수해야 한다. 그리고 다음 선거에서 대통령이나 집권당의 대통령 후보는 납세에 민감한 중산층 유권자들이 약간의 지지만을 철회하여도 선거에서 1등을 놓쳐 전체를 잃게 되는 패배를 맛보게 된다. 비례대표제하에서 지지가 철회된 만큼만 의회 의석을 잃는 것과 비교할 때, 대통령제의 승자독식구조는 정치지도자들에게 증세를 피하고 싶은 매우 민감한 이슈로 만든다. 한마디로, 대통령을 꿈꾸는 큰 정치지도자는 공공복지를 제공할 유인을 갖고 있으면서도 증세문제로 발목이 잡히는 게 대통령제의 숙명이라고 할 수 있다. 과거 박근혜 대통령이 '증세 없는 복지'를 내세우고, 문재인 정부에서 증세를 할 때도 증세의 대상으로 대기업이나 부유층만을 지목하고, 다수의 유권자가 영향받지 않도록 하는 것도 단순다수선거제도의 영향이라고 할 수 있겠다.

넷째, 국가론은 잘 정비된 중앙집권화된 국가관료제의 존재 여부 그리고 정책형성과정에 투입되는 국가관료의 이념과 정책적 선호를 중시한다. 독일이 민주화되고 경제적으로 발달한 영국보다 먼저 사회보험제도를 도입하여 복지국가의 태동을 알린 것이나, 영국이 동일한 언어와 문화를 가진 미국보다 각종 복지제도의 도입에 있어 앞선 것은 중앙집권화된 국가관료제의 정책형성능력, 집행능력 그리고 복지비용을 감당할 수 있는 조세추출능력의 차이에서 비롯된 것으로 본다. 그리고 정당이나 사회집단보다 우월한 국가관료의 전문지식과 정책형성능력으로 말미암아 복지정책의 내용에 이들의 선호가 강하게 반영된다고 본다. 한마디로 복지제도의 형성에 있어 국가(관료)의 독립변수적 역할을 중시하는 것이다.

한국은 역사적으로 능력이 우수한 중앙집권화된 관료제의 전통을 갖고 있다. 복지국가가 발달할 수 있는 조건을 갖추고 있는 것이다. 그런데 관료제는 단일한 조직체라기보다는 여러 부처가 느슨하게 연계된 연합체 같은 것이 현실이다. 관료제 조직을 경제부처와 사회부처로 크게 나누어 보면, 이들은 사회정책에 대한 인식과 선호가 다르다. 사회부처는 사회적 위험과 소득의 재분배를 통해 바람직한 사회를 형성하는 것이 조직의 임무이기에 새로운 사회복지 프로그램의 도입과 확대 그리고 복지증세에 대해 타 부처에 비해 상대적으로 우호적이고 적극적이다. 반면, 경제부처는 복지보다 경제성장을 우선시하며 '금고지기'로 예산을 담당하므로 과도한 사회지출이 국가재정에 미칠 부정적 영향은 물론, 사회적 급부가 근로의욕을 저하시키고 복지증세가 투자를 위축시키는 문제 때문에 복지확대에 대해 부정적으로 반응한다. 따라서 대체로 새로운 사회복지 프로그램의 도입과 확대 및 복지증세에 신중한 입장이다.

그런데, 산업화 시기 한국의 발전국가는 국가주도 경제발전을 이끌 경제기획원과 상공부 같은 경제부처의 위상과 능력을 높이는 데 주력했다. 경제기획원 장관을 부총리급으로 격상시키고, 기획과 예산권을 부여해 여타 사회부처를 통제할 수 있게 했다. 현재 이름을 달리하고 있으나, 경제기획원은 재경원(김영삼 정부), 기획예산처(김대중 · 노무현 정부)를 거쳐 기획재정부(이명박 정부 이후 현재)로 한국 관료제의 정점에 서 있다. 그리고 헌법 제57조에 의거, 행정부(사실상 기획재정부)의 사전동의 없이 국회는 어떠한 예산증액도 할 수 없게 되어 있다. 진보적 대통령이 예산권을 쥐고 있는 기획재정부를 강력하게 통제하지 않는 한, 한국의 중앙집권화된 관료제는 복지확대의 거부점(veto point)으로 작용할 가능성이 크고 상당 기간 그러하였다.

산업화 논리, 권력자원론, 민주주의와 선거경쟁론, 그리고 국가론 등 서구의 경험을 바탕으로 형성된 복지국가 이론들을 한국의 제도적 맥락에서 재적용하면 한국 복지국가의 지연된 태동과 저성장을 보다 깊이 있게 이해할 수 있다. 위 논의는 한국 복지국가가 발전하기 위해서는 제도적 개혁이 선행될 필요가 있음을 강하게 시사한다. 무엇보다 한국 노동운동의 기반이 기업별 노조에서 산별 노조로 전환되고, 소선거구제가 비례대표제로 대체되게 되면 한국 복지국가가 한 단계 도약하는 계기가 될 것이다.

3 — 한국 복지정책의 발달사

한국의 복지국가가 저성장하였다고 하더라도, 이는 한국이 성취한 경제성장이나 민주화에 비해서 그리고 개발도상국이 아닌 다른 부유한 OECD 국가와 비교했을 때 그러하다는 것이다. 1948년 대한민국 정부수립 이후 한국의 복지정책은 지속적으로 발전해 왔다. 시기별로 한국 복지국가의 성장을 사회보장제도의 발달을 중심으로 살펴보면 다음과 같다.[4]

1) 대한민국 건국기

가. 이승만 정부(1948~60년)

1948년 대한민국 건국 당시 우리나라는 수많은 귀환동포와 세계 최빈국으로서 빈곤문제가 대단히 심각하였으며, 한국 전쟁 이후에는 전쟁고아와 월남인 문제가 겹쳐 복지수요는 폭증하였다. 하지만 당시는 산업화 수준과 경제력, 계급구조, 민주화 정도, 국가능력 등 모든 면에서 볼 때, 체계적인 사회보장정책이 형성되고 집행될 수 있는 조건들을 결여하고 있었다. 따라서 이 시기 복지정책은 일제가 1944년에 발효한 조선구호령과 미군정청이 실시했던 사회구호사업의 연장선에 머물러 있었다.

조선구호령은 일본 본토의 구호법(1929)을 기초로 한 것으로 우리나라의 생활보호법(1961)의 모체가 된 법이다. 조선구호령의 적용 대상자는 65세 이상 노쇠자와 13세 이하 유아 그리고 불구, 폐질, 상이, 정신질환 등 근로무능력 장애인과 임산부였으나, 이 또한 6.25 이후 생활력을 잃은 구호 대상자만을 선별하여 1인 하루 세 홉(약 180ml)씩의 구호미를 지급하는 것에 그쳤다(조선일보, 1955.03.10.). 따라서 공공부조정책의 강화와 입법화를 요구하는 여론이 꾸준히 제기되자, 1953년 사회부(1955년에 보건부와 통합되어 보사부로 개칭)는 '국민생활보호법' 초안을 작성하였다. 하지만 이 초안은 재정문제로 사장되어 있다가 1955년에 전문 9장 57조로 수정되고, 1957년이 되어서야 교육부조 규정이 삭제된 상태로 법무부 법제실에 회부되어 정부 내에서 논의가 시작되었다. 하지만 이마저도 또다시 "재정적 뒷받침이 없다."는 이유로 국회에 법안제출도 못 하고 유야무야가 되었다.

결국 이 시기의 구호는 공공부조보다는 외국원조에 의한 민간구호에 의존하게 되었다. 1951년 2월 UN 38개국에서 대한구호원조 2억 2천만 달러의 제공이 발표되었고, 민간단체의 원조는 1955년 4월 '한미간 민간구호활동에 관한 협정'이 체결됨으로써 제도화되기에 이르렀다. 정부는 외국원조단체와 협력하에 서울에 중앙구호협의위원회를 두고 각급 지방에는 구호위원회를 조직하여 응급구호에 임했다. 빈곤구제를 위한 응급구호 외에도 난민정착사업, 주택복구 및 건설 사업, 천재지변에 대한 응급구호 등을 펼쳤다. 이승만 정부하에서 구호활동에 대한 외국원조와 민간단체 의존은 사회복지서비스의 공급이 자연스럽게 민간 혹은 시장 부문에서 발전하게 되는 단초를 제공하였다. 보건의료 분야에서도 마찬가지였다. 일제시대에는 국가가 의료전달 체계를 통제하였던 반면에, 이승만 정부는 보건의료서비스의 공급부문을 미국의 제도와 유사하게 기본적인 보건위생정책을 제외하고는 자유방임적 시장경제에 맡겼다. 보건의료와 사회복지서비스의 공급체계가 민간중심으로 발전하는 경로가 형성된 것이다.

나. 장면 정부(1960~61년)

4·19 혁명으로 붕괴한 이승만 정부를 승계한 장면 정부 또한 사회보장제도 형성에 커다란 족적을 남기지는 못했다. 장면 정부는 한민당에서 갈려 나온 보수적인 정치집단인 민주당을 기반으로 하고 있었고 민주당 내 신·구파벌 간의 갈등으로 인해 새로운 사회개혁을 추진할 수 있는 리더십을 발휘하지 못했다. 하지만 4·19 이후 이승만 권위주의체제에서 억눌렸던 여러 사회정치적 요구들이 분출되었고, 이러한 시대 분위기는 사회 개혁에 관한 논의들을 촉발시키기 충분했다. 1960년 7·29 총선기간에 민주당은 사회 분야 정강정책으로 '점진적으로 실업보험, 건강보험, 기타 각종 사회보장제도 창설'을 제시하였고, 장면 정부는 출범 직후 학자, 기업가, 노동자, 문화인, 종교가, 지방대표 등 모든 분야를 망라하는 인사들과 함께 대규모 학술회의(전국종합경제회의)를 개최하기도 하였다. 복지정책 측면에서 한 가지 성과가 있다면 이 회의에서 보사부 내 사회보장심의위원회(이하 사보심)의 설립이 정부에 공식 건의된 점이다. 그러나 1960년대 사회보장제도 연구의 중요한 지적 · 정책적 발판이 된 사보심의 설립은 장면 정부가 아닌 5·16 군사혁명 이후 최고회의에 의해 이루어진다.

2) 발전국가 시기

가. 박정희 정부(1961~79년)

5·16 군사혁명세력은 쿠테타 직후 "반공을 국시로 함"과 동시에 "시급한 민생고의 해결"을 내걸고, 지난 정부들이 소홀히 해 왔던 기초적인 사회복지법들을 재정비하고 현대 사회복지제도의 핵심인 사회보험법을 새로이 제정하였다. 생활보호법(1961), 원호법(1961), 사회보장에 관한 법(1963), 아동복지법(1961), 재해구호법(1962), 군인연금법(1963), 산업재해보상보험법(1963), 의료보험법(1963), 공무원연금법(1960) 등이 그것이다. 물론 이러한 군사정권의 사회복지입법은 수혜 대상이나 혜택의 수준에서 매우 제한적이고 명목적이었다. 그러나 우리나라 근대 사회보장제도의 상징인 산재보험과 의료보험이 사보심의 활동과 박정희 의장의 결단에 의해 탄생하게 된 것은 의미 있는 진전이었다.

당시 의료보험법이 의무시행조항이 삭제된 채로 최고회의를 통과하여 사실상 유명무실해진 반면, 산재보험법은 근로기준법의 적용을 받는 500인 이상 사업장에 강제적용되어, 사업장의 근로자에 대한 업무상의 재해를 신속·공정하게 보상하게 되었다. 산재보험은 '국가지도노선'으로 함축되는 발전주의 복지정책의 원형을 보여준다. 첫째, 산재의 고용주책임을 전제로 노사자치를 인정하기보다는 국가가 사회보험으로 근로자의 복지문제를 직접 보살피는 가부장주의를 확립하였다는 점이다. 둘째, 국가의 재정적 부담은 회피하도록 고용주 부담의 사회보험 형식을 취하였다. 셋째, 산재보험의 우선적 도입은 실업보험 등 다른 사회보험제도에서 우려되는 근로저하의 문제가 크지 않기 때문으로, 경제를 우선시하는 발전국가의 원칙에 부합하였다. 넷째, 근로자의 복지수요보다는 고용주의 지불능력을 고려해 대규모 사업장에서부터 단계적으로 하향 확대적용하고, 보험급여 수준도 경제성장에 따라 점진적으로 상향조정되었다.

이러한 원칙은 박정희 정부에서 1977년 시행한 의료보험에서도 그대로 적용되었다. 의료보장을 영국이나 북구처럼 국가예산으로 운영되는 국영의료서비스(NHS) 방식이 아니라 사용자와 근로자가 부담하는 사회보험 형식으로 시작한 것이나, 의무적용 대상을 지불능력에 따라 상시근로자 500인 이상 대기업에서부터 시작해 단계적으로 확대해 간 점, 그리고 기업별로 의료보험조합을 운영하는 조합주의를 채택해 근로자의 조직충성도를 높이는 기업복지적 성격을 갖게 하고, 기업 내에 적립되는 의료보험기금은 기업의 투자재원으로 활용되거나 기업에 유리한 방식으로 운영되게 길을 열어 둔 점 등이 그러하다. 1974년에 전격적으로 시행이 유보되었으나 박정희 정부가 도입하려 준비하였던 국민복지연금제도 또한 국가지도노선에 입각한 발전주의 복지체제의 성격을 그대로 담고 있었다. 사회복지적 고려가 없었던 것은 아니나, 연기금을 통해 제3차 5개년경제개발계획에 따라 시행된 중화학공업화의 투자재원을 확보하는 차원에서 도입이 추진되었던 점, 30인 이상 사업장부터 강제적용하고 이후 점진적으로 적용 대상을 확대하려 했던 점 등이 그것이다.

사회보장에 있어서 가부장주의, 그러나 재정부담을 최소화하면서 경제친화적으로 설계하는 원칙은 공적 부조에서도 그대로 적용되었다. 최고회의는 1961년 12월 조선구호령을 대체하는 생활보호법을 제정하였다. 이 법은 지원 대상자로 근로무능력자뿐만 아니라 근로능력자도 포함하고 있었는데, 근로능력이 있는 영세민에 대해서는 자조근로구호의 원칙을 적용하였다. 즉, 이들을 경제건설사업에 동원하고 이에 대한 반대급부로 소위 PL480-II에 의해 미국 정부로부터 지급되는 대정부원조 잉여농산물(주로 밀가루)을 대가로 지급하는 것이었다. 그리고 나아가 자조근로사업의 효율적 실시를 기하기 위해 1963년 12월 '외국 민간원조에 관한 법률'을 제정하고 1964년부터는 미 농산물 구호양곡의 관리 및 배급권을 한국 주재 외국구호기관에서 한국 정부로 이양시켰다.

공적 부조에 있어 한 가지 커다란 진전은, 1976년 의료보호법이 제정되고 1977년 1월부터 생활보호 대상자들에게 의료보호(의료부조)가 시행된 점이다. 의료보호제도는 동년 7월에 실시된 의료보험과 함께 우리나라 의료보장의 한 축을 이루게 되었다. 정부의 예산지원을 필요로 하는 의료보호제도의 시행은 그간 성공적인 경제개발의 결과 발생한 자본주의 시장경제의 불평등문제에 국가가 직접 나서지 않을 수 없는 상황에 이르렀다는 것을 보여주는 사례라 할 수 있다. 하지만 그 개입의 폭과 재정지출의 수준은 언제나 최대로 억제되었다.

나. 전두환 정부(1980~87년)

전두환 정부는 4대 국정지표로 복지사회건설이라는 슬로건을 내걸고 출범하였다.

하지만 복지정책상 새로운 변화는 가져오지 못했고 박정희 정부가 마련한 발전주의 복지체제의 기본틀 안에서 노인과 장애인 등 특수복지수요를 충족시키는 조치를 취해 왔다. 게다가 1980년대는 서구에서 복지국가위기론이 확산되고, 밖으로는 대처리즘과 레이거노믹스로 대표되는 신자유주의적 복지개혁이, 안으로는 경제안정화조치의 일환으로 긴축재정이 추진되던 시기였다. 따라서 보건사회부가 마련한 복지정책의 기본방향 자체가 "① 국가발전 수준에 알맞은 복지시책 모색, ② 서구적 복지국가 이념의 병폐 예방, ③ 자립정신에 입각한 복지정책의 전개"일 정도로 복지정책은 과거 박정희 시대와 단절보다는 강한 연속성이 지배하였다. 따라서 단지 기존 사회보험제도(의료보험과 산재보험)의 적용 범위를 확대하고, 특수수요를 가진 집단에 대한 사회서비스를 강화하며,[5] 기업복지를 제도적으로 지원하는 정도에 머물렀다.

그러나 1980년대 중반 민주화운동이 고양되고 경제안정화조치의 성공으로 물가안정기조가 자리를 잡자, 전두환 대통령은 1986년 9월 최저임금제의 실시, 국민연금의 시행, 그리고 의료보험의 전 국민 확대 등 소위 '3대 복지입법'을 국민에게 약속하는 등 복지정책의 기조가 변화하기 시작하였다. 최저임금제는 1986년 12월 법제정을 거쳐 1987년 7월 시행령이 마련되고 1988년 1월부터 시행에 들어갔다. 국민연금도 1986년 12월 국민연금법을 제정하고 1987년 8월과 10월에 시행령과 시행규칙을 마련해 1988년 1월 1일부터 상시 10인 이상의 근로자를 사용하는 사업장을 당연적용 대상으로 하여 시행이 되었다. 의료보험법은 1987년 12월 법개정이 이루어지고, 노태우 정부 시기인 1989년 7월 전국민의료보험시대를 열게 되었다.

3) 민주화 · 세계화 시기

가. 노태우 정부(1988~92년)

노태우 정부의 정치적 지지기반은 과거 발전국가와 동일하였기에 기본적으로 보수적인 정권이었다. 하지만 민주화와 사회경제적 정의를 요구하는 국민들의 열기가 드높았기에, 노태우 정부는 전두환 정부 말기에 시작된 복지정책기조의 변화를 수용해 근로자의 복지증진을 함양하는 데 주력하였다. 위에서 언급한 3대 복지입법의 원할한 집행은 물론 1991년 사내복지기금법의 시행을 통해 기업의 복지제공 책무를 법제화하였고, 1992년에는 한국노총의 요구를 받아들여 노동은행의 설립을 인가하여 근로자의 생활자금대부와 주택자금대부사업이 노총에 의해 이루어질 수 있게 하였다. 그리고 1990년 '장애인 고용촉진 등에 관한 법률'을 제정하여 300인 이상의 상시 근로자를 고용하는 사업장을 대상으로 전체근로자의 1%를 장애인으로 의무고용하게 하였다.

전반적으로 보아, 전두환 정부 말부터 노태우 정부에 이르는 시기에 전보다 적극적으로 근로자의 복지증진을 위해 다양한 시책들이 시행된 것을 확인할 수 있다. 그러나 1989년 보편주의를 지향하는 의료보험통합법안인 '국민의료보험법'에 거부권을 행사해 이를 무력화시키고, 국가의 재정적 기여 없는 사회보험의 점진적 확대와 사회적 규제를 통해 국민복지증진을 추구하는 점을 볼 때, 과거 발전주의 복지체제의 기본성격은 그대로 유지되고 있었다고 평할 수 있겠다.

나. 김영삼 정부(1993~97년)

김영삼 정부는 노태우 정부의 복지정책기조를 이어받았다. 노태우 정부에서 발의된 고용보험을 1995년 시행하고, 국민연금법 개정을 통해 1995년 농어촌연금을 시행하는 등 사회보험의 점진적 확대를 이루었다. 하지만 집권 중반기인 1995년부터 세계화와 국가경쟁력 강화를 국정지표로 삼은 이후, '삶의 질의 세계화'를 모토로 하여 국민복지기획단을 출범시키고, 새로운 복지 패러다임을 모색하였다. 부민안국(富民安國)을 이념으로 하여 최저 수준의 보장, 4대 사회보험의 전체근로자까지 적용 확대, 사회적 취약계층에 대한 지원 확대, 민간부문의 복지참여 확대 그리고 복지재정의 확충을 목표로 한 것이다.

그러나 '삶의 질 세계화를 위한 국민복지 구상'은 '최저생계비의 완전보장'을 제외하고는 기존의 발전주의 복지체제의 기본틀을 크게 벗어나는 것이라고 보기는 힘들다. 게다가 김영삼 정부 임기 내에 뚜렷한 성과를 내지도 못하였다. 단지 1997년에 직장조합은 제외하고 공무원·교원 의료보험조합과 지역의료보험조합을 통합하는 부분통합법인 '국민건강보험법'이 제정되고, 민간복지의 활성화를 기하는 '사회복지공동모금법'의 제정이 이루어진 정도였다.

다. 김대중 정부(1998~2002년)

외환위기 와중에, 선거에서 승리한 김대중 대통령은 상대적으로 진보적이었고, '민주주의와 시장경제의 병행발전'이란 국정지표에 '생산적 복지'를 추가함으로써 복지문제에 전향적인 정부를 등장시켰다. 게다가 대한민국 정부수립 이후 최대의 경제위기를 맞이하여 사회안전망의 취약성이 드러나자 공공복지 확대에 대한 국민적 공감대가 형성되었고, 친복지적인 시민 · 노동단체가 노사정위원회 등 정책결정과정에 광범위하게 참여해서 그 어느 때보다도 사회보장제도의 획기적인 발전이 이루어졌다.

첫째, 가장 두드러진 변화는 국가사회보험의 급속한 적용 확대와 급여 수준의 인상이었다. 1999년 3월 도시지역 자영자 900만 명에게 연금이 확대되었으며, 1998년 1월 10인 이상 사업장으로 확대된 고용보험이 1998년 10월부터 1인 이상 전 사업장으로 확대되었다.[6] 산재보험 역시 2000년 7월부터 1인 이상 사업장으로 보험적용이 확대되었다. 이미 전 국민을 포괄하고 있는 의료보험은 급여혜택을 받을 수 있는 요양기간이 연간 270일에서 1998년에는 300일로, 1999년에는 330일로 늘어나고, 2002년에는 요양기간 제한이 사라져 365일 급여혜택을 받을 수 있게 되었다.

둘째, 2000년 국민기초생활보장제도의 시행으로 공적 부조제도의 획기적 개선을 이루었다. 근로능력이 있는 사람이라 할지라도 자활사업에 참여하기만 하면 기초생계를 받을 수 있는 사회적 권리를 법적으로 부여하였다. 국민기초생활보장제의 시행으로 그 수혜인구가 종전의 50여만 명 수준에서 2000년 시행 시 150여만 명 수준으로 대폭 확대되었다.

셋째, 2000년 직장의료조합까지 포함하는 의료보험통합을 달성하여 위험분산(risk pooling)효과를 크게 하고 국민연대성을 제고하였다. 이 원칙은 김영삼 정부에서 추진했던 것과 달리 자영자와 임금근로자 구분 없이 1998년에 국민연금을 전 국민에게 적용하는 데에서도 드러났다. 이는 구조조정 차관을 주며, IMF와 World Bank 등이 요구했던 개인계정에 입각한 의료저축제도나 사적 연금제도와 대조되는 정책방향이었다.

종합해 볼 때, 김대중 정부는 '생산적 복지'의 이념하에 국민의 사회권을 보장하고 국민연대성을 강조하는 방향으로 복지정책을 추진하였음을 알 수 있다. 하지만 그럼에도 불구하고 발전국가 시기에 형성된 사회보험을 중추로 한 사회보장의 달성, 보수적 재정운영 등의 발전주의 복지체제의 기본틀을 벗어나지는 못했다. 그 결과 대기업의 안정적 고용관계를 확보한 내부자(insider)를 제외하고, 노동시장의 유연화조치에 따라 늘어만 가는 비정규직 등 외부자(outsider)들은 전 국민 사회보험 틀 안에서도 사각지대에 빠져 수급권을 확보하지 못하는 모순된 상황이 타개되지 못하였다. 이는 공적 부조에 의존해야 하는 빈곤층을 양산하는 결과를 낳았다. 그러나 공적 부조의 획기적인 개선에도 불구하고 빈곤문제를 크게 해결하지 못하고 사회적 양극화는 구조화되기 시작했다.

라. 노무현 정부(2003~07년)

노무현 정부는 김대중 정부에서 추진한 복지정책의 기조를 계승하였다. 그러나 집권 중·후반기에는 지식경제화와 저출산 · 고령화가 야기하는 사회문제에 적극 대처하고자 사회투자관점에서 사회비전2030을 제시하는 등 복지 패러다임의 변화에도 적극 나섰다.

표 6-1 노무현 정부의 동반성장 패러다임

구분	기존 패러다임	동반성장 패러다임
추진배경	탈빈곤, 성장과 분배의 고리 작동	양극화 심화, 성장과 분배의 고리 약화
정부 역할	성장에 집중	성장과 복지의 조화
성장전략	양적 투입위주 · 불균형성장, 정부주도	혁신주도형 · 균형성장, 시장주도
복지전략	가족 · 공동체에 의존, 구호적 복지	정부의 역할 제고, 미래를 위한 투자
투자중점	물적 자본	인적 · 사회적 자본

자료 : 양재진(2008). "한국복지정책 60년: 발전주의 복지체제의 형성과 전환의 필요성."「한국행정학보」, 42(2). p.343.

노무현 정부에서 이루어진 주요 복지정책을 살펴보면 다음과 같다. 첫째, 저출산 문제에 대응하고자 2005년 저출산고령사회기본법을 제정하고 저출산고령사회위원회를 설치하였다. 그리고 저출산종합대책으로 2006~10년 사이 32조 원을 투입하는 '새로마지플랜 2010'을 수립하고 시행에 들어갔다. 이 중에 주목할 것이 공보육 등 육아지원에 대한 정책의 대폭적인 강화이다. 차등보육료 지원 대상을 도시근로자 월 평균소득 100%(2007년 4인가족 기준 월 369만 원)까지 확대하고, 장애아 무상보육제도 도입(2003), 만 5세아 무상보육 확대(2004), 두 자녀 이상 보육료지원제도(2005) 등이 시행되었다. 그 결과 육아지원예산은 김대중 정부 마지막 해인 2002년 2,461억 원이었던 것이 2006년에는 1조 574억 원으로 4배 이상 증가하였다.

둘째, 인구고령화에 대비하기 위해서, 국민연금의 개혁을 단행하고 노인장기요양보험제도를 도입하였다. 연금재정 안정화를 위해 2007년 여야합의를 통해 보험료율은 유지하되 소득대체율을 단계적으로 저하시키는 개혁(현행 60%, 2008년 50%, 2028년 40%)을 단행하고, 연금사각지대 완화를 위해 기초노령연금제도를 도입하였다. 그리고 2007년 4월 노인장기요양보험법을 제정하여, 고령이나 노인성 질병 등의 사유로 일상생활을 혼자서 수행하기 어려운 노인에게 복지서비스를 제공하는 노인장기요양보험제도가 2008년 7월 1일 시행에 들어가도록 하였다.

셋째, 빈곤사각지대 해소를 위해 기초생활 수급자의 선정 기준을 완화(부양의무자 기준을 1촌 직계혈족 및 그 배우자로 축소하고 부양의무자의 소득 기준도 최저생계비의 120%에서 130%로 인상)하고 최저생계비를 인상하였으며 긴급지원제도를 도입하였다. 그 결과 공적 부조의 예산이 4배 가까이 늘어나게 되었다(1999년 1조 8,479억 원에서 2007년 6조 5,336억 원). 그리고 2006년 세법개정을 통해 근로빈곤층의 근로의욕제고를 통해 빈곤탈출을 지원하는 근로장려세제(EITC)를 입안하고 2008년 1월 1일부터 시행에 들어갔다.

넷째, 사회투자(social investment) 담론을 적극적으로 수용하고, 이 관점에서 건강증진사업과 보장성 강화정책과 아동에 대한 투자가 이루어졌다. 2007년부터 생애전환기(16세, 40세, 66세)에 이른 전 국민에 대해서 생활습관평가, 기능평가 및 맞춤형 건강진단을 실시하고, 2008년 1월부터 임신 이후 출산까지 필수의료서비스(산전 진찰, 초음파, 기형검사 등)를 건강보험에서 무상지원하도록 하였다. 그리고 건강보험의 보장성 강화정책을 지속적으로 추진하여 전체의료비 지출 중 본인부담비율을 1987년 62.4%에서 2005년 37.7%로 낮추고, 공공재원의 비율을 52.6%까지 끌어올렸다.

한편, 아동투자의 일환으로 2007년부터 아동에 대한 맞춤형 통합지원서비스인 희망 Start제도를 실시하고, 저소득아동의 자립자금마련을 위한 아동발달계좌(Child Development Account: CDA)제도도 시행하였다.[7]

종합해 볼 때, 노무현 정부는 김대중 정부 이상으로 기존 사회보장제도의 확대에 매진하고 동시에 사회투자전략에 입각해 새로운 프로그램도 다수 도입하였음을 알 수 있다. 그 결과 다음의 [그림 6-4]가 단적으로 보여주듯이, 정부예산에서 차지하는 복지예산이 급증하고 2004년부터는 복지예산이 경제사업예산을 능가하기 시작하였다. 1997년 경제위기 이후 김대중 · 노무현 정부하에서 한국은 과거 발전국가 시대의 최소복지국가(the minimalist welfare state)에서 이탈하기 시작한 것으로 볼 수 있겠다.

그러나 심각한 노후빈곤문제에도 불구하고 기초노령연금의 액수가 최대 월 9만 9,900원에 불과하고 장기요양제도도 국가의 재정적 투여를 최소화하도록 사회보험 형식을 취하는 등 복지 분야의 재정적 보수주의는 여전히 강고했다. 고용과 기여에 수급권이 연계된 사회보험중심성 또한 여전하다. 따라서 정규직과 비정규직 그리고 대기업과 영세기업의 근로자 사이의 수급권 격차는 크게 개선되지 않고 있다. 그 결과 김대중 정부에서 구조화되기 시작한 사각지대문제나 광범위한 근로빈곤층문제가

그림 6-4 정부예산에서 차지하는 사회복지비의 비중변화

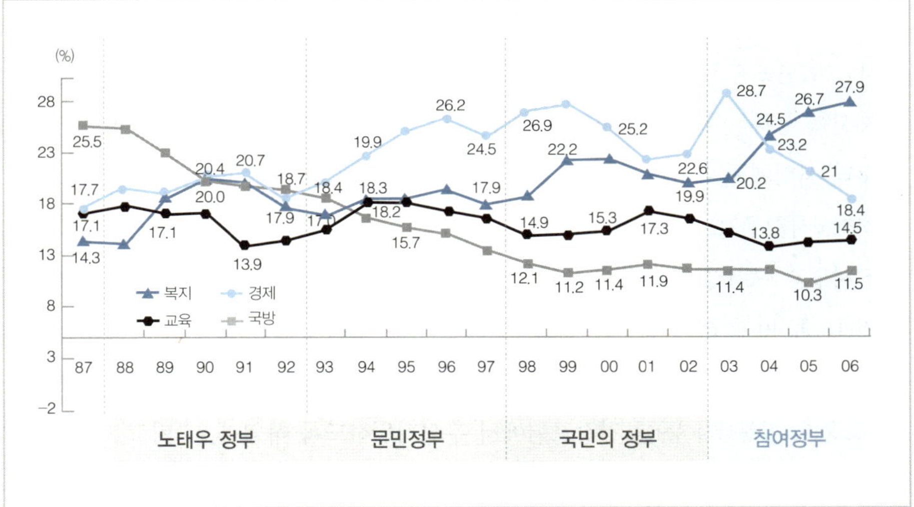

자료 : 양재진(2008: 345).

여전히 해결되어야 할 과제로 남아 있다. 사회투자전략에 입각한 아동발달계좌 등 새로운 프로그램의 도입은 주목할 만한 변화였다. 그러나 사회투자정책의 특성상 그 효과가 장기간에 걸쳐 간접적으로 나타나고, 사회투자정책에 대한 재원의 뒷받침이 취약한 상태이기에, 의도한 정책효과가 발휘되어 기존의 복지체제의 틀을 바꾸는 성과로 이어질지는 매우 의문시된다.

마. 이명박(2008~12년)과 박근혜 정부(2013~17년)

노무현 정부에서 2006년 국민 앞에 제시한 비전 2030은 대한민국의 미래 복지비전이나, 이를 달성하는 데 필요한 소요예산이 매년 GDP의 2%에 달하는 1천1백조원에 이를 것이라는 추계는 증세 논쟁을 불러일으켰다. 당시 폭등하는 부동산 가격을 진정시키기 위해 종합부동산세를 도입하는 과정에서도 세금 이슈가 중요한 정치사회문제로 등장하였다. 급기야 보수정당인 한나라당의 이명박 후보는 대한민국 정치사에서 최초로 '감세'와 '작은 정부'를 주요 공약으로 내걸고 대통령에 당선되었다. 실제로 이명박 정부는 종합부동산세의 무력화, 소득세와 법인세율의 인하 단행 등을 통해 〈표 6-2〉에서 보듯이 조세부담률을 낮춘 최초의 정부가 되었다. 단지, 사회보험 적용의 확대와 명목임금의 증가에 힘입어 사회보험료 수입이 증가해 국민부담률은 크게 낮아지지 않았을 뿐이었다. 이러한 현실에서 사회보장제도의 눈에 띄는 성장은 없었고, 전임 정부에서 물려받은 기존 사회보장제도의 유지에 머물렀다. 단, 저

표 6-2 정권별 세목별 세수 증가 비교 (단위: %)

	소득세	법인세	재산세	소비세	사회 보험료	기타	조세 부담률	국민 부담률
노태우 정부	34.39	18.97	69.90	−10.26	698.02	−1.13	8.06	19.57
김영삼 정부	0.39	−16.34	6.32	5.42	35.46	39.80	2.82	6.45
김대중 정부	−9.96	46.82	13.69	3.05	52.36	5.02	7.33	13.71
노무현 정부	48.46	33.54	13.72	−8.82	23.28	−6.67	10.49	12.92
이명박 정부	−10.41	−1.34	−17.17	−0.34	18.90	7.02	−5.06	−0.09

주 : 1) 각 세목이 GDP에서 차지하는 비중의 증감률임.
2) 집권 5년차 수치를 집권 −1년차와 대비시킴.
자료 : Yang(2017: 192).

출산 문제에 대응하기 위해 공보육은 꾸준히 확대되었다. 보육지원 대상자를 기존 소득하위 50%에서 70% 이하(즉, 상위 30%만 제외)로 상향하고, 보육료를 80%까지 국가에서 지원하며, 취약계층인 다문화가정의 5세 이하 영유아는 보육료 전액을 지원하였다. 그리고 2009년 7월부터 보육시설을 이용하지 않는 차상위 이하 가구에

표 6-3 비정규직 ──▶ 정규직 이동가능성 국제비교 (단위: %)

OECD 16개국의 비정규직 ──▶ 정규직 이동							
복지레짐	국가	1년 후 종사상 지위			3년 후 종사상 지위		
		정규직	비정규직	비고용	정규직	비정규직	비고용
사민주의	덴마크	35.2	46.2	18.6	61.3	20.5	18.2
	핀란드	31.2	45.6	23.2	44.7	30.0	25.3
	사민주의 평균	**33.20**	**45.90**	**20.90**	**53.00**	**25.25**	**21.75**
보수주의	독일	46.6	38.5	14.9	60.0	23.5	16.4
	네덜란드	49.1	40.9	10.0	69.9	17.6	12.5
	오스트리아	55.9	35.3	8.8	67.5	22.6	9.9
	벨기에	45.0	49.3	5.6	71.4	23.2	5.4
	프랑스	18.1	52.1	29.9	45.3	30.6	24.1
	룩셈부르크	58.7	27.9	13.4	79.7	11.8	8.5
	보수주의 평균	**45.57**	**40.67**	**13.77**	**65.63**	**21.55**	**12.80**
자유주의	영국	51.9	29.9	18.3	63.4	15.1	21.5
	아일랜드	41.6	44.5	13.9	66.1	15.8	18.2
	자유주의 평균	**46.75**	**37.20**	**16.10**	**64.75**	**15.45**	**19.85**
남유럽	이탈리아	27.2	49.7	23.1	47.2	30.3	22.5
	스페인	29.1	52.4	18.5	46.0	37.5	16.5
	포르투갈	24.6	64.5	10.8	55.0	31.3	13.7
	그리스	28.3	49.1	22.6	36.0	47.8	16.2
	남유럽 평균	**27.30**	**53.93**	**18.75**	**46.05**	**36.73**	**17.23**
동아시아	일본	17.5	72.1	10.4	24.9	59.7	15.4
	한국	**11.1**	**69.4**	**19.5**	**22.4**	**50.9**	**26.7**

자료 : Yang(2017: 194).

한해서 월 10만 원의 양육수당이 제공되었다.[8]

이명박 정부는 2008년에 불어닥친 세계금융위기의 파고를 적극적으로 대응하여 극복하였으나, 사회적 양극화와 사회적 이동성 저하의 문제는 지속적으로 악화되었다. 한국은 OECD 국가 중 미국 다음으로 소득격차가 가장 벌어진 나라가 되었다. 또 〈표 6-3〉에서 확인되듯이, 비정규직 근로자가 1년 후에 정규직으로 전환될 확률은 11.1%, 3년이 지나도 22.4%에 머무는 등 사회적 이동성이 비교 가능한 OECD 국가 중 최저 수준으로 떨어졌다.

사회경제적 양극화는 수년 전 '작은 정부'를 지지했던 국민들을 2010년 지방선거에서 '무상복지'를 앞세운 야당을 지지하게 만들고, 급기야 2012년 4월 총선과 11월 대선에서 여 · 야 대통령 후보는 앞다투어 더 많은 복지를 약속하기에 이르렀다. 박근혜 대통령은 보수적인 이미지에도 불구하고 2012년 대선 기간 내내 성장보다는 복지와 경제민주화를 앞세워 친복지 성향의 민주당 후보를 무력화시키고 대통령에 당선되었다. 박근혜 대통령 후보는 선거과정에서 생애주기에 따른 맞춤형 복지를 이념형으로 주창했었다. 유아, 청소년, 근로기, 노인에 이르기까지 생애주기별로 필요한 부분에 필요한 만큼의 복지를 적재적소에 공급하겠다는 것이었다. 그러나 실제 주목을 받았던 복지공약은 모든 노인에게 20만 원짜리 기초노령연금 지급, 4대 중증질환 무상의료, 그리고 0~5세 무상보육이라는 보편주의 복지정책이었다. 그러나 재정문제로 인하여, 위 3대 복지공약은 일부 축소되어 시행이 되었다. 첫째, 기초노령연금을 대체하는 기초연금제도를 도입하되, 기존 기초노령연금제도와 동일하게 소득하위 70%(즉, 상위 30% 제외)를 대상자로 하고 연금급여를 최대 20만 원까지 2배 인상하였다. 둘째, 4대 중증질환 무상의료는 사실상 백지화되고, 국민의료비를 가중시키는 3대 비급여 제도개선을 단행하였다. 즉, 선택진료를 축소하고, 일반 병실을 현행 6인실에서 4인실까지 확대하며, 단계적으로 지방 중소병원과 공공병원에서부터 간병을 포함하는 '포괄간호서비스'를 도입하여 간병인 비용을 대폭 낮추기 시작하였다. 셋째, 보편주의적인 무상보육은 공약대로 실시가 되어, 0세 아동에 대한 영아 보육료 지원 그리고 취업자와 전업주부 자녀를 구분하지 않고 공보육을 지원하게 되었다.

이 밖에 박근혜 정부는 기존 기초생활보장제도가 보충형 통합급여로 운영되어 근로의욕을 감퇴시키는 문제를 완화시키기 위해, 급여별 선정 기준을 다양화한 맞춤형 개별급여체제로 개편하였다. 기초생활보장제도의 수혜 기준이 되는 빈곤선이 절대계층에서 상대적 빈곤선으로 바뀌고, 기초생활보장제도의 핵심인 생계급여 대상자는 중위소득 30% 이하로 과거보다 낮추는 대신, 의료급여 대상자는 40%, 주거급여는 43%, 그리고 교육급여는 중위소득 50%까지 해당 급여를 제공받게 하였다. 소득이 증가함에 따라 단계적으로 공적 부조 지원에서 '졸업'하여 궁극적으로 자립을 유도하도록 한 것이다. 박근혜 정부는 기초생보의 개별 급여화와 더불어 차상위계층 그리고 생계급여 대상자의 근로유인 효과를 높이고 가처분소득을 증가시키기 위해 저소득근로자들에게 세금추징 대신 보너스를 지급하는 근로장려세제(EITC)를 확대 개편하였다. 2012년 75만 가구에 6천억 원이 지급되던 EITC 급여가 2017년에는 250만 가구에 2조 5천억 원이 지급되어 잠재적 공적 부조 대상자인 차상위계층의 자활에 기여하였다.

그림 6-5 정부 재정적자 추이(2001~15년)

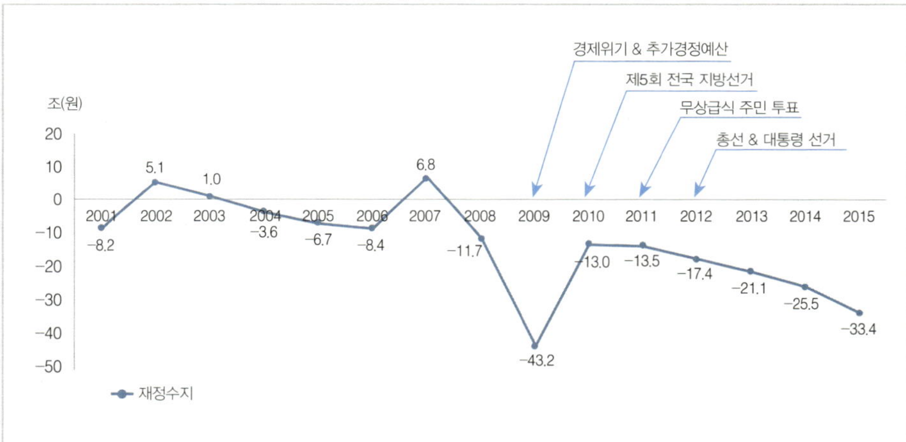

자료 : Yang(2017: 204).

2010년부터 불어온 '복지 바람'에 따라 2012년 선거과정 최초로 복지가 핵심 쟁점이 되었으며, 보수정권하에서 복지가 확대되었다. 그러나 2014년 연말정산 파동 이후 취약한 재정문제로 인하여 복지확대가 지속되지 못하였다. 박근혜 정부는 세율인상이나 새로운 세목을 통해 복지에 필요한 재원을 마련하지 않고, 소득공제를 축소하는 간접적인 방식으로 증세를 도모하였으나, 국민들의 저항과 야당의 공세로 인해 세법개정이 대폭 후퇴해 근로자의 45.7%가 소득세 납부를 면제받는 상황이 되었다. 담뱃값 인상과 적극적 세무행정을 통해 부족한 세수를 보충하였으나, 재정적자 규모는 날로 증가하였다. 공채를 발행해 부족한 복지재정을 마련하지 않는 한 당시 조세수입으로 복지국가를 건설하기는 어려운 상황이었다.

바. 문재인 정부(2017~21년)와 그 이후

2017년 3월 10일 대한민국 헌정사상 처음으로 대통령에 대한 탄핵으로 제18대 대통령 박근혜는 임기를 마치지 못하고 대통령직에서 물러났다. 이후 민주당 소속 문재인 후보의 당선으로 들어선 문재인 정부는 복지확대에 보다 전향적으로 나섰다. 문재인 정부는 2017년 5대 국정목표 중 하나로 '내 삶을 책임지는 국가'를 제시하고, 20대 국정전략 중 하나로 '모두가 누리는 포용적 복지국가' 비전을 발표하였다. 포용적 복지국가는 i) 국민의 기본생활을 보장하는 맞춤형 사회보장, ii) 고령사회 대비, 건강하고 품위 있는 노후생활보장, iii) 건강보험 보장성 강화 및 예방 중심 건강관리 지원, iv) 의료 공공성 확보 및 환자 중심 의료서비스 제공, v) 서민이 안심하고 사는 주거 환경 조성 그리고 vi) 청년과 신혼부부 주거 부담 경감을 목표로 한 비전이었다.[9]

이러한 정책목표에 발맞추어, 과거 보수정부에서보다 적극적으로 새로운 복지 프로그램들을 도입하고, 기존 제도의 지출수준을 높이고 대상자도 확대하였다.[10] 문재인 케어라 불리는 건강보장성 강화 정책이 대표적이다. 국민의료비에서 건강보험 지출이 차지하는 비중을 뜻하는 '건강보장성'을 70%까지 끌어올리겠다는 목표하에 3대 비급여 문제를 해소(선택진료비 폐지, 2~3인실 건보 적용, 간호 · 간병통합 서비스 확대)하고, MRI, 초음파 검사에 보험적용을 확대하였으며, 본인부담상한의 대폭적 인하로 재난적 의료비 문제 해결 등에 나섰다. 2016년 53.6조 원이던 건강보험 지출은 2021년 79.3조 원으로 증가하고, 건강보장성 강화에 문재인 정부 5년간 30.6조 원이 추가 투자되었다.

국민기초생활보장제도의 부양의무자 기준을 사실상 철폐하여 일부 비수급 빈곤층이 공공부조의 혜택을 받을 수 있도록 하였다. 그리고 근로장려금(EITC)의 수급요건도 대폭 완화하여 수급가구가 2016년 157만여 가구에서 2019년 421.4만 가구로 크게 늘어났다.

2020년 전 세계를 강타한 코로나 19 전염병 사태가 터지고 곧이은 경제위기로 실업문제가 불거졌다. 특히 사회적 거리두기로 인해 자영업자를 필두로 서비스 산업의 위기는 전례가 없었다. 이에 고용보험의 사각지대 문제가 불거지고, 문재인 정부는 한국형 실업부조인 국민취업지원제도를 도입하여 고용보험의 미가입 실업자와 구직자에게 최소한의 생계보장을 시작하였다. 고용보험 당연적용에서 제외된 특수고용직과 예술인 등에 대한 보험적용도 확대하였고, 실업급여 소득대체율을 50%에서 60%로 인상하였으며 실업급여 지급 기간도 90~240일에서 한 달씩 연장하여 120~270일이 되게 하였다.

이 밖에도 노후소득보장 강화를 위해 기초연금액을 20만 원에서 30만 원으로 인상하고, 출산휴직급여와 육아휴직급여의 상한을 인상하고, 사회서비스원의 설립, 상병수당의 시범 실시 등 다방면에서 복지를 확대하였다. 이에 힘입어 GDP 대비 복지지출이 빠르게 증가하여 2017년 GDP 대비 10.1% 수준에서 2020년 13.4%가 될 것으로 추정되고 있다.[11]

그러나 문재인 정부의 복지지출 증가는 복지재정 확충이나 재정효율화 개혁과 함께 이루어진 것이 아니어서, 지속가능성에 의문이 제기되고 있다. 초저출산으로 기금고갈이 앞당겨진 국민연금에 대한 재정안정화 개혁을 뒤로 미루고, 건강보험과 고용보험은 적자전환되고 적립금이 고갈되었으며(건강보험은 2024년 고갈예상), 일반재정도 적자 폭이 늘고 있다. 문재인 정부 5년 동안 국가채무는 2017년 660조 2천억 원에서 1,068조 8천억 원으로 불어나고, 국가채무 비율도 GDP 대비 36%에서 50%로 높아졌다. 코로나 경제위기 극복을 위한 재정지출이 더해진 결과이지만, 안정적 재정기반 마련 없이 사회보장제도의 지속적 발전은 기대하기 어렵다.

복지재정의 확충이 지출 증가를 못 따라가면, 복지지출의 효율화 개혁을 단행해야 하는데, 이 또한 정치적인 이유로 시행이 되고 있지 못하다. 기초연금의 대상자를 빈곤선 이하 대상자로 줄이고 대신 급여를 인상하는 개혁이나, 퇴직금처럼 쓰이는 퇴직연금을 연금화하여 노후소득보장을 추가 국고부담 없이 강화하는 방안, 의료보장에서 비급여 항목의 증가를 막기 위해 혼합진료를 금지하든가, 과잉진료를 유인하는 행위별수가제도를 포괄수가제도 등으로 바꾸는 개혁도 미뤄지고 있다. 한국복지국가의 발전을 이어가고 지속가능하게 하기 위해서는 복지확대와 더불어 복지재원의 확충과 재정효율화 개혁이 병행되어야 할 것이다. 2022년에 출범한 윤석열 정부의 과제라 할 수 있겠다.

1 이 장은 특별한 언급이 없는 한 Yang, Jae-jin(2017). *The Political Economy of the Small Welfare State in South Korea*. New York: Cambridge University Press에 의거해 작성되었다.

2 보험료부과소득상한은 연금보험료가 부과되는 최대소득을 뜻한다. 월 급여 553만 원인 근로자와 이의 두 배를 버는 월 급여 1,100만 원인 근로자가 납부하는 보험료는 동일하며, 급여 또한 동일하다. 이를 소득대체율로 환산하면 후자의 소득대체율은 전자의 50%에 불과하게 된다.

3 독일의 경우 1880년대 사회보험시대를 연 것은 보수적인 비스마르크 정부이고, 2차 세계대전 이후 복지국가를 건설한 것도 기민당 정부라 할 수 있다. 영국의 경우도 주요 사회보험입법은 노동당이 아닌 자유당 정부에서 일어났고, 일본의 경우도 사회당은 복지정책은 자본주의를 강고하게 하는 사회주의의 적으로 규정한바, 대부분의 복지정책은 자민당의 몫이었다. Rimlinger, Gaston V.(1971). *Welfare Policy and Industrialization*. Chapter 1. New York: John Wiley and Sons, Inc.; 다케가와 쇼고(2004). 「일본의 사회정책과 복지국가론」. 서울: 인간과복지.

4 이 절은 양재진(2008)에서 발췌 작성되었으며, 이승만 정부부터 노무현 정부 시기까지는 세세한 인용이 생략되었다. 생략된 인용과 참고문헌은 양재진(2008)의 원본을 참고할 것. 양재진(2008). "한국복지정책 60년: 발전주의 복지체제의 형성과 전환의 필요성." 「한국행정학보」. 42(2). pp.327-349.

5 특수집단에 대한 사회서비스의 변화를 살펴보면, 첫째, 노인복지법(1981)을 제정하여, 공적 부조에 의한 노인복지의 성격을 탈피하여 노인 전체를 대상으로 하는 노인복지의 제도적 장치를 마련하였다. 1982년 노인헌장을 제정하고 65세 이상 노인에게 경로우대제를 적용하였고 1983년부터 국·공립병원과 보건소에서 건강진단사업을 실시하였다. 둘째, 1981년 구(舊)아동복리법을 아동복지법으로 개정하여 아동복지제도의 대상아동을 요보호아뿐만 아니라 일반아동까지 확대하였고, 불우아동과의 결연사업을 펼쳤다. 셋째, 심신장애자복지법(1981)을 제정하여 과거 시설구호에 머물렀던 것에서 탈피하기 시작하였다. 여 시 · 군 · 구 등 일선 행정기관에 심신장애자복지 지도원을 의무적으로 배치하고 국립재활원을 설립하였으며 장애자 중 영세민에 대해 보장구 지원사업도 실시하였다. 1984년 건축법 개정을 통해 공공업무시설과 학교 등에 신체장애인의 출입편의를 위한 경사로 설치 등이 의무화되었다. 정홍익(1987). "복지행정." 조석준 외. 「한국행정의 역사적 분석(1968~1984)」. 제18장. 서울: 서울대학교출판부.

6 국민연금은 11년 만에 전 국민에게 확대되었고, 고용보험도 도입된 지 불과 4년 만에 전체임금근로자에게 적용된 것이다. 유럽 국가의 경우 임금근로자를 대상으로 시작된 연금, 의료보험이 전 국민에게 적용되는 데 최소한 40~50년이 걸렸고, 비교적 사회보험을 일찍 도입한 라틴아메리카는 물론 타 중위소득국가의 경우도 아직 비공식부문을 포함한 전 국민 사회보험 적용이 이루어지지 않은 것을 고려한다면, 현재 우리나라 사회보험의 확대 속도는 세계적으로 유례가 드문 '압축성장'에 해당된다. 김연명(2008). "변혁기 한국 사회보험의 현황과 과제." 「사회복지」(가을). pp.7-21.

7 아동발달계좌(DCA)는 저소득가정 아동의 자산형성을 돕기 위한 제도로 미국, 영국, 캐나다, 싱가포르 등에서 실시되고 있다. CDA 사업은 국가와 참여아동의 부모가 함께 매칭식으로 장기

저축을 하고, 해당 아동이 대학교에 진학하거나 자격증을 따고 창업을 할 때 사용할 수 있게 하여 빈곤의 대물림을 막는 미래에 대한 투자정책이다.

8 김원섭 · 남윤철(2011). "이명박 정부 사회정책의 발전: 한국 복지국가 확대의 끝?" 「아세아연구」. 54(1) 참조.

9 김기태 외(2022). 「문재인 정부와 복지국가」. 한국보건사회연구원 기타보고서 2022-02.

10 이하 복지확대 정책은 김기태 외(2022)에 의거해 작성되었다.

11 Lee, Tae Soo(2022). "The Korean Welfare State's Responses to Challenges." Paper presentation at the 2022 EASP annual conference. June 24-15.

제3부

사회복지 정책과정과 복지제도 구성 요소

7

사회복지정책과 정책과정

1 — 서론

1) 정책의 개념화

사회복지정책은 국가 또는 정부가 주도하여 수행하는 공공정책(public policy)영역 중의 하나이다. 따라서 사회복지정책의 중심 행위자는 정부가 된다. 그러나 정부가 홀로 정책결정을 하는 것은 아니다. 민주주의 정부에서의 정책과정에서는 주권을 가진 시민들을 비롯하여 다양한 제도와 수준에서의 행위자들이 상호 작용하면서 정부의 정책과정에 참여하고 영향을 미친다. 따라서 국가정책에 대한 깊은 이해는 거시적인 국가의 구조적 특성과 본질의 이해에서부터 미시적 차원에서의 구체적인 결정과정에 대한 이해가 필요하다. 이러한 내용들은 정치학 · 정책학 · 행정학 등 다른 영역에서 다루게 된다.[1] 여기에서는 앞에서 다룬 복지국가의 성격과 특성에 관한 기초적인 이해를 기반으로 사회복지정책의 정책과정에 초점을 둔다.

우선 넓은 의미의 정책의 개념부터 알아보자. 사전적 정의에 의하면 정책은 "개인이나 조직에 의해 특정 원칙에 근거한 일련의 행위"로 정의되어진다.[2] 즉 개인, 조직, 정부 등 여러 수준에서의 행위자가 특정한 기준, 원칙, 합리성에 근거해 이루어지는 일련의 행동의 집합을 정책이라고 정의할 수 있다. 따라서 정책의 중요한 의미는 단순한 의사결정(decision-making) 이상의 것이며, 의사결정을 포함해 일련의 원칙 있는 행동을 통해 어떤 결과와 효과를 기대한다는 것이다.

다음으로 정치학 분야에서 저명한 학자들의 정책에 대한 정의들을 비교해 보고 정책의 다양한 의미들과 그것들을 통해 사회복지정책의 특징을 이해해 본다. 시스템 이론에 기초해 정치학을 발전시킨 미국의 대표적인 정치학자인 이스턴(David Easton)은 정책을 "가치를 배분하는 권위 있는 결정과 행동들의 집합"으로 정의하였다.[3] '가치의 권위 있는 배분'이라는 의미는 사회구성원의 다양한 가치, 그중에서도 지배적인 가치, 즉 사회의 주요 구성원들의 이해관계에서 지배적인 영향을 미치는 가치들이 정치 또는 정책과정을 통해 조정 · 반영된다는 것을 의미한다. 결국은 우리 사회의 다양한 자원을 정치 및 정책과정에서 결정된 가치에 따라 정당성을 가진 공적 권위에 의해 배분한다는 것을 의미한다.

정치학자이면서 1950년대에 정책과학(policy science)을 창시한 라스웰(H. D. Lasswell)은 정책을 좀 더 현실적인 차원에서 정의하였다. 그는 정치란 결국 "누가, 무엇을, 언제, 어떻게 획득하는가?(Who gets what, when, and how?)"[4]라고 정의하였다. 이 정의는 특히 사회복지정책의 특성을 아주 잘 드러내는 표현이다. 사회복지정책은 자원이나 소득을 재분배하는 특성이 강한 정책이다. 즉 누가, 어떤 기준 또는 가치에 의해 복지혜택을 받고, 그 복지혜택이 어떻게 전달되고, 궁극적으로 누가 부담을 하는가에 관한 것이 사회복지정책 분석의 핵심이다.[5] 라스웰은 자신의 정치의 개념화를 기반으로 하여, 현재의 정책학의 출발점이 된 새로운 학문으로서 정책과학(policy science)을 제안하였다.[6] 그는 정책과학을 "보다 나은 미래사회를 위해 현재의 문제들을 해결하기 위한 정부의 정책결정과정을 연구하는 실천적이며 종합적인 사회과학"으로 규정하였다. 따라서 사회복지정책은 라스웰이 제시한 바와 같이 정치의 본질을 포괄적으로 잘 보여줄 수 있는 정책 분야이기도 하며, 규범적 정책과학으로서 인간 삶의 생애에서 다양한 사회문제를 해결하고 사회를 변화시키는 중요한 정책영역이다.

사회복지정책을 이해하는 데에 또 하나의 중요한 관점이 있다. 미국 정치와 비교정책연구에 널리 알려진 헤클로(Hugh Heclo)는 "정책이란 특정 의사결정이나 행위를 포함하는, 일련의 행위 또는 무행위(inaction)를 포괄하는 개념"으로 정의한다.[7] 헤클로가 강조하고자 하는 바는 우리가 관찰로 경험할 수 있는 일련의 적극적인 의사결정이나 행동뿐만 아니라 의도적으로 일련의 결정을 내리지 않거나 행위를 하지 않는 것도 정책이라는 것이다. 비슷한 맥락에서 정책학 분야의 유명한 학자인 다이(Thomas R. Dye)도 "정책이란 정부가 행위를 하거나 하지 않기로 결정하는 모든 것을 의미한다."고 정의하였다.[8] 문제해결을 위해 특정 행위를 하지 않는 것도 정책이라는 의미는 국가별로 정책을 비교해 볼 때 더 잘 드러난다. 유사한 문제를 가지고 있으면서도 어떤 나라는 그 문제를 해결하기 위해 적극적으로 정책을 실시하고, 어떤 나라는 소극적으로 문제해결에 개입하지 않는다. 특히 앞에서 복지국가의 발전과정에서 살펴봤듯이, 복지레짐별 또는 국가별로 사회복지정책의 발전 수준이 차이가 난다. 즉 어떤 국가는 사회문제들을 보다 적극적으로 발굴하고 문제해결을 하며, 어떤 국가는 소극적으로 문제시하지 않고 개입하지 않는가에 대한 설명이 필요하다.

이러한 정책의 다양한 정의들을 종합하면, 정부정책이란 다양한 문제들을 해결하기 위한 일련의 의사결정과 행위의 과정을 의미하고, 무작위적인 의사결정과 행위도 정책에 포함되며, 이해관계를 조정하고, 자원을 배분 · 재분배하는 과정이라고 할 수 있다. 특히 사회복지정책이 각 정책과정별로 역동적인 정책과정과 권력관계를 잘 보여줄 수 있는 정책영역이다.

2) 정책과정 맥락에서의 사회복지정책의 특성

정책은 한 번의 결정이나 행위가 아니라 일련의 결정과 행위과정을 의미한다. 따라서 정책과정은 문제해결을 위한 시작에서 문제해결로 종결되어 한 사이클을 이루기도 하고, 많은 경우 지속적인 결정과 행위의 연속의 과정이다. 따라서 정책과정은 시간의 흐름 속에서 이루어진다. 따라서 시간이라는 변수가 정책과정을 역동적으로 만드는 데에 중요한 역할을 한다.[9] 정책과정 속에서 일련의 결정과 행위들은 단계별로 독특한 특성이 있으며 또한 시간에 따라 변화하는 환경에 지속적으로 대응해야 한다. 따라서 정책과정은 정적인 것이 아니라 역동적이다. 그런 가운데 정책과정은 행위자들의 이해관계와 권력관계가 상호 작용하고 조정되는 정치과정이기도 하다.

그리고 정책은 다른 정책과 연결되어 상호 영향을 주고받기 때문에 특정 정책의 영역 내에서만 모든 것을 설명할 수는 없다. 특정 정책이 지속적으로 반복되거나 관련된 다양한 정책들이 모여 우리의 행동을 규율하는 제도들의 집합을 구성한다. 관련된 정책들과 제도들의 집합은 더 높은 수준의 속성을 가진 레짐(regime)을 형성한다. 레짐은 특정 영역(예를 들어, 복지레짐, 생산레짐, 노동시장레짐, 정치레짐 등등)에서의 관련된 정책 또는 제도들의 연계 및 작동 체제를 의미한다.[10] 이런 맥락에서 앞에서 복지레짐의 개념을 통해 관련된 정책들의 조합이 서로 다른 복지효과를 가져오는 것을 설명하였다. 이렇게 정책들과 제도들의 결합으로 형성된 레짐 또는 제도적 배열(institutional arrangement)은 정책의 형성, 집행과정에서 중요 행위자들의 인지적 틀과 이해관계를 만들어 내어 우리의 인식과 행위를 제약한다. 또한 이러한 정책과정은 국가의 강제력, 즉 공권력에 의존하여 지속적으로 문제해결을 해 나가는 과정이기 때문에 정책을 통해 개인이 할 수 없는 다양한 문제들을 해결해 주고, 기존의 제도와 사회를 변화시킨다. 오늘날 복지국가는 국가정책을 주된 수단으로 우리 삶의 생애주기에서 다양한 사회적 위험과 문제들을 해결해 주는 국가이다. 민주국가는 이러한 문제해결의 요구와 공권력의 정당성이 시민으로부터 나온다. 이런 맥락에서 행위자들에 의해 만들어진 정책이 제도를 만들어 내고 사회를 변화시키는 역동적 정책과정을 이해하는 것이 중요하다. 이렇듯 정책과정이라는 분석틀은 왜, 어떻게, 누구에 의해 특정 내용을 가진 정책이 만들어지고 어떻게 집행되며, 어떤 결과를 만들어 내는지 설명하는 데에 도움을 준다.

이런 맥락에서 본 장에서 사회복지정책과정의 분석은 크게 세 가지 차원으로 나누어 사회복지정책의 특성을 설명하고자 한다. 첫째는 누가 정책과정에 참여하는가의 문제로서 사회복지정책과정에서 주요 행위자들을 파악하고 그들의 역할을 이해하는 것이다. 행위자에 대한 이해가 정책분석에서의 중요한 출발점이 된다. 둘째는 정책과정을 시간의 흐름 속에서의 정책단계별로 나누어 단계별로 나타나는 특성들을 분석하는 것이다. 각각의 단계별로 인과적으로 어떤 요인들이 중요하며, 누가 주요 정책참여자로 관여하게 되며, 각각의 단계에서의 독특한 현상들이 무엇인가를 이해하는 것이다. 셋째는 정책을 영역 또는 유형별로 나누어 영역 또는 유형별로 나타나는 독특한 정책과정을 이해하는 것이다. 사회복지정책이라는 정책의 유형적 또는 영역적 특징이 다른 유형이나 영역과의 차이점을 이해함으로써 사회복지정책의 독특한 특성을 이해하는 것이다. 이 세 가지 접근방법과 상호 연계성을 이해하면 정책과정을 보다 체계적으로 잘 이해할 수 있다. 마지막에서는 각 정책단계별로 사회복지정책을 이해하고 연구하기 위해서 기본적으로 중요한 이론들을 소개한다.

2 — 사회복지정책과 행위자

1) 제도와 행위자

사회복지정책과정을 이해하기 위해서는 사회복지정책과정과 연관된 제도와 주요 행위자 간의 관계를 이해하는 것이 중요하다. 앞에서 논의했듯이, 라스웰은 정책의 개념을 "누가, 무엇을, 언제, 어떻게 획득하는가?"로 정의하였다. 이 질문의 답은 앞에서 복지국가의 발전과정과 유형의 차이를 만들어 내는 중요한 요인으로서 권력자원론을 주장했었던 것처럼, 사회복지정책과정에서 재분배의 특성과 수준의 차이는 주요 행위자들의 권력관계에서 힘의 균형이 중요하다고 할 수 있다.

그렇다면 행위자들의 이해관계와 권력관계는 어떻게 만들어지는가? 과거의 행태주의 시각에서는 인간행동의 동기는 외부적인 자극을 통한 행위자 개인의 자발적인 반응 또는 선호로 이해했다. 구조 또는 제도와 분리된 원자화된 개인을 가정한 것이다. 반면에 마르크스주의 시각과 같은 거시적 구조주의 관점은 역사적 · 거시적으로 형성된 구조가 개인 및 집단 행위자들의 이익과 권력관계를 궁극적으로 형성한다는 것을 강조한다. 이미 역사적 발전과정에서 형성된 구조의 기능으로 인간의 행위를 결정한다는 논리적 구조를 가지고 있다. 이러한 구조가 만들어 낸 기능에 하위 단위의 제도나 행위자들의 결과를 결정한다는 구조주의 관점은 국가단위에서 또는 더 작은 단위의 사회나 집단, 개인 별로 서로 다른 이해관계와 권력관계에서 행위자들의 부단한 정치적 투쟁을 통해 형성된 다양한 정책들과 효과들의 차이를 설명하지 못한다. 그리고 차이가 나더라도 이러한 차이는 궁극적으로 구조가 결정하는 방향으로 진행될 것이기 때문에 거시적 사회변동의 관점에서 큰 의미가 없다고 해석한다. 구조주의의 이러한 약점에도 불구하고, 정교화된 이론으로 행위자들의 과정을 포용하는 구조주의 관점은 긴 역사적 맥락 속에서 인간 사회의 기본적 작동원리를 구성하는 구조적 틀과 그 영향력을 이해할 수 있게 해 준다는 장점이 있다.

구조주의 단점을 보완하는 신제도주의 관점은 구조라는 분석단위보다는 제도(institution)라는 중범위적 분석수준에서 국가 간의 다양한 정책의 차이와 그 효과를 설명하려고 한다. 신제도주의 관점에서의 제도는 역사적으로 형성되면서도 다양한 법제도 및 조직단위의 공식적 제도를 포함하여 비공식적으로 행위자들 간에 규범(norms), 및 규칙(rules of the game) 들을 포함한다.[11] 이런 공식적 · 비공식적 제도들이 일정 기간 개인 또는 집단 행위자들의 인지와 행위를 규정하는 중요한 수준이라고 보는 것이다. 즉 제도는 개인 또는 제도적 수준에서의 행위자의 인지와 이익을 형성하고 권력의 원천으로서 행위자의 행위를 제약한다. 동시에 행위자는 이미 제도화된 제도하에서 경험을 통해 기존 제도의 문제점을 반성적 인지과정과 새로운 아이디어에 의해 제도를 변화시킨다. 행위자는 제도에 의해 제한되지만 동시에 제도를 만들고 변화시킨다. 이렇듯이 행위자와 제도의 연속적인 상호 작용과정을 통해서 제도는 지속과 변화의 변증법적 과정을 가진다. 이 과정에서 정당한 공권력을 가진 주체인 정부의 정책은 한편으로는 지속적으로 행위자의 인지와 행위에 영향을 주는 제도이기도 하지만, 다른 한편으로는 강제할 수 있는 공권력으로 새로운 제도와 정책의 실시로 인해 기존의 제도와 개인집단의 행위를 변화시키는 중요한 수단이기도 하다.

이와 같이 행위자와 제도와의 역동적 상호 관계는 사회복지정책과정에서 왜 사회복지정책이 국가별로 다양하게 만들어지고, 제도와 정책의 변화과정에서 보여주는 다양한 개혁들의 성공과 한계에 대한 이해를 가능하게 해 준다. 이런 관점에서 다음에 사회복지정책과정에서 누가 주요 행위자이며, 제도의 형성과 변화과정 속에서 이들의 역할을 제도와 행위자 관계가 보여주는 제약과 가능성의 관점에서 이해하는 것이 중요하다.

2) 사회복지정책과정에서 주요 행위자

가. 행정수반과 정치적 집행부: 대통령과 수상

민주주의 국가에서 정책결정 및 정책집행에 관하여 공식적인 최종적 정책결정권자는 행정부의 수반이다. 대통령제에서는 대통령이, 의원내각제에서는 수상이 최고 정책결정자가 된다.[12] 대통령과 수상은 민주주의 정치제도 속에서 행정수반으로서 헌법이 부여하는 권력과 의무를 행사하는 제도로서의 행위자이기도 하지만, 이 지위에 임명되어 지위가 주는 막강한 권력을 갖는 최고정책결정자 개인으로서의 행위자이기도 하다. 따라서 대통령과 수상은 대통령제와 내각제라는 제도의 수준에서 주어진 역할과 공식적 권위가 부여되어 서로 다른 정책결정과정의 특징을 보여준다. 또한 대통령과 수상은 개인적 수준에서의 행위자로서 이들이 세상을 이해하는 인지적 능력과 리더십이 정책결정에 중요한 역할을 한다. 즉 대통령제와 의원내각제라는 제도가 주는 권력과 영향력이 개인적인 인지능력과 리더십과 상호 작용하여 정책과정에 중요하게 영향을 미친다는 것을 복합적으로 이해할 필요가 있다.

국가 최고정책결정자로서 행정수반의 공식적인 권한은 3권 분립을 기반으로 하는 대통령제에서의 대통령과 2권 분립을 기반으로 하는 의원내각제에서의 수상이 조금 다르다. 대통령은 입법부와의 권력분립의 원칙에 의거하여 국회에서 통과된 법률안에 대한 거부권(veto)을 가짐으로써 국회로부터 독립적 지위를 누릴 수 있다. 이에 따라 공식적으로는 대통령의 정책결정권한이 강하다. 반면에 국회의 기본역할은 끊임없이 대통령의 정책결정을 심의하고 견제를 하는 것이다. 그런데 대통령제하에서의 국정운영에서, 대통령의 국회와의 관계에서의 큰 약점은 국회의원 선거와 대통령 선거가 따로 이루어지기 때문에 국회에서의 다수정당과 대통령이 소속된 정당이 다른 분점정부가 형성되었을 경우이다. 이 경우에는 국회에서 대통령의 정당과 다른 다수당이 대통령의 정책주도에 정책의 합리성과 관계없이 정파적으로 비판하고 반대할 가능성이 높다. 때문에 분점정부하에서는 대통령이 공약한 대로 원만한 국정운영을 하기가 어렵다.

반면에 국회 총선에서 다수당이 된 당수가 수상이 되는 의원내각제는 기본적으로 입법부의 다수당과 행정부가 같은 정당이 된다. 다당제를 가진 의원내각제에서도 정당 간에 연립계약에 의거하여 연립정부가 만들어지기 때문에 큰 갈등이 없는 한 수상이 주도하는 정책들은 대체로 연립정부가 만든 다수의회에서 합의되어진다. 따라서 의원내각제에서 집권당의 수상은 공약한 정책을 일사분란하게 수행할 수 있다. 이런 맥락에서 의원내각제는 국회와 행정수반과의 관계를 대통령제와 달리 권력의 분립이 아니라 권력의 융합이라고 한다. 그러나 의원내각제에서 국회와 행정수반과 심각한 갈등이 발생하게 되면, 국회는 수상과 내각에게 불신임을 하여 견제할 수 있다. 역으로 수상은 국회를 해산하여 국회 대신에 국민들에게 자신의 신임을 묻는다.

행정수반인 수상의 정책주도와 국회와의 갈등을 민주주의에서 최종결정자인 국민에게 신임을 묻는 것이다.

행정수반은 한 국가의 최고 지도자이고 정책결정자이기 때문에 행정수반의 정책의지가 정책결정에, 사회복지정책은 지배정당과 최고지도자의 이념적 성향에 많이 좌우되는 경향이 있다. 이념적으로 좌파와 우파 정부에 따라 사회복지정책은 보호의 수준이나 재분배의 정도에서 차이가 있다. 때로는 행정수반 자신의 사회복지정책에 대한 이념적 성향이 사회복지정책의 발전방향을 결정하는 데에 중요한 역할을 할 수 있다.

우리의 경우, 대통령제하에서 대통령이 막강한 권력을 가진 권위주의 정권에 의해 초기 국가주도 산업화와 복지제도가 발전해 왔다. 1960~70년대 산업화 시기에는 당시 시대적 과제라고 할 수 있는 안보와 경제성장이 주로 대통령의 정책어젠다였고, 복지는 주로 상징적인 수준에서 제시되어 왔다. 그럼에도 불구하고, 자세히 보면 산업화 시기에 우리의 주요 사회복지정책들이 입법되었고 오늘날 우리 복지체제의 기본적인 틀이 만들어졌다. 1970년대 중화학공업화를 추진하던 박정희 대통령은 1973년에 현재의 연금제도의 전신인 국민연금제도를 처음으로 입법화하였다. 비록 권위주의 유신체제의 정당성을 확보하고 중화학공업화에 필요한 산업자금이 목적이었지만, 오일쇼크 등 여건이 안 좋아서 실시를 못했다.[13] 또한 건강보험제도의 전신인 의료보험제도를 대통령이 의제화하여 1977년부터 실시하였다. 전두환 대통령 또한 자신의 권위주의 정권의 정당성의 목적으로 '복지사회건설'을 정치적 레토릭으로 제시하였다. 따라서 권위주의적 대통령제하에서 산업화 추진과정에서의 경제성장 우선의 논리가 우리의 복지제도의 초기형성에 지대한 영향을 미쳤다.

민주화 이후 점차 복지는 대통령의 중요한 정책의제로 부상해 왔다. 특히 1997년 외환위기 이후 노동시장의 불안정, 저출산 · 고령화, 새로운 사회적 위험의 등장 및 노인빈곤, 그리고 다양한 영역에서의 불평등이 심화되면서 지금은 사회복지정책이 대통령의 정책어젠다의 중심에 서 있다. 그런 가운데 복지를 확대 개혁하는 데에 실질적으로 중요한 리더십을 발휘한 대통령은 김대중 대통령을 꼽을 수 있다. 김대중 대통령은 IMF의 요구에 의한 신자유주의적 경제구조조정을 실시하면서 이 과정에서 발생하는 실업자와 다양한 사회문제를 해결하기 위하여 노동, 기업, 시민사회 집단과는 대화와 설득을 하고, 행정부 내에서의 부처 간, 그리고 행정부와 국회 간의 이견들을 조정하면서 '생산적 복지'라는 이념으로 복지개혁부분에서 가장 어려운 취약계층에게까지 사회보험제도를 확대하는 전 국민 보험제도로 확대시킬 수 있었다. 또한 잔여주의적 성격이 강한 공적 부조제도를 사회권에 기반한 국민기초생활보장제도로 입법화시키는 데에도 국회와 행정부 간의 갈등 조정을 통하여 개혁할 수 있었다. 물론 이 당시의 '생산적 복지'는 여전히 보호의 수준이 충분하지 않았으며, 당시의 변화하는 노동시장이나 구조조정에 대응하는 데에는 한계가 있었다.[14] 그러나 중요한 국가위기 시기에 복지에 대하여 깊은 관심과 최종정책결정자로서의 조정 역할을 할 수 있었던 대통령의 이념과 리더십이 그동안 저항이 많았던 복지개혁을 이룰 수 있었던 중요한 역할을 했던 것이다.[15] IMF 경제위기 이후에 한국 사회가 고령화와 함께 불평등이 심화됨에 따라 복지는 진보와 보수 대통령 사이에 서로 경쟁적인 정책어젠다로 되었다.

그러나 대통령제 권력구조하에서 친복지 성향의 대통령의 영향력도 이념 갈등이 심한 정당의 양당제 구조와 여소야대 또는 분점정부 상황에서는 크게 제한된다. 국회를 지배하고 있는 야당의 협조가 없이는 행정부의 정책이 법제화되기 어렵기 때문이다. 그리고 선거제도가 단순다수선거제에 기반한 승자독식구조(winner-takes-all system)가 되면 정권변화에 따른 정책변화의 폭이 클 가능성이 높다. 의원내각제라 하더라도 중요한 것은 정당 간의 이념구조와 권력관계이다. 일본의 경우 의원내각제이지만 보수정당인 자민당이 지속적으로 지배해 오면서 사회복지정책은 보수적인 관점에서 발전하게 된다.

복지국가로의 성숙한 발전을 이룬 서구 유럽의 역사를 보면, 대부분 다당제구조하에서의 의원내각제를 가지고 있는 국가들이 많으며 최고의 지도자로서 수상의 합리적이며 빛나는 리더십으로 복지국가 발전에 크게 기여한 경우가 많다. 예를 들어, 스웨덴 모델의 완성에는 연이은 세 수상의 일관성 있는 이념과 리더십이 중요한 역할을 하였다.[16] 1932년에 사민당이 처음 집권을 했을 때 수상인 얄마르 한손(Hjalmar Hansson, 1932~46)은 스웨덴의 복지국가 이념으로 '인민의 집(People's home)'을 제시했다. 스웨덴의 복지국가는 계급갈등을 넘어선 실용주의 관점에서 모든 스웨덴 시민의 안락한 가정이 되어야 한다는 의미이다. 이어서 타게 엘란데르

(Tage Erlander, 1946~69)와 올로프 팔메(Olof Palme, 1969~86) 수상들이 한손 수상의 복지국가 이념과 포용적 리더십을 지속적으로 이어받아 꾸준한 제도 개혁을 추진하였다. 그 결과 오늘날의 스웨덴 복지모델을 완성할 수 있었다.

나. 입법부

입법부는 국민의 대표인 국회위원들로 구성되고 정책의제 설정에 있어 큰 역할을 하는 정책과정의 공식적 참여자이다. 입법부의 주요 기능은 국민을 대표해서 제안된 정책을 최종적으로 법으로 승인하는 입법권을 비롯해서 다양한 사회문제 및 정책사안들을 심의하고, 정부의 예산을 승인하며, 국정조사 등을 통해 정부를 감독한다.

대통령제에서의 국회의원과 의원내각제에서의 국회의원의 입법권을 행사하는 방식은 조금 다르다. 오늘날 현대국가에서는 정부의 규모가 커진 데다 관료제의 전문성 때문에 정책을 입법화하기 위한 법률제안은 주로 행정부가 한다. 그럼에도 불구하고, 대통령제하에서는 권력분립의 원칙에 의해 국회의원의 입법권 행사가 독립적이고 명시적이다. 반면에 영국을 비롯한 영연방 국가들 사이에서 발전한 다수주의적 양당제 구조를 가진 의원내각제하에서는 총선을 통해 국회에서 다수당이 된 당수가 수상이 되며, 행정부의 정치적 집행부인 내각을 구성한다. 따라서 행정부와 의회가 집권당을 매개로 권력융합의 형태를 띠기에, 내각의 지휘하에 행정부에서 만들어 낸 법안에 대해 검토 및 추인하는 것이 일반적이다. 반면에, 유럽대륙 국가들 사이에서 발전한 다당제 연립정부의 경우에는 연립정부하에서 위원회활동을 중심으로 국회의원들이 타협의 정신으로 입법제안을 하는 경우가 있다.[17]

국회의원의 복지에 대한 인식은 기본적으로 국회의원의 개인적인 복지에 대한 이념적 성향과 자신이 소속된 정당의 이념적 성향에 따라 달라진다. 정당의 이념적 스펙트럼이 좌우로 나누어질 경우, 좌파 혹은 진보 정당의 국회의원은 친복지적 성향을 띠며 증세에도 적극적인 반면, 우파 혹은 보수 정당의 국회의원은 복지와 증세에 소극적인 경향을 보인다. 이런 맥락에서 국회에서의 사회복지정책에 대한 의원들의 성향은 집권당의 이념적 정체성이 중요하다. 그럼에도 불구하고, 같은 정당 내에서 개별 국회위원들의 개인적인 이념과 정책성향에 따라 차이가 날 수 있다.

개별 국회의원들의 사회복지정책에 대한 인식과 실제적인 법안 동의과정에서 태도를 다르게 만드는 또 다른 제도적 요인은 선거구제도이다. 선거제도에 따라 의원들이 복지를 정책의제화하고 입법화에 나서는 적극성도 달라진다. 다른 조건이 같다면, 정당의 이념과 정책에 따라 투표를 하는 비례대표제(proportional representation system)로 뽑히는 의원들이 단순다수제로 지역대표를 뽑는 소선거구제(single member district system)보다 국가복지에 대한 선호가 높다. 소선거구제에서는 지역 선거구에서 승자독식체제(winner-takes-all system)로 1등만 당선되기 때문에 전 국민적 차원의 이해관계 속에서 재분배를 다루는 복지정책어젠다보다 지역에서 무차별적으로 다수의 혜택을 보는 지역발전 공약을 우선으로 내세워야 당선 가능성이 높다. 따라서 소선거구제의 국회에서 국회위원들은 중앙정부로부터 지역의 선심성 예산을 따오는 이권법안(pork barrel legislation)에 더 많은 입법활동을 한다.

일반적으로 사회복지정책은 전국적인 차원에서의 계층 간의 재분배문제이기 때문에 실제로 지역구 선거에서 다른 후보와 경쟁할 때 지역발전에 대한 이슈보다 자신의 당선문제에 덜 영향을 미친다. 이 때문에 사회복지정책은 정당의 선호에 따라 전국적으로 계급적 차원에서 투표 동원이 쉬운 비례대표제에서 더욱 용이하게 정책의제화되는 경향이 있다. 그리고 의원내각제에서도 양당제보다는 다당제하에서의 연립정부로 행정부가 만들어지는 경우가, 소수집단을 포함하는 중산층에게 이익이 돌아갈 수 있는 사회복지정책이 중심 정책의제가 될 가능성이 높다. 정부의 구성이 주로 중도좌파와 중도우파를 중심으로 소수자를 대표하는 소수정당과 연립을 맺는 경우가 많기 때문이다. 그러나 이러한 제도가 주는 정책 선호의 유인성은 반드시 결정론적이지 않다. 개개 국가들의 역사적 발전과정에서 형성된 정치지형의 구조, 정치문화의 특성에 따라 다른 결과가 나올 수 있다. 특히 최근에는 경제가 어렵고 불평등의 심화에 따른 다양한 갈등이 나타나면서 선동적 포퓰리즘의 등장은 재분배적 복지정책의 발전을 어렵게 하고 있다. 무엇보다 정당구조에서 집권당으로서의 주도를 할 만한 수준의 친복지적 정당의 존재 여부가 중요하다.

우리의 경우, 정책결정과정에서 국회의 역할은 많은 변화를 가져왔다. 과거 권위주의 시대에는 국회가 대통령과 행정부를 견제하거나 독립적으로 정책어젠다를 제기할 수 없었다. 기본적으로 권위주의 대통령과 집권당의 입법화에 거수기 역할을 하였다. 야당은 행정부의 정책을 면밀히 검증하고 견제하기보다는 원 내외에서 민주화 투쟁에 더 초점을 두었다. 정책결정과정에서 국회권력의 증대는 민주화 이후 실질적으로 증가하기 시작하였다. 민주화되면서 국회의 정상적인 작동은 결국 집권당과 야당 간의 정당의 역량과 정치에 영향을 받는다. 정당들이 정상적인 정책정당으로서 역할을 하게 되면 국회에서도 의원들의 법률안에 대한 성향이 달라질 수 있다. 그러나 우리의 국회는 기본적으로 정당들의 지지기반구조가 지역으로 갈라져 있다. 비록 부분 비례대표제 때문에 소수당이 존재하고 있지만, 지역기반의 양당제적인 성격에서 국회에서의 입법활동은 항상 가능한 전 국민의 이익을 도모하는 정책중심이라기보다는 정파적인 대결주의적 성향이 강하다. 이러한 비정책지향적인 대결구조 때문에 그동안 국회는 정상적인 입법활동을 하지 못했다. 더욱이 국회의원 및 정당 주도의 입법은 그리 많지 않고 주로 행정부의 입법주도에 의해 정책이 만들어졌다. 사회복지정책 결정과정에서도 정치적 상징으로서 국회의원들은 항상 외연적으로는 복지를 강조한다. 그러나 개별적으로는 실질적으로 지역구의 이익을 가져오는 입법에 더욱 적극적이고 국민들 사이 집단 또는 계층 간 대타협을 요구하는 재분배적 사회복지정책들에 대한 개혁에는 소극적이다. 연말의 예산심의과정이나 차기연도 예산결정과정을 보면, 국민 전체의 사회적 보호나 분배문제에 관련된 사회복지정책보다 '쪽지예산'이라고 하여 자기 지역구사업에 관련된 선심성 예산을 가져오는 데 더 많은 관심을 가졌다고 할 수 있다.

다. 관료제

대통령 및 입법부는 주로 선거과정이나 정치화된 정책의제들을 중심으로 정책을 주도한다. 그러나 그 뒤에서 정책대안 탐색과 분석, 그리고 구체적인 내용을 만드는 데 실질적인 영향을 미치는 행위자는 실적주의와 직업공무원제에 의해 충원된 전문관료제이다. 관료들이 정책결정에 대한 실질적인 영향력을 가질 수 있는 요인은 기본적으로 정책과 행정의 전문성에 있다. 관료들은 선거로 인한 정권교체와 상관없이 신분이 보장되므로 업무의 계속성을 유지하면서 부처의 기능과 관련된 고객이나 시민들과 상시적이고 직접적으로 소통을 한다. 따라서 관료는 대통령, 장관, 국회의원과 같은 정치인보다 오랜 기간 부처 관련 분야 업무에 전문성과 경험을 축적하게 된다. 그리고 이들은 부처와 관련된 이익집단, 언론, 시민단체, 전문가 등 관련 이해관계자들과 오랜 기간 접촉을 통하여 정책네트워크를 형성하고 네트워크의 중심이 된다.[18] 그리고 관료들은 정책형성뿐만 아니라 무엇보다도 집행을 주도하기 때문에 그 과정에서 많은 자율성과 재량권을 행사할 수 있다.[19] 특히 관료제 내에서도 고위공무원집단은 오랜 경험을 통해 그들이 가진 높은 수준의 정책능력과 전문성, 정책네트워크의 중심에 있으며, 정치적 집행부에서 실질적인 정책결정을 내리는 장관과 깊은 소통을 하기 때문에 정책어젠다의 형성, 결정, 집행에 더 큰 영향을 미친다.

오늘날 정책과정에서 관료제의 역할이 중요하다는 것은 정책형성과정에서 국회와 비교해 전문성에 의해 주도권을 가지게 되는 것뿐만 아니라 정책집행과정에서 재량권이 광범위하게 행사됨으로써 실질적인 정책의 성패가 정책집행과정에서 크게 결정되기 때문이다. 즉 국회에서 통과된 법률로 만들어진 정책은 정책의 큰 틀을 담는 추상적인 내용의 수준에 머무르게 된다. 정책집행을 위한 보다 구체적이고 명확한 정책내용은 행정부처의 시행령 또는 규칙에 일임하고 있다. 시행령과 규칙을 만든다는 것은 행정부의 재량에 의해 구체적인 수준에서 정책을 만드는 과정이 된다. 이런 맥락에서 시민들에게 직접 다양한 규제정책을 집행하고 공공서비스를 제공하는 일선기관에 의해 실제 재화와 서비스가 전달되는 정책집행과정도 정책결정과정의 연속선으로 이해할 수 있다. 일선기관에서는 시행령과 규칙을 얼마나 정책목표에 맞게 해석하여 집행하는가가 정책의 효과성을 담보하는 것이다. 특히 뒤의 다른 장에서 언급되지만, 사회복지정책의 중요한 제도 중의 하나는 복지서비스의 전달체계이다. 다양한 복지서비스가 일선 전달체계의 조직과 인력을 통해 전달된다. 이때 각각의 서비스 전달영역에서 일선기관의 관료들은 서비스의 급여 여부의 결정과 급여내용에서 재량을 발휘하게 된다.

그리고 정책평가는 집행효과를 체계적으로 검토하여 정책의 지속 · 수정 · 종결 여부를 판단하는 기초가 되는데 감사원, 국무조정실, 기획관리실, 기획담당관실 등 정책평가를 전문적으로 담당하는 행정조직이 담당한다. 서구 민주주의 국가에서는 국회가 감사와 평가 기능을 가지고 있는 경향이 많은 데 비하여, 특히 우리의 경우는 감사와 정책평가도 관료제 내에서 이루어진다는 것이 관료제의 정책주도성을 더욱 강화시키는 요인이 된다.

관료제는 그 속성상 정당이나 국회의 정치인들처럼 정치적 지지(투표)를 동원하고 이념을 실현하기 위해 정치적 모험을 하는 개혁지향적이라기보다는 상대적으로 정책의 안정적인 집행가능성(feasibility)을 중시한다. 그렇다고 관료제가 전혀 개혁지향적이 아닌 것은 아니다. 관료제는 현장에서 항상 문제를 대하기 때문에 무엇이 개혁되어야 하는지 인지를 한다. 때로는 정치인들이 무관심 할 때 정책어젠다를 제시한다. 관료제는 불확실성이 큰 변화에 대하여 상대적으로 보수적인 경향이 있다는 것이다.[20] 때로는 이러한 현실적 집행가능성과 안정을 지향하는 관료제의 특성이 정치인들의 무모한 개혁을 견제하는 역할을 수행하는 것이다. 그러나 관료제가 지나치게 정치인들에게 영향을 받는 '관료제의 정치화'가 이루어지면, 관료제는 장기적으로 국민들의 보편적 이익과 기본권리를 보호하는 정책 및 행정 시스템을 만들기보다는 무모하더라도 정권의 입맛에 맞는 단기적인 정책에 일조하여 정책실패의 가능성을 높이거나 정치적 부패에 동승하게 된다.[21] 이는 궁극적으로는 국민들이 피해를 입고, 초래된 비용의 부담을 국민들이 져야 한다. 물론 민주주의 정부에서 관료제는 한편으로는 국민들의 보편적 이익을 고민하면서 충언을 하고 정책개발을 하면서, 동시에 집권한 정권의 정책들을 중립적으로 충실히 수행하는 것을 원칙으로 한다. 그러나 전문성으로 인한 관료제의 권력화의 경향을 민주적으로 통제해야 한다. 관료제 정치화의 부작용을 방지하기 위해서는 집권을 한 대통령 이하 장관으로 구성되는 정치적 집행부가 정치적 목적으로 인사권을 남용하지 말아야 한다. 관료제의 고유의 전문성과 자율성이 훼손되지 않으면서 관료제가 정책의 형성과 집행, 그리고 행정의 중요한 수단으로서 본연의 역할을 하도록 해야 한다.

관료제 내에서의 중요한 정책결정과정의 특징 중의 하나는 행정부 내에서 부처 간의 상하위관계와 기능분화로 인한 부처 간의 이해관계와 소통의 문제가 정책결정에 영향을 미친다는 것이다. 사회복지정책은 보건복지부, 고용노동부를 비롯한 주무 사회부처와 관련된 부처들과 서로 협력해서 만들어지고 집행된다. 특히 재정권과 예산권을 갖고 있는 경제부처의 권력과 정책선호도 중요하다. 우리의 경우는 국가정책의 총괄 기획과 예산을 담당하는 정책부처(현재는 기획재정부)가 부총리 수준의 부처로서 다른 사회부처들보다 정책결정 권위가 높다. 그리고 경제부처는 사회복지정책에 대한 이념이나 인식이 다를 수 있다. 그리고 모든 정책에서 중요한 자원인 재정을 다루기 때문에 상대적으로 정책결정 권한이 크며 정책의 우선순위가 다를 수 있다. 특히 우리의 국가관료제의 발전과정을 보면, 과거에 경제발전의 주역이었던 기획예산처에서부터 지금의 기획재정부에 이르기까지 정책의 우선순위는 경제성장과 재정의 안정화라고 할 수 있다.[22] 복지보다는 성장, 재정운용의 효율성을 강조하는 것이 경제부처 조직의 이념이 되었다. 반면에 사회부처 관료는 부처들의 사회적 기능(교육, 노동, 복지, 여성, 가족 등)을 수행하는 것이 조직의 목적이다. 따라서 경제부처와 정책의 우선순위에 대하여 긴장관계를 가진다. 그러나 경제부처라고 해서 항상 복지에 부정적이며 성장만을 중시하는 것은 아니고, 사회부처 조직들이라고 할지라도 재분배와 보편주의 복지만을 강조하는 것이 아니다. 정부부처들의 복지의 실질적 효과에 대한 이념과 목표는 앞의 복지국가의 유형에서 살펴본 바와 같이 국가 전체의 지배적 이념과 가치, 시장에서의 기업조직과 노동조직, 시민사회에서의 지배적인 복지에 대한 이해와 조직화와 권력관계 등 국가-시장-시민사회에서의 복지에 대한 이해와 권력관계에 달려 있는 것이다.

라. 정당

정당은 민주주의 국가에서 집권을 위해 선거에 참여하여 경쟁하는 정치적 조직이다. 정부의 외부에서 정책과정에 영향력만을 행사하는 이익집단과는 달리, 정당은 정당의 이념과 정치목표를 사회의 다양한 이익들을 취합하여 정당의 정강정책 또는 선거공약으로 전환하여 집권을 통해 실현한다. 복지국가의 발전과정이나 사회복지정책의 정책과정에서 정당의 이념적 특징과 정치적 지지 동원 및 정책능력은 중요한 역할을 한다. 주로 진보정당이나 친복지를 표방하는 정당이 자주 집권하게 되면, 그만큼 복지제도가 폭넓게 발전한다. 그렇다고 진보 및 친복지 정당만이 사회복지정책을 추진하는 것은 아니다. 자유주의 또는 보수주의 정당도 사회복지정책을 실시한다. 이념을 넘어서 자본주의체제에서 발생하는 다양한 사회문제들이 완화 또는 해결되어야 하기 때문이다. 권위주의 정치하에서도 지배엘리트의 정치적 정당성을 위해서도 복지정책은 필요하다. 물론 민주주의 정치에서는 더욱 중요하고 필요하다. 정치인들은 문제인식의 수준과 가치, 이념, 정치적 필요에 따라 다양한 형태와 보호 수준 및 재분배적 특성을 갖는 사회복지정책을 제안하고 실시한다.

복지국가의 역사적 발전과정을 보면, 정당들 사이에서 지배적 정당의 이념과 정책

성향이 복지레짐의 특성을 크게 좌우한다. 스칸디나비아 국가들은 사민주의 이념에 따라 평등을 강조하면서 보편주의적 복지를 발전시켰다. 그것이 가능한 이유는 사민주의 정당의 복지국가 이념이 노동계급을 중심으로 중산층을 포괄하는 보편주의적 사회복지정책을 지향하고 이것이 다수의 정치적 지지와 동원에 성공하였기 때문이다. 또한 사민당이 포괄적 정치적 연합을 통해 집권을 할 수 있었을 뿐만 아니라 정책집행에서도 공정성과 정책능력을 통하여 지지계층으로부터 신뢰를 얻어 지속적으로 집권을 할 수 있었기 때문이다.[23] 유럽대륙 국가들의 복지체제의 특징은 사민주의적 평등보다는 보수주의적으로 계층화를 인정하면서 보족성의 원칙(the principle of subsidiarity)에 따라 다양한 정당들이 복지를 강조하면서 모든 국민들에게 높은 수준의 복지제도를 발전시켰다.[24] 대표적으로 독일은 보수적인 기민당과 진보적인 사민당이 상호 번갈아 집권을 하면서 독일의 복지국가 발전에 큰 기여를 했다. 시장주의와 자유주의가 강한 미국은 보수적인 공화당과 진보적인 민주당의 양당체제라고 하지만, 유럽의 정당들과 비교하면 보수주의 vs. 자유주의라는 이념구도가 더 적절하다. 양당 모두 개인주의를 강조하는 자유민주주의를 지향하고 복지는 자본주의 시장경제체제의 문제점들을 보완하고 경제안정을 위하여 취약계층을 중심으로 기초적인 소득과 복지를 보장하는 선별주의적 경향을 선호한다.

정당이 보편주의적인 복지제도의 발전에 긍정적으로 기여할 수 있었던 것은 친복지적 이념으로 대중으로부터 조직적으로 지지를 동원하고 정책능력을 갖춘 대중정당이면서 정책정당이었기 때문이다. 그리고 민주주의 정당으로서 당내 민주주의가 작동되고 이념정당으로서 충성적인 당원들의 지지와 당원으로서 지속적인 정당활동을 통해 유능한 정치인들을 육성할 수 있었다. 또한 친복지적인 성향을 가진 정당이 집권을 하기 위해서는 선거제도도 보완적으로 뒷받침이 되어야 한다. 정치제도의 역학상 단순다수대표제보다는 비례대표제가 중도를 포용하는 정당이 연립정부를 구성하여 집권하기 용이하다. 중도 좌와 중도 우의 정당들이 서로 중산층을 포용하면서 다른 소수정당과 연립하게 되면 사회복지정책의제는 좀 더 국민 다수에게 포괄적으로 혜택을 주는 보편주의적 복지정책으로 만들어질 가능성이 높은 것이다.

그러나 우리의 정당과 민주주의 역사는 서구 유럽과 같은 길을 걷지 못했다. 단순다수제에 기반한 대통령제로 시작한 우리의 정당역사는 한편으로는 형식적으로 양당제가 큰 주축이 되면서도 선거가 가까워 오면 계파나 대통령 출마 또는 국회의원 공천가능성을 쫓아 이합집산되면서 다당제의 모습을 가져왔다. 선거가 끝나면 대통령 선거에서 패배하거나 국회의 원내정당이 되지 못한 정당은 다시 이합집산을 거쳐 소멸되면서 실질적으로는 양당제적 성격을 가지게 되곤 하였다. 여당과 야당은 다음 선거를 위해 대결주의적 성격으로 국정운영에 임하게 된다. 일관성 있는 이념이나 정책기조에 기초한 정책정당이 없었다. 정당이 사회복지정책의 중심행위자로서 역할을 하기 위해서는 보다 뚜렷한 복지에 대한 이념의 확립과 정책능력을 갖춘 정책정당으로서의 정당발전이 필요하다.

마. 이익집단

이익집단은 구성원들의 이익을 보호하기 위하여 조직화된 집단이다. 이익집단의 주된 기능은 구성원의 이익을 보호하기 위해 정부의 정책결정에 영향을 행사하는 것이다. 이익집단을 민주주의 작동의 기본단위로서 보는 다원주의적 민주주의 관점에서는 공통의 이익들을 가진 개인들이 자율적으로 조직한 이익집단들이 서로 경쟁적으로 정부에 영향을 미치는 정책투입의 기능을 하는 것으로 이해한다.

복지국가 발전에 지대한 영향을 주는 이익집단으로 노동조합과 기업조직이 대표적이라고 할 수 있다. 또한 사회복지정책으로부터 혜택을 보거나 영향을 받는 노인, 장애인, 여성 등 수혜자집단 조직들도 조직화를 통해 영향력을 행사한다. 그리고 복지서비스를 제공하는 의사, 간호사, 사회복지사 등 전문가집단들도 조직화를 통해 사회복지정책 결정과정에 영향력을 행사한다.

그중에서도 노동조합과 기업조직을 다원주의론에서 주장하는 것처럼 다른 이익집단들과 같은 수준에서의 경쟁적인 이익집단으로 볼 수 있느냐에는 논쟁이 있을 수 있다. 이론적 시각에 따라 노동조합을 계급조직으로서 노동자계급 전체의 이익과 사회변화를 추구하는 사회운동조직인지 아니면 단순히 노동조합 조직원의 이익만을 보호하기 위한 노동조합으로 해석할 것인지의 문제이다. 기업조직도 단순히 업종별·규모별로 개별 기업들의 공통이익을 보호하는 이익집단인지 아니면 업종별로 다르더라도 궁극적으로 자본의 이익을 총체적으로 보호하는 계급집단인지도 논쟁이 될 수 있다.

이러한 논쟁은 이론적 차원에만 논쟁하기보다는 결국 이 집단들이 개개 국가에서 실제로 어떻게 조직화되고 어떤 규범과 이데올로기를 가지고 역사적으로 형성되고 변화해 왔는가에 따라 다르게 해석될 수 있을 것이다. 국가에 따라 노동조합의 역할은 개별 국가별로 산업 구조와 환경의 변화, 기술의 발전 등 시간이 변화함에 따라 행위자로서의 문제의식과 조직형태의 변화에 따라 계급조직적 성격이 강한 역할로서 노동자들의 이익을 보호하고 사회를 변화시키는 주요 행위자로서 수행하기도 하였고, 개별 노동조합의 조합원의 단기적인 이익을 보호하기 위한 이익집단으로서의 역할을 수행하기도 하였다.

노 · 사 · 정이 중심이 되는 조합주의(corporatism)적 정책결정이 제도화되어 있는 나라에서는 각각의 중앙의 대표조직이 사회복지정책 결정과정에서 큰 영향력을 발휘한다. 노조가 전국적 수준에서 중앙집권화되어 있는 경우는 전체노동계급의 연대를 위해 보편주의적인 사회보험을 위시한 공공복지를 선호하게 되고, 또 계급연대로부터 발휘되는 정치적 힘도 갖게 된다. 노조가 정치세력화가 되어 노동계급을 넘어 다른 계급과의 연대까지 고려하게 되는 경우에는, 근로와 기여라는 진입장벽을 내재하고 있는 사회보험의 문턱을 낮추거나 조세로 운영되는 비기여 복지 프로그램을 선호하게 된다. 1930년대 무기여 기초연금의 도입을 통해 농민당과 연대를 도모한 스웨덴의 사회민주당과 노동자총연맹(LO)이 대표적인 사례가 될 것이다. 반면에, 노동자가 기업별로 조직화되어 있는 경우, 노동조합은 자신들의 기업의 임금인상이나 기업복지 투쟁에 우선순위가 주어지고 타 기업 노동자의 복지 수준 향상을 위해 자기 노조의 역량을 집중하고 희생할 인센티브가 적다. 서로 협력을 하더라도 고용주나 기업조직과의 힘든 협상에서 마지막 투쟁까지 연대하게 될 여력이 없게 된다. 따라서 당장 자신들에게 이익이 돌아오기 어려운 보편주의적 복지투쟁보다 임금인상과 기업복지를 선호하게 된다.

기업집단도 무조건 사회복지정책에 반대하는 것은 아니다. 일반적으로 고용주는 국가복지를 통해 노동비용이나 세금이 증가하게 되면 단기적으로는 반대를 한다. 대신에 자신의 기업에서 근로자들의 근로동기와 사기를 올리거나, 특히 고숙련 노동자들을 확보하기 위해서는 기업의 부담을 줄이기 위하여 국가의 실업보험제도나 직업훈련 프로그램에 찬성하거나 불가피하게 기업복지를 실시한다.[25]

노인, 장애인, 여성 등 사회적으로 취약계층의 이익집단도 그 규모와 조직의 응집력에 따라 사회복지정책 결정과정에 영향력을 미친다. 특히 노인집단의 경우, 고령화가 진행되면서 인구수도 증가하고 투표율이 다른 어느 집단보다 높기 때문에 노인의 영향력이 증가하고 조직화되어 있다면 상대적으로 더 큰 영향력을 행사한다. 그리고 보건의료정책의 경우 의사와 같은 중심 전문가집단이 강하게 조직화될 경우, 건강보험제도나 공공의료의 확대에 저항하는 영향력을 행사한다. 공공의료가 강한 국가들의 배경에는 역사적으로 국가와 의사집단 간의 권력관계에서 국가의 영향력이 더 큰 경우가 많다.[26] 따라서 국가별로 보건의료제도의 발전과정에서 국가와 의사집단 간의 권력관계가 공공의료제도의 발전에 중요한 역할을 할 수가 있다. 복지서비스의 공급자로서 민간부문의 보육원, 유치원, 사회복지기관들도 상황에 따라 공급자로서의 이익을 지키고자 하는 이익집단의 역할을 수행할 수도 있다.

이와 같이 이익집단의 개념 수준에서 볼 때, 사회복지정책 의제들이 만들어지는 과정에서 다양한 수혜자 또는 전문가 집단들의 이해관계가 사회복지정책의 형성과 변화에 나름대로의 방식으로 영향을 미친다. 그러나 서구의 복지국가의 발전과정을 보면, 복잡 다양한 이익집단들의 경쟁적 이해관계의 조정이기도 하지만, 주요 세력인 노동자 조직과 자본 또는 기업 조직 간의 권력균형, 또는 이념적 정당을 매개로 한 친복지세력의 연합과 그렇지 않은 시장주의적 · 자유주의적 세력 간의 권력균형관계가 중요한 영향을 미쳤다고 할 수 있다.

바. 시민단체

시민단체는 이익집단과 같이 시민사회의 자발적 조직이지만 그 목적과 기능은 이익집단과 다르다. 구성원의 이익을 보호하는 것이 이익집단의 기본적 기능이라고 한다면, 시민단체는 조직구성원의 좁은 이익을 넘어서 인권, 환경, 반핵, 평화와 같이 시민사회의 보다 보편적인 이익이나 권리를 보호하거나 이를 확대, 증진시키는 것을 목적으로 활동한다. 이러한 시민단체는 비정부조직(NGO), 시민사회조직(CSO) 등 다양한 명칭으로 불린다. 시민단체의 성장은 제2차 세계대전 후 경제적 고성장과 민주주의의 성숙과 함께 나타난 인권, 환경, 반핵, 평화를 촉진하는 신사회운동(new social movement)에 영향을 받았다. 이전의 사회운동이 초기 자본주의 발전과정에서 노동운동을 중심으로 노동자와 자본 중심의 물질적 생산과 분배에 관한 투쟁에 초점을 두었다면, 2차 대전 후의 풍요사회에 태어난 전후 세대는 물질주의를 넘어, 앞에서 제기된 국가 간의 경계를 넘는 인류의 공통문제인 가치, 즉 탈물질주의(post-materialism)적 가치에 초점을 두었다. 이들 신사회운동 조직들은 국내적으로 또는 국제적 연대로 네트워크를 형성하면서 더욱 빠르게 성장하였고, 오늘날 글로벌 차원의 문제해결에 큰 역할을 하고 있다. 따라서 서구의 맥락에서는 시민단체가 복지국가의 발전에 큰 기여를 했다고 하기보다는 복지국가 발전의 결과로서 물질적 가치를 넘어서는 새로운 인류가치를 지향하기 위하여 성장했다고 할 수 있다.

그러나 한국의 경우, 사회복지정책의 발전에 노동조합과 같이 노동운동보다는 민주화 이후의 시민운동과 시민단체의 영향력이 사회복지정책의 발전에 기여한 면이 크다. 우리의 시민사회는 산업화의 성공으로 성장한 중산층을 중심으로 민주화 이후에 빠르게 성장하였다. 시민단체들은 권위주의 시대의 취약했던 다양한 분야에서의 인권신장과 정부정책에서도 경제성장중심의 폐해들을 해결하는 데에 초점을 두었다. 그런 가운데 빈민운동은 도시 빈곤층을 중심으로 산업화시대 초기부터 있어 왔다. 민주화 이후에는 보다 폭넓게 경제정의를 강조하고, 공평한 재분배, 사회복지정책의 확대 발전을 주장하는 시민운동단체들이 활발하게 성장하였다. 경제정의실천연합, 참여연대 등이 그 대표적인 예라고 할 수 있다. 이들 시민단체들은 이념적인 차이는 있지만, 복지 분야에서는 산업화시대의 불균형 발전의 산물을 극복하기 위하여 도시빈곤문제에 초점을 두면서 사회복지정책의 확대를 위해 정부정책에 영향력을 행사하였다. 특히 참여연대는 전근대적인 공적부조제도를 사회권화하는 국민기초생활보장운동을 꾸준히 전개하였으며, 그 결과로 김대중 정부의 복지개혁에 큰 영향을 미치기도 하였다.[27] 이런 맥락에서 해외에서는 한국에서의 복지제도의 발전을 노동계가 아닌 시민사회가 주도하는 역할로 많은 관심을 가졌다. 한국에서는 서구와 달리 복지국가 건설에 노동운동이 하지 못한 그 역할을 시민사회가 대체하였다고 평가받기도 한다. 이러한 역사적 맥락으로서 지금도 우리 사회에는 복지확대를 강조하는 시민단체와 전문가단체들이 많다고 할 수 있다.

사. 정책전문가집단과 지식인

정책전문가집단이나 지식인들도 정책결정과정에 중요한 역할을 한다. 정책전문가집단에는 제도화된 정부 및 민간 분야에서의 연구소 또는 싱크탱크들이 있고 비공식적으로 정책을 연구하는 전문가 또는 교수들이 있다. 이들은 사회문제를 선제적으로 인식하고 공중의제화시키는 정책의제설정 단계에서부터 정책집행과정에 이르기까지 다양한 통로로 정책결정과정에 영향을 미친다. 입법화 전 단계에서 정책입안에 필요한 사전연구와 정책형성과정에서 정책자문 등으로 참여하면서 사실상 공식적 권한을 부여받은 정책참여자만큼 실제적으로 큰 영향력을 행사할 수도 있다.

실제 정책결정과정을 보면, 공식적인 정책결정과정의 제도로서 입법부, 행정수반, 정당 등의 제도화된 행위자의 공식적인 법제도적 정책결정과정에서의 역할도 있지만, 행정부의 고위관료, 소수의 국회의원집단, 행정부 수반의 고위정책막료, 소수의 정책전문가들로 구성되는 비공식적인 정책커뮤니티(policy community) 또는 이슈네트워크(issue network)에서 의제설정에서부터 문제분석, 그리고 정책대안형성에 구체적인 내용의 밑그림이 만들어진다는 것이다.[28]

또한 지식인은 개인적인 차원에서도 집권엘리트의 이데올로기나 국정이념 등을 형성해 주면서 큰 흐름의 정책형성에 영향을 줄 수 있다. 예를 들어, 스웨덴의 경우 스웨덴의 복지국가 모형에 영향을 주었던 뮈르달 부부라든가, 영국의 웹 부부, 티트머스, 기든스 등등 사회의 새로운 가치와 국정이념 및 정책이념을 제시함으로써 정책형성과정에 중요한 역할을 수행하기도 한다. 그리고 저술, 언론매체의 칼럼, 연구소나 싱크탱크의 연구를 통해 사회문제해결을 위한 정책대안을 제시하거나 정책의 영향(효과 및 비용)의 예측과 평가 등을 통해 정책과정에서 큰 영향력을 행사한다.

정책결정은 이해집단 간 정치적 타협의 결과물이기도 하지만, 정책대안 간의 비교평가를 통한 최적대안 선택이라는 합리성의 산물이기도 하다. 정책평가과정에서 관료제의 경험도 중요하지만 전문가의 역할도 중요하다. 전문가는 정책결정 이후 정책집행과정에서는 크게 직접적인 영향력을 발휘하지는 않는다. 그러나 정책평가과정에서 전문가(지식인)는 각종 분석기법을 활용해 정책집행과정에서 일어나는 문제, 정책목표 대비 달성도, 수혜집단별 효과분석 등을 행하고, 이는 다음 정책결정과정에 환류(feedback)되어 의사결정에 영향을 미치기도 한다.

우리나라 사회복지정책형성의 경우, 관련 연구기관이나 싱크탱크로서는 한국보건사회연구원, 한국노동연구원, 한국경제개발원(KDI) 등 국책연구소 연구원의 역할이 크다.

아. 매스미디어

현대사회에서 언론의 여론형성은 정책의제형성과 정책평가과정에서 중요한 역할을 한다. 언론은 복잡한 현대사회에서 소통의 중요한 매개체이다. 대중에게 사회에서 발생하는 다양한 일들에 대하여 정보를 제공해 주며 이를 통해 여론의 형성에 중요한 역할을 한다. 하버마스가 주장하였듯이, 민주주의는 집합적 동의에 이르는 과정을 의미하고 이를 위해서는 시민들이 정보를 얻고, 교육되고 서로 조화를 이룰 수 있도록 자유로운 소통의 과정이 필요하다. 현대사회에서는 이런 소통의 과정에 공론장(the public sphere)이 형성되는 데 매스미디어가 중요한 역할을 하고 있다.[29]

그러나 매스미디어는 실질적으로 아주 중립적인 소통의 매개자이기가 어렵다. 어떤 방식으로든 매스미디어는 사건의 선택과 해석에서 특정 가치와 이념에 편향적인 인지와 해석을 제공할 수밖에 없다. 때로는 기존의 사고관념 및 가치와 담론의 틀을 재강화시키는 역할을 할 수도 있고, 새로운 문제의식과 가치 및 해법을 제공함으로써 사회변화의 어젠다를 형성하는 데에도 크게 기여할 수 있다. 더욱이 오늘날 매스미디어는 거대한 자본으로 상업화되어 있어 자본친화적이거나 또한 다양한 이념적 성향을 가지면서 소통을 선택적으로 매개하고 있다. 개별 언론 및 방송사들은 사회 안에 유통되거나 확산되는 사건과 담론을 해당 언론사의 이념 및 경향성 등에 의해 취사선택하게 된다. 때로는 상업성 · 이념성과의 상호 작용 속에서 객관적인 사실들과 해석을 심각하게 굴절시키기도 한다.[30] 이 때문에 매스미디어는 가능한 객관적인 정보와 균형적인 해석과 대안을 제시하는 기본적 윤리를 지키고자 하는 노력이 매우 중요하다.

사회복지정책과 연관하여 매스미디어의 역할은 매우 중요하다고 할 수 있다. 사회복지정책이 한 사회의 자원의 재분배에 중요한 역할을 하는 정책이고 이념성이 강하기 때문에 집단 간의 이해관계와 갈등을 유발할 수 있는 유인이 강한 정책이다. 따라서 빈곤을 비롯하여 국민들의 기본적인 삶에 영향을 주는 복지문제에 대한 이슈를 어떻게 해석하고 해결할 것인가는 복지에 대한 가치와 이념, 그리고 방향성을 결정하는 공중담론의 프레임이 어떻게 설정되는가에 따라 정책의제형성에서부터 정책내용의 결정 및 집행에 이르기까지 중요한 역할을 하게 된다. 즉 매스미디어는 이러한 복지문제에 대한 공적 담론의 프레임을 초기에 형성하고, 사회복지정책의 어젠다형성에 기여하기 때문에 한 사회의 분배문제에 관한 정책 아이디어 또는 공적 담론을 형성하는 데에도 중요한 역할을 수행하는 행위자라고 할 수 있다. 한국 사회에서도 매스미디어는 사회복지정책의 어젠다형성에 지대한 영향을 끼쳐 왔다. 특히 민주화와 함께 IMF 경제위기 이후 사회적 불평등이 심화됨에 따라 매스미디어는 복지문제를 나름의 이념적 프레임을 가지고 공중의제로 만드는 데 기여하였다.

최근에는 이러한 제도권 매스미디어의 역할에서 새로운 소통의 매체가 성장하고 있다. IT 기술의 발전에 따라 인터넷과 SNS를 통한 개별 매스미디어를 형성하면서 전통적인 매스미디어의 틀에서 벗어나 새로운 소통의 도구로서 다양한 정책이슈의 담론형성에 기여하고 있다. SNS는 소수의 제도권 매스미디어의 선택적이며 주도적 프레임의 설정과 의제설정능력을 깨뜨리는 파괴력을 가지며, 점점 주요 공적 담론의 형성매체로서 등장하고 있다. 블로그를 비롯해 다양한 SNS 수단을 통해 제도권에서 제시하지 않거나 못하는 의제를 제시하고 비판하면서 새로운 정책의제를 만들어 가기도 한다. 따라서 오늘날 다양한 ICT 소통 도구의 등장은 제도권의 매스미디어가 주도하였던 담론형성에 대한 대안으로써 서로 경쟁하면서 정책어젠다형성에 중요한 역할을 하고 있다.

자. 일반 국민

정책의 참여자로서 일반 국민은 그 경계와 특성을 규정하기가 쉽지 않다. 우선 국민 전체를 하나의 행위자로 보기 어렵다. 일반 국민은 각자의 사회경제적 위치나 정치적 신념 또는 문화적 특성에 따라 다양한 이익과 선호를 가지고 있기 때문이다. 따라서 일반 국민들은 앞에서 논의되었던 주요 제도와 행위자들과 연계되어 다양한 경로로 자신의 정치적 선택을 하고 정책결정에 영향을 미친다.

첫째로, 오늘날 민주주의 제도는 기본적으로 대의민주주의 형식을 가진다. 따라서 국민들이 가장 기본적으로 정책에 영향을 미치는 방법은 선거를 통해 자신의 이익을 대표할 수 있는 정당이나 정치인을 선택하는 것이다.

둘째로, 여론과 공적 담론의 형성이다. 오늘날 여론과 담론의 형성은 정보사회가 되면서 매스미디어를 비롯해 인터넷, SNS와 같은 다양한 의사소통기구를 통하거나 시위, 이익집단과 시민사회조직 등의 참여 등 다양한 경로에 의해 매개되고 형성된다.

셋째로, 자신들의 이익이나 정치적 선호에 따라 적극적으로 정당, 이익집단, 시민단체에 가입하여 조직화된 행동으로 정책결정에 영향을 미친다. 정치적으로 조직화가 잘된 사회일수록 국민들의 상당수가 정당, 노동조합을 포함하여 다양한 이익집단이나 시민단체에 가입하여 조직화된 행동으로 정책에 영향을 미친다.

결국, 일반 국민이 정책결정에 영향을 미친다는 의미는 국민들의 시민의식과 정치의식이 성숙되어 민주주의가 만들어 낸 제도들을 잘 운영하는 것이라고 할 수 있다. 이 과정은 역사적이며 지속적인 정치과정의 산물이다.

3 — 정책과정의 단계 관점과 사회복지정책과정

앞의 정책의 개념화에서 설명했듯이, 정책은 목표 달성 또는 문제해결을 위한 일련의 의사결정과 행위의 과정이다. 따라서 정책과정과 그 역동성을 이해하는 것이 매우 중요하다. 정책과정에 대한 기본적 이해는 앞의 주요 정책참여자들의 제도 속에서의 역할과 정책이 만들어지고 집행되는 단계별로 이해하는 것이다. 어떻게 나누는가는 학자별로 강조점의 차이에 따라 조금씩 다르다. 그러나 크게 정책형성, 정책집행, 정책평가와 피드백의 3단계로 나눌 수 있다. 이를 기초로 학자마다 이 세 단계들을 좀 더 구체적인 단계들로 세분화시킨다. 이러한 정책과정의 단계적 과정의 논리는 이스턴(D. Easton)의 민주주의 정치과정을 분석한 체제(system) 이론적 틀에서 나온다.

그림 7-1　정책과정 체제의 모형

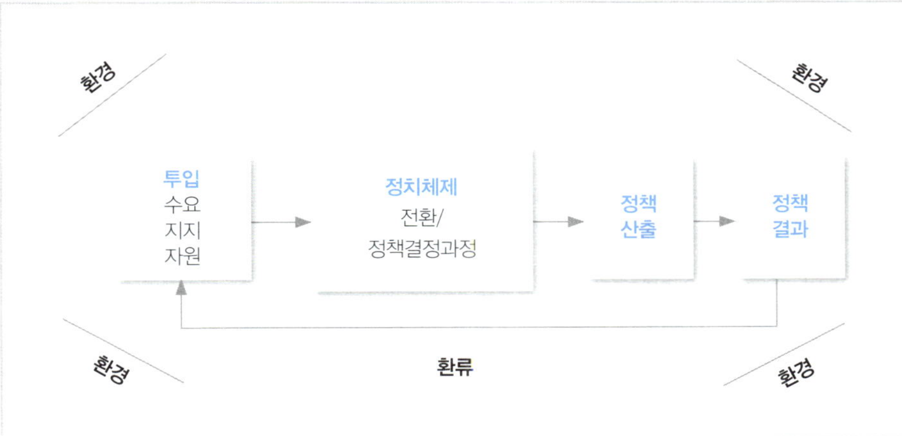

자료 : Jenkins, W. L.(1978). *Policy Analysis : A Political and Organizational Perspective*. Palgrave. p.33.

[그림 7-1]은 체제 이론의 관점에서 정책과정을 개념화한 것이다. 체제 이론은 정치과정을 하나의 체제(system)로서 보고 투입(input), 전환(conversion), 산출(output), 환류(feedback)의 과정으로 본 것이다. 정책의 투입과정과 전환과정을 통해 공식화된 정책내용(법, 규제, 정책지침)으로 나오는 과정을 정책형성 단계로, 그리고 정책내용이 실행(법안이 만들어지고 정부의 행위가 이루어지는 과정, 서비스와 재화가 전달되는 과정)되는 과정을 정책집행 단계로 본다. 체제이론에서 정책산출(policy output)이 정책내용의 공식화에서 정책집행까지를 포함하는 단계가 된다. 그리고 정책집행의 결과로 사람들의 행동을 비롯해 기존 상태의 변화를 가져오는 정책영향(impact)이 정책결과(policy outcome)를 가져온다. 그 결과는 정책을 만들 때 의도했던 긍정적 결과일 수도 있고, 의도하지 않았던 부정적 결과일 수도 있다. 이를 판단하는 과정이 정책평가이다. 그리고 그 평가결과는 환류(feedback)되어 다시 투입으로 들어간다.[31]

사회복지정책 분야에서 잘 알려진 길버트와 테렐(N. Gilbert and P. Terrell)은 사회복지정책의 과정을 ① 문제의 인지(identification of problem), ② 문제의 분석(analysis), ③ 공중에의 홍보(informing the public), ④ 정책목적의 개발(development of policy goals), ⑤ 공중의 지지 구축과 정당화(building public support and legitimation), ⑥ 프로그램 디자인(program design), ⑦ 집행(implementation), ⑧ 평가

(evaluation and assessment)로 구별하였다.[32] 이는 사회복지정책의 정책형성과정을 정치과정과 유사하게 자세히 구별하여 정책형성과정의 중요성을 강조한 것으로 해석된다. 정책과정을 보다 유의미한 단계로 나누어 과정상에서 나타나는 특성들을 잘 이해하기 위해서는 문제 발생과 인식을 의제설정에 포함시켜, ① 정책의제설정, ② 정책결정, ③ 정책집행, ④ 정책평가와 피드백의 네 단계로 나누는 것이 적절하다. 여기서는 사회복지정책의 정책영역적 특성을 이와 같은 네 단계의 정책과정에 초점을 두어 더 자세히 알아본다.

4 — 사회복지정책과정과 주요 이론

사회복지정책은 다른 정책보다도 정치경제적으로도 가치 및 이데올로기와 연관성이 많고 경제문제와 사회문제가 깊이 연계되는 중요한 정책영역이다. 때문에 정책결정과정도 복잡하고 정치적으로도 역동성이 강하다. 여기에서는 사회복지정책결정과정의 특성을 잘 이해하게 해 줄 수 있는 정책 이론들의 의미와 특징, 그리고 이슈와 쟁점들을 간단하게 정리해 본다.

1) 정책의제형성 단계에서의 주요 이론

가. 사회복지정책에서의 의제형성의 의미

정책의제형성은 정책과정에서 정부의 공식적인 정책의제가 만들어지는 과정을 의미한다. 민주주의 국가의 관점에서 보면 주권을 가진 시민들이 국가의 주인이기 때문에 시민들의 기본적 권리를 보호하고 복지를 증진시키는 것이 중요하다. 따라서 다양한 사회문제들의 발생에 따른 시민들의 이해관계와 이들의 요구들이 일어나는 정책투입(policy input)이 정책과정에서 중요하다. 체제 이론의 기본적 가정은 체제는 환경의 영향을 받아 체제 내에 어떤 부분에서 문제가 발생하면 체제의 기능적 대응으로 균형점에서 문제가 해결되면서 체제가 유지된다는 것이다. 이런 맥락에서 체제 이론에 영향을 받은 초기의 다원주의론도 정부의 정책은 다양한 이익집단들의 요구에 대한 균형적 수렴의 결과라고 가정했다.

민주주의 정부는 규범적인 차원에서 시민들의 다양한 이익투입과 이익갈등을 중립적이며 균형적으로 조정한다는 것이다. 그런데 현실은 모든 사회적 문제나 시민들의 요구가 균형적으로 반영되어 정부의 정책의제로 만들어지지 않는다는 것이다. 따라서 최근의 정책의제형성 단계에서의 중요한 이슈는 "왜 모든 사회문제가 공식적인 정책의제로 나타나지 않는가?" 또는 "문제에 대한 해석이나 정책의제의 내용이 많은 경우 사회집단들의 요구와 다른 방향으로 또는 특정 이익집단의 이익을 더 반영하여 만들어지는가?"를 설명하는 것이다. 이런 맥락에서 정책의제설정 단계의 중요 이슈는 우리 현실세계에서 벌어지는 다양한 사회문제들이 어떤 과정을 거쳐서 정부의 실제 정책의제로 만들어지는가를 이해하는 것이다. 이 과정도 학자별로 다양하게 나누고 있지만, 압축하여 세 단계로 나누어 본다.[33]

사회문제화

현실세계에서 특정 문제가 대중에게 사회문제로 인지되는 단계이다. 사회문제는 항상 잠재적이다. 그러나 잠재적인 모든 사회문제가 사회적으로 인지되고 사회문제화되는 것은 사회적 과정이며 정치적 과정이라고 할 수 있다. 따라서 사회문제는 객관적으로 존재하는 것이 아니라 '사회적으로 구성되는 과정(socially constructed)'이라고도 표현을 하는 것이다.[34] 그리고 이는 동시에 정치적 과정이 수반된다. 사회문제 원인의 해석이나 해결방법에는 정답이 있는 것이 아니라 이해관계에 따라 엇갈린다. 복지와 관련된 사회문제는 인간의 기본적인 안전과 복지 등 기본욕구(basic needs)의 결핍이나 자원배분에서 집단 간의 이해관계의 갈등에서 비롯된다. 특히 복지문제는 인간의 기본욕구의 충족이라는 규범적, 이론적 관점에서 출발하지만, 실제 문제제기에서는 이익갈등이 심화되고 정치화되면서 나타난다. 그리고 문제해결을 위한 정책은 자원의 재분배적 성격이 강하기 때문에 혜택을 받는 자와 부담하는 자, 또는 받는 자들 간의 갈등이 어떤 방식으로든 조정되면서 만들어진다.

예를 들어, 빈곤의 원인과 해법을 놓고도 가치나 이념적 차이에 따라 다르다. 개인의 소극적 자유를 강조하는 자유주의와 적극적 자유를 주장하는 평등주의 사이에 빈곤의 원인과 해법에 의견의 일치를 보기 쉽지 않다. 빈곤의 문제를 개인의 능력 및 노력 부족의 문제로, 아니면 사회구조적인 문제로 해석하느냐에 따라 정부의 정책방향이 다르게 된다. 또한 자원배분이 일어나는 재정적인 차원에서 효율성이냐 실질적 문제해결의 효과성이냐의 우선순위에서도 갈등이 생길 수 있다. 이와 같이 문제의 해석과 해법들에 대한 사회적 이슈화를 의사소통 이론(communication theory)의 관점이나 신제도주의적 관점에서 공적 담론(public discourse)의 형성이라고 표현하기도 한다. 담론의 장에서 문제의 원인이 무엇이고 어느 해법이 좋은가에 대한 다양한 아이디어들이 서로 경쟁하게 되는데, 이 과정에서 아이디어들을 주장하는 행위자들의 이념과 가치들이 투영되고 자신의 관점에서 해석하는 것을 프레임(frame)이라고 한다. 이와 같은 아이디어와 프레임 경쟁은 다음의 공중의제와 정부의제 단계까지 계속된다. 그리고 궁극적으로 프레임 경쟁은 정책형성 단계에서 끝나는 것이 아니라, 집행과 평가 단계를 포함하는 전 정책과정에서 지속되는 정치과정이라고 할 수 있다.

공중의제

공중의제는 앞에서의 사회적 의제들이 일반 대중의 주목을 받기 시작하여 정부가 문제를 해결해야 한다는 여론의 형성과 다수의 지지에 의해 특정 사회문제가 활발하게 의제화되는 단계를 의미한다. 앞의 사회문제화 단계에서는 인지된 사회문제에 관련된 다양한 아이디어의 프레임들이 경쟁하는 과정이라면, 공중의제에서는 다양한 의제 중 몇 가지 주목받는 프레임에 근거한 정책의제로 수렴화되는 과정이라고 할 수 있다. 따라서 시민사회에서 형성되고 수렴화되는 의제들이 그대로 정부의 의제로 선택된다는 것이 아니다. 정부는 여론이나 담론의 과정에서 주목을 받는 의제들을 수용하기도 하지만, 정책전문성이나 나름대로의 해석과 프레임에 의해 시민사회를 설득하거나 선제적으로 프레임을 만들어 정부 또는 정치엘리트가 주도하여 공중의제를 형성해 나가기도 한다. 즉 공중의제는 좀 더 정제되고 조직화된 소수의 프레임들이 경쟁하면서 힘이 있는 세력 및 집단의 프레임 또는 보다 대중적으로 설득을 받는 프레임 등에 기초해 어떤 한 방향으로 기울면서 다음의 정부의제로 넘어가게 된다.

정부의제

정부의제는 공식적으로 정부 내에서 본격적으로 의제를 다루며, 구체적인 분석과 대안을 준비하여 최종적으로 정부의 정책안이 만들어지는 단계를 의미한다. 일단 정부의제가 되면 해당 부처와 관계기관과의 정보공유와 토론을 통하여 부처안이 만들어지기 시작한다. 물론 정부의제는 앞의 사회문제화나 공중의제화 단계에서도 내부적으로 공식, 비공식적으로 논의가 진행된다. 공식적인 부처안이 만들어지면 관련 부처와의 조정과정을 거치고 상부조직으로 올라가 장관, 그리고 여당과의 당정회의, 국무회의, 행정부 수반의 수준까지 올라가서 정책안이 검토된다. 이런 과정을 거쳐 정책내용은 다양한 조정을 통해 다듬어지고 수정된다. 정부 내에서 의제를 다루더라도 앞에서 제시되었던 여러 정책행위자들이 직·간접적인 통로와 여론의 형성 등을 통해 자신들의 이해관계와 선택의 방향으로 정책내용이 만들어지도록 지속적으로 영향력을 행사한다. 정부의제 단계에서 정부가 얼마나 공개적으로, 그리고 사회의 다양한 이해관계들을 균형 있게 반영하는가가 민주주의 정부로서의 역량을 보여주는 것이라고 할 수 있다.

나. 사회복지정책 의제형성 단계에서의 주요 이론

의제설정의 주도자에 따른 의제형성 유형론

의제설정 이론에서 많이 활용되는 이론으로는 의제설정 주도자에 따른 유형론이 있다. 이는 누가 어떤 방식으로 정부의 정책의제를 주도하는가에 따라 정책의제가 만들어지는 방식을 나눈 것이다.[35]

첫째, 외부주도형 모델(outside initiative model)이다. 정책의제형성 방식이 정부의 바깥에 있는 시민사회에서 특정 문제를 겪고 있는 집단이나 이익집단들이 주도하여 자신의 문제들을 여론화시키면서 공중의제화시켜 정부가 이를 정부의제화시키는 방식을 의미한다. 이는 기본적으로 민주주의 정부의 원리 또는 다원주의 시각에서 제기되는 의제설정 방식과 일치한다고 할 수 있다. 따라서 민주주의가 정상적으로 작동되면서 다양한 사회문제들이 매스미디어, 이익집단, 정당을 통해 여론형성과 공중의제화되고 선거 시기에는 정당의 경쟁적인 정책의제로 발전하거나 그 외에는 정부가 수용하여 정책의제로 되는 과정이 외부주도형의 전형적인 사례라고 할 수 있다. 사회복지정책의 경우, 민주주의가 성숙되면 사회의 다양한 집단들의 복지와 삶의 질 문제가 중요한 정책의제로 등장하게 된다. 특히 재분배성이 강한 사회복지정책이 정부의제화된다면, 그 사회는 세력 및 집단 간의 권력균형이 어느 수준에서 유지되면서 민주주의가 성숙되었다는 것을 의미한다고 할 수 있다.

둘째, 동원형 모델(mobilization model)이다. 정책의 의제를 정부의 핵심 정책리더가 주도하여 만들고 이에 대한 지지를 사회로부터 동원하는 것을 의미한다. 일반적으로 정치지도자가 일방적으로 강력한 리더십을 발휘하거나 정부가 대중과의 거리가 멀고 소통이 잘 안 되는 경우, 정부 내부에서 만들어지는 정책을 외부에서 정치적으로 지지를 동원하여 정책의 정당성과 집행에서 순응을 만들어 내는 전략이다. 많은 경우, 시민사회의 역량이 덜 발전된 개발국가에서 정치지도자나 정부가 주도하여 경제개발계획이나 산업정책 등을 실시하고, 시장이나 사회로부터 정치적 지원이나 순응을 유도하는 경우가 해당된다. 사회복지정책의 경우, 정당성이 부족한 정권이거나 선거 과열에 의해서 대중영합적인 포퓰리즘 사회복지정책을 통해 지지자를 동원하는 사례들이 해당될 수 있다. 또는 선진국가에서도 정부가 사회문제를 먼저 인지하고 선제적으로 사회문제에 대응하면서 민주적 과정으로 여론형성과 정치적 지지를 동원하는 경우도 가능하다. 민주주의 국가이면서도 동원형이 제대로 작동되기 위해서는 관료제나 정부가 사회를 잘 모니터링하고 좋은 정책을 만들어 내며 국민을 설득할 수 있는 능력이 중요하다고 할 수 있다.

셋째, 내부접근형 모델(internal access model)이다. 이 모형은 정책의제를 정부 내부적으로만 한정하여 만들고, 외부로 그 의제를 공식화하여 확대하거나 정치화시키는 것을 원하지 않는 경우에 해당된다. 이러한 의제설정과정은 여러 경우에 나타날 수 있다. 의제가 공식화됨으로써 외부 이해관계자로부터 강한 저항을 일으켜 정책목표를 성취시킬 수 없는 정책이 있을 수 있다. 예를 들어, 외교와 안보 문제와 같은 특정 정책영역은 외부적으로 의제화됨으로써 집행이 어려운 경우가 있다. 또는 정책이 너무 전문적이며 기술적 내용을 가지는 경우, 그것이 공중의제화되었을 때 잘못된 논쟁으로 번질 경우도 있다. 또는 핵심 엘리트 정책집단들의 내적 기득권을 보호하기 위하여 어젠다가 외부로의 노출이 없이 '사적인' 정책결정으로 진행될 수도 있다. 이 모델의 핵심은 정책어젠다의 형성에 공중의 참여를 배제시키는 데에 있다. 정부 내부적으로 좁은 범위의 정책커뮤니티에 의해 어젠다가 만들어지고 집행되는 경우이다. 정책의 특성상 불가피한 경우도 있겠지만, 정책결정과정에서 내부접근형이 많다는 것은 비민주적이며 소수의 엘리트 집단에 의해서 운영되는 정부라고 할 수 있다.

무의사결정(non-decision making) 이론

사회복지정책과 연관한 정책결정과정에서 주목해야 할 이론 중의 하나로서 무의사결정(non-decision making) 이론이 있다. 므의사결정 이론은 특히 정책의제설정 단계에서 중요한 의미가 있다. 그리고 이 이론은 권력 이론과 관련되면서 다원주의론을 비판하는 관점으로도 많이 논의되어 왔다.

앞에서 제기되었듯이, 정책의제는 다원주의론에서 제기하는 것처럼, 이익집단 간에 명시적으로 관찰될 수 있는 압력과 상황에 따른 무작위적 경쟁의 결과로서 선택되는 것이 아니다. 사회구조나 제도, 조직 등에 내재되어 있는 그 사회의 지배엘리트 또는 기득권집단의 풍부한 권력자원에 의하여 자신들의 이익에 반하는 집단들에게 명시적으로 압력을 가하지 않아도 이들의 이익에 반하는 의제가 공론화되지 않거나, 또는 일시 제기되었다가도 곧 잠재워지거나, 문제와 의제의 범위가 제한적으로 이루어져 이들의 기득권적 이익이 지속적으로 유지되는 경우가 많다는 것이다. 바흐라흐와 바랏츠(P. Bachrach and M. Baratz)는 이와 같이 행태적으로 관찰되지 않는 잠재적인 권력의 행사에 의해 정당한 의제가 실제로 설정되지 않는 경우를 '무의사결정(non-decision making)'이라고 부른다.[36]

이러한 무의사결정이 일어나게 되는 이유는 사회적으로 권력이 약한 사람들은 권력자의 기득권적 이익에 대해 도전을 할 때 다양한 형태의 명시적 · 암묵적 폭력이 행사되거나, 또는 예견되는 제재의 두려움에 의해서, 또는 제기해 봤자 소용없다는 그동안의 경험에 의해 적극적으로 행동하는 것을 자제하기 때문이다. 이와 같이 특정 가치나 규범, 제도의 절차들이 선택적으로 제도화되거나 무력화, 잠재화 되는 것을 샤츠슈나이더(E. E. Schattschneider)는 '편견의 동원(mobilization of bias)'이라는 개념으로 설명하기도 한다.[37] 무의사결정은 권력의 행사가 행태주의에 입각한 다원주의적 관점에서 주장하는 명시적인 것뿐 아니라 우리가 관찰할 수 없는 명시적이지 않은 것도 있기 때문에, 이를 권력의 두 얼굴(two faces of power)이라고도 표현한

다.[38]

사회복지정책은 자원을 재분배하는 성향이 강하기 때문에 사회복지정책이 기존의 자원배분에서 이익을 보고 있는 기득권 계층 또는 집단과 재분배의 정당성을 요구하는 약자들 간의 관계를 대표하는 정책이다. 기존의 분배흐름을 지배했던 권력불균형 또는 편견의 동원이라는 지배적 이념에 대항하여 정치적 동원을 통해 자원의 재분배를 실현하는 과정이 사회복지정책과정이라고 할 수 있다. 예를 들어, 한국의 경우 과거 산업화와 성장시대에 성장우선주의 이데올로기에 의해 복지나 재분배에 대한 정책어젠다가 억제되어 왔고, 또한 복지에 대한 요구들이 국가폭력에 의해 제약되기도 하였다. 지금도 '성장'과 '분배'라는 이념적 갈등 속에 우리 사회에는 편견의 동원이 일어나고 있다고 할 수 있다. 지나친 복지는 근로의욕을 떨어뜨리고 성장을 저해한다는 주장이라든가, 복지를 위한 증세는 기업들의 활동을 약화시킨다는 주장, 또는 재벌에 대한 규제는 우리 경제를 어렵게 한다는 주장들은 주로 성장주의자 또는 보수주의적 관점에서 복지나 규제를 요구하는 정책어젠다를 약화시키기 위해 많이 사용되고 있다. 그러나 이러한 주장은 현실과 다른 과장된 측면이 많다. 유사한 사회문제를 가지더라도 국가별로 사회복지정책의 대응이 다르고, 복지정책을 실시해도 경제성장의 결과가 다르고, 이러한 차이들이 역사적으로 누적되어 다른 유형의 복지국가로의 경로를 가지게 되는 것은 사회세력들의 분배를 위한 권력자원 동원능력의 차이를 보여주는 것이라고 할 수 있다.

정책흐름과 정책의 창 이론(policy streams and policy window perspective)

정책의제설정과정은 사실 매우 복잡한 인과관계를 가지고 있다. 이런 맥락에서 킹돈(J. Kingdon)은 정책과정에서의 전통적인 주류 시각인 합리적 정책결정 이론의 비현실성을 비판한다.[39] 실제로 사회문제가 정부의제로 선택되는 과정은 합리성을 추구하면서 점진적인 과정을 거치는 일관성 있는 과정이 아니라 우연적이며 역동적인 정치적 과정을 거친다는 것이다. 킹돈은 미국에서의 다양한 정책사례들을 경험적으로 분석하면서, 사회문제가 발생하여 다양한 공중의제들이 등장하지만 정부가 실제로 정부의제로 선택하여 정책문제로 다루기까지는 정책과정에서의 세 가지 흐름(policy streams)이 서로 결합되어야 가능하다고 주장한다.

첫째는 문제의 흐름(problem stream)이다. 앞에서 언급했던 사회문제가 발생하고 대중적으로 인지되는 과정을 의미한다. 사회문제들이 인지가 되고 여론 및 담론의 형성과정에 따라 공중의제화되는 과정은 다양하다. 그런데 문제가 인지되고 공중의제화되었다고 반드시 정부의제가 되는 것은 아니다.

둘째는 정책의 흐름(policy stream)이다. 사회문제가 공중의제화되면서 정책대안들이 제시되고 대안별로 효과와 실현가능성들에 대한 논쟁이 활발하게 일어나는 흐름을 의미한다. 이 정책의 흐름에서의 주요 행위자들은 대안을 제시하는 정치인, 집단, 이익집단, 또는 정책전문가들이 된다. 사회문제가 인지되거나 공중의제화되면 정책커뮤니티(policy community)의 전문가들은 실현가능한 정책대안을 위해 정책설계를 하고 조율한다. 그러나 문제해결을 위한 정책대안만으로는 정부의 정책의제화가 부족하다.

셋째는 정치흐름(political stream)이다. 다양한 정책의제의 논쟁과정에서 특정 의제와 특정 대안이 정치적 지지를 획득하는 과정이다. 이 세 흐름은 정책과정에서 상대적으로 독립적으로 진행되면서 각각 흐름에서의 역동성이 존재한다. 정부가 공식적으로 정책의제로 다루기 위해서는 이 세 가지 흐름이 충족이 되면 가장 이상적이라고 할 수 있다. 그러나 많은 경우 세 가지 흐름 중에서 최소한 두 개의 흐름 이상이 결합되어야 정부의 정책의제설정 가능성이 높다고 한다. 그런데 세 가지 정책흐름의 만남의 과정은 때로는 우연적인 것과 같은 정치적 과정을 거치게 된다는 것이다. 이 세 가지 정책흐름들이 서로 결합되어야 비로서 정부정책어젠다로 선택되어 정책이 만들어지는 과정을 '정책의 창문(policy window)이 열린다'는 개념을 사용한다. 다시 말해서, 사회문제가 실제로 정부정책의제로 되기까지에는 이 세 가지 흐름이 만나야 비로서 정책의 창이 열린다는 의미이다.

사회복지정책의 경우도, 세 가지 흐름의 역동적인 결합에 의해서 정부정책의제화가 된다고 볼 수 있다. 문제의 흐름 단계에서부터 보면 앞에서 설명되었던 무의사결정과정이 문제의 인지나 공중의제화를 쉽지 않게 만드는 경향이 강하고, 정책의 흐름에서도 복잡한 이해관계를 조절할 수 있는 적절한 대안을 만들기가 쉽지 않다. 합리적인 대안이 만들어져도 정치적으로 핵심 집단 간의 갈등이 많고 정치적 합의가 되지 않아 무산되는 경우도 많다. 더욱이 이데올로기나 편견 또는 정당구조나 선거제도와 같은 정치제도적 요인에 의해 실제적인 정부정책 의제화가 어려운 경우가 많다. 이해집단 간의 갈등이 첨예한 사회복지정책의 경우 정치 흐름이 충족되어지는 것이 그 무엇보다 중요할 수 있다.

프레임 이론과 아이디어 · 담론제도주의

앞의 무의사결정과 유사한 맥락에서 사회복지정책 결정과정을 설명하는 데 유용한 관점으로 프레임 이론(frame theory)이 있다. 최근 프레임 이론은 심리학, 커뮤니케이션, 사회학, 행동경제학, 정치학 등 다양한 사회과학 분야에서 사용되어지면서 정책결정과정에도 많은 주목을 받고 있다. 프레임은 사물의 현상을 해석하는 인식의 틀이다.[40] 마치 같은 사물이라도 어떤 구도와 구성으로 찍느냐에 따라 인상, 느낌, 생각들이 달라지는 것과 같다. 미국 대통령선거 경쟁을 프레임의 관점에서 분석한 레이코프(George Lakoff)는 프레임이란 정치, 경제, 사회적 의제를 인식하는 과정에서 사건의 본질과 의미, 사실의 해석을 규정하는 직관적 틀로 정의하였다. 선거과정에서 정당이나 정치인들이 의제를 전략적으로 특정 프레임으로 선제적으로 제시하여 대중들의 사고틀을 먼저 각인시키는 쪽이 정치적으로 승리하기 쉽다는 것이다. 이에 대응하여 이를 반박하려는 노력은 오히려 대중에게 기존의 프레임을 강화시키는 딜레마에 빠지게 된다는 것이다.

이러한 프레임 이론은 신제도주의 관점인 담론제도주의(discursive institutionalism) 또는 아이디어 제도주의(idea institutionalism)에서도 정책어젠다가 어떤 과정으로 형성되고 변화하는가를 설명하는 데 활용되고 있다.[41] 무의사결정 이론은 왜 특정한 의제가 정부의 공식적인 정책의제로 선택되지 않는가를 설명하는 데에 유용한 관점이다. 즉 특정 개혁의제가 기존의 권력관계와 배치될 때 의제형성이 안 되거나 그들에게 유리한 방향으로 왜곡되는 것을 설명하고자 한다. 반면에 담론제도주의에서 프레임의 개념은 사회문제가 발생하고 기존의 정책으로 해결하기 어려울 때, 새로운 해석이나 해법들에 대한 아이디어들이 초기에 어떤 프레임으로 부상을 하고 서로 경쟁하며 공론화되는 과정에서, 어떤 아이디어가 공식의제로 선택되는 메커니즘을 설명하는 데에 사용되고 있다.

사회복지정책에서의 가장 대표적인 프레임 경쟁은 아마도 성장과 복지의 관계가 대치관계냐 보완관계냐일 것이다. 시장주의자나 성장우선주의자의 기본 프레임은 선성장, 후분배를 강조하면서 지나친 복지는 근로의욕을 떨어뜨리고, 또 이를 충당하기 위한 높은 조세는 기업의 투자의욕을 떨어뜨려 전반적인 성장동력을 약화시킨다고 주장한다. 반면에 친복지주의자의 기본 프레임은 모든 사람들에게 기본적인 사회안전망이 갖춰져야 자유롭게 자기개발에 투자도 할 수 있으며, 오히려 시장의 상품화가 주는 억압적 압력에서 벗어나 자발적으로 열심히 일하는 동기도 부여된다는 것이다. 그리고 기본적인 소득보장정책이 케인지언 복지국가 성장의 이론적 배경이 되었듯이, 시장에서 충분한 유효수요를 창출하면 경제성장에 도움이 되고 기업의 투자가 활성화된다는 것이다. 이러한 프레임 경쟁에는 정책이나 제도의 이슈뿐만 아니라 그 밑바닥에 본질적으로 인간의 본성이 무엇이냐에 대한 철학적 가정도 깔려 있다.

이러한 프레임 관점은 좀 더 확장되어, 담론제도주의 또는 아이디어 제도주의 시각에서 정책의 거시적인 틀과 제도가 기존의 경로의존성을 극복하고 변화하는 정책패러다임의 변화 현상을 설명하거나 정책개혁의 아이디어가 어떤 과정을 통해서 성공하고 실패하는 과정을 설명하는 데에 활용된다. 홀(Peter Hall)은 거시적인 정책 패러다임이 변화하는 과정을 ① 거시적인 정책 아이디어로서 정책 패러다임, ② 정책목표를 실현시켜 줄 수 있는 다양한 정책수단, ③ 일상 정책과정에서 점진적인 변화와 적응이라는 세 단계 수준으로 나누어서 상호 작용의 결과로 설명한다.

정책 패러다임이란 거시적이고 철학적인 수준에서 정책결정자들이 정책문제의 본질과 기본성격을 이해하고 정책목적을 설정하고 설정된 목적을 달성하기 위한 정책수단을 선택하게 하는 정책 아이디어나 기준의 틀을 일컫는다.[42] 정책 패러다임의 변화는 정책변화의 가장 낮은 수준인 기존의 일상적인 정책대응이나 정책수단들이 새로운 사회문제들을 해결하지 못하면서 시작된다. 기존의 정책 패러다임의 중심을 이루는 정책수단들이 문제해결에 계속적으로 실패를 하게 되면 현재의 정책수단 및 패러다임에 대한 문제제기와 회의가 나타나게 된다. 이는 새로운 문제를 이해하거나 해결하는 것에 대한 불확실성이 증가한다는 것이다.[43] 그런 가운데 학계나 사회에서 새로운 문제 해석과 해법에 대한 아이디어와 담론이 나타나기 시작하고 이러한 새로운 아이디어와 정책담론이 점점 지지를 받기 시작하면서 정책 패러다임의 변화가 오기 시작한다는 것이다. 이 과정에서 새로운 패러다임에 근거한 정책수단들이 정책 프로그램의 수준에서 정착되면, 다음에는 미시적인 수준에서 예산의 변동이라든가 점진적인 정책적응이 이루어진다는 것이다. 이러한 분석틀을 가지고 홀은 1970년대와 80년대를 중심으로 복지국가의 거시적인 정책 패러다임인 케인지언 복지국가에서 신자유주의적 복지국가로 변화하는 과정을 설명한다.[44]

이러한 논리라면, 현재 신자유주의적 정책 패러다임이 실패하고 다양한 글로벌 위기들을 겪고 있는 과정에서 새로운 복지국가 패러다임의 필요성에 대한 새로운 정책 아이디어와 담론의 형성이 적극적으로 필요한 시기라고 할 수 있다.

이와 같은 프레임과 정책 아이디어 시각이 가지는 중요한 의미는 정책변화가 기능적인 정책합리성만으로 실현되는 것이 아니라는 것이다. 정책개혁의 성공은 정책의 제설정과정에서 현재 우리가 경험하고 있는 불확실성 속에서 새로운 문제의 해법으로 아이디어가 어떻게 정치과정의 지배적인 담론으로 인정을 받고 채택되는가가 중요하다는 것이다.

2) 사회복지정책 결정과정에서의 주요 이론

가. 사회복지정책 결정 단계의 의미

정책의제가 공식화되면 정부는 공식적인 정책목표를 설정하고 이를 달성하기 위한 대안들을 모색하고 집행하는 구체적인 수단들을 고민하며, 하위 프로그램들을 만들어 가면서 실제의 정책내용을 설계한다. 따라서 이 과정은 정부 내에서 주관부처의 관료들이 주도하면서 진행된다. 물론 이 과정에서도 핵심 국회, 행정부 수반, 정당의 정치엘리트, 관련된 이익집단, 전문가들과 공식적인 회의나 비공식적인 컨설팅의 형식으로 수시로 소통을 한다. 하지만 행위자로서의 중심은 정책을 주도하는 행정부처의 관료들이라고 할 수 있다. 그리고 정책내용은 일정 수준에서 법률화되어 국회의 승인을 받는 단계까지 이르게 된다.

사회복지정책의 정책내용을 설계하고 구체적인 프로그램을 만드는 정책 설계와 집행 단계에서의 주요 이슈들은 다음의 급여 대상자(8장), 급여의 종류(9장), 전달체계(10장), 재정(11장)에서 구체적으로 다루게 된다. 여기에서는 사회복지정책결정과정에서 많이 제기되는 주요 이론들을 소개한다.

나. 사회복지정책 결정 단계에서의 주요 이론

정책학에서의 정책결정 단계에 관한 이론들은 주로 두 가지 관점에서 많이 소개가 되고 있다. 하나는 "어떻게 합리적인 정책결정을 내리는가?"라는 규범적인 관점에서의 의사결정론과 다른 하나는 행태적 관점에서 실제 의사결정과정을 기술하고 설명하는 데에 초점을 두고 있다. 예를 들어, 합리주의적 의사결정론의 관점에서는 합리모형, 점증모형, 만족모형, 혼합사주모형, 최적모형 등이 있고, 실제 의사결정과정에서 정치적 행태에 초점을 두는 모형에는 쓰레기통모형, 앨리슨(Allison)의 합리모형, 조직과정모형, 관료정치모형 등을 들 수 있다.

그러나 실제 사회복지정책과정을 이해하는 데에는 합리성에 기초한 미시적, 규범적 의사결정론의 관점보다는 앞에서 제기했던 주요 행위자들의 역할과 권력관계에 초점을 두어 설명하는 이론들이 더 유용하다고 할 수 있다. 여기에서는 이런 관점에서 세 가지 이론을 설명하고자 한다.

이익집단 이론과 다원주의

일반적으로 행위자중심의 정책결정과정 이론에서 많이 사용되는 관점은 다원주의론에 기초한 이익집단 이론이다. 이 이론은 현대 민주주의는 정책결정과정에 영향을 미치기 위하여 개인단위보다는 공통의 이익을 가진 개인들이 이익집단을 구성하여 조직화된 이익단위로 작동되고 있다는 데에서 출발한다. 현대사회는 산업발전의 결과로 사회가 복잡다양해진다. 이에 따라 다양한 이익들이 형성되면서 자신들의 이익을 보호하기 위하여 이익집단을 조직하고 정부의 정책에 영향력을 행사한다. 이익집단들은 선거에서 자신의 이익을 보호해 주는 후보자나 정당에 집단적으로 투표하거나, 여론형성을 통해 정당과 국회 및 행정부에 다양한 경로를 통해 압력을 가하는 등 다양한 민주정치제도와 정치과정을 통해 서로 경쟁적으로 영향력을 행사하면서 이익집단들과 정부 사이에 합의점을 찾아나가는 과정으로 정책이 만들어진다는 것이다. 이 과정에서 정부는 가능한 중립적으로 다양한 이익집단들의 요구들을 수용하려고 한다는 관점이다.[46]

이익집단 이론은 다원주의적 민주주의 이론을 기반으로 하고 있다. 이론적 관점에서 보면, 매우 이상적인 민주주의 사회를 그리고 있다. 그런데 이러한 다원주의적인 민주주의가 현실에서 얼마나 제대로 작동하고 있는지에 대한 비판이 있다. 이런 맥락에서 정치학에서 중요한 화두는 "누가 통치하는가?(Who governs?)"라는 질문에 초점을 두어 엘리트 이론과 다원주의 이론이 서로 경쟁하고 있었다.[47] 앞의 무의사결정론에서 논의되었듯이, 엘리트 이론이나 계급주의적 시각은 경험적으로 관찰될 수 없는 구조적 요인에 의한 권력관계에 의해 엘리트 또는 계급중심의 정치 및 정책과정을 설명하고자 하였다. 반면에 다원주의론은 실증적 행태주의 시각에 입각하여 정책결정과정을 설명한다. 따라서 선진민주주의 국가인 미국의 정치과정을 관찰해 보면, 특정 집단(엘리트)이 지배적으로 영향력을 행사하는 것이 경험적으로 관찰되지 않는 것이다. 대신에 이익집단들은 행태적으로 다양한 방법으로 서로 경쟁적으로 정부의 정책에 영향을 행사하는 것을 근거로 다원주의론을 주장하였던 것이다.

이익집단 이론과 다원주의론은 앞의 정책과정의 기본적 분석틀을 형성하는 데 기여한 체제이론과도 일맥상통한다. 이익집단 이론은 체제이론의 관점에서 볼 때, 정책결정과정에서 투입과정(input)의 중심 이론인 것이다. 이익집단 이론과 다원주의론은 암암리에 정부는 민주주의 원리에 따라 중립적으로 다양한 이익집단의 요구들을 중립적 관점에서 수용하는 심판자의 역할을 가정한다. 따라서 정책결정과정은 정부 관료제 내에서 기능적 · 합리적으로 효율적 · 효과적인 정책으로 전환시키는 일종의 블랙박스(black box)로 간주하고 있다. 이를 정책과정 단계의 관점에서 보면 앞의 정책의제형성 단계에서부터 정책결정 단계까지를 포괄하는 이론이라고 할 수 있다.

이익집단 이론이 사회복지정책의 형성과 발전과정을 설명하는 데 얼마나 유용할까? 이익집단이 정책결정과정에서 미치는 영향에 대하여는 앞의 주요 행위자 설명에서 언급이 되었다. 이익집단 이론의 기반이 되는 다원주의 이론은 양면적 모순을 가지고 있다. 한편으로는 민주주의 규범적 관점에서 보면, 다원주의는 사회의 다양한 이익들을 평등하게 존중하고 다양성의 인정과 서로의 이익이 조화로운 관계를 지향함으로써 민주주의의 모델을 제시한다. 그러나 이익집단 이론은 현실주의적 관점과 인식론적 관점에서 비판을 받고 있기도 하다. 첫째로, 현실 민주주의 정치는 실제로 다원주의 시각에서 제시하는 것처럼 모든 이익집단들이 무작위적으로 평등한가? 둘째로, 권력이론의 관점에서 제시되듯이, 경험적으로 관찰될 수 있는 영향력의 행사만을 권력의 행사로 볼 수 있는가? 누가 실제로 정책결정에 영향을 미치는가?라는 질문에서 다원주의론과 이익집단론은 이상과 현실 사이에서의 딜레마 속에서 비판적인 관점으로 해석해 봐야 할 것이다.

노사정 합의주의와 조합주의 이론

앞의 다원주의적 이익집단 이론을 비판하면서 유럽 복지국가의 정책결정과정을 설명하는 데 유용한 관점으로 조합주의 이론(corporatism)이 있다. 유럽은 역사적으로 오랜 조합주의적 전통을 가지고 있다.[48] 유럽의 전통적인 문화인 가톨릭의 보족주의와 계층화된 사회적 조화를 강조하는 종교적 문화, 국가주의적 전통, 그리고 자본주의 발전과정에서의 정치경제적 요인이 결합되어 조합주의적인 정책결정 모델을 만들어 냈다. 이러한 조합주의가 하나의 정형화된 정책결정과정 이론으로 자리를 잡게 된 것은 제2차 대전 이후에 유럽의 복지국가 발전과정에서 중요한 역할을 했기 때문이다. 이는 신조합주의(neo-corporatism), 민주적 조합주의(democratic corporatism), 또는 사회적 조합주의(social corporatism)로 불린다.[49] 유럽은 미국의 다원주의적 이익집단의 구조와 다른 방식으로 민주주의적 정책결정과정이 발전하였다. 19세기 말 자본주의 발전의 초기부터 빈곤과 노동의 착취는 일찍이 노동조합운동을 발전시켰다. 앞의 복지국가 역사에서 유럽의 노동운동은 노동자들의 정치적 참정권을 획득하기 위하여 대중정당을 만들었다. 그리고 노동조합들이 서로 연대하여 통합된 이익을 보호하기 위해 산업화 시대의 중심산업이며 다수의 노동자를 고용하는 제조업을 중심으로 산별노조를 발전시켰다. 제2차 대전 이후, 케인지언 경제 패러다임이 정착되면서 서구 유럽 국가들은 정부가 주도하는 거시경제 계획을 바탕으로 노동조합과 기업연합조직들의 중앙조직들을 대표로 하여 임금, 투자, 사회복지정책 들의 조정을 위해 서로 협상하는 조합주의 정책구조를 만들어 내었다. 이러한 조합주의적 정책결정방식은 그동안의 많은 노사 간의 파업과 투쟁들이 노동자, 기업, 국가경제에 미친 손실에 대한 교훈과 학습의 결과이기도 하다. 그리고 그 성과로 황금시대(Golden Age)라고 불릴 만큼 서구 경제는 고속성장을 하였다.[50]

개방경제체제하에서 수출기업들의 글로벌 시장에서의 경쟁력은, 가격경쟁력의 기반인 임금의 급격한 상승의 억제와 효율적이며 안정적인 제품생산을 위한 안정된 노사협력관계에 있다. 따라서 수출이 중요한 경제성장의 기반인 국가들은 노사 간에 장기적인 임금 상승 억제와 협력관계를 도모하고, 그 보상으로서 국가가 노동자들에게 다양한 사회복지정책들을 통해 간접적인 사회적 임금(social wages)을 제공하여 노동자들의 다양한 사회적 위험으로부터 보호와 동시에 기초소득보장을 해 주는 전략을 취하였다. 이런 맥락에서 개방경제체제로서 수출을 통해 경제적 경쟁력을 유지하는 유럽의 강소국가들(예, 스웨덴, 네덜란드, 벨기에, 독일, 오스트리아 등)은 노사정 합의주의를 기반으로 국가의 주요 정책결정과정으로 제도화시켜 국가산업 경쟁력을 강화시키는 동시에 복지국가를 건설할 수 있었다.[51] 그리고 조합주의 방식은 1980년대 이후 복지국가의 위기를 극복하는 데에도 노사정이 합의주의 방식으로 구조조정을 함으로써, 복지국가를 재편하고 경제를 다시 회복하는 데 기여하였다.[52]

노사정 합의주의에 기반한 조합주의 모델과 앞의 다원주의 모델의 차이점은 한 사회의 정치경제적 맥락에서 중요한 역할을 하는 이익대표자들이 실제로 중요한 경제, 임금, 복지 정책을 결정하는 과정에 참여하여 사회적 대화(social dialogue)를 통해 정책결정을 한다는 점이다. 국가적으로 경제성장과 국민들의 복지에 중요한 영향을 미치는 정책결정과정을 정부 내에서 관료제와 정치인이 독점하는 것이 아니라 서로 다른 이해관계를 대화를 통해 소통하고 타협해서 결정한다는 것이다.

그러나 이와 같은 조합주의 정책결정방식도 세계화의 심화와 자동화 생산방식의 도입, 그리고 신자유주의 영향으로 노동계급의 연대성과 조직력이 약화됨에 따라 전성기 시대에 비하여 제도적 기반이 와해되거나 약화되었다. 많은 국가들에서 전국단위의 중앙집권적인 노사정 합의주의에 의하여 임금결정이 이루어졌던 것이, 산업별 또는 지역단위로 분권화되거나 노사정 합의에 의한 결정의 범위나 수준이 약화되어 왔다. 그럼에도 불구하고, 노사정 합의주의 전통이 만들어 낸 사회적 대화의 전통은 현재에도 여전히 중요한 정책들의 결정과정에서 가능한 당사자들이 대화를 통해 해결하려는 전통으로 작용하고 있다. 과거와 같이 정책결정에 구속력을 가지지는 못해도 정부와 주요 이익집단들은 여러 가지 방식으로 서로 소통하고 합의하는 방식을 유지하고 있다.[53]

따라서 조합주의는 다양한 이익집단 간에 또한 같은 이익 내에서라도 경쟁적인 압력을 통해 정책결정에 영향을 미치는 다원주의적 이익집단 이론과는 대조적으로 한 국가 내에서 중요한 정책영역에서 관련된 이익집단들이 하나의 통합된 이익의 대표로서 정부의 정책결정과정에 직접 참여하여 영향력을 행사하는 중요한 정책결정 모델로 간주할 수 있다.

국가주의와 관료제 정치 이론

앞의 다원주의론은 다양한 이익집단들의 경쟁의 결과로, 반면에 조합주의는 국가의 중재적 노력하에 자본과 노동의 합의주의에 의한 주요 3자 관계로 사회복지정책의 결정과정에 중요한 영향을 미치는 것으로 해석한다. 그러나 사회복지정책의 결정과정에서 시민사회나 자본 또는 기업으로부터의 이익투입은 매우 중요하지만, 실제 정책결정과정에서는 정책결정을 주도하는 소수의 국가 엘리트와 관료제가 보다 자율성을 갖고 정책결정과정을 주도한다는 관점이 있다.

이러한 관점의 출발점을 만들어 준 연구는 일찍이 헤클로에 의한 영국과 스웨덴의 사회복지정책의 결정과정을 비교분석한 것이다.[54] 헤클로는 복지국가의 전형적인 모델이라고 할 수 있는 이 두 국가의 사회복지정책 결정과정을 분석하면서 이익집단의 영향을 강조하는 기존의 관점을 비판하였다. 그는 실제 사회복지정책 결정과정은 외부의 이익집단들의 영향보다는 정책문제해결에 오랫동안 경험과 전문성을 쌓아온 관료들의 주도에 의한 사회문제의 집단적 퍼즐 풀기(collective puzzling)로 해석한다. 정책결정은 국가기구를 관리하고 정책결정을 주도하는 관료제가 개인적 수준, 조직 간, 그리고 기존의 정책유산을 통해 지속적으로 사회문제들을 인지하고 해결하는 과정에서 다양한 경험과 시행착오의 과정으로서 사회적 학습(social learning)의 과정이라는 것이다.

관료제를 중심으로 한 정책전문가 네트워크중심의 정책결정을 넘어서서 좀 더 국가조직의 구조적 · 제도적 차원에서 해석한 관점으로 스카치폴을 비롯한 국가주의 관점(the statist perspective)이 있다.[55] 베버의 전통적인 국가의 개념에 기반하여, 합법적이며 독점적인 공권력을 가진 국가는 사회의 이익투입으로부터 자율적 · 독립적인 조직일 수 있다는 것이다. 스카치폴을 중심으로 한 국가주의 관점의 학자들은 미국을 중심으로 유럽의 복지국가 정책결정과정을 역사적으로 분석하면서, 미국이 서구 유럽의 복지국가들처럼 국가복지가 덜 발전되어 있고, 주 정부별로 다양한 사회복지정책을 가지게 된 것은 이익집단의 영향력이나 노동자계급의 권력자원이 약해서 그런 것이 아니라, 미국의 국가형성과정에서의 국가구조와 관료제의 특성이 더 결정적인 요인이라는 것이다. 미국도 일찍이 남북전쟁을 겪으면서 병사들과 가족들을 위한 연금제도, 그리고 여성들을 보호하기 위한 사회복지정책들이 만들어졌지만, 미국의 독특한 분권적인 연방국가구조, 선거제도, 정당구조 등의 국가의 제도적 배열의 특징이 현재의 미국의 독특한 복지레짐을 만들어 냈다는 것이다.

이러한 관점들은 기존의 사회로부터의 투입을 강조하는 이익집단 이론이나 사회계급 이론의 한계를 지적하면서 사회복지정책 결정과정에서의 국가구조 그리고 관료제의 자율성의 역할을 강조하는 데에 의미가 있다.

3) 사회복지정책 집행 단계와 주요 이론

가. 사회복지정책 집행 단계의 의미

정책연구에서 정책집행 단계는 앞의 정책형성 단계보다 뒤늦게 주목을 받기 시작했다. 그동안의 정책연구가 정책형성과정에서의 투입(input) 차원에 초점을 둔 다원주의와 체제이론에 영향을 받았기 때문이다. 정책집행이 주목받기 전까지는 집행과정은 관료제 또는 행정에 의해 정치적 개입 없이 효율적인 집행을 목표로 기계적으로 이루어지는 것으로 간주하였다.[56] 또한 전통적 행정학에서는 정치 · 행정 이원론의 영향으로 정책집행을 정치권에서 결정된 정책의 과학적 · 합리적 관리에 초점을 두었다. 초기 정책연구에서는 정책집행 단계에서 정책형성과정과는 다른 차원에서 복잡한 정치적 · 조직적 차원에서의 독립적인 인과적 메커니즘이 있다는 것을 생각하지 못했던 것이다. 따라서 전통적인 집행이론을 '하향식 이론(top-down theory)'이라고 한다. 높은 수준의 정책목표가 결정되면, 하위 단계별로 달성해야 할 목표가 나오고 이를 실행할 수 있는 도구적 수단과 지침을 만들어 가면서 합리적으로 정책을 집행해 나간다는 관점이다.

그러나 윌다브스키와 프레스만(A. Wildavsky and J. L. Pressman)은 이러한 전통적 하향식 이론에 새롭게 문제제기를 하고 정책집행의 자율성과 집행현장의 중요성을 강조하였다.[57] 이들은 미국의 연방정부의 정책목표와 실제 지방정부에서의 집행의 결과가 차이가 크게 나고 연방정부의 상위 정책결정자들의 의도와는 달리 실제 집행되는 지방의 현장에서는 정책의 실패로 많이 끝나는 것에 대하여 큰 의문을 가졌다.[58] 이에 따라 이들은 정책형성과정 못지않게 집행과정이 정책의 성공에 매우 중요하며, 집행과정에서도 정책형성과정에서 의도했던 것과 다른 새로운 투입이 발생하고 정책형성과정과는 다른 독립적인 인과관계적 메커니즘이 역동적으로 나타난다고 주장한다. 이후 정책집행 이론은 현장으로부터의 문제인식과 현장조직의 특성, 시민들과 접촉하면서 공공서비스를 전달하고 정책을 집행하는 일선관료들의 행태와 동기들을 이해하는 것에 초점을 두었다. 따라서 현장으로부터의 문제인식으로 출발하여 상향적인 과정을 통해 정책목표를 결정하는 것이 정책의 성공을 위해 더 중요하다는 상향식 이론(bottom-up theory)이 주목을 받기 시작했다.[59] 정책집행은 또 하나의 정책과정으로서 그리고 정책형성과정과 다른 집행조직에서의 독립적인 논리를 가지고 있기 때문에 정책과정연구에서 보다 심층적으로 연구되고 관심을 가져야 할 중요한 영역이라는 것이다.

이러한 정책집행 이론은 사회복지정책에 중요한 의미를 가진다. 사회복지정책은 다른 어떤 정책영역보다 다양한 집단들의 기본욕구들을 충족시켜 주는 대인서비스 정책들이 많다. 때문에 실제로 서비스를 전달하는 일선관료들과 전문가, 그리고 전달조직들을 포함하는 서비스 전달체계의 효과성이 사회복지정책의 성공에 매우 중요한 역할을 한다.

나. 사회복지정책 집행단계에서의 주요 이론: 재량과 규칙, 책임의 딜레마

일선관료제(Street-level bureaucracy) 이론

정책연구에서 정책집행의 중요성이 강조되면서 상향식 집행 이론의 관점에서 다양한 연구들이 나왔다. 그중에서 사회복지정책과 관련하여 주목해야 할 이론은 립스키(M. Lipsky)의 일선관료제(street-level bureaucracy) 이론이다.[60] 일선관료제란 시민들에게 정부의 서비스를 직접 제공하는 경찰, 보건의료, 교육과 직업훈련, 사회복지서비스 기관 등 시민들에게 직접적인 공공서비스를 제공하는 조직들의 관료들을 의미한다. 이들은 이미 정책형성과정에서 만들어진 정책의 법규와 지침에 따라 정책집행을 하지만 실제로 시민들에게 서비스를 제공하는 과정에서 법률과 규칙 또는 지침과 일치하지 않는 다양한 상황들을 만나게 된다. 이런 상황에서 일선 공무원들은 업무수행의 기반이 되는 법규와 지침을 재량적인 해석을 하여 주어진 상황을 수행할 수밖에 없게 된다. 일선관료제 공무원들은 상층부에서 통제할 수 없는 일정 수준의 자율성을 가지게 되고 이는 상층부에서의 정책결정 단계와 다른 새로운 형태의 정책결정과정이 된다. 그리고 이러한 일선관료제의 재량과 자율성이 중앙이나 상위계층에서 지시한 정책목표나 지침들과는 달리 의도하지 않은 결과들을 만들고 궁극적으로 정책의 성공과 실패를 결정하는 중요한 요인이 된다는 것이다.

립스키에 따르면, 규범적으로 보면 일선관료들은 모든 고객들을 평등하게 대우하면서 최선의 서비스를 제공해야 하지만 일선기관에서의 행정 현실은 이것을 보장해주지 못하는 환경적 · 조직적 조건을 가지고 있다는 것이다. 시민들에게 직접 공공서비스를 제공하는 정책집행조직들은 일반적으로 다음과 같은 특징을 가지게 된다.[61]

첫째로, 일반적으로 서비스 조직의 경우 일선관료들이 활용할 수 있는 자원은 만성적으로 부족할 수밖에 없으며, 자원의 부족 형태는 다양하다.[62] 자원 부족의 예로 복지수요에 비하여 이를 다루는 공무원의 수가 부족하거나, 일을 처리하기 위한 예산이 부족하거나, 능력향상을 위한 훈련이나 경험의 부족으로 인한 전문성의 부족 등을 들 수 있다. 더 나아가서 공공서비스 공급의 특성상 서비스 공급이 증가할수록 수요도 함께 증가한다. 따라서 공공서비스 제공기관은 항상 만성적인 자원의 부족을 겪는다. 이러한 다양한 형태의 자원부족으로 일선관료들은 일하는 과정에 많은 스트레스를 받는다. 이에 대응하여 일선관료들은 조직에서 생존을 위해 나름의 수요를 제한을 하고 가용자원을 극대화시키려는 자원분배전략을 만든다.

둘째로, 사회서비스영역에서 일선기관들의 목표에 대한 기대들은 애매모호하거나 갈등이 일어나기 쉽다. 이에 따라 목표에 대한 정확한 성과측정이 어렵다.[63] 예를 들어, 상층부에서의 거시적인 사회적 목표와 일선기관에서 미시적인 규칙과 지침이 의미하는 목표에는 큰 간극이 존재한다. 정책목표가 중앙정부에서 지방정부, 일선기관으로의 아래 단계로 내려오면서 그 의미와 해석이 왜곡되거나 변화하게 된다. 또한 일선기관의 공급자의 단기적 집행의 관점이나 집행조직의 문제해결 관점과 수혜자의 입장에서 개인적으로 독특한 욕구의 해결을 원하는 관점에 큰 차이가 있을 수 있다. 즉 정부조직의 수준에 따라, 실제로 서비스를 전달하는 일선관료제, 그리고 서비스를 받는 고객이나 시민들의 관점에 따라 정책목표에 대한 해석과 이해관계가 달라지게 되고 서로 목표와 성과에 대한 해석에 갈등을 일으키게 만든다. 그런 가운데,

성과측정은 주로 기관의 관점에서 객관적인 양적 지표를 통해 기관의 책임을 회피하고 문제를 일으키지 않는 수준에서 이루어지게 된다.[64]

셋째로, 사회복지서비스의 고객들은 서비스 선택에서의 자발성이 약하고 이미 정부서비스 기관에 의존해야만 하는 포로화된 사회적 약자일 경우가 많다. 주로 공공서비스가 잔여주의적 서비스 프로그램일 경우에는 이들은 이미 양질의 고가서비스 시장이나 접근이나 공급이 자발적이고 제한적인 비영리조직으로의 접근성이 어려운 약자들이다. 때문에 서비스의 양이나 질에 대한 비판이나 정당한 대우를 요구하기 힘들다. 이미 공급자와 수요자 간의 불평등한 권력관계가 만들어지고 일선관료들은 권위적이고 절차에 집착하는 관료제적으로 행동한다. 고객의 입장에서 자신들의 개별적인 서비스 필요를 충족시키기 위해 일선관료를 통제하는 것이 쉽지 않다. 그럼에도 불구하고, 일선관료들은 조직의 자원으로서 고객들이 필요하다. 그리고 성과평가에서 고객의 순응도와 행태변화가 기준이 되는 서비스 영역에서는, 고객들의 변화를 이끌어 내기 위해 많은 스트레스를 받게 된다. 이에 따라 기본적으로 일선관료가 기대하는 서비스 공급의 목표와 고객으로서 기대하는 서비스의 목표는 다르게 된다. 이 과정에서 일선관료들은 주어진 자원과 조직환경에서 고객들을 통제하기 위하여 재량과 규칙을 자신에게 유리하게 선택적으로 활용한다. 또는 서비스 급여의 맥락을 통제하기 쉽도록 구조화시키거나, 수혜자들을 순응하는 행태로 반응하도록 교육을 시키거나, 심리적인 보상이나 제재의 방식을 활용한다.

넷째로, 일선관료제의 공무원들은 사회적 약자를 돕는다는 자부심과 이들의 이익을 옹호하는 가치를 가지고 일을 한다는 규범적인 기대감을 갖기도 하지만, 실제로는 제한된 자원과 업무의 관료제적 절차 때문에 사회적 약자의 옹호자로서의 역할은 쉽게 좌절된다. 특히 고객들이 가지는 문제는 일선기관이 제공하는 서비스만으로 해결해 줄 수 없는 다양한 요인에 의해 복잡하게 발생하기 때문에 사실 고객의 문제는 쉽게 해결이 안 된다. 따라서 일선관료들은 일에 대한 자기주도적 통제력과 일의 효능감을 잃게 되는 일의 소외(alienation)의 현상을 가져올 수밖에 없다는 것이다.[65] 립스키의 일선관료제론의 핵심은 바로 사회적 약자의 옹호자로서 일선관료의 역할에 대한 규범적 기대감과 실제의 일선관료들의 작업환경은 소외된 작업이라는 딜레마를 설명하는 데에 있다.

립스키는 이러한 대인서비스 공무원들이 겪게 되는 환경조건과 업무의 특성은 일선관료들이 업무를 수행하기 위해 독특한 대응행태(coping mechanism)를 만들어 낸다고 주장한다. 이를 단순화(simplication) 또는 정형화(routines) 전략이라고 정리하는데, 다음과 같은 구체적인 행태로 나타난다.

첫째로, 만성적으로 부족한 자원을 가지고 업무를 수행하기 위해서 일선기관은 서비스 수요를 억제하고 제한된 수준에서 공급하기 위한 다양한 전략을 사용한다.[66] 예로서 재정적으로 부담을 나누기 위해 고객에게 일정 수준의 수수료를 지불하게 한다든가, 공정성의 명분으로 객관적인 자료의 제출과 까다로운 문서화를 시행한다든가, 일렬로의 대기 줄을 길게 만들어 서비스를 받는 데 시간적 비용을 증가시킨다든가, 관료주의적 태도를 통해 고객들의 심리적인 접근성을 어렵게 만드는 전략들이 있다.

둘째로, 수혜자들에게 서비스를 제공하는 과정에서 차별화 또는 불평등화를 만들어 낸다.[67] 서비스 공급의 차별화의 배경에는 다양한 요인들이 있다. 규범적이며 전문가적 관점에서 보면, 고객들의 개인적인 다양한 욕구를 충족시키기 위해서는 개인에 따라 차별화된 서비스를 제공하게 된다. 이러한 차별화는 개인의 고유한 필요들을 충족시킨다는 점에서 긍정적이다. 그러나 실제 많은 경우의 차별화와 불평등 전략은 제한된 자원에서 업무를 수행해야 한다는 조직의 관리자나 공급자의 관점에서 나오게 된다. 일선기관에 대한 지나친 성과평가는 일선관료들에게는 실제로 도움이 필요한 약자에게 서비스를 제공하기보다는 쉽게 해결할 수 있고 비용이 적게 드는 고객중심으로 서비스를 제공하는 방향으로 행동한다. 이를 크리밍(creaming) 현상이라고 한다. 과중한 사례들과 업무에 부담을 느끼는 일선관료들은 고객을 특성에 따라 편견이 들어가는 스테레오 타입을 만들어 타입에 따라 정형화된 서비스로 업무를 수행한다. 즉 일선관료들은 공감이 가고 서비스를 제공하기 편한 고객집단과 다루기 힘들고 적대감이 생기는 고객집단으로 나누고 집단별 특성에 따라 스테레오 타입을 만들어 서비스의 차별화를 통해 업무를 단순화시킨다. 이러한 고객에 대한 편견의 고착과 의도적인 차별화가 서비스 제공의 불평등을 심화시킬 수도 있다.

셋째로, 앞에서는 제한된 자원을 어떤 우선순위로 분배하는 전략이라면, 일선관료제에서 나타나는 또 다른 전략은 고객들의 순응과 협력을 구하는 것이다.[68] 이러한 전략은 서비스 공급을 상징화된 절차와 방식으로 구조화시켜 순응을 하게 만든다. 다른 수혜자들의 정보를 차단하여 자신이 받는 혜택에 만족을 느끼게 한다거나, 수혜자들에게 온화하거나 온정적인 태도로 임함으로써 감사의 마음을 갖게 하거나, 역으로 서비스를 받기 위해서는 창구에 반드시 나타나게 하는 규칙을 통해 규율을 한다거나 하여 일선관료들과 고객들 간의 다양한 상호 작용 전략으로 서비스 제공의 내용, 시기, 속도들을 통제할 수 있도록 하는 것이다.

정책집행에서의 재량과 규칙, 책임의 딜레마

립스키의 일선관료제론은 정책집행의 과정에서 직접 공공서비스를 전달하는 관료들의 일하는 방식과 서비스의 수혜자인 시민들과의 관계에서 공통적으로 나타날 수 있는 현상을 이해할 수 있는 매우 유용한 이론적 틀을 제공하고 있다. 그리고 정책현상의 본질을 충분히 이해하기 위해서는 정책형성과정에서의 입법과정이나 고위관료제의 역할만으로는 제한적이라는 것을 일선관료제론이 잘 보여주고 있다. 립스키가 설명한 바와 같이, 정책집행과정은 정부조직의 본질적 논리와 한계가 강하게 반영되어 있다. 제한된 자원으로 효율적으로 일을 수행하기 위해서는 법과 규칙으로 표준화된 절차가 필요한 반면에, 인간을 다루며 인간의 기본욕구를 충족시켜 주는 휴먼서비스 조직으로서 개인의 욕구에 따라 맞춤형 서비스를 제공하며 실질적인 효과성을 높이기 위해서는 서비스에 대한 전문성과 전문가적 재량이 필요하다. 그리고 립스키의 일선관료제는 서비스 조직뿐만 아니라 일선의 규제조직 등 정책집행과정에서 필연적으로 나타나는 재량과 규칙의 딜레마를 잘 보여주고 있다.

조직의 논리에 의하면 재량은 관료들에게 자의적인 권력을 부여한다. 재량을 통제하기 위해서는 보다 다양한 상황에 맞는 자세한 규칙을 만들어 재량을 줄이거나, 재량을 주되 공직으로서의 윤리와 전문가적 윤리가 강하게 뒷받침되어야 한다. 사회복지조직의 중심조직인 휴먼서비스 조직이 효과성을 가지려면 도덕적 규범과 전문가적 능력에 기반을 둔 재량을 필요로 한다. 그러나 관리적 관점에서는 재량의 부작용을 통제하고, 문제의 발생으로부터 책임의 문제를 줄이기 위해서는 점점 세세한 규칙을 만들게 된다. 세세한 규칙은 일선관료들로 하여금 시민의 개별적 필요에 적절하게 대응하기보다는 정형화된 규칙에 따라 기계적으로 대응하게 만들고 서비스 전달조직에게 책임의 문제가 발생할 수 있는 행동을 줄이게 만든다. 결과적으로 개별적인 고객들의 욕구충족과 문제해결은 어려워지고, 규칙에 적용될 수 없는 다양한 상황에 처하는 다수의 사회적 약자들을 소외시킨다. 따라서 본질적인 정책목표의 달성과는 거리가 먼 정책집행이 된다. 즉 목표의 전이 현상이 일어난다.

앞에서 립스키가 밝혔듯이, 일선관료제는 조직과 개인의 책임문제에 대한 위험부담을 줄이면서 주어진 업무수행을 위해서 비공식적인 수준에서도 나름대로 행동의 규칙을 만들어 낸다. 일선관료제는 고객의 진정한 욕구충족을 위한 서비스의 제공보다는 책임의 회피와 업무의 무난한 수행이 우선순위가 되는 현상이 나타난다. 이러한 경향은 우리의 국민기초생활보장제도에서 수혜자를 선별하는 과정에서도 나타나고 있다.[69]

립스키의 일선관료제론은 미국의 다양한 공공서비스 조직의 경험을 기반으로 만들어졌지만, 복지국가의 다양한 사회복지서비스 전달조직의 행태와 문제점, 그리고 전달체계를 연구하는 데에 많은 함의를 제공한다. 최근의 신자유주의 영향으로 국가의 직접적인 공공서비스 기능은 줄어들고 주로 공공서비스는 민간 비영리조직이나 영리조직이 담당하거나 또는 정부와 계약에 의해 민간에게 이양하는 추세이다. 립스키의 일선관료제론은 직접적인 서비스를 전달하는 공공조직에 초점을 두었다는 점에서 신자유주의와 신공공관리론에 의해 공공서비스 전달을 민간부분에 의존 또는 위탁하는 것이 대세인 오늘날 그 의미가 줄어들고 있다고 주장할 수 있다. 그러나 현실은 그렇지 않다. 신자유주의 영향과 글로벌 경제위기에 따라 정부의 재정도 힘들어질 뿐만 아니라 비영리조직도 정부의 보조금뿐만 아니라 자발적 기부도 점점 줄어들고 있다. 소위 글로벌 경제위기에 따라 긴축의 시대에 재원 부족의 문제는 모든 서비스 조직이 공통으로 겪고 있는 문제이다. 반면에, 양질의 사회서비스에 대한 수요는 지식경제화, 저출산 · 고령화 등 환경변화에 따라 급속히 증가하고 있다. 따라서 립스키의 일선관료제론에서 나타나는 공급자와 수요자 사이의 딜레마와 부정적인 다양한 대응전략들은 모든 사회서비스 기관들에서 나타날 수 있는 현상들이다.

한국도 최근에 와서 대부분의 사회서비스 프로그램들이 잔여주의 제도에서 보편주의적 제도로 확대되었다. 공적부조제도는 더 보장이 충실해진 국민기초생활보장제도로 바뀌었다. 장기노인요양보험제도의 실시와 바우처를 통한 보육서비스의 보편화, 청 · 장년 실업으로 인한 교육훈련서비스의 증가 등으로 다양한 사회서비스 전달조직과 전문적 서비스 공급인력의 필요성이 급격히 늘어나고 있다. 그런데 현재 우리의 문제는 다양한 사회서비스 영역에서 정부의 사회서비스 인프라 구축을 위한 재정지원이 낮거나 사회보험제도나 바우처지원금의 서비스 수가를 낮게 책정하고 있다는 점이다. 시장에서의 소수의 고급서비스 시장을 제외하고는 민간부문중심의 서비스 조직들도 기본적으로 자원이 부족하다. 때문에 많은 서비스 노동자들이 저임금과 과중한 업무에 시달리면서 서비스 노동자들의 기본권리뿐만 아니라 서비스의 질 또한 중요한 정책문제로 등장하고 있다.

특히 미래의 복지국가는 증가하는 새로운 사회적 위험에 대처하고 지식기반사회에 필요한 인적 자원의 개발을 위한 양질의 사회서비스 투자에 집중을 해야 한다. 즉 휴먼서비스 조직의 역할이 점점 중요해지고, 보편적이며 양질의 서비스를 제공할 수 있는 정책집행체계와 서비스 전달체계를 만들어야 한다. 이런 차원에서 립스키의 일선관료제론은 사회서비스의 질을 높일 수 있는 복지국가를 위한 중요한 반면교사가 되고 있는 것이다.

4) 사회복지정책의 평가와 환류

가. 사회복지정책 평가와 환류의 의미

정책과정에서 평가와 피드백은 정책과정의 사이클에서 집행 다음의 마지막 단계로서 정책이 실시된 이후에 정책이 의도한 대로 목적을 달성했는가, 그리고 그 과정에서 자원의 낭비는 없었는가를 평가하고, 평가로부터 나오는 교훈이 더 나은 정책을 만들기 위한 새로운 투입(input)으로 들어가는 과정이라고 할 수 있다.[70] 따라서 정책평가와 피드백은 체제이론 관점에서 보면, 정책산출(policy output)과 정책결과(policy outcome), 그리고 새로운 투입 사이가 주된 대상이 된다. 물론 앞에서 언급했듯이, 정책과정에서 단계별로 나누는 것은 분석적 편의가 목적이고 실제 정책과정은 여러 단계에서 복합적으로 이루어진다. 따라서 정책평가는 각각의 단계에서 평가의 목적에 따라 가능하다. 또한 정책의 결정과정 그 자체를 가지고 정치적 관점에서 단계별 과정이 얼마나 민주적이었는가 또는 과정이 더 나은 대안을 찾아내는 기술적 관점에서 합리적이고 효율적이었는가를 평가할 수도 있다.

정책 평가와 피드백은 사회복지정책에서도 중요한 의미를 가지고 있다. 앞에서 사회복지정책을 누가 무엇을 언제 어떻게 획득했는가로 풀이했다면, 사회복지정책의 정책평가는 복지의 본질적 목적인 인간 기본욕구의 충족과 재분배를 위해 자원의 배분이 어떻게 이루어지는가가 기본 평가기준이 될 것이다. 즉 누가 어떤 복지자원을 언제, 어떻게 받았는가가 평가의 주요 기준이 될 수 있다.

그동안의 정책연구에서의 정책평가는 정책의 합리성을 강조하거나 실증적인 방법론에 의존하는 증거중심(evidence-based)의 미시적 정책분석에 의존하는 정책평가 연구들이 많았다. 반면에, 정책평가연구의 주류적 경향이 미시적인 정책목표의 성과를 평가하는 실증적인 방법론에 의존하다 보니, 방법론의 제약에 갇혀서 사회복지정책이 가지고 있는 이념적 · 정치적 · 거시적 사회변동의 차원을 평가하기가 어려웠다. 그런데 사회복지정책은 기본적으로 가치와 이념을 분리할 수 없는 특성을 가지고 있다. 또한 사회복지정책은 구조, 제도와 행위자 간의 상호 작용의 결과이고, 개별 국가들의 정치 · 경제적 특징의 역사적 과정에 따라 서로 다른 레짐의 양식으로 발전하고 이에 따라 인간 삶의 양식의 차이를 총체적으로 결정한다. 따라서 사회복지정책의 평가는 다차원적 접근을 해야 한다. 기술적 차원의 합리성을 강조하는 미시적 평가뿐만 아니라 복지국가와 사회복지정책의 성장, 발전, 개혁, 재편의 과정과 그 결과와 한계들을 이해하려면, 사회복지정책의 평가는 거시적 차원에서 미시적 수준에 이르기까지 수준별 차원별로 나누어 보고, 또 정책과정, 정책내용 또는 정책결과에서의 평가를 나누어 보면 더욱 유용하다.

나. 사회복지정책에서 평가와 환류의 주요 이론

Pierson의 사회복지정책에서의 정책피드백 이론: 경로의존성과 복지개혁, 정책학습

사회복지정책과정에서 거시적 차원의 정책 평가와 환류의 단계에서 의미가 있는 이론으로 피어슨(Paul Pierson)의 정책피드백 이론이 있다.[71] 피어슨은 1980년대 신자유주의가 거세게 복지국가 개혁을 몰아칠 때, 복지국가의 발전 이론에 기여했던 요인들이 동시에 약화되고 있었음에도 불구하고 왜 신자유주의가 기대하는 만큼 복지국가의 후퇴가 이루어지지 않고 개별 복지국가 또는 복지레짐에 따라 신자유주의 개혁의 정도나 방향에서 차이가 나는가에 문제제기를 하였다.[72] 피어슨은 그 이유를 이전의 케인지언 복지국가의 완성에 의한 사회복지정책들의 피드백 작용으로 복지국가의 수혜를 받은 이익집단, 정치엘리트, 일반 대중들이 정치적으로 새로운 이해관계를 만들어 복지축소에 저항을 할 수 있었기 때문이라고 설명한다.

예를 들어, 영국과 미국이 같은 자유주의 복지국가라 하더라도 연금제도에서 영국은 많은 후퇴와 파편화를 경험한 반면, 미국의 연금제도는 축소 없이 굳건히 건재하고 있는 것은 연금제도의 정책설계상의 특성 때문이라는 것이다. 영국은 연금의 초기 설계가 파편화된 구조를 가짐으로써 이익집단들의 이익의 분산으로 축소개혁이 쉬웠던 반면에, 미국은 일원화된 연금제도로 출발을 하여 다수의 중산층 지지 때문에 축소지향적인 개혁이 어려웠다는 것이다. 따라서 개별 정책의 특성이 만드는 효과가 피드백 작용을 하여 정책개혁 또는 프로그램의 축소과정에 독립적으로 서로 다른 영향을 미친다는 것이다. 그리고 개별 정책을 넘어 복지레짐 차원에서 볼 때에도, 보편주의적인 복지레짐의 특성을 가질수록 신자유주의적 복지축소의 압력에도 불구하고 전체적으로 기존의 복지정책을 지지하는 다수의 긍정적인 정치적 지지의 피드백을 제공해서 복지국가가 급격하게 후퇴하지 않고 기존의 틀을 여전히 유지할 수 있었다는 것이다.

피어슨은 이와 같은 정책의 피드백 설명의 논리를 일찍이 샤츠슈나이더(E. E. Schattschneider)가 제시한 "새로운 정책은 새로운 정치를 만든다(new policies create new politics)."다는 명제에서 가져왔다. 즉 정책이 독립적으로 정치에 영향을 미친다는 것이다. "정책의 결과 또는 효과(effect)가 인과적 요인(cause)"이 된다는 것이며, 이는 사회복지정책의 경로의존성과 개혁과정을 연구하는 데에 중요한 의미가 있다.

이러한 피드백 논리는 신제도주의 시각에서 기존의 제도가 행위자의 행위를 제약하고, 또한 이미 고착된 제도들은 환경이 바뀌어도 쉽게 변하지 않는 경로의존성(path dependency)의 경향을 설명하는 데 기여하였다. 그리고 최근 다양한 글로벌 위기에 대응하기 위해서는 복지국가의 새로운 패러다임이 필요한 시기이고, 또 기존의 복지제도들을 새로운 환경에 대응하도록 다양하게 개혁해야 하는 시점이다. 이런 과정에서 기존의 복지국가의 발전과 제도적 틀에서 이익을 봤던 기득권 집단들의 저항이 크기 때문에 사회복지정책의 개혁과정은 정치적으로도 쉽지 않다.

이런 맥락에서 정책피드백의 논리는 복지제도의 개혁에서 새로운 정책의 설계가 매우 중요하다는 것을 시사해 주고 있다. 새로운 환경에 대응하고 문제를 해결할 수 있는 정책의 설계에서 기존의 이해관계 연합과 갈등구조를 잘 분석하여 기존의 이해관계와 정치선 선호의 틀을 깰 수 있는 새로운 피드백이 일어날 수 있도록 해야 한다는 의미가 된다. 피어슨은 이러한 정책의 피드백 메커니즘을 크게 두 가지 차원으로 나눈다.

첫째는, 정책은 새로운 자원과 인센티브를 만들어 내는 기제를 가지고 있다는 것이다. 그리고 새로운 자원과 인센티브에 영향을 받는 집단을 크게 이익집단, 정치엘리트, 일반 대중으로 구별하여 각각의 집단에서 나타나는 독특한 정치적 이해관계 메커니즘을 연구할 필요가 있다고 주장한다. 정책의 구체적인 설계를 통해 기존의 이익집단, 정치엘리트, 일반 대중에서 새로운 자원과 인센티브를 제공해 줌으로써 새로운 개혁의 정치를 만들어 낼 수 있다는 것이다. 이는 최근에 복지개혁의 정치에서 정교한 개혁정책의 설계를 통해 선거과정에서 어떤 새로운 지배연합을 만들어 내어 개혁에 성공하고, 실패하는가 하는 정치동학에 대한 연구들에게 시사점을 준다.[73]

둘째는, 정책은 정보와 의미의 원천으로서 대상집단의 인지적 변화를 가져올 수 있다는 것이다. 정책이 대상자들에게 물질적인 자원과 인센티브를 제공해 줌으로써 대상집단의 이해관계와 정치적 행동의 변화를 가져오며, 이들에게 정보제공과 의무부여를 통해 인지적 깨달음의 기회를 줌으로써 정책을 통한 학습이 일어나고 새로운 피드백의 효과를 낼 수 있다. 이미 앞에서 언급했듯이, 헤클로는 정책은 학습과정을 수반하여 관료제를 중심으로 한 이슈네트워크에서 사회문제의 퍼즐 풀기로 해석하였다. 또한 홀은 정책변화를 일종의 정책학습을 포함하여 사회적 학습의 과정으로 설명한다. 아이디어 · 담론 제도주의에서도 같은 맥락에서의 제도의 변화과정은 아이디어와 프레임의 경쟁을 통한 학습과정으로 설명한다. 이러한 학습은 정치엘리트 차원에서도 일어나지만, 무엇보다 대중으로의 정보의 확산능력을 통해 일어난다. 피드백은 급격한 변화보다는 점진적인 변화의 축적에 더 큰 영향을 미칠 수 있다. 신제도주의에서 최근 복지개혁과정을 설명하는 과정에서 점진적인 변화의 축적을 통해 제도의 형성과 변화를 설명하기도 한다.[74] 정책의 창 이론에서도 언급하였듯이, 민주주의에서 개혁의 창은 궁극적으로 대중의 정치적 지지를 동원하는 것이 중요하며,

이는 역사적으로 보면, 사회변동은 대중의 부단한 시행착오를 통한 축적된 사회적 학습의 결과였다. 그런 가운데 정책은 학습의 속도를 빨리 할 수 있고 더 좋은 제도와 사회로 만들어 나가는 중요한 수단이다.

기존의 경로의존성의 관점은 정책의 피드백이 기존의 제도가 변화하지 않는 것에 초점을 두었다면, 정책의 피드백 논리는 새로운 경로를 형성하는 피드백으로 작용할 수 있도록 다양한 연구가 필요할 것이다.

5 — 결론: 더 나은 사회복지정책 결정을 위하여

지금까지 정책과정의 다양한 이론적 틀을 통하여 사회복지정책을 이해하고 사회복지정책이 갖고 있는 독특한 과정과 맥락을 설명해 보았다. 정책과정의 틀은 다양한 복지정치 및 정책이론들을 연결시켜 통합적으로 이해할 수 있는 틀을 제공한다. 오늘날 현대국가는 큰 정부로서 다양한 정책을 통해 우리 인간 삶의 과정에 개입한다. 특히 사회복지정책은 인간의 생애주기를 통해 필요한 기본욕구들의 충족과, 인간이 겪게 되는 다양한 사회적 위험들을 보호해 줌으로써 보다 자유롭고 평등한 삶을 만들어 주는 중요한 정책영역이다. 정책은 단순히 기능적인 합리성을 추구하는 도구가 아니다. 인간사회가 국가라는 정치사회를 만들어 정책이라는 도구로 문제를 해결해 나간다. 이는 지속적인 정치과정의 일부이며, 우리 삶의 일부라고 할 수 있다. 정책과정은 고위 정치엘리트나 관료의 전유물이 아니다. 민주주의 사회에서는 일반 시민들이 더 많은 지식과 깨달음으로 정책을 주도하고 만들어 나가야 하는 과정이다.

1 정치학적 관점에서 깊이 들어가면 정부(government)와 국가(the state)는 개념과 범위가 다르다. 국가는 추상적으로 영토 내에 국민들을 대상으로 정당하게 공권력으로 물리적 강제력을 행사할 수 있는 지배체제로서 다양한 공조직의 집합을 의미하는 반면, 정부는 영토 내에서의 지배체제를 의미하는 국가라는 추상적인 개념하에 통치행위를 하는 주체를 의미하는 개념이 강하다. 조금 더 하위의 개념으로서 정부는 행정부 또는 선거를 통한 집권의 주체로서의 의미를 가진다. 그러나 일반적으로 공권력을 가지고 정책을 실시하는 주체로서 국가와 정부를 혼용해서 쓰는 경우가 많다.

2 Oxford English Dictionary Online.

3 Easton, David(1965). *A Framework for the Analysis of Political Analysis*, Englewood Cliffs: Prentice Hall. p.15.

4 Lasswell, Harold D.(1936). *Politics: Who, Gets, What, When, How*. New York: Whittlesey House.

5 이런 관점은 Gilbert and Terrell(2013)의 저술에서 사회복지정책의 4가지 주요 차원의 관점에서 잘 정리되어 있다. Gilbert, N. and P. Terrell(2013). *Dimensions of Social Welfare Policy*. Eighth Edition. Boston: Pearson, Allyn and Bacon.

6 Laswell, Harold D.(1958). *Politics; Who, Gets, What, When How*. New York: Meridian Books.; Laswell, Harold D.(1971). *A Pre-View of Policy Sciences*. New York: American Elsevier Publishing.

7 Heclo, Hugh(1974). *Modern Social Politics in Britain and Sweden: From Relief to Income Maintenance*. New Haven: Yale University Press.; Heidenheimer, Arnold, Hugh Heclo, and Carolyn Teich Adams(1990). *Comparative Public Policy: The Politics of Social Choice in America, Europe, and Japan*. New York: St. Martin's Press. p.85.

8 Dye, Thomas R.(1987). *Understanding Public Policy*. New York: Prentice Hall.

9 시간의 변수는 특히 역사적 제도주의 관점에서 중요하게 생각한다. Pierson, Paul(2004). *Politics in Time: History, Institutions, and Social Analysis*. Princeton University Press.

10 에스핑-앤더슨은 복지레짐을 정의할 때, 레짐을 이와 같이 정의한다. Esping-Andersen, G.(1990). *The Three Worlds of Welfare Capitalism*. Princeton, NJ: Princeton University Press. p.12.

11 공식적인 법 · 제도의 특징을 이해하고 비교하였던 것이 과거 구제도주의의 특징이었고 한계라면, 신제도주의는 비공식적이지만 인간의 인식과 행위를 장기적으로 규제하는 규범과 규칙을 포함하여 분석한다.

12 민주주의 정부의 모델로 의원내각제와 대통령제에 대한 연구는 Lijphart, Arend(1977). *Democracy in Plural Societies: A Comparative Exploration*. Yale University Press. 최근에 비교정부론의 관점에서 정부제도의 특징을 잘 정리한 저술로는 Hague, Rod, Martin Harrop, and John McCormik(2016). *Comparative Government and Politics: An Introduction*. Palgrave.

13 정무권(1993). "국가자율성, 국가능력, 사회보장정책: 유신체제의 연금제도와 의료보험정책을 중심으로." 「한국행정학보」. 27(2). pp.493–516.; 정무권(2007b). "한국 발전주의 생산레짐과 복지체제의 형성." 「한국사회정책」. 14(1). pp.257–307.

14 김연명(2002). 「복지국가성격논쟁 1」. 인간과 복지.; 정무권(2009). 「복지국가성격논쟁 2」. 인간과 복지.

15 안병영(2000). "국민기초생활보장법의 제정과정에 관한 연구." 「행정논총」. 38(1). pp.1–50.

16 Tilton, Tim(1992). *The Political Theory of Swedish Social Democracy: Through the Welfare State to Socialism*. Oxford University Press.

17 Hague, Rod, Martin Harrop, and John McCormik(2016). *Op. cit.* ch.7.

18 엄밀히 말하면, 여기서의 정책네트워크는 정책학에서 값이 제기되는 이슈네트워크와 정책커뮤니티를 의미한다.

19 Ham, C. and M. Hill(1993). *The Policy Process in the Modern Capitalist State*. New York: Harvester Wheatsheaf.

20 Aberbach, J., R. Putnam, and B. Rockman(1981). *Bureaucrats and Politicians in Western Democracies*. Harvard University Press.

21 안병영 · 정무권(2007). "민주주의, 평등, 그리고 행정 한국행정 연구를 위한 이론적 · 경험적 함의를 찾아서." 「한국행정학보」. 41(3). pp.1–40.

22 정무권(1996). "한국 사회복지제도의 초기형성에 관한 연구." 「한국사회정책」. 3. pp.309–352.; 정무권(2007b). 전게서.

23 최근에 스웨덴의 유명한 정치학자 로스슈타인(Bo Rothstein)의 주도하에 정부의 질(quality of government)의 개념을 강조하는 것이 이런 맥락이다. Rothstein, Bo(2011). *The Quality of Government: Corruption, Social Trust, and Inequality in International Perspective*. Chicago: University of Chicago Press.

24 보족성 원칙의 기원은 가톨릭의 사회적 교설에서 나왔다. 중앙의 권위는 하위의 지방에서 자족적으로 충족시키지 못할 때에 도와줘야 한다는 원칙이다. 사회에서 하위의 일차집단이 스스로 문제해결을 하지 못할 때, 상위의 2차집단이 도움을 통해 해결해 나가는 원칙을 의미한다. 이러한 원칙은 유럽대륙 국가들의 정치문화로 자리를 잡았으며, 유럽대륙 복지모델을 발전시킨 기독교민주당의 주요 정치원칙이기도 하다. 그리고 현재 EU헌법의 정치원리가 되었다.

25 Hall, P. A. and D. Soskice(2001). *Varieties of Capitalism*. Cambridge University Press.; Mares, I.(2003). *The Politics of Social Risk: Business and Welfare State Development*. Cambridge: Cambridge University Press.

26 Starr, Paul(1982). *The Social Transformation of American Medicine*. Basic Books.

27 안병영(2000). 전게서.

28 Heclo, Hugh(1978). "Issue Networks and the Executive Establishment." in Anthony King(ed.). *The New American political System*. pp.87–107, pp.115–124.

29 Habermas, J.(1989). *The Structural Transformation of the Public Sphere: An Inquiry into*

a Category of Bourgeois Society. MIT Press.

30 이창호(2017). "공무원연금개혁과 국민연금개혁에 관한 언론보도 프레임 연구." 서울대 행정대학원 석사논문.

31 Jenkins, W. L.(1978). *Policy Analysis: A Political and Organizational Perspective*. Palgrave.

32 Gilbert, N. and P. Terrell(2013). *Op. cit*.

33 Cobb, Roger and Charles D. Elder(1983). *Participation in American Politics: The Dynamics of Agenda-Building*. Johns Hopkins University Press. p.172.; Bery, David (2000). "Agenda Setting and Problem Definition." *Policy Studies*. 21(1). pp.37-47.

34 Hill, M.(2009). *The Public Policy Process*. 5th ed. Pearson. p.151.

35 Cobb, Roger, Jennei-Keith Ross, and Marc Howard Ross(1976). "Agenda Building as a Comparative Political Process."*American Political Science Review*. 70(1). pp.126-138.

36 Bachrach, P. and Morton S. Baratz(1962). "Two Faces of Power." *The American Political Science Review*. 56(4). pp.947-952.; Bachrach, P. and Morton S. Baratz(1970). *Power and Poverty: Theory and Practice*. Oxford University Press.

37 Schattschneider, Elmer E.(1960). *The Semisovereign People: A Realist's View of Democracy in America*. Holt, Rinehart and Winsoton.; Adamany, David(1972). "The Political Science of E. E. Schattschneider: A Review Essay." *The American Political Science Review*. 66. pp.1321-1335.

38 Bachrach, P. and Morton S. Baratz(1962). *Op. cit*.

39 Kingdon, John W.(2003). *Agendas, Alternatives, and Public Policies*. 2nd edition. Longman.

40 언어학자로 알려진 조지 레이코프는 새롭게 주목을 받고 있는 프레임의 이론으로 미국의 선거정치를 분석하면서 상대방이 먼저 만들어 낸 프레임에 맞대응을 하는 것은 상대방의 프레임에 말려드는 것이라고 주장한다. 정치적 지지를 동원하려면, 자신만의 프레임을 만들면서 대상집단이 동조할 수 있는 언어와 프레임을 만들어 내야 한다고 주장한다. 레이코프, 조지(2004). 「코끼리는 생각하지마」. 유나영 옮김. 와이즈베리.

41 Schmidt, Vivian A.(2008). "Discursive Institutionalism: The Explanatory Power of Ideas and Discourse." *Annual Review of Political Science*. 11. pp.303-326.; Campbell, John L.(2004). *Institutional Change and Globalization*. Princeton University Press.; 정무권 (2007c). "세계화, 민주화, 한국의 발전주의 생산레짐과 복지체제의 재편." 「한국사회정책」. 14(2). pp.6-79.

42 Hall, P. A.(1993). "Policy Paradigms, Social Learning, and the State: The Case of Economic Policymaking in Britain." *Comparative Politics*. April 1993. p.279.; 정무권 (1996). 전게서.; 정무권(2007c). 전게서.; 하연섭(2010). "정책아이디어, 틀 짓기, 사회적 담론 형성의 관계에 대한 연구: 교육정책을 중심으로." 「행정논총」. 48(2). pp.189-215.

43 Blyth, Mark(2012). *The Great Transformations: Economic Ideas and Institutional Change in the Twentieth Century*. Cambridge University Press.

44 Hall, P. A.(1989). *The Political Power of Economic Ideas: Keynesianism Across Nations*. Princeton University Press.

45 Schmidt, Vivian A.(2008). *Op. cit.*; Campbell, John L.(2004). *Op. cit.*; 정무권(2007c). 전게서.

46 Dahl, Robert A.(1961). *Who Governs?: Democracy and Power in an American City*. Yale University.; Lindblom, Charles E.(1977). *Politics and Markets: The World's Political-economic Systems*. Basic Books.

47 다원주의론의 배경에는 1950년대부터 정치학에서 과학주의가 강조되면서 정치현상을 설명하는 데에 경험적 관찰에 의한 행태주의적 시각이 지배하게 되었다. 동시에 제2차 세계대전 후 미국이 자유민주주의 세계의 헤게모니를 장악하면서 미국식 민주주의 작동이 현대 민주주의의를 설명하는 지배적인 시각이 되었다.

48 Wiarda, Howard J.(1996). *Corporatism and Comparative Politics: The Other Great "Ism"*. M.E. Sharpe.

49 Schmitter, Philippe C. and Gerhard Lehmbruch(eds.)(1979). *Trends Toward Corporatist Intermediation*. Sage Publication.

50 Shonfield, Andrew(1969). *Modern Capitalism: Changing Balance of Public and Private Power*. New York: Oxford University Press.

51 Katzenstein, Peter J.(1985). *Small States in World Markets: Industrial Policy in Europe*. Cornell University Press.

52 Visser, Jelle and Anton Hemerijck(1997). *A Dutch Miracle: Job Growth, Welfare Reform and Corporatism in the Netherlands*. Amsterdam: Amsterdam University Press.

53 우리의 경우도 노사정 합의주의 방식의 정책결정이 1997년 외환위기 이후 기업의 구조조정을 원활히 하기 위해 해고를 허용하는 대신에 사회복지정책을 확충하는 방식으로 김대중 정부에 의해 시도되었다. 그러나 초기의 경제위기 시에 잠시 작동을 하였으나 그 이후 노사정위원회라는 형식적 제도의 형태만 있었을 뿐 제대로 작동되지 못하였다. 그러나 최근 문재인 정부가 들어서면서, 다양한 노동시장문제를 해결하기 위하여 제도를 복원하려는 노력이 보이고 있다.

54 Heclo, Hugh(1974). *Op. cit.*

55 Evans, P., D. Rueschemeyer, and T. Skocpol(1985). *Bringing in the State Back in*. Cambridge: Harvard University Press.; Skocpol, T.(1992). *Protecting Soldiers and Mothers: The Political Origins of Social Policy in the United States*. Cambridge: Harvard University Press.; Weir, M. and T. Skocpol(1985). "State Structures and the Possibilities for "Keynesian" Responses to the Great Depression in Sweden, Britain, and the United States." in Evans, Peter B., D. Rueschemeyer and T. Skocpol(eds.). *Bringing the State Back in*. Cambridge: Cambridge University Press.

56 Sabatier, P. and D. Mazmanian(1980). "The Implementation of Public Policy: A Framework of Analysis." *Policy Studies Journal*. 8(4). pp.538–560.; Palumbo, D. and Donald J. Calista(eds.)(1990). *Implementation and the Policy Process*. New York: Greenwood Press.; Hill, M.(2009). *Op. cit*. Ch.4.

57 Pressman, Jeffrey L. and A. Wildavsky(1973). *Implementation: How Great Expectations in Washington are Dashed in Oakland*. Berkeley: University of California Press.

58 윌다브스키와 프레스만이 정책집행의 중요성을 강조한 사례도 바로 사회복지정책이다. 연방정부가 오클랜드에 실업자 구제를 위해 예산 2,400달러를 투입했지만 정책은 실패로 끝났다.

59 하향식 집행이론의 선구자로서 Elmore 그리고 상향식과 하향식의 통합을 강조하는 Sabatier, P. and D. Mazmanian(1980). *Op. cit*.; Elmore, Richard F.(1970–1980). "Backward Mapping: Implementation Research and Policy Decisions." *Political Science Quarterly*. 94(4). pp.601–616.

60 Lipsky, M.(2010[1980]). *Street-Level Bureacuracy: Dilemmas of the Individual in the Public Services*. New York: Russel Sage Foundation.

61 Lipsky, M.(2010). *Ibid*.

62 Lipsky, M.(2010). *Ibid*. Ch.3.

63 Lipsky, M.(2010). *Ibid*. Ch.4.

64 최근 신공공관리론의 영향으로 정부의 각종 서비스들을 민간기관으로 위탁을 할 때, 성과를 보여주기 위해서 서비스 기관들이 다루기 힘들고 비용이 많이 들어 성과를 내기가 어려운 최약계층에게 서비스를 전달하기보다는 쉽게 성과를 낼 수 있는 고객들을 선택적으로 서비스를 전달하는 현상을 크리밍(creaming), 다루기 어렵고 성과가 나지 않는 집단을 의도적으로 대기시키는 현상을 파킹(parking) 현상이라고 한다.

65 Lipsky, M.(2010). *Op. cit*. Ch.6.

66 Lipsky, M.(2010). *Op. cit*. Ch.7.

67 Lipsky, M.(2010). *Op. cit*. Ch.8.

68 Lipsky, M.(2010). *Op. cit*. Ch.9.

69 최근의 국민기초생활제도를 담당하는 사회복지 전담공무원의 과로사나 자살 사건에서 볼 수 있듯이, 담당하는 케이스가 많으면, 수혜자 선별과정에서 부실한 선정과정이 나타나고 실제로 도움이 필요한 수혜자가 탈락하게 되거나, 담당공무원의 도덕적 책임감이 강하면 업무의 과로를 가져오게 된다.

70 Hill, M.(2009). *Op. cit*. Ch.14.

71 Pierson, Paul(1993). "When Effect Becomes Cause: Policy Feedback and Political Change."*World Politics*. 45(July). pp.595–628.; Pierson, Paul(1994). *Dismantling the Welfare State?: Reagan, Thatcher, and the Politics of Retrenchment*. Cambridge: Harvard University Press.

72 Esping-Andersen, G.(ed.)(1996). *Welfare States in Transition: National Adaptations in*

Global Econoimcs. Sage Publications.; Esping-Andersen, G.(1999). *Social Foundations of Postindustrial Economies*. Oxford University Press.

73 예를 들어, Hausermann, Silja(2010). *The Politics of Welfare State Reform in Continental Europe: Modernization in Hard Times*. Cambridge University Press.; Streeck, W. and K. Thelen(eds.)(2005). *Beyond Continuity: Institutional Change in Advanced Political Economies*. Oxford University Press.

74 Streeck, W. and K. Thelen(eds.)(2005). *Op. cit*.

8

복지급여 대상자

1 — 복지 수급자의 선정

현대 복지국가는 사회복지를 위해 소득이전자, 서비스제공자, 재원보조자, 규제자의 역할을 담당한다. 특히, 소득이전자와 서비스제공자의 역할을 위해 개인 또는 가구를 선정하여 복지급여—현금 및 현물 급여—를 제공한다. 국가가 제공하는 현금급여는 가계 가처분소득(household disposable income)을 높이는 공적 소득이전(public income transfer)이라면, 물품과 서비스를 포함한 현물급여는 가계 최종소득(household final income)을 높이는 효과를 지닌다. 그러므로 자기이익을 추구하는 합리적 개인은 국가로부터 복지급여를 받고자 하며, 수급자로 선정되면 가능한 더 많은 급여를 받기를 원한다. 반면에, 국가는 사회복지를 위한 정부예산이 한정되어 있고, 사회복지 제공은 국가뿐 아니라 다른 복지 제공주체들을 통해 이루어질 수 있기 때문에 복지급여 대상자를 제한하거나 수급 조건을 보다 엄격하게 조정하고자 한다.

따라서 "사회복지를 위해 제한된 자원을 누구에게 배분할 것인가?" 즉, "사회구성원 모두의 인간다운 생활을 위해 누구에게 복지급여를 제공할 것인가?"는 복지정책의 수립과정에서 제기되는 핵심적인 질문이다. 언뜻 보면, 이 질문 속에 답을 갖고 있다. 인간다운 생활을 영위할 수 없는 가난한 사람을 골라 복지급여를 제공하면 될 것이다. 그러면, 이 질문을 다음과 같이 바꿔 보자. "일을 할 수 있는 사람이 일을 하지 않고 정부가 주는 복지급여에 의존해 살아간다면, 국가가 이들에게 복지급여를 제공해야 할까?" 모든 국민의 인간다운 생활을 보장하기 위해서 국가가 근로능력에 관계없이 가난한 사람에게 복지급여를 제공해야 한다고 주장할 수 있다. 하지만, 근로능력이 있는 사람과 근로능력이 없는 사람이 똑같이 빈곤 상태에 놓여 있다고 해도 복지에 대한 자기책임 정도가 다르다는 것이 일반적 생각이다. 같은 복지급여를 받는 수급자들은 인구사회학적으로 동질성을 지녀야 한다고 본다. 요컨대, 복지 수급자 선정과정에서 서로 다른 인구사회학적 특성을 지닌 사람들은 다르게 취급되어야 공정하다고 판단한다.

현대 복지국가는 복지급여 대상자를 보편급여 방식, 사회보험 방식, 자산조사 방식에 따라 선정한다. 보편급여(universal benefits) 방식에서는 과거의 기여(사회보험료) 여부를 따지지 않을 뿐 아니라 현재의 소득 및 재산 상태와 관계없이 특정 인구학적 범주(아동, 노인, 장애인 등)에 속하면 누구나 복지급여의 수급자가 될 수 있다. 사회보험(social insurance) 방식은 보험가입자가 기여금(사회보험료)을 납부하고 사회적 위험(질병, 실업, 산재, 퇴직 등으로 인한 소득상실)에 처한 경우에 수급자로 선정될 수 있다. 자산조사(means-tested) 방식에서는 소득 및 재산을 조사하여 특정 기준금액보다 낮은 저소득층인 경우에 수급자로 선정될 수 있다.

위에서 설명한 수급자 선정의 세 가지 방식은 〈표 8-1〉에서 보는 바와 같이 기여(사회보험료 납부) ↔ 비기여와 자산조사 ↔ 비자산조사를 기준으로 수급자를 선정한다. 유형 Ⅰ은 복지급여 수급자가 되기 위해서 사회보험료를 납부하고 동시에 자산조사 조건을 충족시켜야 한다. 이러한 방식은 몇몇 국가에서만 볼 수 있는 예외적인 경우이다. 오스트레일리아와 뉴질랜드에서는 거의 모든 복지급여에서 자산조사를 통해 수급자를 선정한다. 이때, 자산조사는 가난한 사람을 골라 수급자로 선정하기 위한 방식이 아니라 부자를 수급자에서 제외하기 위한 목적으로 사용된다. 유형 Ⅱ는 복지급여 수급자가 되기 위해 사회보험료 납부 조건을 충족시켜야 하며 자산조사를 요구하지 않는다. 사회보험에 가입하여 사회보험료를 일정 기간 납입하면 수급권을 부여하는 경우가 이에 해당된다. 한편, 사회보험료 납부를 요구하지 않는 경우는 수급자 자격을 얻기 위해 자산조사 조건을 충족해야 하는지에 따라 유형 Ⅲ과 Ⅳ로 나뉜다. 유형 Ⅲ은 수급자가 되기 위해 자산조사를 통과해야 하는 공공부조(public assistance)를 꼽을 수 있다. 유형 Ⅳ는 사회보험료 납부를 요구하지 않고 자산조사를 실시하지도 않는다. 특정 인구학적 범주에 속한 사람이면 누구에게나 급여를 제공하는 보편급여가 이 유형에 해당한다.

표 8-1 급여 수급자 선정 방식

구 분	자산조사	비자산조사
기여(사회보험료)	Ⅰ (사회보험 방식 + 자산조사 방식)	Ⅱ (사회보험 방식)
비기여	Ⅲ (자산조사 방식)	Ⅳ (보편급여 방식)

한국에서도 사회보장제도의 운영과정에서 보편급여 방식, 사회보험 방식, 자산조사 방식에 따라 수급자를 선정하고 있다. 한국의 헌법 제34조 1항에 규정된 "모든 국민은 인간다운 생활을 할 권리를 가진다." 라는 국민의 생존권적 기본권, 즉 사회권을 실현하기 위해 국가는 복지 수급자를 적절하게 선정하여야 한다. 그런데 복지급여 수급자를 선정하기 위한 세 가지 방식 중에서 보편급여 방식이 사회권을 실현하는 데 가장 적합한 방식으로 알려져 있다. 과연 전체 국민의 인간다운 생활을 보장하기 위하여 가능한 모든 사회보장 영역에서 보편급여 방식을 확대해 가는 것이 가능하며, 바람직할까? 국가가 복지급여를 제공하기 위해 사용할 수 있는 재원이 제한되어 있을 뿐 아니라 복지재원의 배분을 둘러싸고 정치 · 사회적 갈등이 갈수록 첨예해지고 있다. 또한, 보편급여 방식은 누구에게나 동일한 복지급여를 제공하여 수급자들 간의 소득불평등을 고려하지 않기 때문에 사회적 불평등을 완화하는 데 취약할 수 있다. 사회보장정책을 통해 소득불평등을 완화하기 위해서 자산조사를 통해 저소득층을 수급자로 선정하는 것이 더 효과적이며 효율적일 수 있다.

복지재원의 사회적 배분과정에서 보편급여 방식만이 옳다는 이데올로기적 사고를 버려야 한다. 사실, 복지 수급자 선정에서 연령 조건만을 적용하여 수급자를 선정하는 경우는 아동수당과 같은 데모그란트(demogrant, 보편수당)를 제외하면 거의 없다.

복지 수급자 선정을 위해 여러 조건들을 결합하여 적용하는 것이 일반적이다. 아울러 사회구성원 모두의 인간다운 삶을 실현하기 위해 국가 이외의 복지제공 주체들이 함께 활동한다는 것을 간과해서는 안 된다. 또한 복지급여의 수급자격은 수급자가 아닌 사회구성원들의 사회경제적 활동에 영향을 미칠 수 있다는 것을 고려해야 한다. 그리고 선거 민주주의가 작동하는 정치 현실에서 국가가 수급자에게 제공하던 복지급여를 중단하거나 폐지하여 이전 상태로 되돌리는 것은 거의 실현 불가능하기 때문에 수급자를 더 신중하게 정해야 한다.

2 — 복지자원의 배분 원리: 선별주의와 보편주의

시장에서 이루어지는 재화와 서비스의 교환은 구매자의 지불능력이 전제되어야 한다. 그러나 국가가 제공하는 복지급여(현금과 현물 급여)는 개인의 지불능력에 따라 결정되지 않는다. 현대 복지국가에서 모든 국민은 인간다운 생활을 영위하고 사회공동체에 참여할 수 있는 권리를 지니며, 국가는 이 같은 사회권을 보장해야 할 의무가 있기 때문이다. 그렇다면, 사회권을 보장하기 위해 국가는 복지자원을 누구에게 배분하여야 할까? 보다 구체적으로 말하면, 국가는 복지 수급자를 어떤 기준에 따라 선정해야 할까? 누가(who) 복지급여를 왜(why) 받아야 할까? 여기에서는 부족한 복지자원에 대한 사회적 배분의 기초가 되는 원리를 선별주의와 보편주의로 나누어 살펴보기로 한다.[1]

1) 선별주의

선별주의와 보편주의의 개념 구분을 희화화하는 시도가 있다. 예를 들면, 정부가 만 8세 미만 아동을 둔 모든 가족에게 아동수당을 지급한다면, 만 8세 미만의 아동이 있는 가족을 급여 대상자로 선정하기 때문에 선별적(selective)이며 보편적(universal) 사업이 아니라고 한다. 그러나 이러한 주장은 제한된 복지자원을 배분하는 정치과정에서 길잡이가 되는 선별주의와 보편주의가 지닌 본질적 의미를 의도적으로 무시하려는 것이다. 현대 복지국가의 사회정책의 이론적 토대를 놓았던 티트머스는 제2차 세계대전 전후에 영국에서 제정된 일련의 복지 관련 법률들(1944년 의무교육법, 1945년 가족수당법, 1946년 국가의료서비스법, 국가보험법)에서 보편주의가 공공재원 배분의 기본원리로 자리를 잡게 된 이유를 다음과 같이 설명한다.

> _____________ 복지자원의 배분 원리로 보편주의를 선택한 근본 이유는 모든 국민이 서비스 이용과정에서 자신의 지위, 존엄, 자존감의 손상을 경험하지 않고 서비스를 자유롭게 접근 · 이용할 수 있게 하기 위함이다. 공공서비스 이용자들에게 열등감과 빈곤층이라는 인식을 심어주어서는 안 되며, 부끄러움과 스티그마를 유발해서도 안 된다. 공공서비스 이용자가 '공공의 짐(public burden)'으로 치부되어서는 안 된다. 시민 모두가 공공서비스 이용에 대한 사회적 권리를 누린다는 것은 시장과 가족을 통해 충족될 수 없거나 지불능력이 있는 사람만이 누릴 수 있는 특정 욕구를 누구나 누릴 수 있는 욕구로 만든다는 것이다. 만약 누구나 서비스를 이용하는 것이 가능하지 않다면, 지불능력이 있는 사람만이 서비스를 이용할 것이며 지불능력이 없는 사람은 열등감과 스티그마의 고통을 경험하게 될 것이다.[2] 보편주의와 반대로, 선별주의(selection)에서는 정부가 자산조사를 통해 가난한 사람을 선발하여 무료 서비스와 현금급여를 제공하거나 서비스 요금을 면제 · 감면해 주어야 한다고 주장한다.[3]

보편주의와 선별주의에 대한 티트머스의 설명은 콜라드(D. Collard)의 복지급여 유형 구분에서도 확인된다.[4] 보편주의에서 복지자원의 배분 기준은 소득이 아니라 객관적 욕구(need) 기준, 예컨대 질병, 임신, 부양아동, 노인성 질환 등의 유무에 있다. 그러므로 보편주의에 근거한 복지급여들은 수급자격인 욕구 기준을 충족하는 경우 소득과 관계없이 수급권이 부여된다. 반면에, 선별주의에서는 욕구 기준만을 적용하여 복지자원을 배분하는 것은 복지자원의 낭비를 초래할 뿐이라고 본다. 자산조사를 통해 수급자 범위를 저소득 집단으로 좁힐수록(more targeting) 더 효율적인 자원배분을 가져온다고 한다. 그러므로 선별주의는 복지자원을 배분하는 과정에서 두 가지 기준 — 첫째 객관적 욕구 기준, 둘째 저소득 기준 — 을 동시에 적용하여 급여 대상자를 선정해야 한다고 주장한다. 선별주의는 복지자원의 배분과정에서 자산조사를 통해 저소득층을 선정해야 한다고 주장한다는 점에서 보편주의와 본질적인 차이를 보인다.

선별주의를 옹호하는 사람들에 따르면, 복지급여 신청자들 중에서 자산조사를 통과한 저소득자에게 수급자격을 부여하기 때문에 복지급여에 소요되는 비용을 절감할 수 있다. 또한 대의민주주의체제에서 정치적으로 영향력이 큰 중산층에게 복지자원이 배분되는 현실을 고려할 때 선별주의는 인간욕구 실현에 어려움을 겪는 빈곤집단에게 복지자원을 집중할 수 있다. 사회복지를 위한 정부예산이 제한된 현실에서 빈곤하지 않은 사람들까지 포함하여 모두에게 급여를 제공하는 것은 자원의 낭비이며, 가난한 사람들에게 더 많은 급여를 줄 수 있는 기회를 막는다고 본다. 이러한 주장은 복지정책과정에서 어렵지 않게 발견된다. 예를 들어, 학교 무상급식을 시행하는 경우, 모든 학생들에게 무상급식을 제공할 것이 아니라 가난한 부모를 둔 학생들에게만 무상급식을 제공함으로써 절약한 돈을 학교시설을 개선하거나 가난한 학생의 교육비를 지원하는 데 사용하는 것이 바람직하다고 주장한다. 또, 65세 이상 노인을 위한 기초연금을 시행하는 경우, 부자 노인에게 기초연금을 지급할 것이 아니라 그 돈으로 가난한 노인을 위해 기초연금액을 올리는 것이 노인빈곤을 완화하는 데 효과적이라는 것이다.

또한, 선별주의를 옹호하는 사람들은 자산조사를 통해 수급자를 선정하기 때문에 사회효과성을 달성하기에 유리하다고 주장한다. 복지정책의 목적이 빈곤을 막고 불평등을 완화하는 것이라면, 복지급여를 가난한 사람에게만 제공하는 것이 모든 사람에게 제공하는 것보다 효과적이라는 것이다. 예를 들어, 정부가 어린이집을 이용하는 전 계층 모든 아동에게 보육료를 지원하고, 유치원에 재원 중인 전 계층 모든 아동에게 유치원비를 지원하는 보편주의 방식은 보육 및 유아교육 분야의 불평등을 완화하는 데 실효성이 낮다고 한다. 그러나 코르피와 팔메(Korpi & Palme)가 지적한 바와 같이, 복지자원의 배분과정에서 선별주의를 지향하여 저소득층을 대상으로 시행되는 공공부조 지출 비중이 높은 국가일수록 소득불평등 수준이 높게 나타나고, 보편주의를 지향하여 공공부조 지출 비중이 낮은 국가일수록 소득불평등 수준이 낮은 재분배의 역설(paradox of redistribution)이 존재한다. 이는 보편주의에 기반한 사회보험과 사회서비스가 잘 갖춰져 있는 국가일수록 사회계층화가 약화되어 친복지동맹이 가능해지고, 친복지동맹을 통해 복지재원의 규모를 확대시킬 수 있고, 복지재원의 규모가 커질수록 소득재분배의 효과가 커지기 때문이다. 그러므로 선별주의 원리에 따라 복지급여를 제공하는 공공부조가 불평등을 감소시키는 데 효율적이며 효과적이라는 주장은 논란의 여지가 있다. 그럼에도 불구하고, 복지자원의 배분과정에서 자산조사를 통해 수급자를 선정하여야 한다는 선별주의는 오늘날 복지국가의 사회보장제도에서 기본적 원리로 자리를 잡았다.

한편, 선별주의와 유사한 개념으로 잔여주의(residualism)가 사용되고 있다. 잔여주의는 사회복지를 위한 국가의 역할에 초점을 두는 개념이며, 제도주의(institutionalism)와 대립되어 사용된다. 즉, 잔여주의가 개인의 복지는 원칙적으로 가족의 테두리 내에서 이루어져야 한다고 주장한다면, 제도주의는 개인의 복지에 대한 국가의 제도적 책임을 강조한다. 잔여적 복지모델(residual welfare model)에 따르면, 가족애를 바탕으로 상호 돌봄이 제공되고, 가계소득을 재원으로 시장에서 재화와 서비스를 구입하여 개인의 복지를 실현해야 한다. 그리고 사회구성원들 중에서 가족과 시장을 통해 복지를 누릴 수 없는 가난한 사람들은 국가가 최소 수준에서 복지를 제공해야 한다. 가족과 시장을 통해 스스로 복지를 실현할 수 없는 사람을 복지급여 대상자로 선정하기 위해서 소득과 재산을 조사하는 자산조사를 반드시 거쳐야 한다고 주장한다. 그러므로 잔여주의는 복지자원의 사회적 배분과정에서 자산조사를 통해 저소득층 수급자를 선정해야 한다고 주장한다는 점에서 선별주의에 근거한다. 이에 더하여 잔여주의에서는 자산조사를 통해 선별된 저소득층 수급자에게 정부가 최소한의 생계급여를 제공할 것을 주장한다는 점에서 사회복지를 위한 국가의 최소 역할을 주장하는 자유주의 국가관과 선별주의 원리를 결합하고 있다고 하겠다.

2) 보편주의

사회정책에서 보편주의의 뿌리는 1942년 베버리지 보고서로 거슬러 올라간다. 제2차 세계대전 이후 영국뿐 아니라 서유럽 국가들에서 복지국가의 청사진을 제시하였다고 평가받는 베버리지(W. Beveridge)는 사회보장제도의 특성을 설명하는 개념으로 보편적(universal)이라는 용어를 처음으로 사용하였다.[5] 그는 모든 국민이 최소한의 인간다운 생활을 영위하는 데 필요한 소득을 보장하기 위해 사회보험과 국가부조(공공부조)를 제안하였다. 사회보험은 가입자 모두에게 균등보험료를 부과하고, 사회적 위험(산업재해, 실직, 은퇴 등)으로 가입자의 소득이 중단 또는 상실된 경우에 최소한의 균등급여(flat-rate benefit)를 제공하도록 하였다. 그리고 소득이 없거나 낮아 사회보험에 가입하지 못하는 사람을 위해 정부재원에서 공공부조를 시행하여 최소 생계소득을 지원하도록 하였다. 이와 함께 국가가 16세 미만 아동 누구에게나 아동수당을 지급하고, 전 국민을 위한 포괄적 의료서비스를 무상으로 제공할 것을 제안하였다.

그런데 베버리지가 '보편적'이라는 용어를 사용했지만, 그 의미를 명확하게 정의한 것은 아니었다. 베버리지 보고서에 포함된 내용에서 '전 국민을 위한' 의료서비스를 제공하고, 특정 연령에 속하는 사람이면 '누구에게나' 동일한 금액의 데모그란트(demogrant, 보편수당)를 제공하며, 사회보험의 운영원칙으로 '균등보험료와 균등급여'를 제안하였다는 점에서 '보편적'이라는 개념이 지닌 특성을 살펴볼 수 있다. 즉, '보편적'이라는 용어는 인구학적 연령 조건에 속한 사람이면 누구에게나 균등급여를 제공하는 복지급여의 특성을 의미한다. 그러므로 보편적 급여는 특정 인구학적 범주(일반적으로 연령 기준)에 속한 사람에게 부여되는 사회적 권리라고 할 수 있다. 그런데 베버리지는 공공부조 또는 사회보험을 통해 제공되는 복지급여 수준은 수급자 가구의 생계유지에 필요한 최소 수준에 머물러야 한다고 보았다. 추가적인 소득보장을 희망하는 개인은 자발적으로 민간보험에 가입하여 소득보장 대책을 마련하도록 국가가 그 여지를 남겨야 한다고 강조하였다. 사회보장제도에 관한 그의 구상으로 미루어 볼 때, '보편적' 급여의 수준은 '관대한' 또는 '적절한' 수준이 아니라 최저생활을 유지할 수 있는 최소한의 수준이었다. 따라서 영국에서 복지국가 수립 시기에 주장된 보편주의(universalism)는 급여의 적정성(adequacy)에 초점을 둔 것이 아니라 사회보장 프로그램의 수급자 자격에 관한 문제에 초점을 두었다. 즉, 보편주의는 특정 인구학적 범주에 속한 사람이면 누구에게나 복지급여를 제공한다는 급여 대상자 선정방식에 관한 것이었다. 이처럼 베버리지가 모든 시민을 위한 보편주의 사회정책을 제안한 것은 제2차 세계대전으로 전쟁의 상처가 깊은 국민들에게 국가재건의 희망을 제시하려는 목적이 있었다. 전후 국가재건과정에서 사회통합과 결속을 강화하기 위해 복지자원의 배분 원리로 보편주의가 주창되었다.

영국에서 보편주의 등장의 역사와 유사하게, 1930, 40년대 스칸디나비아 국가들에서도 사회정책 분야에서 보편주의가 등장하였다. 그 당시, 스칸디나비아 국가들은 유기체적 국가관을 바탕으로 국가가 전체사회의 공동선을 실현하는 역할을 담당해야 한다고 보았으며, 사회공학(social engineering) 관점에서 공공복리를 위해 사회정책을 수립하고자 하였다. 예를 들면, 스칸디나비아 국가들에서 정부는 출산이 애국이라고 강조하며 가족정책을 통해 출산을 장려하고자 하였다. 아동을 둔 모든 가족에게 보편적 가족급여(아동수당)를 제공하였고, 일과 가정의 양립을 지원하기 위해 출산 및 육아 휴직제도를 도입하였다. 스칸디나비아 국가들의 사례는 사회정책 분야에서 보편주의가 개인의 욕구 충족 혹은 시민의 사회적 권리 차원이 아니라 국가적 필요 혹은 국익의 관점에서 등장하였다는 것을 보여준다. 그러나 오늘날 스칸디나비아 국가들에서 보편주의는 시민권(citizenship), 보다 구체적으로 말하면, 모든 국민의 인간다운 삶을 실현할 수 있는 권리인 사회권(social right)을 위해 주장된다.

위에서 살펴본 보편주의의 다양성에도 불구하고, 사회정책 분야에서 대다수 학자들이 동의하는 보편주의 원리의 기본 특징은 복지자원의 배분과정에서 특정 인구학적 범주에 속한 사람들 누구에게나 동일한 균등급여를 제공한다는 것이다. 보편주의를 옹호하는 사람들에 따르면, 특정 욕구를 지닌 모든 사람들에게 복지급여를 제공함으로써 급여 수급의 평등성을 확보하고, 수급자에게 실패자라는 스티그마(stigma)를 주지 않아 인간 존엄성을 지키고 사회통합을 도모하는 데 효과적이다. 또한, 급여 대상자들의 수급률(take-up)이 매우 높아 정책의 효과성이 높다. 시민이면 누구나 복지급여의 수혜대상이며, 어느 누구도 배제되지 않기 때문에 사업을 지속하는 데 유리하다. 자산조사를 통과한 빈곤한 소수집단만을 선발하여 급여를 제공하는 경우에 비하여 보편적 복지급여가 폭넓은 사회적 지지를 얻을 수 있기 때문이다. 더 나아가 보편주의 옹호자들에 따르면, 특정 욕구를 지닌 모든 사람들에게 복지급여를 제공하기 위해 당장은 정부재원이 훨씬 더 많이 지출될 수 있으나, 보편적 복지급여 제공이 장기적으로 볼 때 비용-편익성이 떨어지지 않는다고 주장한다. 예를 들면, 보편적 무상 의료서비스를 통해 국민의 건강을 관리하고 질병을 예방하는 활동과 보편적 무상교육을 통해 인력을 양성하는 활동은 미래에 발생할 수 있는 질병과 인적 자원 부족으로 소요되는 사회적 비용을 절감할 수 있다. 또한 보편적 급여는 수급자를 선별하기 위한 자산조사비용이 필요하지 않고 수급자로 선정된 이후 자격관리를 위한 관리비용을 절감할 수 있다고 주장한다.

요컨대, 보편주의는 특정 욕구를 지닌 사람들이면 누구나 급여 대상자가 될 수 있다는 것을 함축한다. 테어본(G. Therborn)에 따르면, 보편주의는 국가가 모든 시민들에게 생애 주기에 걸쳐 필요한 서비스와 소득보장에 관한 사회적 권리를 부여하는 것이다.[6] 복지국가 연구자들 사이에서 보편적 복지급여의 비율이 높은 북유럽 사회민주주의 복지체제에서 사회의 불평등 수준이 낮고, 탈상품화 정도가 높으며, 모든 시민의 사회권이 보장되고 있다는 점에서 복지자원의 배분 원리로 보편주의의 정당성이 널리 인정되고 있다. 그리고 사회민주주의 복지체제를 수립한 스칸디나비아 국가들을 '보편적 복지국가'로 부른다.

3 — 급여 수급자의 선정 기준

보편주의와 선별주의는 복지자원의 배분을 둘러싼 기본원리이다. 하지만 사회보장제도에서 급여 대상자를 선정하는 기준은 보편주의에서 강조하는 욕구 기준과 선별주의에서 강조하는 자산조사 기준뿐만 아니라 다양한 기준들이 활용된다. 복지급여 대상자를 선정하는 과정은 규범적 차원에서 아리스토텔레스(Aristoteles)의 사회정의에 관한 주장, 즉 사람들이 서로 다른 욕구와 부담 능력을 지니기 때문에 동일집단은 동일하게, 다른 집단은 다르게 배분해야 한다는 주장을 따른다. 모든 사람에게 자원을 균등하게 배분하는 것은 각 사람마다 욕구와 부담 능력이 다르기 때문에 사회적으로 정의롭지 않다고 한다. 이러한 주장은 롤스(J. Rawls)의 사회정의에 대한 관점에서도 찾을 수 있다. 자본주의체제의 사회 · 경제적 불평등으로 인해 사회적으로 정의로운 자원배분을 위해서는 기회의 평등으로 충분치 않고, 사회구조적으로 불평등한 권리와 조건을 변경하기 위해 특정 집단을 선별하여 자원을 차등 배분하는 것이 필요하다고 한다. 또한, 전통적으로 개인의 지위나 신분, 직업 등에 따라 차별적으로 다루는 특정주의(particularism) 방식은 복지자원의 배분과정에서 특정 집단에 국한하여 복지급여를 제공하도록 하였다. 사실, 복지정책의 역사는 특정 집단을 위한 프로그램으로 채워져 왔다. 예를 들면, 노후 소득보장을 위한 연금은 공무원, 선원, 농부, 근로자를 위한 특정 직역 연금제도로 발전되어 왔다.

그리고 사회보험제도에서 사회보험료 납부는 수급자가 되기 위한 필요 조건 중 하나이며, 보편적 급여인 아동수당은 연령과 국적이 선정 조건인 경우가 대부분이다. 한편, 저소득층을 선별하기 위해 자산조사를 실시하지만, 소수의 부유계층을 급여 대상자에서 제외하기 위해 자산조사를 실시할 수도 있다. 예컨대, 한국에서 소득연계형 국가장학금과 기초연금은 소득분위가 높은 부유한 사람을 선별하여 수급대상에서 제외하기 위해 자산조사를 실시한다. 국가장학금을 받는 대학생들과 기초연금을 받는 노인들이 스티그마를 느끼지 않는 것은 범주적 공공부조인 기초생활 수급자와 다르다. 수급자를 선정하기 위해 자산조사를 실시하는 것은 선별주의를 따르는 것이지만, 자산조사를 실시한다고 하여 잔여주의라고 볼 수 없다. 사회복지 프로그램이 추구하는 다양한 목적에 따라 급여 대상자를 선발해야 하며, 복지자원 배분과정에서 수급자와 비수급자들 간의 공정성을 달성하기 위해 자산조사를 포함한 다양한 기준들이 선택되어야 한다.

그렇다면, 사회보장제도에서 수급자를 선발하기 위하여 어떤 기준들이 사용될까? 길버트와 테렐(N. Gilbert and P. Terrell)은 사회복지 수급자를 선정하기 위한 선별 기준으로 귀속적 욕구, 기여에 대한 보상, 전문가 진단, 소득 및 자산 조사의 네 가지로 분류하였다.[7] 챔버스와 본크(D. E. Chambers and J. F. Bonk)는 사회복지 수급자 선별 기준을 더 세분화하였는데, 기여금 납부, 행정법규, 민간 계약, 전문가 진단, 공무원 재량, 사회복지사 재량, 소득 및 재산 조사, 노동시장 참여 조건 등을 꼽고 있다.[8] 일반적으로 사회보장제도에서는 수급자격 조건으로 여러 기준들을 결합하여 수급자를 선정한다. 한국의 사회보장제도를 보면, 공공부조에서는 국적 및 거주, 소득 및 재산, 근로능력, 부양의무자 조건들을 결합하여 수급자를 선정한다. 사회보험에서는 사회보험료 납부를 공통 조건으로 요구하며, 고용보험에서는 근로능력과 구직활동 조건을 추가로 요구한다. 사회서비스에서는 지자체의 사회복지 공무원이나 사회복지사들이 급여 신청자의 복지 욕구를 사정한 후 급여를 제공할지를 결정하는 재량(discretion) 방식을 널리 활용한다.

그런데 수급자를 선정하는 과정에서 수급권(entitlement)을 부여하는 방식과 재량에 의한 방식을 엄격하게 구분하는 일이 쉽지 않다. 왜냐하면, 담당공무원이나 사회복지사가 수급권 규정을 적용하는 데 재량을 행사할 수 있고, 재량의 행사는 수급자를 보호하기 위한 행정지침에 근거하기 때문이다. 이 책에서는 사회보장제도에서 수급자를 선정하기 위해 사용하는 기준들을 국적 및 거주 조건, 인구학적 조건, 기여금 납부 조건, 자산조사 조건, 근로능력 조건으로 나누어 살펴본다. 일반적으로 사회보장 프로그램에서 급여에 대한 수급자격 요건은 이들 중에서 두 개 이상의 기준들을 결합하여 사용한다.

1) 국적 및 거주 조건

복지급여의 수급자격 요건들 가운데 가장 기본이 되는 것은 국적과 거주 조건이다. 어떤 사람이 한 국가에 입국한 경우에 복지급여에 대한 수급자격을 획득할 수 있는 첫 번째 조건은 국적 및 거주 조건의 충족 여부이다. 예를 들어 보면, 1990년대 초반까지 영국에서는 아동의 복지에 대한 권리를 위해 자국 내 거주하는 모든 아동들에게 아동수당을 균등하게 지급했었다. 이처럼 거주 요건만 충족하면 누구에게나 수급권을 인정하는 것은 가장 발전된 보편주의의 한 형태라고 할 수 있다. 그러나 1980년대 보수당 집권기간 동안 끊임없이 제기된 복지재정 축소의 분위기 속에서 투표권이 없는 외국인 자녀에 대한 아동수당 지급을 먼저 중단하게 되었다. 그 결과, 영국에서 아동수당은 영국 국적을 지닌 아동을 위한 복지급여가 되었고, 국적의 소지 여부가 보편급여인 아동수당의 전제 조건이 되었다.

오늘날 대부분 국가에서 복지급여에 대한 자격 조건으로 거주 요건만을 유일하게 요구하는 경우는 매우 드물다. 거주 조건과 함께 국적 요건, 즉 시민권 또는 영주권의 소지 여부를 복지급여 수급을 위한 기본 조건으로 요구한다. 이러한 조치는 복지국가가 국가 단위로 수립되며, 국가는 국내총생산액의 일부를 세금과 사회보험료 형태로 거둬 국가재정에서 제한된 예산을 복지재원으로 사용하기 때문이다. 그러므로 국가는 출입국 관리 및 이민자 관련 법 규정을 통해 복지에 대한 권리를 자국민으로 제한한다. 이때 국적은 사회통합이 아니라 외국인을 차별적으로 제외하기 위한 사회적 배제의 수단으로 사용된다.

한편, 세계화로 인해 외국인 직접투자가 활성화되고 노동인력의 국가 간 이동이 눈에 띄게 증가하였다. 이러한 변화에 맞춰 서구 복지국가들은 국가 간 사회보장협정을 체결하고 외국인의 사회보험 가입과 급여 수급권을 상호주의 원칙에 따라 인정하고 있다. 한국도 외국과 사회보장협정을 체결하여 외국인에 대한 사회보험 적용과 급여 수급을 상호주의 원칙에 따라 인정한다. 합법적으로 체류한 외국인 근로자는 5대 사회보험에 가입할 수 있지만, 외국인의 국적에 따라 조금씩 다르다. 예를 들어, 국민연금공단이 파악한 한국과 사회보장협정을 체결한 129개 국가들 중에서 사업장 · 지역 당연적용 국가는 71개국, 사업장 당연적용이나 지역적용 제외국가는 36개국, 사업장 · 지역적용 제외국가는 22개국이다. 사회보장협정은 양 국가 간 연금제도의 차이점을 상호 조정하여 양국 국민들에게 노후 소득보장의 혜택을 제공하기 위한 것이며, 연금 이중가입 면제, 가입기간 합산, 연금 수급권의 동등 인정, 연금 송금보장 등을 포함한다. 국민건강보험은 합법적으로 취업한 외국인이 국내 사업장에서 직장가입자로 자격을 취득한 경우 근로 개시일로부터 적용되며, 직장가입자의 피부양자는 외국인 등록일로부터 자격을 취득한다. 외국인이 지역가입자로 자격을 취득한 경우, 즉시 취득이 가능한 유학 · 취업 · 결혼 외국인을 제외하고 입국일로부터 3개월이 경과한 시점에 건강보험을 적용받는다. 외국인은 국민건강보험의 적용과 급여에서 내국인과 같다. 산재보험은 합법적으로 취업한 외국인은 물론이고 미등록 외국인도 적용받을 수 있다. 체류 자격에 상관없이 일하다 다치거나 질병에 걸리면 급여를 받을 수 있다. 고용보험의 경우, 체류 자격을 갖춘 외국인이 고용보험 적용사업장에서 일하면 거주 · 영주 외국인은 고용보험에 당연 가입하고, 그 밖의 외국인은 비자 유형에 따라 임의 가입하거나 상호주의를 적용받는다. 고용보험에 가입한 외국인은 보험의 적용과 급여에서 내국인과 차별이 없다. 노인장기요양보험에서 외국인은 임의 가입할 수 있다.

그러나 사회보험과 달리, 아직까지 대다수 국가들은 정부 일반예산에서 재원을 충당하는 보편수당과 공공부조 및 사회서비스 분야에서 외국인의 복지 수급을 배제하기 위해 국적 요건을 엄격하게 적용한다. 한국도 영아수당(2023년부터 부모급여로 확대개편), 아동수당, 양육수당과 같은 보편수당과 공공부조, 그리고 보육료, 유아학비 지원 등 사회서비스에서 외국인의 복지 수급을 배제하고 있다. 다만, 일부 지자체에서 외국인 아동을 위한 보육료 지원을 시행한다.

2) 인구학적 조건

복지급여에 대한 자격 조건으로 인구학적 조건은 성별, 인종, 연령, 가족 수, 부양의무자 기준 등을 고려한다. 일반적으로 인구학적 조건은 앞에서 논의한 국적 조건에 추가하여 수급 조건으로 요구된다. 인구학적 조건을 수급자격 요건으로 고려하는 경우에도 인구학적 조건만 고려하는 경우와 인구학적 조건과 함께 다른 조건들을 요구하는 경우가 있다.

전자와 같이 인구학적 조건만을 고려하여 누구에게나 급여를 제공하는 사회보장제도로 인구학적 보편수당(데모그란트, demogrant)을 꼽을 수 있다. 데모그란트는 정부가 특정 연령에 있는 사람들이면 누구에게나 급여를 제공한다. 서구 복지국가에서 시행하는 아동수당은 자국민이며 특정 연령에 속한 모든 아동들에게 균등한 급여를 제공한다. 한국에서는 부모급여, 아동수당이 데모그란트에 해당되며, 보육료, 유아학비, 양육수당을 데모그란트와 유사한 방식으로 지원한다. 만 0~5세까지 어린이집을 이용하는 전 계층 모든 아동에게 보육료를 지원하고, 유치원과 어린이집 등에서 공통교육과정을 제공받는 만 3~5세 전 계층 모든 아동에게 유아학비를 지원한다. 그리고 취학 전 만 86개월 미만으로 어린이집이나 유치원에 다니지 않고 가정 양육하는 전 계층 모든 아동에게 양육수당을 제공한다.

한편, 사회보험과 공공부조에서 인구학적 조건을 수급 조건으로 요구하기도 한다. 예를 들어, 서구 복지국가들은 사회보험 방식의 공적 연금에서 연금 개시 연령을 만 65세로 조정하였다. 한국도 국민연금 개혁을 통해 노령연금의 개시 연령을 60세에서 2013년부터 5년마다 1년씩 연장하여 65세에 이르도록 하였다. 단, 가입기간이 10년을 초과한 가입자는 조기노령연금을 신청하면 연금 개시 연령 이전에 연금을 받을 수 있으나 기본연금액이 감액 지급된다. 자산조사를 통해 수급자를 선정하는 공공부조에서도 인구학적 조건을 요구하기도 한다. 예를 들어, 과거 한국의 생활보호제도에서는 수급자가 되려면 자산조사 조건을 충족시키고 동시에 연령이 18세 미만의 아동이거나 65세 이상의 노인이어야 했다. 2000년 국민기초생활보장제도가 도입되면서 모든 국민의 인간다운 생활을 보장하기 위하여 연령 기준이 폐지되었다. 현재, 보편급여 성격을 지닌 기초연금이 연령 기준을 적용한다. 기초연금 수급자가 되기 위해서 한국 국적을 소지하고 국내에 거주하는 만 65세 이상 노인으로 소득 및 자산조사를 통해 계산한 노인가구의 소득인정액(소득평가액+재산의 소득환산액)이 하위 70% 이하에 속해야 한다.

인구학적 조건으로 연령 기준과 함께 가족 수(규모)를 수급 조건으로 요구하기도 한다. 가족 수가 일정 규모 이상이 되어야 수급자격을 얻을 수 있는데, 저출생 문제에 대처하기 위한 정책수단으로 가족급여를 제공하는 경우 아동 수를 수급자격 조건으로 사용한다. 예를 들면, 프랑스와 일본에서는 아동수당을 지급하지만 아동 수가 2명 이상인 경우에만 수급자격을 부여한다. 한국은 아동수당과 유사한 효과를 지닐 수 있는 다자녀 세액공제를 시행하고 있는데, 2명 이상의 자녀를 둔 가정이 수급자격을 지니며 아동 수에 따라 세액공제 규모가 차이가 난다(2명까지 1인당 15만 원, 3명 이상 1인당 30만 원). 가구의 가처분소득을 증대시키는 아동수당과 자녀 세액공제가 저출생 대응 정책수단이 될 수 있도록 아동 수를 수급자격 요건으로 삼을 수 있다.

끝으로, 인구학적 조건으로 부양의무자 기준을 들 수 있다. 수급자 선정에서 부양의무자 기준을 적용하여 복지에 대한 가족의 책임을 강조하는 것은 개인의 복지는 사회의 가장 낮은 단위인 가족에 의해 제공되어야 한다는 보족성 원리(subsidiarity principle)와 연결되어 있다. 또한 동양 사회에서 효를 강조하는 유교문화의 영향을 받아 부양의무자 기준을 적용해 부모에 대한 자식의 부양책임을 강조한 것으로 볼 수도 있다. 한국의 국민기초생활보장제도에서는 최근까지 생계급여 수급권자가 되기 위해 소득 및 재산 조사를 통과하여야 하며 동시에 부양의무자 기준을 충족시켜야 했다. 부양의무자 범위는 수급자와 1촌인 직계혈족 및 그 배우자로 정하고 있으며, 신청자가 부양의무자가 없거나, 부양의무자가 있는 경우 부양능력이 없거나 미약하여 부양비를 지원할 수 없어야 한다. 부양의무자 기준은 아직까지 의료급여에서 수급자격 기준으로 적용되고 있다.

3) 기여금 납부 조건

사회보험은 수급자격 조건으로 기여금 납부를 요구한다. 사회보험에서 급여에 대한 수급권은 보험가입자가 근로기간 동안 기여금(사회보험료)을 납부한 경우에만 보장되는 조건적 권리이다. 일반적으로 사회보험료는 임금 근로자의 경우 고용주와 근로자가 반반씩 부담하며, 자영업자의 경우 본인이 전액 부담한다. 사회보험료 수준은 국가에 따라, 사회보험 프로그램에 따라 많은 차이를 보이며, 사회보험 기금의 재정 상태를 반영하여 지속적으로 상승해 왔다. 사회보험급여의 수급자격을 얻기 위해서는 일정 기간 동안 보험료를 납부하여야 한다. 예를 들어, 한국의 국민연금에서는 노령연금을 수급하기 위해서는 최소 10년 동안 보험료를 납부하여야 한다. 고용보험에서는 구직급여를 수급하기 위해 이직일 이전 18개월 기간 동안 사회보험료 납부기간이 통산하여 180일 이상이 되어야 한다. 산재보험과 건강보험에서는 수급권을 얻기 위한 보험료 최소 납부기간의 제약이 없다.

최근 사회보험에서 기여금 납부 조건 이외의 수급 조건을 부가적으로 요구하고 있다. 예를 들어, 실직자가 구직급여를 수급하기 위해서는 일정 기간 동안 보험료를 납부했어야 하며, 구직활동에 종사하고 정부가 알선한 일자리에서 일할 의무를 이행하여야 한다. 이처럼 사회보험을 통해 보장된 급여 수급권이 갈수록 조건적 권리로 변모해 감에 따라 사회권이 침해되고 있다는 우려가 커지고 있다. 그러나 보다 더 큰 문제는 보험료를 납부한 사람으로 수급자격을 제한하는 사회보험의 특성 때문에 수급자 선정이 시장체계의 불평등과 밀접하게 연결될 수밖에 없다는 것이다. 예를 들어, 다층연금제도에서 소득비례연금을 지급하는 2층 연금은 노동시장의 소득불평등이 연금소득의 불평등으로 이어져서 시장체계의 원리를 충실히 반영한다. 또한 남성부양자 모델에 기초한 사회보험에서 여성의 급여 수급권이 남편의 근로 여부에 달려 있기 때문에 젠더 불평등을 지속시킨다. 더욱이, 탈산업사회에서 노동시장이 저임금 서비스산업을 중심으로 활성화되면서 사회보험에 가입하지 못한 저임금 근로자들이 증가하고 있고 노동시장의 이중화가 사회보장의 이중화로 나타나고 있다. 한국에서도 영세 사업체에서 기업주의 근로자 인건비 부담과 근로자의 사회보험료 부담능력 미흡 등을 이유로 사회보험에 가입하지 않은 근로자들이 전 사업에 걸쳐 광범위하게 존재한다. 사회보험 적용 배제 문제에 대응하기 위해 정부는 '두루누리 사회보험 지원사업'을 시행하여 고용보험과 국민연금의 가입을 독려하고 있다. 하지만 정부의 사회보험료 지원에도 불구하고, 고용주의 노동비용 추가 부담과 미가입 근로자의 소득감소 우려 때문에 사회보험 가입의 사각지대 문제는 고용보험과 국민연금에서 좀처럼 줄어들지 않고 있다.

4) 자산조사 조건

자산조사는 선별주의의 대표적인 특징이다. 자산조사는 복지급여 신청자의 경제적 능력을 평가하기 위해 소득과 재산을 조사하는 것을 말하며, 일반적으로 복지사업에서 정한 소득과 재산 기준에 미달한 경우에 수급자가 될 수 있다. 모든 국민의 인간다운 생활을 실현할 책임이 있는 복지국가는 스스로 힘으로 복지를 실현할 수 없는 사람들을 선별하여 생계를 지원하기 때문에 자산조사 방식은 모든 복지국가에서 공공부조 수급자를 선정하는 데 널리 활용된다.

자산조사에서 자산의 구성 항목은 국가와 복지사업에 따라 다르지만, 일반적으로 경제적 능력을 판단하는 소득과 재산을 조사한다. 자산조사 대상에 포함된 소득은 소득 원천에 따라 여러 형태가 있으나, 크게 보면 근로소득, 자본소득, 이전소득으로 구성된다. 근로소득은 임금소득과 사업소득으로 구분할 수 있고, 자본소득은 이자소득과 임대소득을 포함하며, 이전소득은 사적 이전소득과 공적 이전소득으로 구분할 수 있다. 한편, 재산은 소비를 위해 지출되지 않은 소득의 축적 형태로서 금융재산, 부동산, 동산 등으로 구분한다. 재산은 필요에 따라 현금으로 전환될 수 있는 잠재적 소득이라는 점에서 경제적 능력을 평가하는 자산조사 대상에 포함시킨다. 이와 같이 자산조사에서 소득 및 재산을 조사하지만, 국가에 따라 자산조사에 포함시키는 소득 및 재산의 유형이 다르다. 특히, 주거를 위한 부동산 재산은 일정 금액을 공제하기도 하며, 자동차와 같이 생활에 필요하다고 인정되는 동산 재산은 조사항목에서 제외하기도 한다. 또는 재산의 일정 금액을 공제한 후 차액에 대하여 재산 유형에 따라 소득환산율을 곱하여 재산을 월소득으로 환산하는 재산의 소득환산방식을 활용하기도 한다.

자산조사에서 조사대상의 단위를 설정하는 문제가 제기될 수 있다. 일반적으로 소득 단위는 개인, 가족, 가구의 세 가지로 구분한다. 가족이 혈연적 관계로 구성되어 있다면, 가구는 주거 및 생계를 같이하는 집단을 일컫는 개념으로 혈연적 관계를 넘어선다. 개인을 단위로 소득을 조사하면 소득의 불평등 정도가 가장 크게 나타나기 때문에 모든 시민의 사회권을 보장하고 평등을 추구하기 위해서는 개인 단위 조사가 가장 이상적일 수 있다. 그러나 현실적으로 인간 욕구를 충족시키기 위한 소비지출이 가족 또는 가구 단위로 이루어지며, 구성원들이 서로 소득을 공유하기 때문에 가족 또는 가구 단위로 소득과 재산을 조사한다. 다만, 가족구성원들이 분가하여 생활하는 경우가 많기 때문에 자산조사를 실시할 때 가구를 단위로 소득과 재산을 조사하는 경우가 일반적이다. 그리고 가구구성원 수에 따라 욕구의 크기가 다르기 때문에 소득과 재산 기준에서 가구 규모에 따라 차등을 둔다.

다음으로 자산조사를 실시할 때, 소득기간을 어떻게 설정할 것인가의 문제가 제기될 수 있다. 소득은 기간에 따라 일일소득, 주간소득, 월소득, 연소득, 평생소득 등으로 구분된다. 소득은 가족 또는 가구 구성원이 현 시점에서 인간다운 생활을 영위하기 위한 소비지출의 원천이라는 점을 고려한다면, 소득기간이 너무 짧아도, 너무 길어도 적절하지 못하다. 대다수 국가들은 소득기간을 1년 단위로 조사하여 월소득으로 계산한다.

끝으로, 자산조사를 실시한 후 어느 정도의 소득 및 재산 수준에서 수급자격을 부여할 것인가의 문제가 남아 있다. 이는 인간다운 생활을 영위하는 데 필요한 수급자의 욕구 수준을 어디까지 인정할 것인가의 문제이며, 수급자뿐 아니라 재원을 부담하는 정부의 입장에서도 중요한 문제이다. 자산조사급여의 급여기준액은 인간다운 생활을 위해 필요한 욕구 수준을 반영하여 정치과정을 통해 최종적으로 결정된다.

자산조사 방식은 사회보장제도, 특히 공공부조에서 수급자를 선정하기 위해 가장 일반화된 방식이다. 사회 · 경제적 불평등을 완화하고 빈곤문제에 효과적으로 대처하기 위해 자산조사는 가난한 사람을 선별하여 정부의 지원을 집중할 수 있다는 뚜렷한 장점이 있다. 자산조사를 통해 수급자 규모를 제한할 수 있기 때문에 복지재원을 절약할 수 있고, 자산조사 기준을 변경하여 탈빈곤 정책대상집단 규모를 선택적으로 조정할 수 있다. 정부가 빈곤가구의 욕구를 규명하고, 기준급여액과 비교하여 부족한 금액을 생계급여로 보충해 줄 수 있다는 점에서 정책의 효과성이 분명하게 드러난다.

그러나 자산조사를 통해 수급자를 선정하는 방식은 여러 가지 이유로 비판을 받아왔다. 첫째, 자산조사 방식을 통해 가난한 사람을 선정하여 급여를 제공하는 경우 수급자들이 근로를 기피하고 빈곤의 덫에 빠지게 할 위험이 있다. 특히, 가구의 최저생계비와 자산조사를 통해 파악한 가구소득 간의 차액만큼을 급여로 지급하는 보충급여 방식을 따르는 경우, 공공부조 수급자는 소득이 증가하는 만큼 급여가 감소하기 때문에 근로를 기피할 수 있다. 둘째, 빈곤가구의 소득과 재산 상태를 정확히 파악하기 어렵고, 수급자 자격관리를 위해 행정비용이 많이 든다. 근로빈곤가구의 경우 소득이 불안정하고 취업상태에 따라 수급자격이 바뀔 수 있는데 자산조사에서 이를 반영하지 못할 수 있다. 이와 반대로 공공부조 신청자와 수급자가 소득과 재산을 축소하거나 숨겨 부정 수급자가 될 수도 있기 때문에 철저한 자격관리가 필요하다. 셋째, 공공부조 신청자가 자산조사급여를 신청하는 것은 빈곤이라는 낙인을 받아들이는 것이기 때문에 스티그마를 피하기 어렵다. 그 결과, 자산조사급여는 다른 급여들과 비교할 때 수급률(take-up rate)이 낮다. 넷째, 자산조사를 통해 제공되는 급여는 수급자들이 최저생계를 유지하기에 부족한 수준에 머물 수 있다. 왜냐하면, 자산조사급여는 가난한 사람을 선별하여 급여를 지급하므로 수급자가 아닌 나머지 대다수 사회구성원들은 자산조사급여의 적절성에 관심을 두지 않기 때문이다. 다섯째, 자산조사를 가구 단위로 진행하고 급여를 제공하면, 가구원 중 일부의 욕구를 충족시키지 못하는 경우가 발생할 수 있다. 여성론자들은 자산조사를 통해 제공되는 공공부조급여가 가족 내 여성에게 불리하게 작용한다고 지적한다. 자산조사과정에서 부부소득을 합산하여 계산하지만, 자산조사급여는 남성가구주에게 지급되기 때문이다. 부부가 가구소득을 공동으로 사용하지 않는다면, 일반적으로 도움이 더 필요한 여성과 아동의 복지 증진에 자산조사급여가 사용되기 어렵다.

이러한 비판에도 불구하고, 자산조사 방식은 사회보장제도에서 수급자를 선정하는 필수적인 방식으로 자리를 잡았다. 그리고 자산조사 방식이 가난한 사람을 골라내 최소생계급여를 제공하는 전통적 방식과 다른 목적을 위해 사용될 수 있다는 것을 간과해서는 안 된다. 또한, 자산조사 방식은 보편주의와 결합되어 사용되기도 한다. 모든 사람에게 급여를 제공하고 이에 덧붙여 특별히 가난한 사람에게 추가급여를 제공하기 위해 자산조사를 활용할 수 있다. 그러므로 자산조사 방식을 잔여적 복지모델로 이해하고 자산조사를 잔여주의와 등치하는 이데올로기적 편향에서 벗어나야 한다. 사회보장제도의 운영에서 자산조사가 필요하다면, 급여 신청 및 전달 단계에서 수급자들이 스티그마를 느끼지 않도록 세심한 주의를 기울여야 한다.

5) 근로능력 조건

복지급여 수급자격 요건으로 근로능력 조건은 근로능력 없음과 근로능력 있음으로 구분할 수 있다. 근로능력 없음은 복지국가가 태동하기 전 빈민구제에서 국가가 도와줄 가치 있는 사람을 선정하는 중요 기준이었다. 예를 들면, 영국의 구빈법(Poor Laws)에서는 가난한 사람을 근로능력이 있는 사람과 근로능력이 없는 사람으로 구분하였고, 근로능력이 있는 사람은 구제할 필요가 없으며 근로능력이 없는 사람만이 (도움받을) 자격이 있는 빈민(deserving poor)으로 간주하였다. 그 당시에 근로능력을 갖춰 도움받을 자격이 없는 빈민은 오늘날의 교도소와 유사한 노역원(workhouse)으로 보내 집단 수용하여 근로를 강제하였다. 구제 대상인 근로능력이 없는 빈민은 아동, 노인, 장애인 등으로 그 범위를 좁게 정의하였다.

가난한 사람을 근로능력 유무에 따라 구분하는 방식은 현대 복지국가의 공공부조에서도 발견할 수 있다. 공공부조 수급자를 선정하기 위하여 자산조사를 실시하지만, 수급가구의 개별적 특수 욕구를 파악하기 위하여 의료인 또는 사회복지사가 급여 신청자의 근로능력을 평가하여 근로능력이 없는 빈민을 선별한다. 예를 들어, 한국의 국민기초생활보장제도가 시행되기 이전의 공공부조였던 생활보호제도에서는 근로능력이 없는 사람을 선별하여 생계비를 지원하였다. 18세 이상 65세 미만인 사람들 중에서 근로능력이 있는 사람은 공공부조의 수급자가 될 수 없었다. 국민기초생활보장제도에서도 가난한 사람을 근로능력 유무에 따라 구분한다. 근로능력이 없는 수급자는 일반수급자로 분류되어 생계급여를 조건 없이 지급받지만, 근로능력이 있는 수급자는 조건부 수급자로 분류되어 정부의 직접일자리사업인 자활사업에 참여하거나 또는 직업알선사업인 취업성공패키지에 참여하여 자활급여를 받게 된다.

반대로, 수급자격 요건으로 근로능력 있음을 요구하기도 한다. 고용보험을 통해 제공하는 실업급여는 구직 기간 동안 소득을 지원하기 위한 제도이므로 근로능력 있음은 실업급여 수급을 위한 요건 중 하나이다. 또한, 공공부조에서 근로능력이 있는 수급자의 경우 자활을 촉진하기 위하여 또는 생계비 지원에 따른 의무를 부과하기 위하여 근로활동을 요구하는데, 근로능력 있음이 수급자격 조건이다.

또한, 수급자격으로 근로능력 있음에 머물지 않고 한 단계 더 나아가 급여 신청자의 취업을 수급 조건으로 요구하는 경우도 있다. 취업해 일하지만 임금이 낮고 일자리가 불안정한 근로빈곤층의 소득을 지원하기 위한 환급 세액공제(refundable tax credit)가 이에 해당한다. 미국의 근로소득세액공제(Earned Income Tax Credit), 영국의 근로세액공제(Working Tax Credit), 한국의 근로장려세제 등에서는 일정 소득 구간에서 일을 더 할수록 정부지원이 더 늘어나는 방식으로 저소득 근로자의 소득을 지원한다.

4 — 수급자 선정 기준에 대한 평가

사회복지를 위한 정부재원이 제한되어 있기 때문에 복지정책은 "누구에게 급여를 제공하는 것이 바람직한가?"의 문제에 직면할 수밖에 없다. 복지정책에서 수급자를 선정하기 위하여 사용되는 다양한 기준들은 복지정책의 목적을 달성하는 데 어떠한 특성을 지니고 있는가? 사회효과성, 비용효과성, 근로 및 저축 동기에 미치는 영향을 중심으로 수급자 선정 기준들이 지닌 특성을 살펴본다.

1) 사회효과성

복지급여의 수급자격 기준을 정할 때, 모든 국민의 인간다운 생활을 실현한다는 복지정책의 사회적 목표를 달성하기에 적합한지 먼저 고려해야 한다. 그리고 수급자 선정과정에서 인간 존엄성을 침해하거나 사회통합을 저해해서도 안 된다. 수급자 선정 기준이 사회권 실현, 인간 존엄성 실현, 사회통합 강화라는 목표를 달성하는 데 적합한지, 즉 사회효과성(social effectiveness)을 실현할 수 있는지 살펴야 한다.

사회효과성을 실현하기에 가장 적합한 수급자 선정 기준은 국적 및 거주 조건에 추가하여 연령 조건만을 고려하는 것이다. 정부가 조세를 재원으로 제공하는 가족수당(부모급여, 아동수당)과 기초연금, 그리고 무상교육 · 무상보육 · 무상의료 등의 보편급여가 여기에 속한다. 누구에게나 제공되는 보편급여도 소득을 재분배하는 기능을 수행한다. 예를 들어, 아동수당은 아동이 없는 가구의 소득을 아동을 둔 가구의 소득으로 이전하는 수평적 소득재분배효과를 지닌다. 또한, 65세 이상의 모든 노인에게 기초연금을 제공한다면, 근로세대의 소득을 노인세대로 이전하는 세대 간 소득재분배효과를 지닐 수 있다.

기여금 납부 조건은 이 조건을 충족하지 못한 사람들이 수급 대상에서 제외되기 때문에 사회보험급여를 받는 집단과 받지 못하는 집단으로 사회구성원들이 양분될 수 있다. 예를 들면, 한국의 국민연금에서 2022년 3월 현재 62세 이상 인구 대비 수급자 비율은 48.9%에 그치고 있다. 62세 이상 인구들 중에서 50% 이상이 최소 10년 이상 보험료 납입 조건을 충족하지 못하여 연금을 받지 못한다. 사회보험에서 기여금 납부는 법적인 수급권을 부여하지만, 사회권과 사회통합 측면에서 본다면 기여와 수급권이 직접적으로 연계되어 있기 때문에 한계를 지닌다.

자산조사 방식은 자산조사와 수급자 선정 이후 소득 및 재산 상태의 변화를 추적하는 과정에서 수급자에게 낙인을 유발하고, 인간존엄성을 침해할 수 있다. 자산조사를 통과한 수급자들에게 서비스를 제공하는 경우 전달과정에서도 수급자들이 스티그마를 경험할 수 있다. 그리고 자산조사급여를 받는 공공부조 수급자들이 빈곤상태에서 벗어나지 못하고 정부의 생계급여에 의존해 살아간다면, 공공부조 수급자와 나머지 대다수 사회구성원 간의 갈등을 촉발시켜 사회통합이 약화될 수도 있다.

끝으로, 근로능력 조건을 공공부조 수급 조건으로 삼는 경우 사회권을 약화시킬 수 있다. 오늘날에도 공공부조 운영과정에서 근로능력이 있는 수급자에게 근로이행 조건을 부과하여 생계급여를 지급하거나 또는 수급기간을 제한하는 등의 조치를 취하는 복지국가들이 많다. 예를 들어, 한국의 자활사업은 근로능력이 있는 기초생활수급자에게 생계급여 대신에 정부가 실시하는 자활사업에 참여시켜 자활급여를 제공하며, 자활사업에 참여기간을 연속 3년으로 제한한다. 공공부조 수급자 선정에서 근로능력이 있는 수급자에게 근로이행 의무를 부과하게 되면서 그동안 수급자들이 누려왔던 사회권이 조건적 권리로 변모하게 되었다.

2) 비용효과성

복지정책에서 사회효과성만을 추구할 수 없다. 왜냐하면, 복지정책에서 사용할 수 있는 자원이 제한되어 있고, 모든 국민의 인간다운 생활은 국가뿐 아니라 다른 복지제공주체들의 활동을 통해 이루어질 수 있기 때문이다. 복지급여 수급자 선정 기준은 다른 수급자 선정 기준을 선택했을 때와 비교하여 전체비용을 절감할 수 있는지 살펴보아야 한다. 예를 들어, 65세 이상 노인의 소득보장을 목표로 삼는 경우, 모든 노인들에게 균등한 기초연금을 지급하는 방안과 가족과 시장을 통하여 스스로 인간다운 생활을 영위하기에 어려운 노인들을 선별하여 소득을 지원하는 방안을 비교할 수 있다. 전자가 연령 기준만을 고려하여 수급자를 선정한다면, 후자는 연령 기준과 함께 노인가구의 자산조사를 통해 수급자를 선정한다. 정부는 두 방안을 중심으로 각각 소요될 것으로 예상되는 비용을 산출하여 비교할 수 있다. 이 같이 복지정책에서 목표 달성을 위해 소요되는 복지급여의 전체비용과 전체효과의 크기를 비교하여 비용효과성(cost effectiveness)을 염두에 두어야 한다.

비용효과성은 수급자 선정 기준에 따라 급여 지급에 소요될 것으로 예상되는 총비용을 비교하여 측정한다. 예들 들면, 근로빈곤가구의 탈빈곤을 목적으로 시행하는 복지급여에서 비용효과성은 자산조사를 통해 선정된 근로빈곤가구에게 생계비를 보충급여 방식으로 지원하는 사업과 일정 수준까지 근로소득이 증가하면 급여도 증가하도록 환급 세액공제를 지원하는 사업을 비교할 수 있다. 탈빈곤정책에서 비용효과성을 평가 요소로 삼는 경우 자산조사를 틍해 수급자를 선정하고 환급 세액공제를 제공하는 방식이 비용효과성이 가장 높다. 한국에서 근로빈곤층을 위해 시행되는 근로장려세제는 근로소득이 증가하면 일정 소득 구간까지 급여액이 증가하도록 급여체계를 설계하여 탈빈곤의 목적을 달성하는 데 비용효과성을 지닌다고 알려져 있다. 이와 반대로 보편급여는 급여 수준이 높은 경우 탈빈곤의 효과가 분명하겠지만, 비용효과성이 매우 낮다. 예를 들어, 국적 및 거주 조건에 부가하여 경제활동 가능인구(만 15세 이상 65세 미만 인구)를 수급 대상으로 선정하여 모두에게 최저생계비에 달하는 기본소득(basic income)을 제공한다면, 탈빈곤의 효과가 확실할 뿐만 아니라 사회권을 실현하는 가장 이상적인 방식일 것이다. 그러나 정부가 부담해야 하는 재원 규모가 지나치게 커져 재정적으로 부담하기 힘들 뿐만 아니라 정치적으로 수용되기 어렵다. 따라서 탈빈곤을 목표로 삼는 경우 자산조사를 통해 빈곤가구를 선별하여 급여를 제공하는 자산조사 방식이 비용효과성을 확보할 수 있다.

인구학적 조건에 속하는 부양의무자 기준을 공공부조 수급자 선정에 적용하면, 한국의 국민기초생활보장제도에서 볼 수 있는 것처럼 수급자 수를 줄여 정부의 재정절감 효과를 기대할 수 있다. 그러나 부양의무자 기준 적용으로 가족해체를 초래하고 노인의 사회권을 위협할 수 있다. 왜냐하면, 국민기초생활보장제도에서 부양의무자를 둔 의료급여 신청자가 수급자가 되기 위해서는 부양의무자와 가족관계 해체 상태로 정상적인 가족기능을 상실하여 정서적 · 경제적 부양을 받을 수 없다는 것을 소명해야 되기 때문이다.

근로능력 조건을 공공부조에 적용하는 경우에도 제도 설계에 따라 정부가 부담하는 비용을 절감할 수 있다. 예를 들어, 근로능력이 있는 사람들은 가난해도 공공부조 수급자가 될 수 없도록 한다면 정부의 공공부조 지출을 줄일 수 있다. 하지만 이는 최저생활의 보장을 통해 모든 국민의 사회권을 실현한다고 하는 복지정책의 사회적 목표를 달성하기 어렵게 한다. 이와 달리 근로능력이 있는 수급자에게 근로활동 의무를 부과하고 공공부조급여를 제공한다면, 공공부조 지출 감소로 바로 나타나지는 않겠지만, 장기적으로 볼 때 수급자의 자립을 촉진하여 재정절감을 기대할 수 있을 것이다.

요컨대, 복지급여의 비용효과성을 달성하기 위해서는 국적 및 거주 조건에 부가하여 자산조사 방식을 통해 가난한 사람을 선별하여 수급자로 선정하는 것이 적절하다. 자산조사 방식은 선별적으로 급여를 제공함으로써 모든 국민의 인간다운 생활을 실현하고 소득의 불평등을 완화한다는 복지정책의 목표를 달성하는 데 비용효과적일 수 있다. 하지만 이에 대한 반론도 만만치 않다. 무상의료와 무상교육의 사례에서 볼 수 있는 것처럼, 보편급여는 국민 건강과 기본 교육이라는 정책 목표를 달성할 수 있을 뿐만 아니라 질병 예방과 인적자원개발을 통해 미래에 닥칠 수 있는 사회적 위험을 예방함으로써 장기적인 비용효과성을 지닐 수 있기 때문이다. 또한 보편급여는 자산조사 비용과 수급자의 적격성을 조사하기 위한 관리비용 등을 절약할 수 있다. 결국, 사회효과성과 비용효과성 중 어느 것을 우선해야 하는지 논란이 될 수 있으나 수급자 선정 기준의 선택에서 이들을 염두에 두어야 한다는 데 이견이 없다.

3) 근로 및 저축 동기

국가가 제공하는 복지급여는 공적 이전소득이라는 특성을 지닌다. 현금급여는 가구의 가처분소득을 증가시키며, 현물급여는 소비를 위해 지출할 수 있는 최종소득을 증대시킨다. 따라서 복지급여의 수급자격은 개인의 경제활동에 영향을 미칠 수 있다. 예를 들면, 정부가 근로능력이 있는 사람들의 소득과 재산을 조사하여 일정 금액 미만인 경우에 현금급여를 지급한다면, 개인의 근로 및 저축 동기에 부정적 영향을 줄 수 있다. 이러한 설명은 인간이 경제적 · 개인적 동기에 따라 행동한다는 합리적 인간관에 기초한다. 합리적 인간인 수급자는 복지급여를 통해 받는 공적 이전소득과 근로를 통해 벌 수 있는 임금소득을 비교하여, 양자 중에서 자기이익을 극대화할 수 있는 방향으로 행동한다. 이러한 가정에 따르면, 근로능력이 있는 수급자가 복지급여를 통해 근근이 살아갈 수 있고 노동시장에서 복지급여보다 높은 임금을 받을 수 있는 괜찮은 일자리를 구하는 것이 거의 불가능하다고 판단한다면, 수급자 신분에서 벗어나려 하지 않을 것이다.

복지급여가 개인의 근로 및 저축 동기를 떨어뜨린다는 것은 복지국가를 비판하는 사람들이 즐겨 사용해 온 주장이다. 대표적으로 머레이(C. Murray)는 국가의 복지급여가 의존문화(dependency culture)를 양산한다고 주장하였다.[9] 특히, 실업급여나 공공부조와 같이 근로능력이 있는 사람을 위한 수동적 복지제도(passive welfare system)는 수급자의 근로동기를 약화시킨다고 비판하였다. 수급자는 국가가 제공하는 복지급여를 통해 살아갈 수 있게 되면 일을 하는 대신에 복지급여에 의존하여 살아가는 삶을 선택할 수 있기 때문이다. 딘과 테일러-구비(H. Dean and P. Taylor-Gooby)는 복지 수급자들이 노동시장에서 복지급여보다 월등하게 높은 수준의 임금을 받을 수 있는 일자리를 구하는 것이 거의 불가능하기 때문에 수급자 상태를 벗어나지 못하는 속박 문화(captivity culture)를 경험한다고 밝히고 있다.[10] 복지국가의 축소를 주장하는 머레이와 다른 관점을 지니지만, 복지 수급자들이 수급자 신분을 벗어나지 못하고 '급여의 덫(benefit trap)'에 걸려 있음을 지적한다.

한국의 국민기초생활보장제도도 '급여의 덫'이라는 문제를 피해가지 못한다. 국민기초생활보장제도는 근로능력이 있는 수급자의 근로동기를 떨어뜨리고 자산형성을 저해한다는 문제를 안고 있다. 국민기초생활보장제도에서 소득과 재산이 개별급여의 수급자격과 생계급여액 산정에 결정적으로 영향을 미치기 때문이다. 특히, 생계급여는 보충성 원칙에 따라 가구 규모별 월평균 중위소득 대비 일정 비율에 해당하는 금액과 가구의 소득인정액 간의 차액을 지급한다. 이 같은 급여체계에서 근로능력이 있는 수급자는 근로소득이 증가함에 따라 생계급여가 감소하기 때문에 근로동기가 떨어질 수밖에 없다. 또한, 수급자 선정에서 실시되는 재산의 소득환산제는 수급자의 자산형성을 저해한다. 재산이 증가하면 소득인정액이 늘어나고, 소득인정액이 증가하면 생계급여가 감소하기 때문이다. 그러므로 수급자들은 근로소득이나 비정기적 수입의 일부를 저축하여 자산을 형성하고, 이를 기반으로 빈곤에서 벗어날 수 있는 기회를 갖기 어렵다.

그러나 국적 및 거주 조건, 인구학적 조건만을 고려하여 수급자를 선정하는 경우 근로동기와 저축에 미치는 영향이 거의 없다. 다만, 소득 및 재산 상태와 무관하게 지급하는 보편급여의 경우에도, 그 급여금액이 지나치게 높으면, 소득효과를 유발하여 근로동기를 약화시킬 수 있다. 예를 들어, 최저생계비에 달하는 금액을 경제활동인구에 속한 모든 사람들에게 기본소득(basic income)으로 지급한다면, 중위소득 대비 50% 미만의 소득을 올리는 저소득 근로자들의 대다수는 근로동기가 약화될 수 있다.

한편, 기여금 납부 조건, 즉 보험료 납부에 따라 수급자격을 부여하는 사회보험은 연금과 실업급여에서 근로자의 근로동기와 저축에 영향을 줄 수 있다. 연금제도의 예를 들면, 보험료 최소 납입기간을 충족하여 노령연금을 받을 수 있는 가입자는 조기퇴직을 선택하여 감액연금을 신청할 수 있는데, 이 경우 연금제도는 노인집단에서 노동력 공급을 감소시키는 요인이 될 수 있다. 또, 연금수급 연령에 도달한 가입자가 근로활동을 계속해 일정 금액을 초과한 소득이 있는 경우 연금을 감액지급하는데, 이 경우 노인집단의 노동력 공급을 감소시킬 수 있다. 실업급여는 급여액이 높고 수급기간이 긴 경우에 근로동기를 떨어뜨릴 수 있어, 대다수 국가들은 실업급여액을 낮추고 수급기간을 단축하여 근로동기에 미치는 영향을 최소화하고자 한다. 그뿐 아니라 실업급여를 수급하기 위한 조건으로 정기적인 구직활동을 요구하여 근로동기에 미치는 부정적 영향을 감소시키고자 한다.

끝으로 근로능력 여부를 수급조건으로 고려하는 경우, 근로능력이 있는 수급자가 일정 소득 구간까지 근로소득이 증가하면 복지급여가 증가하도록 급여체계를 설계한다면 수급자의 근로동기를 높일 수 있다. 앞서 설명한 바와 같이, 한국에서 근로장려세제가 이에 해당한다. 또, 자활사업에서 희망키움통장과 내일키움통장 사업을 통해 일하는 기초수급자가 목돈을 마련할 수 있도록 3년 동안 근로소득의 일부를 저축하면, 개인 저축에 매칭하여 대응금 형태로 급여를 지원한다. 이처럼 근로능력과 취업을 수급 조건으로 요구하고, 근로와 연계하여 급여를 제공하게 되면 수급자의 근로동기를 높일 수 있다.

5 — 보편적 복지국가와 보편주의의 다양화

1) 보편적 복지국가

영국에서 보편주의는 낮은 수준의 균등급여 형태로 추진되었으며, 사회적 불평등을 완화하는 데 효과적이지 못했고, 보편적 복지모델을 형성하는 데도 성공적이지 못하였다. 하지만 영국의 보편주의는 복지정책과 사업에서 포괄성(inclusiveness)이라는 아이디어를 부각하는 데 기여하였다. 반면에, 스칸디나비아 국가들, 특히 스웨덴에서는 보편주의를 전면에 내세우지 않았지만, 보편적 사회서비스와 소득비례적 성격을 지닌 관대한 사회보험급여를 통해 사회권 실현이라는 보편주의 이상을 달성하는 데 효과적이었다. 두 국가의 사례에 비춰볼 때, 보편주의 이상과 보편적 급여 방식 간의 상호 관계가 명확하다고 할 수 없다.

에스핑-앤더슨(G. Esping-Andersen)은 자본주의체제에서 근로자가 자신이 노동력을 팔지 않아도 인간다운 생활을 영위할 수 있는 상태를 탈상품화(decommodification)로 정의하고, 서구 복지국가들의 탈상품화 정도를 비교하였다.[11] 그는 서구 복지국가들 중에서도 사회민주주의 복지체제에 속한 스칸디나비아 국가들은 보편적 복지제도를 시행하여 탈상품화 정도가 높고 사회권이 보장되는 보편적 복지체제(universal welfare regime)를 발전시켜 왔다고 하였다. 보편주의가 복지급여 대상자를 선정하는 방식을 일컫는 데 머물지 않고 복지체제의 사회적 결과(social outcomes)를 설명하는 개념으로 사용되었다. 에스핑-앤더슨의 복지체제 논의를 계기로 스칸디나비아 복지국가, 사회민주주의 복지국가, 보편적 복지국가 등이 같은 의미로 통용되었다. 스칸디나비아 사회정책학자인 앤더슨(J. G. Andersen)은 보편적 복지국가의 특징으로 ① 급여와 서비스에 대한 권리 보장, ② 조세를 통한 재원 확보, ③ 전국적인 단일제도, ④ 법률에 근거한 사업 시행, ⑤ 전 국민을 위한 사업, ⑥ 급여와 서비스에 대한 평등한 접근, ⑦ 높은 급여 수급률을 제시하였으며,[12] 캉가스와 팔메(O.

Kangas and J. Palme)는 수급 대상자의 포괄성(inclusiveness)과 급여의 관대성(generosity)을 꼽았다.[13]

보편적 복지국가가 사회민주주의 복지체제를 나타내는 용어로 사용되면서 보편주의는 정치적 열망을 내포하는 규범적 · 이데올로기적 개념으로 사용되었다. 보편주의는 사회민주주의 또는 사회적 자유주의와 긴밀히 연관되어 있으며 보수주의 또는 신자유주의와 관련성이 낮다고 간주되었다. 그러나 복지급여 대상자를 선정하는 배분 원리로서 보편주의가 사회민주주의의 전유물은 아니었다. 스웨덴의 복지국가 발전과정에서 보편주의를 주창한 세력은 오히려 자유주의를 지향하던 농민정당이었다. 또한 보수주의자들도 사회보장제도의 관리효율과 사회통합을 위해 보편주의를 옹호하였다. 따라서 보편주의를 특정 이념 혹은 정당과 연결시키는 것은 옳지 않다. 보편주의가 도입된 역사를 보면, 정치적 이념이 서로 다른 정당들이 서로 다른 이유로 보편주의를 옹호하였다. 예컨대, 한국의 보육정책을 보면, 보수주의 정권이라 할 수 있는 이명박 정부와 박근혜 정부에서 보편적 무상보육이 확대되었다. 서구 복지국가들에서 자유주의 또는 보수주의 정당에 의해 보편주의가 주창되었다는 사실을 감안해 보면, 한국의 보편적 복지사업 도입의 사례가 놀라운 일은 아니다.

따라서 보편주의와 보편적 복지국가는 서로 다른 차원을 설명하는 개념으로 보아야 한다. 보편주의는 복지자원의 배분 원리로서 특정 인구학적 집단에 속한 사람 누구나 소득 및 재산과 관계없이 수급자로 선정하는 것을 말한다. 반면에 보편적 복지국가는 사회민주주의 복지체제를 일컫는 개념이며, 시민의 사회권을 보장하고 복지의 탈상품화 정도가 높고 전 국민에게 복지제도를 시행하여 사회통합 수준이 높다. 하지만, 모든 시민의 사회권을 보장할 책임을 지닌 국가는 복지자원의 배분과정에서 저소득자를 수급자로 선별하기 위해 자산조사를 실시하고, 사회보험급여를 통해 근로자의 탈상품화 정도를 높일 수 있도록 저소득 근로자의 사회보험료를 지원한다. 모든 시민의 사회권을 보장하기 위해 보편주의와 선별주의가 복지자원의 배분과정에서 적절하게 결합되고 있다. 최근 세계화와 탈산업화에 대응하여 사회민주주의 복지체제의 보편적 복지국가 특성이 점차 변화하고 있다.

2) 보편주의의 다양화

오늘날 서구 대다수 복지국가들은 육아, 교육, 의료, 장애 등의 분야에서 보편적 서비스를 제공하고, 아동수당과 기초연금 분야에서 보편적 현금급여를 제공한다. 그런데 사회보장제도에서 보편적 균등급여(flat rate benefit)는 부차적 급여이며, 중심적 급여는 사회보험료를 납부한 근로자에게 지급되는 소득비례급여(earnings related benefit)이다. 보편적 균등급여는 정부재원의 제약으로 충분한 급여를 제공하지 못하지만, 사회보험은 전 국민을 가입 대상으로 삼고 비교적 높은 소득비례급여를 제공한다. 복지자원의 배분을 규율하는 보편주의 원리가 국가에 따라 그리고 시대에 따라 다르게 적용되어 왔으며, 보편적 균등급여뿐 아니라 소득비례급여 형태를 발전시키며 다양하게 진화해 왔다.

그런데 보편주의를 옹호하는 사람들이 부딪히는 뼈아픈 비판 중 하나는 보편주의가 사회경제적 불평등을 완화하기보다 오히려 더 강화할 수 있다는 것이다. 기여금 납부 또는 소득 및 재산과 관계없이 누구에게나 급여를 균등하게 지급한다면 사회경제적 불평등을 완화할 수 없다. 이 같은 문제를 극복하기 위해서 보편주의는 복지자원의 사회적 배분과정에서 불운한 자를 더 우대하는 것을 받아들여야 할까? 보편주의는 가난한 사람들에게 더 배분하는 방식을 수용해야 할까? 최근 복지국가들에서 보편주의의 한계를 지적하고 수급자 선정에서 선별주의의 결합을 제안하는 다양한 주장들이 제기되고 있다. 예컨대, 영국의 노동당은 진보적 보편주의(progressive universalism)를 사회적 자원의 배분 원리로 제시하였다. 기본적인 보편적 급여 제공에 더하여 가장 도움을 필요로 하는 집단에게 추가적인 급여를 제공한다는 것이다. 진보적 보편주의는 이미 여러 학자들에 의해 다른 이름으로 주장되었다. 프랫(A. Pratt)은 보편급여를 제공하는 상태에서 소득이 낮은 사람들에게 부가적 혜택을 주기 위해 자산조사를 실시하는 것을 보편주의 내 적극적 차별(positive discrimination within universalism)로 불렀으며, 이러한 배분 방식이 보편주의 원리에 어긋나지 않는다고 하였다.[14] 오히려, 모든 시민의 다양한 욕구를 고려하여 보편주의가 효과적으로 작동하도록 한다고 보았다. 그리고 적극적 차별에 대하여 스카치폴(T. Skocpol)은 보편주의 내 선별(targeting within universalism)로,[15] 톰슨과 호겟(S. Thompson and P. Hoggett)은 적극적 선별주의(positive selectivism)라고 부른다.[16] 이와 같이 보편주의가 균등급여 방식에서 벗어날 뿐 아니라 선별적 자산조사 방식을 수용하여 다양한 형태로 진화하고 있다. 전통적 보편주의 원리에서 본다면, 자산조사를 통해 소득과 자산을 고려하여 수급자를 선정하는 적극적 차별은 보편주의가 아니다. 인구학적 기준과 함께 수급자격으로 다른 조건을 추가할수록 급여의 보편적 성격이 약화될 수 있으나, 보편주의가 다양한 방식으로 진화한다고 볼 수 있다.

또한, 사회정책에서 보편주의의 역할이 감소하였다고 주장하는 연구들이 등장하고 있다. 사회정책에서 보편주의는 전통적 계급사회의 불평등을 완화하는 데 중요한 역할을 수행하였지만, 개인화와 다양화라는 사회변화에 직면하여 다양성(diversity)을 존중하는 특정주의(particularism)가 사회적 배분 원리로 더 적합하다고 주장한다. 역사적으로 볼 때, 보편적 사회정책은 산업사회에서 사회계급 간 갈등을 완화하고 사회통합을 강화하는 데 중요한 역할을 담당하였지만, 후기 산업사회에 접어들면서 노사 간 계급 갈등이 줄어들고 다양한 이익집단들을 중심으로 이익갈등이 첨예하게 드러나면서 보편주의의 중요성이 크게 줄었다는 것이다. 계급정치의 분화와 정체성 정치의 발달로 사회복지에 대한 욕구는 모든 사람의 욕구에 부응하는 보편급여 방식보다는 특정 집단의 특화된 욕구에 대응하는 수급자 선정 방식을 필요로 한다는 것이다. 예를 들면, 여성주의자들은 맞벌이 가정, 한부모 가정, 다문화 가정, 문화적 다양성 등이 늘어나면서 보편적 가족정책이 도전을 받게 되었다고 주장한다. 차이를 무시한 규정과 제도는 소수집단에게 불리할 수 있으며, 남성과 비교한 여성의 특수 욕구와 지위를 무시할 수 있다고 한다. 보편주의의 한계는 인종과 젠더 문제를 넘어 고령화 사회의 노인문제에서도 발생될 수 있다. 노인의 근로실태와 빈곤율 변화 경향을 고려한다면, 노인복지정책 수립 시 65세 이상의 모든 노인을 대상으로 보편적 복지정책을 수립하는 것보다 연령대별 맞춤형 복지급여를 자산조사를 통해 수급자를 선정하여 선별적으로 제공하는 것이 필요하다.

오늘날 사회정책과정에서 중간계급의 영향력이 확대되고, 문화적 다양성이 증가하면서, 사회정책에서 다양성, 참여, 선택(choice)의 자유를 보장해야 한다는 주장이 점차 더 설득력을 얻고 있다. 정부가 동일한 기능을 수행하지만 서로 다른 두 개의 사회정책체계를 수립하여 사용자들이 선택할 기회를 부여한다. 예를 들면, 정부가 아동보육을 지원하는 경우 부모들의 다양한 욕구에 대응할 수 있는 사회정책체계를 수립한다. 어린이집에 아이를 보내기를 희망하는 부모를 위해 어린이집 보육비를 지원하지만, 집에서 아이를 직접 돌보기를 원하는 부모에게는 양육수당을 지급한다. 부모가 어떤 대안을 선택하든지 정부는 육아비용을 지원한다. 이처럼 수급자의 다양성이 강조되면서 보편주의는 약한 보편주의(weak universalism)의 방향으로 발전해 가며 진화하고 있다.

요컨대, 보편주의의 이상인 사회권의 실현과 사회적 평등 및 사회통합을 실현하기 위하여 보편주의만이 선이라는 이데올로기적 사고를 버리고 자산조사를 포함한 다양한 수급자격 기준을 적용하여 복지급여 수급자를 선정해야 한다. 다시 말하면, 보편주의의 사회적 이상이 꼭 보편적 급여를 통해서 달성되는 것은 아니다. 사실, 모든 복지국가들은 복지자원의 배분과정에서 보편주의와 선별주의 원리를 따르고 있다. 보편주의를 둘러싼 논쟁에서 국가는 어떤 사회적 배분 원리를 따라야 하는지가 중요한 것이 아니다. 그보다 보편주의 이상이라고 할 수 있는 사회권과 사회통합을 실현하기 위하여 복지자원을 누구에게 제공할 것인가의 문제를 복지혼합의 관점에서 논의하는 것이 필요하다.

1 Anttonen, A., L. Häikiö, and K. Stefánsson(2012)은 복지자원의 배분 원리와 관련하여 보편주의(universalism)와 잔여주의(residualism) 그리고 보족성 원리(subsidiarity principle)와 선별주의(selectivism)로 구분한다. 잔여주의는 사회복지에 대한 1차적 책임이 가족과 시장에 있기 때문에 가족과 시장을 통해 복지를 실현할 수 없는 사람들에 한하여 국가가 복지를 제공할 것을 주장한다면, 보편주의는 국가가 사회복지에 대한 1차적 책임을 갖는다고 본다. 보족성 원리에 따르면, 개인과 가족 단위에서 욕구를 충족하기 어려운 경우에 상위 단위인 지역공동체에서 서로 아는 사람들 간의 연대의식을 바탕으로 지역공동체에 의해 욕구가 충족되어야 한다고 주장한다. 한편, 이들은 선별주의를 잔여주의와 구분한다. 잔여주의가 자산조사를 통해 가난한 사람을 선별하여 급여를 지급할 것을 주장한다면, 선별주의에서는 어떤 사회집단도 급여 대상이 될 수 있다고 본다. 즉, 선별주의에서는 서로 다른 계급 및 지위 집단에 대해서 서로 다른 복지급여의 제공을 주장한다. Anttonen, A., L. Häikiö, and K. Stefánsson(2012). *Welfare State, Universalism and Diversity*. Cheltenham: Edward Elgar.

2 Titmuss, R. M.(1976). *Commitment to Welfare*. London George Allen and Unwin(first published 1968). p.129.

3 *Ibid*. p.115.

4 Collard, D.(1971). "The Case for Universal Benefits." in D. Bull(ed.). *Family Poverty*. London: Duckworth.

5 Beveridge, W.(1942). *Social Insurance and Allied Services*(Cm.6404). London: HMSO.

6 Therborn, G.(1995). *European Modernity and Beyond: The Trajectory of European Societies 1945–2000*. London: Sage Publications.

7 Gilbert, N. and P. Terrell(2005). *Dimensions of Social Welfare Policy*. Sixth Edition. Boston: Person, Allyn and Bacon.

8 Chambers, D. E. and J. F. Bonk(2012). *Social Policy and Social Programs: A Method for the Practical Public Policy Analyst*. Sixth Edition. Boston: Person, Allyn and Bacon.

9 Murray, C.(1984). *Losing Ground: American Social Policy, 1950–1980*. New York: Basic Books.

10 Dean, H. and P. Taylor-Gooby(1992). *Dependency Culture: The Explosion of a Myth*. London: Routledge.

11 Esping-Andersen, G.(1990). *The Three Worlds of Welfare Capitalism*. Cambridge: Polity Press.

12 Andersen, J. G.(2012). "Universalization and De-universalization of Unemployment Protection in Denmark and Sweden." in Anttonen, A., L. Häikiö, and K. Stefánsson. *Welfare State, Universalism and Diversity*. Cheltenham: Edward Elgar. pp.162-186.

13 Kangas, O. and J. Palme(2005). "Coming Late-catching up: The Formation of the Nordic Model." in Kangas, O. and L. Palme(eds.). *Social Policy and Economic Development in the Nordic Countries*. Houndsmills & New York: Palgrave Macmillan/UNRISD.

14 Pratt, A.(2001). "Universalism and Selectivism: The Provision of Services in the Modern Welfare State?" in Lavalette, M. and A. Pratt(eds.). *Social Policy: A Conceptual and Theoretical Introduction*. Second Edition. London: Sage. pp.256–293.

15 Skocpol, T.(1991). "Targeting within Universalism: Politically Viable Policies to Combat Poverty in the United States." in Jencks, C. and P. E. Peteson(eds.). *The Urban Underclass*. Washington: The Brookings Institution. pp.411–436.

16 Thompson, S. and P. Hoggett(1996). "Universalism, Selectivism and Particularism, Towards a Postmodern Social Policy." *Critical Social Policy*. 16(1). pp.20–43.

9

복지급여

1 — 복지급여의 종류

사회복지를 위해 국가가 제공하는 복지급여는 사회적 위험과 목적에 따라 분류할 수 있다. OECD는 〈표 9-1〉에서 보는 바와 같이, 사회복지를 위한 복지급여를 9개 영역, 즉 노령, 유족, 근로무능력, 보건, 가족, 적극적 노동시장사업, 실업, 주거, 기타 사회정책영역으로 구분하였다. OECD의 복지급여 유형은 국가 간 복지급여 비교에서 유용하게 활용된다.

첫째, 노령급여는 노인이 노령으로 경험할 수 있는 사회적 위험에 대응하여 현금 또는 현물 급여를 제공한다. 먼저, 노령급여는 은퇴 후 소득 단절의 위험으로부터 노인을 보호하기 위해 노후소득을 지원하는 연금을 꼽을 수 있다. 국가가 제공하는 연금은 조세를 재원으로 지급하는 기초연금과 일정 기간 사회보험료를 납부한 사람에게 지급하는 소득비례형 연금이 있다. 또한 연금 수급연령에 도달하기 전에 은퇴한 사람에게 지급하는 조기퇴직연금과 피부양자를 둔 연금 수급자에게 지급되는 부양가족연금을 포함한다. 그리고 노령급여는 노인에게 돌봄 및 서비스를 제공하는 노인장기요양서비스, 재활서비스, 가사보조서비스 등의 현물급여를 포함한다.

둘째, 유족급여는 사회보험 가입자가 사망한 경우에 유족(배우자, 자녀, 부모, 조부모 등)에게 현금 또는 현물 급여를 제공한다. 현금급여는 유족연금과 부양가족 부가금 및 기타 현금급여 등을 포함한다. 현물급여는 장제비(장례비지원) 및 기타 현물급여를 포함한다.

셋째, 근로무능력급여는 선천적 장애로 일을 할 수 없거나 또는 근로자가 근무 중에 발생한 재해와 질병 등으로 노동시장에 참여할 수 없거나 또는 제한적으로 참여할 수밖에 없는 경우에 제공한다. 근로능력이 없음을 의미하는 장애는 선천적일 수도 있고, 사고나 질병으로 발생한 후천적인 것일 수도 있다. 현금급여로 장애연금, 산재보상연금, 산재 휴업급여, 상병수당, 기타 현금급여를 포함한다. 현물급여는 장애인에게 제공되는 돌봄서비스, 재활서비스, 가사보조서비스 등이 있다.

넷째, 보건급여는 환자를 위한 의료서비스와 공공보건서비스 및 투자를 포함한다. 또한 입원환자요양서비스, 의료보조기기, 의약품 지급 등 현물급여를 포함한다. 한편, 질병으로 인한 현금급여는 근로무능력급여의 상병수당에 포함시키고, 노인장기요양서비스는 노인급여에 포함시키고 있다.

다섯째, 가족급여는 가족을 지원하는 급여를 포함한다. 현금급여는 가족수당과 산전·후 휴가수당, 육아휴직 수당, 기타 현금급여를 포함한다. 현물급여는 보육서비스와 가사보조서비스, 기타 서비스를 포함한다.

여섯째, 적극적 노동시장사업급여는 근로소득을 목적으로 일자리를 찾는 사람에게 직업능력 및 취업가능성을 높이기 위해 정부가 추진하는 사업들을 포함한다. 적극적 노동시장사업은 ① 공공고용서비스 및 행정(public employment services and administration), ② 직업훈련(training), ③ 일자리 순환 및 나누기(job rotation and job sharing), ④ 고용장려금(employment incentives), ⑤ 고용지원 및 재활(supported employment and rehabilitation), ⑥ 직접일자리사업(direct job creation), ⑦ 창업지원(start-up incentives)을 포함한다. 적극적 노동시장사업은 현물급여, 즉 서비스 형태가 주를 이룬다.

표 9-1 OECD 사회복지지출의 사업영역과 급여유형

사업영역	급여 유형	급여 항목
1. 노령(old age)	현금급여	연금(기초연금, 사회보험연금)
		조기퇴직연금, 부양가족연금
		기타 현금급여
	현물급여	돌봄서비스 / 가사보조서비스
		기타 현물급여
2. 유족(survivors)	현금급여	유족연금, 부양가족 부가금
		기타 현금급여
	현물급여	장제비
		기타 현물급여
3. 근로무능력 (incapacity-related benefits)	현금급여	장애연금
		산재보상연금(산업재해)
		휴업급여(산업재해)
		상병수당(기타 질병)
		기타 현금급여
	현물급여	생활시설 / 가사보조서비스
		직업재활서비스
		기타 현물급여
4. 보건(health)	현물급여	의료서비스(입원, 외래), 공공보건서비스 및 투자
		입원환자요양서비스, 의료보조기기, 의약품 지급
5. 가족(family)	현금급여	가족수당(아동수당, 자녀세액공제)
		산전 · 후 휴가 및 육아휴직 수당
		기타 현금급여
	현물급여	보육 / 가사보조서비스
		기타 현물급여
6. 적극적 노동시장사업 (active labour market programmes)	현물급여 · 현금급여	공공고용서비스 및 행정
		직업훈련
		일자리 순환 및 나누기
		고용장려금
		장애인고용지원 및 재활
		직접일자리사업 및 창업지원

7. 실업(unemployment)	현금급여	실업급여 / 정리해고수당
		조기퇴직수당(노동시장 사유)
8. 주거(housing)	현물급여	주택수당
		임대비 지원
		기타 현물급여
9. 기타 사회정책영역 (other social policy areas)	현금급여	저소득층 소득지원
		기타 현금급여
	현물급여	공공부조 현물급여
		기타 현물급여

자료 : OECD, The OECD SOCX Manual 2019 Edition: A guide to the OECD Social Expenditure Database, Paris: OECD, p.16.

일곱째, 실업급여는 실업자에게 지급되는 현금급여를 말한다. 실업자에 제공되는 현금급여는 실업급여, 정리해고수당, 노동시장 사정으로 인한 조기퇴직수당 등을 포함한다.

여덟째, 주거급여는 일반적으로 임대주택과 같은 현물급여 형태를 취하지만, 임대료와 주거비용을 보조하기 위한 현금급여도 포함한다. 한편, 노인, 장애인, 저소득층에게 제공하는 주거 현물급여는 각각 노령급여, 근로무능력급여, 기타 사회정책영역급여에 포함시킨다.

아홉째, 기타 사회정책영역급여는 다양한 이유로 관련 프로그램에서 배제된 사람들에게 임시로 급여를 제공하거나 앞서 열거한 범주적 급여들을 통해 욕구를 충족시키지 못할 때 제공된다. 현금급여에는 저소득층 소득지원과 기타 현금급여를 포함하며, 현물급여는 공공부조의 현물급여와 기타 현물급여를 포함한다.

OECD에서 제시한 사업영역별 복지급여 항목은 사회복지지출의 국제 비교에 유용한 준거가 되고 있다. 2017년, OECD 회원국들의 공공사회복지지출은 국가별로 큰 차이를 보였는데, 회원국들의 평균은 GDP 대비 19.9%였으며, 현금급여와 현물급여는 각각 GDP 대비 11.5%, 8.0%를 기록하였다. 한국의 공공사회복지지출은 GDP 대비 10.1%였으며, 현금급여 4.0%, 현물급여 5.8%를 기록하여 OECD 회원국들 중에서 멕시코 다음으로 가장 낮았다.

2 — 급여의 유형

일반적으로 국가는 복지급여를 현금 또는 현물 형태로 수급자에게 제공한다. 현물이라는 용어가 다소 생소할 수 있으나 수급자에게 제공하는 재화(물품)와 서비스를 포괄하는 개념이다. 그리고 수급자가 제한된 범위 내에서 현물을 소비할 수 있도록 용도를 제한한 현물 교환권 또는 이용권이라 할 수 있는 바우처(voucher)를 제공하기도 한다. 그런데 현금, 현물, 바우처 등이 사회복지를 위해 국가가 제공하는 복지급여의 전부는 아니다. 일찍이, 티트머스(R. M. Titmuss)가 재정복지(fiscal welfare)라는 용어를 통해 언급한 바와 같이, 국가는 조세지출(tax expenditure)을 통해 가계 가처분소득의 변화를 꾀하여 수혜자의 복지에 영향을 미친다.[1] 또한, 국가는 사회적 약자집단이 취업, 교육 등에서 기회가 상대적으로 제한된 사회 현실에 대처할 수 있도록 특별 기회를 차별적으로 제공하는 적극적 조치(affirmative actions, positive discrimination)를 취하기도 한다. 이 밖에도 사회적 약자집단이 정부 또는 지역사회의 사회복지정책 결정과정에 참여하여 자신의 집단이익을 사회적 자원 배분에 반영할 수 있도록 참여 기회를 제공하기도 한다. 적극적 조치와 참여 기회 제공은 사회적 약자집단의 복지에 간접적인 영향을 미친다.

1) 현금급여

가. 현금급여 유형

현금급여는 국가가 제공하는 복지급여 가운데 가장 일반적인 유형이다. 현금급여는 사회보험급여, 공공부조급여, 보편수당, 재량적 현금급여, 환급 세액공제 등 5가지 유형으로 구분할 수 있다.

사회보험급여

사회보험에서는 실업, 질병, 산재, 은퇴 등 사회적 위험으로 인해 소득 상실 및 감소가 발생한 경우 소득을 유지하기 위해 현금급여를 제공한다. 사회보험 가입자가 현금급여에 대한 수급권을 지니기 위해서는 과거 일정 기간 근로하고 보험료를 납부했어야 한다. 그러므로 사회보험에서 지급하는 현금급여는 시민권에 근거한 보편적 권리가 아니라 보험료를 납부한 근로자에게 조건적으로 부여되는 법적 권리이다. 한국에서도 사회보험을 통해 구직수당, 요양 및 간병 · 장애 · 유족급여, 노령 · 장애 · 유족연금의 현금급여를 제공한다. 실직자가 구직수당을 받기 위해서는 기여 조건을 충족하여야 하며 추가적으로 구직활동 조건을 이행하여야 한다. 서구 대다수 복지국가에서는 근로자가 질병으로 결근하여 일을 못 한 경우 사회보험에서 상병수당(질병급여)을 현금으로 제공하지만, 한국은 2022년 상병수당 시범사업을 시행하였다. 산재로 인해 일을 못하게 되어 소득이 상실된 근로자는 산재보험에서 요양 및 간병 급여, 장애급여, 유족급여 등을 현금으로 지급한다. 그리고 노령, 장애, 사망 등으로 소득활동을 할 수 없을 때 기본생활을 유지할 수 있도록 공적 연금을 통해 노령연금, 장애연금, 유족연금을 지급한다.

사회보험에서 제공되는 현금급여는 기여(사회보험료 납부)와 수급권이 연결되어 있다. 사회보험료는 목적세와 마찬가지로 정부의 세금으로 인식되기 때문에 보험료 납부를 거부하는 경우가 매우 드물다. 수급대상자는 법적 수급권을 지닌다고 인식하여 사회보험급여를 신청해 받는 수급률(take-up rate)이 매우 높고, 수급에 따른 낙인이 거의 없다. 사회보험급여는 실업급여, 상병수당(질병급여)에서 보는 것처럼 사회적 위험으로 근로자들이 겪는 생활의 어려움을 감소시켜 노동시장의 원활한 작동에 기여할 수 있다. 그리고 민간보험회사에서 보험 가입이 거절되거나 보험료가 비싸 보험 가입을 꺼리던 근로자가 사회보험에 가입함으로써 보편적 사회보장제도로 발전시킬 수 있다. 사회보험은 민간보험과 비교해 저렴한 보험료를 징수하여 운영하고, 위험발생 가능성이 낮은 집단에서 높은 집단으로 소득재분배를 시도할 수 있다. 사회보험료는 동일 요율을 적용하지만, 저소득층에게 부과하는 사회보험료를 정부가 지원하거나 최소보험료를 적용함으로써 소득누진적 특성을 지니도록 설계할 수 있다. 또한 건강보험의 요양급여처럼 고소득 가입자와 저소득 가입자에게 동일 급여를 제공하거나, 공적 연금의 개인별 연금계산에서 전체가입자 평균소득을 반영함으로써 사회보험이 지닌 상대적 역진성을 어느 정도 완화할 수 있다.

그러나 사회보험은 그 특성상 보험료를 납부한 사람에게만 수급권이 부여되기 때문에 사회보험에 가입하지 못한 사람은 급여를 받을 수 없다. 사회보험은 복지국가 초기 단계에서 남성부양자 모델에 기초하여 도입되었기 때문에 가족 내 여성의 소득

유지가 남성 근로자의 근로 상태에 종속되도록 설계되었다는 비판을 여성론자로부터 받아 왔다. 최근에는 고용이 불안한 서비스경제에서 사회보험에 가입하지 않았거나 가입했어도 가입 상태를 유지하기 힘든 근로자들이 늘어나면서 사회보험이 갖추어야 할 포괄성이 약화되고 사각지대가 확대되고 있다는 문제를 드러낸다.

공공부조급여

공공부조에서 제공하는 자산조사급여는 사회보험급여를 받지 못하는 사람들을 대상으로 사회안전망을 제공한다. 공공부조급여를 받기 위해서는 국가가 정한 자산조사 기준을 통과하여야 한다. 국가는 가구 규모와 가구원의 특수 상황(장애) 등을 고려하여 인간다운 생활을 위해 필요한 가구 소득 및 재산 금액 기준을 정하고, 공공부조 신청 가구는 가구 소득 및 재산 금액이 기준 금액보다 낮아야 수급자로 선정된다. 한국은 2000년 10월부터 시행된 국민기초생활보장제도에서 자산조사를 통과한 가구를 대상으로 생계급여를 현금으로 지급해 왔다. 생계급여는 보충급여 방식을 따르기 때문에 정부가 발표한 가구 규모별 기준금액과 가구소득인정액 간의 차액만큼을 지급한다. 이 밖에도 국민기초생활보장제도에서는 자활급여, 주거급여, 교육급여, 장제급여, 해산급여 등을 현금급여로 제공한다.

공공부조급여는 저소득 가구를 선별하여 조세를 재원으로 현금급여를 지급하기 때문에 가난한 사람들에게 수직적 소득재분배를 도모한다. 그런데 보충급여 방식을 따르는 공공부조급여는 가구소득이 증가하면 그만큼 생계급여가 감소하고 수급자에서 탈락할 수 있기 때문에 수급자는 근로활동을 기피할 수 있다. 또한, 급여 신청단계뿐 아니라 수급자로 선정된 이후에도 자격관리를 위해 주기적인 자산조사가 진행되어 수급자들이 수치심(stigma)을 느낄 수 있다. 공공부조급여의 수급률이 사회보험급여에 비하여 크게 떨어지는 것은 이 같은 사정을 반영한다. 그뿐만 아니라 공공부조 수급자의 자격관리를 위해 자산조사를 주기적으로 실시하기 때문에 관리비용이 비교적 높게 소요된다.

보편수당

시민권에 근거하여 수급권을 인정하는 보편적 현금급여는 보편수당(데모그란트,

demogrant)과 기본소득(basic income)을 꼽을 수 있다. 가족급여에서 특정 연령 미만의 모든 아동에게 지급되는 아동수당은 대표적인 보편수당이다. 부모의 소득 및 재산 규모와 무관하게 특정 연령 미만의 아동을 둔 가족이면, 누구에게나 아동수당을 지급한다. 일본, 프랑스 등에서는 다자녀(아동이 2명 이상) 가족으로 수급 대상을 제한하며, 대부분 국가에서 아동수당은 아동 수에 따라(첫째 아동, 둘째 아동 등) 금액을 달리 책정한다. 한국은 2018년 9월, 만 6세 미만의 아동을 둔 가족들 중 소득인정액이 하위 90% 미만에 속한 가족을 대상으로 아동수당이 도입되었다가, 2019년부터 모든 아동에게 확대되었다. 아동수당 지급 대상은 2019년 9월부터 만 7세 미만으로 확대하였고, 2022년 4월에는 만 8세 미만으로 연령을 확대하여 매월 10만 원씩을 동일하게 지급한다. 이와 함께 2022년에 출산한 아이부터 23개월(만 2세 미만)까지 영아수당을 매월 30만 원씩 지급한다. 영아수당은 아이가 어린이집이나 아이돌봄서비스 종일제 등을 이용하면 중단된다. 영아수당은 2023년에 부모급여로 변경되어 만 0세는 월 70만 원, 만 1세는 월 35만 원을 받게 되고, 2024년부터는 지원금액이 확대되어 만 0세는 월 100만 원, 만 1세는 월 50만 원을 받게 된다. 그리고 아동 연령이 24개월에서 86개월 사이인 부모가 아이를 어린이집이나 유치원에 보내지 않고 가정에서 직접 양육하는 경우 가정양육수당을 매월 10만 원씩 지급한다.

다음으로 보편수당의 성격을 지닌 복지급여로 기본소득을 꼽을 수 있다. 기본소득은 모든 사람에게, 개인 단위로, 자산조사나 노동 요구 없이 무조건적으로, 정기적으로 지급되는, 현금 이전이다(The Basic Income European Network: BIEN). BIEN의 정의에 비춰 보면, 기본소득은 보편성, 개별성, 무조건성, 정기성, 현금급여의 특성을 지닌다. 하지만, 기본소득이 지닌 여러 문제들 때문에 BIEN이 제시한 기본소득을 국가적으로 도입한 나라가 없으며, 다만 몇몇 국가들에서 특정 지역 혹은 집단을 대상으로 기본소득 실험이 진행되었다. 2016년 스위스에서 기본소득 도입을 담은 헌법개정안이 국민투표에서 부결되었고, 핀란드에서는 2017~18년에 실업자를 대상으로 기본소득 실험이 진행되었다. 기본소득이 유토피아적 상상을 너머 복지국가의 사회정책 의제로 부상한 것은 소득불평등과 고용불안이 심화되는 서비스경제에서 사회보험중심 사회보장제도가 보편적 소득보장제도로 기능하지 못한다는 인식에 기초한다. 한국에서도 2022년 20대 대통령 선거를 거치면서 기존 사회보장체계는 서비스경제에서 제4차 산업혁명으로 발생하는 일자리 감소와 소득의 불평등 그리고 인구 고령화 등에 효과적으로 대처할 수 없다고 보고, 사회보장체계의 혁신적 변화를 모색하는 대안들이 주장되었는데, 이들 중 가장 대표적인 대안이 기본소득이었다.

기본소득을 옹호하는 이들은 기본소득이 절대빈곤을 근절하고 상대빈곤을 줄이며, 개인의 실질적 자유를 증진할 것이라고 한다. 기본소득을 통해 근로 조건을 향상시키고 노동자의 권리를 신장하며, 가사노동의 대가를 유형적으로 지급받지 못했던 미취업 기혼여성의 자율성을 높일 것이라고 보았다. 또한, 기본소득을 도입함으로써 현행 사회보장제도에서 수급자격 심사 및 관리를 위해 사용되는 행정비용을 대폭 절감할 수 있다고 주장한다. 이 밖에도 사회구성원 모두에게 기본소득이 지급되면 구매력이 늘어 내수가 증진되고 일자리가 확대되며, 지역 간 생활 격차가 해소될 수 있다고 전망한다. 흥미로운 것은 기본소득이 좌파의 전유물이 아니라는 것이다. 우파학자들은 복지국가의 비효율성을 막고 개인의 선택을 강화하기 위해 소득보장제도를 대체하는 기본소득을 찬성한다. 또한 제4차 산업혁명으로 발생하는 일자리 감소에 대응하여 경제성장을 지속하기 위해 기본소득을 찬성하기도 한다.

그런데 기본소득을 옹호하는 학자들 사이에서도 현금급여 수준을 얼마로 정할 것이냐의 문제는 가장 큰 논쟁이 되고 있다. 어느 정도의 금액이 기본생계비로 적당한지는 때와 장소에 따라 다르고, 관점에 따라 다르기 때문이다. 기본소득 재원에 관해서도 기존 세제 중에서 소득세 · 소비세 · 상속세를 중심으로 해야 한다는 주장들과 신규 세원을 발굴해야 한다는 주장들, 예를 들면 탄소세 부과와 공유부(commons)인 토지 및 자연환경, 데이터 등에 세금을 부과하여야 한다는 주장 등이 있다. 기본소득을 도입하게 되면 기존 사회보장제도인 공공부조와 사회보험의 전면적 재편이 불가피해지는데, 재편 방식 역시 큰 논쟁거리가 되고 있다.

그러나 누구에게나 노동 요구 없이 무조건적으로 지급하는 기본소득은 시민의 권리와 의무의 측면에서 본질적 비판을 받는다. 시민의 사회적 권리는 사회적 책임을 동반해야 하며, 기본소득은 개인의 근로유인을 떨어트리고 무임승차의 사회를 양산할 수 있다는 것이다. 또한, 부자에게도 가난한 사람과 똑같이 기본소득을 동일하게 지급하는 것은 소득불평등을 완화하는 데 도움이 되지 못하며, 소득재분배를 위해 차등지원이 더 효율적이라고 비판한다. 인간다운 생활을 유지할 수 있는 정도의 충분한 금액을 누구에게나 기본소득으로 지급하기 위해서는 막대한 재원이 필요하다는 점에서 실현가능성이 떨어지고, 기본소득을 위한 지나친 증세는 경제성장에 해가 된다는 비판도 이어진다.

최근 보편수당은 다원화된 집단이익과 집단 내 개인의 다양한 욕구에 효과적으로 대응하지 못한다는 비판을 받고 있다. 개인의 사회경제적 처지와 복지혼합을 고려하여 복지수급권을 조건적 권리로 보장해야 한다는 주장이 지지를 얻고 있다. 탈산업사회에서 깊어지는 소득 불평등을 완화하고 사회통합을 달성하기 위해 보편수당이 최선의 방책이라는 주장은 이데올로기적 사고라는 비판이 설득력을 얻고 있다.

재량적 현금급여

재량적 현금급여는 자연재해, 사고, 가정위기 등으로 인해 갑작스러운 경제적 어려움에 놓인 사람을 신속하게 지원하기 위해 사회복지 담당공무원의 재량에 따라 수급자를 선정하여 한시적으로 현금급여를 제공한다.

한국에서 재량적 현금급여는 긴급복지지원을 꼽을 수 있다. 긴급복지지원은 국가와 지방자치단체가 공동으로 재원을 마련하여 갑작스러운 위기 상황에 놓인 저소득 위기가구를 신속하게 단기적으로 지원하는 제도이다. 긴급복지지원 대상자에게는 기초보장 수급자와 유사하게 생계지원, 주거지원, 교육지원을 현금급여로 지급한다. '긴급복지지원법'에서 인정하는 위기사유 중에는 1) 주 소득자의 사망, 가출, 구금시설 수용 등, 2) 중한 질병 또는 부상, 3) 가구구성원으로부터 가정폭력 또는 성폭력, 4) 방임, 유기, 학대, 5) 화재 등으로 주거 곤란, 6) 기타 실직, 휴·폐업, 출소, 초기 노숙 등이 포함되어 있다. 지방자치단체에 근무하는 사회복지 담당공무원의 재량적 판단에 따라 현금급여를 지급한다고 하지만, 사회복지 담당공무원이 법률과 시행령에 근거하여 긴급지원 신청자의 부동산 및 금융재산, 소득 등을 조사하여 수급자를 선정하여 급여를 제공한다. 그리고 긴급지원심의위원회에서 수급자의 적격성 여부를 사후적으로 심의하여 판정한다. 긴급복지지원제도에서 제공되는 현금급여가 법적 수급권(entitlement)이 아닌 재량적 현금급여라고 부르는 이유는 수급자 자격 기준과 급여 및 수급기간 등이 법률에 규정되어 있지만, 시 · 군 · 구 사회복지 담당공무원의 재량에 따라 수급자 여부뿐 아니라 급여 수준과 수급기간 등이 결정되기 때문이다. 재량적 현금급여는 갑작스러운 경제적 어려움에 처한 사람을 신속하게 지원할 수 있다는 장점이 있으나, 법적 수급권이 아니라 사회복지 담당공무원의 재량에 따라 수급권이 결정되기 때문에 정권의 변화나 복지재정 규모에 따라 수급자 규모가 달라질 수 있다는 단점이 있다.

환급 세액공제

환급 세액공제(refundable tax credit)는 다음에서 살펴볼 조세지출(tax expenditure)의 한 유형이다. 조세지출은 다양한 이름으로 불리지만, 조세감면(tax deduction)과 세액공제(tax credit) 방식을 사용한다. 조세감면은 과세 대상 소득의 일부를 공제해 줌으로써 세금을 감면해 주는 방식을 취한다면, 세액공제는 산출 세액에서 일부를 공제해 줌으로써 세금을 줄여주는 방식을 따른다. 예를 들어, 정부는 아동 양육을 지원하기 위해 아동을 둔 가구에게 아동 수에 따라 일정 금액의 소득을 공제하여 세금을 감면해 주거나, 납부할 세금에서 아동 수에 따라 일정 세액을 공제해 줄 수 있다. 그런데 세액공제는 납부할 세금 한도 내에서 혜택을 주는 비환급 세액공제(non-refundable tax credit)와 납부할 세금과 관계없이 혜택을 주는 환급 세액공제로 나눌 수 있다. 특별히, 환급 세액공제는 복지급여를 현금으로 받는 것과 마찬가지로 조세체계를 통해 개인이 정부로부터 현금을 받는다. 최근 자유주의 복지체제에 속한 국가들을 중심으로 저소득 근로자를 대상으르 근로 동기를 높이기 위해 환급 세액공제를 도입한 국가들이 늘고 있다.

환급 세액공제는 미국의 경제학자 프리드먼(M. Friedman)이 제창하였던 부의 소득세(negative income tax)와 유사한 방식으로 현금급여를 제공한다. 그가 제시한 부의 소득세 기본모형을 보면, 개인소득이 기본소득(통상적으로 면세점 소득) 이하인 경우 기본소득과 개인소득 간의 차액에 소득세 단일세율을 적용해 부의 소득세를 지급하고, 반대로 개인소득이 기본소득 이상인 경우 마찬가지로 그 차액에 단일세율을 적용해 소득세를 부담하도록 한다. 예를 들면, 소득세제도에서 면세점 소득이 2,000만 원이고 소득세율이 20%라면, 4,000만 원을 버는 사람은 400만 원을 세금으로 납부하고 3,600만 원의 세후 소득을 얻는다. 1,000만 원을 버는 사람은 면세점 소득이

2,000만 원이므로 소득세를 부담하지 않아 세후 소득의 변화가 없다. 그러나 부의 소득세제도에서 1,000만 원을 버는 사람은 면세점 소득과 개인소득 간 차액인 1,000만 원에 소득세율 20%를 곱한 금액인 200만 원을 지급받는다. 소득이 없는 사람은 면세점 소득 2,000만 원의 20%인 400만 원을 최저보장소득(minimum guaranteed income)으로 받을 수 있다. 복지국가의 확대를 반대하는 프리드먼은 부의 소득세제도가 저소득자에게 현금급여 형태로 부의 소득세를 지급하여 소비자 주권을 실현하고 수혜자의 수치감이 극소화될 수 있으며 행정적으로 단순하기 때문에 기존 복지제도의 대체를 주장한다. 그러나 부의 소득세제도는 면세점 이하의 소득을 지닌 사람들의 근로의욕을 떨어뜨릴 수 있다. 또한, 조세체계 내에서 운용되므로 장애인과 같이 특별 욕구를 지닌 특수집단의 요구에 부응하기 어렵다.

따라서 부의 소득세를 전면적으로 도입한 국가는 없다. 하지만 미국은 부의 소득세 아이디어를 발전시켜 1978년부터 근로소득세액공제(Earned Income Tax Credit : EITC)를 도입하였다. EITC는 환급 세액공제이며, 부의 소득세 방식과 유사하게 조세제도를 통해 저소득 가구에게 현금급여를 지급한다. 그러나 최저보장소득 지급을 주장하는 부의 소득세제도와 달리, EITC는 노동시장에서 일하는 근로자로 수혜집단을 제한하고, 저소득 가구의 일정 소득구간에서 근로소득이 증가할수록 현금급여가 증가하도록 설계하여 근로 동기를 높일 수 있다는 장점이 있다. 영국에서도 미국의 EITC와 유사한 성격의 근로세액공제(Working Tax Credit)가 시행되고 있다.

한편, 한국은 미국의 EITC를 모델로 삼아 저소득 근로 가구의 소득지원을 위해 2009년부터 근로장려금제를 시행해 왔으며, 2015년에는 자녀장려금제를 도입하였다. 근로장려금은 소득이 적어 생활이 어려운 근로자, 사업자(전문직 제외) 또는 종교인 가구에 대해 가구원 구성과 총소득 및 재산 등에 따라 산정된 근로장려금을 지급함으로써 근로를 장려하고 실질소득을 지원하는 근로연계형 소득지원제도이다. 한편, 자녀장려금은 저소득 가구의 자녀양육 부담을 경감하기 위해 만 18세 미만의 부양 자녀가 있고 가구의 총소득과 재산이 수급자 선정 기준금액보다 낮은 저소득 가구에게 지급된다.

나. 현금급여의 산정 방식

현금급여는 균등급여, 차등 균등급여, 소득비례급여, 보충급여, 매칭급여 등 다양한 방식으로 금액을 산정한다.

첫째, 균등급여(flat-rate benefits) 방식은 수급 대상자 모두에게 동일한 금액의 현금급여를 지급한다. 균등급여는 영국의 베버리지 보고서에 나타나 있는 것처럼 전통적 보편주의에서 선호되었는데, 모든 수급 대상자에게 최소한의 생계를 보장하기 위해 동일 금액의 생계급여(subsistence benefit)를 제공한다. 그런데, 균등급여 방식으로 보편적 현금급여를 제공하는 경우 급여 수준을 높게 책정할 수 없기 때문에 최저생활을 보장하기에 충분하지 않다. 또한, 균등급여 방식의 현금급여를 모두에게 제공하는 경우 사회적 불평등을 완화하는 데 취약하다. 예를 들어, 정부예산을 재원으로 아동들에게 균등급여 방식의 아동수당을 낮은 수준으로 제공하는 경우, 아동을 둔 부모의 소득이 서로 다르기 때문에 모든 아동의 인간다운 생활을 평등하게 보장할 수 없다.

둘째, 차등 균등급여 방식은 소득구간별로 차등을 두어 균등급여를 제공한다. 차등 균등급여 방식은 가구별 소득만을 고려하거나 또는 소득과 자산을 동시에 고려하여 차등 균등급여를 제공함으로써 수직적 형평성을 높일 수 있다. 예를 들면, 한국은 대학생을 위한 소득연계형 국가장학금에서 가구 소득과 재산의 소득환산액을 합산한 소득인정액을 기준으로 소득계층구간을 10분위로 구분하고, 8분위 이하까지 각 분위별로 차등 균등금액을 장학금으로 지급한다.

셋째, 소득비례급여(earnings-related benefits) 방식은 수급자의 소득, 보다 구체적으로 말하면, 납부한 사회보험료에 비례하여 급여를 지급한다. 역사적으로 볼 때 소득비례급여는 균등급여에 대한 대안으로 등장하였으며, 사회보험 가입자가 납입한 사회보험료에 비례하여 연금을 제공하는 기여방식제도에서 채택되었다. 윌렌스키와 르보(H. Wilensky and C. Lebeaux),[2] 티트머스(R. M. Titmuss)[3] 등에 따르면, 소득비례급여 방식은 산업성취 복지모델(industrial-achievement model)에 부합하는 급여 산정 방식이며, 보편주의를 지향하는 제도적 복지모델(institutional model)에서 선택될 가능성이 낮다. 하지만, 소득비례급여 방식은 사회보험급여의 소득대체 기능을 높임으로써 사회보험제도에서 발생할 수 있는 사회연대와 보험가입 능력 간의 긴장 관계를 완화하고 보험적격성(insurability)을 높이는 데 효과적일 수 있다. 에스핑-앤더슨(G. Esping-Andersen)은 스칸디나비아 국가들에서 발전된 소득비례연금을 예로 들면서, 모든 사람을 대상으로 급여 적격성(eligibility)과 수급권(entitlement)을 인정한다면 소득비례급여 방식의 현금급여가 보편주의 원리에 부합한다고 보았다.[4]

넷째, 보충급여 방식은 정부가 발표한 최저생계비와 수급자의 가구소득 간의 차액을 계산하여 그만큼을 현금으로 지급한다. 이와 유사한 방식으로 차등 보충급여를 들 수 있다. 보충급여 방식이 급여액을 1원 단위까지 계산하여 결정한다면, 차등 보충급여 방식은 최저생계비와 가구소득 간의 차액을 일정 구간으로 나누어 급여액을 구간별 평균 금액으로 지급한다. 보충급여 방식은 한국의 국민기초생활보장제도의 생계급여 지급에서 보는 바와 같이 공공부조에서 생계급여 지급액을 산정할 때 활용된다. 이처럼 공공부조의 생계비 산정에서 널리 활용되는 보충급여 방식은 국민생활 최저선을 달성하는 데 효과적일 수 있으나, 근로능력이 있는 수급자의 근로동기를 저해할 수도 있다.

다섯째, 매칭급여 방식은 수급자가 근로를 통해 소득을 올리거나 저축한 경우 이에 상응하여 대응금(matching money)을 지급한다. 매칭급여 방식을 사용하는 대표적인 사례로 자산형성지원제도를 꼽을 수 있다. 최근 복지국가들에서 소득이전도 중요하지만 수급자의 자립을 위해서는 자산형성이 필요하다는 주장이 지지를 얻고 있다. 자산형성 지원을 목적으로 도입된 각국의 제도들을 살펴보면, 수급자가 정기적금계좌를 개설하고 매월 일정 금액을 저축하면 저축금액에 매칭하여 대응금을 제공하는 방식을 취한다. 예를 들면, 한국의 자활사업에서는 내일키움통장사업을 통해 수급자들이 매월 정기적금계좌에 저축한 금액에 대응하여 내일키움장려금을 매칭급여 방식으로 지급한다.

다. 현금급여의 특징

현금급여는 현물급여와 비교할 때 몇 가지 특징을 지닌다. 첫째, 현금급여는 급여를 받은 수급자의 효용을 극대화한다. 현금급여를 통해 수급자가 원하는 재화 및 서비스를 선택할 수 있다. 경제학의 효용 이론에 따르면, 개인은 재화를 소비해 가능한 최고로 만족스러운 수준을 얻기 위해 소비의 우선순위를 설정한다. 현금을 받은 수급자는 개인이 원하는 상품을 구입할 수 있기 때문에 현물로 급여를 받을 때보다 효용을 극대화할 수 있다. 그러나 현금급여가 수급자의 자유로운 선택을 통해 효용을 극대화한다는 주장은 완전경쟁시장(perfect competitive market) 조건이 충족되어야 한다. 이론적으로 완전경쟁시장이 성립되려면, 시장에 다수의 공급자와 소비자가 존재하고, 시장참여가 자유로우며, 시장참여자 각자가 완전한 시장정보와 상품지식을 가지며, 각자가 시장 전체에 미치는 영향력이 미미한 상태에서 시장에서 거래되는 재화가 동질적이어야 한다. 물론, 완전경쟁시장 조건들은 현실에서 완전하게 충족될 수 없다. 특별히 공공부조 수급자처럼 사회취약집단은 일반적으로 재화에 대한 정보와 지식이 제한될 수 있고, 이에 따라 필요한 재화를 합리적으로 선택하여 자신의 효용을 극대화할 능력이 떨어질 수 있다. 그리고 의료서비스와 같이 공급자와 환자 간 정보와 지식의 비대칭성이 현격한 경우 자신들의 효용을 극대화할 수 있는 적정 의료서비스의 양과 질을 환자가 선택하기 어렵다.

둘째, 현금급여는 현물급여와 비교할 때 소비단계에서 수급자에게 수치심(stigma)을 유발할 가능성이 낮아 인간존엄성을 유지하는 데 적합하다. 자산조사를 통해 지급되는 공공부조는 신청단계에서 신청자에게 수치심을 줄 수 있으며, 수급자로 선정된 이후에도 가구의 소득 및 재산의 변화를 지속적으로 추적하기 때문에 수치심을 피할 수 없다. 그런데 자산조사를 통해 선정된 수급자에게 급여를 현물로 지급한다면, 소비단계에서 또 다시 수치심을 배가할 수 있다. 하지만 현금급여를 지급한다면 소비단계에서 수치심을 유발하지 않을 수 있다. 현금급여가 수급자 이름으로 개설된 은행 통장으로 입금된다면 수급자 입장에서 볼 때 꼬리표를 달지 않은 똑같은 현금이기 때문이다.

셋째, 현금급여는 현물급여에 비하여 프로그램 운영비용이 적게 든다. 급여를 수급자에게 현금으로 제공하면, 현물을 구입 · 관리 · 전달하는 비용이 들지 않기 때문에 프로그램 운영비용이 적게 든다.

그러나 현금급여는 수급자가 복지급여를 원하는 곳에 소비할 수 있기 때문에 복지정책에서 의도한 사회적 목표를 달성하는 데 불리하다. 예를 들어, 아동수당은 아동의 성장과 발달뿐 아니라 미래의 인적 자원을 개발하기 위해 지출되어야 한다. 그런데 아동수당을 현금으로 받은 부모가 개인의 소비와 유흥을 위하여 사용한다면 사회효과성을 달성할 수 없다. 또한, 사회적으로 필요한 가치재(merits goods)는 개인의 효용이 낮더라도 사회적 효용을 높이기 위해서 현물급여로 제공할 필요가 있다. 국가는 복지정책의 집행과정에서 현금급여의 오·남용을 막고, 가치재를 공급하기 위해 현물급여를 직접 제공한다.

2) 현물급여

가. 물품과 서비스의 제공

사회복지 발달의 역사에서 급여의 유형을 보면, 복지국가가 등장하기 이전에는 물품을 제공하는 현물급여가 중요했었다. 그런데 빈곤문제에 대처하기 위해 국가의 소득보장제도가 발전하면서 현금급여가 늘어나고 현물급여가 점차 감소하였다. 하지만 복지국가의 발전과 함께 사회서비스가 확대되면서 현물급여가 다시 복지급여에서 중요한 비중을 차지하게 되었다. 오늘날 복지국가에서 보건과 교육은 국가가 제공하는 대표적인 공공서비스이며, 주거, 고용, 보육, 돌봄 등의 분야에서 사회서비스를 제공하고 있다. 앞의 〈표 9-1〉의 OECD 사회복지지출자료(Social Expenditure Database)에서 살펴본 바와 같이, 노령, 유족, 근로무능력, 보건, 가족, 적극적 노동시장사업, 주거, 기타 사회정책영역에서 다양한 종류의 서비스가 현물급여로 제공된다.

최근 선진 자본주의 국가들은 경제적으로 산업사회의 성숙을 넘어 서비스경제로 이행하였고 사회적으로 고령화와 저출산이 맞물리면서 새로운 사회적 위험을 경험하고 있다. 이른바, 산업사회의 구사회위험(old social risks)에 더하여 고용불안, 근로빈곤, 저출산, 보육, 노인요양, 여성의 노동시장 참여에 따른 가족기능 약화, 이주노동 등의 신사회위험(new social risks)에 직면하였다. 사회보장제도가 공공부조와 사회보험을 통해 소득을 보장하기 위한 현금급여 제공에 머물러서는 신사회위험에 효과적으로 대응할 수 없다. 신사회위험에 대응하기 위해서는 사회서비스 제공, 즉 현물급여를 통해 위험을 예방하는 적극적인 사회투자적 접근(social investment approach)이 요청된다.

나. 현물급여의 특징

현물급여는 현금급여와 비교하여 몇 가지의 특징을 지닌다. 첫째, 현물급여는 정책의 효과성을 높일 수 있다. 정책의 목표 달성과 직접적으로 연관된 현물급여를 제공함으로써 소비단계에서 수급자에 대한 통제력을 높여 정책목표 달성에 적합하다. 예를 들어, 실업자의 직업능력 향상을 목표로 삼는 경우, 실업자에게 현금급여를 지급하는 것보다 직업훈련교육에 참여시켜 기술을 습득하도록 지원하는 것이 더 효과적이다. 반면에, 현물급여는 수급자 개인의 효용이 낮고 소비단계에서 수치심을 줄 수 있기 때문에 수급률이 낮다는 특성을 지닌다. 따라서 현물급여는 욕구가 강한 대상자들에게 복지급여를 집중할 수 있고, 현금급여와 비교하여 비용을 절감할 수 있다.

둘째, 현물급여는 정치적인 측면에서 더 선호된다. 현물급여는 정책효과가 가시화되기 때문에, 정치인들은 자신이 낸 세금이 어떻게 사용되고 나에게 돌아오는 혜택이 무엇인지에 관심을 지닌 납세자들의 정치적 지지를 얻기 위해 현물급여를 선호할 수 있다. 예를 들어, 한국의 학교 무상급식 확대 사례를 보면, 보편적 무상급식 제공은 사회복지 확대를 위한 일반 국민의 정치적 지지를 확보하는 데 유리하였다. 또한, 현물급여는 물품과 서비스 제공을 위해 정부기관의 확대를 수반하기 때문에 예산 및 조직의 확대를 희망하는 정부 관료 입장에서도 선호될 수 있다.

셋째, 현물급여는 정부가 대규모로 공급하는 경우 단위당 생산비용을 절감하는 규모의 경제효과를 기대할 수 있다. 예를 들어, 정부가 무주택 서민의 주거안정을 위하여 공공임대주택을 건설하여 공급하는 것은 주택수당을 지급하여 수급자가 시장에서 주택을 마련하는 것보다 장기적으로 볼 때 비용이 적게 들 수 있다. 그러나 사회서비스는 대인서비스를 특징으로 삼기 때문에 대규모 공급에 따른 단위당 생산비용의 절감을 기대하기 어렵다. 서비스 대상자인 개인이 갖는 문제는 개별적으로 고유하고 통합적 성격을 지니기 때문에 대인서비스는 표준화할 수 없다. 사회서비스는 전일적 접근(holistic approach)과 개별적 접근(individualized approach)을 통해 개인의 욕구를 진단하고 서비스 제공계획을 세워 전문가에 의한 서비스 제공이 이루어져야 한다. 또한, 현물급여, 특히 서비스를 정부 관료제를 통해 독점적으로 제공하는 경우, 정부 관료제가 비경쟁적 특성으로 인해 비용 절감의 노력을 기울이지 않기 때문에 X−비효율성(X−inefficiency)이 초래될 수도 있다.

위에서 논의한 현금급여와 현물급여는 각각의 장단점이 존재한다. 일반적으로 말하면, 현금급여는 개인 선택의 자유, 효용의 극대화, 인간존엄성 등을 고려하는 경우에 선호되고, 현물급여는 의료나 교육 서비스와 같은 특정 재화와 서비스에 대한 평등한 접근, 소비자 선택의 어려움, 정치적 지지, 사회효과성 등을 고려하는 경우에 선호된다. 물론, 이러한 구분이 절대적인 것은 아니다. 현물급여가 현금급여보다 수급자에게 항상 낮은 효용을 주는 것만은 아니다. 예를 들어, '가난한 사람은 가난한 사람끼리 모여 살 때 더 행복하다'는 가난한 사람의 경험을 고려한다면, 저소득층을 위해 공공임대주택을 제공하는 것이 현금으로 주거급여를 제공하는 것보다 수급자에게 더 높은 만족을 줄 수 있다. 따라서 특정 집단을 대상으로 사회복지를 위한 급여를 제공할 때 현금으로 할 것인가 아니면 현물로 할 것인가의 결정은 각 국가의 정치적 · 경제적 · 사회적 상황과 사회의 지배적 가치 등을 반영할 수밖에 없다.

3) 바우처

일반적으로 바우처(voucher, 교환권, 이용권)는 정부가 특정 수혜자에게 식품, 의류, 도서 등의 재화와 교육, 의료, 돌봄 따위의 서비스 구매에 대하여 비용을 직접적으로 보조해 주기 위하여 지불을 보증하는 증서를 말한다. 정부로부터 바우처를 받은 수급자는 정해진 용도 내에서 본인이 원하는 재화와 서비스를 자유롭게 선택하여 구입할 수 있다. 그리고 재화와 서비스를 제공한 공급자는 수혜자로부터 받은 바우처를 제시하여 정부로부터 그 비용을 지급받는다.

정부가 급여 유형으로 바우처를 선택한 이유는 현금과 현물 급여가 지닌 장점을 최대한 살릴 수 있기 때문이다. 바우처는 현금 또는 현물 급여와 달리 수급자에게 특정 재화나 서비스를 구입할 수 있는 구매력을 제공한다. 이때 정부는 정책목표에 따라 바우처를 통해 수급자의 선택권을 조정 및 통제할 수 있다. 즉, 수급자가 구매할 수 있는 재화와 서비스의 종류, 양, 범위 등을 제한할 수 있으며, 재화와 서비스 이용의 합리성을 높이기 위해 수급자의 자부담(본인부담금)을 도입하기도 한다.

이처럼 바우처는 정책목표에 따라 다양하게 사용될 수 있지만, 정부가 의도한 재화와 서비스를, 수급자가 원하는 공급자를 자유롭게 선택하여 구매할 수 있게 한다는 점에서 현금급여와 현물급여의 중간 성격을 갖는다. 바우처는 현물급여와 비교하여 다음과 같은 특징을 지닌다. 첫째, 수급자에게 공급자를 선택할 자유를 제한된 범위 내에서 부여한다. 수급자가 소극적인 복지 수급자에서 벗어나 능동적인 서비스 구매자로 전환되어 수요자의 선택권이 강화된다. 둘째, 수급자에게 공급자에 대한 선택권을 제한적으로 부여함으로써 공급자 간 경쟁을 촉발시켜 재화 및 서비스의 품질을 높일 수 있다. 셋째, 공급자를 자유롭게 선택함으로써 수급자의 효용을 높일 수 있고, 운영비용이 적게 든다. 그리고 바우처는 현금급여와 비교하여 복지급여의 효과성을 높일 수 있다. 바우처의 용도를 제한함으로써 현금급여의 자유로운 선택에서 발생하는 비합리적 선택 또는 목적 외 사용의 문제를 어느 정도 차단할 수 있기 때문이다.

한국은 2007년 장애인활동보조서비스, 노인돌봄종합서비스, 지역사회서비스투자사업 등의 사회서비스 분야에서 바우처를 처음으로 도입하였다. 그 이후 산모신생아도우미사업, 가사간병방문사업, 장애아동재활치료사업, 언어발달지원사업 등에서 바우처 사업이 꾸준하게 확대되고 있다. 또한, 문화 향유 기회가 적은 저소득층을 위한 문화 바우처와 저소득층에게 임대료 일부를 지원하는 주택 바우처 등 다양한 분야에서 바우처가 도입되었다. 그리고 2012년부터 사회보장정보원은 바우처 사업에서 금융기관 시스템을 활용하여 결제승인, 카드발급, 단말기 관리 등을 일괄 수행하는 전자바우처운영체계를 운영한다. 전자바우처운영체계는 서비스 신청 · 이용 · 비용 지불/정산 등의 전 과정을 전산시스템으로 처리한다. 그 결과, 서비스 공급기관의 허위 · 부당 청구 등 도덕적 해이를 최소화하였고, 사업의 전자화로 행정관리비용이 감소하고, 재정운영의 효율성 및 투명성이 높아졌다.

하지만, 수급자에 의한 바우처의 오 · 남용의 문제를 근절하기 어렵다. 예를 들어, 수급자가 바우처를 할인가격에 판매하여 현금으로 교환 받아 다른 용도로 사용한다면 막을 방법이 없다. 또한 서비스 공급자와 서비스 이용자가 서로 담합하여 서비스 비용을 부당 청구한다면 전자바우처운영체계를 수립해도 막기 어렵다. 이러한 경우 바우처는 현물급여에 비하여 정책의 효과성이 떨어질 수 있다. 그리고 자산조사를 통해 선정된 공공부조 수급자에게 서비스 이용 바우처를 제공한다면, 수급자는 현금급여와 달리 사용단계에서 수치심을 경험할 수도 있다.

4) 조세지출

정부의 조세지출(tax expenditure)은 재정지출에 대응하는 개념이다. 조세지출은 개인이나 기업에게 원칙적으로 부과해야 하는 세금이지만, 정부가 비과세, 조세감면, 세액공제 등 세제상의 각종 유인장치를 통해 지원하는 세금감면액을 말한다. 정부예산의 모든 지출이 직접지출이라면, 세제상의 혜택을 통해 제공되는 조세지출은 간접지출이라고 볼 수 있으며, 사실상 직접적인 예산지출과 같은 효과를 기대한다는 점에서 조세지출 예산이라고 한다.

조세지출 개념은 미국 재무부 차관보였던 써리(Stanley S. Surrey)에 의해 고안되어 1968년 예산문서에서 처음으로 사용되었다. 1974년 '의회예산 및 지출거부통제법(Congressional Budget and Impoundment Control Act)'에서는 조세지출을 '총소득에서 특별비과세, 특별면제, 특별공제를 제공하거나 또는 특별세액공제, 특혜세율 또는 과세이연(移延)을 허용하는 연방정부의 세법 규정 때문에 발생하는 세수 손실'로 정의하였다. 미국에서 조세지출은 조세감면(tax deduction)과 세액공제(tax credit) 형태를 띠며, 독일에서는 조세원조(tax aids), 일본에서는 특별조세조치(special tax measures), 영국에서는 직접세액공제 및 감면(direct tax allowance and reliefs) 등으로 불린다. 한국에서 조세지출은 비과세 · 감면, 소득공제 · 세액공제의 형태를 띠고 제공된다. 조세지출은 현금을 지급하는 것과 마찬가지로 수혜자 가구의 가처분소득을 증대시키는 효과를 지니기 때문에 조세지출만큼 정부가 보조금을 제공한 것과 같다는 점에서 '숨겨진 보조금(hidden subsidies)'이라고 부른다. 정부가 현금 및 현물급여를 직접 제공하는 서구 복지국가와 대비하여 조세지출이 발달한 미국을 '숨겨진 복지국가(hidden welfare state)'라고 부르기도 한다.

일반적으로 사회복지를 위한 조세지출은 소득공제 또는 세액공제 형태를 취하는데, 조세의 형평성을 높이려는 목적에 부합한다. 구체적으로 살펴보면, 노인, 장애인, 아동 등의 특수 욕구를 고려한 소득공제 또는 세액공제, 그리고 의료비, 교육비, 사회보험료, 민간보험료, 주택비 등에 대한 소득공제 또는 세액공제가 시행된다. 정부는 조세지출을 통해 세금을 부과 · 징수하는 데 드는 비용을 절감할 뿐 아니라 복지수급 대상자를 선별하여 급여를 제공하는 데 드는 인적 · 물적 비용을 절감함으로써 운영효율성을 높일 수 있다. 그러나 조세지출은 사회복지정책이 추구하는 소득불평등을 완화하고 평등 가치를 추구하는 데 한계를 지닌다. 예를 들어, 아동이 있는 가족에 대해 소득공제 또는 세액공제를 시행하는 것과 모든 아동에게 아동수당을 지급하는 경우를 비교하면, 전자는 소득재분배에 뚜렷한 역진성을 보인다. 왜냐하면, 아동 수에 따라 제공되는 소득공제 또는 세액공제는 소득세를 납부하는 계층만이 누릴 수 있는 혜택이기 때문이다. 면세점 이하 소득을 버는 다수의 근로자에게 소득공제와 세액공제는 그림의 떡일 수밖에 없다. 소득세는 누진세율이 적용되기 때문에 소득공제 혜택은 소득이 높을수록 커서 역진적 소득재분배를 초래한다. 세액공제는 비환급 세액공제(non-refundable tax credit)인 경우, 납부한 세금 한도 내에서 혜택이 주어지기 때문에 소득세를 내지 않는 근로자는 혜택이 전혀 없다. 앞의 현금급여 유형에서 논의한 환급 세액공제(refundable tax credit)는 소득세액과 관계없이 지급된다는 점에서 비환급 세액공제와 다르다. 한편, 모든 아동에게 아동수당을 제공하고, 아동수당을 가구소득에 포함시켜 과세한다면 소득재분배효과가 크게 나타날 수 있다. 소득재분배를 위해서는 조세지출을 대폭 줄이거나 폐지하여 소득세의 과세 대상을 넓히고, 증대된 정부 세수입을 통해 사회복지예산을 늘리고 현금 또는 현물급여를 지급하는 것이 더 효과적이다.

한국에서도 조세지출은 사회적 · 경제적 목적으로 다양하게 사용된다. 조세지출은 조세특례제한법 및 개별세법상의 비과세 · 감면, 소득공제 · 세액공제 등 조세지원제도를 포함한다. 조세지출에서는 조세 형평성을 제고하는 것이 중요하다. 정부는 국가재정법에 따라 2010년부터 3개년도(직전, 해당, 다음 연도)에 걸쳐 항목별 · 기능별로 분류하여 작성한 조세지출 예산서를 국회에 제출하여 심의를 받도록 하였다. 조세지출 예산서를 국회에 제출할 때 조세감면대상 명세서를 함께 제출함으로써 조세지출의 형평성에 대한 국회의 감시와 감독이 가능하도록 하였다. 또한, 조세지출을 재정지출과 연계하여 운용함으로써 재원배분의 효율성을 높이고, 조세지출 내역을 대외적으로 공개함으로써 재정운용의 투명성을 높여, 기득권화 · 만성화된 조세지출을 효과적으로 통제할 수 있게 하였다.

〈표 9-2〉에서 2021년도 조세지출예산서를 통해 한국의 조세지출 규모를 파악해 보았다. 2021년 조세지출에 의한 국세감면액은 총 56.8조 원으로, 조세지출로 인한 국세감면율(국세감면액/(국세감면액 + 국세수입총액)은 15.9%를 기록하여 국세감면율

표 9-2 주요 조세지출 항목 현황(감면액 기준 상위 20개 항목, 2021년도 조세지출예산서)

주요 항목 분류	세부 항목
사회복지 및 보건 (20.2조 원)	• 근로장려금(4조 6,113억 원) • 보험료 특별소득공제 · 세액공제(4조 4,678억 원) • 연금보험료 소득공제(3조, 3,798억 원) • 국민건강보험료 사용자부담금 비과세(1조 8,714억 원) • 의료비 특별세액공제(1조 3,598억 원) • 교육비 특별세액공제(1조 2,435억 원) • 연금계좌 세액공제(1조 2,433억 원) • 개인기부금 특별세액공제(1조 793억 원) • 자녀 세액공제(9,143억 원)
농림수산 (7.6조 원)	• 면세농수산물 등 의제매입 세액공제(3조 211억 원) • 농 · 축 · 임 어업용 기자재에 대한 부가가치세 영세율(1조 9,636억 원) • 자경농지양도세 감면(1조 4,773억 원) • 농 · 임 · 어업용 석유류에 대한 개별소비세 면제(1조 1,359억 원)
산업, 중소 및 에너지 (15.3조 원)	• 신용카드 등 사용금액 소득공제(3조 1,725억 원) • 연구 · 인력개발비 세액공제(2조 8,198억 원) • 신용카드 등 사용에 따른 세액공제(2조 7,443억 원) • 중소기업 특별세액감면(2조 868억 원) • 통합투자 세액공제(2조 657억 원) • 고용을 증대시킨 기업에 대한 세액공제(1조 3,103억 원) • 재활용폐자원매입세액공제(1조 497억 원)

주 : 2021년 조세지출 총규모는 56.8조 원(전망)이며, 국세수입총액 대비 조세지출액은 15.9%임(기획재정부 보도자료, 2020년 9월 1일).
자료 : 기획재정부, 「2021년도 조세지출예산서」

법정한도(직전 3년 국세감면율 평균 + 0.5%p)를 초과하였다.

〈표 9-2〉에서 사회복지 및 보건 분야의 조세지출 규모는 총 20.2조 원에 달하며, 조세지출 추정 총액 대비 35.5%를 기록하였다. 사회복지 및 보건 분야 세부 항목을 규모 순으로 나열하면, 근로장려금, 보험료 특별소득공제 · 세액공제, 연금보험료 소득공제, 국민건강보험료 사용자부담금 비과세, 의료비 특별세액공제, 교육비 특별세액공제, 연금계좌 세액공제, 개인기부금 특별세액공제, 자녀세액공제가 있다.

5) 기회 제공

기회 제공은 사회의 소수집단 또는 취약집단들(여성, 노인, 장애인, 소수인종 등)에게 취업, 입학, 진급 등에서 차별적으로 유리하게 대우함으로써 조건의 불평등을 완화하는 것을 목적으로 한다. 일반적으로 기회 제공의 조치는 과거의 부정적 차별을 보상하는 차원에서 적극적 조치(affirmative action) 형태를 취한다. 예를 들면, 여성과 장애인에게 취업 기회를 제공하기 위하여 일자리의 일정 비율을 할당하는 적극적 고용, 고등학교 또는 대학교 입학에서 입학정원의 일정 비율을 장애인, 소수인종, 빈곤층, 소외지역 출신 등에게 우선 배정하는 조치 등을 꼽을 수 있다.

한국은 장애인고용의무제를 통하여 장애인 취업을 위한 기회 제공을 시행하고 있다. 장애인고용의무제에서는 근로자를 고용한 사업주가 그 근로자 총수의 일정 비율에 해당하는 장애인 근로자를 의무적으로 고용하도록 정하고 있다. 2022년 현재, 국가와 지방자치단체, 50인 이상을 고용한 공공기관은 근로자 총수의 3.6% 이상을, 민간기업은 3.1% 이상을 장애인 근로자로 고용하도록 의무를 부과하고 있다. 그리고 월평균 상시 100명 이상의 근로자를 고용하는 사업주가 장애인의무고용률을 준수하지 못하면, 미달 인원에 따라 장애인고용부담금을 납부하여야 하며, 반대로 의무고용률 이상을 고용한 사업주에 대해서는 초과 인원에 대하여 장애인고용장려금을 지원하고 있다.

장애인고용의무제의 실시를 통해 한국에서는 장애인 고용이 꾸준히 증가하였다. 정부가 발표하는 장애인 고용현황을 보면, 2000년에는 장애인 고용률이 정부부문(국가 및 지방자치단체) 1.48%, 민간부문(상시 50명 이상의 근로자를 고용한 사업체로 공기업, 준정부기관, 기타공공기관, 지방공기업을 포함) 0.73%였으나, 2021년에 각각 2.97%, 2.96%로 증가하였다. 그러나 장애인고용의무제는 민간기업의 장애인 고용을 촉진하는 데 제도적 한계를 지닌다. 특히, 대기업일수록 장애인 고용에 소극적인데, 고용노동부 발표를 보면 2021년 1,000명 이상의 근로자를 고용한 대기업은 장애인 고용률이 2.73%로 민간부문 평균에 미달한다. 이는 장애인고용부담금이 낮아 기업들이 부담금을 납부하는 것이 효율성 차원에서 유리하다고 판단하기 때문이다. 2022년 현재, 장애인 고용의무가 있는 기업체가 장애인을 한 명도 고용하지 않더라도 미달인원 1인당 해당 연도 최저임금인 월 1,914,440원을 장애인고용부담금으로 납부하면 된다. 그리고 장애인의무고용인원의 1/2~3/4을 고용한 기업체는 미달 인원 1인당 월 1,217,940원을 부담하면 된다. 기업들이 장애인고용의무 규정을 준수하도록 장애인고용부담금을 인상할 필요가 있다.

3 — 복지급여의 적정성

사회보장제도는 공공부조, 사회보험, 사회서비스 등을 통해 다양한 목적을 추구한다. 빈곤 완화, 소득 유지 및 대체, 사회통합 증진, 사회적 위험 예방, 소득재분배, 재난구호 및 피해보상, 경제 효율성 제고, 수급자 행동변화 등을 목적으로 한다. 사회보장제도가 열거한 목적을 달성하기 위해서는 수급자에게 제공되는 복지급여가 적정성(adequacy)을 지녀야 한다. 베버리지에 따르면, 복지급여는 금액뿐만 아니라 시간 차원에서도 적정해야 한다. 예를 들어, 실직자에게 지급되는 실업급여는 근로자가 실직 전 생활을 유지할 수 있도록 적당한 금액이어야 하며, 실직과 함께 근로소득을 상실하기 때문에 행정 처리에 필요한 최소한의 기간을 두고 적기에 지급되어야 한다.

한국의 사회보장기본법을 보면, 사회보장제도의 목적을 사업별로 명시하고 있다. 공공부조는 생활 유지 능력이 없거나 생활이 어려운 국민의 최저생활을 보장하고 자립을 지원하는 것을 목적으로 한다. 사회보험은 국민에게 발생하는 사회적 위험을 보험의 방식으로 대처함으로써 국민의 건강과 소득을 보장한다. 그리고 사회서비스는 모든 국민에게 복지, 보건의료, 교육, 고용, 주거, 문화, 환경 등의 분야에서 인간다운 생활을 보장하고, 상담, 재활, 돌봄, 정보의 제공, 관련 시설의 이용, 역량 개발, 사회참여 지원 등을 통하여 국민의 삶의 질이 향상되도록 지원한다. 공공부조와 사회보험에 국한하여 살펴보면, 복지급여는 최저생활보장과 소득보장을 위해 적절한 금액이어야 하며 적기에 제공되어야 한다. 또한 복지급여는 개인의 근로동기에 미치는 부정적 영향을 최소화해야 한다. 그리고 사회보장제도의 지속가능성을 확보하기 위해 사회보험급여가 보험적격성을 유지하고 세대 간 형평성을 확보해야 한다. 따라서 복지급여의 적정성은 아래에서 살펴보는 바와 같이 최저생활보장, 소득유지, 보험적격성, 세대 간 형평성, 근로동기에 미치는 영향 등을 고려하여 결정되어야 한다.

1) 최저생활보장

베버리지에 따르면, 사회보장제도는 거대 사회악 중에서 숙주 역할을 하는 결핍

(want) 또는 빈곤(poverty)에 대처하여 최저생활을 보장하기 위한 것이며, 사회보험이 사회보장제도에서 중추적 역할을 담당해야 한다. 국가는 완전고용을 추구하여 근로자들이 근로소득을 통해 생활을 영위할 수 있도록 하며, 질병, 산재 등으로 소득능력을 상실하였거나 실업, 은퇴 등으로 소득이 중단된 사람들에게 최소한의 사회보험급여를 제공함으로써 빈곤을 예방할 수 있어야 한다고 보았다. 그리고 소득이 낮아 사회보험에 가입하지 못하는 사람들을 위해 조세를 재원으로 공공부조급여를 지원하여 최저생활을 보장하여야 한다고 주장하였다.

하지만, 베버리지의 기대와 달리 1950, 60년대의 자본주의 황금기를 지나 서구 국가들에서 실업률이 치솟고 빈곤계층이 늘면서 빈곤 예방(poverty prevention)보다는 빈곤 완화(poverty relief)가 사회보장제도의 실질적 목표가 되었다. 실직자가 큰 폭으로 늘고 사회보험료 납부 요건을 충족하지 못한 수많은 저소득 근로자들이 수급권을 상실하면서 사회보험은 빈곤 예방 기능을 성공적으로 수행할 수 없었다. 이들은 빈곤 완화를 목적으로 하는 공공부조의 자산조사급여를 통해 최저생활을 유지하게 되었다. 공공부조는 모든 국민의 최저생활보장을 위한 기본제도로 발전하였으며, 최저생활보장을 위한 공공부조급여는 급여 수준이 사회보험급여보다 낮다.

그렇다면, 모든 국민의 최저생활보장을 위해 적정한 생계급여 수준은 어떻게 결정하는가? 일반적으로 복지국가에서는 모든 국민의 인간다운 삶을 보장하기 위하여 정부가 최저생계비를 설정하거나 또는 가구별 중위소득 대비 일정 비율의 금액(기준급여액)을 설정하고, 이를 기준으로 개별 가구소득과 차액만큼을 지급하는 보충급여 방식을 통해 생계급여 수준을 결정한다. 그런데 최저생활보장을 위한 최저생계비와 기준급여액은 서로 다른 가치를 추구하는 정치집단들 간 조정의 산물이다. 복지정치 과정에서 최저생계 유지, 저축과 근로동기에 미치는 영향 등을 종합적으로 고려하여 최저생활보장을 위한 급여의 적정 수준이 결정된다.

2) 소득유지

사회보험에서 제공하는 급여는 사회적 위험에 대처하여 소득유지(income maintenance) 수단을 제공하기에 적절해야 한다. 근로자들이 직면할 수 있는 사회적 위험들, 예를 들면, 산재, 실직, 질병, 은퇴 등으로 인해 경험하는 근로소득의 감소 또는 중단으로부터 사회보험 가입자와 그 가족의 생활을 보호하기 위해 사회보험급여를 제공한다. 경제활동 연령기에 속한 사람들에게 지급되는 사회보험급여, 보다 구체적으로 말하면 실업급여와 질병급여(상병수당) 수준은 실직 또는 질병이 발생하기 전의 임금 수준과 밀접하게 연계시킴으로써 소비지출이 원활하게 이루어지도록 하여야 한다. 그리고 은퇴한 노인들에게 지급되는 사회보험연금의 급여 수준은 기초연금을 합산한 공적 연금을 통해 노인이 인간다운 생활을 영위할 수 있는 수준이 되어야 한다. 이처럼 사회보험급여는 사회적 위험에 처한 보험 가입자들이 소득을 유지할 수 있도록 급여의 소득대체율(income replacement rate)이 적절해야 한다.

3) 보험적격성

사회보험에서 제공하는 급여는 보험적격성(insurability)을 유지하기에 적정해야 한다. 보험적격성은 보험 가입자가 전 생애에 걸쳐 경험할 수 있는 다양한 소득 상실의 위험에 대처하기 위해 보험에 가입하고자 하는 열망을 나타낸다. 보험 가입자의 입장에서 볼 때, 보험에 가입하는 데 수반되는 비용보다 보험을 통해 얻을 수 있는 편익이 더 큰 경우에 보험적격성이 확보될 수 있다. 사회보험이 없다면, 개인은 다양한 위험에 대비하기 위해 민간시장에서 민영보험을 자발적으로 구입할 것이다. 일반적으로 민영보험은 사회보험과 비교해 보험료가 비싸 보험 가입이 쉽지 않으며, 고위험집단은 보험료가 더 비싸거나 보험가입이 거절되기도 한다. 반면에, 사회보험은 국가에 의한 강제적 가입이지만 사회보험에 대한 국민적 지지를 확보하는 것이 중요하고, 이를 위해서는 보험적격성이 유지되어야 한다. 특별히, 사회보험료를 납부하는 핵심 집단이라고 할 수 있는 중산층에게 제공하는 급여 수준과 서비스의 질이 높아야 보험적격성을 유지할 수 있다.

사회보험료가 소득누진적 성격을 지향한다면 소득재분배에 유리할 수 있겠지만, 보험적격성을 확보하는 데 불리할 수 있다. 사회보험의 보험적격성을 유지하기 위해서 사회보험 가입자들이 납부하는 사회보험료 가치보다 급여에 대한 기대 편익이 높아야 한다. 그리고 사회보험급여 수준이 자산조사를 통해 제공하는 생계급여보다 높아야 한다. 다만, 보험적격성을 지나치게 강조하는 경우 복지정책을 통해 추구하는 소득재분배와 사회통합 등의 가치와 상충될 수 있다. 따라서 사회보험 운영에서 보험적격성 확보와 소득재분배 및 사회통합 추진을 함께 고려하여 적정한 급여 수준을 결정해야 한다.

4) 세대 간 형평성

복지급여는 세대 간 형평성을 침해하지 않는 수준에서 적정하게 결정되어야 한다. 세대 간 형평성은 사회보장제도의 재정적 · 사회적 지속가능성을 위해 필요하다. 사실, 사회보험재정의 지속가능성을 확보하기 위해서 지속적인 경제성장과 부의 축적이 이루어져야 하며, 기업들의 지속적인 투자가 이루어져야 한다. 또한, 저출산 · 고령화로 인한 사회보험재정 적자를 메꿀 수 있을 정도의 사회보험기금을 축적하고 있어야 한다. 이와 함께 복지급여에서 세대 간 형평성을 확보해야 한다. 특히, 공적 연금에서 세대 간 형평성을 고려하여 연금 금액을 적절하게 결정해야 한다. 연금액 수준을 정할 때 공적 연금에 대한 재정적 · 사회적 지속가능성을 염두에 두어야 한다. 세대 간 형평성을 높이기 위해 연금액, 기대수명, 연금보험료 최소 납입 기간 등을 종합적으로 고려하여 연금 개시 연령을 올리는 것도 방안이 될 수 있다.

5) 근로동기에 미치는 영향

복지급여는 개인의 근로동기에 미치는 부정적 영향을 최소화할 수 있도록 적정하게 결정되어야 한다. 자산조사급여와 사회보험급여가 지나치게 높은 경우에 근로동기에 부정적 영향을 미칠 수 있다. 특히, 소득과 재산을 조사하여 기준급여액보다 낮은 사람을 수급자로 선정하는 자산조사급여는 근로 및 저축 동기에 부정적 영향을 미칠 수 있다. 공공부조에서 근로능력이 있는 수급자에게 기준급여액(최저생계비 또는 기준중위소득 대비 일정 비율 금액)과 가구소득 간의 차액만큼을 제공하는 보충급여 방식을 택한 경우 근로동기 저하를 피할 수 없다. 수급자가 추가로 일을 해서 근로소득을 더 올린다고 해도 생계급여액이 그만큼 줄어든다면 가구의 처분가능소득은 변화가 없기 때문이다. 가구소득이 기준급여액에서 약간 미달하는 경우 공공부조 수급자는 일을 더 해 가구소득이 증가하면 수급자에서 탈락할 수 있기 때문에 추가 근로를 기피할 수도 있다. 따라서 공공부조의 생계급여 수준을 정할 때 근로동기를 저해하지 않게 기준급여액을 최저임금보다 낮게 정해야 하며, 추가 근로로 발생한 근로

소득 증가액을 일부 공제해 주는 근로유인 조치를 통해 가구의 실질소득이 증가하도록 해야 한다. 한편, 사회보험급여들 중에서도 근로자에게 지급하는 실업급여와 상병수당은 급여액이 높거나 수급기간이 길다면 근로자의 근로동기에 부정적 영향을 미칠 수 있다.

위에서 사회보장제도의 공공부조와 사회보험을 통해 제공되는 복지급여는 최저생활보장, 소득유지, 보험적격성, 세대 간 형평성, 근로동기에 미치는 영향 등을 고려하여 급여액이 적정하게 결정되어야 한다는 것을 살펴보았다. 그런데 이들 중에서 최저생활보장과 근로동기에 미치는 부정적 영향은 서로 상쇄관계에 놓일 수 있다. 예컨대, 근로동기에 미치는 부정적 영향을 최소화하기 위하여 공공부조의 생계급여액을 낮추거나 실업급여의 기간을 단축하는 경우 최저생활보장을 달성하기 어렵다. 그러므로 최저생활보장을 통해 모든 국민의 사회권을 보장하기 위해서 복지급여가 근로동기에 미치는 어느 정도의 부정적 영향은 사회적으로 수용되어야 한다.

1 Titmuss, R. M.(1958). *Essays on The welfare State*. London: Allen and Unwin.

2 Wilensky, H. and C. Lebeaux(1958). *Industrial Society and Social Welfare*. New York: Russell Sage Foundation.

3 Titmuss, R. M.(1958). *Op. cit.*

4 Esping-Andersen, G.(1990). *The Three Worlds of Welfare Capitalism*. Cambridge: Polity Press.

10

복지전달체계

1 — 복지전달체계와 복지 공급자

1) 복지전달체계의 구성

사회복지 영역에서 수급자(who)와 급여(what)가 정해지고 나면, “누가 수급자를 선정해서 급여를 제공할 것인가(how)?”를 결정해야 한다. 수급자 자격과 급여 조건이 복지 대상자의 급여 수급에 영향을 미친다는 것은 두말할 나위 없다. 이와 함께, 복지 제공자가 적절한 급여신청 절차를 통해 수급자를 선정하고 급여를 제공하는지에 따라 복지 대상자의 급여 수급에서 차이를 보인다. 예컨대, 2010년 한 해 동안 영국의 사회보장제도에서 복지 대상자의 수급률(take-up rate)을 조사한 결과를 보면, 자산조사급여의 수급률이 65~80% 수준으로 낮게 나타났다. 자산조사급여를 신청해야 할 복지 대상자 중 상당수가 신청을 기피한 것은 복지전달체계(welfare delivery system)의 접근성이 떨어지기 때문이라고 지적되었다.[1] 한편, 수급자 또는 공급자가 의도적으로 부정을 저질러 이득을 취하는 수급자 기망과 공급자의 부패로 인한 부정수급은 복지예산의 낭비를 초래하고 사회보장제도에 대한 사회적 신뢰를 떨어뜨리기도 한다. 한국보건사회연구원이 발표한 사회보장급여 부정수급 실태를 보면, 2019년 기준 198개 사업의 예산집행액 총액이 약 96조 2,828억 원이며, 환수결정액은 약 944억 원인데, 이 중 부정수급 규모는 약 292억 원으로 환수결정액의 약 31%, 예산집행액 총액 대비 0.03% 수준을 차지하였다.[2] 사회복지 수급 대상자들에게 급여를 효과적으로 제공하기 위해서 수급률을 높이고 부정수급을 막을 수 있는 복지전달체계를 구축해야 한다.

그런데 앞 장에서 살펴본 것처럼, 사회보장 영역에 따라 수급자격 기준이 다를 뿐 아니라, 급여 유형도 현금, 물품 및 서비스, 바우처, 기회 제공 등 다양한 형태를 취한다. 사회보장의 영역도 사회권에 대한 사회적 요구가 커지면서 지속적으로 확대되어 왔다. 전통적인 사회위험에 대처하기 위한 소득보장제도와 사회취약집단을 위한 선별적 사회복지서비스뿐만 아니라 의료, 교육, 고용, 주거, 문화 등의 영역에서 국가가 일반 국민에게 보편적 사회서비스를 제공하고 있다. 〈표 10-1〉에서 보는 바와 같이, 오늘날 복지국가는 소득보장, 사회복지서비스, 보건 · 의료, 교육, 고용, 주거 등의 사회보장 영역에서 수급자에게 복지급여를 제공하기 위해 다양한 복지 제공자들이 참여하여 복지전달체계를 구축해 왔다.

〈표 10-1〉을 보면, 소득보장을 위한 사회보험은 사회보험 가입 대상자의 역선택(adverse selection)을 막고 위험 분담(risk pooling) 범위를 가능한 최대화하기 위해 강제 가입시키고, 중앙정부가 공공기관을 설치하여 사회보험료 부과 · 징수와 급여 제공 업무를 위임한다. 그러나 연방국가인 미국에서 산재보험을 중앙정부가 아닌 주정부 차원에서 시행하는 경우도 있다. 공공부조는 전국적으로 동일 사업을 시행하고 소득재분배를 위해 중앙정부가 조세를 재원으로 사업을 추진한다. 일반적으로 중앙정부와 지방정부가 공공부조 재원을 공동으로 분담하며, 지방정부는 중앙정부의 행정지침에 따라 수급자를 선발하고 급여를 제공한다. 최근 공공부조에서 근로능력이 있는 수급자의 자립과 활성화를 위해 지방정부가 고용서비스 제공을 민간기관에 위탁하기도 한다. 따라서 소득보장 전달체계는 [그림 10-1]에서 보는 바와 같이, 중앙정부, 지방정부, 공공기관은 사회보험과 공공부조를 운영하여 수급자에게 현금급여를 지원하는 제공자 역할을 담당하고, 시민은 세금과 사회보험료를 납부하는 납세자이며 동시에 현금급여를 받는 수급자이기도 하다.

표 10-1 사회보장 영역과 복지 공급자 현황

사회보장 영역		수급자 특성	급여 유형	복지 공급자
소득보장	사회보험	• 사회보험 가입자 • 사회적 위험 발생	• 현금급여	• 중앙정부, 지방정부 • 공공기관
	공공부조	• 빈곤 가구	• 현금급여 • 서비스	• 중앙정부, 지방정부 • 민간기관(영리/비영리 조직, 이웃)
사회복지서비스	아동	• 빈곤 아동 • 일반 아동	• 현금급여 • 보육서비스	• 중앙정부, 지방정부 • 공공기관 • 민간기관(영리/비영리 조직, 가족)
	노인	• 빈곤 노인 • 장기요양 노인 • 일반 노인	• 현금급여 • 요양서비스 • 돌봄서비스	• 중앙정부, 지방정부 • 공공기관 • 민간기관(영리/비영리 조직, 가족)
	여성	• 한부모 여성 • 일반 여성	• 현금급여 • 서비스	• 중앙정부, 지방정부 • 공공기관 • 민간기관(영리/비영리 조직, 가족)
	장애인	• 빈곤 장애인 • 일반 장애인	• 현금급여 • 서비스	• 중앙정부, 지방정부 • 공공기관 • 민간기관(영리/비영리 조직, 가족)
	청소년	• 빈곤 청소년 • 일반 청소년	• 현금급여 • 서비스	• 중앙정부, 지방정부 • 공공기관 • 민간기관(영리/비영리 조직, 가족)
보건 · 의료		• 국민 • 의료보험 가입자	• 의료서비스	• 중앙정부, 지방정부 • 공공기관 • 민간기관(영리/비영리 조직)
교육		• 초 · 중 · 고 학생	• 교육서비스	• 중앙정부, 지방정부 • 공공기관 • 민간기관(영리/비영리 조직)
고용		• 실직자 • 구직자	• 고용서비스	• 중앙정부, 지방정부 • 공공기관 • 민간기관(영리/비영리 조직)
주거		• 국가유공자 • 빈곤 가구	• 주택 및 서비스	• 중앙정부, 지방정부 • 공공기관 • 민간기관(영리/비영리 조직)

그림 10-1 소득보장 전달체계의 구성

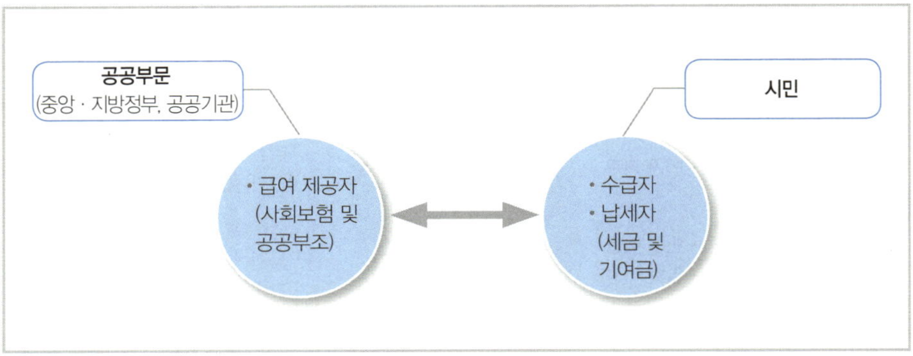

한편, 사회복지서비스와 보건 · 의료, 교육, 고용 등의 영역에서는 대인서비스를 제공한다. 그런데 국가가 사회복지서비스를 제공하기 이전부터 이미 민간부문(영리 · 비영리 조직/가족, 이웃)이 복지서비스를 제공해 왔고, 대다수 개인은 영리를 추구하는 민간기관을 통해 서비스를 제공받고 그 비용을 부담해 왔다. 국가가 사회복지서비스를 제공한 이후에도 민간기관은 지속적으로 서비스를 제공해 왔다. 따라서 국가가 사회복지서비스를 제공하고자 하는 경우, 다양한 선택이 가능할 수 있다. 국가가 무상으로 서비스를 제공하거나, 아니면 민간기관의 서비스를 이용하도록 요금을 지원하거나 바우처를 제공할 수 있다. 또는 서비스를 정부가 직접 제공하는 대신에 민간기관에 위탁하고 서비스 제공 비용을 부담하거나 민간기관의 사회서비스 제공에 대하여 보조금을 지원할 수도 있다. 위에서 열거한 방식 중 어느 것을 선택해도 서비스의 질을 적정 수준으로 유지하기 위해 국가는 서비스 제공기관을 규제하여야 한다.

따라서 [그림 10-2]에서 볼 수 있는 것처럼, 사회복지서비스 전달체계는 서비스 공급자인 공공부문과 민간부문, 그리고 서비스 이용자인 시민으로 구성되어 있다. 중앙정부, 지방정부, 공공기관을 포함한 공공부문은 사회복지서비스 전달체계에서 사회서비스 제공자, 사회서비스 위탁자, 민간부문 재정지원자, 규제자 역할을 담당한다. 그리고 영리 · 비영리 조직, 가족, 이웃을 포함한 민간부문은 서비스 제공자 또는 사회서비스 수탁제공자 역할을 담당한다. 사회복지서비스 전달체계에서 시민은 공공부문 또는 민간부문이 제공하는 사회서비스를 이용하고 서비스 비용을 부담하는데, 서비스 비용부담 방식에 따라 사회서비스 수급권자(무상), 사회서비스 이용자(본인부담금, 바우처), 민간서비스 구매자(본인 부담) 역할을 한다.

그림 10-2 사회복지서비스 전달체계의 구성

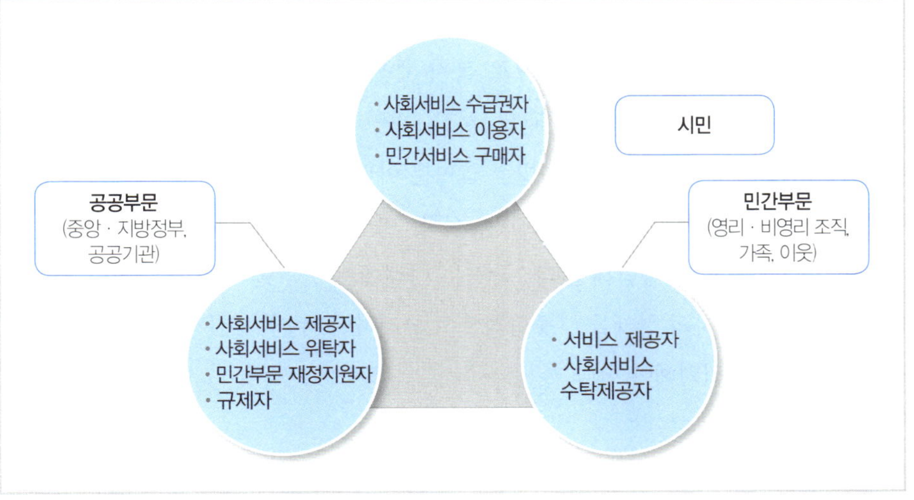

위에서 살펴본 바와 같이, 사회보장 영역에 따라 수급 대상자에게 급여를 효과적으로 제공하기 위하여 다양한 복지 제공자들이 참여하고 있다. 복지 제공자들은 급여 제공에 적합한 조직구조를 확립하고 다른 복지 제공자들과 연결망을 구성하여 수급자에게 급여를 제공한다. 사회보장 영역에서 공공부문 또는 민간부문에서 활동하는 복지 제공자들과 수급자를 연결시키는 조직적 배열을 사회보장 전달체계라고 한다. 그리고 사회보장 영역에 따라 소득보장 전달체계, 사회복지서비스 전달체계, 사회서비스 전달체계 등의 용어가 사용된다. 이들 중에서 소득보장 전달체계는 앞서 살펴본 바와 같이 비교적 단순한 구조를 지닌다. 하지만, 사회복지서비스 · 사회서비스 전달체계는 훨씬 더 복잡하며, 복지 제공자와 수급자를 연결하는 전달체계가 지역사회를 단위로 구축된다. 이 때문에 길버트와 테렐(N. Gilbert and P. Terrell)은 복지전달체계에 관한 논의를 지역사회의 사회복지서비스 전달체계를 중심으로 진행하였다.[3] 이들은 사회복지서비스 전달체계란 지역사회에서 서비스 제공자들 간의 상호 연결망과 서비스 제공자와 수급자를 연결하는 조직체계라고 보았다. '구슬이 서

말이라도 꿰어야 보배'라는 속담처럼, 복지전달체계가 적절하게 구성되어야 수급자에게 급여를 효과적으로 제공할 수 있다.

2) 사회복지 제공자의 선택 조건

복지급여를 수급 대상자들에게 계획대로 제공하기 위해서는 먼저 복지 제공자를 적절하게 선택하여야 한다. 일반적으로 복지 제공자는 앞의 1장에서 다룬 복지혼합(welfare mix) 논의에 기초할 때, 국가, 시장, 비영리조직, 가족, 기업 등을 꼽는다. 복지국가의 발전과 함께 국가가 선별적 급여뿐 아니라 보편적 급여를 제공하면서 사회복지에서 핵심적인 역할을 해 왔지만, 시장, 비영리조직, 가족, 기업 등도 사회복지 제공자로서 역할을 담당해 왔다. 국가는 아래에서 살펴볼 재화와 서비스의 특성과 함께 복지 제공자의 한계들을 종합적으로 고려하여 '누가' 수급자에게 복지급여를 제공할 것인지를 선택해야 한다.

가. 재화와 서비스 특성

도얄과 고프(L. Doyal and I. Gough)의 욕구 이론에 따르면, 인간다운 생활을 영위하기 위해서는 기본욕구(basic needs)인 신체적 건강과 자율성이 실현되어야 하며, 이를 위해 중간욕구(intermediate needs)들 — 영양 있는 음식과 깨끗한 물, 적정 주거, 안전한 작업환경, 안전한 물리환경, 적정 보건의료, 아동기 보호, 가족관계, 치안 및 방범, 경제적 안정, 안전한 출산과 육아, 기본교육 — 이 최소 최적수준(minopt level)에서 충족되어야 한다.[4] 그런데 중간욕구를 실현하기 위해 필요한 재화와 서비스를 보면, 식료품, 주택, 의료 등과 같이 시장에서 거래될 수 있는 것들이 있지만, 안전한 작업환경, 안전한 물리적 환경, 아동기 보호, 가족관계, 범죄 및 국가폭력으로부터 보호, 경제적 안정, 기본교육 등과 같이 시장에서 거래될 수 없는 것들도 있다. 그러므로 재화와 서비스의 특성에 따라 사회복지 제공자가 제한될 수밖에 없다.

첫째, 치안 및 방범, 안전한 물리환경 등과 같이 공공재(public goods) 성격을 지닌 재화와 서비스는 국가가 제공해야 한다. 공공재는 소비에서 비배제성(non-exclusivity, 비용을 부담하지 않아도 소비에서 배제할 수 없음)과 비경합성(non-rivalry, 다른 사람이 소비하여도 자기의 소비에 아무런 지장을 받지 않음)의 특징을 지닌다. 이 때문에 소비자들이 공공재 생산에 드는 비용을 부담하지 않으면서 소비에 참여하려는 무임승차자(free-rider)문제를 초래할 수 있다. 따라서 공공재 특성을 지닌 재화와 서비스의 공급을 시장에 맡기면 사회적으로 필요한 양만큼 공급될 수 없기 때문에 정부가 직접 생산, 공급하게 된다.

둘째, 기본교육, 적정 보건의료, 적정 주거 등과 같이 가치재(merit goods) 특성을 지닌 재화와 서비스는 국가가 제공해야 한다. 머스그레이브(R. A. Musgrave)에 따르면, 기본교육, 학교급식, 의료 등에 대한 소비를 개인의 자유로운 선택에 맡기는 것이 바람직하지 않고 정부가 소비를 조장하거나 강제할 필요가 있는데, 이러한 특성을 지닌 재화와 서비스를 가치재라고 하였다. 국가가 가치재를 제공하는 것은 사회구성원 누구나 가치재를 소비하도록 함으로써 장기적으로 개인의 자유로운 합리적 선택을 가능케 하고, 사회구성원으로 상호 의존관계를 강화하고, 사회경제체제 유지에 도움이 되기 때문이다. 일반적으로 가치재는 현금급여가 아니라 사회적 합의가 보다 용이한 현물급여 형태를 취한다.

셋째, 보건의료와 같이 서비스에 관한 정보를 공급자가 독점하고 소비자는 정보가 제한된, 즉 정보의 비대칭성을 지닌 재화와 서비스는 국가가 서비스를 규제하거나 공급자로 참여해야 한다. 예를 들어, 누가 노인을 위한 의료서비스를 제공하는 것이 바람직할지 생각해 보자. 일반적으로 환자는 의료서비스의 적정 수준과 서비스의 가격 및 질에 대한 구체적 정보를 알지 못하며, 공급자인 의사가 의료서비스를 일방적으로 결정한다. 영리를 추구하는 민간의료기관이 시장체계에서 의료서비스를 제공한다면 의료비가 상승하여 의료서비스를 이용하기 어려운 사람들이 증가할 것이다. 이와 반대로, 영국의 국가의료서비스(NHS)와 같이 국가가 공공의료기관을 통해 의료서비스를 무상으로 제공하면 문제가 없을까? 영국 정부는 국가의료서비스의 효율적 운영을 위해 다양한 방식으로 공공의료기관을 관리하지만, 환자의 과잉 의료수요로 진료 대기기간이 길어지고, 환자의 선택 기회가 제한되며, 운영 효율성이 떨어진다고 비판을 받는다. 그렇다면, 공공병원과 민간병원이 나란히 의료서비스를 제공하고, 서비스 비용을 정부가 통제하는 방안은 어떨까? 한국은 전체 의료기관의 90% 정도가 민간병원이며, 국가가 건강보험당연지정제와 의료수가제를 통해 모든 의료기관이 제공하는 의료서비스를 통제하고, 환자에게 본인부담금을 부과하여 불필요한 의료수요를 억제하고 있다. 하지만, 공급자인 의사가 의료서비스를 결정하고 비급여 서비스를 확대하기 때문에 의료비 증가를 통제하기 어렵고, 필요한 의료서비스를 받지 못하는 사람들이 늘고 있다. 모든 국민이 적정 의료서비스를 향유하기 위해서는 공익을 추구하는 공공의료기관이 전체 의료기관 중에서 적정 비율을 차지해야 한다.

넷째, 소득 상실의 사회적 위험으로부터 근로자를 보호하기 위한 사회보험은 개인의 역선택을 막고 위험 분담의 범위를 최대화하기 위해 국가가 강제적으로 시행하여야 한다. 복지국가는 산재, 실직, 질병, 퇴직 등으로부터 근로자 본인과 그 가족을 보호하고 소득을 재분배하기 위해 사회보험을 시행한다. 사회보험에서 제공하는 복지급여가 사회적 위험에 대처하기에 부족하다고 생각하는 사람은 민간보험을 통해 추가적인 보장 수단을 준비한다.

다섯째, 식료품과 주택은 다수의 공급자가 존재하는 시장에서 소비자 개인이 선호에 따라 구입할 때 효용을 극대화할 수 있다. 그런데 개인의 사정으로 시장에서 자유롭게 구입할 수 없는 경우라면, 누군가 재화와 서비스를 대신 구입해 주어야 한다. 예를 들어, 노인을 위한 식료품을 누가 공급할지 생각해 보자. 전쟁, 천재지변 등의 비상사태가 아니라면, 식료품을 국가가 직접 공급해야 한다고 생각하는 사람은 없을 것이다. 식료품을 판매하는 다수의 공급자가 시장에 존재하는 상황에서 노인이 시장에서 자신의 선호에 따라 식료품을 직접 구입하는 것이 가장 효율적이다. 그러나 거동이 불편하고 빈곤한 독거노인이라면, 누군가 식료품을 대신 구입해 주어야 한다. 이 일을 대신할 수 있는 누군가는 이웃, 비영리조직, 국가(공무원) 등을 꼽을 수 있다. 만약, 이웃과 비영리조직이 대신한다면, 식료품 비용을 누가 부담할지 정해야 한다. 또는, 국가가 독거노인을 위해 식료품을 제공한다면, 지역의 사회복지 담당 공무원이 직접 제공하거나 또는 비영리조직과 위탁계약을 체결하여 식료품을 공급하게 하고 그 비용을 정부가 부담할 수도 있다. 이처럼 시장을 통해 재화와 서비스를 효율적으로 제공할 수 있는 경우라고 할지라도, 개인의 특수 사정을 고려하여 국가 또는 비영리조직 등이 공급자 역할을 수행하기도 한다.

나. 복지 제공자의 한계

복지 제공자인 시장, 국가, 비영리조직은 각각의 한계 때문에 복지 제공자로 적절하지 않다는 비판을 받고 있다. 이에 대한 논의는 시장실패, 정부실패, 비영리조직 실패를 통해 이루어지고 있다.

시장실패

대다수 사회구성원은 인간다운 생활을 위해 필요한 재화와 서비스를 시장을 통해 구매한다. 고전경제학의 창시자인 애덤 스미스(A. Smith)는 인간의 욕구를 충족하기에 가장 효율적인 경제조직은 다수의 사람들 사이에서 자기이익(self-interest)을 추구하기 위해 자유로운 거래가 이루어지는 시장이라고 보았다. 그가 「국부론」에서 시장 작동의 원동력이 인간의 이기심에 있다고 기술한 내용은 너무도 유명하다.

> *"우리가 저녁 식사를 기대할 수 있는 것은 정육점, 양조장, 빵집 주인의 자비심(benevolence) 덕분이 아니라 그들이 자기이익(own interest)에 관심이 있기 때문이다. 우리는 그들의 인간애(humanity)가 아니라 자기애(self-love)에 호소하며, 그들에게 우리의 필요(necessities)가 아니라 그들의 이익(advantages)을 말할 뿐이다."*

시장에서 다수의 생산자와 소비자가 자기이익을 추구하기 위한 자유로운 거래 활동이 사회적으로 가장 효율적인 자원배분을 가져올 수 있는 것은 '보이지 않는 손(invisible hand)'이 작동하기 때문이라고 하였다. 경제학자들은 스미스의 주장에 기초하여 시장에서 다수의 생산자와 소비자가 존재하고, 생산자와 소비자 모두가 재화와 서비스에 대한 완전한 정보를 지닌 완전경쟁시장 조건이 충족된다면, 시장은 개인의 욕구를 충족시킬 수 있는 가장 효율적인 조직이라고 하였다. 그런데 완전경쟁시장 조건은 현실이 아닌 이상적 가정이다. 시장에서 독점 또는 과점 기업이 존재하여 자유로운 완전경쟁시장이 존재하지 않고 불완전경쟁시장을 구성하는 재화와 서비스가 많다. 생산자와 소비자가 재화와 서비스에 대해 지닌 정보가 동등하지 않은 경우도 허다하다. 그리고 공공재 성격을 지닌 재화와 서비스는 시장에서 사회적으로 필요한 양만큼 공급될 수 없다. 외부성(externality)을 지닌 재화와 서비스는 개별 경제단위

(공급자 또는 소비자)의 경제활동이 가격체계에 반영되지 않기 때문에 자원의 효율적 배분을 가져올 수 없다. 경제학 이론에서는 시장이 지닌 이러한 한계들로 인해 '보이지 않는 손'이 제대로 작동하지 않고 자원의 효율적 배분이 이루어지지 않는 상황을 시장실패(market failure)라고 부르며, 시장실패에 대처하기 위해 '보이는 손'인 정부의 개입이 필요하다고 보았다.

그런데 완전경쟁시장 조건이 충족되어 자원의 효율적 배분이 이루어진다고 해도 시장을 통한 자원배분의 결과가 반드시 공정하다고 할 수 없다. 예를 들어, 기업은 시장에서 경쟁력을 확보하고 더 많은 수익을 위해 기술 개발과 생산 공정의 혁신에 몰두하기보다 임금을 낮추는 손쉬운 선택을 할 수 있다. 이 경우, 근로자들이 생활급에도 못 미치는 낮은 임금을 받을 수 있기 때문에 정부는 최저임금제를 통해 기업의 임금 수준을 규제한다. 사실, 자유시장에서 자원배분의 결과는 본질적으로 사회구성원들 간에 불평등하며, 소비자는 지불능력이 없으면 시장에서 재화와 서비스를 구입할 수 없다. 자유시장이 낳은 소득의 불평등과 빈곤은 사회구성원들의 인간다운 삶을 위협하는 대표적인 사회문제이다. 국가는 소득의 불평등과 빈곤에 대처하기 위해 조세와 사회보장제도를 통해 소득재분배를 추진한다.

정부실패

근대 대의제 국가에서 집단적 의사결정의 일반 원리인 다수결 원리(majority rule)의 한계와 대의제(representative system)의 대의 실패는 정부가 공익을 추구하는 데 실패할 수 있다는 것을 뒷받침해 왔다. 그런데 1970년대 초반 이후 서구 복지국가에서는 신자유주의 경제학자들을 중심으로 정부실패(government failure)라는 용어를 사용하며 복지국가의 실패를 주장하는 목소리가 높아졌다. 국가가 제공하는 과도한 복지급여가 근로능력이 있는 빈민과 실업자의 근로의욕을 떨어뜨리고 일을 통한 자립의 길을 막아서 결국 이들이 복지급여에 의존하며 빈곤 상태에 머물게 할 뿐이라고 비판하였다. 이들은 복지국가가 가져온 실업의 덫, 의존의 덫, 빈곤의 덫을 없애는 방안은 복지국가의 축소에 있다고 주장하였다.

이와 함께, 정부 관료제의 규모가 커지고 시장 개입이 늘어나면서 공공선택론(public choice theory)을 주장하는 학자들을 중심으로 행정국가의 문제들이 지적되었다. 국민이 직접 선출하지 않은 공무원들로 구성된 정부 관료제가 국가의 주요 경제 · 사회정책을 결정함에 따라 민주성을 침해한다고 보았다. 정부 관료제는 성과목표가 불명확한 공공서비스를 경쟁 없이 공급하기 때문에 비용 절감의 동기가 미약하고, 오히려 소속 기관의 권한을 강화하기 위해 예산 극대화를 추구하는 관료 행태를 보인다고 비판하였다. 민간기업과 비교하여 공공기관은 경쟁이 없으므로 X-비효율성(X-inefficiency)이 더 크게 나타난다는 것이다.[5] 더구나 정부예산을 결정하고 공공서비스의 사회공헌도를 평가하는 주체가 의회라는 데 심각성이 더하다고 보았다. 정부와 의회의 관계에서 주인인 의회가 대리인인 정부 관료제에 대해 정보의 비대칭성을 지니기 때문에 정부 활동을 감독하고 비효율을 줄이는 데 근본적인 한계를 지닐 수밖에 없고, 그 결과 정부 관료제의 기관손실(agent loss)이 클 수밖에 없다고 비판하였다.[6]

위에서 살펴본 정부실패 주장이 반영되어 정부 관료제의 개혁 방안으로 등장한 것이 신공공관리(new public management)이다. 1980년대 영국과 미국을 중심으로 발전된 신공공관리는 공공서비스를 제공하는 공공기관에서 시장주의와 신관리주의의 도입을 주장하였다. 시장주의는 정부의 독점적 공공서비스에 경쟁원리와 고객 선택권을 최대한 적용하여 행정의 대응성을 높여야 한다고 보았다. 신관리주의는 공공부문의 인사 및 예산에서 내부통제를 대폭 완화하여 관리자에게 재량권을 부여하고, 관리자가 성과향상의 책임을 지는 기업가적 정부를 실현하도록 행정운영 방식을 개선해야 한다는 것이다. 신공공관리는 행정 개혁이라는 명목으로 민영화와 민간위탁, 성과관리, 고객중심의 시민헌장제도, 종합품질경영(TQM), 인센티브 보수체계 등을 주장하였다.

그러나 신공공관리는 시장의 경쟁원리와 민간기업의 관리기법을 지나치게 이상화하는 반면, 정부 관료제의 활동을 지나치게 과소평가하는 문제를 안고 있다. 효율성을 가장 우선적 가치로 추구하는 시장과 달리 정부는 효율성뿐만 아니라 공공성, 평등성, 형평성, 민주성 등의 가치를 추구하여야 한다.

비영리조직 실패

비영리조직은 활동 성격에 따라 서비스형(service-oriented)과 보이스형(voiceoriented) 조직으로 분류할 수 있다. 서비스형 조직은 복지, 교육 · 연구, 예술 및 문화, 건강 및 보건, 상담 등의 분야에서 유·무형의 서비스를 제공하는 조직이라면, 보이스형 조직은 소외계층 권익옹호, 여성 · 인권 · 환경 · 소비자 권리보호 등을 위한 활동, 정치개혁 · 경제정의를 위한 사회운동, 정부 정책과 입법 활동에 대한 감시 및 비판 등의 활동을 수행한다. 사회복지 영역으로 한정해서 살펴보면, 비영리조직은 서비스형 조직이 대다수를 차지해 왔으며, 시민사회의 성장과 함께 사회취약집단의 권익을 옹호하기 위한 보이스형 조직들이 증가하는 추세를 보였다.

비영리조직은 개인의 자발적 참여를 통해 운영되기 때문에 시민사회에서 사회적 의무감을 높이고 사회자본(social capital)을 강화하는 데 기여할 수 있다. 그러나 설러먼(Lester M. Salamon)은 사회복지 제공과정에서 발생할 수 있는 비영리조직 실패를 간과해서는 안 된다고 강조하였다.[7] 그는 비영리조직의 실패를 네 가지 측면에서 지적한다.

첫째, 비영리조직은 사회복지를 위해 필요한 자원을 안정적으로 동원할 수 없다. 비영리조직은 개인의 자발적 기부금을 통해 운영되기 때문에 자원을 안정적으로 확보하기 어렵다. 자발적 기부금이 아니라 세금과 사회보험료와 같은 강제적 기여금만이 사회복지를 위한 재원의 충분성과 지속성을 확보할 수 있다. 비영리조직에 대한 기부활동이 경제 상황과 밀접히 연관되기 때문에 사회적 위험이 심각한 경제침체기에 오히려 기부금이 감소할 수 있다. 그리고 비영리조직이 지역에 따라, 특히 도시지역에 편중되기 때문에 수요가 많은 지역에서 오히려 자원을 활용할 수 없는 문제가 발생하기도 한다. 결국, 비영리조직은 지역사회의 필요에 부합하는 충분한 자원을 안정적으로 제공하지 못한다.

둘째, 비영리조직은 전체 사회구성원들 중에서 일부 특정 집단만을 대상으로 삼는 특수주의를 지향한다. 특수주의에 기초하여 인종, 종교, 이웃, 이익집단 등을 기준으로 특정 집단을 대상으로 서비스를 제공하는 방식은 비영리조직의 장점이 될 수 있다. 하지만, 특수주의는 인간욕구를 충족하기 위한 지역사회의 대응을 조직하는 데 한계를 지닌다. 특수주의를 지향하는 비영리조직은 지역사회에서 도움이 필요한 사람들을 차별적으로 대응하기 때문이다. 일반적으로 비영리조직은 도와야 할 가난한 사람(deserving poor)만을 돌보고, 나머지 사람들에 대해서는 도움의 손길을 뻗치지 않는 경향이 있다. 또, 특정 집단을 보호하기 위해 유사한 성격의 비영리조직들이 설립되어 서비스의 중복을 초래하고 자원을 효율적으로 활용하지 못할 수 있다.

셋째, 비영리조직은 운영과정에서 지역사회의 문제 정의와 자원 배분이 몇몇 사람들에 의해 이루어져 자선적 가부장주의(philanthropic paternalism)를 지닐 수 있다. 몇몇 자산가들이 출연한 기금을 통해 운영되는 비영리조직에서는 소수의 손에 의해 기금이 통제되고 서비스 분야와 자원 배분이 결정되기도 한다. 하지만, 이들이 출연한 기부금에 대해 정부가 세액공제 혜택을 제공하기 때문에 공적 책임이 있는 비영리조직에서 소수의 자산가에 의한 가부장주의는 사회적으로 바람직하지 않다. 자선적 가부장주의가 만연한 비영리조직은 비민주적으로 조직이 운영되고 서비스 수혜자들이 자원 배분에서 자신들의 의사를 표출하지 못하고 의존성을 키운다. 이 같은 비영리조직이 제공하는 서비스는 수급자의 권리가 아니라 자선 차원에서 제공될 뿐이다.

넷째, 비영리조직은 사회문제 대응 과정에서 자선적 아마추어리즘(philanthropic amateurism)의 문제를 안고 있다. 서구 복지국가가 성립되기 이전 자선활동을 수행하였던 비영리조직은 빈곤은 가난한 사람의 부도덕적 행동에서 비롯되었다고 보았다. 비영리조직들은 가난한 사람, 정신 이상자, 미혼모 등에 대해 의학적 도움이나 직업훈련이 필요하다고 보지 않았고, 도덕적 설득과 종교적 가르침을 우선시하는 도덕주의적 접근을 따랐다. 그 후 복지국가의 발전과 사회복지학과 심리학의 영향으로 비영리조직에서 도덕주의적 접근을 대신해서 사회사업가와 상담자에 의한 전문적 치료가 도입되었다. 하지만, 비영리조직은 재정적 어려움으로 인해 자원봉사자의 활동을 강조하고 직원에게 적정 임금을 지급하지 못하는 경우가 많아 전문가들이 비영리조직 근무를 기피하여 아마추어리즘 문제가 더 심각하게 나타나게 되었다. 비영리조직에서 자선적 아마추어리즘은 서비스의 전문성을 약화시키는 문제를 안고 있다.

결국, 비영리조직은 사회복지 제공과정에서 지닌 장점에도 불구하고 현대 사회가 안고 있는 사회문제를 효과적으로 해결하는 데 한계를 지닌다. 비영리조직은 사회복지를 위해 필요한 자원을 충분하게 안정적으로 동원할 수 없으며, 서비스 대상에서 특정주의의 한계를 지니고, 조직 운영에서 자선적 가부장주의와 아마추어리즘의 한계를 안고 있다. 비영리조직이 지닌 한계들은 국가에 의한 사회복지 활동을 통해 보완될 수 있다. 국가는 비영리조직이 복지자원을 안정적으로 확보하고, 수급자의 참여를 통해 가부장주의를 완화하며, 서비스의 질을 유지하도록 지원할 수 있다. 비영리조직은 자발적으로 사회서비스 제공과정에서 중요한 역할을 담당해 왔으며, 최근 사회서비스의 민간위탁 방식 증가에 맞춰 사회복지에서 서비스 제공자의 역할이 더 커지고 있다. 사회복지 제공과정에서 국가와 비영리조직은 상호 협력과 파트너십이 점점 더 중요해지고 있다.

2 — 사회복지서비스 전달체계 구성

1) 사회복지서비스 특성

사회복지서비스 전달체계는 수급자에게 현물급여인 서비스를 제공한다. 이 책에서 사회복지서비스는 〈표 10-1〉의 사회보장 영역에서 아동, 노인, 가족, 여성, 장애인, 청소년 등 특정 인구학적 집단을 대상으로 제공하는 사회복지서비스를 말한다. 그런데, 보건 · 의료, 교육, 고용, 주거 등의 영역에서도 사회복지서비스와 마찬가지로 서비스를 제공한다. 따라서 사회복지서비스와 보건 · 의료, 교육, 고용, 주거 등을 포괄하여 사회서비스라는 용어를 사용하기도 한다. 이러한 점에서 사회복지서비스 전달체계는 사회서비스 전달체계라고 바꾸어 불러도 무방하다.

일반적으로 사회복지서비스 공급자는 수급자가 지닌 욕구의 개별성과 인간 문제의 전일성을 동시에 고려하여 수급자와 대면적 상호 작용을 통해 서비스를 제공한다. 수급자는 서비스 제공과정에 참여하기 때문에 사회복지서비스는 공동생산이 요구된다. 사회복지서비스 전달체계에서 제공되는 사회복지서비스의 특성을 보다 구체적으로 살펴본다.

첫째, 사회복지서비스는 서비스 제공자와 수급자 간의 긴밀한 대면적 상호 작용을 통해 제공되기 때문에 노동집약적 특성을 지닌다. 노동집약적 서비스업의 특성상 서비스의 생산성을 올리기 위해서는 서비스의 질을 낮추거나 서비스 제공자의 노동강도를 높여야 한다. 사회복지서비스는 수급자의 개별성, 인간 문제의 전일성을 고려하기 때문에 효율성을 추구하기 위한 일반적 조직구조 원리로서 표준화와 분업화를 적용하기 어렵다. 민간부문에서, 특히 수익을 추구하는 영리조직이 생산성을 올리기 위해 서비스 제공자의 노동강도를 높이고 저임금을 지급하는 사례가 종종 발견된다. 그러므로 정부는 최저임금제를 적용하여 민간부문에서 서비스 공급자의 임금 수준을 보호하고, 사회복지서비스를 직접 제공하여 민간기관의 서비스 수준을 견인하기도 한다. 한국에서 국·공립어린이집은 우수한 시설과 양질의 서비스 제공을 통해 민간어린이집의 보육서비스를 견인하는 역할을 담당한다.

둘째, 사회복지서비스 제공자들은 전문가와 일반인(자원봉사자)이 함께 서비스를 제공한다. 일반적으로 사회복지기관들에서 복잡한 인간 문제에 효과적으로 대응하기 위해 사회복지사, 정신보건사회복지사, 상담사, 요양보호사 등 전문가들을 채용하여 서비스를 제공한다. 그런데 사회복지서비스를 제공하는 비영리조직에서 전문성이 부족한 일반인이 서비스 제공에 참여하고, 전문가가 일반인들을 감독하는 관리자로 근무하는 기관이 많다. 이 경우, 사회복지서비스를 제공하는 과정에서 아마추어리즘 문제가 나타날 수 있기 때문에 서비스 제공자의 전문성을 높이기 위한 노력이 필요하다. 또한, 자원봉사자를 중심으로 운영되는 비영리조직에서 소수의 전문가에 의한 가부장주의 문제가 발생할 수 있다. 조직의 의사결정이 전문가들에 의해 독점되고 자원봉사자와 서비스 수급자들의 의견이 고려되지 않는 비민주적 운영이 초래될 수 있다. 사회복지서비스 전달체계에서 서비스 제공자의 전문성을 높여야 하며, 동시에 자원봉사자와 서비스 수급자들의 의견을 반영하기 위한 제도적 절차를 마련하고, 조직의 민주적 운영을 강화해 나가야 한다.

셋째, 사회복지서비스는 수급자의 인간존엄성 실현이라는 인본주의 가치를 우선적으로 추구한다. 인간을 소유와 배경에 따라 평가하는 것이 아니라 존재 그 자체로서 누구나 동등하게 소중하다는 인식이 우선되어야 한다. 사회복지서비스 제공과정에서 인본주의 가치를 추구하기 때문에 사회복지서비스는 물질중심주의 가치와 충돌할 수 있다. 또한, 사회복지서비스를 제공하는 기관들은 제한된 사회적 자원을 사용하여 서비스를 제공하기 때문에 자원의 효율적 사용이라는 조직적 요구와 사회적 책임을 무시할 수 없다. 따라서 사회복지서비스 전달체계를 구성하는 조직들은 인본주의와 효율성 가치를 조화롭게 추구해 나가야 한다.

넷째, 사회복지서비스는 수급자의 욕구 충족과 개인의 변화를 통해 서비스의 성과(outcomes)가 나타나고, 서비스의 성과를 거두기까지 장기간이 필요한 경우가 많다.

사회서비스 성과를 측정하기 어렵고 서비스가 제공된 이후 성과가 발생하기까지 시차가 존재할 수 있다. 정부가 비영리조직과 민간위탁 계약을 체결하여 사회복지서비스를 제공하는 경우, 결과중심의 성과목표를 설정하기 쉽지 않고, 성과평가를 통해 서비스 성과를 관리하기 어렵다. 이에 따라 정부와 계약을 맺고 사회복지서비스를 제공하는 민간위탁기관의 책임성을 확보하는 것이 중요한 과제로 부각된다.

다섯째, 사회복지서비스는 수급자의 욕구를 충족시키는 직접적인 효과를 지닐 뿐 아니라 다른 사회구성원들에게도 긍정적인 영향을 미친다. 스스로 인간다운 생활을 영위하기 어려운 사람들에게 사회복지서비스를 제공함으로써 이들 때문에 경험할 수 있는 부정적 외부성(negative externality)을 줄여 사회구성원의 효용을 높이는 데 기여한다. 특히, 기본교육, 무상급식, 공공의료 등과 같이 가치재 성격을 지닌 사회복지서비스의 경우, 누구나 가치재를 소비하게 함으로써 사회적 연대감을 높이고 사회적 효용을 높인다. 그러므로 국가는 사회복지서비스의 특성에 따라 보편주의 또는 선별주의를 포함한 다양한 방식으로 수급 대상을 선정하여 사회복지서비스를 제공하고 있다.

2) 사회복지서비스 전달체계의 요건

사회복지 전달체계는 동일한 사회보장 영역이라고 할지라도 국가별로 서로 다르게 구성되어 있고, 한 사회에서도 시대에 따라 변천해 왔다. 특히, 사회복지서비스 전달체계는 민영화, 민간위탁, 시장제도 도입 등이 추진되어 큰 변화를 겪어 왔다. 지역사회의 사회복지서비스 분야에서 비영리기관이 민간위탁 방식을 통해 사회서비스를 제공하면서 사회복지지서비스 전달체계는 정부중심 전달체계로부터 민·관협력 전달체계로 변모해 왔다.

지방정부의 서비스 공급자 역할이 줄어들었고, 대신에 재원 부담자, 규제자 역할이 중요해졌다. 지방정부의 역할 변화에 발맞춰 지역사회에서 사회복지서비스를 효과적으로 제공하기 위한 전달체계 구축에 대한 논의가 사회복지행정의 주요 연구주제로 부상하였다. 길버트와 테렐(N. Gilbert and P. Terrell)에 따르면, 다음에 열거한 문제들이 지역사회 사회복지서비스 전달체계 수립 시 쟁점이 되었다.[8]

i) 사회복지서비스 전달체계를 집권체제로 할까, 분권체제로 할까?
ii) 수급자에게 통합서비스를 제공할까, 단일서비스를 제공할까?
iii) 지역사회 사회복지기관들을 한곳에 모아 둘까, 분산해 둘까?
iv) 사회복지기관이 타 복지기관들과 조정하여 서비스를 제공할까, 독자적으로 제공할까?
v) 전문가가 사회복지서비스를 제공할까, 일반인 혹은 준전문가가 제공할까?
vi) 사회복지서비스 결정 권한을 전문가에게 집중시킬까, 수급자에게 이양할까?
vii) 정부가 사회복지서비스를 직접 제공할까, 민간위탁 방식으로 제공할까?

위에서 열거한 쟁점들 중 앞의 여섯은 사회복지서비스의 일관성(coherence)과 접근성(accessibility)을 높이기 위한 전달체계의 설계와 관련되어 있다면, 마지막은 사회복지서비스의 효율성을 높이기 위한 시장주의 방식 도입과 관련되어 있다. 지역사회에서 사회복지서비스 전달체계를 구축할 때, 각 국가의 정치 · 경제 · 사회 · 문화적 환경이 다르기 때문에 위에서 제시된 쟁점들에 대해 단일 해결책을 구하는 것은 적절치 않다. 일견, 지역사회의 사회복지서비스 전달체계가 집권체제를 갖추고, 수급자가 통합서비스를 한곳에서 제공받을 수 있고, 사회복지기관들 간에 조정이 이루어지고, 전문가가 서비스를 제공하며, 이용자가 서비스 결정과정에 참여하는 것이 바람직하다고 볼 수 있다. 그러나 이와 반대 의견도 적지 않다. 지방정부가 사회복지서비스 전달에 대해 전반적인 통제권을 지닌다면 서비스의 통합성을 높이는 데 유리할 수 있지만, 수급자의 참여가 어렵고 서비스의 접근성을 떨어뜨릴 수 있다. 전문가에 의한 서비스 제공은 수급자의 욕구 충족에 유리할 수 있지만, 지역주민의 자발적 참여를 막고 수급자를 대상화시키는 전문가주의 폐단이 나타날 수 있다. 서비스 결정과정에서 수급자의 참여 기회를 보장하는 것은 민주성을 강화하는 데 유리할 수 있지만, 조직의 효율성을 떨어뜨릴 수 있다. 또한, 공공기관의 비효율성을 극복하기 위한 대안으로 민간위탁 방식은 책임성에 대한 논란이 끊이지 않는다. 결국, 사회복지서비스 전달체계 구축과정에서 일반 원칙을 정립한다는 것은 거의 불가능한 것처럼 보인다.

그럼에도, 길버트와 테렐은 지역사회에서 사회복지서비스 전달체계를 구축할 때 수급자가 서비스를 효과적으로 제공받도록 세 가지 요건을 갖추어야 한다고 주장하였다. 첫째, 사회복지서비스가 통합적이고 연속적으로 제공되며, 둘째, 수급 대상자들이 사회복지서비스를 쉽게 접근할 수 있고, 셋째, 사회복지서비스 전달체계의 책임성을 확보하여야 한다. 이들이 제시한 사회복지서비스 전달체계 구성의 세 가지 요건을 쉽게 이해하기 위해 '자활사업에 참여하며, 5세 아동을 둔, 알콜 중독이 있는 한부모 실직 여성의 사례'를 들어 설명해 보자. 이 여성은 오전 8시에 아이를 어린이집에 맡긴 후 자활센터에 9시까지 출근하여 5시까지 자활근로사업에 참여하고, 그 이후에는 재활클리닉에 가서 알콜 중독 치료를 받아야 한다고 하자. 그런데 지역사회에서 어린이집, 자활센터, 재활클리닉이 서로 먼 거리에 떨어져 있고, 기관들 간에 조정이 없이 독자적인 프로그램에 따라 서비스를 제공한다면 사회복지서비스가 단편적이라는 문제를 지닌다. 또, 세 기관을 연결하는 교통편이 없고, 자활센터와 재활클리닉 간에 상호 의뢰가 이루어지지 않고, 어린이집의 방과 후 활동비가 너무 비싸 오후 5시 이후 아이를 직접 돌볼 수밖에 없어 재활클리닉을 이용할 수 없다면, 전달체계가 통합성이 결여되고 비연속적이라는 문제를 지닌다. 한부모 여성의 거주지가 자활센터로부터 너무 멀거나, 과도한 본인부담금 때문에 재활클리닉 서비스를 이용할 수 없다면, 지리적 차원과 금전적 차원에서 비접근성의 문제를 안고 있다. 그리고 열거한 문제들 때문에 사회복지서비스를 이용하지 못하고 있음에도 한부모 여성이 사회복지서비스 수급을 위해 행사할 수 있는 적절한 이의제기 수단이 없고 후속 조치가 강구되지 못한다면, 사회복지서비스 전달체계가 책임성이 없다고 할 수 있다.

이 책에서는 길버트와 테렐이 제시한 사회복지서비스 전달체계 구축 요건들에 더하여 사회복지를 위한 재정의 제한성을 고려하여 효율성을 사회복지서비스 전달체계의 요건에 추가하고자 한다. 한 가지 염두해 둘 것은 아래 논의에서 사회복지서비스 전달체계라는 용어를 주로 사용하지만, 사회보장 영역에 따라 소득보장 전달체계, 사회서비스 전달체계, 그리고 이들을 포괄하여 사회보장 전달체계 또는 사회복지 전달체계로 바꿔 사용할 수 있다.

가. 통합성 · 연속성

사회복지서비스 전달체계의 통합성(integration)과 연속성(continuity)은 수급자의 인간다운 생활을 위해 필요한 사회서비스들을 빠짐없이 제공받을 수 있어야 한다는 것을 말한다. 지역사회에서 개별 사회복지기관은 특정 서비스만을 제공하기 때문에 서비스가 단편적일 수 있고, 수급자에게 필요한 서비스임에도 이를 제공하지 못할 수 있다. 사회복지서비스 전달체계의 통합성과 연속성을 높이기 위해서는 지역사회에서 활동하는 사회복지기관들이 네트워크를 구성해 프로그램을 조율하고, 이용자 의뢰(referral)체제를 갖추고, 서비스의 중복을 피할 수 있도록 조정(coordination)이 이루어져야 한다.

사회복지기관들 간의 조정은 조직통합, 연합체 구성, 사례협력 등을 통해 추진된다. 첫째, 조직통합은 지역사회에서 활동하는 사회복지기관들을 하나의 조직으로 통합하여 사회서비스를 위한 자원 배분과 수급자 선정 및 서비스 결정 등을 신설 조직에서 담당하고, 사회복지기관들은 각각의 특화 서비스를 제공하도록 한다. 조직통합을 통해 전달체계의 통합성을 높일 수 있지만, 이질적 성격을 지닌 사회복지기관들을 하나의 신설 조직으로 통합하는 경우 조직 내 갈등이 첨예화될 수 있다. 또한 행정통합으로 수급 대상자들의 서비스 접근성이 떨어질 수도 있다. 예컨대, 지역사회에서 원-스톱 서비스센터를 설치하여 개별 사회복지기관들이 담당했었던 수급자 선발을 센터의 담당자가 결정하고 수급자를 각 기관에 배정한다면, 서비스의 통합성과 연속성을 강화할 수 있겠지만 전달체계의 접근성이 떨어질 수 있다.

둘째, 연합체(협회) 구성은 조직통합과 달리 사회복지기관들이 독자적인 행정체계를 유지하며, 조직 간 연계 및 협력을 통해 자원을 공동으로 사용하는 연합체를 설립하는 것을 말한다. 연합체에 참여하는 기관들이 시간, 자원, 의사결정 권한 등에 대한 연합체 규정을 준수하고 지속적인 자발적 협력을 도모한다. 사회복지서비스 대상자는 복합적 문제와 다양한 복지 욕구를 지니지만 사회복지기관은 세분화된 특정 서비스를 제공하기 때문에, 사회복지기관들끼리 연합체를 구성하고 수급자의 복지 욕구에 대응하여 서비스를 통합적으로 제공하는 것이 필요하다. 예를 들면, 대다수 노숙자들은 알콜 중독, 정신질환, 장애, 질병, 빈곤, 실직, 주거 등의 문제를 안고 있는데, 이들의 다양한 복지 욕구를 충족하기 위해 지역사회의 사회복지기관들이 연합체 조직인 노숙자복지센터를 설립하여 노숙자를 위한 통합서비스를 제공할 수 있다.

셋째, 사례협력은 앞서 살펴본 조직통합이나 연합체 구성과 같이 공식적 조직구조를 수립하는 것이 아니라 수급자에게 서비스를 통합적으로 제공하기 위해 사회복지 기관들이 서로 협력하는 방식이다. 사례협력의 대표적인 방식으로 사례관리(case management)를 꼽을 수 있다. 사례관리는 수급자에게 필요한 다양한 사회서비스를 통합적이며 연속적으로 제공하기 위한 방식으로 수급자와 서비스 공급자를 연계하는 사례관리자의 역할이 성패를 좌우한다. 사례관리자는 수급자와 지속적인 관계를 유지하며 서비스 계획을 세우고, 서비스에 대한 접근성을 높이고, 서비스 전달을 감독하고, 서비스의 결과와 수급자의 진척 상황을 평가하는 역할을 담당한다. 또한, 사례관리를 성공적으로 수행하기 위해 수급자를 위한 사례 옹호자 및 자원 개발자의 역할을 담당한다. 사례관리는 서비스의 통합성과 연속성을 높일 수 있는 방식으로 지역사회복지에서 각광을 받지만, 수급자에게 통합서비스를 제공함에 따라 서비스 비용이 증가할 수 있다.

나. 접근성

사회복지 전달체계에서 접근성(accessibility)은 복지 대상자가 복지 급여를 수급하는 데 장애요인이 없어야 한다는 것을 말한다. 사회복지 수급 대상자는 급여 수준이 지나치게 낮거나 수급에 따른 조건 이행에 대한 부담 때문에 수급을 기피할 수 있지만, 사회복지 전달체계의 문제로 사회복지급여에 대한 접근을 꺼릴 수 있다. 예를 들어, 사회복지기관이 수급 대상자의 거주지에서 너무 멀리 떨어져 있거나, 급여 신청 및 수급자 선정과정에서 담당자들로부터 심리적 거부감을 느끼거나, 수급자로 선정되어 서비스를 제공받으며 수치심을 느끼는 경우에 수급을 포기할 수 있다. 또한 복지급여에 관한 정보가 부족해 급여를 신청하지 못하는 것도 접근성을 떨어뜨리는 원인이 될 수 있다.

위에서 언급한 지리적 거리, 심리적 거리감, 수치심, 정보 부족 등으로 수급 대상자가 사회서비스에 접근하는 것을 꺼릴 수 있기 때문에 사회복지서비스 전달체계를 구축할 때 접근성을 높일 방안을 강구해야 한다. 먼저, 지리적 거리문제를 해결할 수 있는 궁극적 방안은 사회복지기관을 추가 건립하는 것이겠지만 재원의 한계를 고려할 때 정기적 운송 수단을 제공하거나 대중교통 노선을 정비하여 접근성을 높일 수 있다. 심리적 거리감을 줄이기 위해서는 급여신청, 자격심사 및 선발을 담당하는 직원들이 친절하게 업무를 수행하도록 고객만족도 조사를 실시하고, 만족도 조사 결과를 직원의 인사고과에 반영하는 방안을 도입할 수 있다. 다음으로 서비스 제공과정에서 발생할 수 있는 수급자의 수치심을 줄이기 위해 서비스 제공자들의 각별한 노력이 필요하다. 끝으로 사회복지 프로그램에 대한 정보 부족에 대처하기 위해 서비스 제공기관과 별개의 독립기관을 설치하여 시민들에게 사회서비스와 수급권 정보를 홍보하고, 급여신청 업무를 담당하도록 할 수 있다. 즉 전문적이며 공정한 출입문(gate-door)기능을 수행하는 전문기관을 설치하여 사회복지 서비스 전달체계의 접근성을 높일 수 있다. 그러나 급여신청기관과 서비스제공기관을 분리하는 경우, 자칫 수급 대상자들이 서비스를 받기 위해 거쳐야 하는 또 하나의 관료기관으로 급여신청기관을 인식하여 심리적 거리감이 커질 수도 있다는 점을 감안해야 한다.

한편, 사회복지서비스 수급 대상자의 서비스 접근성을 높이기 위해 서비스기관을 의도적으로 중복(purposive duplication) 설치할 수 있다. 의도적 중복은 사회복지기관을 중복적으로 설치하는 것이지만, 그 목적에 따라 경쟁을 위한 중복과 분리를 위한 중복으로 구분할 수 있다. 경쟁을 위한 중복은 기존 사회복지기관과 동일한 기능을 수행하는 사회복지기관을 추가 설립하여 지역사회의 수급 대상자를 놓고 두 기관이 서로 경쟁하도록 함으로써 서비스의 접근성을 높이는 방식이다. 반면에, 분리를 위한 중복은 기존 사회복지기관을 통해 서비스에 쉽게 접근하지 못하는 특정 집단을 위한 별도의 사회복지기관을 설립하여 이들에게 서비스를 제공하는 방식이다. 예를 들어, 지역사회에서 청소년을 대상으로 청소년복지관을 운영하는 경우, 새로운 청소년복지관을 추가로 설립하여 두 기관이 서로 경쟁하도록 하는 것이 전자의 방식이다. 반면에, 지역사회 청소년들 중 탈북 청소년들의 서비스 접근성을 높이기 위해 별개의 탈북청소년복지관을 설립하여 서비스를 제공하는 것은 후자의 방식이다. 의도적 중복은 사회복지서비스 전달과정에서 가외성(redundancy)을 확보함으로써 서비스의 접근성을 높이는 데 기여할 수 있지만, 재원의 낭비와 서비스 중복이라는 비판을 받을 수 있다.

다. 책임성

사회복지 전달체계에서 책임성(accountability)은 무엇을, 누가, 누구에게 책임져야 하는지 논의되어야 한다. 먼저, 사회복지 전달체계에서 책임성은 사회복지기관들이 지역사회복지계획대로 수급 대상자에게 양질의 서비스를 제공하여 정책목표를 달성하고, 재정출납에 관한 규정을 준수하는 것을 말한다. 전통적으로 재정 책임성은 수입과 지출을 규정대로 관리하는 것을 말하지만, 최근 들어 사회복지서비스의 질이 강조되면서 공급 비용과 이용자 만족에 대한 관심이 늘고 있다.

다음으로 사회복지 전달체계에서 책임 주체(누가)와 책임 대상(누구에게)이 규명되어야 한다. 공공서비스를 제공하는 정부의 경우, 책임 주체는 정부 관료제이며 정부 관료제의 최고 정점에 투표를 통해 민주적으로 선출된 정치인이 있다. 선출직 공무원인 대통령, 지방자치단체장, 국회의원 등은 정부활동과 의정활동을 통해 유권자인 시민에게 책임을 진다. 그리고 정부 관료제에서 사회복지정책을 결정하는 직업공무원들은 정책 및 행정 활동을 통해 선출직 공무원에게 책임을 진다. 한편, 지역사회에서 사회복지기관들은 조직의 거버넌스에 따라 책임 대상이 다를 수 있다. 사회복지 비영리기관의 관리자는 사회복지 전문가인 직원들을 관리하여 수혜자에게 서비스를 제공함으로써 임명권자인 법인 이사회에 책임을 진다. 비영리기관이 지방정부와 민간위탁 계약을 맺고 사회서비스를 제공한다면, 사회복지기관은 위탁계약에 명시된 대로 수급자에게 서비스를 제공함으로써 지방정부에게 책임을 져야 한다. 이와 같이 지역사회 사회복지 전달체계에서 책임 주체와 책임 대상은 중앙정부–지방정부–사회복지기관–수급자로 이어지는 다층적 계층구조로 파악되어야 한다.

지역사회 사회복지서비스 전달체계에서 책임성 강화 방안은 책임 주체, 책임 대상, 서비스 이용자 측면에서 살펴볼 수 있다. 먼저, 책임 주체인 사회복지기관들이 서비스 결정과정에서 지역주민과 수급자들이 참여할 수 있는 여건을 마련하고 구체적인 참여 기회를 제공하여야 한다. 사회복지기관들은 서비스와 기관운영에 관한 정보를 지역사회 주민들이 자유롭게 열람할 수 있도록 공개하여야 하며, 지역사회 차원에서 공청회, 자문위원회, 이용자 만족도조사 등을 실시하여 시민참여 기회를 제공하여야 한다. 사회복지기관들이 제공할 서비스는 전문가들에 의한 일방적 결정을 지양하고 수급자들이 참여하여 공동으로 결정할 수 있게 하며, 수급자들의 요구사항이 사회복지기관 관리자에게 전달되어 기관 운영에 반영될 수 있어야 한다. 서비스 제공과정에서 수급자들이 느끼는 불편하거나 부당한 사항들을 조사할 수 있는 옴부

즈맨을 운영하거나, 기관의 자체 감사를 강화해야 한다. 그리고 지역사회 사회복지기관들은 자신들의 요구사항을 지방정부에 전달하고 지역사회복지계획에 반영할 수 있어야 한다. 지방정부는 사회복지와 관련된 요구 사항을 중앙정부에 전달하고 사회복지정책에 반영할 수 있어야 한다.

다음으로 책임 대상인 지방정부는 사회서비스의 민간위탁 방식이 증가하는 추세에 맞춰 규제자 역할을 강화해 나가야 한다. 지방정부는 위탁계약을 체결한 사회복지기관에 대해 성과평가를 진행할 수 있는 능력을 갖추어야 한다. 그리고 사회서비스의 질 관리를 위해 민간기관을 규제하는 독립 드는 준독립 기구를 설치하여 양질의 서비스가 제공될 수 있도록 관리 · 감독해야 한다.

끝으로, 서비스 이용자들은 지역사회 사회복지서비스 전달체계에서 사회복지기관들의 책임성을 요구하는 노력을 기울여야 한다. 수급권자로서 권리의식을 갖고 서비스이용자패널을 구성하거나, 서비스 이용자 대표가 지역사회복지계획 수립과정에 참여하여 수급자의 이익을 옹호할 수 있어야 한다. 자신들의 요구를 표출하는 데 익숙하지 못한 사회취약집단인 경우는 이들을 대신하여 수급권을 옹호할 수 있는 대리인을 적극적으로 참여시켜야 한다.

그런데 사회복지서비스 전달체계에서 책임성을 확보하는 것이 필요하지만, 책임성을 확보하기 위한 비용도 만만치 않다. 예컨대, 사회복지서비스 전달체계의 책임성을 강화하기 위해 서비스를 직접 제공하는 데 쓸 수 있는 예산을 기록 관리, 감사, 심사, 옴부즈맨 설치, 시민참여 등에 지출해야 한다. 따라서 지방정부는 사회복지 전달체계의 책임성을 강화하기 위한 조치를 통해 얻는 편익이 비용을 초과하는지 주의깊게 살펴야 한다. 아울러, 지방정부가 사회복지서비스를 민간위탁하여 지역사회 사회복지기관들이 서비스를 제공할수록 시민에 의한 민주적 통제가 약화된다는 점을 감안해야 한다. 지방정부가 사회복지서비스를 직접 제공할지, 아니면 지역사회 사회복지기관들에게 민간위탁하고 규제자 역할을 담당할지는 지역주민에 대한 책임성을 확보하기 위한 선택지라고 할 수 있다.

라. 효율성

사회복지서비스 전달체계에서 효율성은 투입과 산출의 비율이라는 일반적 효율성 개념과 다르지 않다. 사회복지기관들이 가능한 최소의 시간, 노력, 자원을 투입하여 최대의 복지서비스를 제공하는 경우에 효율성을 확보할 수 있다. 주지하는 바와 같이, 서구 복지국가들은 재정적 어려움이 심화되면서 사회복지 제공과정에서 효율성을 높이고자 사회복지 전달체계의 개혁을 모색해 왔다. 특히, 자유주의 복지체제에 속하는 영국과 미국을 중심으로 사회복지 전달체계의 시장화를 통해 효율성을 높이려는 시도들이 이어져 왔다. 공공기관을 민영화하거나 시장체계 또는 유사 시장체계를 도입하고자 하였다. 최저가 경쟁입찰 방식을 통해 사회복지서비스를 제공할 민간기관을 선정하고 정부는 재원을 부담하고 민간기관의 서비스 제공을 감독하는 민간위탁 방식이 성행하였다. 그리고 사회복지기관의 관리자가 고객중심 · 성과중심적 태도를 지니고, 성과목표를 달성함으로써 사회복지조직의 효율성을 높이고자 하였다.

예를 들면, 사회복지기관에서 효율성을 높이기 위해 신기술을 도입하고, 모범실무규범을 수립하며, 성과임금제를 도입하고, 근무규율을 강화하여 자율성을 제한하는 조치들을 시행한다. 또한, 사회복지기관들이 비용 절감을 위해 청소뿐 아니라 일부 프로그램 운영을 외부기관에 위탁하고, 자원봉사자를 늘리고, 직원의 업무강도를 높이거나 임금을 동결하는 조치들을 취하기도 한다. 그뿐만 아니라, 수급자의 선발을 까다롭게 하고, 서비스 축소를 목적으로 사회복지사의 재량의 범위를 넓히기도 한다. 그 결과, 수급자중심의 사회복지 전달체계 구축을 위해 요구되는 통합성, 연속성, 접근성, 책임성 원칙이 약화된다.

그런데 민간기업에서 성공을 판단하는 기준이 수익과 손실이겠지만, 사회복지기관에서 성공은 상충하는 기준들이 적용될 수 있다. 현실적으로 사회복지기관 관리자는 한정된 자원을 가지고 증가하는 복지 욕구에 대응하여 '가능한 더 적은 재원을 가지고 더 많은 사업을 추진'하며, 동시에 '서비스 질을 높여 이용자의 기대에 부응'해야 한다는 상호 갈등적 목표를 요구받고 있다. 이러한 조직 환경에서 관리자는 성과목표를 기준으로 사업의 우선순위를 결정하지만, 목표 갈등이 발생할 수 있는 구체적 문제를 조직 실무자의 재량에 맡기는 경우가 많다. 또한, 사회복지기관 조직 수준에서 성과평가가 진행되기 때문에 관리자는 가능한 성과목표 달성에 유리한 수급 대상자를 선별하여 서비스를 제공하는 '체리 따기(cherry picking)' 활동을 펼칠 수 있다.

이에 따라 사회복지기관 실무자들도 성과목표를 달성하는 데 방해가 되는 수급 대상자를 배제하거나 수급자들 중 성과목표를 달성할 가능성이 높은 사람들에게 서비스를 집중하는 경향이 나타나기도 한다. 사회복지기관들이 성과평가에 집착하여 지역사회복지를 위해 서로 협력하기보다 자기 기관의 성과목표 달성에 유리한 서비스만을 제공하려고도 한다. 그 결과, 지역사회에서 사회복지기관들 간 상호 협력이 점점 더 어려워진다. 사회복지 전달체계에서 효율성을 강화하는 노력이 필요하지만, 효율성에 대한 지나친 강조는 사회복지서비스 전달체계의 통합성, 연속성, 접근성, 책임성을 약화시킬 수 있다는 것을 유념해야 한다.

끝으로, 사회복지서비스 전달체계의 효율성을 높이기 위한 다양한 시도들이 사회복지기관에 근무하는 실무자들의 근무환경을 악화시키고 직무만족도를 떨어뜨릴 수 있다. 특히, 복지급여의 수급 조건을 강화하기 위해 수급자의 행동 변화를 요구하는 경우 서비스 제공자와 수급자 간의 갈등을 높일 수 있다. 예를 들어, 수급 자격으로 더 좋은 세입자, 더 좋은 부모, 더 좋은 식습관, 더 좋은 구직자 등의 행태 변화를 요구하면, 서비스 제공자들은 수급자를 사정, 판단, 감독하는 역할을 담당해야 한다. 그 결과, 사회복지기관에서 서비스 제공자들이 수급자를 대상으로 침묵, 감언이설, 압박, 앙양, 촉진 등의 행동을 하며 감정노동의 어려움을 경험할 수 있다. 사회복지 전달체계에서 효율성을 추구해야 하지만, 사회복지기관에서 활동하는 서비스 제공자들의 감정노동과 직무만족을 무시해서는 안 된다.

3 — 사회복지서비스 전달체계 유형

1) 사회복지서비스 전달체계 설계

사바스(E. S. Savas)는 공공서비스를 누가 제공하는지(정부 또는 민간)와 공공서비스에 소요되는 비용을 누가 부담하는지(정부 또는 민간)를 기준으로 공공서비스의 유형을 네 가지로 구분하였다.[9] 첫째, 정부가 서비스의 제공뿐 아니라 비용도 부담하는 유형이다. 둘째, 정부가 서비스를 제공하고 이용자에게 요금을 부과하는 유형이다. 셋째, 민간이 서비스를 제공하고 정부가 비용을 부담하는 유형이다. 넷째, 민간이 서비스를 제공하고 이용자에게 요금을 부과하는 유형이다. 서비스 공급자와 재원 부담자를 기준으로 공공서비스 제공 방식을 구분한 사바스의 구분은 사회복지서비스 전달체계의 다양성을 이해하는 데 도움이 된다.

공공부문을 통해 복지급여를 제공하는 사회보험과 공공부조를 포함한 소득보장 전달체계와 달리, 사회복지서비스 전달체계는 공공부문뿐 아니라 민간부문 조직들이 참여하여 서비스를 제공한다. [그림 10-3]에서 보는 바와 같이, 공공부문에서 중앙정부 소속공공기관, 지방정부, 지방정부 소속 공공기관이 사회서비스 공급자라면, 민간부문에서 수익을 추구하는 영리조직과 공익을 추구하는 비영리조직이 사회서비스 공급자로 활동한다. 특히, 지방정부는 사회서비스 제공을 비영리조직에게 위탁하는 방식을 주로 사용한다. 한편, 사회복지서비스의 비용은 정부 또는 민간기관이 단독으로 부담하는 경우도 있지만, 정부와 민간이 공동부담하는 경우가 많다. 중앙정부예산(국비), 지방정부예산(지방비), 사회보험기금(의료, 고용서비스), 민간기부금, 기관 자체수입(이용요금 포함) 등을 통해 재원을 충당한다. 사회복지서비스 제공자가 공공부문인가 민간부문인가가 중요한 선택인 것처럼 사회복지서비스 재원을 정부재원으로 할지 민간재원으로 할지 결정하는 것도 마찬가지로 중요하다.

그런데 사바스가 제시한 공공서비스 유형은 서비스 수급자 관점을 반영하지 못하고 있다. 사회복지서비스 전달체계에서 서비스 제공자보다 중요하게 다루어야 할 것은 수급자이다. 수급자들이 사회복지서비스 전달체계를 통해 필요한 서비스를 효과적으로 제공받을 수 있어야 한다. 그리고 대부분의 사회복지서비스가 지역사회에서 복수의 공급자들에 의해 제공된다는 점을 고려하면, 수급자의 선택권을 보장하는 문제도 중요하다. 이러한 요구를 반영해 버차트 등(T. Burchardt, J. Hills, and C. Propper)은 서비스 제공자와 재원 부담자 기준에 더하여 수급자(서비스 이용자)가 서비스 선택권을 갖는지를 판단하는 수급자 선택(choice) 기준을 포함시켜 사회복지서비스 전달체계를 8가지로 유형화하였다.[10] 서비스 수급자 선택권은 [그림 10-3]과 같이 수급자가 서비스 비용을 납부하는 방식, 즉 무료, 바우처, 본인부담금, 이용요금, 현금 구매 방식에 따라 차이를 보인다. 정부가 수급자에게 무료로 서비스를 제공하는 경우 정부가 서비스를 결정하고 이용자는 서비스 선택권을 갖지 못한다. 반면에, 서비스 비용을 수급자가 부담하는 경우, 즉, 현금 구매와 바우처 지급 방식은 서비스 수급자의 선택권을 보장한다. 수급자가 본인부담금과 이용요금을 납부하는 경우는 서비스 전달체계의 구성에 따라 수급자의 선택권을 보장하거나 정부가 서비스를 결정할 수 있다.

그림 10-3 사회복지서비스 전달체계의 설계

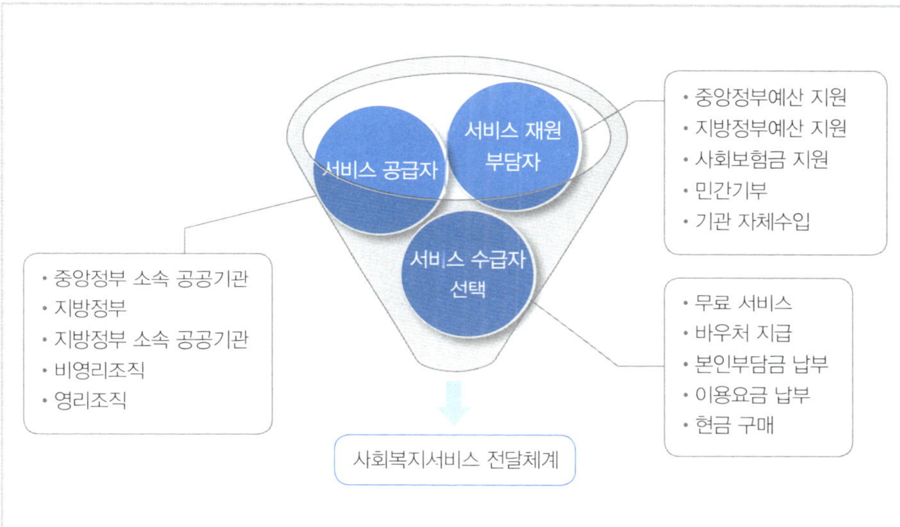

2) 사회복지서비스 전달체계 유형

〈표 10-2〉에서는 사회복지서비스 전달과정에서 서비스 제공자, 재원 부담자, 수급자(이용자) 선택권을 기준으로 사회복지서비스 전달체계를 8가지 유형으로 구분하였다.

사회복지서비스 전달체계 유형 A는 정부가 직접 서비스를 제공하고 재원도 부담하며, 수급자의 선택권을 인정하지 않는다. 한국에서 공립 초등교육이 이 유형에 속한다.

사회복지서비스 전달체계 유형 B는 정부가 직접 서비스를 제공하고 수급자에게 바우처를 지급하여 수급자가 원하는 서비스를 선택하도록 한다. 한국에서 국·공립 어린이집의 보육서비스는 이 유형에 속한다.

사회복지서비스 전달체계 유형 C는 정부가 직접 서비스를 제공하고, 수급자는 서

표 10-2 사회복지서비스 전달체계 유형

전달체계 유형		서비스 제공자		재원 부담자		수급자 선택권	
		정부	민간	정부	민간	인정	불인정
A	순수공공서비스	√		√			√
B	바우처-공공서비스	√		√		√	
C	이용요금-공공서비스	√			√		√
D	현금구매-공공서비스	√			√	√	
E	자유시장 서비스		√		√	√	
F	이용요금-민간위탁서비스		√		√		√
G	바우처-민간서비스		√	√		√	
H	정부재원-민간위탁서비스		√	√			√

비스의 이용요금을 부담하는 방식으로 수급자의 선택권을 인정하지 않는다. 지자체가 지역주민을 대상으로 직접 시행하는 평생교육 프로그램에서 이용자들이 수강료를 납부하고 수강하는 것은 이 유형에 속한다.

사회복지서비스 전달체계 유형 D는 정부가 직접 서비스를 제공하고, 수급자가 서비스를 자유롭게 선택하여 현금 구매하는 방식이다. 한국에서 국립암병원이 의료서비스를 제공하고 일반 환자가 의료서비스를 받고 본인부담금(현금)을 납부하는 것은 이 유형에 속한다.

사회복지서비스 전달체계 유형 E는 민간기관이 서비스를 제공하고 개인이 서비스를 자유롭게 선택하여 현금 구매하는 자유시장 방식이다. 한국에서 사설학원 교육, 유료 양로원 등에서 제공하는 서비스는 이 유형에 속한다.

사회복지서비스 전달체계 유형 F는 정부와 서비스 위탁계약을 맺은 민간기관이 서비스를 제공하고 이용자가 이용요금을 부담하지만, 서비스 이용자의 선택권을 인정하지 않는다. 공립 초등학교에서 민간업체가 제공하는 방과 후 프로그램에 희망 학생이 수강료를 납부하고 수강하는 것은 이 유형에 속한다.

사회복지서비스 전달체계 유형 G는 민간기관이 서비스를 제공하고, 정부는 수급자에게 바우처를 제공하여 이용자가 원하는 서비스를 선택하도록 한다. 한국에서 장애인활동지원서비스, 산모신생아도우미서비스, 보육서비스(민간어린이집) 등은 이 유형에 속한다.

사회복지서비스 전달체계 유형 H는 정부와 위탁계약을 맺은 민간기관이 서비스를 제공하고 서비스에 필요한 재원을 정부가 부담하며 수급자의 서비스 선택권을 인정하지 않는다. 한국의 국민기초생활보장제도에서 자활사업은 이 유형에 속한다.

위에서 살펴본 사회복지서비스 전달체계 유형들 중 국가가 사회복지서비스 제공을 위해 활용하는 방식은 자유시장 서비스(유형 E)를 제외한 나머지 일곱 가지 유형들이다. 사회복지서비스는 정부 또는 민간기관에 의해 제공되며, 정부 또는 개인 및 민간기관이 재원을 부담하고, 수급자는 서비스를 무상으로 이용하거나 이용요금 · 바우처 · 본인부담금 · 현금 등을 지급하여 서비스를 이용한다.

4 — 한국의 사회복지 전달체계

1) 사회복지 전달체계 현황

한국의 사회복지 전달체계에서 복지 제공자는 공공부문과 민간부문으로 구분할 수 있고, 사회복지를 위한 재원은 다양한 방식으로 충당된다. 〈표 10-3〉을 보면, 사회복지 전달체계에서 공공부문은 중앙정부, 지방정부, 공공기관으로 나눌 수 있고, 민간부문은 영리조직, 비영리조직, 비공식조직을 포함한다. 사회복지 전달체계에서 재원은 공공재원과 민간재원이 적절하게 혼용되고 있다.

중앙정부 부처 중 보건복지부는 사회보험(건강보험, 노인장기요양보험, 국민연금보험), 공공부조, 사회복지서비스를 포함한 사회복지정책을 총괄하고 사회복지예산을 배분하는 역할을 담당한다. 국방부, 행정안전부, 교육부 등도 각각 군인, 공무원, 사립학교교직원을 위한 연금정책을 수립하고 특수직연금공단 운영을 감독한다. 고용노동부는 산재보험과 고용보험 정책을 수립하고 근로복지공단 운영을 감독한다. 그리고 국민기초생활보장제도의 맞춤형 급여제도 실시와 함께 교육부는 교육급여를, 국토교통부는 주거급여를 맡아 정책을 수립하고 광역자치단체에 사업지침을 시달하고 예산을 배정한다. 중앙정부 부처들은 사회복지 관련 정책수립 및 사업기획, 예산

배정 등의 업무를 담당하지만, 중앙부처 소속기관인 교도소, 국립정신건강센터, 국립재활원, 지역 국립병원 등은 사회서비스를 직접 제공하기도 한다. 중앙부처와 소속기관 예산은 정부예산에서 충당하며, 사회서비스를 직접 제공하는 소속기관에서 민간재원을 운영비로 사용하기도 한다. 예를 들면, 교도소에서 소액이지만 민간기부금과 재소자 생산품 판매수입금 등을 운영비로 사용한다. 국립재활원과 지역 국립병원들은 의료서비스를 제공하고 환자들로부터 본인부담금을 받는다.

공공기관은 〈표 10-3〉에서 예시한 대로 정부가 사회보험을 관리하기 위해 설립한 국민건강보험공단, 국민연금관리공단, 근로복지공단 등을 들 수 있다. 사회보험급여 지급과 공단 운영에 필요한 재원은 사회보험료와 정부지원금으로 충당한다. 또한, 특정 서비스 제공을 목적으로 공공기관이 중앙부처 산하기관 또는 지방자치단체 출연기관으로 설립 · 운영되고 있다. 국립암센터, 국립중앙의료원 등이 중앙부처 산하기관에 속하고, 서울의료원, 서울시복지재단, 서울시여성가족재단, 서울시자원봉사센터 등은 지자체 출연기관에 속한다. 중앙부처 산하기관은 정부예산과 민간기부금 그리고 이용자부담금을 재원으로 사용하고, 지자체 출연기관은 지자체 예산과 민간기부금 그리고 이용자부담금을 재원으로 사용한다.

지방정부는 광역자치단체인 광역 · 특별시 · 도, 기초자치단체인 시 · 군 · 구, 그리고 행정구역인 읍 · 면 · 동으로 이어지는 위계적 계층구조를 형성하며, 사회복지 전달체계에서, 특히 공공부조와 사회복지서비스 전달체계에서 중요한 역할을 담당한다. 공공부조 전달체계를 보면, 지방정부는 중앙정부의 사업지침에 따라 수급자를 관리하고 급여를 지급할 뿐 아니라 재원을 분담한다. 광역자치단체인 시 · 도와 기초자치단체인 시 · 군 · 구는 기초보장을 위해 지방비를 추가로 배정해야 한다. 시 · 군 · 구는 기초보장 수급자의 자격관리를 담당하며, 읍 · 면 · 동에서는 수급신청 및 급여지급, 수급자 상담 등을 시행한다. 또한, 지방정부는 사회서비스 제공에서 가장 중요한 역할을 담당한다. 지방정부가 제공하는 사회복지서비스는 중앙정부가 전국적으로 실시하는 국고보조사업과 지자체가 자율적으로 시행하는 자체사업으로 나누어 볼 수 있다. 국고보조사업은 중앙정부가 제공하는 국고보조금과 지자체의 대응금을 통해 재원을 마련한다. 반면에, 자체사업은 서울형 기초보장제도와 같이 지방비에서 재원을 조달한다. 지방정부는 지역주민을 위한 사회서비스를 직접 제공하지 않고, 민간위탁 방식을 통해 서비스를 제공하는 경우가 훨씬 많다. 지자체는 서비스 제공에 필요한 재원을 부담하고 민간기관이 계약대로 서비스를 제공하는지 감독한다.

사회복지 전달체계에서 민간부문은 〈표 10-3〉에서 분류한 대로 영리조직(시장, 기업), 비영리조직, 비공식조직(가족, 이웃)으로 나눌 수 있다. 영리조직은 수익을 목적으로 서비스를 제공하는 기관을 말하는데, 영리조직이 제공한 서비스 비용의 지급방식에 따라 서비스 유형을 구분할 수 있다. 민간병원과 민간노인요양기관의 사례를 보면, 민간기관이 이용자에게 서비스를 제공하지만, 서비스 비용은 건강보험과 장기요양보험에서 제공하는 요양급여와 환자의 본인부담금을 통해 지불된다. 또한 민간어린이집을 이용하는 부모에게 정부가 바우처를 지급하여 보육료를 납부하도록 하고 보육시설에 대한 부모의 선택권을 보장한다. 반면에, 민간양로원을 이용하거나 민간보험회사를 통해 보험상품을 구입하는 경우, 이용자 또는 가입자 본인이 비용을

표 10-3 한국의 사회복지 전달체계에서 제공자와 재원부담

구분	제공자					
	공공부문			민간부문		
	중앙정부	공공기관	지방정부	영리조직(시장)	비영리조직	비공식조직(가족, 이웃)
조직 예시	• 보건복지부 • 고용노동부 • 국방부 • 행정안전부 • 교육부 • 국토교통부 • 교도소 • 국립정신건강센터 • 국립병원 • 국립재활원	• 국민연금관리공단 • 국민건강보험공단 • 근로복지공단 • 건강보험심사평가원 • 국립암센터 • 국립중앙의료원 • 서울의료원 • 서울시복지재단 • 서울시여성가족재단 • 서울시자원봉사센터	• 시 · 도 • 시 · 군 · 구 • 읍 · 면 · 동	• 민간의원 • 민간노인요양기관 • 민간유치원 • 민간어린이집 • 민간보험회사 • 민간양로원	• 민간병원 • 사회복지법인 • 종합사회복지관 • 지역자활센터 • 다문화가족센터 • 건강가정지원센터 • 정신건강증진센터	• 가족 • 이웃
재원부담	• 정부예산 • 기부금 • 이용요금 • 본인부담금 • 수익금	• 사회보험료 • 정부예산 • 지자체예산 • 이용요금 • 본인부담금 • 기부금	• 지자체예산 • 국고보조금	• 정부 바우처 • 이용자요금 • 본인부담금	• 기부금 • 정부지원금 • 법인전입금 • 이용요금 • 자체수익금	• 임금 • 이자소득 • 임대소득 • 공적 이전 • 사적 이전

전액 부담한다. 이때 정부는 시장에서 거래되는 서비스와 상품의 질을 관리하고 소비자를 보호하기 위해 영리조직의 영업활동을 감독하는 규제자 역할을 담당한다.

비영리조직은 전통적으로 민간재원을 통해 사회취약집단에게 현금과 현물 급여를 제공해 왔다. 최근 들어 비영리조직이 지방자치단체와 민간위탁 계약을 맺고 사회서비스를 제공하는 사례가 급증하고 있다. 지역사회에서 활동하는 종합사회복지관, 노인복지관, 청소년복지관, 여성복지관, 장애인복지관, 지역자활센터, 다문화가족지원센터, 건강가정지원센터, 정신건강증진센터, 자원봉사센터 등은 모두 지자체가 민간위탁 방식을 통해 사회서비스를 제공하는 사례들이다. 예를 들어, 사회복지법인이 지자체와 종합사회복지관 운영에 관한 위탁계약을 체결하고, 지자체의 지원금을 받아 서비스를 제공한다. 사회복지법인은 지자체의 지원금에 추가하여 기부금, 법인전입금, 자체수익금(이용요금 포함) 등을 통해 재원을 마련하여 종합사회복지관을 운영한다.

끝으로, 비공식조직은 복지 제공자로서의 역할을 수행한다. 특별히, 가족은 아동돌봄에서 큰 역할을 담당한다. 한국에서 취학 전 만 86개월 미만의 아동을 어린이집 · 유치원에 보내지 않고 가정양육하는 부모에게 정부가 양육수당을 제공한다. 그리고 출산휴가와 육아휴직 등으로 구성된 일 · 가정양립지원을 통해 기혼 여성이 직장에서 근로자 역할과 가족에서 돌봄자 역할을 성공적으로 병행할 수 있도록 지원한다.

2) 지역사회복지 전달체계

한국 사회보장제도에서 사회복지서비스가 확대되고 사회복지의 지방분권화가 추진되면서 지역사회복지 전달체계의 확립이 중요한 과제로 부상하였다. 지역사회를 단위로 지방자치단체, 사회복지기관, 복지 수급자들이 함께 참여하고, 지방자치단체와 사회복지기관들이 협력하며, 사회복지기관들 간 상호 조정을 통해 수급자에게 서비스를 통합적으로 제공하는 지역사회복지 전달체계의 확립이 요청된다. 지역사회복지 전달체계 현황을 파악하기에 앞서 사회복지의 지방분권화에 대해 살펴보기로 한다.

가. 사회복지 지방분권화

지역사회의 사회복지 전달체계는 국가와 지방 간 적절한 사무분담을 바탕으로 협력체계를 구성하여야 한다. 한국에서 중앙과 지방 간 사무배분에 관한 일반 기준을 보면, 국가 존립에 관계되는 기능, 전국적 · 통일적으로 운영하는 것이 바람직한 사무, 전국적 규모 · 관점에서 시행되어야 하는 사무 등은 국가가 담당하고, 국가와 시 · 군 · 구 사이의 연락 · 조정 사무와 광역적으르 처리되어야 할 사무는 시 · 도 사무로 분류하며, 지역인접성 · 현지성이 강한 사두, 주민밀착성 · 주민관련성이 강한 사무는 시 · 군 · 구 사무로 분류한다.

사회복지사업도 사무배분의 일반 기준을 따르지만, 사회보장제도의 특성을 고려하여 사회복지 사무배분을 실시해야 한다. 첫째, 사회적 위험에 대처하여 전 국민을 보호하기 위한 사회보험은 전국적 · 통일적으로 제도를 운영해야 하기 때문에 국가사무로 추진되어야 한다. 둘째, 전 국민의 최저생활 수준을 보장하기 위한 공공부조는 전국적 · 통일적으로 운영해야 하기 때문에 국가사무로 적합하다. 다만, 공공부조 수급권자들이 전국적으로 거주하기 때문에 복지급여를 효과적으로 전달하기 위해 지자체가 국고보조사업으로 공공부조사업을 집행해야 한다. 셋째, 사회복지서비스는 주민밀착성 · 주민관련성이 강할 뿐만 아니라 현지성이 강한 사무이기 때문에 시 · 군 · 구 사무로 적합하다. 다만, 사회복지서비스 중에서 전국적 · 통일적으로 시행하는 것이 바람직한 경우가 많기 때문에 국가가 사회복지서비스를 국고보조사업으로 도입하고, 지방자치단체가 대응예산을 편성하여 서비스를 제공한다. 시 · 군 · 구가 사회복지서비스를 직접 제공하는 경우도 있지만, 대부분의 사회복지서비스는 민간기관에 위탁하여 제공한다. 따라서 지역사회에서 사회복지서비스의 효과적인 전달체계를 구성하기 위해서는 국가와 지방자치단체 간의 적절한 재정 분담과 지방자치단체와 민간기관 간의 협력관계가 중요하다.

사회복지 지방분권화를 위해 2005년 참여정부는 보건복지부의 사회복지 국고보조사업 67개(5,959억 원)를 지방에 이양하고, 한시적으로 분권교부세를 통해 재원을 지원하였다. 그런데 지방분권을 강화하겠다는 의도와 달리, 지방의 분권교부세 수요와 실제 지원액 간의 격차가 커서 지방정부의 자체부담이 증가할 수밖에 없었다. 그 결과, 재정자립도가 낮은 지자체들은 사회복지사업이 부실해지고, 사회복지 분야 자체사업을 추진하기 어렵게 되었다. 더욱이, 지방이양 사회복지사업들 중 사회취약집단을 위한 사회복지시설 운영자금과 종사자 급여를 지원하는 사업들이 포함되었기 때문에 사회복지시설 종사자의 저임금과 사회복지 분야의 불균형 성장을 초래하였다는 비판이 제기되었다. 사회복지 지방분권화가 오히려 지방을 약화시켰다는 비판의 목소리가 높았다.

또한, 공공부조 급여가 매년 인상되고, 중앙정부가 기초연금, 무상보육, 양육수당, 아동수당, 영아수당 등을 지방자치단체 국고보조사업으로 도입 · 확대하면서 지자체의 추가적인 지방비 대응이 늘고 있다. 2021년 현재, 사회복지 분야 지방자치단체 국고보조금은 48.4조 원(2017년 28.1조 원이었음)으로 빠르게 증가하였으며 지자체 국고보조사업 총예산(74.8조 원)의 64.7%에 이르고 있다. 지방자치단체 입장에서 보면, 사회복지 분야 국고보조사업의 확대는 지자체 대응예산의 증액을 요구하기 때문에 재정 압박이 가중되고 사회복지 분야 자체사업을 추진할 재정 여력이 감소하게 된다. 이에 따라 지자체들은 복지사무에 대한 중앙과 지방 간 재정 배분 및 사업 조정 원칙이 명확하지 않다는 비판의 목소리를 높이고 있다. 중앙과 지방 간 사회복지 사무 배분은 '사회보장기본법'에서 공공부조와 사회서비스는 국가와 지방자치단체의 공동책임으로 추진되고, '지방자치법'과 '지방재정법'에서 주민복지에 관한 사무는 자치사무이고 지자체가 자치사무에 대한 경비를 부담하며, 국가가 국가사무를 지자체에 위임하는 경우 그 비용의 전부를 교부하도록 규정되어 있을 뿐이다.

사회복지사무에 대한 국가의 재정 보조 방식도 비판을 받고 있다. 지방자치단체 국고보조사업은 국가가 재원을 전액 부담하는 일부 사업을 제외하고 대부분 보조사업은 국가와 지방이 재원을 분담하며, 국고보조금 규모는 일정 금액을 보조하는 정액보조 방식보다 보조율에 따라 금액을 정하는 정률보조 방식이 일반적이다. 정률보조 방식은 전국적으로 동일 기준보조율을 적용하거나 지방자치단체의 재정여건(재정자주도와 사회복지비 지수)을 고려하여 기준보조율에서 일정 비율을 더하거나 빼는 차등보조율을 적용한다.[11] 그런데 정부는 사회복지 사업별로 기준보조율 산정의 원칙을 제시하지 않고 있으며, 차등보조율을 적용하는 경우 재정자주도 구간이 지자체의 재정여건의 차이를 반영하지 못하고 사회복지비 지수의 작은 차이가 차등보조율을 결정하는 문제를 안고 있다.[12] 아울러, 지자체가 추진한 사회복지 분야 자체사업이 국가사업과 유사한 경우, 중앙-지방 간 사업 조정 원칙이 명확하지 않아 유사사업 관리의 실효성이 낮다는 지적을 받고 있다.

따라서 정부는 사회복지 지방분권화와 관련하여 복지사무에 대한 중앙-지방 간 역할 배분 및 사업 조정 원칙을 마련하여야 한다. 사회복지 분야의 지방이양사업을 재조정하고, 가치재 성격을 지닌 사업들, 즉 기초보장, 보건, 교육, 양육 등에서 중앙정부의 재정 책임을 높여야 한다. 그리고 국고보조사업에서 기준보조율의 사회복지 사업별 적용 원칙을 확립하고, 차등보조율 산정 시 지자체의 재정여건과 사업수요의 차이를 반영할 수 있도록 개선하여야 한다.[13]

나. 지역사회복지 전달체계 유형

한국의 지역사회복지 전달체계를 단순화시켜 보면, [그림 10-4]와 같이 공공부문과 민간부문의 협력체계로 구성되어 있다. 공공부조와 사회복지서비스를 지역주민들에게 제공하기 위해 각각 정부부문과 민간부문 조직들이 적절한 역할 분담을 통해 전달체계를 구성한다.

지역사회의 공공부조 전달체계

국가가 전국적으로 시행하는 공공부조는 [그림 10-4]에서 보는 바와 같이 정부의 위계적 행정계층구조를 통해 수급자에게 복지급여를 제공한다. 국민기초생활보장제도의 맞춤형 급여체계 시행과 함께 보건복지부가 생계 · 의료 · 자활 · 장제급여를, 교육부와 국토교통부가 각각 교육급여와 주거급여를 관장한다. 중앙부처는 복지급여 지침을 시 · 도 광역자치단체의 사회복지부서에 전달하고, 시 · 도의 사회복지부서는 시 · 군 · 구 기초자치단체의 사회복지부서에 지침을 전달하며, 읍 · 면 · 동 사회복지공무원이 급여를 제공한다. 지방자치단체는 중앙부처의 사업지침에 따라 공공부조 급여를 제공하고, 기초생활보장에 필요한 공공부조 예산은 국비와 지방비를 통해 충당한다.

한편, 2000년 국민기초생활보장제도가 도입되면서, 근로능력이 있는 수급자는 조건부 수급자로 분류하여 자활사업에 참여하여 자활급여를 수급하도록 하였다. 자활사업에서는 조건부 수급자의 근로능력을 유지하고, 민간노동시장에서 취·창업을 지

그림 10-4 지역사회복지 전달체계

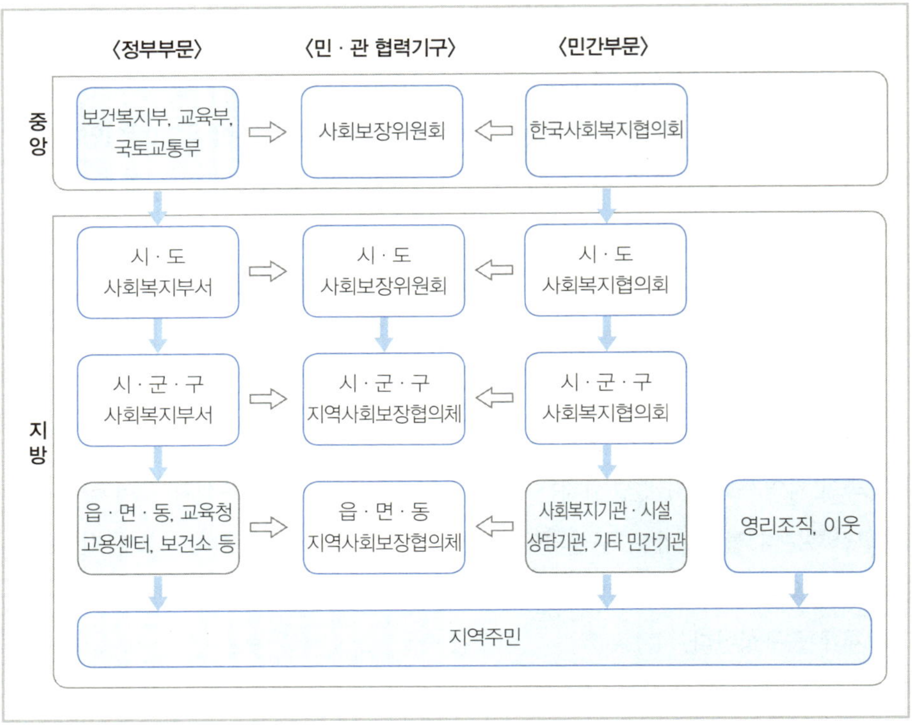

원하기 위해 고용 및 사회 서비스를 제공한다. 시 · 군 · 구는 중앙정부의 자활사업 지침에 따라 조건부 수급자의 근로능력과 의지를 평가하여 두 집단으로 나누어 서로 다른 유형의 자활사업에 참여시켜 왔다. 근로능력과 의지가 부족한 집단은 지자체가 시행하는 근로유지형 자활사업에 참여시키고, 근로능력과 의지가 높아 시장에서 일자리를 구하는 것이 가능한 조건부 수급자는 지역자활센터가 운영하는 업그레이드형 자활사업에 참여하도록 하였다. 2022년 현재, 시 · 군 · 구의 지역자활센터 250개, 시도의 광역자활센터 16개, 그리고 한국자활복지개발원이 설치되어 있다.

지역사회의 사회복지서비스 전달체계

지방자치단체 공무원이 지역주민에게 사회복지서비스를 직접 제공하는 경우는 많지 않다. 예를 들면, 읍 · 면 · 동 사회복지담당공무원이 공공부조 수급자와 개인 상담을 하는 것은 서비스를 직접 제공하는 경우이다. 그런데 읍 · 면 · 동 사회복지담당공무원은 과중한 행정업무 부담으로 지역주민에게 대인 서비스를 제공하는 것이 현실적으로 쉽지 않다. 사회복지담당공무원이 담당하는 업무는 자체사업부터 중앙부처가 추진하는 사회복지사업에 이르기까지 방대하다. 중앙부처가 추진하는 사회복지사업의 절반 이상을 읍·면·동 사회복지담당공무원이 집행하기 때문에 이들이 지역주민을 찾아가 사회복지서비스를 효과적으로 제공하는 것이 어려웠다. 그런데, 지역사회 복지전달체계의 문제를 해결하기 위하여 문재인 정부에서는 사회복지공무원 1.2만 명을 확충하고 전국 모든 읍·면·동에 '찾아가는 보건복지팀'을 설치하여 찾아가는 서비스 및 민관 협력을 강화하는 노력을 기울였다. 찾아가는 보건복지서비스를 통해 위기상황에 처해 있음에도 복지제도를 알지 못하거나, 도움을 청하지 못하는 주변의 어려운 이웃들에게 사회복지공무원이 이장(통장)과 지역사회보장협의체 위원 등 지역사회 주민들과 함께 찾아가 필요한 공적 급여지원과 전문적 통합사례관리 서비스 등을 제공한다. 또한, 소득·재산 기준 초과 등으로 공적급여 및 서비스를 받지 못하지만 생활의 어려움을 겪는 주민은 지역사회 내 다양한 민간자원을 찾아 서비스를 연계하기도 한다.[14]

한편, 지자체가 시·군·구 건립 사회복지기관, 고용센터, 보건소 등을 설치하고 공무원을 채용하여 사회복지서비스를 제공할 수 있지만, 이러한 경우는 매우 드물다. 대부분 지자체들은 지역의 민간기관과 계약을 체결하여 민간기관이 사회복지서비스를 제공하고, 지자체는 재정을 부담하는 위탁계약 방식을 선호한다. 지역의 비영리조직들은 정부가 사회복지서비스를 제공하기 이전부터 고아, 장애인, 노인, 노숙인 등 사회취약집단에게 사회복지서비스를 제공해 왔다. 지역사회에서 영리조직들도 수익 추구를 위해 서비스를 제공해 왔다. 따라서 지역사회에서 사회복지서비스 전달체계는 크게 분류하면, 공공서비스 전달체계, 민간위탁서비스 전달체계, 민간서비스 전달체계로 구분할 수 있다.

첫째, 공공서비스 전달체계는 지자체가 사회복지서비스를 수급자에게 직접 제공하거나, 지자체가 공단·공사, 출연기관, 공립기관(시·군·구립 시설)을 설립하여 사회복지서비스를 제공하는 경우를 꼽을 수 있다. 읍·면·동에서 관리하는 근로유지형 자활사업이 전자의 사례라고 한다면, 서울시의 서울주택도시공사, 서울의료원 등은 후자의 사례라고 할 수 있다. 이때 사회복지서비스 수급자들은 서비스를 무상으

그림 10-5 지역사회의 공공서비스 전달체계

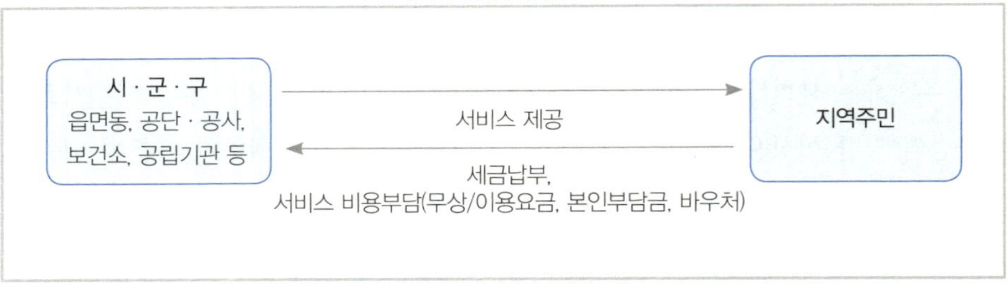

로 이용하거나, 요금, 바우처, 본인부담금을 지급하고 서비스를 이용한다.

둘째, 민간위탁서비스 전달체계는 지자체가 사회복지서비스를 제공하기 위해 민간의 비영리조직과 위탁계약을 체결하고, 민간기관이 사회서비스를 제공하고 지자체가 재정을 부담하는 유형이다. 지자체는 사회복지서비스를 제공할 비영리조직을 공개경쟁입찰 방식을 통해 선정하고, 민간기관이 제공한 서비스의 성과를 평가하고 감독한다. 지역의 사회복지 이용시설에 속하는 종합사회복지관, 노인종합복지관, 장애인복지관, 청소년복지관, 정신보건시설 등과 자활센터, 자원봉사센터, 건강가정지원센터, 다문화가족센터 등은 모두 민간위탁서비스 전달체계를 수립하고 있다. 민간위탁기관이 제공하는 서비스에 대하여 지자체가 재원을 부담하는 경우가 대부분이지만, 서비스 이용자들이 요금을 납부하기도 한다. 예를 들어, 지자체와 민간위탁계

그림 10-6 지역사회의 민간위탁서비스 전달체계

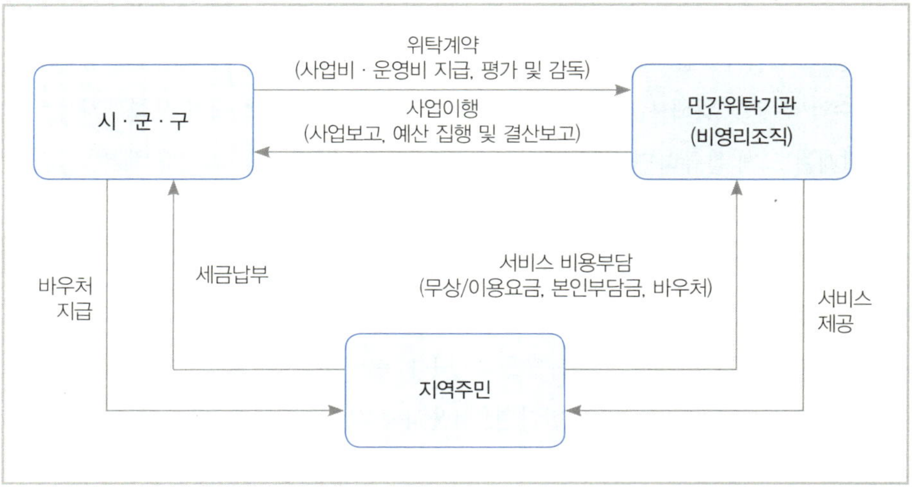

약을 체결하고 운영되는 종합사회복지관은 지자체로부터 재정지원을 받지만, 종합사회복지관에서 제공하는 프로그램을 이용하는 사람들에게 이용요금을 받기도 한다. 또, 시 · 군 · 구립 어린이집을 민간기관에 위탁하여 보육서비스를 제공하는 경우 부모에게 바우처를 지급하여 어린이집 보육료를 결제하도록 한다.

셋째, 민간서비스 전달체계는 지역사회에서 자발적으로 활동하는 비영리조직과 영리조직을 꼽을 수 있다. 사회복지법인, 사회복지관, 자원봉사단체, 사회복지 이용 · 수용시설 및 각종 사회복지 관련 단체들은 지자체가 사회서비스를 제공하기 이전부터 이미 지역의 사회취약집단에게 서비스를 제공해 왔다. 비영리조직들 중에서 지자체의 민간위탁기관으로 지정되어 사회서비스를 제공하는 경우도 있지만, 자체적으로 사회서비스를 제공하는 경우도 많다. 이들은 앞의 [그림 10-4]에서 보는 바와 같이 시 · 군 · 구 사회복지협의회에 소속되어 있고, 시 · 군 · 구 사회복지협의회는 시 · 도 사회복지협의회에 소속되어 있으며, 시 · 도 사회복지협의회는 한국사회복지협의회와 관계를 형성한다. 비영리조직이 자발성 · 비영리성 · 비정부성의 특성을 지니지만, 정부와 지자체로부터 재정적 지원금을 받는다. 지역사회에서 비영리조직이 자발적으로 제공하는 사회복지서비스는 일반적으로 사회취약집단을 대상으로 삼기 때문에 이용자들이 서비스를 무상으로 이용한다. 다만, 일반인을 대상으로 특정 프로그램을 운영하는 경우는 서비스 이용요금을 받기도 한다.

그림 10-7 지역사회의 민간서비스 전달체계

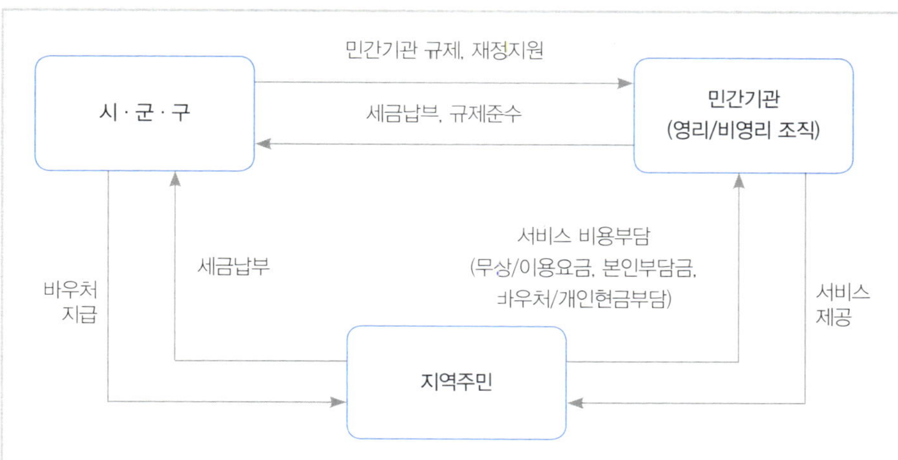

한편, 지역사회에서 복지서비스를 제공하는 민간기관 중에는 수익을 목적으로 시장에서 활동하는 영리조직이 있다. 영리조직이 제공하는 복지서비스에 대해 서비스 이용자가 지닌 정보가 불충분하고 선택 능력이 부족하기 때문에 시장실패가 발생할 수 있다. 그러므로 정부는 시장에서 서비스를 판매하는 영리조직의 영업활동을 적절하게 규제해야 한다.

그런데 위에서 살펴본 지역사회복지서비스 전달체계 유형들 중 민간서비스 전달체계가 차지하는 비중이 압도적으로 높고, 특히 수익을 목적으로 서비스를 제공하는 영리기관의 비중이 높다. 노인요양서비스 전달체계를 보면, 재가서비스를 제공하는 재가복지센터, 주간보호센터, 단기보호시설과 요양서비스를 제공하는 노인요양시설, 노인요양병원 등은 거의 모두가 수익을 추구하는 영리기관들이다. 의원과 민간병원들도 법률상으로 비영리기관이라고 하지만, 실제로는 영리를 추구하는 민간기관들이다. 그리고 보육서비스를 제공하는 민간어린이집과 유아교육을 제공하는 민간유치원들도 마찬가지로 영리를 추구하는 민간기관들이다. 장애인활동보조서비스와 가사도우미서비스를 제공하는 기관들도 영리를 목적으로 서비스를 제공한다. 요컨대, 지역사회복지서비스 전달체계에서 수익을 추구하는 영리기관들이 의료, 요양, 보육, 돌봄의 분야에서 광범위하게 활동하고 있다. 영리를 추구하는 민간기관이 제공하는 서비스에 대하여 이용자들은 그 비용을 개인적으로 부담하거나 본인부담금을 납부하고, 아니면 정부가 제공하는 바우처를 사용하여 지불한다.

이상에서 살펴본 바와 같이 지역사회복지서비스 전달체계는 공공서비스 전달체계, 민간위탁서비스 전달체계, 민간서비스 전달체계로 구성되어 있다. 지자체는 공공서비스 전달체계뿐 아니라 민간위탁서비스 전달체계와 민간서비스 전달체계에서도 사회복지서비스가 효과적으로 제공될 수 있도록 노력해야 한다. 지자체는 지역사회중심의 사회복지 계획수립, 지역사회 복지제공 네트워크 구축, 자원발굴, 연계기능을 성공적으로 수행할 수 있어야 하며, 이를 위해 공공부문과 민간부문 간 협력적 파트너십이 중요하다. 공공부문과 민간부문에서 개별 기관들의 자율성을 보장하면서 지역사회 차원에서 통합적 사회서비스를 제공할 수 있도록 조정해야 한다.

한국 정부는 2015년 7월부터 지역사회복지 전달체계에서 민 · 관 협력관계를 규율해 왔던 '사회복지사업법'을 대체하여 '사회보장급여의 이용 · 제공 및 수급권자 발굴에 관한 법률'을 제정하고, 지역사회보장 전달체계에서 민 · 관 협력의 새로운 전기를 마련하고자 하였다. 새 법률에서는 [그림 10-4]에서 보는 바와 같이, 시 · 도의 사회보장위원회, 시 · 군 · 구의 지역사회보장협의체, 읍 · 면 · 동의 지역사회보장협의체를 구성하여 민 · 관 협력을 활성화하고자 하였다. 지역사회보장 전달체계는 과거 지역사회복지협의체와 몇 가지 점에서 차이를 기대한다. 첫째, 지역사회보장협의체는 지역사회보장계획 수립 · 집행 · 평가와 지역사회보장 증진을 위한 과정에 민간의 참여와 협력기반을 마련하고, 특히, 서비스 제공기관의 대표 또는 실무자들이 참여하여 지역복지계획을 수립하는 상향식 의사소통 구조를 확립한다. 둘째, 보건의료와 사회복지 위주의 서비스 제공에서 벗어나 고용, 주거, 교육, 문화 환경 관련 서비스 제공자들 사이에서 연계망을 구성하여 수요자의 다양하고 복합적인 욕구에 대응하여 복지급여의 통합적 제공을 위한 기반을 마련한다. 셋째, 지역사회보장협의체에 사회보장 분야 전문가, 지역의 사회보장활동을 수행하거나 서비스를 제공하는 기관 · 법인 · 단체 · 시설의 대표자, 비영리 민간단체의 추천자 등 민간위원들과 사회보장업무를 담당하는 공무원이 참여하도록 함으로써 실질적인 민 · 관 협력체계를 확보한다. 이러한 기대에도 불구하고, 지역사회보장협의체가 민 · 관 협력을 강화하고 지역사회복지서비스 전달체계의 통합성 · 연속성 · 접근성 · 책임성을 강화하는 데 실질적으로 기여할지 좀 더 지켜보아야 한다.

1 Finn, Dan and Jo Goodship(2014). "Take-up of Benefits and Poverty: An Evidence and Policy Review." London: Centre for Economic & Social Inclusion.

2 임완섭 외(2020). 「2020년 사회보장급여 부정수급 실태조사」. 한국보건사회연구원 정책보고서 2020-87.

3 Gilbert, N. and P. Terrell(2005). *Dimensions of Social Welfare Policy*. Sixth Edition. Boston: Person, Allyn and Bacon.

4 Doyal, L. and I. Gough(1991). *A Theory of Human Need*. London: Macmillan.

5 X-비효율성은 라이벤슈타인(Harvey J. Leibenstein)이 만들어 낸 개념으로 기업이나 정부의 조직운영의 비효율을 나타내기 위한 것이다. 어떤 조직이 경쟁 상태에 있지 않고 독점과 같은 제한된 경쟁 상태에 있기 때문에 재화를 생산하는 데 기술적으로 달성 가능한 최소비용 수준을 달성하지 못하는 경우에 발생하는 비효율을 나타낸다.

6 기관손실(agent loss)은 대리인이 주인의 의도와 다르게 자기이익을 추구하기 위해 지출하는 비용과, 대리인이 주인의 의도와 다르게 행위를 하지 않도록 감독하고 통제하기 위해 지출한 비용을 합산한 금액이다.

7 Salamon, L. M.(1987). "Of Market Failure, Voluntary Failure and Third-Party Government: Towards a Theory of Government-Nonprofit Relations in the Modern Welfare State." *Nonprofit and Voluntary Sector Quarterly*. 16(29). pp.29-49.

8 Gilbert, N. and P. Terrell(2005). *Op. cit.*

9 Savas. E. S.(1990). "A Taxonomy of Privatization Strategies." *Policy Studies Journal*. 18(2). pp.343-355.; Savas, E. S.(2000). *Privatization and Public-Private Partnerships*. New York: CQ Press.

10 Burchardt, T., J. Hills, and C. Propper(1999). *Private Welfare and Public Policy*. York: Joseph Rowntree Foundation.

11 재정자주도는 일반회계 예산에서 자체수입 및 자주재원이 차지하는 비중을 말하며, 사회복지비 지수는 전체 세출예산 중 사회복지 분야 세출예산의 비중을 말한다. 국민기초생활보장제도 생계급여, 영유아보육료 지원, 아동수당 등에서 재정자주도와 사회복지비 지수를 사용하여 차등보조율을 산정한다.

12 2020년 예산편성 기준, 전국 228개 지자체의 재정자주도는 최소 27.3%에서 최고 71.2%를 기록하여 43.9%의 차이를 보였으나, 재정여건의 차이를 구분하는 재정자주도의 구간은 80% 미만, 80~85%, 85% 이상으로 구분하여 각각 10%p 인상, 기준보조율, 10%p 인하를 적용한다. 재정자주도가 차등보조율 적용에 전혀 영향을 미치지 못한다. 반면에 사회복지비 지수의 구간은 25% 이상, 20~25% 미만, 20% 미만으로 구분하여 각각 10%p 인상, 기준보조율, 10%p 인하를 적용한다. 2020년 예산 기준, 사회복지비 평균지수는 전국 33.2%, 시 29.7%, 군 20.7%, 구 51.9%를 기록하였다.

13 김우림, "사회복지 분야 지방자치단체 국고보조사업 분석." 국회예산정책처, NABO Briefing, 2021.2. 26. 제106호.

14 보건복지부 홈페이지. 정책(지역복지) http://www.mohw.go.kr/react/policy/index.jsp, 2022년 9월 20일 방문

11

복지재정

복지재정은 복지에 필요한 돈의 조달과 배분에 관련되어 있다. 2020년에 OECD 34개국은 전체조세수입(사회보험료 혹은 사회보장세 포함)의 60%를 공공사회복지지출에 쓰고 있다. 나라마다 절대규모에 있어 차이가 난다. 프랑스같이 GDP 대비 45%를 조세로 거두어들이고 공공사회지출에 GDP 대비 31%를 쓰는 큰 복지국가가 있는가 하면, 미국과 같이 GDP 대비 25.5%만을 조세로 징수하고, 공공사회지출에 GDP의 18.7% 정도만 쓰는 작은 복지국가도 있다. 그러나 큰 복지국가이든 작은 복지국가이든 총조세수입에 대비해 보면 약 70%가량을 복지에 쓴다(프랑스는 69%, 미국은 73%). 서구 복지국가는 대부분의 수입을 복지에 쓴다고 해도 과언이 아니다.

현대 복지국가는 복지 프로그램을 시행하면서, 막대한 복지비용을 조세수입을 통해 조달해 왔다. 현대 복지국가가 이렇듯 막대한 복지재원을 어떻게 조달해 왔는지 역사적으로 간단히 살펴보고, 복지재원 부담 주체별로 그리고 복지재원별 특성을 알아보자.

1 — 현대 복지국가의 조세체제 형성

현대 복지국가는 대체로 5가지 세목을 통해 대다수의 세금을 거두어들인다. (개인) 소득세, 법인세, 소비세, 재산세, 그리고 사회보험료가 그것이다. 이들 5가지 세목은 대략 90% 이상의 세수를 차지하고 있다. 그러나 이러한 세목들이 등장한 것은 그리 오래지 않다. 20세기 이전에는 전매수입, 관세와 품목별 소비세 그리고 각종 부과금(fees and charges)이 주종을 이루었다. 정률의 사회보험료와 누진율의 소득세가 등장한 것은 20세기 전후였으며, 소비세의 전형인 부가가치세는 1953년이 되어서야 프랑스에서 처음으로 실시가 되었다. 이렇듯 지금 우리가 당연시하는 근대적인 조세체제가 형성된 시기는 대체로 서구에서 복지국가가 태동하고 성장한 시기와 괘를 같이 한다. 이를 네 시기로 나누어 간단히 살펴보면 다음과 같다.[1]

첫째 시기는 20세기 전후로 하여 대략 제1차 세계대전이 끝난 1918년에 이르는 때이다. 당시는 노동운동과 러시아 혁명을 비롯한 사회주의 운동이 크게 일어나고, 남자 성인의 보통선거권이 이루어지면서 노동자정당들이 속속 의회에 진출하던 시기였다. 19세기까지만 하더라도 국가의 재정규모는 매우 작았고 대부분은 군사비에 투입되었다. 식민지 경영과 격화된 국가 간 경쟁에 따른 군사비 소요가 급증하였으나, 증세는 쉽지 않았다. 당시 귀족들을 위시한 권력자들은 조세부담을 지지 않았거나 그 수준은 매우 미미했고, 조세부담을 졌던 평민들은 가난하여 세수에 큰 도움이 되지 못했다. 이후 산업화의 확대와 민주화는 근대화(modernization)를 불러일으키며 조세체제에 커다란 변화를 몰고 왔다. 산업화는 급격한 부의 창출과 축적을 가능케 하여 세원의 규모를 급증시켰다. 노동운동과 연이은 선거권 확대 운동에서 공정한 세부담은 가장 중요한 이슈 중 하나가 되었다. 따라서 대부분의 산업국가에서 선거권 확대와 함께 부자들에 대한 개인소득세와 법인세가 도입되기 시작했다. 1880년대 독일에서 시작된 사회보험제도가 20세기에 접어들어 유럽의 대다수 국가로 확대되면서, 사회보험료가 사회복지의 가장 중요한 세목으로 등장하기 시작한 것도 이때이다.

둘째 시기는 1920년대에서 1945년까지의 기간이다. 서구 선진공업국은 대공황이라는 자본주의의 최대 위기국면에서 케인즈주의에 입각한 국가의 시장개입과 사회보장제도의 확대를 좌 · 우 그리고 여 · 야를 막론하고 받아들이기 시작하였다. 산재, 의료, 연금 그리고 실업의 4대 사회보험은 서구의 모든 민주화된 산업국가에 빠짐없이 도입되었고, 사회보험료로 소요비용의 대부분이 조달되었다. 이외에도 제2차 세계대전의 발발은 정치적 저항 없이 전례 없는 조세추출을 가능케 했다. 간접세도 확대되었지만 법인세와 개인소득세의 증가가 두드러졌다. 미국의 소득세 경우만 보아도 1930년에 최고한계세율이 25%였던 것이 전쟁이 끝난 1945년에는 94%에 달하였고, 개인소득세 납부자가 전체국민의 5% 이하였던 것에서 대다수 국민이 납세자가 되는 국민개세(國民皆稅, mass tax)의 시대가 열렸다. 이 당시 조세행정의 개혁도 국민개세를 앞당겼다. 일 년에 한 번 소득세를 한꺼번에 정산납부하던 방식에서, 소득이 발생할 때마다 세금을 내는 즉시납으로 전환하여 심리적으로 조세저항을 최소화시킨 것이다.

셋째 시기는 케인즈주의적 복지국가(the Keynesian Welfare State)의 융성기로 1945년부터 오일쇼크로 서구 경제가 침체되기 시작한 1970년대 중반까지이다. 4대 보험과 아동수당이 보편주의적으로 주어짐은 물론, 기초연금에 머무르던 스칸디나비아 국가와 영국을 위시한 연방국가에서도 소득비례연금이 도입되어 복지지출이 급증하였다. 스웨덴을 필두로 스칸디나비아 국가와 프랑스에서는 공공보육 등 사회서비스가 팽창하여 복지국가의 개입영역이 크게 확대되었다. 경제의 지속적인 성장과 사실상의 완전고용 상태에서 복지에 필요한 재원은 큰 어려움 없이 조달되었다. 경제성장기에 사회보험료 수입이 문제없이 증가했기 때문이다. 또 제2차 세계대전을 통해 형성되었던 직접세에 대한 높은 세율 또한 거의 그대로 유지된 상태에서, 1953년 프랑스를 시발로 부가가치세(value added tax)가 도입되어 세수기반이 대폭 확대되었다. 복지지출을 위시한 재정지출이 늘어만 갔지만, 세수의 확대로 건전재정이 유지되던 복지자본주의의 황금기였다.

넷째 시기는 1980년대 이후 신자유주의 시기이다. 1970년대 스태그플레이션으로 상징되는 케인즈주의 경제개입의 실패 이후, 정치적 보수주의는 통화주의(monetarism)와 공급중시경제(supply-side economics)를 이론적 무기로 삼아, 복지국가를 공격하기 시작하였다. 통화주의의 메시지는 정부는 정치적 유혹 때문에 왜곡될 수밖에 없는 재정정책을 구사하려 하지 말라는 것이었고, 공급중시경제학은 감세를 통해 경제의 활력을 되찾으라는 것이었다. 미국에서 레이건 대통령의 감세정책에 따라 1980년 70%였던 최고한계소득세율이 1988년 28%까지 떨어진 것은 이 시기를 상징한다. 자본의 국제화도 기존 조세체제의 변화를 야기했다. 1955년에 비해 국제무역이 15배 성장했고, 해외직접투자(FDI)가 8배 이상 증가한 1980년의 상황에서 국가는 더 이상 국제무역과 해외투자에 미칠 영향을 고려하지 않고 자국의 조세정책을 펼칠 수가 없었다.

대처의 영국과 레이건의 미국이 감세에 앞장섰고, 스웨덴을 위시한 유럽의 복지국가들도 이를 따랐다. '세기의 조세 개혁'이라 불리는 스웨덴의 1991년 개혁은 조세개혁의 방향을 상징적으로 나타내 준다. 국가의 조세추출능력은 유지하되 투자와 근로에 보다 중립적인 세제가 되도록 '낮은 세율과 넓은 세원'을 목표로 하였다. 개인소득세율과 법인세율을 대폭 낮추고 누진단계를 축소하는 대신, 각종 조세감면의 폐지와 간접세의 인상, 그리고 죄악세(sin tax)의 도입 등이 이루어진 것이다.[2] 더불어 사회보험료가 기업경쟁력을 약화시키고 해외투자의 장애로 작용하지 않도록, 가장 큰 비중을 차지하는 연금보험료에 법적인 상한선(18.5%)을 설정하여 더 이상 보험료가 오르지 않게 만들고, 보험료를 사용자가 전액부담하던 것에서 근로자와의 동등부담으로 전환하였다. 물론 일부 국가에서 2008년 글로벌 경제위기 이후 최고한계소득세율이 인상되는 경향을 보이고는 있으나, '낮은 세율과 넓은 세원'이라는 1980년대 이후 조세체제의 근본틀은 현재도 그대로 유지되고 있다.

2 — 현대 복지국가 조세체제와 사회보장 재원의 다양성

산업화와 민주화의 여파로 복지국가와 근대적 조세체제가 마치 이란성 쌍생아같이 탄생하였고, 변화하는 환경에 맞추어 발전해 왔다. 그렇다고 모든 나라가 동일한 조세체제를 갖고 동일한 조세개혁을 단행하지는 않는다. 유사한 발전의 패턴을 보이면서도 그 안에 다양성을 함축하고 있다.

먼저 사회보험료를 포함한 넓은 의미의 총조세부담률인 국민부담률이 나라마다 큰 차이를 보인다. 첫째, 대체적으로 스웨덴과 덴마크 등 북구 유럽 국가가 가장 높은 수준을 보이고, 프랑스와 독일 등 유럽대륙 국가들도 이와 유사한 수준의 높은 국민부담률을 보이고 있다. 반면 영미의 자유주의 국가군과 일본은 상대적으로 국민부담률이 낮다. 둘째, 점점 평준화되고 있으나, 직접세와 간접세의 비중 차이도 보인다. 전통적으로 직접세가 발달하였던 미국과 자유주의 국가는 소득세와 재산세(property tax)의 비중이 크고, 판매세 비중이 높았던 유럽의 많은 복지국가들은 부가가치세를 중심으로 한 소비세에 대한 의존도가 상대적으로 높다. 셋째, 사회보험중심으로 사회보장의 틀을 짰던 독일을 위시한 중부 유럽과 많은 남부 유럽 국가들은 사회보험료(혹은 사회보장세)의 비중이 높은 반면, 일반 재정을 통해 기초보장중심의 복지국가를 만들어 갔던 영연방 국가들은 사회보험료의 비중이 상대적으로 낮다.

표 11-1 복지국가별 조세수입 구조의 비교(2020년) (단위: GDP 대비 %)

	소득세 (%)	법인세 (%)	재산세 (%)	소비세 (%)	기타 (%)	사회보험료				조세 부담률 (%)	국민 부담률 (%)
						고용주	피고용자	자영자	계 (%)		
스웨덴	12.4 (29.1)	2.8 (13.1)	0.96 (2.3)	12.2 (28.6)	5.1 (11.2)	6.45	2.62	0.1	9.14 (21.5)	33.46	42.6 (100)
덴마크	25.24 (54.2)	2.62 (5.6)	1.96 (4.2)	14.31 (30.8)	2.35 (5.0)	0.03	0.03	0.00	0.06 (0.13)	46.48	46.54 (100)
독일	10.36 (27.0)	1.65 (4.3)	1.26 (3.3)	9.85 (25.7)	0.01 (0.0)	7.27	6.45	1.49	15.21 (39.7)	23.13	38.34 (100)
프랑스	9.56 (21.0)	2.32 (5.1)	3.98 (8.8)	12.29 (27.1)	2.43 (5.4)	10.08	3.6	1.17	14.85 (37.0)	30.58	45.43 (100)
이탈리아	11.5 (26.8)	2.1 (4.9)	2.46 (5.7)	11.52 (26.9)	1.88 (4.4)	9.04	2.52	1.97	13.54 (31.5)	29.37	42.91 (100)
영국	9.46 (28.9)	2.32 (7.1)	3.86 (11.8)	10.15 (31.0)	0.17 (0.5)	3.99	2.67	0.2	6.86 (20.9)	25.91	32.77 (100)
미국	10.49 (41.1)	1.32 (5.17)	3.05 (11.9)	4.32 (16.9)	0.01 (0.04)	3.14	2.87	0.34	6.35 (24.9)	19.19	25.54 (100)
일본	6.02 (19.2)	3.14 (10.0)	2.63 (8.4)	6.57 (21.0	0.39 (1.2)	6	5.72	1.17	12.9 (41.1)	18.51	31.41 (100)
한국	5.26 (18.8)	3.39 (12.1)	3.98 (14.2)	6.83 (24.4)	0.78 (2.8)	3.52	3.4	0.93	7.84 (28.0)	20.14	27.98 (100)
OECD 평균	8.28 (24.7)	2.68 (8.0)	1.86 (5.6)	10.86 (32.4)	1.24 (3.7)	5.15	3.51	0.93	9.25 (27.6)	24.26	33.51 (100)

주 : 괄호 안은 국민부담률 대비 비율.
자료 : OECD Revenue Statistics.

사민주의 국가 중 덴마크의 조세수입구조는 매우 독특하다. 사회보험료 비중이 매우 낮고 대신 소득세 비중이 상당히 높다. 중소기업중심의 경제구조를 가지고 있는 덴마크는 기업의 경쟁력 확보를 위해 고정비용인 사회보험료 부담을 낮추고, 법인세도 높지 않게 유지한다. 대신 마치 사회보험료처럼 정률(flat rate)의 개인소득세와 소비세를 통해 사회보장비를 충당하고 있다. 대기업중심 경제구조를 가지고 있는 스웨덴에서는 현금이전성 사회보장 프로그램(즉, 실업보험, 질병수당, 부모보험, 연금)은 기업에게만 급여세 형태로 사회보험료를 부과한다. 그리고 모든 소득자에게 정률(약 30%)로 부과되는 지방소득세를 가지고 의료, 요양, 보육, 그리고 교육비를 충당한다.[3] 개인이 부담하는 사회보험료가 타국에 비해 상대적으로 낮은 이유이다.

그림 11-1 EU 국가의 전체 사회보장재원의 하위 재원 구성(2016년 기준)

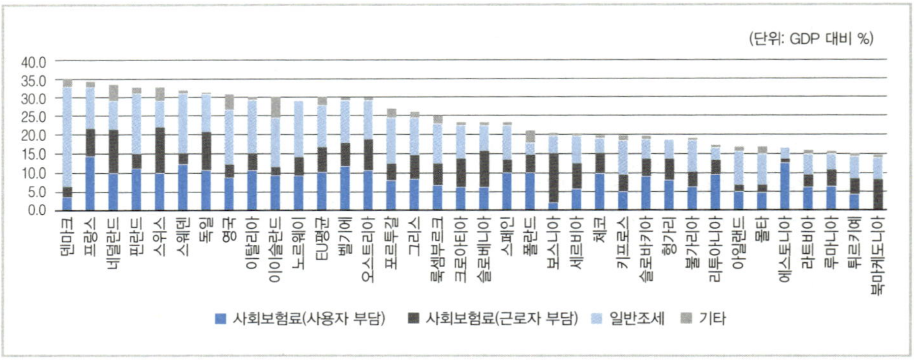

주 : 아이슬란드와 보스니아 헤르체고비나는 2015년 값임.
자료 : 양재진 외(2019). 「사회보장재원 구성에 관한 기초연구」. 연세대 복지국가연구센터 연구보고서. p.25.

복지지출에 동원되는 재원 중에는 사회보장 목적세인 사회보험료 수입이 가장 큰 비중을 차지한다. EU28개국 평균 공공사회지출이 GDP의 29.6%인데, 이 중 55%인 16.2%는 사회보험료가 담당한다. 사회보험료 수입으로 충당이 안 되는 복지지출은 일반세금 수입으로 재원을 마련한다. 사회보험료는 사용자와 근로자가 나눠 부담하는데, EU평균으로는 사용자와 근로자가 6 : 4 정도의 비율로 분담하고 있다. 하지만, [그림 11-1]에서 보다시피, 국가별로 사회보장재원의 구성은 다양하다. 앞서 지적했듯이, 일반조세에 크게 의존하는 덴마크가 있는가 하면, 보스니아와 에스토니아 처럼 사회보험료로 사회보장 재원의 대부분을 마련하는 국가도 있다.[4]

3 — 복지재원별 특성과 경제 · 사회복지적 함의

현대 복지국가는 대부분의 조세수입을 사회복지에 지출한다. 2020년 현재, OECD 34개국의 평균 국민부담률은 GDP의 33.51%이다(〈표 11-1〉 참조). 같은 해 이들 국가의 평균 공공사회복지지출은 GDP의 20%이다. 즉, 조세수입의 약 60%를 복지에 쓴 것이다. 상대적으로 복지지출 규모가 작은 한국도 GDP의 약 28%에 달하는 총조세수입에 공공사회복지지출이 GDP의 12.2%를 기록하고 있다. 조세수입의 43.6%를 복지에 쓰고 있는 것이다. 국가가 거두어들인 돈은 세목을 가리지 않고, 어떤 식으로든 복지에 쓰인다고 보면 된다. 그런데 조세수입뿐만이 아니다. 한 사회의 복지에는 국가를 통하지 않고 민간에서 법에 의해 또는 조세혜택을 통해 복지에 쓰이는 돈들도 상당하다. 공공과 민간으로 나눈 후, 복지재원별로 재분배, 경제, 정치적 함의를 살펴보자.[5]

1) 공공부문

가. 사회보험료(사회보장세, Social Security Tax)

사회보험료(혹은 사회보장세)는 앞서 〈표 11-1〉에서 보듯이, 가장 큰 세목 중의 하나이며, 100% 사회복지에 쓰이는 가장 큰 복지재원이다. 비스마르크의 사회보험제도 도입과 함께 탄생한 사회보험료는 보험료란 이름을 달고 있으나, 소득에 붙는 직접세의 한 종류이다. 보험료 미납 시, 국가는 과태료 부과와 임금과 재산에 대한 가압류 등을 통해 사후 추징하고, 과태료도 부과한다. 피할 수 없는 세금이다. 단, 후술할 소득세나 법인세와 다른 점은 사회복지에 쓰는 목적세이며 누진이 아닌 정률로 부과된다는 점이다. 소득세나 법인세에는 꼬리표가 붙어 있지 않으나, 사회보험료는 해당 프로그램의 사회보장에만 쓰인다. 그리고 개인별로 인식표가 붙어 있다. 예컨대, 우리나라 건강보험의 경우, 2022년 현재 사용주(기업)가 근로자별로 임금의

3.495%를 국가(국민건강보험공단)에 납부한다. 여기에 더해서, 해당 근로자도 자기 임금에서 3.495%를 납부한다. 이렇게 모인 70조 원의 돈을 가지고 연금이나 국방이 아닌 의료보장에만 사용한다. 연금, 산재, 고용보험 등도 같은 원리이다. 목적세(ear-marked tax)인데, 그 목적이 개인의 소득보장이나 복지와 밀접히 연결되어 있기에, 다른 세금보다는 조세저항이 낮고 국민의 수용도가 높다. 게다가 다른 직접세와 달리 누진구조가 아니다. 이유는 사회보험 자체가 애초에 민간시장의 보험을 공공영역으로 끌어들인 것으로, 민간보험회사에 일부의 사람들이 자발적으로 내던 보험료를 국가가 전체국민을 상대로 강제로 징수하는 것이기 때문이다. 누진구조가 아니다 보니, 중산층 이상에서도 수용도가 다른 세금보다는 높다.

반면에, 사회보험료를 부담하는 기업의 입장에서는 법인세에 비해 부담스러운 세목이다. 법인세는 기업의 소득에 매겨지는 세금이기 때문에, 이익이 적게 나면 세부담이 적어지고, 적자가 발생하면 아예 법인세를 납부하지 않아도 된다. 그러나, 고용주 부담분의 사회보험료는 기업의 이익 여부와 상관없이 직원들의 인건비가 지급되는 한, 일정 부분을 사회보험료로 국가에 납부해야 한다. 고용주에게 있어 사회보험료는 급여세(payroll tax)이며 고정비용이 되는 것이다. 기업 간 경쟁이 격화된 세계화 시대에 기업경쟁력을 높이기 위해 사회보험료를 낮추어야 한다는 주장이 사회보험료 비중이 큰 독일 등 유럽대륙 국가들 사이에서 나오고 있다. 또한 사회보험료는 안정된 임노동관계를 전제로 하고 있기에, 비정형적 근로가 점차 일반화되고 있는 현대 노동시장에서는 점차 징수 자체가 어려워지는 세목이기도 하다. 따라서 실제로 사회보험료 비중이 큰 나라를 중심으로 사회보험료가 경감되고 대신 소비세 등을 인상하여 부족분을 메우는 추세로 가고 있다.

나. (개인)소득세(Personal Income Tax)

소득세는 개인의 소득에 부과가 되며, 누진세라는 특징을 갖고 있다. 영국에서 나폴레옹전쟁 중인 1798년에 전비 마련을 위해 처음 도입되었다가 전쟁 후 폐지되고, 미국에서도 남북전쟁이 발발한 1861년에 도입되었다가 종전 후 없어졌다. 영국의 소득세가 최저세율 0.83%에서 최고세율 10%에 불과했고, 미국의 소득세도 3%에 불과했으나 전쟁이라는 비상시국이 아니고는 도입되기 어려운 세목이었다. 그리고 개인별 소득파악이 어려웠기에 일반화되지 못하였다. 그러나 산업화되고 자본주의 임노동관계가 지배적이 된 이후 미국에서 1913년에 최고세율 7%짜리 소득세가 도입되고, 1차 대전 중에는 77%, 2차 대전 중에는 94%까지 최고세율이 인상되어 강한 누진구조를 갖는 주요 세목으로 성장했다.[6]

소득세는 누진구조 때문에 강한 소득재분배효과를 발휘한다. 누진구조가 가파르면 가파를수록 소득세수에서 상위소득계층이 차지하는 비중이 절대적이 되고, 이 돈이 복지로 쓰이면 저소득자들에게 소득이전효과가 커지기 때문이다. 또 높은 소득세율은 정부에게 사회복지적으로 소망스러운 활동을 유인할 수 있는 능력을 높여 주었다. 사회복지성 기부는 물론 의료보험 등 보장성 보험 구매, 개인연금 등 개인 스스로 미래의 사회적 위험에 대비하는 지출에 대해서는 세금을 면해주거나 감해줌으로써 이러한 활동을 촉진했다. 그러나 지나치게 높은 소득세율은 근로와 투자 의욕을 떨어뜨리기에 경제에 미치는 효과는 부정적이다. 게다가 조세감면을 받기 위한 이익집단활동을 유인해, 높은 세율에도 불구하고 날이 갈수록 세수는 줄고 경제활동에 미치는 왜곡효과는 커지는 부작용을 낳는다. 이는 소득세의 강한 재분배효과에도 불구하고 복지에 쓸 수 있는 세원 자체가 줄어드는 부정적인 결과를 낳는다.

다. 법인세(Corporate Income Tax)

기업도 법적으로 인격이 부여된 하나의 개인으로서 소득세의 부과 대상이 된다. 즉, 자연인과 마찬가지로 소득이 발생하면 누진세구조의 법인세를 낸다. 그러나 자연인과 달리 투표권을 갖지 않기에 기업은 증세의 표적이 되기 쉽다. 반면에 숫자가 소수이고 업종/산업별로 조직화가 쉬워 효과적인 로비를 통해 유리한 조세제도를 만들어 내기도 한다. 일반적으로 법인세의 누진구조는 개인소득세의 누진구조보다 단계가 적고 최고세율도 낮다. 다단계에 세율이 높을수록 경제활동을 위축시키기 때문이다. 자본주의 산업화와 함께 기업이 부(wealth) 창출의 주체로 성장하면서 법인세는 주요 세목으로 성장했다. 그러나 세계화가 되어 기업의 이전이 보다 자유로워진 이래로, 자본의 탈출을 막고 기업의 유치를 위해 법인세율은 경쟁적으로 하향조정되고 있다. 따라서 기업의 성장에도 불구하고 세수비중은 1980년대 이래로 크게 변동이 없이 개인소득세나 사회보험료의 1/3 수준을 유지하고 있다.

라. 재산세(Property Tax)

사회보험료(사회보장세), 개인소득세, 그리고 법인세가 소득에 부과되는 세금이라면, 재산세는 재산의 취득, 소유, 가격의 증가를 과세대상으로 하는 조세이다. 상속과 증여 같은 동적(動的) 재산세도 포함되나, 토지, 건물, 가옥 등의 부동산에 대한 과세가 가장 큰 비중을 차지한다. 가장 오랜 역사를 가지고 있는 세금이며, 영국 미국 등 앵글로색슨 국가에서 지방정부의 가장 중요한 세원이기도 하다. 재산의 유무와 크기에 따라 세액이 결정되므로, 소득세와 함께 소득재분배효과가 큰 세목이다.

그러나 고령화 사회에서 조세저항이 가장 큰 세목으로 매우 정치적인 세금이다. 재산 소유자들은 청장년보다는 중년층 이상들로, 20~30년 동안 노동시장에서 열심히 벌어 조금씩 재산을 형성한다. 이후 은퇴하게 되면 재산은 가지고 있으나 소득은 현격하게 줄게 된다. 소득이 없는 은퇴자들에게 높은 수준의 재산세는 큰 부담이며 조세저항을 야기한다. 게다가 재산에 대한 보유세는 재산의 가치를 어떻게 평가하느냐에 따라 실제 세액이 크게 차이가 난다. 실거래가로 평가하는 게 원칙이나, 거래가 수년간 혹은 수십년간 일어나지 않는 경우가 비일비재한 상황에서 정치적으로 재산의 가치가 결정된다. 캘리포니아 주민발의 13(California Proposition 13)은 고령화 사회에서 재산세에 대한 조세저항과 이후 재산의 과세표준과 세율 결정의 정치성을 보여주는 상징적 사건이라 할 수 있다.[7]

마. 소비세(Consumption Tax)

소비세는 재화와 서비스에 대한 소비의 규모를 담세력(擔稅力)으로 추정하고 과세하는 세금이다. 크게 일반소비세와 개별소비세로 나뉘는데, 일반소비세는 모든 재화와 용역에 대해 일률적으로 동일 세율을 부과하는 것으로 부가가치세가 대표적이며, 개별소비세는 특정한 재화와 용역에 특정 세율을 부과하는 것으로 술에 부과되는 주세나 고급 사치품에 부과되는 고율의 특별소비세 같은 것이 예가 되겠다. 개별소비세 중에 죄악세(Sin Tax)는 환경이나 사회적으로 소망스럽지 않은 재화와 서비스에 징벌적 세금을 부과하는 조세이다. 유류(油類)세, 주세, 담뱃세, 도박세 등이 포함된다. 부가가치세는 최종소비가 아닌, 상품의 생산과 거래 단계별로 발생한 부가가치에 대해서만 동일한 세율의 세금을 부과하는 것으로, 세원을 대폭 확대하면서도 경제활동의 왜곡을 최소화한 혁명적인 세금으로 평가받는다.[8] 부가가치세는 사회보험료와 함께 현대 복지국가의 재정적 기반을 제공한 세목으로 꼽을 수 있다.

그러나 소득이 없어도, 재산이 없어도 소비하게 되면 세금을 내야 하기에, 사회복지계에서는 일반소비세에 대해 오랫동안 역진적이라며 거부감을 갖고 있다. 즉, 부자가 더 높은 세율로 세금을 많이 내야 하는데, 소비세는 가난한 사람이(절대액은 낮겠지만) 소득 대비 생필품지출 비율이 높기에 결과적으로 부자보다 소득 대비 더 높은 세율을 부담하게 된다는 이유에서이다.

하지만 소비세는 유럽 복지국가에서 가장 큰 세목이다. 소비세가 전부 사회복지에 쓰이는 것은 아니나, 소득세와 법인세 그리고 사회보험료가 경제행위에 마이너스로 작용하기에 이들 비중은 줄이거나 더 늘지 않게 하면서, 모자란 세수를 소비세로 충당해 온 게 일반적인 경향이다. 소비세는 소비를 위축시키는 단점이 있으나, 소득파악도 재산평가도 필요 없고, 투자와 근로에 미치는 영향도 간접적인 세금으로 가장 경제활동에 중립적인 세목으로 꼽힌다. 그리고 소비세는 소득세, 재산세 등 직접세와 달리 현시성(visibility)이 낮아 국민들의 증세 순응도가 상대적으로 높은 세목이다. 소비세 부담은 결국 소비자가 하는 것이지만, 소비세의 납부의무자는 개별 소비자가 아닌 판매자(사업자)가 된다. 게다가 소비를 해야만 세금을 내는 것이기에, 소비세율 인상에 대해 소비를 자제하는 식으로 회피할 수 있다. 한편 죄악세의 인상은 사회적으로 명분이 있다. 부가가치세와 죄악세의 강화를 통해 세수를 확보하는 것은 복지국가의 일반적 경향이라 하겠다.

2) 민간부문

가. 기업복지비

현대 자본주의 사회는 법인격을 갖는 기업이 경제활동의 주체로서 생산을 담당한다. 복지국가의 공공복지사업을 가능케 하는 재원 마련에서도 일익을 담당한다. 사회보험료와 법인세 납부가 그것이다. 이외에도 기업은 각종 복리비를 국가에 혹은 종업원에게 지급한다. 법령에 따라 의무적으로 부담하는 복리비는 법정민간복리비라 부르고, 나머지는 자발적 민간복리비로 부른다. 법정민간복리비는 나라마다 다르나, 우리나라의 예를 들면, 근로기준법에 따라 고용주가 부담해야 하는 퇴직금과 퇴직연금, 그리고 출산전후휴가급여 등이 해당된다.

기업이 부담하는 사회복지성 자발적 민간복리비는 점심 식대, 출퇴근 버스 제공부터 사택 제공, 주거비, 의료비, 자녀교육비, 기업연금 제공 등 매우 다양하다. 단체협상에 의해 제공되기도 하고 고용주의 판단에 의해 우수인력의 채용과 유지를 위해 제공되기도 한다. 국가는 기업을 통해 근로자 복리를 증진시키고자 각종 세제혜택을 부여한다. 미국의 경우, 전체 임금근로자의 약 60% 정도가 고용주가 부담하는 민간의료보험에 가입되어 있고, 401K라 불리우는 사적 연금에도 폭넓게 가입되어 있다. 1930년대 복지자본주의(Welfare Capitalism)의 유산인데, 국가에 의한 노사관계 개입과 시장 개입에 반대한 산업자본가들과 민간보험회사는 공적 연금과 국가의료보험의 도입에 반대함과 동시에 기업이 제공하는 연금과 의료보험을 확대시켰다. 정부는 여기에 세제혜택을 부여해 간접적인 지원에 나섰다. 우리나라의 경우도, 1991년 사내복지기금법을 제정해, 기업순이익의 5%를 기금으로 적립하는 경우 손비인정(법인세 면제) 혜택을 주고, 사내복지기금에서 지출되는 금액에 대해서는 수령자인 종업원의 소득세도 면세혜택을 주어, 기업복지를 활성화시키고 있다.

나. 기부금

시민사회에서 자발적으로 사회복지활동을 하는 비영리단체가 많을수록 그 사회의 사회복지 총량은 늘어난다. 비영리단체는 국가로부터 보조금을 지원받고 공적으로 사회복지 전달을 담당하기도 하지만, 재원의 상당 부분은 기업, 재단, 독지가의 기부에 의존한다. 표준화와 공식화를 요구하는 국가보조금과 달리, 민간기부금을 활용하는 경우 비영리단체는 특수욕구에 부응하는 다양하고 창조적인 서비스를 제공할 수 있는 장점이 있다. 그러기에 대부분의 국가에서는 사회복지성 기부금에 대해 폭넓게 세제혜택을 부여한다. 그러나 기부금에 의한 복지는 중복과 구멍(loophole)이 단점으로 지적된다. 조세혜택이 주어졌으므로 기부금의 일정 부분은 국고가 매칭된 것으로 이해해도 되는데, 기부금을 활용한 복지사업의 대상과 내용은 전적으로 기부자와 해당 비영리단체에서 결정한다. 개별적인 의사결정의 합이 사회 전체적으로 최대의 효용을 낳는 것은 아니기에(즉, 의사결정의 무정부성으로 인해), 유행을 좇은 활동으로 중복의 문제가 발생할 수도 있고, 그 결과 필요한 복지공급이 이루어지지 못하는 문제도 발생한다.

다. 사용자 부담금

사회서비스 수혜자들이 서비스 이용 시 납부해야 하는 돈을 뜻한다. 우리나라 건강보험의 본인부담금이 대표적인 예이다. 사용자 부담금은 무상서비스에 필연적으로 동반되는 오·남용의 도덕적 해이를 방지하기 위해 실시되나, 정부의 재정부담을 완화하는 효과도 작지 않다. 사용자 부담금은 수혜자의 권리의식을 높여주고, (저소득자 대상 복지서비스의 경우)낙인효과(stigma)도 줄여주는 장점이 있다. 반면에 저소득층은 사용자 부담금이 부담스러워 이용을 억제시키는 부작용이 있다. 이 문제를 완화하기 위해 소득 수준에 따라 사용자 부담금을 달리하는 차등적 사용자 부담금제(sliding scale fee)도 설계가능하다.

라. 사적 이전

과거에는 가족과 친족들 간에 제공되던 사적 부조의 규모가 컸다. 공적 연금, 건강보험, 장기요양서비스가 도입되기 전에는 노인복지의 대부분을 가족이 제공했다. 아직도 노인복지와 아동복지에 있어 가족 간 부조가 큰 역할을 담당하고 있다. 가족 간 소득이전(생활비지원)과 보살핌 서비스의 제공은 관료제의 병폐를 줄이고, 운영비 등 거래비용의 감소, 가족애에 기반한 성심서비스의 제공 등 장점이 크나, 개인주의와 핵가족화 나아가 탈가족화가 진행되는 현대 사회에서 미래 대안은 되지 못하는 한계가 있다.

이 밖에도 민간의료보험 등을 통해 시장에서 피보험자 간 사적 이전이 이루어지고 있다. 사회보장에 대한 수요가 일정하다고 할 때, 공적 보험과 사적 민간보험은 서로 대체관계에 있다. 공적보험이 발달하면, 민간보험을 통한 사적 이전규모는 줄어들고, 공적 보험이 발달하지 못하면 민간보험의 사적 이전규모가 커진다. 대체로, 자유주의 복지국가에서는 중산층을 만족시키는 사회보험 프로그램이 발전하지 못하므로, 민간보험시장의 규모가 크고, 유럽의 국가들에서는 민간보험시장의 규모가 상대적으로 작다. 그러나 복지국가의 재정문제가 불거지면서, 대부분의 국가에서 사회보장의 책임을 점차 축소하거나 책임의 한계를 설정하고, 대신에 민간보험시장을 키우고 있다. 이러한 경향은 고령화 사회의 도래와 함께, 국가의 재정부담을 크게 야기하고 있는 연금분야에서 두드러지게 나타나고 있다. 다층체계의 구축을 목표로 하면서, 공적 연금의 규모를 축소하고, 대신에 개인책임하 사적 연금의 활성화를 도모하고 있다.

4 — 복지재정 분담과 지방 이양

점차 많은 공공사회복지 프로그램이 지방정부를 통해 국민에게 전달되고 있다. 지방정부는 이 비용을 어떻게 마련하는가? 지방재정제도는 크게 중앙집권형과 지방분권형으로 나뉜다. 영국이나 한국같이 중앙집권형 제도를 채택하고 있는 국가들은 지방정부의 자체세원이 부족하여 세입 중 상당 부분을 중앙정부로부터 보조금 또는 교부금의 방식으로 충당한다. 반면 미국과 독일 등 연방국가들은 지방분권형으로 분류되며 지방정부가 자체세원을 가지고 있고, 복지지출에 있어 지방정부의 자율성이 상당하다. 그러나 지방재정제도의 유형에 상관없이 대부분 국가에서 지방정부의 복지 전달 책임이 크다는 것이다. 특히, 국가적 표준화가 필요하고 전달시스템의 모니터링이 불필요한 연금 등 현금이전성 사회보험사업의 경우는 중앙정부가 담당하는 경향이 크지만, 지역 수요를 반영해야 하고 서비스 전달의 모니터링이 필요한 공적 부조와 사회서비스의 경우에는 지방정부가 집행하는 경향성이 강하다.[9]

징세권의 소재와 사회복지 집행자가 일치하는 것이 이상적이다. 스웨덴의 경우가 대표적인데, 연금, 질병수당, 부모보험은 중앙정부가 관리하고 중앙정부가 거둔 사회보험료로 충당한다. 지방정부는 평균 31%에 달하는 지방소득세를 걷고, 이를 가지고 광역자치단체라 할 수 있는 란드스팅은 의료서비스를, 기초자치단체인 코뮨은 교육, 보육 및 요양 서비스를 책임진다. 여기에 지방정부 간 세입능력의 격차를 보정하기 위해 중앙정부의 국세수입의 일부는 세수가 부족한 지방에 이양한다.

그러나 이처럼 징세권과 사회복지 프로그램 운영의 책임이 일치하는 경우는 예외적이다. 대부분의 국가에서, 중앙집권형이냐 지방분권형이냐에 따라 정도의 차이는 있으나, 재정력이 우월한 중앙정부가 지방정부의 복지사업에 보조금을 지급하는 식으로 재원이 이전된다. 크게 특정보조금(Categorical Grant)과 포괄보조금(Block

Grant)의 두 가지 방식이 있다. 특정보조금은 '꼬리표'가 달린 보조금으로, 중앙정부가 지방정부에 보조금을 지급하면서 프로그램의 목적, 대상, 급여 수준, 그리고 전달체계 등을 비교적 구체적으로 명시한 보조금이다. 국가적 표준화와 최소한의 질적 수준을 보장할 수는 있으나, 지방정부의 자율성을 침해하여 지역적 특수성에 입각한 정책을 펼치기 어려운 단점이 있다. 포괄보조금은 꼬리표가 없는 보조금으로 복지사업이란 느슨한 조건만 부여하고, 프로그램의 설계와 시행에 지방정부의 자율성을 부여하는 경우를 지칭한다. 포괄보조금제도가 바람직하지만, 성공적으로 운영이 되려면 지방정부의 정책입안능력과 집행의 효율성이 요구된다.

우리나라의 경우도 2008년 약 22조 원(전체지방정부예산의 19.9%)에 이르던 지방정부의 사회복지지출규모가 2018년 약 61조 2,413억 원(전체지방정부예산의 29%)으로 증가할 정도로, 사회복지에서 차지하는 지방정부의 역할이 커지고 있다. 지방정부 복지사업 중 78.4%는 국고보조사업이고, 나머지 20% 정도가 자체예산으로 시행하는 자체사업이다.[10] 지방정부 입장에서 국고보조금은 매우 중요한 재원인 것이다. 대표적인 국고보조사업은 기초노령연금, 국민기초생활보장제도의 생계급여와 의료급여보조, 영유아보육료, 가정양육수당, 보육돌봄서비스, 장애인연금, 그리고 노인일자리운영 등이다. 우리나라 국고보조사업은 특정 보조금 방식이라 할 수 있다. 자금의 용도가 지정되어 있으며, 지방정부가 매칭으로 공동부담해야 하는데, 지방정부의 재정능력에 따른 차등보조율이 적용된다.[11]

5 — 복지재원 부담 주체에 따른 사회복지지출의 이해

다음의 [그림 11-2]는 복지재원 부담 주체별(일반정부, 사회보험기금, 민간)로 복지지출을 구분하고 각기 다른 기준에 의해 사회복지지출을 재정의한 그림이다. 국제비교에서 가장 많이 쓰는 복지지출은 공공사회복지지출(Public Social Expenditure)이다. 공공사회복지지출은 국가가 공적으로 시행하는 복지 프로그램에 쓰이는 비용을 뜻한다. 공적 사회복지 프로그램에는 국민연금처럼 사회보험기금에서 비용이 지불되는 것이 있는가 하면, 같은 연금이라도 기초연금처럼 일반정부(중앙정부+지방정부)

의 예산에서 지불되는 것도 있다. 어찌되었든 공공사회복지지출은 정부의 일반예산과 국가에서 운영하는 사회보험기금에서 지불되는 비용을 합한 것이다. 앞서 지적한 대로, 대부분의 국가에서 일반예산보다는 사회보험급여 형태로 이루어지는 복지지출이 훨씬 더 크다. 우리의 경우도 마찬가지다. 2018년을 보면, 중앙정부와 지방정부의 일반예산 복지사업 지출이 80.3조 원인 반면, 사회보험에서 126.5조 원이 지출되었다.[12]

그림 11-2 복지재원 부담 주체별 사회복지지출 구분

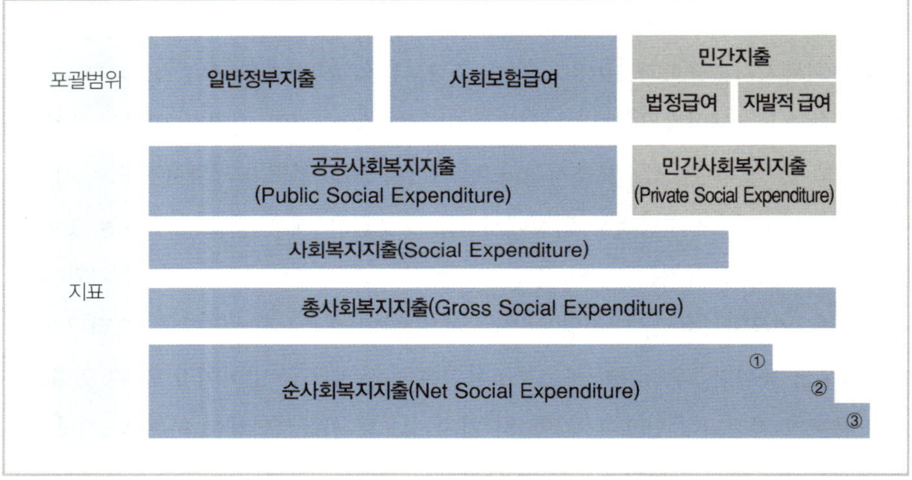

자료 : 김현아(2013). "사회복지지출(SOCX) 추계에 관한 소고." 「재정포럼」. p.52.

그러나 복지지출이 국가 호주머니에서만 나오는 것은 아니다. 앞서 언급했듯이, 사회보장제도가 완비되기 전에 복지비용은 교회나 기업 그리고 독지가에 의해서 충당되었었고, 공공부문이 성장하면서 상대적으로 위축이 되었으나 아직도 민간부문에서 복지재원이 많이 나오고 있다. 민간부분의 복지지출은 크게 국가가 강제하는 법정급여지출과 의무사항은 아니나 세제혜택 등의 유인에 의한 자발적 급여지출로 나누어진다. 우리나라의 경우, 근로기준법에 의해 고용주가 부담해야 하는 퇴직금과 퇴직연금, 그리고 산전후 휴가급여(혹은 출산휴가급여)가 대표적인 사례다. 2018년 현재 법정민간사회복지지출은 총 17.9조 원으로 추계되고 있다. 이 중 퇴직금과 퇴직연금 지출이 13.34조 원으로 가장 큰 비중을 차지하고 있다. 자발적 민간사회복지지출은 기업의 자발적 복지와 사회공헌활동 그리고 제3섹터(사회복지시설, 민간모금기관, 사회적 기업 등)에서 나오는 사회복지성 지출을 뜻한다. 우리나라의 자발적 복지지출은 2018년 36.3조 원으로 법정민간지출보다 그 규모가 크다. OECD는 퇴직(연)금과 같이 나라 호주머니를 거치지는 않지만, 법으로 강제되어 지급되는 법정민간사회복지지출(Mandatory Private Social Expenditure)과 공공사회복지지출을 합쳐서 사회복지지출(Social Expenditure)이라고 부른다. 그리고 여기에 자발적 민간사회복지지출(Voluntary Private Social Expenditure)을 더하여 총사회복지지출(Gross Social Expenditure)이라 정의한다. 2018년 우리나라의 총사회복지지출은 262.6조 원이다.[13]

그런데 위의 복지지출과 급여는 조세가 개입하기 이전의 상태이다. 시장소득(Market Income before Tax and Transfer) 대비 가처분소득(Disposable Income after Tax and Transfer)이라는 개념이 있고, 가처분소득이 실제소득을 더 잘 나타내는 개념이듯, 조세제도 개입 이후의 실제복지급여의 총합인 순사회복지지출(Net Social Expenditure)이 복지지출의 현실을 잘 반영한다. 앞의 [그림 11-2]의 ①은 총사회복지지출에서 국가가 복지급여에 세금을 부과해 다시 환수해 간 것을 제한 순사회복지지출을 의미한다. 예컨대, 연금급여에 소득세를 부과해 환수해 간 것이나 복지급여를 받은 사람들이 재화나 서비스 구매 시 부가세를 지불한 것 등을 제한 것이 된다. ③의 경우는 총사회복지지출에 국가가 조세혜택을 부여한 액수를 더한 것을 의미한다. 국가는 기업이나 일반 국민들의 소득에 법인세나 소득세를 부과하는데, 기업이나 일반 국민들이 복지를 위해 지출한 만큼 소득이 발생하지 않은 것으로 간주하여 법인세나 소득세를 감면해 준다. 예컨대, 기업이 자기 근로자를 위해 의료비, 주거비, 혹은 교육비를 지원하거나 개인이 개인연금 같은 것을 구매했을 경우, 일정 한도 내에서 세금을 깎아준다. 국가 입장에서는 받아야 할 세금을 받지 않았기에 그만큼 지출이 발생한 것과 대동소이하다. 따라서 이러한 조세혜택을 조세지출(Tax Expenditure)이라 부른다. 결국, ③의 경우는 복지급여에 세금을 매겨서 환수한 액수보다 조세지출의 규모가 크면 발생한다. ②의 경우는 환수액과 조세지출 규모가 동일한 경우로 이해하면 되겠다.

그런데 국가마다 복지급여에 대한 세금환수액과 조세지출 규모가 다 다르다. 일반

표 11-2 공공사회복지지출과 순사회복지지출의 변화 국제 비교(2011년) (단위: GDP 대비 %)

	스웨덴	덴마크	독일	오스트리아	프랑스	이탈리아	미국	일본	한국
공공사회 복지지출(A)	27.2	30.05	25.54	27.69	30.05	27.53	18.97	23.06	8.99
법정민간 사회 복지 지출(+)	+0.37	+0.22	+1.22	+0.87	+0.32	+1.43	+0.30	+0.67	+1.21
임의민간 복지지출 (+)	+2.83	+4.88	+1.96	+1.14	+3.28	+0.80	+10.54	+2.99	+1.44
조세혜택(+)	+0.0	+0.0	+1.78	+0.15	+1.11	+0.76	+2.04	+0.45	+0.58
조세징수(-)	-5.83	-9.03	-4.48	-5.51	-4.42	-5.11	-1.73	-1.58	-0.62
순사회복지 지출(B)	24.58	26.13	25.32	24.26	31.18	25.38	28.78	25.58	11.62
변화율 {(B-A)/A} x 100	-9.66%	-13.05%	-0.84%	-12.4%	0.83%	-7.83%	+51.73%	+10.9%	+29.21%

주 : 순사회지출(B)=공적 사회지출(A)+법정민간복지지출+임의민간복지지출+(사회복지성 지출에 대한)조세감면-(사회복지성 급여에 대한)직/간접 조세징수액

자료 : Yang, Jae-jin(2017). *The Political Economy of the Small Welfare State in South Korea*. New York : Cambridge University Press. p.36.

적으로는 세금환수액이 더 많아서 총사회복지지출보다 순사회복지지출이 적다. 대표적으로 스웨덴, 덴마크 등 사회민주주의 국가들이 이에 해당한다. 반면 미국의 경우는 사회복지성 민간지출에 대한 조세감면 혜택을 많이 부여하고, 세금으로 환수하는 액수가 적어 총사회복지지출보다 순사회복지지출이 상당히 크다(〈표 11-2〉 참조). 공공사회복지지출에서는 스웨덴보다 지출 규모가 훨씬 작았던 미국이 순사회복지지출에서는 스웨덴을 앞서는 것에 주목할 필요가 있다. 한국도 미국만큼은 아니지만, 동일한 패턴을 보인다. 스웨덴과 덴마크가 되도록 민간의 자원을 국가 호주머니로 끌어들였다가 공공복지를 통해 재분배하는 경향이 크다면, 미국과 한국은 조세제도를 통해 민간에서 스스로 복지성 지출이 발생하게 유인하는 경향이 상대적으로 크다 하겠다.

6 — 한국의 사회복지 프로그램과 재원 조달과 개혁과제

우리나라의 복지재정은 크게 사회보험기금, 중앙정부예산, 그리고 지방정부예산의 3개 영역으로 나누어진다. 사회보험기금은 국민연금과 공무원, 사학, 군인의 특수직역연금, 건강보험, 고용보험, 산재보험, 그리고 노인장기요양보험 사업의 재원

표 11-3 한국 복지재정 3대 영역별 복지 프로그램

영역	구분		세부항목
중앙정부	사회보험		• 공적 연금 • 특수직역연금 • 건강보험 • 고용보험 • 산재보험 • 노인장기요양보험
	공공부조		• 기초생활보장 • 기초연금 • 자활지원
	사회복지서비스	아동	• 아동청소년 복지서비스
		장애인	• 장애인 복지서비스 • 장애인 특수학교 운영지원
		노인	• 노인복지서비스
		가족	• 한부모가족 지원 • 건강가정지원센터 지원 • 보육사업
		여성	• 여성복지(여성권익증진) • 여성복지단체 지원 등
		기타	• 사회복지협의회 지원
	보건의료		• 정부부문의 보건의료비(시설 · 장비 포함)
	국가보상		• 국가보훈 대상자 보상금 및 교육, 단체, 의료지원
	적극적 노동시장 프로그램		• 일자리창출 지원 정책 • 청년실업 대책 • 고용안정서비스
	조세지출		• 근로자 · 농어민 등에 대한 사회복지성 조세혜택 • 기부금 등 관련
	취약계층요금감면		• 공기업이 제공하는 교통 · 통신 요금 감면제도 • 공 · 농 입장료 감면
	예산편성기준 외 사회복지지출		• 법률지원 • 인터넷 교육서비스 등
지방정부	사회복지예산		• 국고보조금에 대한 부담금 사업(새터민, 유아교육 · 공보육) • 청년수당 등 자체예산사업
	조세지출		• 사회복지시설 취 · 등록세, 재산세 감면

자료 : 고경환 외(2011). 「2009년도 한국의 사회복지지출추계와 OECD국가의 장애인소득보장체계 비교」. 한국보건사회연구원 정책보고서 2011-17. p.32의 〈표 2-3〉을 수정보완함.

을 담당한다. 그러나 이들 프로그램의 비용이 전적으로 사회보험기금에서만 충당되는 것은 아니다. 기본적으로 사업비는 노사가 공동으로 부담하는 보험료로 충당되나, 공단운영비는 정부예산으로 지원된다. 건강보험의 재원 조달에는 국고와 개인부담금이 추가로 동원된다. 건강보험 수입의 약 85%는 보험료 수입이고 나머지 15%는 국고보조금이다. 국고보조금은 여러 재원을 통해 마련되는데, 담배세에 붙는 국민건강진흥기금 부담금이 큰 역할을 한다. 또 의료서비스 이용 시 이용자가 부담하는 본인부담금도 부가된다.

중앙정부예산으로는 공공부조(기초생활보장제도, 기초연금 등), 각종 사회복지서비스, 보건의료(국립병원, 보건소 등), 적극적 노동시장정책(청년실업 대책, 고용안정서비스 등), 취약계층에 대한 각종 요금감면(공기업이 실시하는 전기 · 교통 · 통신요금 인하도 포함), 사회복지성 조세지출, 그리고 지방정부 복지사업에 대한 보조금 등이 실시된다. 이들 예산은 소득세, 법인세, 재산세, 소비세 등 사회보험료를 제외한 일반 세금징수로 마련된다.

지방정부예산으로는 국고보조사업에 의한 사회서비스(공보육 등)와 자체복지사업(출산 장려금, 청년배당, 청년수당 등)이 실시된다. 지방정부의 재정자립도가 낮기 때문에 자체복지사업이라 하여도 상당 부분은 일종의 포괄보조금으로 '꼬리표'가 달리지 않은 채 중앙에서 지방으로 이양되는 지방교부세(혹은 지방교부금)에 의존해 실시가 되고 있다.

복지 프로그램별로 복지재정의 원천을 살펴보면, 한 개의 부담주체에서 나오는 것이 아니라, 혼합되어 프로그램들이 실시되고 있는 것을 알 수 있다. 예컨대, 2018년의 경우 OECD에서 '노령'으로 불리는 고령자복지사업의 경우(대부분 연금지출), 사회보험에서 38.8조 원이 지출되고, 중앙정부에서 9.3조 원, 지방정부가 5.2조 원(기초연금 지방정부 매칭 약 4조 원 + 자체사업 1.2조 원), 그리고 공기업에서 0.7조 원이 지원되어서 운영된다. 실업급여(구직급여)의 경우, 100% 고용보험에서 재원이 나오지만, 적극적 노동시장정책의 경우는 사회보험에서 2.3조 원, 중앙정부예산에서 2.5조 원, 지방정부에서 0.9조 원이 조달되어 필요재원이 마련된다.[14]

우리나라는 현재 다른 OECD 국가의 재정상태와 비교해 볼 때, 위기상황이라고 할 수 없다. 그러나 미래가 낙관적이지도 않다. 일반정부(중앙+지방정부) 재정수지는

표 11-4 OECD 사업 기준에 따른 재원분담

<table>
<tr><th colspan="2">우리나라 중앙정부
사회복지 분야 총세출예산</th><th colspan="7">OECD SOCX 공공사회복지지출</th></tr>
<tr><th rowspan="2">부문
(12개)</th><th rowspan="2">금액</th><th rowspan="2">부문
(9개)</th><th colspan="3">국가</th><th rowspan="2">사회
보험</th><th rowspan="2">공기업</th><th rowspan="2">합계</th></tr>
<tr><th>중앙
정부</th><th>지자체</th><th>소계</th></tr>
<tr><td>기초생활보장</td><td>7.9</td><td>노령</td><td>3.7</td><td>1.9</td><td>5.5</td><td>24.5</td><td>0.5</td><td>30.5</td></tr>
<tr><td>취약계층지원</td><td>1.4</td><td rowspan="2">유족</td><td rowspan="2">1.5</td><td rowspan="2"></td><td rowspan="2">1.5</td><td rowspan="2">1.5</td><td rowspan="2">–</td><td rowspan="2">2.9</td></tr>
<tr><td>공적 연금</td><td>31.3</td></tr>
<tr><td>보육 · 가족 및 여성</td><td>3.4</td><td>근로무능력</td><td>2.1</td><td>2.7</td><td>4.9</td><td>3.5</td><td>0.2</td><td>8.6</td></tr>
<tr><td>노인 · 청소년</td><td>4.1</td><td>보건</td><td>7.4</td><td>3.2</td><td>10.6</td><td>41.2</td><td>–</td><td>51.8</td></tr>
<tr><td>노동</td><td>13.1</td><td rowspan="2">가족</td><td rowspan="2">5.2</td><td rowspan="2">9.1</td><td rowspan="2">14.3</td><td rowspan="2">0.6</td><td rowspan="2">–</td><td rowspan="2">14.9</td></tr>
<tr><td>보훈</td><td>4.1</td></tr>
<tr><td>주택</td><td>19.0</td><td>적극적 노동시장</td><td>2.9</td><td>–</td><td>2.9</td><td>1.1</td><td>–</td><td>4.0</td></tr>
<tr><td>사회복지일반</td><td>0.6</td><td>실업</td><td>–</td><td>–</td><td>–</td><td>3.7</td><td>–</td><td>3.7</td></tr>
<tr><td>보건의료</td><td>1.6</td><td rowspan="2">주거</td><td rowspan="2">–</td><td rowspan="2">–</td><td rowspan="2">–</td><td rowspan="2">–</td><td rowspan="2">–</td><td rowspan="2">–</td></tr>
<tr><td>건강보험</td><td>6.0</td></tr>
<tr><td>식품의약안전</td><td>0.2</td><td>기타</td><td>6.6</td><td>1.8</td><td>8.3</td><td>–</td><td>0.01</td><td>8.4</td></tr>
<tr><td>합계</td><td>92.6</td><td>합계</td><td>29.3</td><td>18.8</td><td>48.0</td><td>76.1</td><td>0.7</td><td>124.8</td></tr>
</table>

주 : 1) 2012년 기준임.
2) 지자체는 광역자치단체와 기초자치단체의 국고사업에 대한 매칭펀드(보건복지부와 교육부는 포함, 고용노동부와 여성가족부는 제외)와 자체사업비를 포함함.
3) 사회보험의 경우 노령은 국민연금, 공무원연금, 사학연금, 군인연금의 노령연금, 유족은 유족연금, 근로무능력(incapacity)부문은 공적연금과 산재보험의 (장애)연금, 보건부문은 건강보험, 장기요양보험과 산재보험의 의료비 부분, 적극적 노동시장 및 실업부문은 고용보험으로 구성됨.
4) 공기업은 철도 · 지하철 요금, 고속도로통행료 TV수신료 등의 감면으로 구성됨.

자료 : 한정수(2015). 「부문별 사회복지지출 수준 국제비교평가」 국회예산정책처 사업평가 15-02(통권 337호). p.8.

2000년 이후 2002년(5.1조 원 흑자), 2003년(1.0조 원 흑자) 및 2007년(6.8조 원 흑자)를 제외하면 지속적으로 적자를 나타내고 있다. 2009년에는 글로벌 금융위기에 따른 경제 위축과 대규모 추경발행으로 인해 43.2조 원의 대규모 적자가 발생하였다. 2010년에 적자규모가 크게 줄기는 했으나, 이후 지속적으로 재정은 적자를 벗어나지 못하고 악화일로를 걷고 있다. 게다가 2017년 집권한 문재인 정부는 건전재정이 아닌 확대재정을 정부재정운용의 원칙으로 삼고, 코로나 경제위기 국면에서 복지지출을 포함한 정부재정지출을 적극적으로 늘려왔다. 그 결과, 2016년 GDP 대비 36%였던 국가채무 비율은 2021년 47%까지 올라갔다. 재정수지의 악화는 앞으로도 초고령화사회로 진입하고 복지지출이 늘어나면서 심해질 수밖에 없기에, 사회보장제도의 지속가능성에 의문이 제기되고 있다.

재정적자구조가 고착화되면, 복지재원 마련이 어렵고, 사회복지사업들이 축소되거나 부실운영될 수밖에 없다. 2016년 누리과정 사태에서 보듯, 부족한 예산을 누가 메워야 하는가를 두고 중앙정부와 지방정부가 줄다리기를 하는 것은 결국 복지재정의 고갈에서 비롯된 문제이다. 복지재정문제를 해결하려면, 첫째, 정부지출을 합리적으로 통제하고 기존 가용재원을 합리적으로 사용해야 한다. 예컨대, 고용주가 사실상 세금처럼 의무적으로 부담하는 퇴직(연)금 부담금(임금의 8.33%)을 국민연금 보험료로 전환하여 부족한 재원을 충당하는 퇴직금전환금제도 등의 재도입 등을 고려할 필요가 있다. 둘째, 복지증세를 고민해야 한다. 정치적으로 조세저항을 야기하지 않고, 경제적으로는 충격이 최소화되는 방향으로 증세를 이루어야 한다. 사회보험료와 부가가치세의 점진적 인상, 죄악세의 대폭적 활용, 소득세는 세율인상은 자제하되 인플레이션에 따른 과표구간 조정을 미루어 최대한 누진구조의 상단으로 납부자를 유인하는 증세전략이 필요하다 하겠다.[15] 셋째, 중앙-지방 간 재원분담구조를 합리화해야 한다. 전국적으로 표준화가 가능한 기초연금 같은 현금이전성 급여는 중앙에서 프로그램 개발과 운영 및 재원마련까지 책임지고 실시해야 한다. 지역별 수요를 프로그램 설계에 반영하고 서비스 전달과정에 모니터링이 필요한 사회서비스는 지방정부가 책임을 지고 운영과 재원을 동원해야 할 것이다. 이는 지방정부의 징세권이 대폭 확대되어야 함을 의미한다. 중앙정부는 표준화와 최소 기준의 설정 그리고 재정자립도가 낮은 지방정부에 대한 보조 등에 역할을 한정하는 것이 바람직하다.

1 Steinmo, Sven(1993). *Taxation and Democracy: Swedish, British and American Approaches to Financing the Modern State*. New Haven: Yale University Press. 양재진 · 민효상(2013). "한국 복지국가의 저부담 조세체제의 기원과 복지 증세에 관한 연구." 「동향과전망」 88에서 재인용.

2 소득세 최고세율 73%에서 51%로 인하, 법인세는 57%에서 30%로 인하, 자본소득(금융소득, 사업소득)을 30% 정률의 분리과세화, 이산화탄소세 등 환경세의 도입, 부가가치세 대상 품목과 과세표준의 확대, 대출금리 세액공제 폐지, 법인세의 투자준비금제도 폐지 등 조세감면 대폭 축소 등의 내용을 담고 있다.

3 유모토 겐지 · 사토 요시히로(2011). 「스웨덴 패러독스」. 박선영 옮김. 파주: 김영사.

4 양재진 외(2019). 「사회보장재원 구성에 관한 기초연구」. 연세대 복지국가연구센터 연구보고서.

5 공공부문의 5대 세목에 관한 논의는 주로 다음 저서를 참고했다. Peters, Guy(1991). *The Politics of Taxation: A Comparative Perspective*. Cambridge MA: Blackwell.; Kato, Junko(2003). *Regressive Taxation and the Welfare State: Path Dependence and Policy Diffusion*. Cambridge: Cambridge University Press.

6 Wikipedia. "Income tax in the United States."(검색일: 2016.8.27., https://en.wikipedia.org/wiki/Income_tax_in_the_United_States).

7 California Proposition 13(캘리포니아 주민발의 13)은 조세저항의 상징적 사건으로, 1978년 주민발의로 입법화된 재산세에 대한 캘리포니아 주의 법률을 뜻한다. "부동산에 붙는 어떤 세금도 현금으로 환산한 총금액의 1%를 넘지 못한다." (1조 1항)는 조항과 더불어 재산세 기준연도는 [부동산가격이 가장 낮았던] 1975년을 기준으로 하고, 과표인상을 매년 2% 이내로 제한하며, 재산세율을 올리기 위해서는 주민 2/3의 동의가 필요하다고 조문화되었다. 조세저항의 원인은 1970년대 인플레이션 때문에 미국의 주택가격이 급격히 치솟아 주택가격에 연동된 재산세가 급증하였는데, 은퇴와 경기침체로 세금을 내기 어려워진 고령 납세자들이 조세저항을 일으켰고 '캘리포니아 주민발의 13'으로 표출되게 된 것이다. 재산세에 대한 상한선과 기준연도를 조정한 결과, 재산세의 57% 가량이 줄어들었고 이후 캘리포니아 주의 재정은 만성적인 재정적자에 처하는 원인이 되었다. 주민발의 13과 같은 조세저항은 30개 주로 확산되었고 이 중 13개 주에서 유사한 법안이 통과되었다(www.en.wikipedia org/wiki/California_Proposition_13_(1978)/ 검색일: 2015.3.23.).

8 상품가격 전체의 일정 비율을 세금으로 내지 않고, 발생한 부가가치에 대해서만 세금을 내려면, 매 거래단계에서 지출을 증명해야 한다. 지출이 증명이 안 되면 매출이 곧 부가가치가 되기 때문에 세부담이 커진다. 따라서 장부거래와 영수증 주고받기가 일상화가 된다. 세원이 투명하게 노출되는 것이다. 또 상품과 서비스별로 세율이 다르다면, 상품과 서비스의 필요와 질에 따라 거래가 이루어지는 것이 아니라 세금의 크기가 상거래에 영향을 미치게 된다. 모든 상품과 서비스에 대해 세율이 동일하다면 세금이 주는 왜곡효과는 최소화된다.

9 홍석철(2017). "효율적 복지정책을 위한 중앙과 지방의 역할 분담." 한국지방자치학회 동계학술대회 발표논문(명지대, 2017.2.3.~4.).

10 최영준 외(2019). 「지방자치단체 복지재정 산출」. 연세대 복지국가연구센터 연구보고서.

11 배인명(2015). "2016년 지방재정 주요 정책과제: 국고보조사업의 정비를 중심으로." 「지방정부」(2016년 1월호).

12 고경환 외(2019). 「한국의 사회복지지출(socx) 산출」. 보건사회연구원 정책보고서 2019-112.

13 상게서.

14 상게서.

15 양재진(2015). "복지증세, 어떻게 실현할까?" 「현안과정책」. 지식협동조합 좋은나라 이슈페이퍼. 77호.

제4부

한국 복지국가의 사회복지정책

12

보건의료 보장제도

1 — 보건의료보장제도의 필요성: 보건의료의 공공성

국가가 국민 모두에게 건강한 삶을 보장해 주는 보건의료보장제도는 사회복지제도 중에서도 가장 기본적이면서도 중요한 복지정책영역이라고 할 수 있다. 건강을 위한 사회복지제도가 왜 공적으로 필요한가에 대한 논리를 여기에서는 보건의료의 공공성이라는 개념으로 다양한 차원에서 알아보고자 한다.

1) 인간의 기본욕구로서 건강의 유지: 이론적 · 윤리적 기준

육체적 · 정신적 건강은 인간다운 삶을 위한 기본적인 조건이기 때문에 인간의 기본욕구(human basic needs)에서 가장 중요한 요소 중에 하나이다.[1] 누구나 자신의 일생에서 의도치 않게 질병에 걸릴 수 있기 때문에 질병은 보편적인 사회적 위험(social risk)이라고 할 수 있다. 무엇보다 건강은 인간이 자유롭고 행복한 삶을 살기 위한 기본적 조건이다. 인간은 건강해야만 자기가 원하는 것을 선택하고 이를 위한 다양한 노력과 성취를 통해 자신의 존재감과 행복을 느낄 수 있기 때문이다.

더욱이 건강은 개인이 갖고 있는 육체적 특성에도 영향을 받지만, 사회경제환경에 의해 더 많은 영향을 받는다. 특히 건강에 영향을 미치는 사회환경 요소로서 ① 필요한 영양의 섭취를 위한 식품과 주거환경을 확보하기 위한 적절한 소득, ② 깨끗한 물과 공기와 같은 자연환경, ③ 인간적인 생활을 할 수 있는 적절한 사회관계, ④ 직장이나 개인생활에서의 안전, ⑤ 과도한 스트레스의 회피 등이 매우 중요하다고 알려져 있다.[2] 이미 많은 연구를 통해 빈곤과 건강과의 상관관계는 입증되었다.[3] 단적인 예로, [그림 12-1], [그림 12-2]는 소득불평등과 건강의 주요 지표인 기대수명과 영아사망률의 관계를 보여준다. 소득이 불평등한 국가일수록 기대수명이 낮고, 영아사망률이 높다는 관계를 잘 보여준다. 현대 산업사회에서 계층에 따른 생활 수준과 환경의 불평등이 건강과 깊은 연관관계가 있다는 것이다.

이렇듯 건강에 영향을 미치는 요인들은 다양하다. 그렇지만 그중에서도 노동이 상품화되는 자본주의 사회에서 가장 중요한 조건이 질병으로 인해 직장에서 일을 할 수 없을 경우의 소득상실에 대비를 해야 하고, 의료서비스를 받기 위한 의료서비스의 접근성과 지불능력을 가지고 있어야 한다. 역사적으로 보면, 건강문제를 사회적으로 해결하기 위해 질병보험제도가 가장 먼저 사회보험제도로 발전된 것은 빈곤한 노동자계층의 질병으로 인한 사회경제적 문제의 해결이 가장 시급한 것을 보여주는 일면인 것이다.

따라서 인간의 기본욕구를 충족하는 조건의 출발점은 무엇보다 질병으로 인한 고통과 소득의 상실을 막아 주고, 자신의 삶을 보다 자주적으로 선택하고 성취할 수 있는 기본적인 육체적 조건을 만들어 주는 것이다. 지금까지 의학기술의 발전과 더불어 건강을 기본적으로 보장해 주는 복지국가의 발전은 과거에 비하여 질병의 고통과 질병으로 인한 사망으로부터 상당히 벗어날 수 있게 되었다. 그럼에도 불구하고, 소득 및 다양한 환경적 불평등이 여전히 존재하고 있고, 오히려 계층 간, 지역 간 격차가 심해지고 있으며 다양한 영역의 건강불평등에도 영향을 미친다. 또한 인간의 평균수명은 점점 늘어나게 되고, 의료에 대한 새로운 수요와 비용은 매우 빠른 속도로 증가하고 있다. 따라서 모든 개인에게 건강에 대한 기본적 욕구를 충족시켜 주는 것은 여전히 중요한 복지정책의 과제가 되고 있다.

그림 12-1 소득불평등과 기대수명과의 관계

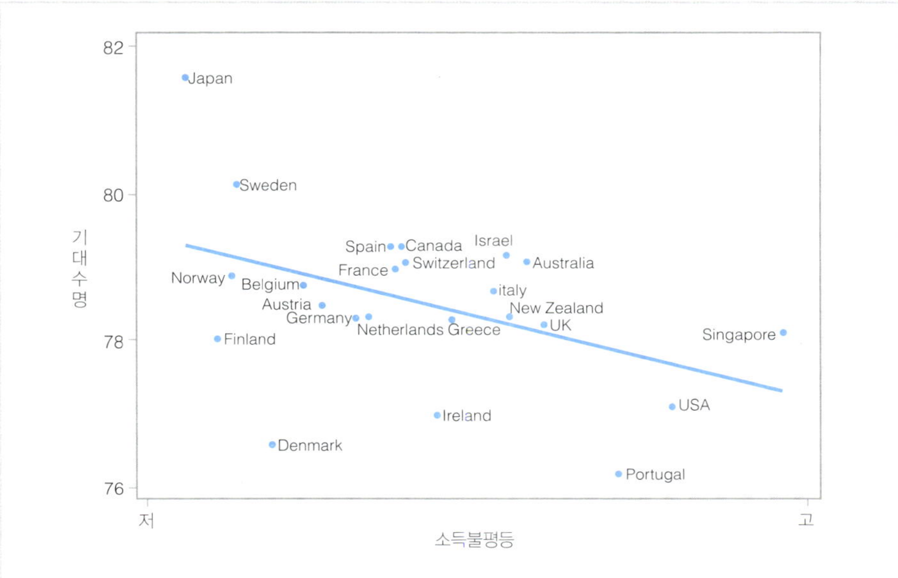

자료 : Spirit Level(2009), p.82.

그림 12-2 소득불평등과 영아사망률과의 관계

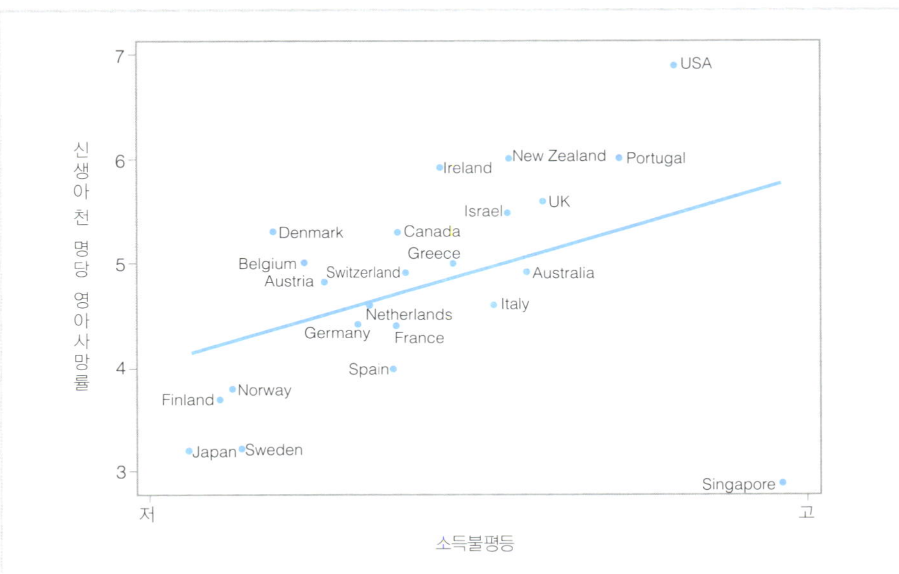

자료 : Spirit Level(2009), p.82.

2) 사회적 권리로서의 건강권의 발전

전통적인 사회보장제도들이 보호하고자 하는 위험들은 궁극적으로는 건강과 연관되어 있음을 알 수 있다. 사회보장제도에서 보호하는 주요 사회적 위험들을 보면 산업재해, 질병, 장애, 출산, 사망이다. 모두 건강과 연관되어 있다. 건강의 이상으로 인한 소득상실에 대한 보상은 의료비 지출을 보전하고 적절한 영양과 건강을 유지하기 위한 중요한 수단이 된다. 따라서 건강 및 의료보장 제도는 건강문제를 직접적으로 다루기 때문에 의료보장제도는 사회보장정책 중에서 가장 기본적인 제도가 된다.

인간의 기본욕구로서 건강의 유지는 인류사회가 문명사회로 발전하면서 시민으로서 누려야 할 사회적 권리(social right)로서 발전하게 되었다. 건강권의 사회적 권리로서의 국제적 합의로서의 인식은 국제연합(UN)이 1948년에 '세계인권선언(Universal Declaring of Human Rights)'에서 제22조의 '사회보장에 대한 권리'와 제25조의 '건강과 안녕에 적합한 생활 수준을 누릴 권리'를 규정하면서 시작되었다. 이후 건강권은 ILO의 사회보장 규정인 1952년 협약 102조에서 의료보장을 가장 기본적인 사회보장의 목표로 지정하면서 명시되었다.[4] UN의 건강권에 대한 선언적 강조는 1976년에 채택한 '경제적, 사회적 및 문화적 권리에 대한 국제규약(International Covenant on Economic, Social and Cultural Rights: CESCR)'을 통해 비로서 제도적 구속력을 갖도록 하였다. 또한 WHO 헌장 제12조 1항에서는 "본 규약의 당사국은 모든 사람이 성취할 수 있는 최고 수준의 신체적, 정신적 건강을 누릴 권리를 가지고 있음을 인정한다."고 규정하여 WHO에 가입한 국가들의 자국 국민에 대한 건강권 보장에 대한 책임을 강조하였다.

이와 같은 국제적 합의와 함께 선진복지국가들은 경제성장과 민주주의 발전으로 실질적인 사회적 시민권을 반영하는 의료보장제도를 발전시켰다. 다음의 [그림 12-3]에서 볼 수 있듯이, 선진복지국가들은 다른 어떤 복지제도보다도 건강보험제도나 국가보건서비스제도를 통해 모든 국민들에게 의료서비스의 보편적 접근권을 보장하고 있다. 우리나라도 법제도적으로 모든 국민이 건강보험에 가입하도록 규정되어 있다. 따라서 건강권은 다른 어떤 사회보장제도보다 실제적인 사회권을 확립했다고 볼 수 있다.

그림 12-3 주요 OECD 국가들의 보편주의적 의료보장 수준

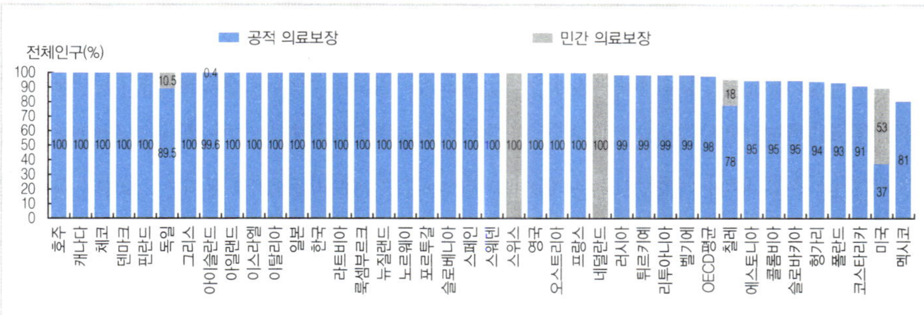

자료: OECD Health Statistics 2021.

물론 법제도적으로 100% 의료서비스의 접근권을 보장했다고 해서 모든 국민이 완전하게 보호되고 있는 것은 아니다. 국가별로 차이가 있지만, 여전히 정부의 공적 의료비 지출이나 의료보험에서 보장성의 정도가 충분치 않거나, 보험료를 낼 수 없어서 의료보장의 사각지대가 존재하기 마련이다. 그럼에도 불구하고, 보건의료보장은 어느 나라나 가장 우선으로 하는 사회복지정책이다. 한국의 건강보험제도도 가장 먼저 전국민사회보험제도로 발전했다.

3) 보건의료의 사회경제적 특성: 공공성이 강한 재화

의료문제에 대한 국가의 개입 또는 정부의 정책적 대응의 필요성은 경제 이론에서도 제기된다.[5] 의료서비스라는 재화가 기본적으로 자본주의 시장경제체제에서 공급될 수 있는 것이지만, 의료서비스는 재화의 특성상 시장에서의 분배를 통해 효율성을 극대화할 수 없는 시장의 실패요인을 가지고 있는 재화이다.[6] 크게 다음의 네 가지 재화의 특성에 기인한다. 이러한 재화의 특성과 더불어 정치적 권리의 성격 때문에 의료서비스의 적절한 공급을 위해서는 정부의 적극적인 개입이 필요하다.

가. 의료수요의 불확실성과 역선택으로 인한 시장실패

일반자유경쟁시장에서는 소비자의 상품 효용에 따라 자발적 구매의사를 전제로 한다. 완전자유경쟁시장에서는 소비자들이나 공급자들이 상품에 대한 정보를 알고 있기 때문에 미래의 수요에 대한 예측가능성을 제공해 준다. 그러나 질병의 경우는

집단 차원에서는 질병의 발생과 적절한 의료서비스의 공급을 어느 정도 예측하고 대비할 수 있지만, 개인 차원에서는 다양한 질병이 언제, 어떻게, 어느 정도로 발생하며, 치료를 통해 완치되기 위해서 어느 정도의 의료서비스를 이용해야 하는가에 대한 정보를 미리 알 수 없고, 실제로 판단하기도 매우 어렵다.[7] 따라서 질병발생의 예측 불확실성 때문에 보험이라는 형태의 상품이 먼저 발전하게 된다. 그러나 민간보험시장은 정보의 비대칭(asymmetric-information)과 이윤추구적 성격으로 인해 위험의 요소가 높은 사람과 가난한 사람일수록 보험 가입이 어렵게 되는 보험 가입의 역선택(adverse selection)의 문제가 발생하게 된다. 민간보험으로만 운영되는 경우, 사회 전체적으로 건강불평등을 더 악화시키는 결과를 가져온다. 건강에 대한 정보는 개인의 인권보호 차원에서 보호가 되어야 하고, 국가적 차원에서 전 국민의 건강을 보편적으로 증대시키려면, 모든 사람이 공적 의료로 보장되거나 합리적인 보험료로 가입되어야 한다. 따라서 국가개입을 통해 시장실패를 보완하는 게 합리적이다.[8]

나. 정보의 비대칭성: 소비자 지식의 결여

의료서비스는 전문가집단의 의료전문인인 의사의 진단과 처방에 의해 공급된다. 다시 말해서 수요의 양과 질을 소비자인 환자가 결정하는 것이 아니라, 공급자인 의사가 전문적 지식과 판단에 의해 결정하게 된다. 이는 완전시장경쟁의 원리인 수요자와 공급자의 독립적인 영역에서 각자의 효용을 판단하는 원칙과 배치되는 것이다. 즉 가격이 상호 독립적인 수요와 공급의 균형에 의하여 결정되기가 어려운 것이 의료서비스라는 상품이다. 정부의 적절한 규제가 없으면 공급자에 의한 수요의 창출이 다른 어떤 재화보다 쉽게 일어날 수 있는 가능성이 높은 것이다. 의사나 병원의 수가 급격히 증가하더라도 의료서비스의 가격이 하락하지 않는다는 사실이 경험적으로도 입증이 되고 있다.

다. 외부효과의 존재: 우량재

보건의료서비스는 기본적으로 긍정적 외부효과를 가지고 있다.[9] 전 국민을 위한 보건위생이나 전염병 치료와 예방은 비용도 많이 들고 그 효과를 서비스 구입자에게만 한정할 수 없기 때문에 시장에서는 과소 공급될 수밖에 없다. 보편적 보건의료서비스에 의하여 전 국민의 건강이 좋아지면, 기업이나 경제생산에서 인적 자원의 질이 높아져 기업이 특별히 근로자에게 비용을 지불하지 않아도 경쟁력이 강화되어 국민경제에 도움이 된다. 이와 같이 보건의료의 보편적 보장은 사회구성원에게 전반적으로 긍정적 효과를 주기 때문에 우량재 또는 가치재(merit goods)라고 불리기도 한다.[10]

라. 자연적 독점: 시장진입의 제한과 법적 독점

의료서비스의 시장진입은 자연적 독과점 현상이 발생하기 쉽다. 특히 대형병원인 경우, 막대한 자본이 소요되기 때문에 진입에 있어서 시장의 자연적 독과점이 일어난다. 또한 의료서비스는 인간의 생명과 건강을 다루는 일이기 때문에 시장의 메커니즘에만 맡겨두기가 어렵다. 따라서 모든 국가는 국민의 생명과 육체적, 정신적 건강상의 안전을 위해 의료서비스의 공급자인 의료인과 의료기관에 대해 자격증과 규제를 실시하고 있다. 일정 수준 이상의 지식과 훈련기간을 거친 자에게 의료행위에 대한 법적 독점권을 부여하고 일정 수준의 규격을 갖춘 의료시설에 허가를 내주게 된다. 그러나 법적 독점제도는 오히려 의료공급자의 기득권 보호막으로 작용할 수 있다. 따라서 공적으로 의료인과 의료서비스의 공급을 조절하지 않으면, 의료서비스의 시장독점 현상이 일어난다. 따라서 정부는 의료서비스의 수요, 공급을 시장의 원리보다는 의료서비스의 공공성의 원리에 맞추어 공급을 조정할 필요가 있는 것이다.

2 — 보건의료제도의 구조와 특징

보건의료보장제도의 특징은 의료서비스의 공급주체인 의사와 병원과의 관계가 중요한 변수가 된다. 보건의료서비스를 제공하는 데 있어서 앞에서 제기한 의료서비스라는 재화의 시장실패문제와 고도의 전문성을 요구하는 의사집단에 의해 보건의료서비스가 공급되기 때문이다. 사회복지제도로서 보건의료보장제도는 국가별로 의료서비스 조직이 국가, 시장, 비영리의 어떤 영역에서 중심이 되어 발전하고 공급되고 있는가에 따라 서로 다른 제도로서 발전경로를 보인다.

그림 12-4 보건의료보장제도에서의 정부-국민-의료전문인 삼자관계

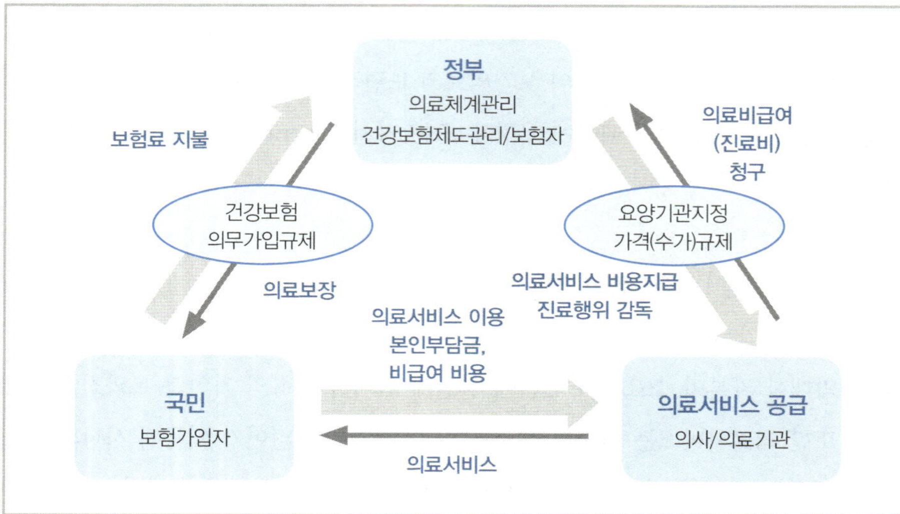

자료 : egloos.zum.com/healthstu/v/286437 수정보완.

[그림 12-4]에서 보는 바와 같이 보건의료보장제도는 기본적으로 정부, 국민(환자, 의료서비스 소비자), 의료전달체계에서의 의료서비스 공급자(의료전문가와 의료기관)의 3자관계로 구성되어 있다. 제도에 따라 정부는 의료서비스의 직접 공급자, 공공의료보험 관리자, 기초의료체계 관리자와 재정담당자의 역할을 수행한다. 대신에 다른 사회보장제도와 달리 의료서비스의 전달을 하는 전문가의 역할이 매우 중요하다. 다음은 각각의 역할에 대하여 설명한다.

1) 보건의료보장과 국가의 역할

앞에서 지적된 바와 같이, 건강은 인간의 기본욕구 중에 하나이고, 권리로까지 인식이 확대되고 있다. 경제학적으로도 보건의료라는 재화는 시장의 실패를 불러오고 공공재적 성격을 가지고 있다. 따라서 국가는 여러 가지 제도적 장치를 통해서 국민들의 건강을 보장하기 위한 보건의료서비스 시스템을 관리해야 한다. 보건의료보장을 위해 국가가 어떤 역할을 할 수 있을 것인가에 대하여 크게 아래와 같이 세 가지로 분류해 볼 수 있다.[11]

가. 보건의료서비스 규제자(regulator)로서의 역할

보건의료제도는 국민의 건강에 지대한 영향을 미친다. 서비스 제공을 하는 의사, 간호사, 각종 치료사를 비롯하여 약사와 같은 전문인들과 병원, 제약회사, 더 나아가 민간의료보험회사 등 보건의료서비스와 관련된 조직 및 기업들의 행위에 대하여 국가의 일정 수준의 규제가 필요하다. 예를 들어, 의사, 간호사 등 보건의료전문인의 전문성에 대한 자격관리, 의원 및 병원 등과 같은 의료시설의 규격과 안전에 대하여 규제를 해야 한다. 사회보험방식으로 보건의료를 보장할 때에도 정부는 보험가입자격, 보험수가, 보장 수준 등을 규제를 통해 실행하게 된다. 민간보험의 영역에서도 보건의료의 최소한의 공공성을 유지하기 위해 의료서비스 공급자나 민간의료보험회사 등에 대하여서도 가격규제나 진입규제를 할 필요가 있다. 보건의료서비스의 전달체계와 서비스의 공급을 시장의 기능에만 맡겨 놓으면, 보건의료행위의 왜곡, 비용의 상승 등으로 국민 전체의 보편적 건강과 서비스의 형평성에 다양한 문제들이 발생할 가능성이 높은 것이다. 따라서 국가는 여러 가지 수단과 방법을 통해서 보건의료 전달체계와 의료행위를 국민의 건강보장과 사회 전체적 효율성을 고려하여 다양한 방법으로 규제를 하게 된다. 건강권이 사회권으로서 인정된다면 의료서비스의 형평성과 효율성은 더욱 필요하다. 국가의 의료서비스에 대한 규제행위는 국가가 직접 하는 경우도 있지만, 의료전문조직이나 대표조직에 위임하여 하는 경우도 있다.

나. 보건의료서비스 재원조달자(financer)로서의 역할

국가는 또한 국민건강의 향상을 위한 다양한 제도와 사업들에 필요한 재원들을 조달하는 역할을 하게 된다. 우선 국민건강의 기초가 되는 각종 전염병 예방사업이나 위생, 공공병원의 시설에 필요한 재원에 지출을 한다. 위생 및 예방 사업은 시장에서 공급될 수 없고, 대형병원 등은 규모의 경제 때문에 민간부문에서 경쟁적으로 공급되기 어렵기 때문이다. 그리고 공공의료보험제도에서는 보험료를 낼 수 없는 사회적 약자의 보험료나 근로자와 기업 외에 정부의 몫으로 보험료를 지원하기도 하고 보험제도의 관리운영비에 재정지원을 한다. 다음에서 논의하는 국가가 직접 보건의료서비스를 제공하여 보건의료서비스제도(National Health System)를 운영하는 경우에는 보건의료시설을 비롯해 의사, 간호사 및 의료공급서비스인들의 임금, 약값 등을 국가 또는 지방정부가 개인들의 자기부담분을 빼고 거의 모든 재정을 부담한다.

다. 보건의료서비스 직접 공급자(provider)로서의 역할

일부 국가들은 국민건강서비스제도(National Health Service)를 실시하여 보건의료서비스의 직접적인 공급자의 역할을 한다. 보건의료체계를 국가화 또는 사회화하여 공급하는 것이다. 국가별로 차이가 있지만 자본주의체제에서 기초보건 외에 주요 의료서비스의 공급을 모두 국가가 담당하기는 사실 매우 어렵다. 그럼에도 불구하고 영국을 시작으로 영연방에 속하는 자유주의 국가들, 스웨덴, 덴마크, 노르웨이, 핀란드 등 사민주의 국가들, 그리고 유럽대륙의 보수주의 국가들 사이에서도 그리스, 이탈리아, 스페인 등 일부 국가들은 국가가 의료서비스 공급의 주체가 되고 있다. 그만큼 이데올로기와 관계없이 이들 국가들은 역사적으로 건강은 국가가 시민들에게 책임을 지는 중요한 공공재로 인식한 것이다. 물론 이들 국가들에서 민간부문의 의료공급이 전혀 없는 것은 아니다. 대체로 1차 진료와 같은 일반 국민들의 기초적인 의료서비스의 접근은 국가가 전담하지만, 대형병원 및 특수 클리닉과 같은 전문 분야에는 민간부문이 공급하기도 한다.

실제로 많은 국가들은 위의 세 가지 개입방식을 혼용해서 사용하고 있다. 국가에 따라 어떤 역할을 주된 제도 양식으로 하는가에 따라 그 유형을 나누어 볼 수 있지만, 대부분의 국가들은 세 가지 방식을 여러 상황과 논리에 따라 복합적으로 사용하고 있다. 대체로, 시장논리를 중시하는 자유주의 복지국가의 유형에서는 국가는 위생, 전염병, 기초적인 보건의료 전달체계 등 기초적인 국민건강과 안전 부분에 국한하여 직접적 공급 또는 규제역할에 더욱 초점을 둔다. 대신에 주된 의료서비스 공급은 소비자의 선호에 따른 시장의 공급에 맡긴다. 반면에 보편주의와 집단주의적 성향이 강한 유럽 복지국가들은 재원조달과 의료서비스의 공급을 동시에 수행하는 경우가 많다. 예컨데, 스웨덴의 경우에는 의료서비스에 대하여는 지방정부가 직접 제공하는 세 번째 방식을 사용하지만, 질병급여는 사회보험방식을 사용하여 보험료를 국가와 기업주가 일부 부담함으로써 규제자와 동시에 재원조달자로서의 역할도 동시에 수행하고 있다. 유럽대륙의 보수주의 국가들은 기초적 보건의료서비스는 물론 국가가 하지만, 일반적인 의료서비스는 사회보험제도를 통해 소득보장과 의료서비스 비용을 보상한다. 의료서비스 공급자는 주로 비영리 부문에서 많이 담당한다.

2) 보건의료보장과 의료서비스 전문가

보건의료보장제도가 다른 사회보장제도와 다른 중요한 특징은 의료서비스라는 혜택이 정부와 국민 사이에 제3자로서 의료서비스 공급자인 의료전문인과 의료기관에 의해 공급된다는 사실이다. 예를 들어 연금제도나 실업보험은 노령 또는 실업 등 소득상실의 사유가 발생하면, 보험제도의 가입자격과 급여 조건에 따라 보험관리자인 정부가 소득상실에 대한 현금급여를 직접 제공해 준다.[12] 그러나 보건의료보장의 경우 질병에 대한 치료의 양과 수준은 제3자인 의료전문가의 전문가적 재량에 의해 결정된다는 것이다. 특히 사회보험제도를 통해 의료보장을 제공하는 국가들의 경우 의료전문집단의 영향력은 매우 크다. 물론 다른 사회서비스의 분야인 노인, 아동, 장애인 서비스 등에서도 서비스 전달자로서 서비스 전문가들의 역할이 중요하다. 그러나 의료전문집단은 이익집단으로서의 정치적 영향력이 다른 어느 사회서비스 공급자 집단보다 크다. 전문성이 주는 권력이 크기 때문이다.[13]

따라서 개별 국가별로 서로 다른 보건의료보장체계가 발전하게 되는 과정 뒤에는 바로 국가와 의사집단 간의 권력관계의 상호 작용이 있다.[14] 즉 의료전달체계와 의사집단과 의료기관이 시장, 비영리, 국가 중 어느 영역에서 중심적으로 성장해 왔는가에 따라 국가와 의료전문가집단과의 권력관계가 달라지고 결과적으로 보건의료제도의 발전과정이 달라진다. 예를 들어, 유럽의 경우 국민보건서비스제도를 실시하는 국가들은 이 제도의 초기 도입 시기에 의사집단과 이해관계를 타협하거나 통제할 수 있는 능력이 있었기 때문에 가능했다. 사회보험제도를 실시하는 국가들도 의료인 양성에서 공공 교육제도를 통해 주로 공급되고 또한 의료기관들이 공공 또는 비영리 부문에서 많이 발전하였기 때문에 정부의 의료서비스 통제력이 어느 정도 가능하다. 반면에 미국과 같이 의료전문인의 양성이 민간부분의 교육과 의료인 이익집단에서 주도되고 의료기관이 의료시장에서 공급이 강한 경우, 의료집단의 권력이 강하고 정부의 의료서비스 부문의 통제력이 약하기 때문에 정부가 관리하는 사회보험제도의 도입이 어려웠다. 최근에 미국의 오바마 정부가 '오바마케어'의 이름으로 공공의료보험제도를 간신히 도입하였다. 그러나 반대집단들의 지속적인 저항 때문에 효과적인 실시가 매우 우려되고 있다. 한국의 경우에도 의료전달체계와 의료전문인력의 양성이 미국의 영향을 받아 왔고, 민간부문에 의해 대부분 공급되기 때문에, 건강보험제도의 통합과정이나 이후 의료개혁과정에서 정부와 전문의료인과의 갈등관계가 심한 편이다.

3) 의료비 지출과 부담

보건의료보장제도에서 중요한 이슈 중의 하나는 의료비용의 지출의 증가와 비용부담의 문제이다. 여기에는 두 가지 이슈가 있다. 하나는 누가 의료비용을 부담하는가와 이에 따라 의료비 지출의 증가 수준, 개인의 의료접근성, 국민경제에 미치는 영향이다. 다른 하나는 최근 빠르게 증가하는 의료비용을 의료의 공공성을 유지하면서 어떻게 억제하는가의 문제이다. 보건의료보장은 복지국가의 지출 중에서 연금제도와 함께 가장 큰 규모를 가지고 있다. 역사적으로 경제성장, 건강권의 강화, 고령화, 의료기술의 발전에 따라 의료비용은 선진국가일수록 매우 빠르게 증가하고 있다. 이러한 의료비의 증가는 국민경제와 개인의 경제적 부담에 크게 영향을 미치고 있다. 보건의료의 보장성이나 접근성과 같은 공공성문제 중 중요한 조건은 결국 의료비용을 누가 부담하는가와 관련이 있다.

가. 의료비용의 지출과 부담: 공공성과 보장성의 문제

한 사회의 의료비용의 지출의 구성은 정부가 조세나 사회보험기금 등으로 부담하는 공공지출과 개인이나 가계에서 사적으로 부담하는 민간부담으로 나누어 볼 수 있다. [그림 12-5]에서 볼 수 있는 바와 같이, 코로나-19 팬데믹이 발생하기 전 2019년의 통계를 보면, GDP 대비 총 의료비 지출은 미국이 16.8%로서 예외적으로 높다. 기본적으로 총 의료비 지출이 높다는 것은 국민경제의 관점에서 좋은 것은 아니다. 그만큼 기회비용으로서 생산적인 부분에 기여할 지출이 줄어들기 때문이다. OECD 평균은 8.8%를 보여주고 있다. OECD 국가들은 대체로 그리스의 7.8에서 독일의 11.7 사이에 분포하고 있다. 유럽대륙의 사회보험중심 국가들과 NHS를 실시하는 국가들이 서로 섞여 있다. 한국의 전체적인 의료비 지출은 8.2%로 OECD 평

그림 12-5 GDP 대비 보건의료지출(2019 또는 가장 최근 연도)과 2020

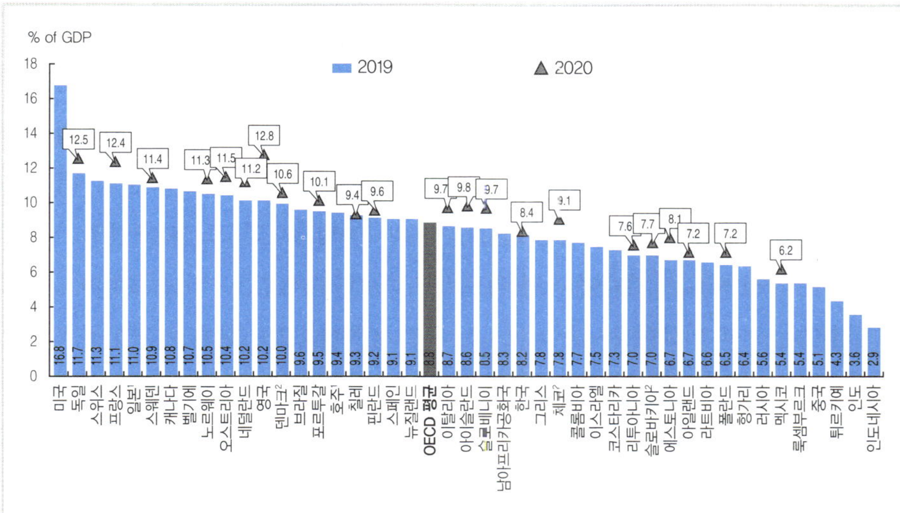

주 : 1. OECD의 2019년도 추계
2. OECD의 2020년도 추계
자료 : OECD Health Statistics 2021, WHO Global Health Expenditure Database.

그림 12-6 공공/민간 보건의료지출(2019년 또는 가장 최근 연도)

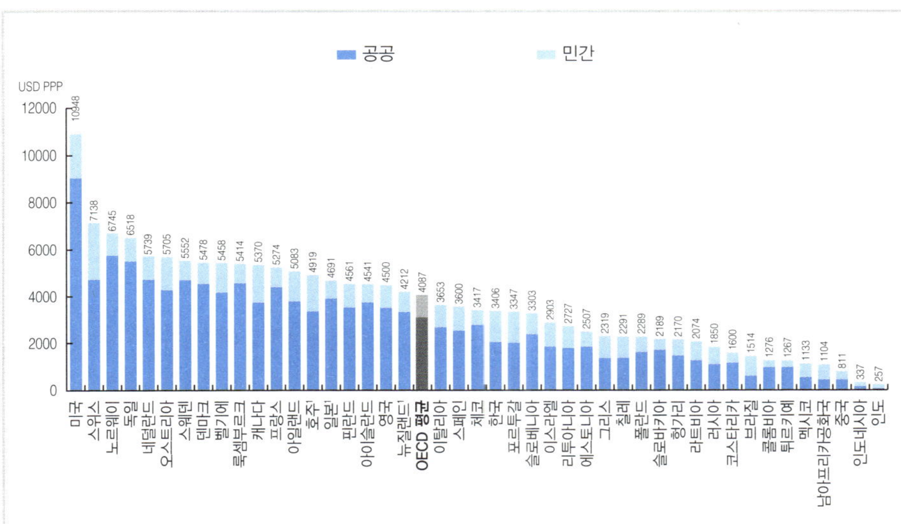

주 : 1. OECD 추계
자료 : OECD Health Statistics 2021, WHO Global Health Expenditure Database.

균보다 약간 낮은 수준으로 아직 높은 수준은 아니다. 그러나 뒤에 논의되지만, 증가 속도는 매우 빠른 편이다.

총 의료비 지출을 다시 공공과 민간으로 나누어 보면, [그림 12-6]에서 보는 바와 같이 전반적으로 공적 의료비 비중이 높다. 주요 OECD 국가들의 공적 의료비 지출이 대략 75% 이상을 상회하고 있다. 그만큼 공공의료의 중요성을 보여준다. 특히 미국의 경우 흥미롭다. 2014년 이후 소위 공적 의료보험제도인 '오바마케어'가 실시되기 전에는 사적 의료비 지출이 공적 의료비 지출보다 높았다. 그러나 오바마케어 실시 이후에는 전체 의료비용지출이 여전히 제일 높지만, 그 이전에 비하여 공적 의료비가 사적 의료비 지출을 넘어섰다.

[그림 12-7]은 의료비 지출에서 본인부담률에 대한 비교이다. 즉 국가가 직접 제공하거나 건강보험에 의해 보상을 받든 공적으로 지출된 비용에 추가하여 개인이 부담하는 의료비 지출을 보여준다. 한국은 총 의료비 지출이 높은 편은 아니나, 건강보험제도의 보장률이 상대적으로 낮아서 최종 가구소비에서 의료비 지출이 매우 높은 나라에 속한다. 2019년 OECD 평균은 3.1%인데 우리는 5.3%로 스위스 다음으로 높다. 의료소비에서 개인부담이 높아서 이는 보건의료제도의 보장성이 낮다는 것을 의미하며 저소득층에게 의료비 부담이 더욱 크다는 것을 의미한다. 바꾸어 말하면 의료비 부담의 측면에서 보건의료제도의 공공성이 낮다고 할 수 있는 것이다.

그림 12-7 최종 가구소비 중 본인부담의료비 비율(2019년 또는 가장 최근 연도)

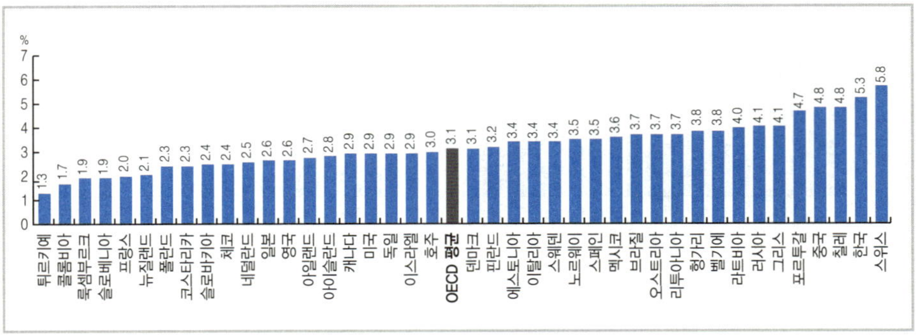

자료 : OECD Health Statistics 2021, OECD National Accounts Database.

그림 12-8 보건의료지출 대비 평균수명과 보건의료지출 대비 회피가능 사망률

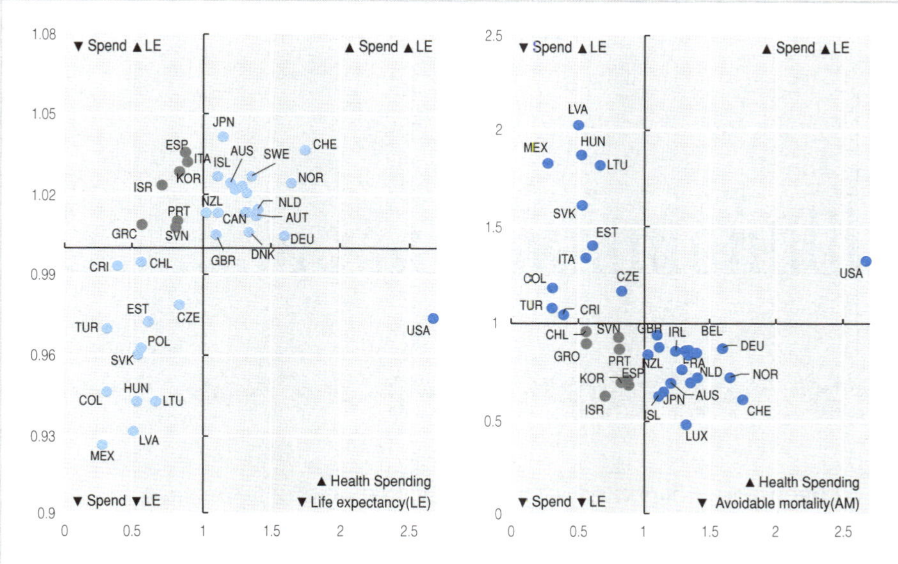

자료 : OECD Health at a Glance, 2022. p.34.

공공의료지출이 높고 보장성이 높다는 것은 의료서비스의 접근에 정부의 정책개입이 높아서 시민들의 의료접근성이 높다는 것을 의미한다. [그림 12-8]은 OECD 국가들의 보건의료비 평균지출과 평균수명과 회피가능 사망률을 비교하여 보여주는 통계이다. 보건의료보장제도의 질을 보여줄 수 있는 지표 중의 하나라고 할 수 있다. 건강의 질은 공공의료비 지출과 서비스 질이 높은 NHS를 실시하는 사민주의 국가들이 대체로 좋고, 그 다음으로 사회보험을 실시하는 유럽대륙 국가들이다. 한국은 공적 의료비 지출이 전체의료비 지출에 비하여 선진국처럼 OECD 평균을 약간 밑돌지만, 평균수명과 회피가능 사망률은 상위권 그룹에 속한다. 건강보장제도의 효율성이 상대적으로 좋다는 것을 의미할 수 있다.

나. 의료비용의 증가문제

선진복지국가들은 어떤 다른 복지정책보다 보건의료정책을 가장 중시하여 발전시켰으며 국민들의 건강증진에 커다란 성과를 냈다. 조만간 평균수명은 100세 시대를 바라보고 있다. 이러한 성취는 경제발전에 따른 소득 수준의 증가와 교육 수준의 향

그림 12-9 보건의료지출의 연평균 성장률, 실질가치(2015~19 또는 가장 최근 연도)와 2019~20 비교

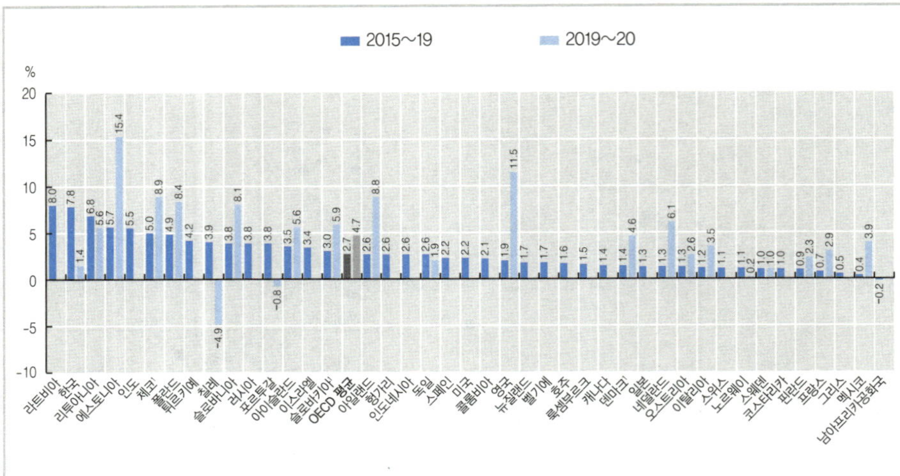

주 : OECD 국가들의 2019~2020 평균성장률은 OECD 22개 국가들을 중심으로 추계.
1. OECD 2020 추계.
자료 : OECD, Health Statistics, 2021.

상, 그리고 보건의료제도의 발전에 기인한 것이다. 특히 고령화와 의료기술의 발전이 그 어느 때보다 빨라지면서 국민의료비는 빠른 속도로 증가하고 있는 반면에, 국민의 부담능력이 따라가기 어렵다. 의료비의 증가는 특히 저소득, 노인가구, 만성질환자의 의료비 부담을 가중시킴에 따라 건강불평등의 문제가 더욱 심각해질 전망이다.

[그림 12-9]는 최근 코로나-19 팬데믹 이전의 2015년부터 2019년까지 보건의료지출 증가율과 코로나-19 팬데믹 이후의 보건의료 지출증가율을 보여주는 2019~20의 통계이다. OECD 평균은 코로나-19 팬데믹 이전 2015~19년 사이에는 평균 2.7%대로 증가하였다. 그러나 팬데믹 이후 1년 사이에 4.7% 증가하였다. 한국의 경우는 OECD 평균을 훨씬 넘어 2015~19년 사이에 7.8%의 증가율을 보여주고 있으며, 팬데믹 이후에는 우리의 방역이 매우 효과적인 결과로 보건의료비 지출 증가가 1.4%에 불과하다. 우리의 빠른 고령화 추세에 따른 불가피한 의료비의 증가, 그리고 보건의료의 공공성 강화를 위해 건강보험제도의 보장률을 높여야 한다는 정책목표를 고려하면, 빠른 의료비 지출을 억제하면서 이를 어떻게 부담할 것인가에 대한 딜

레마에 고민을 해야 한다.

국제적으로 많이 권고되는 의료비의 증가를 억제하는 정책으로는 공공의료의 확충, 의료전달체계 확립, 보건의료자원의 효율적 배분을 위한 각종 정책들의 상호 조화로운 진행들이 제시되고 있다. 특히 의료비 증가를 억제하기 위해서는 질병의 예방 차원에서 더욱 노력하지 않으면 안 된다. 의료전달체계가 시장에 대한 의존도가 높을수록 의료비의 증가와 의료접근성의 불평등은 더욱 문제가 될 것으로 예상된다.

4) 보건의료보장에서의 보건의료체계와 의료전달체계

의료전달체계는 의료서비스를 보다 효율적이며 효과적으로 전달하기 위하여 적절한 의료기관에서, 적합한 의료전문인에게, 적정서비스를 받을 수 있도록 제도화한 것을 의미한다. 즉 의료제도의 목표에 따라 효율성, 형평성, 의료의 질, 적정성 등을 달성하기 위해 의료서비스 공급자와 소비자를 연결시켜 주는 조직적 구조라고 할 수 있다. 일반적인 의료서비스 전달체계의 구조는 〈표 12-1〉에서 보여주고 있다.

표 12-1 의료전달체계의 수직적 구성

전달체계상의 위치		특징 및 제공기관
1차 의료	특징	각종 질환의 최초 진단과 계속적인 치료를 포함하는 포괄적인 진료로서 고도로 전문화되거나 복잡한 인력과 기술을 필요로 하지 않는 서비스
	제공기관	의원급 의료기관
2차 의료	특징	보다 전문화된 서비스를 제공하는 것으로서 일반적인 질환에 대한 입원 치료 및 외래에서의 전문 진료
	제공기관	전문의급 의료기관
3차 의료	특징	2차 진료에서 제공할 수 없는 매우 전문화된 서비스를 제공하는 것으로, 고도의 전문화된 의료장비와 전문 의료인력이 요구되는 서비스
	제공기관	대형 종합병원 또는 상급 종합병원

자료 : 민혜영 · 이정찬(2010). 「진료의뢰 및 회송제도 개선방안」. 의료정책연구소.; 유승흠(1988). 「전국민 의료보험제도하에서 의료전달체계와 병원관리」. 대한병원협회지. 158호의 내용을 정리.

3 — 의료보장제도 유형

1) 건강(질병)보험제도(Health/Sickness Insurance)

오늘날 가장 보편적인 의료보장제도는 질병보험제도라고 할 수 있다. 한국의 경우는 이를 초기에는 의료보험제도로, 그리고 2000년부터는 건강보험제도라고 부르고 있기 때문에 독자들에게는 '질병보험제도'라는 용어가 낯설게 느껴질 수 있다. 아래의 보건의료보장제도의 역사에서 볼 수 있듯이, 사회보험방식의 의료보장제도는 질병으로 인한 소득상실에 대한 현금보상인 질병수당과 의료서비스의 비용보상을 모두 포함해서 발전해 왔다. 그러나 현재 우리의 건강보험제도는 질병수당이 없었다. 따라서 서구 복지국가의 질병보험제도와 우리의 건강보험제도를 비교할 때, 전 국민보험제도하에서 의료서비스 이용과 약값에 대한 보상으로 의료서비스의 접근성이 보편화되었지만, 실질적인 소득보장기능이 결여된 보험제도라는 것을 인식하고 있어야 한다. 그런데 최근 우리에게도 코로나-19 팬데믹 이후 상병수당이라는 이름으로 업무상 질병 이외에 일반적인 질병, 부상으로 치료를 받는 동안 소득상실을 보전해 주는 현금수당제도의 도입논의가 활발하게 이루어지고 있고, 정부는 시범사업을 진행하고 있다.

가. 질병보험제도 발전의 역사

초기 발전과정(19세기~제2차 세계대전 전)

질병보험제도는 현대적인 사회보험의 기원을 이룬 독일 비스마르크 시대의 1883년의 질병보험법으로부터 시작되었다. 초기 질병보험제도의 특징은 이전의 동질적인 집단들 사이에 자발적인 상호 부조제도였던 광산노동자들의 구호기금에 크게 영향을 받았다.[15] 초기부터 모든 노동자들에게 보편적으로 적용된 것은 아니었다. 초기에는 철, 석탄과 같은 채취산업, 철도와 같은 교통, 건설, 제조업 등 규모가 큰 중공업중심의 노동자들을 중심으로 조직화가 되었다. 그중에서도 소득이 낮은(연소득 2,000마르크, 500달러 미만) 노동자들을 중심으로 조직화되었다. 그 이유 중의 하나는 의사들이 소득이 높은 노동자들에게는 정상적인 의료수가를 받고 진료하기를 원했기 때문이다.

독일의 질병보험제도의 특징은 분권화된 구조이다. 지역별 또는 지역의 산업별로 질병기금을 조직화하여 노동자와 사업주가 서로 반반씩 보험료를 부담하고, 기금의 운영은 노동자의 대표가 2/3, 사업주의 대표가 1/3로 선출하여 운영되었다. 일정 행정비용은 정부가 부담하면서 어느 정도 통제권을 행사하였다. 이와 같은 독일의 질병보험제도는 오늘날 유럽대륙 국가들 사이에 보편적인 질병보험제도의 방식이 되었고, 오늘날 분권화된 조합주의방식의 기원이 되었다.[16]

당시 독일에서 가장 규모가 큰 의료보험조합은 라이프찌히 질병기금이었다. 1887년에 라이프찌히 도시의 18개의 질병기금을 통합하여 150,000명의 회원을 거느리게 되었다. 의사들은 일년 단위로 질병기금과 계약을 맺어 인두세의 성격으로 일괄적으로 의료서비스 비용에 대해 지불받았다. 초기의 독일제도는 병원 입원 치료에 대하여는 매우 제한적인 혜택을 주었지만, 질병치료와 예방 부문에서는 노동자들에게 커다란 도움을 주었다. 독일이 질병보험을 정착화시킴에 따라 이웃 유럽 국가들은 독일의 모델을 따라서 질병보험제도를 입법화시키기 시작하였다.[17]

그러나 질병보험제도의 법제화는 크게 두 가지 방향으로 갈렸다. 하나는 독일처럼 정부가 강제가입을 규정하는 방식이고, 다른 하나는 자발적인 상호 부조적 질병기금에 정부가 보조금을 주는 방식이다. 이러한 나라들은 벨기에, 덴마크, 스웨덴, 스위스 등이었다. 이러한 방식의 차이점들은 국가들 내의 정부와 의사집단 간의 관계에 따라 다르게 나타났다. 후에는 독일처럼 강제화하는 방식은 사회보험방식으로 남아서 발전하였고, 후자의 방식에서는 상당수 국가들이 국민건강서비스로 발전하였음을 알 수 있다. 이 당시의 의사들은 대부분 인두세제도를 통해 질병기금으로서 연 단위 계약으로 의료서비스 비용을 받았다.

영국의 1911년 질병보험제도의 입법은 역사적으로 특별한 의미가 있다. 왜냐하면 영국의 질병보험제도의 문제점들이 전후에는 전혀 다른 의료보장제도인 국민건강서비스(National Health Service)제도로 전환하게 되는 계기를 주기 때문이다. 영국의 질병보험제도의 문제점은 독일의 제도와 달리 혜택이 매우 제한적이었다. 입원 치료와 전문의 치료에 대하여 혜택이 없었으며, 부양가족도 혜택을 받지 못했다. 초기 이 법의 도입 시기에는 의사들이 반대하였다. 그러나 의사들은 점점 수입이 안정화되어 가자 이 제도에서 운영하는 인두세제도에 만족하였다. 독일을 중심으로 한 유럽의 질병보험제도는 한 지역 내에서 동일 직종이나 유사 직종들의 노동자들이 모두 보험에 가입될 수 있어서 재정적으로 안정될 수 있었다. 그러나 영국의 경우 지역의 질병보험에 직종에 관계없이 가입신청을 할 수는 있지만, 가입이 거절될 수가 있어서 질병보험마다 비용과 운영에 편차가 많았다. 이러한 문제점들로 인해 베버리지는 당시의 영국의 질병보험제도를 비판하면서 자신의 베버리지 플랜에서 보편적인 국민건강서비스제도를 도입하였다.

후기 발전과정(제2차 세계대전 이후)

2차 대전 전의 대부분의 국가들은 독일의 질병보험제도의 모델을 따라 입법을 하였고 운영해 왔다. 그러나 2차 대전 후 경제적 고성장과 민주주의의 성숙에 따라 서구 유럽의 복지제도는 전 국민에게 보편적인 제도로 확대 발전하게 되었다. 이에 따라 초기에 의료보장의 기원이었던 독일의 조합주의적 질병보험제도는 크게 세 가지 방식으로 개혁하며 발전하게 되었다. 가장 보편적인 방식은 역시 독일의 모델을 기반으로 전 국민에 확대시키는 전통적인 질병보험제도이다. 대부분의 서구 국가들은 2차 대전 후 자신들의 특수한 사정을 반영시켜 가면서 독일 모델을 따르거나 변형시켜 질병보험제도를 발전시켜 나갔다. 이러한 2차 대전 후의 제도적 특징을 고든은 크게 3가지로 분류하였다.

첫째가 독일의 모델을 따르는 '전통적 질병보험제도(traditional sickness insurance)'이다. 적용 대상이 기본적으로 직장에 고용된 근로자들을 중심으로 분권화된 질병기금(조합)을 만들어 운영된다. 독일의 인접국가들인 오스트리아, 벨기에, 프랑스, 네덜란드 등이 이런 방식에 의해 운영되고 있고, 일본과 한국의 제도도 독일의 모델을 따온 것이다. 이 모델은 연금제도와 함께 에스핑-앤더슨의 보수주의적 조합주의 모델의 근간이 되는 모델이다. 우리는 1977년에 의료보험이 처음 실시되었을 때 독일식의 분권화 모델로 출발하였지만, 이후 지속적인 통합운동의 결과 2000년부터 직장의료보험과 지역의료보험이 통합됨으로써 국민건강보험으로 이름이 바뀌고 전 국민이 하나의 보험기금으로 통합되어 다음의 두 번째 모델로 전환되었다.

둘째로, '국민건강보험제도(national health insurance)'로서 전 국민을 하나의 조직하에 엮어서 운영하는 제도이다. 독일과 같이 분권화된 조합주의방식과 다른 통합된 사회보험방식으로서 구체적인 제도의 형식은 다양하게 나타났다. 스웨덴의 경우 의료서비스는 지방정부가 책임지는 국민건강서비스방식으로 질병수당은 전 국민을 하나로 통합하는 사회보험의 형식으로 분리시켜 보건의료보장제도를 발전시켰다. 영연방 국가 중의 하나인 캐나다의 경우에는 분권화된 연방국가로서 영국의 NHS의 영향을 받았다. 일차 진료는 지방정부의 의료서비스방식으로, 병원의 입원서비스는 국민들이 통합된 보험형식으로 보상하는 방식으로 발전하였다. 한국과 대만의 경우에는 초기에는 독일식의 분권화된 조합주의방식으로 출발하였지만, 형평성과 효율성의 제고를 위해 분권화된 조합들을 하나의 통합된 보험자 형식으로 통합하는 국민건강보험제도로 발전하였다.

셋째로, 영국의 베버리지 플랜의 영향을 받아, 기존의 보험방식의 의료보장제도를 국가가 직접 의료서비스를 생산하고 공급하는 국민건강서비스(National Health Service)방식이다. 이를 모델로 스칸디나비아 사민주의 국가들은 재정적 책임을 지방정부가 가지는 방식으로 발전시켰고 이탈리아, 그리스, 스페인 등 일부 유럽대륙 국가들도 NHS 방식으로 전환하여 의료보장을 하고 있다.

나. 건강(질병)보험제도의 급여의 종류

질병수당

질병수당이란 질병으로 인해, 정상적인 근무를 할 수 없을 경우에 발생하는 소득상실에 대하여 보상을 해 주는 것을 말한다. 질병수당은 시간당 임금을 받는 노동자들의 경우, 급여산출이 일일 임금(wages)에 의해 결정되기 때문에, 질병으로 인하여 출근을 할 수 없는 경우에는 소득이 없을 수밖에 없다. 따라서 질병수당은 산업화 초기에 노동자들의 질병으로 인한 결근에 의해 발생하는 임금감소를 보충해 주는 중요한 수단으로 시작하였으며 오늘날 질병수당은 임금노동자들의 중요한 소득보장정책 중의 하나로 탈상품화 수준을 높여주는 중요한 제도가 되었다.

의료서비스 지불

질병보험제도에서 또 하나의 핵심적인 급여는 환자가 의료서비스를 받았을 경우, 의료서비스 비용을 보전해 주는 것이다.

분만서비스 및 출산수당

여성이 출산을 할 경우 출산비용과 출산 전후 출산휴가에 의해 소득을 상실한 경우에 대한 보상을 출산수당이라고 한다. 대부분의 선진국들은 여성들의 경제활동에 대한 참여가 높기 때문에 분만과 출산에 대하여 필요한 의료서비스와 비용에 대하여 보상을 해 준다.

장제비용

많은 국가들은 시민들이 사망하였을 경우 장례비용에 대한 보상도 건강보험제도를 통해 혜택을 주고 있다.

다. 의료서비스 지불 및 심사제도

질병보험제도에서 의사와 병원의 의료서비스에 대해 지불하는 방식들이 보험제도의 운영과 지출에 크게 영향을 미친다. 지불제도의 발전 양식은 앞에서 논의했던 것처럼, 의료서비스 전달체계가 시장 또는 국가 중심으로 발전하는가 또는 국가와 의사집단 간의 관계가 중요한 역할을 한다. 그리고 이러한 의료지불제도에 대한 개혁은 최근에 의료비용의 증가에 따라 비용억제를 위한 정책영역이 되고 있다.

행위별수가제

행위별수가제(fee-for-service)는 의사가 질병에 대하여 진료하는 과정을 여러 단위로 표준화시켜 각각의 진료행위에 대하여 가격을 정하여, 행위의 합계로 진료비를 결정하는 제도를 말한다. 질병의 종류와 정도에 따라 사용되는 진료행위가 다양하기 때문에 의료서비스의 공급자인 의사와 병원의 입장에서는 합리적인 제도라고 볼 수 있다. 그러나 행위별수가제는 제도의 특성상 이윤을 추구하는 의료서비스 공급이 시장메커니즘하에서 운영될 경우, 과잉진료의 경향을 가지고 있다. 따라서 보험제도하에서 행위별수가제가 적용될 경우, 기금을 관리하는 보험자는 진료행위를 일일이 심사하여 진료행위의 정당성을 판정해야 함으로 이를 위한 인력 및 행정 비용이 증가하게 된다. 보험제도하에서 의료수가는 보험자인 국가와 서비스 공급자 간의 합의에 의해 정해진다.

포괄수가제

포괄수가제(fixed sums toward defined courses of treatment)는 하나의 질병을 치료하는 과정에서 어떤 수준의 의료서비스가 공급되는가에 관계없이 동일한 질병에 대하여 하나의 수가를 정하는 제도이다. 포괄수가제의 도입은 비교적 표준화된 치료과정을 요구하는 질병에 대하여 하나의 가격을 매김으로써 행위수가제에서 발생하는 과잉진료의 문제를 해결하고 의료비용의 억제를 위한 수단으로써 발전되었다. 그러나 포괄수가제의 경우, 의료행위 및 병원의 운영이 시장메커니즘에 의해 운영될 경우, 의료서비스 공급자의 과소진료행위가 나타날 수 있는 단점을 갖고 있다. 전통적으로 행위수가제가 의료행위의 가격을 매기는 방법이었으나, 최근의 의료개혁의 이슈에서 의료비용의 감축과 효율적인 의료전달체계를 위해 포괄수가제에 대한 논의와 개발이 활발하게 진행되고 있다.

인두세

인두세(capitation fee)는 사회보험으로서 질병보험제도가 도입되면서 초기에 발전했던 의료지불제도 중의 하나이다. 인두세는 지역 단위 또는 조합 단위로 소속된 가입자와 의사 사이에 일정 기간 동안 행해진 의료행위 일체에 대하여 가입자당 가격을 정하는 제도이다. 주로 1차 진료행위에 대하여 집단가입을 전제로 가입자와 일반의사(general doctors) 사이에 이루어지는 지불방법이다. 이 제도는 가입자의 입장에서 비용부담을 전체에게 분산시키고, 동시에 의사의 입장에서 안정된 수입을 보장할 수 있다는 점에서 장점을 가지고 있다. 의료기술과 의약의 발전에 따라 의료행위가 점점 복잡해지기 때문에 행위수가제로 발전해 오지만, 1차 진료권에서 가정의 제도가 정착한 국가의 경우, 인두세는 비용효과 면에서 효율적인 제도가 된다.

선불상환제도

선불상환제도(reimbursement system)는 기본적으로 민간보험체계에서 발전된 것으로 보험가입자가 일단 의료행위에 대해 지불을 먼저한 후, 보험자로부터 그 비용을 상환받는 제도이다. 민간의료보험의 경우 일차 진료의 경우는 보험가입자가 진료비와 약제비를 지급하고 이를 다시 보험회사에 청구하여 보상을 받는 방식이다. 민간보험회사는 보험가입자와의 계약조건에 따라 급여가 되는 서비스와 아닌 것을 구별하여 선별적으로 상환해 준다. 입원서비스 진료비의 경우에는 전문적이고 복잡한 의료서비스들이 집중적으로 제공되기 때문에 의료기관과 보험회사가 직접 연계되어 지급을 하는 경우가 많다.

라. 재원조달

보건의료보장제도의 재원조달은 국가별로 보건의료제도의 특성에 따라 그 비중이 다르지만, 크게 네 가지 경로로부터 나온다. 첫째로, 정부의 조세를 통한 일반재정에서 지원이 된다. 국가가 해야 할 위생, 전염병 예방 등 기초건강에 대한 자원과 다양한 보조금, 그리고 국가가 직접 의료서비스를 제공할 경우 정부재정에서 지원된다. 둘째로 사회보험료이다. NHS를 실시하지 않는 대부분의 국가들이 한국의 건강보험제도와 같이 보험제도로 국민들의 의료보장을 할 때 국민들이 지불하는 보험료가 주 재원이 된다. 보험료는 직장인인 경우, 근로자와 고용주, 정부가 나누어서 부담을 한다. 국가에 따라 분담하는 비율은 다양하다. 주로 근로자와 고용주가 반반씩 부담하고 정부가 건강보험운영비를 대거나, 정부도 일정 비율로 보험료를 지불하여 재정을 이루는 경우가 많다. 우리나라도 건강보험관리 운영비용과 지역가입자에게는 정부가 일정 비율로 재정에서 지원하도록 되어 있다. 셋째로, 많은 나라들이 비영리 자선조직이 의료시설을 비영리조직의 형태로 사회에 기부하거나 기금을 만들어 특별한 집단들에게 의료비 지원을 하는 경우가 많다. 나머지 재원은 개인이나 가계에서 개인부담금으로 충당하게 된다. 재원조달의 방식은 보건의료보장의 소득재분배 수준 및 의료접근의 형평성에 영향을 미치면서 보건의료의 공공성에 중요한 조건이 된다.

2) 국가보건서비스제도

국가보건서비스제도(National Health Service)는 원칙적으로 국가가 직접 의료서비스를 국민들에게 공급하는 제도이다. 이러한 제도는 사회주의체제에서는 자연스럽게 발전될 수 있지만, 시장과 민간 부문의 역할을 강조하는 자본주의체제에서는 소수의 국가들이 이를 도입하고 있다. 자본주의 국가들 사이에서의 국민건강서비스제도의 발전은 영국에서 베버리지 플랜에서 시작되어 2차 대전 후 본격적으로 여러 이웃 유럽국가들에게도 도입되었다. 이 제도하에서는 국가가 직접 의사 및 병원의 공급과 운영에 책임을 지고 중앙정부 또는 지방정부의 일반재정에 의한 재원조달로 국민들에게 무료로 공급하는 것을 원칙으로 한다. 따라서 정부의 의료보장계획에 의해 효율적으로 의사와 병원을 배치, 관리함으로써 행정비용을 줄이고, 의료공급의 지역 간 계층 간의 형평성을 증대시킬 수 있다. 반면에 국가에 의해 충분히 재원이 조달되지 않거나, 계획에 의해 중앙집권적이면서 독점적으로 운영이 이루어지기 때문에 서비스가 관료제화되고 질이 저하될 수 있다.

3) 의료부조제도

보건의료보장제도에는 사회보험 외에 공적부조 형태의 의료부조제도가 있다. 사회보험은 기여금을 내는 사람만 수급권이 있다. 국가가 공식적으로 전 국민 보험제도로서 건강보험제도를 운영하여도 소득이 없어서 보험료를 낼 수 없는 사람은 건강보험의 혜택을 받을 수 없는 사각지대가 존재한다. 따라서 정부는 보험료를 대신 납부하여 빈곤층을 보험에 가입시켜 급여를 받게 하거나, 따로 공적 부조제도의 형식으로 의료보호제도를 실시하여 빈곤층의 의료비를 대신 지불하고 있다.

우리는 1977년에 의료보험제도가 실시되면서, 의료보험에 가입할 수 없는 빈곤층을 위하여 의료보호법을 만들어 빈곤층의 의료보장제도를 만들었다. 지금까지 공적 의료보험제도가 없었던 미국은 민간의료보험을 가입할 수 없는 다수의 빈곤층을 위하여 메디케어(Medicare)라는 의료부조를 통해 미국 정부가 정한 빈곤선 이하의 빈곤층에게는 의료비용을 보상해 주고 있으며, 실질적인 공적 의료보장제도의 중심이 되었다.

4) 민간의료보험

민간의료보험은 민간시장에서 발전된 다른 민간보험제도와 같이 민간보험회사가 개발한 보험상품의 내용과 가격에 따라 일반 구매자가 구입하여 계약된 내용대로 혜택을 받는 제도이다. 많은 국가들이 사회보험으로서 질병보험이나 의료보험제도를 갖추고 있기 때문에, 다른 보험영역과는 달리 질병보험이 민간보험으로서 발전되지 못했다. 그러나 미국의 경우, 전 국민을 대상으로 한 보편적인 질병보험제도가 없기 때문에 민간부문에서 의료보험이 매우 발전되어 있다. 최근에 오바마케어의 통과로 상당수가 공적 의료보험에 가입이 되고 있지만, 민간시장의 의료공급에 의존하기 때문에 보험료가 비싸고 여전히 중산층 이상의 다수는 민간의료보험에 의존하고 있다.

4 — 한국의 보건의료보장제도

한국의 현재 보건의료보장제도의 특징과 문제점을 이해하고, 그 개선방향을 이해하기 위해서는 보건의료체계가 역사적으로 어떤 과정으로 발전해 왔는지를 먼저 알아볼 필요가 있다. 우리의 의료보장제도의 중심은 건강보험제도이다. 한국은 1977년에 소수의 대기업 중심으로 의료보험조합을 설립하는 조합주의방식으로 의료보험제도가 실질적으로 처음 실시된 이후, 현재는 단일화된 보험자 조직으로 전 국민이 건강보험제도에 의해 보호되고 있다. 한국의 건강보험제도의 전 국민 보험체제로의 발전 속도는 다른 어떤 나라와 비교하여도 매우 빨랐다. 그 결과로 전 국민의 의료접근성이 매우 높아 국민의 건강증진에 크게 기여하였다고 할 수 있다. 반면에 의료전달체계는 민간부문중심이고 공적 의료전달체계가 상대적으로 취약하다. 이러한 구조는 동아시아의 일본과 대만의 제도와 유사한 반면, 다른 서구 선진국들과 비교해 매우 독특하다. 민간의료공급체계를 기반으로 하되 공적 보험제도의 운영으로 의료서비스 수가의 가격규제를 하여 전 국민에게 의료접근성을 높인 것이다.

1) 한국의 보건의료체계의 초기형성

우리의 보건의료보장제도의 초기 발전과정을 이해하는 것이 현재의 우리의 보건의료제도의 특성과 문제점들을 이해하는 데에 도움이 된다. 우리의 보건의료제도의 발전과정은 근대화과정에서의 역사적 질곡과 함께한다. 근대 의료제도는 일제 시기에 도입이 되었으나 그것은 우리의 주체적인 선택이 아니었다. 일제는 자국민의 건강보호와 식민지 통치를 위한 지배질서를 위해 공적 의료제도를 도입하였다.[18]

해방 이후 한국의 보건의료체계는 미국의 영향을 받으면서 급격히 미국 의학과 미국 의료제도의 영향을 받아 민간중심으로 전환을 하게 된다. 이에 따라 정부의 의료정책은 민간시장부문에 맡기는 자유방임적 정책이었다고 할 수 있다. 해방 후 미군정은 보건의료 및 구호행정을 국가가 계획적으로 조직하거나 직접 관리하기보다는 민간부문이 담당하는 것을 강조하였다.[19] 국가는 최소한의 공중보건업무중심으로 그 역할을 하고 민간부문에서는 자율적인 의료교육체계와 시장의 논리에 의한 의료전달체계가 성장하기 시작하였다. 의료자원은 주로 수요가 많은 도시로 몰리게 되고 지역 간의 의료자원의 불균형이 심화되었다.[20]

1960년대 군사정부 이후 정부 주도의 산업화를 추진하면서 정부의 공공의료에 대한 개입들이 점진적으로 시작되었다. 우선은 일제 강점기 때에 세워진 시·도립병원 중심으로 공공지역의료센터의 역할을 하였다. 정부는 경제개발5개년계획들을 추진하면서 국내자원을 산업화에 집중적으로 동원하였으나, 다른 한편으로는 농어촌지역과 도시에 보건소의 구축과 기초보건의료 전달체계를 구축하기 시작하였다. 그러나 병의원 등 일반의료 기관들은 거의 민간부문에 의존할 수밖에 없었다.

그런 가운데 1963년에 군사정부에서 민간정부로 이양하는 과정에서 군사정부는 한국의 사회보장제도의 발전에 중요한 기초가 되는 몇 가지 중요한 입법시도를 하였다. 1963년에 국가의 사회보장 책임과 범위를 담은 '사회보장에 관한 법률'을 제정하고 바로 이어서 산업재해보상보험법과 의료보험법을 함께 제정하여 한국의 복지제도와 사회보험제도의 첫 기반을 닦으려고 하였다. 산재보험제도는 산업화 추진에서 필요성이 인정되어 입법과 함께 그 다음 해에 실시되었다. 그러나 의료보험제도는 사회보험으로서의 중요한 제도적 조건인 강제가입조항이 임의가입제로 바뀐 상태로 입법되어 실질적인 사회보험제도로서의 역할을 할 수 없었다. 이후 민간부문에서 자발적인 임의가입의 형태로 청십자의료보험조합 등 민간 주도의 의료보험제도가 만들어졌으나 곧 재정의 안정화가 불가능하게 되어 해체되었다. 따라서 1963년의 공적 의료보험제도의 실시가 좌절된 후, 한국의 보건의료제도의 발전은 1976년에 의료보험법이 개정되고 1977년에 의료보험제도가 본격적으로 실시되기 전까지는 민간시장에 의존하게 되었다. 이미 민간시장부문에서 의료공급체제가 만들어진 후에 공적 의료보험제도가 도입되었던 것이다.

2) 한국 건강보험제도의 발전 연혁

1970년대에 접어들면서 정치경제적으로 국가가 의료보장부문에 개입을 해야 하는 여러 가지 구조적 압력들이 나타났다. 그동안 민간부문을 중심으로 성장한 한국의 의료보건체계는 빠른 의료비의 상승을 가져왔다.[21] 이는 노동계층을 포함하여 저소득계층들의 의료접근성이 매우 떨어지고 있다는 것을 의미한다. 당시 중화학공업화를 급속하게 실시하면서 70년대 중반부터는 기술인력의 부족현상이 심화되었고, 기업에서는 숙련노동자들의 의료비용이 증가하기 시작하였다. 정치적으로도 유신체제의 정치적 정통성과 산업화과정에서의 분배문제를 둘러싼 사회갈등의 심화로 사회복지제도의 시행에 대한 압박이 있었다. 더욱이 1971년의 연금제도의 입법화 실패에 대한 정부의 부담이 컸었다.

이러한 환경에서 의료보험제도는 사회세력들의 조직화된 정책어젠다형성의 결과가 아니라 국가 내부의 국가 엘리트중심의 권위주의적인 내부동원형 방식으로 전개되었다. 1976년 박 대통령은 연두 기자회견에서 제4차 경제발전계획에 사회발전을 포함시킬 것을 강조하면서 보건사회부 장관에게 저소득층에게 의료혜택을 줄 수 있는 의료보장제도를 실시할 것을 지시하였다. 당시 정부는 대기업에게 산업화에 필요한 노동자 관리와 복지를 위한 의료보험의 필요성을 설득하였다. 이에 따라 1963년도의 의료보험법 기초하에 정부의 큰 재정적, 행정적 부담 없는 500인 이상을 고용하는 대기업 중심으로 의료보험조합을 설립하는 의료보험법 개정을 1976년에 하고 1977년에 의료보험제도를 실시하였다. 이러한 방식은 앞에서 언급하였듯이, 독일에서 시작하여 유럽대륙 국가와 일본이 운영하고 있는 방식이다. 초기에는 의료보험제도라고 불렀고, 1977년 이후 한국의 건강보험제도는 빠른 속도로 확대과정을 거쳤다.

이후 한국의 의료보험제도는 직장인중심으로 점진적인 확대과정을 거쳤고, 규모가 작은 다양한 중소업종의 근로자들을 포함시키기 위하여 1981년부터는 직종별로 통합된 의료보험조합을 만들어 가입시켰다. 그러나 실질적으로 의료접근성이 어렵고 보호가 필요한 농어민과 많은 중소기업 근로자, 자영업자들이 보호될 수 없었다. 사회보험의 원리가 근로자와 고용주가 보험료를 지불해야만 하는 제도적 조건과 재정의 안정을 위해 규모에 의한 의료보험조합이 만들어져야 하기 때문에 소득이 낮고 불안정하며, 특히 보험료를 낼 고용주가 없는 농어민과 자영업자, 고용주의 보험료 부담의 여력이 없는 중소기업의 의료보험조합의 설립은 행정적으로 쉽지 않았다. 그런 과정에서 취약계층을 보호하고 연대성의 원리를 확대하자는 의미에서 의료보험제도 내에 관료, 전문가, 시민사회에서는 의료보험제도를 분권화된 조합주의에서 하나로 통합된 보험조합으로 개혁하자는 논쟁들이 있었다.

한국의 의료보험제도는 민주화되면서 1988년에 그동안 소외되어 왔던 농어민들을 지역단위의 조합의 형태로 가입시키고, 그 다음해 1989년에 도시자영자들을 가입시킴으로써 전 국민 의료보험제도로 발전하였다. 이후 직장가입자와 지역가입자 간의 보험료 및 혜택의 차이에 대한 불만과 논쟁이 지속되었다. 이에 따라 다시 실질적인 재정의 통합을 통해 전 국민 단일보험제도에 대한 요구가 있었다. 이 과정에서 IMF 경제위기를 계기로 다른 사회보험들이 전 국민 보험제도로 확대되면서 2000년에 의료보험제도도 공무원, 사립교원을 포함하여 재정까지 전국 단일보험조직으로 통합되는 단일 보험제도로 개혁될 수 있었다. 이에 따라 이름도 국민건강보험제도로 바뀌었고, 현재의 건강관리보험공단과 건강보험심사평가원을 만들어 운영되고 있다.

표 12-2 한국의 건강보험제도의 연혁

1. 임의보험 사업기 (1963~77년)	
1963. 12. 16.	국가재건최고회의에서 의료보험법 제정(임의가입규정으로 사실상 사회보험으로서 실시되지 못함)
1970. 8. 7.	의료보험법 개정(법률 제2228호)
2. 직장의료보험의 단계적 실시	
1976. 11. 30.	의료보험법 개정
1977. 7. 1.	500인 이상 사업장 의료보험 실시
1979. 1. 1.	공 · 교 의료보험 실시
1979. 1. 1.	300인 이상 사업장 의료보험 당연적용
1981. 1. 1.	100인 이상 사업장 의료보험 당연적용(16인 이상 사업장 임의가입)
3. 자영자 의료보험의 부분적 실시	
1981. 1. 1.	지역의료보험 제1차 시범사업 실시(홍천, 옥구, 군위)

1981. 12. 1.	직종의료보험조합 발족(문화예술인, 이·미용)
1982. 7. 1.	지역의료보험 제2차 시범사업 실시(강화, 보은, 목포)
4. 전 국민 의료보험의 달성	
1988. 1. 1.	농·어촌 지역의료보험 전국 확대 실시
1989. 7. 1.	도시지역의료보험 전국 실시
5. 의료보험 통합기	
1998. 10. 1.	1차 의료보험 통합(공무원 및 사립학교 교직원 의료보험 및 227개 지역의료보험 통합) → 국민의료보험관리공단 업무 개시
2000. 7. 1.	의료보험 완전 통합(국민의료보험관리공단과 139개 직장조합) → 국민건강보험관리공단 및 건강보험심사평가원 업무 개시
2001. 7. 1.	5인 미만 사업장 근로자 직장가입자 편입
2001. 1. 19.	국민건강보험재정건전화특별법 제정
2003. 7. 1.	지역·직장재정 통합 운영

자료 : 국민건강보험공단.

3) 한국 건강보험제도의 특징

가. 건강보험의 관리체계

건강보험제도의 관리체계는 크게 다음의 [그림 12-10]과 같이 5개의 조직의 역할로 나누어진다. 건강보험제도를 관리하는 주무 부처는 보건복지부이다. 보건복지부는 보험료액(율), 보험료부과 기준, 요양급여의 범위, 공단의 예산과 규정의 승인 등 기본적인 건강보험정책을 결정한다. 보험자로서 실질적인 운영은 보건복지부 산하 공공기관인 국민건강보험공단이 운영한다. 공단은 구체적인 자격관리, 보험료부과 징수, 요양급여비용 지급, 요양급여비용 수가관리, 급여관리, 건강검진 등을 수행한다. 건강보험심사평가원은 요양기관이 제공한 의료서비스와 서비스비용의 적정성을 객관적이고 공정하게 심사·평가하여 공단이 지급할 비용을 확정한다. 요양기관은 가입자에 대한 의료서비스를 제공하는 의료기관이다.

나. 보험급여의 종류

현재 한국의 건강보험제도에서 가입자에게 제공하는 급여는 크게 현물급여와 현

그림 12-10 한국 건강보험의 관리체계

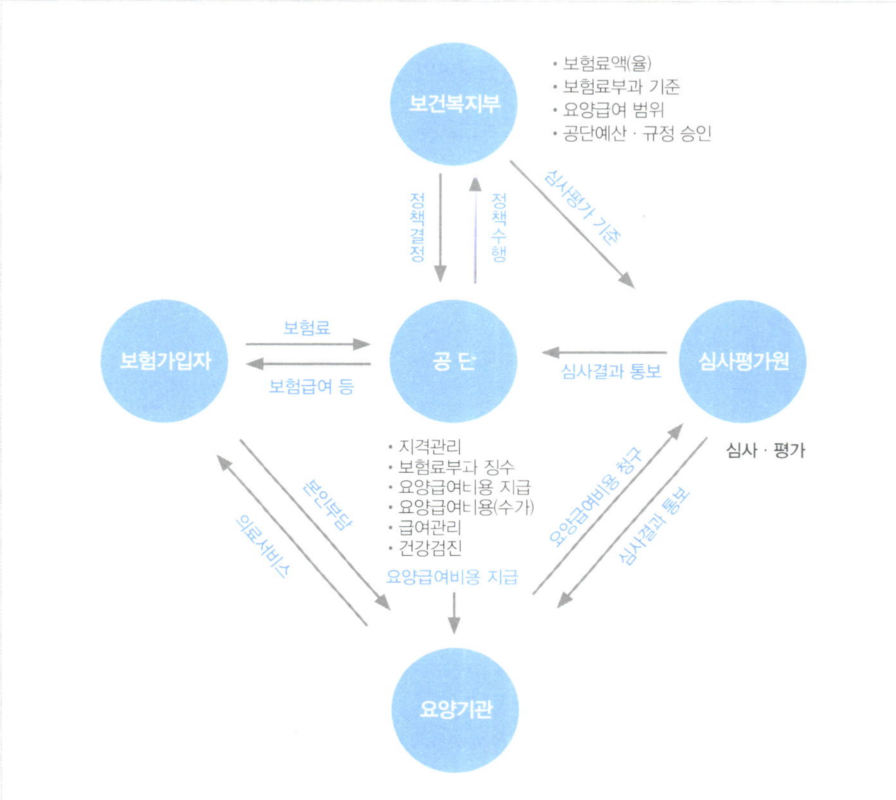

자료 : 국민건강보험공단 홈페이지 자료(http://www.nhic.or.kr/alim/notice2/chapter2.pdf).

금급여로 나눌 수 있다([그림 12-11] 참조). 현물급여는 요양급여와 건강검진서비스를 제공한다. 현금급여로서는 요양비, 장제비, 본인부담상한제, 본인부담액보상금, 장애인보장구급여비가 있다. 현재 우리의 건강보험제도의 급여 종류는 의료문제의 발생에서 필요한 다양한 급여들을 제공해 주고 있다. 특히 건강검진을 정기적으로 실시하게 하여 예방적 차원의 급여를 제공해 줌으로써 장기적으로 국민들의 건강과 의료비용을 줄이는 데 기여하고 있다.

그러나 현재 우리의 건강보험제도에는 서구에서 발전한 질병보험제도의 소득보장을 위한 중요한 급여인 질병수당이 없었다. 서구의 질병보험제도는 앞에서 설명한 바와 같이 임금근로자가 질병으로 일을 할 수 없는 기간 동안에 생활안정을 위한 질

그림 12-11 한국 건강보험제도의 급여 종류

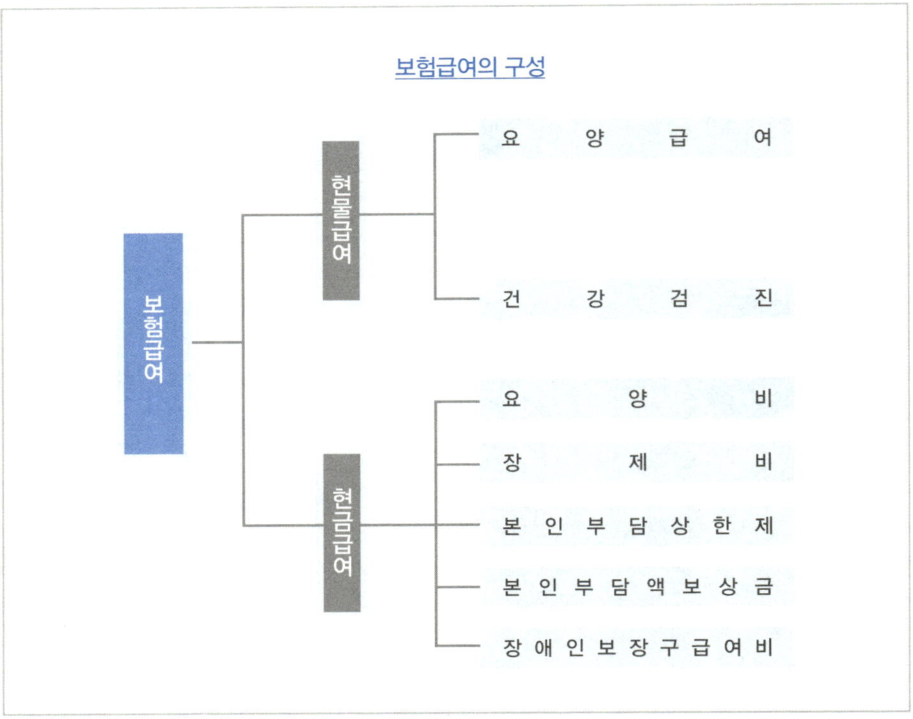

자료 : 국민건강보험공단 홈페이지 자료(http://www.nhic.or.kr/alim/notice2/chapter2.pdf)

병수당이 의료서비스의 현물급여와 함께 소득보장을 위한 중요한 한 축의 급여로서 발전하였다. 이에 따라 질병수당은 탈상품화에 기여하는 중요한 제도였다. 그러나 최근 상병수당의 이름으로 근로자가 업무와 관련 없는 부상 · 질병으로 경제활동이 어려운 경우 치료에 집중할 수 있도록 소득을 보전하는 제도의 도입을 위해 시범사업을 실시하고 있다. 아직 본격적으로 도입은 안 되었지만, 그동안 필요성에 대한 꾸준한 요구와 특히 코로나-19 팬데믹 이후, 의도하지 않게 감염되고 치료를 받는 과정에서 소득상실의 사례가 증가하면서 도입에 대한 정책의 창이 열리기 시작하였다.

다. 보험급여의 기간

건강보험 급여일수는 365일로 한정하고 있으나 장기간의 입원 또는 복합적인 투약 등 상한일수를 초과하여 불가피하게 요양급여를 받아야 할 사유가 발생한 경우에는 의사의 소견서를 첨부하여 공단에 요양급여일수를 연장승인 신청할 수 있도록 규정하고 있다.

라. 보험료

건강보험제도의 보험료 산정방식은 직장가입자와 지역가입 간에 차이가 있다. 직장가입자는 가입자의 사업장에서 받은 보수총액을 근무월수로 나눈 보수월액에 보험료를 산정한 후, 경감률 등을 적용하여 가입자 단위로 부과한다. 장기노인요양보험이 실시된 이후 장기노인요양보험료도 건강보험료에 추가하여 부과된다. 이는 점진적으로 높아지고 있으며 2022년 1월 현재 보수월액의 6.99%이다. 이를 가입자와 사용자가 3.495%씩 반반 나누어 부담한다.

지역가입자는 가입자의 소득, 재산(전월세 포함), 자동차, 생활 수준 및 경제활동 참가율을 참작하여 정한 부과요소별 점수를 합산한 보험료 부과점수에 점수당 금액을 곱하여 보험료를 산정한 후, 경감률 등을 적용하여 세대 단위로 부과한다. 직장가입자는 보험료의 반을 사용자가 부담하고 부양자는 그 수에 관계없이 포함되는 반면에, 지역가입자는 총소득과 재산을 평가한 소득이 함께 합산되고 가족수까지 고려가 되어 직장가입자와 지역가입자 간의 보험료 부담 형평성에 문제가 되고 있다.

마. 진료비 지불제도와 본인부담금제

우리 건강보험제도의 진료비 지불제도는 기본적으로 행위수가제를 실시하고 있다. 진료에 소요되는 약제 또는 재료비를 별도로 산정하고, 의료인이 제공한 진료행위 하나하나에 일정한 값(수가)을 정하여 의료비를 지급하는 제도이다. 그러나 의료비용의 절감을 위하여 진료가 간편한 4개의 진료과와 7개 질병군 과목에 대해서는 포괄수가제방식이 적용되고 있다. 그리고 의료보험재정의 안정화, 의료소비의 남용과 억제를 위해 본인부담금제를 두고 있다.

4) 의료급여제도

건강보험제도가 전 국민 보험제도로서 우리의 의료보장제도의 중심에 있지만, 건강보험에 가입할 수 없는 일부 빈곤층이 있다. 이에 따라 이들의 의료접근성을 위해 공적 부조제도의 일환으로 의료급여제도가 있다. 보험료 납부능력이 없어서 건강보험에 가입할 수 없는 빈곤층에게 국가예산으로 무상으로 의료를 공급하는 의료영역에서의 공공부조제도라고 할 수 있다. 1977년에 의료보험이 처음 실시되었을 때, 정부는 빈곤층을 위한 의료보호제도를 당시의 공적 부조제도인 생활보호제도의 하나로 의료보호제도를 실시하였다. 그 후 지속적인 제도의 확대를 통해 2001년에는 명칭이 의료급여법으로 개정되었다. 이는 2000년에 우리의 낙후된 공적 부조제도인 생활보호제도가 국민기초생활보장제도로 개혁되면서 의료보호제도를 시혜적 성격에서 국가의 보장의무와 국민의 수혜 권리의 성격으로 승격시킨 데에 중요한 의미가 있다.

5) 한국 보건의료보장제도의 최근 문제와 개혁 이슈

우리의 보건의료보장제도에서 건강보험제도는 전 국민 보험제도로서 빠르게 성장하여 국민들의 의료서비스 접근성을 높이고 국민건강증진에 크게 기여하였다. 그러나 여러 가지 환경변화에 따라 우리의 보건의료보장제도의 중심인 건강보험제도는 해결해야 할 큰 도전과제들을 가지고 있다. 건강보험제도는 큰 틀에서 보장성을 확대하면서도 재정과 제도의 지속가능성을 확보하는가가 중요한 과제라고 할 수 있다.

가. 보장성의 강화

보건의료보장제도의 실질적인 기능은 국민들이 양질의 보건의료서비스를 보편적으로 접근할 수 있어서, 궁극적으로 건강증진과 좋은 삶을 누리는가에 있다. 이러한 보건의료보장제도의 기능과 연관하여 WHO와 세계은행에서는 보편적 건강보장이라는 개념을 "건강 증진, 질병 예방, 효과적이고 질 높은 치료, 재활 및 완화치료를 포함한 건강에 관련된 포괄적이며 필수적 서비스들이 공적으로 제공되어야 하고, 동시에 재정적 어려움 없이 받을 수 있어야 한다."고 정의하였다.[22] 이 개념이 국제적으로 통용될 수 있는 보건의료제도의 보장성 개념이 될 수 있다. 우리나라에서는 건강보험제도가 보편적 서비스로 발전하면서 건강보험제도의 보장성이 주로 보건의료보장의 보편성을 측정하는 대리 지표로 통용되고 있다. 그러나 건강보험의 보장률은 건강보험 환자가 병의원을 이용할 때 발생한 의료비(공단부담금+법정본인부담금+비급여부담금) 중 건강보험공단에서 부담한 금액의 비율로 측정하고 있다.[23]

이러한 한계를 인지하면서도, 건강보험제도의 보장성에는 얼마나 국민들이 보편적으로 기본 의료서비스를 받는가에 대하여 여러 차원으로 나누어 이해할 필요가 있다.

첫째로, 건강보험제도를 실시하고 있는 우리의 경우, 형식적인 수준에서 법적인 적용 범위이다. 우리의 건강보험제도는 이러한 법적인 적용 기준에서는 전 국민 보험으로서 의료급여 대상자를 제외하고는 모두 가입이 되어야 한다. 그런 면에서는 보편주의적 제도라고 할 수 있다.

둘째로, 좀 더 실질적인 차원으로 들어가서 법적으로는 보험에 가입되어야 하지만 보험료를 내지 못해서 혜택을 받지 못하는 사각지대가 있다. 공식적으로는 전 국민 건강보험제도이지만 혜택을 받지 못하는 사각지대는 여전히 존재하고 있다.

셋째로, 건강보험과 의료급여제도의 혜택을 보고 있지만, 급여의 대상에 포함되지 않는 의료행위가 많거나 본인부담부분이 높아서 실질적인 의료비 부담이 높은 경우이다.

건강보험 보장률의 문제

정부는 국민 의료비를 줄이려는 목적으로 건강보험의 보장률을 지속적으로 높이려고 노력해 왔다. 지난 정부는 '문재인케어'라는 이름으로 건강보험의 보장률을 높이며, 특히 취약계층의 중대 질병의 의료비 비용을 낮추는 정책을 실시하였다. 다음의 〈표 12-3〉에서 보듯이, 건강보험의 보장률은 2017년 62.7%에서 2020년 65.3%

표 12-3 건강보험 보장률의 추이

구분	2011년	2012년	2013년	2014년	2015년	2016년	2017년	2018년	2019년	2020년
건강보험 보장률	63.0	62.5	62.0	63.2	63.4	62.6	62.7	63.8	64.2	65.3
법정 본인부담률	20.0	20.3	20.0	19.7	20.1	20.2	20.2	19.6	19.7	19.5
비급여 부담률	17.0	17.2	18.0	17.1	16.5	17.2	17.1	16.6	16.1	15.2

자료 : 국민건강보험공단 보도자료(2021.12.30.)

로 꾸준히 증가하고 있다. 과거 친복지적 정부나 학계에서는 건강보험의 보장률 70%를 목표로 선언해 왔지만 쉽지 않다. 여기에는 여러 가지 원인이 있다.

그중에서 우리 건강보험의 급여체계에서 비급여부문이 차지하는 규모가 여전히 크다는 것이다. 정부는 그동안 급여부문을 확대하여 보장성을 높이고 있지만, 동시에 비급여 진료비의 빠른 증가는 건강보험 보장률을 정체시키는 데 기여하고 있다. 특히 의료서비스 공급기관이 민간부문이 중심이다보니 낮은 수가로 인해 보상을 위한 비급여부문의 의료서비스를 계속해서 개발하고 있는 것이다. 따라서 보장률을 높이기 위해 단순히 비급여의 항목을 줄이는 것은 정부가 의료서비스 공급자를 공적으로 통제할 수 있는 공공의료의 확충, 적정한 의료수가의 조정, 포괄수가제의 확대 등 비급여 의료비를 구조적으로 줄일 수 있는 다양한 정책들을 함께 추진하지 않는 이상 보장률을 빠르게 높이는 것이 쉽지 않다. 그러나 이러한 정책들은 민간의료계의 반발이 거세다.

정부는 중증환자들의 의료비 부담을 줄이기 위하여 4대중증 환자들을 중심으로 집중된 경감대책을 실시해 왔다.[24] 4대 중증환자에 대한 보장률은 적어도 80%대에 이르고 있다. 그리고 본인부담금 상한제를 만들어 의료비 부담을 줄이는 정책을 써 왔다. 그럼에도 불구하고 〈표 12-3〉에서 보듯이 실질적인 보장률은 높아지지 않고 있다.

또 하나는 정부의 재정지원이다. OECD 통계에 따르면, 2019년 OECD 국가들의 보건의료 관련 정부 총지출은 71%이다. 우리나라는 50%를 보여주는데 여전히 낮은 편에 속한다. 사회보험제도를 실시하는 선진 OECD 국가들의 건강보험지출 규모도 낮은 편이다. 보장성을 높이기 위해서는 보험료율도 높여야 하는데 이는 국민들의 저항이 문제가 된다.

따라서 보장률을 높이는 데에는 건강보험제도의 급여체계의 개선과 정부의 재정지원이 높아져야 할 것이다. 보험료율도 높여야 한다. 이와 더불어 공급자의 차원에서 의료의 공공성 강화를 위해 의료수요를 급증시키는 민간부문의 의료공급 비중도 점차로 줄여나가야 할 것이다. 앞에서 언급했듯이, 보건의료보장제도에서 보건의료서비스 공급자의 역할이 매우 중요하기 때문에, 건강보험의 보장성을 높이기 위해서는 정부의 일방적인 정책보다 의료서비스 공급자와 수혜자인 시민들을 포함하여 함께 합의적으로 문제를 풀어갈 수 있는 정책결정 거버넌스를 만드는 것도 매우 중요하다.

건강보험료 부과체계의 형평성문제

현행 보험료 부과체계는 직장가입자와 지역가입자로 이원화되어 있다. 이러한 부과체계는 우리의 건강보험제도의 발전과정이 직장가입자부터 시작하였고, 이후 적용 대상의 확대를 위하여 지역가입자를 추가하여 통합하였기 때문이다. 부과체계의 이원화는 직장과 지역 간의 부과요소, 자격, 소득산정 기준의 차이로 보험료 형평성의 문제가 제기된다.[25] 이는 근본적으로는 지역가입자의 소득파악의 문제에서 비롯되고 있으나, 전반적인 보험료 부과체계에 대한 개혁이 필요하다.

의료사각지대의 존재

앞에서 언급했듯이, 건강보험제도는 직장가입자와 지역가입자로 구별되어 있고 가입방식과 보험료 부과체계가 다르다. 사회보험제도 운영의 중요한 원칙은 보험료를 납부해야 혜택을 받는다는 것이다. 최근 우리 사회의 빈곤과 불평등의 심화에 따라 건강보험의 보험료를 6개월 이상 체납해 건강보험 혜택을 받지 못하는 가구의 규모가 증가하고 있다. 직장가입자는 급여에서 원천징수를 하기 때문에 실직이 되지 않는 한 일단 가입되면 체납은 없다. 실직이 되면 지역가입자로 전환이 되는데, 지역가입자의 경우 소득과 재산에 따라 보험료가 부과되고 본인이 자진납부를 해야 하기 때문에 체납자가 발생하게 된다. 기초생활보장제도의 수급자와 차상위계층은 의료급여 수혜를 통해 의료사각지대에서 벗어나긴 한다. 하지만 우리의 경제와 노동시장의 양극화로 비수급 실직자와 저소득층의 수가 증가하고, 여기에 건강보험제도의 부과체계문제로 인해 다수의 체납자가 발생하는 문제는 해결을 요한다.

나. 재정안정화

앞으로 고령화와 의료기술의 발전에 의해 의료수요는, 특히 노인계층의 의료수요는 매우 빠른 속도로 증가할 것으로 예상된다. 더욱이 글로벌 금융위기 이후로 세계경제는 지속적으로 침체되고 있으며, 우리 경제의 성장률도 지속적으로 감소하여 저성장기조를 유지할 것으로 예견되고 있다. 경제성장 잠재력의 하락은 사회보험제도의 보험료 수입과 정부지원의 재정기반이 약화된다. 건강보험은 특성상 연금과 달리 당기 재정수지 균형이 중요하다. 그러나 정부는 원래 정부가 약속한 국고지원의 비중을 지키지 않고 있다. 국고지원이 더욱 약화되면 만성적 적자가 발생할 확률이 높다. 건강보험재정에서 임금기반 보험료에 대한 높은 의존도는 고용과 성장을 저해할 수 있다. 아래의 〈표 12-4〉가 보여주는 것처럼, 현재 건강보험 재정은 흑자기조를 유지하고 있지만, 정부의 보장률 변화정책에 따라 급격히 변할 수 있다. 보장성을 강화시킬 경우 재정의 안정화를 위한 다각적인 대안들이 나와야 한다.

표 12-4 건강보험 재정수지 변화 (현금흐름기준, 단위 : 억 원)

구분	2014	2015	2016	2017	2018	2019	2020	2021
수입	485,024	524,009	557,195	579,990	621,159	680,643	734,185	804,921
지출	439,155	482,281	526,339	572,913	622,937	708,886	737,716	776,692
당기수지	45,869	41,728	30,856	7,077	△1,778	△28,243	△3,531	28,229
누적수지	128,072	169,800	200,656	207,733	205,955	177,712	174,181	202,410

자료 : 보건복지부 자료(2023.3.30.). https://www.mohw.go.kr/react/gm/sgm0704vw.jsp?PAR_MENU_ID=13&MENU_ID=13040801&page=1&CONT_SEQ=357463&PAR_CONT_SEQ=355808

다. 의료공급체계와 전달체계

앞에서 이미 제기되었듯이, 한국의 보건의료체계는 공급체계에 있어서 지나치게 민간부문에 의존하고 있다. 이는 의료공급의 규모와 시장을 정부가 통제하기 어렵기 때문이다. 이미 메르스 사태에서 드러났듯이, 전염병과 공공의료문제와 같은 보건의료의 비상사태가 발생하였을 때, 정부가 효과적으로 통제할 수 없다. 특히 저소득층에 대한 보건의료의 특별한 배려와 공급을 하기 어렵다.

그리고 전달체계에서 의료수요를 줄이고 이용을 효율화하기 위한 게이트키퍼 시스템이 잘 작동을 하지 않고 있다. 정부는 단계적 의료이용에 대하여 규제를 하고 있지만, 사실상 큰 제약 없이 개인의 선호와 능력에 따라 의료기관을 선택할 수 있다. 이에 따라 민간의료기관들은 건강보험의 보장성이 강화됨으로써 의료수요가 늘어나고,

비급여부문을 활용하고, 행위별 수가제가 기본을 이루기 때문에 공급의 확대에 더욱 자유롭다. 의료기관 간의 무한경쟁과 의료자원의 중복투자, 그리고 대도시로의 쏠림현상은 전체적인 의료수요의 증가와 의료서비스 이용의 불평등문제를 통제할 수 없다.

1 Doyal, L. and I. Gough(1991). *A Theory of Human Need*. Basingstoke, Macmillan.

2 Doyal, L. and I. Gough(1991). *Ibid*.

3 Townsend, P. and Nick Davidson(1982). *Inequalities in Health: the Black Report*. London: Penguin.

4 ILO(1984). *Introduction to Social Security*. Geneva.

5 노벨경제학상을 수상한 애로(Kenneth Arrow)는 일찍이 1960년대에 의료서비스의 재화적 성격이 가지고 있는 재화의 수요와 공급의 불확실성 때문에 시장의 실패를 가져올 것이므로 적절한 제도적 보완이 필요하다고 주장하였다.

6 Barr, N.(2012). *The Economics of the Welfare State*. Oxford: Oxford University Press.

7 Kenneth, Arrow(1971). *Aspects of the Theory of Risk-Bearing*. Chicago: Markham.; Barr, N.(2012).

8 양재진(2017). "사회보험의 이론적 논의: 원리, 역사, 그리고 한국." 경기연구원(편). 「한국의 사회보험: 쟁점과 전망」. 파주: 한울.

9 소비자의 효용함수나 생산자의 생산함수가 다른 경제주체의 소비활동 또는 생산활동에 의하여 시장의 가격결정의 메커니즘을 통하지 않고 무상으로 유리 혹은 불리한 효과를 내는 재화들을 외부경제(external economies) 또는 외부효과(externalities)가 있다고 한다. 다시 말해서, 외부효과가 존재하는 재화들은 생산자의 비용이나 수요자의 편익 또는 효용이 시장가격에 제대로 반영이 안 되기 때문에 합리적인 공급과 소비 수준을 보장하지 못하므로 생산이나 소비에 법적 규제를 가하거나, 사회적 비용이나 효용을 감안하여 가격을 설정할 필요가 있다.

10 우량재(merit goods)에 관한 논의는 일찍이 머스그레이브(Richard Musgrave)에 의해 공공경제학에서 시장의 실패와 정부개입을 논의하면서 시작되었다. 롤즈(John Rawls)는 이러한 우량재의 개념을 정치적 차원의 정의(justice)의 관점에서 모든 시민들에게 기본적으로 충족되어야 할 기초재화(primary goods)로 주장하였다. Musgrave, R.(1959). *The Theory of Public Finance and Practice*. New York: McGraw-Hill 참조.

11 Hills, M.(2006). *Social Policy in the Modern World: A Comprative Text*. Oxford: Wiley-Blackwell. pp.117-127.

12 질병수당이 포함된 질병보험의 경우 소득상실에 대한 질병수당이 제공된다.

13 한 국가의 의료보장제도의 발전과정에서 공공성의 수준은 의사집단과 국가와의 권력관계가 중요함은 역사적 연구에서 밝혀지고 있다. Starr, Paul(1982). *The Social Transformation of American Medicine: The Rise of A Sovereign Profession and the Making of A Vast Industry*. New York: Basic Book.; Wilford, David(1991). *Doctors and the State: The Politics of Health Care in France and the United States*. Duke Press.

14 의료계와 정치권력과의 관계에 대하여는 Starr, Paul(1982). *Ibid*.

15 Gordon, Margaret S.(1988). *Social Security Policies in Industrial Countries: A Comparative Analysis*. Cambridge: Cambridge University Press.

16 Gordon, Margaret S.(1988). *Ibid*.

17 예를 들어, 오스트리아(1888), 헝가리(1891), 스웨덴(1891), 덴마크(1892), 벨기에(1894) 등이 독일을 따라 바로 입법을 하였고, 1909년부터 1912년 사이에는 이탈리아, 노르웨이, 영국, 루마니아, 스위스, 러시아, 세르비아 왕국, 크로아티아, 슬로베니아 등이 입법을 하였다. 그 후에는 폴란드(1920), 일본(1922), 프랑스(1928), 스페인(1929)이다.

18 정무권(1996). “한국 사회복지제도의 초기형성에 관한 연구.”「한국사회정책」. 3. pp.309-352.

19 정무권(1996). 상게서.

20 조병희(1999).「의료문제의 사회학: 한국 의료체계의 모순과 개혁」. 태일사.

21 1970년 총 보건비용에서 공공부문이 부담하는 비율이 14.9%, 민간부문이 85.1%였다. 이는 국민 개인들이 상당히 높은 수준으로 의료비용을 부담하는 것을 의미한다. 중화학공업화 이후 경제가 성장함에 따라 1975년에는 공공부문이 10.7%, 민간부문이 89.3%로 민간부문의 부담이 더욱 커졌다.

22 WHO and World Bank.(2017). Tracking Universal Health Coverage: 2017 Global Monitoring Report.

23 서남규(2020). “국제비교를 통해 본 건강보험 보장률의 의미.”「보건복지포럼」. 2020년 11월호.

24 2005년에는 암, 뇌혈관, 심혈관 질환에 대한 법정 본인부담금을 낮추었고 2006년에는 폐, 심장 등 장기이식수술에 건강보험을 적용하였다. 이러한 지원방식은 제3차 중기계획까지 이어져 박근혜 정부에서는 암, 심장, 뇌혈관, 희귀난치질환 등 4대 중증질환자의 경우 본인부담금 산정방식에 특례를 적용하여 진료비 부담을 낮추었다.

25 직장가입자는 근로소득을 중심으로 부과하고, 지역가입자는 재산과 자동차 외에 연소득 500만원을 기준으로 초과 세대는 소득, 이하 세대는 평가소득에 대하여 건강보험료가 부과되고 있다.

13

공적 연금

은퇴로 인한 소득상실이라는 사회적 위험에 공동체가 집단적으로 대처하는 공적 연금은 역사상 크게 두 가지 흐름 속에서 발전해 왔다. 한 가지 흐름은 19세기 말 독일의 재상 비스마르크(Ott von Bismarck)에 의해 도입된 사회보험형식의 공적 연금이고(비스마르크형 연금이라 불림), 다른 하나는 1913년 스웨덴에서 도입되고 1935년에 전 국민에게 확장된 일반 조세로 재원이 충당되는 기초연금이다. 이는 제2차 세계대전 중인 1940년대 베버리지보고서(Beverage Reoprt)를 통해 체계화되었기에 베버리지형 연금이라 불리기도 한다. 현재 대부분의 OECD 복지국가들은 베버리지식 기초연금과 비스마르크형 연금을 병행하며 노후소득보장제도를 갖추고 있고, 한국도 기초연금과 국민연금의 공적 연금체제를 기본으로 하고 있다. 왜 국가가 개인의 노후소득 형성문제에 개입해야 하는지, 어떻게 연금제도를 설계하고, 3대 연금 모형의 특징은 무엇이며, 한국 연금제도의 현주소와 개혁과제에 대해 좀 더 자세히 살펴보자.

1 — 노후소득보장에 대한 국가 개입의 필요성

일반적으로 공적 연금(public pension)은 사회보장제도 중 가장 지출 규모가 큰 프로그램이다. 2019년 현재 평균적으로 보았을 때, OECD 국가의 공공사회지출이 GDP의 20%에 이르고, 이 중 공적 연금지출이 GDP의 7.7%로 약 39%를 차지한다. 이탈리아같이 연금비중이 큰 나라는 전체 공공사회지출의 55%를 차지할 정도이다. 연금 외에 사회서비스와 적극적 노동시장정책 등이 발달한 스웨덴도 전체 공적 사회지출의 28%가 연금지출에 쓰인다. 한국의 경우, 국민연금이 아직 성숙하지 않아 급여지출이 크지 않은 상황임에도, 전체사회지출의 25%는 연금에 쓰인다. 왜 국가는 연금에 이렇게 많은 돈을 쓰는가? 꼭 국가가 개입해서 노후소득보장을 해 주어야 하는가? 개인이 저축이나 보험시장을 통해 스스로 노후를 대비할 수는 없나?

앞서 제1장에서 살펴보았듯이, 자본주의 산업사회는 전통적인 농업경제에서와 달리 개인이 감당하기 어려운 사회적 위험(social risks)에 노출되게 된다. 그중에 대표적인 것이 일정한 연령에 도달하면 누구나 맞이하게 되는 은퇴(retirement)이다. 전통사회에서는 퇴직연령이라는 개념이 없거나 희박하다. 누구나 몸을 움직일 수 있을 때까지 농사를 짓고, 결과물을 가족과 함께 나눈다. 그러나 자본주의 산업사회에서, 자본가가 아닌 이상 개인은 자신의 노동력을 팔아서 생활해야 한다. 은퇴로 인해 자신의 노동력을 더 이상 팔고 싶어도 팔지 못하면 발생하는 소득상실에 대해 대비하지 않으면 안 된다. 저축을 통해서 개인 스스로 노후를 대비할 수 있다면, OECD 국가들이 평균적으로 GDP의 7.7%라는 막대한 돈을 매년 연금지출에 쏟아붓지 않아도 될 것이다. 왜 자유주의 국가인 미국을 위시해 모든 OECD 국가들이 공적 연금을 운영하고 있을까? 톰슨(Lawrence H. Thompson)은 다음과 같은 이유를 들고 있다.[1]

1) 인간의 비합리성

인간은 근시안적(myoptic)이기에 당장의 소비지출을 선호하고, 미래를 대비하는 데 소홀하다. 인간은 자신의 이익을 위해 합리적으로 행동할 것이 기대되지만, 대부분이 그러지 못한다. 누구나 오래 건강하게 살고 싶어하면서도 당장의 즐거움을 위해 담배, 인스턴트 식품 등을 취하는 게 보통 사람이다. 누구나 나이가 들면 소득활동을 할 수 없기에 노후를 미리미리 대비해야 한다는 것을 알면서도 그러지 못하는 게 현실이라는 것이다. 따라서 국가가 공적 연금제도를 통해 소득활동기에 강제로 보험료를 납부하게 하여 사실상의 강제저축을 하게 만드는 게 필요하다.

2) 무임승차자로부터 성실한 자의 보호

공동체의 무임승차자(free rider)로부터 성실한 자를 보호해야 하기 때문이다. 개미는 여름 내내 놀고 먹다가 겨울을 맞이한 베짱이와 음식을 나눠 먹을 연대감과 책임감을 느끼지 못할 것이다. 그러나 정부는 자기 시민이 아무런 준비 없이 노후를 맞이하게 되었을 때, 개미마냥 베짱이를 비난하며 죽게 내버려 둘 수 없다. 국가는 공공부조가 되었든 어떤 형태로든 베짱이 시민의 노후를 위해 재정을 투입할 것이다. 그 재정은 평소에 열심히 일해 세금을 납부하던 개미같은 시민들로부터 나온다. 만약 국가가 평소에 베짱이에게 노후를 대비해서 저축하도록 강제하였다면, 개미 시민들로부터 세금을 덜 거두어도 될 것이다. 즉, 국가의 개입은 베짱이뿐만 아니라 성실한 개미들도 보호하는 셈이 된다.

3) 정보 부족으로 인한 불확실성의 해소

가. 장수의 위험 해결

국가의 개입을 통해 개인이 해결하지 못하는 불확실성을 최대한 완화할 수 있다. 매우 합리적이고 장기적인 시계를 갖고 있는 성실한 시민이라 할지라도 개인 수준에서 노후를 온전히 대비하는 것은 불가능하다. 노후를 위해 열심히 저축하기로 마음을 먹었다고 가정해 보자. 과연 매달 내 소득에서 몇 %씩을 저축해야 할 것인가? 이를 계산해 내기 위해서는 먼저 내가 은퇴 이후 남은 여생이 얼마가 될 것인지를 정확이 예측할 수 있어야 한다. 평균적으로 61세에 은퇴하고, 평균수명은 81세이니, 20년어치를 준비해 놓으면 될까? 20년 동안 생존할 것을 예상하고 열심히 저축해 놓았는데, 너무나 건강해서 30년을 살게 된다면 어찌할까? 장수는 축복이라지만 이러한 경우에는 위험이기도 하다. 이를 장수의 위험(longevity risk)이라고 부른다. 개인 수준에서는 자신의 수명을 예측하기가 불가능하지만, 공동체 수준에서는 과거와 현재의 경험치를 가지고 평균수명을 계산해 낼 수 있다. 평균수명이 81세라는 것은 모든 사람이 81세까지 산다는 의미가 아니라, A가 10년을 덜 살면, 누군가는 그만큼 더 살 거라는 것을 의미한다. 단명자 A가 누가 될지는 신(神)만이 아는 것이지만, 국가는 평균수명이 얼마가 될 것인지는 예측할 수 있다.

따라서 개인차원에서는 누구나 겪을 수밖에 없는 장수의 위험을 분산시키기 위해 공적 연금을 설립하고 여기에 모든 시민을 강제로 가입시킨 후, 일종의 사회적 계약(social contract)을 맺게 한다. 내용인즉슨, 젊어서 누가 일찍 죽을지 누가 그만큼 더 오래 살지 서로 모르는 상태에서 누구나 일정액을 보험료로 납부하고(즉, 강제저축하고), 공동으로 형성한 연금자산(pension asset)으로 각자 연금을 받되 단명자가 남기고 간 연금자산을 장수자에게 이전하는 계약인 것이다. 이렇게 되면, 누구나 죽을 때까지 연금을 보장받을 수 있다. 한마디로, 국가는 시민들을 강제가입시키고, 이후 단명자로부터 장수자로 연금자산을 이전시키는 중계 역할을 담당하면 장수의 위험을 최소화시킬 수 있다.

나. 인플레이션의 예측 불가능성[2]

장수의 위험과 더불어 개인차원에서는 내 저축액(연금자산)의 실질가치에 큰 영향을 주는 인플레이션이 어떻게 될지를 예측하기는 불가능하다. 개인보다는 낫겠으나, 정부가 아무리 유명한 경제학자들을 총동원한다 하여도 단기가 아닌 수십년 후의 미래 물가상승률을 예측하지는 못한다. 이때 개인차원의 저축이 아니라 집단 수준에서 세대 간 이전방식인 소위 부과방식(Pay-As-You-Go: PAYG)을 도입하면 문제해결이 가능하다. 나중에 자세히 다루겠지만, 부과방식에서 연금 수급자가 받는 연금은 근로세대 소득자가 납부하는 연금보험료로부터 나온다. 먼저 부과방식에서는 인플레이션에 따라 연금액을 인상하여 물가상승에 따른 연금액의 실질가치 저하를 방지할 수가 있다. 인플레이션이 발생하면 일정 시차를 두고 명목소득이 오르게 된다(실질소득은 그대로거나 오히려 떨어질 수 있어도). 공적 연금 가입자는 실질소득이 아니라 명목소득의 일정 %를 보험료로 납부한다. 즉, 인플레이션이 발생하고 나면 일정 시차를 두고 그만큼 보험료 수입이 증가하게 되는 것이다. 정부는 이렇게 증가된 보험료 수입을 연금 수급자의 연금액 인상에 반영한다. 개인차원의 저축은 인플레이션에 취약할 수밖에 없다. 열심히 쌓아둔 연금자산이 오랜 인플레이션 혹은 단기간이라도 초인플레이션(hyper-inflation)이 오면 그 실질가치는 급격히 떨어지게 된다. 30~40년 소득활동 기간 동안 열심히 저축하였다 하더라도 하루아침에 연금자산이 휴지조각이 될 위험성을 개인들은 안고 있는 것이다.

4) 소득재분배

자본주의 시장경제에서는 개개인은 자신이 소유한 자본 혹은 노동력과 같은 생산요소를 시장에 제공하고 이에 대한 대가로 소득을 획득한다. 제공된 생산요소의 양과 생산성 그리고 운이 더해져서 소득이 정해지는바, 이 소득은 동일할 수 없다. 불평등이 발생하는 것인데, 사회통합을 위해서 불평등한 소득분배를 국가개입을 통해 일정 정도 완화하는 게 필요하다.

게다가 저소득층의 경우에는, 개인이 아무리 성실하게 일하고 열심히 노후를 위해 저축한다 하더라도, 노후에 필요한 최소한의 연금자산마저 축적하지 못할 가능성이 높다. 근로시기 소득이 낮으면, 저축의 여력이 없고 저축을 열심히 하더라도 그 액수가 얼마 안 될 것이기 때문이다. 따라서 국가가 공적 연금제도를 설계할 때 저소득자의 연금액을 의도적으로 올려주고, 필요한 재원은 여유가 있는 중산층 이상 고소득계층의 연금자산에서 충당하게 만드는 게 필요하다.

2 — 공적 연금제도의 유형과 다층체계

1) 공적 연금제도의 유형

공적 연금제도는 국가가 국민의 은퇴 후 노후를 위해 실시하고 있는 소득보장제도를 일컫는다. 두 가지 요건을 갖추면 공적 연금이라 부를 수 있는데, 첫째 요건은 강제가입, 둘째 요건은 재원의 공공성, 즉 세금으로 조달되거나 사회보험료로 징수된 재원을 바탕으로 할 때이다. 이 기준에 따르면 아래와 같이 기초연금과 사회보험 방식의 두 가지 공적 연금제도가 도출된다.

가. 기초연금

기초연금(tax-based basic pension)은 조세로 운영되는 공적 연금이다. 기초연금은 크게 사회수당식 기초연금과 사회부조식 기초연금으로 나뉜다. 사회수당식의 적용대상은 일정 연령(예컨대, 65세) 이상 고령자 전체로 보편주의 복지제도의 대명사이다. 사회수당식 기초연금은 모든 국민이 가입 대상자이다. 물론, 우리나라와 같이 소득상위 30%를 제외한 나머지 70%의 65세 이상 노인들에게 기초연금을 지급하는 경우도 가능하다. 재원은 국민이 납부한 세금으로 조성되는 일반재정에서 나온다. 따라서 기여(contribution)를 전제로 하는 사회보험식 공적 연금에 빗대어 무기여 연금이라고 불리기도 한다. 즉, 기초연금은 후술할 사회보험형식의 연금과 달리 연금보험료를 납부하지 않아도 연금을 수혜받을 수 있다. 단, 덴마크 등 사민주의 복지국가에서도 일정 기간 거주요건을 충족해야 시민권에 기초해 기초연금을 수급할 수 있다. 예컨대, 덴마크의 경우, 덴마크 시민으로서 40년을 거주해야 기초연금을 전액 받을 수 있다(거주 기간에 따라 감액). 보통 연금액은 누구에게나 동일한 정액급여이며, 고소득자나 부부의 경우 일정액을 감액하기도 한다.

국민소득이 오르는 데 맞추어 기초연금액이 인상되어야 하나, 고령인구가 급격히 늘고 있는 현실에서 재원조달문제가 심각하게 대두된다. 따라서 기초연금의 급여인상이 더디고, 중산층의 노후소득보장제도로서 한계를 드러내게 되어 사회부조식 기초연금으로 전환하는 경우가 많다. 사회부조식 기초연금의 대표적인 예는 스웨덴의 최저보장연금(guarantee pension)이다. 최저보장연금의 대상자는 후술할 소득비례연금의 연금액이 국민최저선(national minimum)에 미치지 못하는 고령자이며, 급여는 국민최저선과 수급자의 소득비례연금의 급여와의 차액이 된다. 국민최저선 이상의 연금을 확보한 국민은 기초연금의 대상에서 제외하므로 동일 재원으로 저소득노인에게 더 높은 급여를 보장할 수 있다. 소득활동기간이 짧거가 전무한 저소득계층이나 여성들의 노후소득원으로서 매우 중요한 역할을 한다.

나. 사회보험식 공적 연금

보험료를 재원으로 하여 운영되는 사회보험식 공적 연금이다. 보험료 납부를 전제로 하기에 기본적으로 소득자가 강제적용 대상이다. 비스마르크 시대에 도입된 독일의 공적 연금이 사회보험형의 대표적 모델이며, 유럽의 대부분의 국가, 미국, 일본, 한국 등에서 가장 중요한 노후소득보장제도로 기능하고 있다. 보험료 납부 기간에 따라 연금수급권이 주어지며, 보험료 납입액(기여액)의 크기에 따라 연금액이 결정되는 소위 소득비례(income-related)방식이다. 보험료는 독일이나 한국처럼 보통의 경우 취업근로자의 경우 고용주가 50%, 피고용인이 50%를 분담하여 납부한다. '내는 만큼 받는다.'는 기본원리에 고용주가 일정액을 부담해 주는 형식이기에 조세저항이 상대적으로 크지 않다. 따라서 OECD 대부분의 국가에서 소득의 16~20%나 보험료로 책정하여 소득비례형 사회보험식 연금을 운영하고 있다.

소득비례형이지만 연금으로 지급받는 총액이 납부액에 비례한다는 의미는 아니다. 모든 사람이 평균수명까지만 산다면 그렇게 되겠으나, 사망 시까지만 연금이 지급되기 때문이다. 단명자가 다 못 쓴 연금자산을 남기면, 장수자(즉, 장수위험에 빠진)가 이를 이전받는 '보험' 형식이다. 일인생계부양자 모델(남성가장이 소득활동을 하여 배우자와 자식을 부양하는 전통 모델)에 입각해 설계된 제도이기에, 연금 수급자(보통의 경우 남성)의 사망과 함께 연금지급이 정지되어 유족(배우자와 어린 자녀)의 생활이 어려워지는 것을 최소화하기 위해 유족연금을 지급한다. 그러나 그 액수는 크게 감액된다. 이인생계부양자 모델(맞벌이 모델)이 정착되어 1인 1연금이 현실화된 스웨덴은 1999년에 유족연금을 폐지하였고, 마찬가지 이유로 덴마크는 2007년 배우자의 연금분할제도를 폐지하였다.

다. 준(準)공적 연금

준공적 연금에는 싱가포르에서 실시하고 있는 퇴직준비금제도(Provident Fund)와 칠레에서 실시되고 있는 강제가입식 사적 연금(private pension)이 있다. 퇴직준비금제도는 강제가입으로 국가가 기금을 관리한다는 점에서 공적 연금이라고 할 수 있으나, 개인의 기여금에 이자가 합산되어 연금자산을 형성하고, 평생지급보장이 안 된다는 점에서 장수의 위험에 대비하는 공적 연금 본연의 기능이 약하다. 강제가입형 저축이라고 볼 수 있다. 강제가입식 사적 연금은 국가가 개인의 기여를 강제할 뿐 가입자 관리나 연기금 운용 등을 민간연금회사가 담당한다는 점에서 공적 연금으로 분류하기 어렵다. 그러나 정부가 민간연금회사의 영업과 기금의 운용에 강한 규제를 가하고 기금의 안정성을 담보하는 역할을 하며, 종신형으로 연금을 지급하게 하여 장수의 위험에 대비한다는 점에서 공적 성격이 있다.

2) 노후소득보장의 다층체계화

공적 연금제도를 처음 도입한 비스마르크 시대의 독일은 사회보험형 공적 연금 하나만을 가지고 있었다. 반면 스웨덴은 1960년까지 기초연금만을 갖고 있었다. 한국의 경우도, 기초연금의 일종인 기초노령연금이 2008년에 도입되기 전까지 국민연금 하나만을 가지고 있었다. 그러나 점차 많은 국가들이 위에서 언급한 다양한 연금제도의 장점을 취하기 위해 아래 [그림 13-1]과 같이 다층체계를 통해 노후소득보장체계를 구축하고 있다. 보통 1층이라고 불리는 기초연금을 맨 밑에 깔고, 그 위에 부과방식의 소득비례연금을 부가한다. 그리고 사적 연금을 3층에 배치하고 있다. 1층의 기초연금은 저소득층을 포함해 대다수 국민을 포괄하기에 최저보장과 재분배 기능이 두드러진다. 대신 급여 수준이 높지는 못하다. 한국의 경우, 기초연금이 이에 해당한다. 최근 고령화 사회에서는 기초연금의 적용 범위를 저소득 노인으로 좁히고 대신 기초선까지 지급액을 높여 보장하는 방향으로 개혁이 진행되고 있다. 2층의 소득비례연금은 기여를 전제로 하기에 기초연금보다 적용 대상이 적고 대부분 주기적으로 보험료를 납부할 수 있는 소득계층이 가입되어 있다. 저축과 장수에 대한 보험기능이 기대된다. 한국의 경우, 국민연금이 여기에 해당된다. 3층의 사적 연금은 민간금융시장에서 구매가 가능한 사적 연금으로, 공적 연금만으로는 부족함을 느끼는 중산층들에게 보다 높은 노후소득을 제공해 준다. 정부는 세제혜택을 부여해 사적 연금의 가입을 유인하는 정책을 펼치는 게 상례이다. 한국의 경우, 퇴직연금이나 개인연금이 여기에 해당한다.

그림 13-1 노후소득보장의 다층체계

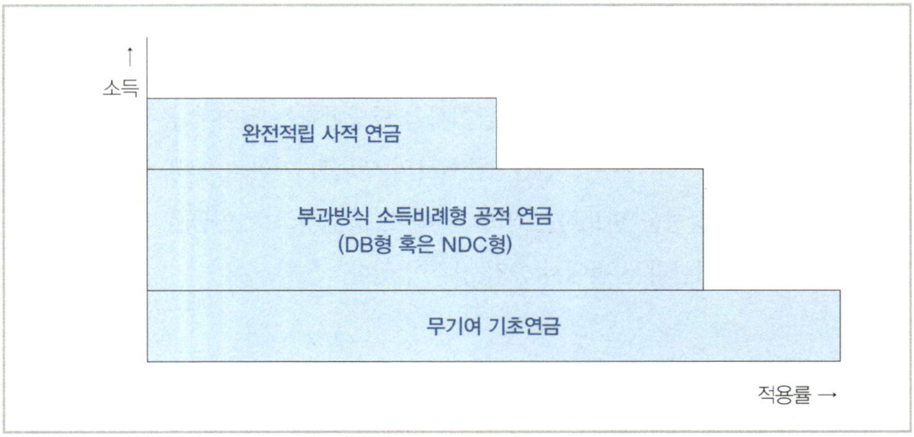

3 — 연금제도 설계의 3대 요소와 3대 연금모형

1) 연금 설계의 3대 요소

가. 확정급여방식 vs. 확정기여방식

연금제도 설계 시 첫 번째 고려해야 할 사항은 '어떻게 연금지급액을 결정할 것이냐'에 관한 것이다. 크게 확정급여와 확정기여로 나뉜다. 확정급여(defined benefit: DB)방식은 먼저 급여를 확정한 후 이에 의거해 세율이나 보험료율을 정하는 방식을 일컫는다. 대부분의 공적 연금은 이 방식에 의한다. 한국의 경우처럼 정부가 기초연금으로 매월 30만 원을 지급하겠다고 약속하고 일반재정에서 필요 재원을 동원하는 것이나, 국민연금에서 40년 기여하면 납부기간의 평균소득의 40%를 사망 시까지 지급하겠다는 약속에 따라, 필요보험료율을 산정해 부과하고 추후 재정소요에 따라 인상해 가는 방식이 대표적인 예이다. 확정기여(defined contribution: DC)방식은 미리 얼마를 줄 것인지를 확정하지 않고, 가입자가 납부한 기여금과 이자를 더해 만들어진 연금자산 총액에 근거해 연금액을 산정하는 방식이다. 연금액은 기간확정형으로 10년 120개월, 20년 240개월식으로 나누어 지급받거나, 아니면 연금자산 총액을 연금수령 개시 연령에서부터 남은 평균잔여여명으로 나눠서 지급한다(즉, 종신형. 이 경우, 단명자는 남은 연금자산을 상속하지 못하고, 장수자에게 이전해야 한다). 따라서 연금액은 사전에 확정되는 것이 아니라, 얼마나 기여를 많이 했는지, 이자가 얼마나 붙었는지, 그리고 연금수령 개시 연령에 따라 달라진다.

나. 부과방식 vs. 완전적립방식

두 번째 고려 사항은 '연금급여지출을 어떻게 충당할 것이냐', 즉 재원조달방식에 대한 것이다. 부과방식과 완전적립방식으로 대별된다. 부과방식(pay-as-you-go: PAYG)은 현 노동세대의 납부금으로 현 은퇴자들에게 노령연금을 지급하는 방식이다. 반면에 완전적립(full funding)은 미래 은퇴자들에게 지급할 연금을 해당 가입자들의 기여금을 축적해 (후세대의 기여에 의존하지 않고) 연금지출을 감당하는 방식이다. 부과방식은 유량(flow)방식, 완전적립방식은 저량(stock)방식이 된다. 부분적립방식(partial funding)은 향후 필요한 연금액을 쌓아 두기는 하되, 필요한 만큼을 모두

축적하지 않고 부분적으로만 적립하는 경우를 뜻한다. 축적한다는 의미에서는 적립 방식이나, 충분하게 쌓아 두지 않아 결국 대부분은 후세대의 기여로 은퇴자들의 급부액을 채워야 한다는 의미에서 넓게 보아 부과방식에 해당한다 하겠다.

다. 공적 관리 vs. 사적 관리

세 번째 축은 연기금의 관리에 관한 사항으로, 공적 관리와 사적 관리로 나눠 볼 수 있다. 공적 관리는 국가가 혹은 국가의 위임을 받은 공공기관이 독점적으로 관리하는 것으로, 연기금의 투자수익률을 극대화하기보다는 안정적 운영에 주력하는 경향을 보인다. 반면에 사적 관리는 보통 복수의 민간연금관리회사나 다른 금융기관이 연기금을 관리하는 것으로 공적 관리에 비해 투자수익을 높이기 위해 서로 경쟁하는 체제를 뜻한다. 사적 관리라 하지만 금융기관이 금융상품과 거래에 대해 정부의 규제를 받는 것과 마찬가지로, 연금상품과 연기금의 관리운용도 규제를 받으며, 노후소득의 안정성 제고를 위해 규제의 폭과 강도는 다른 금융상품보다 강한 것이 일반적이다.

2) 전통적 공적 연금과 개혁 모형[3]

가. 전통적 공적 연금(기초연금 + DB형 사회보험연금)

공적 연금제도가 최초로 선을 보인 19세기 말 비스마르크 시대 이래, 공적 연금제도는 기초연금과 확정급여형(DB) 사회보험식 연금제도를 중심으로 비교적 젊은 연령구조와, 지속적인 경제성장, 그리고 안정된 고용구조를 배경으로 1970년대까지 제도적 성장과 성숙을 이루어 왔다. 이 제도들은 확정급여, 부과방식, 그리고 공적 관리의 3대 원칙 위에 제도가 형성되었다.

그러나 1980년대부터 인구의 노령화, 경제성장의 둔화, 노동시장의 변화는 공적 연금제도의 재정적 위기를 불러와 공적 연금의 재정적 지속가능성에 의문을 던지게 하였다.[4] 기초연금의 경우 예산 상황에 따라 연금급여의 인상을 하지 않아 자연스럽게 실질가치를 떨어뜨리거나, 연금액을 인하하는 등의 조치를 취하였다. 그러나 인플레이션에 급여가 자동으로 연계되어 있고, 기여에 따라 수급권이 부여되며, 소득에 비례해(즉, 기여액에 비례해) 급여가 늘어나는 것을 '약속받은' 사회보험식 연금의 경우 재정문제가 심각하였다. 따라서 많은 국가에서, 첫째, 연금재정의 수입을 늘리기 위해 연금 갹출료를 인상하거나 갹출 대상 소득원을 확대하고, 둘째, 지출을 줄이기 위해 연금 산정에 기준이 되는 납부연한을 늘리거나, 특혜성 급부를 삭감하고, 인플레이션에 대한 연동방식을 변화시켜 전체적으로 소득대체율을 떨어뜨렸으며, 셋째, 급부가 지급되는 은퇴연령을 늦추고, 특히 여성의 은퇴연령을 남성의 그것과 동일하게 하여 연금 수급자의 수를 줄였다. 후술할 구조적인 개혁 모형들이 확정급여, 부과방식, 공적 관리의 원칙을 허무는 데 비해, 위의 3가지 방안들은 기존의 확정급여, 부과방식, 그리고 공적 관리의 3대 원칙 위에서 재정안정화를 도모하기에 부분적 혹은 모수적(parametric) 개혁이라고 불린다.

그러나 1980년 칠레의 사적 연금화 개혁, 1999년 스웨덴의 명목확정기여(Notional Defined Benefit: NDC)의 도입을 필두로 전통적인 공적 연금, 특히 확정급여형(DB)이 확정기여형(DC)에 근거한 공적 연금에 의해 대체되고 있다. 확정기여형의 부상은 확적급여형의 기술적 그리고 정치적 문제에서 그 원인을 찾을 수 있다. DB방식하에서는 정부가 최소 60년의 시계를 가지고 전체가입자의 기대수명을 정확히 예측할 수 있어야 가입자에게 보험수리적으로 정확한 보험료를 부과하고 소득대체율을 약속할 수 있다. 게다가, 경제성장률과 물가상승률 등 연금재정에 영향을 미치는 여러 요인들에 대한 정확한 추계가 전제되어야 한다. 그러나 이 모든 것들이 기술적으로 불가능에 가까운 게 현실이다. 게다가, 아무리 장기추계가 정확히 이루어졌다 하더라도, 정치적 문제로 인해 제때 보험수리적으로 필요한 만큼 보험료 인상을 이루고 급여삭감을 하지 못하는 게 역사적 사실이다. 선거가 상시화되어 있는 민주국가에서 비인기정책을 감행하기가 어렵기 때문이다. 따라서 수차례 모수적 개혁이 단행되나, 늘 충분하지 못한 수준에서 마무리되는 게 현실이다.[5]

나. 민영화 개혁과 사적 연금 모형

이러한 연금재정의 압박을 배경으로, 민영화론자들은 모수적 개혁은 재정파탄이라는 '시한폭탄'을 근본적으로 제거하지 못하고 후세대에게 위험부담을 전가하고 있다고 비판하며 공적 연금의 기본원리를 허무는 근본적 수술을 주장하였다. 연금민영화전략 중 다주체제(multipillar)로 구성된 세계은행의 연금개혁안이 대표적인데, 핵심은 공적 연금에서는 혼재되어 있는 재분배기능과 보험기능을 분리하여, 앞의 재분배기능은 가능한한 축소된 규모의 기초연금에서만 담당하게 하고, 후자의 보험기능은 의무가입의 사적 연금이 기존의 공적 연금을 대체하도록 설계하는 것이다. 이 사적 연금이 노후보장에서 중추를 담당하게 설계되는바, 이는 기존 공적 연금의 원리와 매우 대립되는 원칙에 기초하고 있다.

표 13-1 연금 모형 비교

	기초연금/ DB형 사회보험연금	사적 연금	명목확정기여 연금
급부원리	확정급여	확정기여	확정기여
재정방식	부과방식	완전적립	부과방식
기금관리	공적 관리	사적 관리	공적 관리
장점	• 노후소득보장 안정성 • 소득재분배 효과	• 재정안정 • 노동시장 정상화 • 자본시장 육성	• 재정안정기여 • 사회보장원칙 유지 • 노동시장 정상화 • 전환비용 최소화
단점	• 재정적 지속가능성 취약 • 노동시장 왜곡 • 세대 간 소득이전	• 사회보장원칙 훼손 • 전환비용 야기	• contribution base 감소 시, 재정불안 야기 • 정치적 간섭가능
대표 국가	• 사회보험형: 독일, 미국 등 • 기초연금형: 뉴질랜드, 영국 등 • 사회보험우위 혼합형: 캐나다, 한국 등	칠레, 멕시코, 헝가리, 카자흐스탄 등 22개국	스웨덴, 이탈리아, 라트비아, 몽골 등

첫째 원칙은 확정기여이다. 확정기여방식은 노동기간 내에 납부한 기여금과 은퇴 후 받는 급부액을 직접적으로 연동시켜, 근본적으로 후세대의 부담을 막고 연금의 자기부담 원칙을 확립하는 데 의의가 있다. 이를 위해서 개인별 연금계좌방식이 도입되고, 각자의 갹출금은 본인 계좌에 축적되며 이자율이 더해져 은퇴 시 연금액이 결정된다. 둘째 원칙은 완전적립이다. 개인별 연금계좌에 갹출금을 쌓고 이를 연금으로 사용하는 방식이므로, 부과방식의 공적 연금제도에서 발생하는 세대 간 소득이전(intergenerational income transfer)문제나, 고령화 등 인구학적 요인으로부터 발생하는 재정위기의 근본적 해결을 꾀했다. 셋째 원칙은 미래의 연금 수급을 위해 축적

되는 기여금은 영리를 목적으로 하는 민간금융회사에 의해 경쟁적으로 관리된다는 점이다. 기존 공적 연금의 독점적인 공적 관리가 정치권이나 이익집단정치의 비합리적인 외풍(political abusement)으로부터 구조적으로 자유롭지 못하다고 판단하고, 경쟁적 민간관리(competitive private management)를 통해 연기금을 보호함과 동시에 높은 수익률을 올리도록 유인한다는 것이다. 특히 자본시장이 저발전된 개발도상국의 경우, 강제 저축된 연기금의 시장논리에 입각한 경쟁적 관리가 국내자본시장의 육성을 가져올 것을 기대했다.

하지만 사회보험을 통해 위험분산뿐만 아니라 집단 간 연대, 소득재분배 그리고 국가의 책임을 명확히 하고자 했던 공적 연금의 기본가치와 충돌하기에 세계은행의 구상은 IMF와 세계은행의 구조조정 차관을 받은 남미 이외의 국가에서는 수용되지 못했다. 다음과 같은 문제들이 지적되었다. 첫째, 은퇴 시 소득보장의 불안정성문제이다. 연기금의 투자수익의 과실뿐만 아니라 손실도 개인책임인 사적 연금은 노후소득원의 안정성이라는 연금의 기본원리에서 벗어나고 있다는 것이다. 둘째, 종신형 연금상품을 선택하지 않게 되면 장수의 위험이 따른다. 의학발전 등으로 종신형 가입자 그룹 전체가 예상치 못한 수명 증가를 겪게 되는 경우, 종신형 상품은 연금회사에게는 재앙이 된다. 따라서 종신형 상품의 경우 할인율이 높다. 죽을 때까지 받지만, 그만큼 손에 쥐는 연금액은 기간확정형보다 매우 낮다. 게다가 일찍 사망해도 남은 연금자산을 유산으로 자식에게 상속하지도 못한다. 종신형을 선택한 다른 장수하는 가입자에게 이전되야 하기 때문이다. 따라서 국가가 강제하지 않는 이상, 대부분의 사람들은 기간확정형을 선택한다. 이 경우 장수의 위험에 노출된다. 셋째, 낸 만큼 받는 사적 연금하에서, 저소득계층 노령인구의 소득보호는 약화될 수 있다. 칠레처럼 저소득 노령인구를 위한 무기여 기초연금이 부가적으로 반드시 운용되야 하는 이유이다. 넷째, 부과방식에서 완전적립방식으로의 전환 시 전환비용(transition cost)이 발생한다. 다시 말하면 전환세대(transition generation)가 자신의 은퇴 후 연금을 위해 민간연금회사에 보험료를 납부하는 순간, 부과방식으로 운영되던 기존의 공적 연금은 수입이 없어진다. 현 노령인구에게 약속된 연금은 이들이 사망 시까지 국가가 어떻게든 책임을 져야 한다. 세금인상이나 공채발행이 불가피하다. 이 모든 것이 전환기의 근로세대의 이중부담이 된다.[6]

다. 연금 개혁의 제3의 길: 명목확정기여(NDC) 연금[7]

전통적인 DB형 사회보험방식의 공적 연금의 개혁 대안 중 명목확정기여 연금제도(Notional Defined Contribution Pension System)가 있다. 이는 스웨덴 사회보험학자들이 창안하고 라트비아, 이탈리아, 폴란드에서 부분적으로 도입이 된 후 1999년 스웨덴에서 본격적으로 시행에 들어간 새로운 개념의 연금제도다.

앞의 〈표 13-1〉에서 보듯이, 명목확정기여 연금제도는 사적 연금과 공적 연금의 기본원리를 절충한 모델이라고 할 수 있다(확정기여+부과방식+공적 관리). 명목확정기여 연금제도는 확정기여방식이다. 그러나 부과방식으로 운영됨에 따라, 납부한 보험료가 사적 연금과는 달리 실제로는 기금에 적립되지 않고, 현 세대 노인의 연금지급에 사용된다. 기금이 적립되지 않는 상황에서 연금 가입자가 납부한 보험료 기여액 및 이자는 가입자 개인의 명목계정(Notional Account)에 기록만 된다. 다시 말하면, 기여에 대한 원리금을 개인별 계정에 기록하고 소정의 이자가 덧붙여져서 연금수급 시 총누적액을 연금자산으로 하여 급여액을 결정하는 제도이다. 따라서 사적 연금에서 기여와 급부를 명백하게 연계시키는 확정기여방식과 동일한 원리로 운영이 되는 것이다. 그러나 원리금과 이자가 개인별 계정에 축적되는 것이 아니고 명목상 기록만 되며, 기여금은 현 은퇴자들의 노령연금으로 사용된다는 점에서 현 공적 연금하 부과방식의 재정운영방식과 동일하다. 부과방식으로 인해 축적된 적립금이 없는 까닭에 이자율이 시장에서 투자된 성과에 따라 결정될 수가 없다. 따라서 국가가 일정한 방식에 의해 이자율을 정하는데, 정치적 간섭을 최소화하기 위해 시장평균 이자율이라든지 경제성장률, 혹은 임금상승률 등의 객관적 지표가 사용된다.

가입자별 연금급여액은 가입 기간 동안 납부한 기여액에 이자가 합쳐진 금액을 퇴직 시점에서의 기대여명으로 나누어 결정한다(즉, 연금액=연금자산/기대여명). 따라서 이 명목확정기여 연금은 확정기여방식이 가지는 장점들을 그대로 갖는다. 즉, 연금수급권 확보가 가능한 연령 이후에도 계속해서 근로하여 보험료를 납부하면 기여액만큼 개인계정의 명목자산이 증가한다. 은퇴 시점이 뒤로 미루어지는 만큼 연금수급 기간이 감소하기 때문에 연금액은 증가하게 된다. 열심히 일해서 보험료를 납부하고 퇴직연령을 뒤로 미루면 이에 비례해서 연금액이 늘게 되므로, 근로유인효과가 크다. 덧붙여 기존 확정급여방식의 공적 연금하에서 평균수명의 증가로 인해 발생하는 재정상의 위기문제도 명목확정기여방식에서는 발생하지 않는다. 연금액 산식의 분모에 해당하는 기대여명이 증가하는 만큼 자연스럽게 연금급여가 감소하기 때문이다. 기대여명의 증가로 인한 연금급여의 현재가치 감소는 다시 수급권자로 하여금 노동에 대한 유인을 증가시키고 이를 통해 연금급여의 현재가치를 보전하도록 작용할 것으로 예상된다.

덧붙여, 세계은행의 사적 연금제도가 투자 실패의 위험으로부터 자유롭지 못하고 미래 투자수익률이 불안정한 것에 비해, 명목확정기여 연금은 원금이 기록된 그대로 보장되고 이자율 등이 법으로 일률적으로 정해져 투자실패의 위험으로부터 안전하다는 장점을 가지고 있다. 또, 부과방식을 유지하기에 공적 연금을 완전적립식 사적 연금으로 전환하는 과정에서 발생하게 되는 전환비용(transition cost)이 들지 않는다는 장점이 있다.

하지만 바로 이런 비적립의 부과방식하 재정운영 때문에 강제 저축효과와 자본시장 육성 등의 효과는 발생하지 않는 단점이 있다. 그리고 이자율이 국가에 의해 결정된다는 점에서 안정성은 있으나, 정치적 결정에 의한 위험으로부터 자유롭지 못하다는 단점은 그대로 남는다. 그러나 전체적으로 보았을 때, 확정기여제도가 갖는 노동시장 왜곡 방지 이점과 장기적 재정안정화효과를 가지고 있으면서도 연금지급의 안정성 및 전환비용문제의 해결 등의 장점을 가지는 중도적 입장의 제3의 연금개혁 모형이라고 평가할 수 있겠다.

4 — 한국의 공적 연금제도

1) 한국 연금제도의 역사

한국의 연금제도의 태동은 1960년에 도입된 공무원연금과 군인연금, 그리고 1975년에 시작된 사립학교교직원연금까지 거슬러 올라갈 수 있다. 그러나 이들 특수직역연금은 문자 그대로 일반 국민을 대상으로 한 것이 아닌 공공 분야 종사자만을 대상으로 인사제도의 일환으로 시행된 것이다. 따라서 한국 공적 연금제도의 역사는 1988년에 시행된 국민연금제도로부터 살펴봐야 한다. 국민연금은 원래 국민복지연금이라는 이름으로 1974년에 실시하려던 국민복지연금법을 모태로 한다. 1973년 박정희 정부는 조세방식의 기초연금이나 부과방식의 사회보험이 아닌 (수정)적립의 사회보험식 공적 연금의 도입을 통해 국민의 미래 노후소득도 보장하고 중단기적으로는 적립된 연기금을 중화학공업화에도 활용할 목적으로 국민복지연금법을 제정하였다. 그러나 1973년 말 1차 오일쇼크로 인해 기업들의 사회보험료 지불능력이 약화되자, 긴급조치3호를 통해 무기 연기가 되었던 것을 1986년 국민연금법으로 재탄생하여 1988년에 10인 이상 사업체를 대상으로 실시가 되었다. 1992년에 5인 이상 사업장까지 확대되고, 1995년에 농어촌 지역주민에게 확대되어 지역가입자를 받기 시작했고, 1999년 도시지역의 자영자와 5인 미만 사업장 종사자에게로 확대되어 오늘에 이르고 있다. 확정급여방식의 국민연금은 재정안정화를 위해 3%로 시작된 보험료가 1999년 9%까지 인상되었고, 소득대체율은 초기 70%에서 2007년 재정안정화 개혁을 통해 2028년 40%까지 점진적으로 하락된다.

2007년 개혁 조치의 하나로, 2008년부터 기초노령연금이 도입되었다. 이는 사회보험식 국민연금이 적용되기 어려운 전업주부, 자영업자, 그리고 고용관계가 안정적이지 못한 비정규직들을 공적 연금의 틀 안에 포괄하기 위한 것으로, 당장은 국민연금이 시작될 당시 이미 중고령자여서 국민연금 가입 기회가 없었거나 보험료 납부기간이 짧아 연금액이 얼마 안되는 현 세대 노인에게 적용되었다. 2014년 7월 기초연금으로 개편되었고, 현재 65세 고령자의 하위 70%(즉, 상위 30% 제외)가 국민연금 가입자 평균소득(즉, A값)의 약 10%인 최대 30만 원의 연금을 지급받고 있다.

한편, 1961년 근로기준법 개정을 통해 퇴직금제도가 도입되어, 공적 연금이 도입되기 전에 연금과 유사한 기능(즉, 퇴직 시 일시금 지급)을 수행했다. 퇴직금제도는 2006년 퇴직연금법 제정을 통해 사외적립의 사적 연금인 퇴직연금으로 전환되고 있다. 1994년 6월에는 개인연금이 도입되었다. 이로써 한국은 현재 다음의 [그림 13-2]와 같이 1층에 기초연금, 2층에 국민연금, 3층에 퇴직연금과 개인연금이 배치된 다층구조를 구축하고 있다(특수직역연금 대상자들은 다소 후한 소득대체율이 보장되는 대신 기초연금의 수급권이 없으며 퇴직연금의 적용 대상이 아님).

그림 13-2 한국 노후소득보장의 다층체계

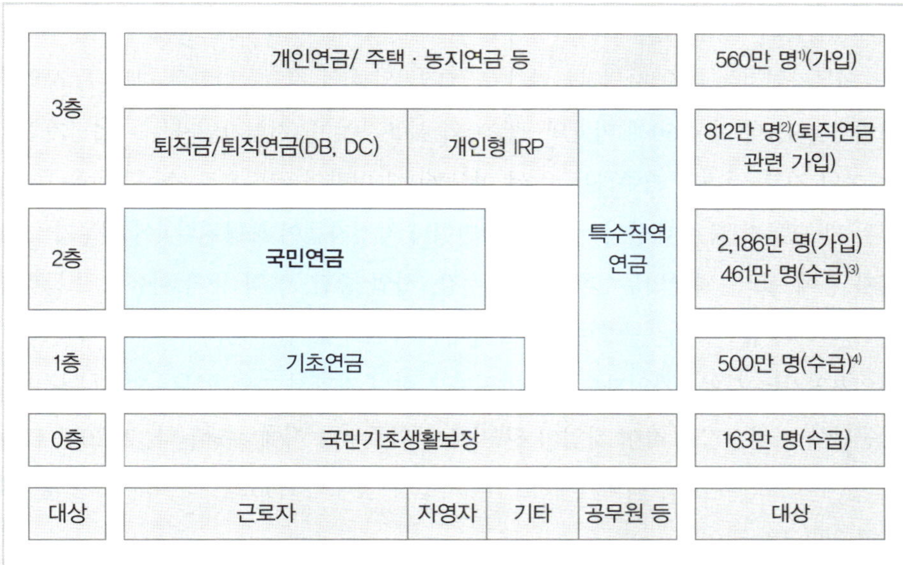

주 : 1) 세제적격 개인연금(2017), 2) (2016), 3) 노령(373만 명) · 유족(71만 명) · 장애(7만 명) · 일시금(10만 명)(2018.6. 당해연도 누계), 4) 2018.5.
자료 : 국민연금전문가회의 간담회(2018.9.27.) 자료, p.1 그림의 수정.

2) 국민연금의 이해

국민연금은 확정급여, 부과방식(일시적으로 제도 초기에 기금적립이 이루어지나, 원리상 저량이 아닌 유량 방식임), 공적 관리를 특징으르 하는 전통적인 사회보험식 공적연금이다. 현행 다층체계 연금제도하에서 국민연금이 차지하는 위상은 압도적이다. 우선 가입자가 2020년 12월 말 현재 2,211만 명으로 전체 취업인구 2,800만 명의 약 80%에 달한다. 국민연금이 도입된 지 40년이 안 되고, 전 국민연금이 된 것은 30년도 안 되어 아직 보험료 납부자에 비해 연금수급자는 얼마 안 된다. 그럼에도 불구하고 2019년에 연금수급자 500만 명을 돌파하고 2020년에는 562만 명에 달하는 등 그 수가 빠르게 늘고 있다. 가입자에게 약속된 급여(소득대체율) 또한 40%로 기초연금(10%)의 4배, 퇴직연금 추정치 16~20%의 약 2배에 달한다. 국민연기금 또한 2021년 현재 948.7조 원으로 GDP의 45.8%에 이르는 세계 3위의 거대 기금이다.

가. 가입대상

국민연금의 가입자는 크게 의무가입자(즉, 강제적용 대상자)와 임의가입자로 나뉜다. 의무가입자는 다시 사업장가입자(즉, 직장가입자)와 지역가입자로 나뉜다. 사업장가입자는 18세 이상 60세 미만의 근로자와 사용자이며, 지역가입자는 사업장가입자가 아닌 자로 국내에 거주하는 18세 이상 60세 미만의 국민으로 소득활동을 할 수 있는 자 모두가 적용 대상이 된다. 농어민이나 자영자들이 해당된다. 이 의무가입 대상자 중에 실직, 병역의무수행, 재학, 수감, 사업 중단, 휴직 등의 사유로 소득활동이 일어나지 않는 자는 납부예외자로 분류되어 보험료 납부 의무가 일시 정지된다. 임의가입자는 사업장가입자도 지역가입자도 아닌 자로서 가입의무는 없으나 국민연금공단에 가입신청을 하여 가입이 된 자로 전업주부가 이에 해당된다. 2020년 12월 말 현재 사업장가입자, 지역가입자, 임의가입자는 각각 1,432만 명, 689.8만 명, 그리고 362.3만 명이다.

나. 재원

국민연금의 기본재원은 가입자가 납부하는 보험료이다. 2022년 현재 국민연금 보험료율은 9%이다. 이 보험료는 직장가입자의 경우, 고용주가 반인 4.5%를 그리고 가입자 본인이 나머지 4.5%를 부담한다. 자영업자이거나 가정주부 같은 임의가입자는 9%를 부담한다. 1988년에 국민연금이 도입될 당시 보험료는 3%였고, 1993년에 6%로 인상되었으며 1998년에 9%로 인상이 되었다. 국민연금 보험료를 산정할 때는 소득 상한과 하한이 적용된다. 2022년 7월 현재 하한 소득은 35만 원, 소득 상한은 553만 원인데, 이는 월소득이 35만 원 이하라도 최소한 35만 원의 9%인 31,500원을 보험료로 납부해야 하며, 아무리 고소득자라 할지라도 낼 수 있는 보험료는 최대 553만 원의 9%인 497,000원이 된다. 2020년 현재 한해 거두어들인 국민연금 보험료는 62.8조 원이다.

국민연금에는 다양한 보험료 지원제도가 존재한다. 농어민의 경우에는 보험료의 절반을 국가에서 지원받는다(2022년 현재 월 최대 45,000원까지). 저임금 근로자의 가입을 지원하기 위한 두루누리사업(사회보험료 지원사업)도 시행되고 있다. 2022년 현재 근로자 수 10명 미만 영세사업장에서 월소득 200만 원 미만의 사업장 가입자와 고용주는 보험료의 20%만 부담하고 나머지 80%는 국가 부담이다. 그리고 여성의 출산을 독려하고 출산과 육아로 인한 휴직 기간이 적용제외가 되지 않도록 둘째 아이부터 12개월의 출산크레딧이 제공되고(셋째부터는 자녀 1인당 18개월 추가), 군복무자는 6개월의 크레딧이 부여된다. 또 실직자가 연금보험료를 납부할 경우, 국가가 75%를 지원한다.

다. 연금급여

최소 10년은 가입해야 사망 시까지 연금(노령연금)을 받을 수 있다. 국민연금의 급여율(소득대체율)은 매년 0.5%씩 낮아져 2028년 이후에는 40%가 된다. 소득대체율 40%라 함은 평균소득자가 40년 보험료를 납부했을 때를 기준으로 한 급여율로, 가입자 생애소득평균의 40%를 65세가 되는 날부터 사망 시까지 지급받는 것을 의미한다. 소득이 평균보다 낮거나 높으면 소득대체율이 달라지고, 가입 기간이 40년보다 짧아도 급여율은 낮아진다. 즉, 명목소득대체율은 40%이나 실질소득대체율은 소득계층과 가입기간에 따라 달라지게 된다.

우선, 평균소득자는 국민연금 보험료 납부기간이 40년에 가까울수록 40%에 근접한 소득대체율을 보장받는다. 예컨대, 평균소득자가 총 40년을 가입했다면 40%를, 30년을 가입했다면 30%의 소득대체율을 보장받는다. 그러나 동일하게 30년 가입하였다고 하더라도 소득 수준이 평균을 이탈하면 소득대체율이 달라진다. 국민연금에는 소득재분배 기능이 담겨 있기 때문이다. 연금액의 50%는 본인의 소득 수준(B값이라 부름)에 연동되며, 나머지 50%는 가입자 평균소득(A값이라 부름)에 의거하여 연금액이 결정된다. 만약 내 소득이 평균소득과 동일하다면, 40년 가입에 40%가 내 소득대체율이 되지만, 만약 내 소득이 평균보다 낮으면 나의 실질소득대체율은 40%가 넘게 된다. 반대로 내 소득이 평균보다 높은 경우에는 나의 실질소득대체율은 40%보다 낮아진다. 그리고 연금을 받기 시작한 이후에도 근로소득, 임대소득 등을 합한 소득금액이 월평균 일정 금액(2016년 현재의 A값인 2,681,724원)을 초과하면 연금액이 최대 50%까지 감액된다.

그림 13-3 가입자 소득별 연금급여 구성과 급여율(소득대체율 40%/40년 가입 시)

평균소득	A급여	B급여	총액	실소득 대체율
100만 원	40만 원	20만 원	60만 원	60%
200만 원	40만 원	40만 원	80만 원	40%
400만 원	40만 원	80만 원	120만 원	30%

주 : 1) 2002년도 말 소득을 기준으로 작성.
2) 360만 원은 소득상한선으로, 실제 소득이 360만 원 이상인 자도 360만 원으로 간주
자료 : 오건호(2016). 「내가 만드는 공적 연금 : 고용불안 시대의 노후 대비와 우리 세대의 과제」. 서울: 책세상.

한편, 가입자가 사망한 경우, 배우자나 미성년자가 생존해 있는 경우 기존 지급액의 60%가 유족연금으로 지급된다. 또 가입자와 혼인기간이 5년 이상되는 자가 이혼을 하고 타방 배우자가 노령연금 수급권을 취득하게 되면, 그 타방 배우자의 혼인기간에 해당하는 연금액을 균등분할하여 이혼한 배우자에게 분할연금을 지급한다. 가입 중에 발생한 질병으로 인해 1~3급 장애를 얻게 되는 경우, 장애연금이 지급된다.[8] 모든 종류의 연금급여는 매년 전국소비자물가변동률에 따라 연금액이 인상된다.

라. 관리방식

국민연금의 가입자 관리와 급여 지급은 1988년 실시를 앞두고 1987년 9월 18일에 보건복지부 산하에 설립된 국민연금관리공단이 맡고 있다. 보험료 징수도 국민연금관리공단이 맡았으나, 2011년 사회보험징수 통합조치에 따라 징수업무는 건강보험공단으로 이전되었다. 제도시행 초기 국민연금기금 운용위원회 위원장은 경제기획원 장관(현 기획재정부 장관에 해당)이 맡고, 공공자금관리법을 통해 국민연기금을 사회간접시설 건설을 위한 재원으로 활용하였다. 1999년 국민연금법 개정으로 전국민연금이 실시되면서(즉, 도시지역 확대 적용), 국민연기금 운용위원회 위원장은 보

건복지부 장관으로 바뀌고, 공공자금관리법 5조의 국민연기금의 강제예탁 규정도 폐지되어 현재에 이르고 있다. 1999년 국민연금관리공단 산하에 기금연금운용본부가 설치되어 2021년 현재 948.7조 원에 이르는 연기금을 관리하고 있다. 참고로, 국민연기금 조성액은 국민연금 가입자가 납부한 누적 보험료가 70%, 기금운용을 통해 창출한 수익이 30% 정도를 차지한다.

3) 기초연금의 이해

기초연금은 무기여 확정급여형 공적 연금으로 부과방식으로 운영된다. 2008년에 도입되었던 기초노령연금을 전면 개편하여 2014년 7월 시행에 들어갔다. 2022년 현재 65세 이상 노인 인구의 하위 70%(즉, 상위 소득자 30% 제외)에게 월 최대 307,500원이 지급된다(부부는 20%로 감액되어 월 최대 합산 490,000원). 선정기준액은 단독가구 월소득인정액이 1,800,000원, 부부가구는 2,880,000원이다. 제도 도입 전 기존의 기초노령연금은 1인 최대 월 99,100원이었다. 국민연금과 마찬가지로 전년도 전국소비자물가변동률을 반영하여 연금액이 인상된다. 연금액은 국민연금 가입기간이 길수록 일정액이 삭감되는데, 전액 수령자는 수급 대상의 약 93% 정도로 국민연금가입과 기초연금이 현재 강하게 연계되어 있지는 않다. 국민연금과의 연계 취지는 국민연금이 성숙되어 가입기간과 수급액이 커지면, 기초연금이 자연스럽게 축소되게 하고자 함이다.

노인인구 하위 70%인 대상자의 선정은 소득인정액을 기준으로 한다. 소득인정액은 월 소득과 재산의 소득평가액을 합한 금액을 뜻하는데, 재산 환산 시 대도시는 1억 3,500만 원, 중소도시는 8,500만 원, 그리고 농어촌은 7,250만 원을 공제한다. 기초연금의 제도 설계와 운영의 책임은 보건복지부가 맡고, 수급자 선정과 급여 지급 등의 업무는 일선 지자체와 국민연금공단이 담당한다. 기초연금의 재원은 중앙정부와 지방정부가 함께 부담하는데, 중앙정부는 시·도별 노인인구 비율과 지방정부의 재정자주도에 따라 9단계로 차등하여 국고를 지원한다(최소 40%, 최대 90%). 2018년 현재 기초연금에 국비(9.1조)와 지방비(2.8조)를 합쳐 총 11.9조 원이 지출되고 있다.

4) 퇴직연금의 이해

퇴직연금은 근로자들의 노후소득보장을 위해 근로자가 퇴직 시 사용자(기업)가 지급해야 할 퇴직급여를 사전적으로 금융회사에 적립하고, 이 재원을 사용자 또는 근로자가 운용하여 퇴직 시 연금(또는 일시금)으로 지급하는 제도이다. 확정급여형과 확정기여형으로 크게 나뉘나, 원리상 적립형 확정기여방식의 사적 연금이다. 퇴직연금의 보험료는 사용자가 전액 부담하며 근로기준법상 퇴직금과 동일하게 근로자 근속연수 1년에 대하여 1개월치(30일분 이상)의 평균임금이 된다. 즉, 월율로 따지면 임금의 1/12인 8.33%가 된다.

확정기여형(DC)의 경우, 매달 사용자가 근로자 임금의 8.33%를 민간연금회사에 납부하여 주고, 근로자는 퇴직 시 축적된 자신의 연금자산(원금+이자)을 바탕으로 일시금이나 연금형태로 수급한다(최소 수급 연령은 55세). 확정급여형(DB)의 경우, 사용자가 근로자의 보험료를 전액 사외적립하는 것은 DC형과 동일하나, 연금자산의 계산 시 퇴직 전 3개월 평균임금에 근속연수를 곱하여 확정한다.[9] 따라서 DB형 퇴직연금에서 임금상승률이 퇴직연금의 투자수익률(즉, 이자율)보다 높은 경우, 확정된 연금자산이 사외적립된 원금과 이자의 합보다 더 크기 때문에 사용자는 추가로 비용을 부담해야 한다. 성과급이나 직무급이 아니고 재직연수에 따라 임금이 지속적으로 오르는 연공급체계를 가지고 있는 경우, 근로자 입장에서는 DB형이 DC형보다 유리한 것으로 알려져 있다. 대개 근로자들은 DB형을 선호하고 사용자는 DC형을 선호하나, 노사협상에 의해 퇴직연금 유형이 결정된다. 이에 더해 근로자가 55세 이전에 직장을 옮기거나 퇴직하면서 지급받은 퇴직급여를 운용하기 위해서 개인형 퇴직연금제도(Individual Retirement Pension: IRP)가 부가적으로 도입되었다. 이는 확정기여형으로 운용된다.

사용자는 퇴직금 혹은 퇴직연금을 근로자에게 제공해야 하는데, 국가는 퇴직금을 퇴직연금으로 전환하기 위해 사용자와 근로자 모두에게 세제혜택을 제공하고 있다. 사용자는 퇴직연금 보험료를 손비처리받을 수 있으며 근로자는 세액공제를 받는다. 그리고 일시금이 아닌 연금형태로 퇴직연금을 수령 시 소득세가 감해지게 설계되어 있다.

2020년 현재, 전체 퇴직연금 가입자는 664.8만 명으로 상용근로자(1,186.5만 명)

대비 가입률은 52.4%이다. 퇴직연금 적용률은 기업규모별로 차이가 큰데, 300인 이상 대규모 사업체의 가입률은 90.8%인 반면 5인 미만 사업체는 도입률이 10.6%에 머물고 있다. 가입유형별로 살펴보면, DB형을 선택한 기업이 23.2%, DC가 63.5%, IRP가 6.2%로 나타나고 있다. 적립금 기준으로는 DB가 60.3%, DC가 25.6%, IRP가 0.4%를 차지하고 있다. 퇴직연금 적립금은 매년 약 16% 이상 증가하고 있으며, 2020년 말 현재 255조 원으로 국민연금 적립금(884.1조 원)의 29%에 달하고 있다. 퇴직연금급여의 수령 형태는 제도 도입의 취지가 무색하게 대부분(97.3%)이 연금이 아닌 일시금으로 수령하고 있다. 이름만 연금일 뿐 사실상 퇴직금으로 활용되고 있는 것이다.[10]

5) 한국 노후소득보장제도의 문제점과 개혁 방향

2014년 보험연구원에서 실시한 '2014년 보험소비자 설문조사' 결과에 따르면 본인의 노후준비에 대해 '잘못하고 있다'고 부정적으로 응답한 비율은 42.5%, 본인의 노후준비에 대해 '잘 하고 있다'고 긍정적으로 평가한 응답자 비율은 10.2%에 불과하다. 위에서도 지적했듯이 인간이 근시안적이고, 소득 수준별로 노후를 위해 저축할 수 있는 여력도 차이가 나기 때문일 것이다. 따라서 뒤늦게나마 정부는 서구 선진복지국가처럼 다층구조의 노후소득보장체계를 구축해 가고 있다. 그러나 우리나라 국민들의 노후불안은 매우 심각한 상태에 놓여 있고 개선이 더디다. 현재 우리나라 (상대적) 노인빈곤율은 40%에 이르며 OECD 국가 중 최고로 높은 수준이다. 다음 [그림 13-4]에서 확인되듯이, 노인가구가 포함되면 우리나라의 소득불평등도가 매우 악화되고 있고 그 정도는 날이 갈수록 심해지고 있다. 인구고령화가 심화되는 상황에서, 은퇴로 인한 소득상실이라는 사회적 위험에 대한 제도적 대응에 무엇인가 문제가 있는 것을 알 수 있다.

첫째, 은퇴한 노인들이 소득보장이 취약한 이유는 노후소득보장의 중추인 국민연금제도가 도입된 지 34년, 전 국민으로 확장된 지 23년밖에 되지 않아, 1,000만 명에 달하는 60세 이상 노인 중 노령연금 수급자가 560만 명에 불과하기 때문이다. 기초연금이 국민연금의 미성숙문제를 보완해 주고 있으나, 월 지급액이 최대 30만여 원에 불과해 노인빈곤문제를 해결하기는 역부족인 상황이다.

둘째, 더 큰 문제는 향후 국민연금이 성숙하더라도, 노후소득의 안정성이 확보되지 못한다는 점이다. 우리나라 노후소득보장제도는 외견상 다층구조를 형성하고 있다. 하지만 연금제도별 기능이 혼재되어 있고, 소기의 기능이 제대로 발휘될 수 있게 설계되어 있지 않다. 앞서 살펴보았듯이, 다층구조의 노후소득보장제도는 기본적으로, 1층에 조세로 운영되는 기초연금 혹은 공적 부조를 두어 기초보장(재분배) 기능을 담당하게 하고, 2층은 소득비례형의 공적 연금을 두어 강제저축과 장수위험(longevity risk)에 대한 보험기능을 맡게 하며, 3층에는 임의적용의 사적 연금을 두어 중상층 이상 노후소득의 적절성을 보장하는 원리로 되어 있다.

그림 13-4 노인가구 포함에 따른 지니계수의 변화 비교

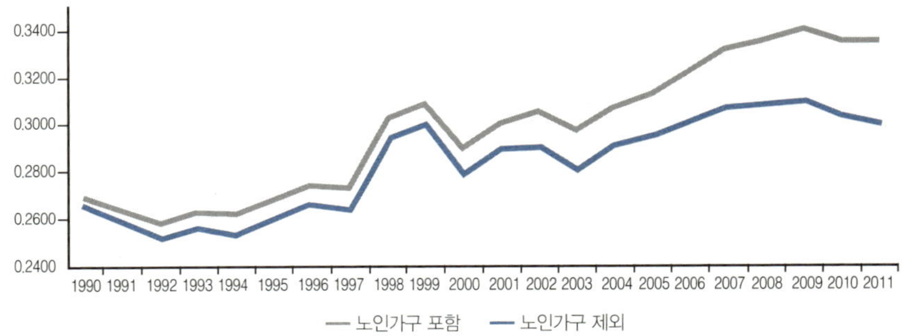

자료 : 김미숙 외(2012). "사회통합 중장기 전략개발 연구." 사회통합위원회/한국보건사회연구원 정책보고서. p.121.

한국의 경우, 1층의 기초보장문제는 재분배 기능을 하는 국민연금의 소위 'A'값을 통해, 그리고 최근에 도입된 기초연금과 국민기초생활보장제도를 통해 해결하고자 한다. 그러나 국민연금의 'A'값은 영세자영자와 영세사업장의 근로자들 그리고 비정규직이 대부분 사각지대에 빠져 있기에 그 실효성을 상실하고 있다. 한마디로 소득재분배의 대상이 되어야 할 저소득계층이 빠진 상태에서 형편이 나은 가입자 간에만 소득재분배가 이루어지고 있는 것이다. 앞서 지적했듯이 기초연금은 65세 이상 전체 노인의 70%를 포괄하는 준보편주의 연금이나, 대상자가 많다 보니 재정문제 때문에

일인당 급여는 낮게 설정되어 있다. 국민기초생활보장제도 또한 엄격한 수급조건 때문에 100만 명 이상의 저소득 노인이 방치되고 있는 실정이다.

국민연금이 2층 본연의 기능인 저축과 보험 기능에는 충실하다. 종신지급이 보장되는 국민연금은 장수의 위험에 대한 보험기능은 확실하다. 그러나 저축기능이 미흡한 문제를 안고 있다. 실질소득대체율이 매우 낮기 때문이다. 2007년 국민연금의 재정안정화 개혁에 의해 보험료 인상 대신, 소득대체율이 60%에서 2028년 40%까지 점진적으로 하락되기 때문이다. 게다가 국민연금 보험료부과소득상한이 월 553만 원에 불과해, 아무리 소득이 많아도 납부하는 보험료는 월 497,000원으로 제한된다. 따라서 사각지대에 빠진 저소득자는 물론 가입되어 있는 중산층마저 노후소득불안에서 자유롭지 못하다. OECD의 조사에 의하면, 세전 생애소득 대비 총 생애연금급여는 평균소득의 1/2인 저소득자의 경우는 가입만 되어 있다면 실질소득대체율이 58.5%로 목표소득대체율 40%를 크게 상회한다. 국민연금에 내재한 재분배 기능 덕분이다. 그러나 이 재분배 기능과 낮은 보험료부과소득상한 때문에 평균소득의 1.5배만 되어도 실질소득대체율이 29.3%로 떨어진다.

3층에 배치된 퇴직연금이 국민연금의 낮은 급여를 보완해 줄 것으로 기대되고 있으나, 퇴직금에서 퇴직연금으로 전환율도 낮거니와 대부분 일시금으로 수령하고 있어 연금기능이 발휘되지 못하고 있다. 종합컨대, 영세사업장의 근로자는 사각지대에 빠져 있어 은퇴와 함께 곧바로 빈곤의 나락에 빠진다. 중산층 은퇴자는 낮은 '실질' 소득대체율로 인해 노후소득이 불안하다. 퇴직연금은 거대한 사각지대와 연금기능 상실로 기대하는 노후소득보장 효과를 발휘하고 있지 못하다.

따라서 앞으로의 개혁방향은 노후소득보장에서 국가의 역할을 강화하되, 층별 연금제도들이 제 기능을 발휘할 수 있게 해야 할 것이다. 그리고 고령화시대에도 재정적으로 지속가능하게 만들어야 할 것이다. 먼저 강제저축기능과 장수리스크에 대한 보호기능이 있는 국민연금이 노후소득보장의 다층체계구조에서 중추적 역할을 지속할 수 있게 해야 한다. 이를 위해서, 국민연금의 사각지대 해소와 재정안정화 개혁이 필요하다. 사각지대문제는 두루누리사업을 강화함과 동시에 기여회피 시 처벌을 강화해 가입을 강하게 유도해서 해결해야 한다. 재정안정화를 위해서는 보험료 인상이 불가피하다. 이에 필요한 재원 중 상당부분은 효과성이 떨어지는 퇴직(연)금의 사용자 부담금을 활용하여 충당하는 것을 고려해 볼 수 있겠다. 그리고 후술하는 대로, 저소득층의 노후소득보장이 강화되는 것을 전제로, 국민연금의 A값을 삭제해 중산층 이상 가입자들의 실질소득대체율을 높여야 한다. 퇴직연금은 일시금 지급은 원칙적으로 금하고 연금으로 수령하게 해야 한다. 사각지대에 빠진 노인과 국민연금의 급여액이 낮을 수밖에 없는 저연금 수급자의 소득보장은 기초연금으로 해결하되, 기초연금을 스웨덴식으로 저소득층에게 보다 후한 연금이 지급되는 기초보장연금식으로 개편해야 한다. 이를 위해, 노인 대상 국민기초생활보장제도와 기초연금을 통합해 기초보장연금화하는 것을 고려해야 한다.

표 13-2 소득 수준별 공적 연금의 소득대체율 국제비교

	1인당 평균소득=1.0(괄호 안은 여성의 소득대체율이 다른 경우)			
	수급연령	0.5	1.0	1.5
OECD members				
Australia	67	79.3(75.7)	44.5(40.9)	32.9(29.3)
Austria	65	78.1	78.1	77.6
Belgium	65	47.6	46.6	35.3
Canada	67	50.1	36.7	25.1
Chile	65	39.4(36.7)	32.8(28.8)	32.9(28.9)
Czech Republic	68	78.9	49.0	39.1
Denmark	67	107.4	67.8	55.1
Estonia	65	62.1	50.5	46.6
Finland	65	55.8	55.8	55.8
France	63	56.8	55.4	48.2
Germany	65	37.5	37.5	37.5
Greece	62	79.4	66.7	62.3
Hungary	65	58.7	58.7	58.7
Iceland	67	82.6	69.2	68.1
Ireland	68	69.5	34.7	23.2
Israel	67(64)	82.7(74.7)	61.0(54.1)	40.7(36.0)
Italy	67	69.5	69.5	69.5
Japan	65	48.8	35.1	30.5

Korea	65	58.5	39.3	29.3
Luxembourg	60	89.5	76.8	72.5
Mexio	65	35.0	25.5(23.6)	24.2(22.4)
Netherlands	67	94.0	90.5	89.3
New Zealand	65	80.1	40.1	26.7
Norway	67	62.8	49.8	38.9
Poland	67	43.1	43.1	43.1
Portugal	66	75.1	73.8	72.5
Slovak Republic	67	70.4	62.1	59.3
Slovenia	60	44.4(46.8)	38.4(40.4)	36.0(37.9)
Spain	65	82.1	82.1	82.1
Sweden	65	56.0	56.0	65.2
Switzerland	65(64)	55.7(55.1)	40.2(39.9)	26.8(26.6)
Turkey	65	75.7	75.7	75.7
United Kingdom	68	43.3	21.6	14.4
United States	67	44.4	35.2	29.1
OECD34	65.5(65.4)	64.5(64.2)	52.9(52.5)	47.8(47.4)
Other major economies				
Argentina	65(60)	81.8(88.2)	71.6(71.5)	68.3(65.9)
Brazil	55(50)	97.5	69.5(52.9)	62.5(52.9)
China	60(55)	94.0(86.5)	74.0(69.0)	67.4(63.2)
India	58	96.5(91.3)	96.5(91.3)	96.5(91.3)
Indonesia	55	13.0(11.8)	13.0(11.8)	13.0(11.8)
Russian Federation	60(55)	75.2(64.1)	75.2(64.1)	75.2(64.1)
Saudi Arabia	45	59.6	59.6	59.6
South Africa	60	20.9	10.5	7.0
EU28	65.2(65)	69.9(69.7)	59.0(58.8)	54.4(54.2)

주 : 연금소득대체율은 세전소득(Gross income) 기준으로, 세전생애소득에서 생애연금소득이 차지하는 비율임. 의무가입의 사적 연금(Mandatory private pension) 포함.

자료 : OECD(2016). Pensions at a Glance 2015. p.139.

1 Lawrence H. Thompson(1998). *Older and Wiser: The Economics of Public Pensions*. Washington D.C.: Urban Institute.

2 자세한 내용은 다음 책의 6장을 참조할 것. Barr, Nicholas(2001). *The Welfare State as Piggy Bank*. Oxford: Oxford University Press.

3 자세한 내용은 다음 논문을 참조할 것. 양재진(2001). "세계은행과 국제노동기구의 연금개혁전략 비교연구: 한국에의 적용과 대응." 「한국정책학회보」. 10(3).

4 연금제도의 역사가 긴 OECD 국가의 경우, 1985~92년에 이르는 기간 동안 매년 평균 GDP의 9.2%, 정부지출의 24.7%를 연금지급에 쏟아부었다. 이들 국가의 묵시적 연금부채(implicit pension debt)규모가 1994년 평균 GDP의 274%에 달하는 등 재정압박이 가속화되었다.

5 일본과 독일의 경우처럼 지속성 계수(sustainability factor)를 도입하여 고령화에 따라 급여가 자동삭감되도록 자동조정장치(automatic adjustment)를 갖추면, 연금삭감의 정치화를 최소화하여 DB연금의 지속가능성을 높이게 된다. 하지만 자동조정장치는 연금재정의 수급균형을 이룬 후 향후 발생하는 고령화 요인을 자동반영하는 장치이지, 주어진 기여와 급부의 불균형을 보정하는 장치로는 한계가 있다.

6 자세한 내용은 Beattie and McGillivray(1995)와 Gillion(2000)을 참조할 것. Beattie, Roger and Warren McGillivray(1995). "A Risky Strategy : Reflections on the World Bank Report, Averting the Old Age Crisis." *International Social Security Review*. 48. pp.5-22.; Gillion, Colin(2000). "The Development and Reform of Social Security Pensions: The Approach of the International Labour Office." *International Social Security Review*. 53(January). pp.35-63.

7 NDC 연금제도에 대한 자세한 설명은 양재진(2011). "스웨덴 연금제도의 이해와 쟁점 분석." 「사회과학논집」. 42(1). pp.105-129 참조 요망.

8 2015년 12월 현재 장애연금 평균 월지급액은 1급 장애자가 588,530원, 2급 465,390원, 그리고 3급은 359,440원임. 보건복지부(2016). "국민연금 장애급여 혜택 강화." 보도자료(2016.4.22.).

9 엄밀하게 얘기하면, 확정기여형은 100% 사외적립해야 하고, 확정급여형의 경우 60% 이상만 사외적립하면 된다.

10 양재진(2022). "퇴직연금의 준공적연금화 필요성과 방안에 관한 연구." 「한국정책학회보」. 31(1). pp.51-76.

14

고용문제와 노동시장정책

1 — 서론: 고용문제와 복지국가

자본주의체제의 가장 중요한 특징은 상품시장과 독립적으로 노동력을 사고팔 수 있는 노동시장의 형성과 노동의 상품화이다. 그리고 이 두 가지 특징은 다양한 사회복지정책들과 이를 포괄하는 복지국가 발전의 중요한 구조적 요인이 된다.

자본주의 이전의 전통적인 생산방 식인 농업사회와 장인 중심의 수공업시대에는 재화의 생산과정에서 생산수단과 노동이 분리되지 않았었다. 18~19세기 증기동력과 기계화에 의해 대량생산을 가능하게 하는 산업혁명이 일어나면서 생산방식이 바뀌기 시작하였다. 생산의 기계화는 더 많은 재화들을 효율적으로 생산할 수 있게 만들었다. 이전의 중상주의 시대에 무역과 상업을 통해 축적된 자본은 새로운 생산기술과 기계화를 갖춘 공장들을 만들면서 전통적인 농업사회의 붕괴에 따른 유휴노동력을 구매하여 기계와 노동력이 결합된 생산을 하기 시작했다. 이에 따라 자본이나 생산수단을 가질 수 없는 다수의 사람들은 자신의 노동력을 노동시장에 판매하는 임금소득으로 생활하기 시작했다. 다수의 노동자 계급이 형성된 것이다.[1]

생산수단과 노동이 분리되는 노동시장의 형성은 노동력을 상품화시켰고, 임금은 생산물에 투여된 노동의 가치보다는 노동시장에서 노동력의 수요 공급에 의한 교환

가치에 의해 결정되기 시작하였다. 산업화가 빠르게 진행됨에 따라 노동시장은 일반적인 재화가 거래되는 생산물시장 및 자본시장과 함께 자본주의체제에서 중요한 제도로 정착하게 된다. 우리에게 필요한 재화를 생산, 배분, 소비하는 시장경제에서의 생산과정에서 중요한 생산요소인 자원과 자본(토지, 기계, 인프라, 금융)과 함께 노동력의 재생산은 자본주의체제의 중요한 조건이 되었다. 특히 노동력의 재생산은 생산의 주체인 기업과 노동자의 입장에서 모두 매우 중요하였다. 산업화 시대에는 대중교육의 확대로 단순숙련노동의 재생산이 중요하였다면, 현재의 지식기반경제체제하에서는 창의적인 고급노동력의 재생산과 지속적인 능력향상이 더욱 중요해지고 있다.

노동시장은 상품시장과 매우 다른 특징을 가지고 있다. 인간의 노동은 상품화되었지만, 존엄성과 권리를 가진 인간의 행위로 내재화되어 실현된다. 우선 노동자들의 관점에서 보면, 노동은 자신들의 생존수단이기 때문에 소득을 유지하기 위해서는 자신의 노동력을 보존하고 가치를 높여야 한다. 동시에 노동자들은 인간으로서 노동을 통해 자아를 실현하고 기본 삶을 살아야 한다. 따라서 노동자들의 입장에서 노동력의 유지와 고용유지가 중요하다. 기업과 자본의 입장에서는 이윤을 극대화하기 위해서 노동자들의 생산성을 높이고 숙련된 노동력의 확보가 중요하다. 물론 생산물의 기술과 수준에 따라 필요한 노동력의 숙련 수준은 다양하지만, 국민경제 전체의 관점에서 높은 수준의 인적 자원의 개발은 한 국가의 생산력과 경제성장에도 중요하다.

자본주의 시장경제체제가 발전하면서 20세기를 전후로 발생하기 시작했던 주기적인 경기변동은 실업문제를 구조적인 문제로 만들었다. 특히 1930년대 세계 대공황이 보여준 것처럼 대량실업 사태는 자본주의체제의 위기를 가져온다. 실업의 문제는 다수 노동자들의 소득상실과 자본주의 구조의 문제라는 경제적 문제뿐만 아니라 인간의 존엄을 해치는 중요한 요인이 된다.

따라서 자본주의체제에서 노동을 통해 인간의 삶을 유지하기 위해 고용문제는 중요한 사회적 위험이 되었고, 특히 최근에 고용문제는 어느 사회적 위험보다 중요한 정책적 과제가 되고 있다. 이를 해결하기 위해 세 가지의 정책들이 순차적으로 발전하였다. 제일 먼저 시작된 복지제도가 산재보험이다. 산재보험은 직장에서 사고를 당하였을 경우 노동력의 상실을 가져오기 때문에 이를 보상해 주는 제도이다. 그 다음으로 발전한 복지제도가 실업보험이다. 자본주의체제의 주기적 경기변동에 의해 불가피한 실업자가 발생하게 되고 이들에 대한 소득보장이 필요해졌다. 마지막으로 고용촉진을 위해 국가가 노동시장에 보다 적극적으로 다양한 정책수단을 통해 개입하는 적극적 노동시장정책이 오늘날 중요한 복지정책의 하나가 되었다.

최근 ICT, 로봇, AI 발전에 따른 디지털 경제화는 다시 생산시스템, 일의 성격, 그리고 노동시장의 구조와 특성을 급격히 변화시키고 있다. 특히 제조업 분야에서 전통적인 안정적 고용관계에 의한 일자리는 빠르게 줄어들고, 독립계약 또는 플랫폼 비즈니스 모델에 기반한 다양한 비즈니스서비스, 문화예술, 교육, 관광, 사회 서비스 분야에서 독립노동, 플랫폼 노동과 같은 새로운 일자리들의 빠른 성장은 고용불안과 소득불안정을 심화시키는 불안정 노동시장을 빠르게 확대시키고 있다. 또한 지난 2020년에 시작된 코로나-19 팬데믹도 자영업 및 불안정 노동시장에 급작스러운 실업과 소득중단이라는 심각한 충격을 주었다. 이에 따라 노동시장의 규제와 산재보험, 실업보험 및 적극적 노동시장정책 등 기존의 노동시장정책들의 혁신이 필요한 시점이다.

2 — 산재보험제도

1) 제도의 필요성

가. 업무상 재해에 대한 책임의 문제

산재보험의 시작은 처음부터 국가의 사회보험제도로 시작한 것은 아니었다. 임금노동이 시작되면서 작업장에서 사고가 났을 때 사고의 책임과 보상을 누가 어떻게 해야 하는지의 문제가 노사 간의 중요한 분쟁으로 나타나기 시작하였다. 처음에는 민사상의 법적 문제로서 사고를 당한 근로자들의 고용주의 책임과 보상에 대한 법적 소송의 관계에서 시작되었다. 초기의 법적 소송은 책임의 규명에서 대부분의 경우 고용주에게 유리하였다.[2]

그러나 시간이 지나면서 노동운동 및 노동권리 확장과 함께 법의 판례는 과실의 원인에 상관없이 고용주의 '무과실 책임주의'(employers' liability)가 보편화되었다. 이러한 법리의 진화로 고용주의 무과실 책임은 빈번히 나타나는 산재에 대한 고용주들 사이의 공통적인 문제가 되었다. 이에 따라 고용주들 사이에 공동대응이 필요하였고, 산재보상의 비용을 공유하기 위한 자발적 산재보험제도가 조직화되기 시작하였다. 그러나 궁극적으로 산재의 문제가 사회적 문제로 인식되면서 정부가 관리하는 사회보험의 형식으로 발전하게 되었다. 이러한 역사적 기원 때문에 대부분의 산재보험제도는 다른 사회보험제도와 달리 보험료를 고용주만 부담한다.

나. 노동력상실의 보상과 산업안전의 문제

직장에서의 사고에 의한 노동자들의 노동력 상실은 결국 임금노동자의 소득상실로 인한 생계문제와 빈곤의 문제가 된다. 앞의 건강보험은 질병으로 인한 일시적인 소득상실과 의료비의 보상에 초점을 둔다. 그러나 사고에 의한 물리적 노동력의 상실은 여러 가지 문제를 발생시킨다. 일시적인 재해는 치료 후 노동력이 회복되어 직장으로 복귀할 수 있지만, 일부 신체기능의 영원한 상실 및 사망으로 인한 지속적인 노동력의 상실은 본인 및 가계의 평생 소득상실문제가 되는 것이다. 따라서 산재보험은 근로능력의 상실의 정도에 따라 치료비용 및 사고 이후의 평생 소득보장을 지속적으로 제공하는 것을 그 특징으로 한다. 산재보험은 초기의 소득상실의 보상에서 한 걸음 더 나아가 사전예방적 차원인 산업안전과 노동력을 회복시키는 재활의 기능이 추가되기 시작하였다. 작업장에서 안전을 강화하여 산재를 예방하는 것이 사고로 인한 사후비용의 절약 차원뿐만 아니라 인간다운 노동의 권리보장이라는 관점에서 중요하기 때문이다. 그리고 상실된 노동력이 회복될 가능성이 있다면 재활치료를 통하여 가능한 노동력을 회복하고 노동을 통해 삶을 계속 유지하게 하는 게 바람직하기 때문이다.

2) 역사적 발전과정

가. 사용자 무과실 책임주의에서 사회보험으로[3]

1871년에 독일에서 법률적으로 사용자 무과실 책임주의 원칙이 공장, 광산, 철도 영역에서 처음 제정되었다. 이후 독일은 이를 발전시켜 1884년에 산재보험법을 제정하였다. 산재보험의 초기에는 제조업과 광산 노동자들에게 적용되면서 이후 빠른 속도로 다른 산업으로 확대되었다. 독일에서는 산재의 적용업종이 제조업뿐만 아니라 공무원(1886), 농업과 임업(1886), 선원(1887) 등 다양한 업종으로 일찍이 확대되었다. 이런 과정을 거쳐 1911년에 산재보험은 다른 사회보험들과 함께 국가사회보험법(National Insurance Code)에 통합되었다. 독일에서 시작된 산재보험은 폴란드, 오스트리아, 체코 등 이웃 국가들에게 확산되면서 산재보험의 전형적인 모델이 되었다. 이때는 직업병은 고려되지 못하였고 물리적인 사고가 주로 고려되었다. 그리고 사용자에 대한 보험료는 작업장의 위험성과 노동자들의 임금과 비례하였다. 그리고 점차로 고용주에게 작업장의 안전에 대한 책임을 묻기 시작하였다. 따라서 위험도가 높은 업종이나 사업장일수록 사용자는 높은 보험료를 내야 했다. 아시아에서 산업화에 성공한 일본과 우리의 산재보험도 독일의 모형을 따랐다.

영국은 영미법 전통에 의해 유럽대륙 국가와 다른 형식으로 1897년에 산재보험법을 제정하여 영미계통의 자유주의 국가들의 모델이 되는 산재보험의 제도적 틀을 만들었다. 영국은 유럽대륙국가들과 같이 사용자 무과실 책임주의 원칙을 적용하고 제도의 상당부분을 따랐으나, 산재에 대한 보상을 강제사회보험의 형식으로 반드시 규정하지 않았다. 기업별로 민간보험회사와 계약하거나 사용자 사이에 고용주 간의 상호부조 형식을 선택하기도 하였다. 보상의 수준은 국가산재보험을 주로 실시한 유럽대륙 모델과 비교하면 상대적으로 낮았다.

나. 2차 대전 이후의 발전양식

초기 제도형성의 경로의존성을 유지하는 가운데 복지국가의 성숙기인 2차 대전 이후 산재보험제도는 몇 가지 중요한 방향으로 발전하였다. 첫째로, 점점 자발적으로 민간산재보험에 의존하는 국가들의 수가 줄어들고 국가가 강제 또는 관리하는 공적 산재보험으로 발전하였다.

둘째로, 처음에는 분리된 사회보험제도로 시작하였지만 점점 다른 사회보험제도나 소득보장제도 사이에 좀 더 긴밀한 통합의 방향으로 발전하였다. 산재보험을 처음으로 도입한 독일의 경우에는 장해급여를 직장에서의 사고에 의한 산재장해와 직장과 관련 없는 일반사고에 의한 장해로 구별하고, 산재에 의한 의료보장과 소득보장을 독립적으로 운영한다. 하지만 의료급여는 건강보험제도나 NHS에서 제공해 주고, 소득보장부분만 산재보험에서 제공하는 국가들이 늘어났다.

셋째로, 전반적으로 산재에 해당되는 범위들이 확대되는 경향을 가졌다. 직장 내뿐만 아니라 직장 밖에서의 사고도 직무와 연관성이 증가하면서 산재의 범위가 확대되었다. 특히 평생완전장해의 경우 급여의 수준과 범위가 넓어졌다. 산업이 고도화됨에 따라 무엇보다 직업병에 대한 문제의식이 증가하고 직업병의 범위가 넓어졌다. 산업화 초기의 주요 산업이었던 탄광, 철강, 철도 등 자원 및 기반시설에서의 물리적 산재는 기계화와 안전강화에 따라 줄어들었다. 대신에 다양한 독극물 및 화학물질의 생산과 화학공정과정이 들어가는 제조업이 주류를 이루고, 업무의 복잡성으로 스트레스 등이 심각한 작업환경으로 바뀌면서 원인규명이 어려운 새로운 직업병들이 산재로 인정되면서 이에 대한 보상이 확대되기 시작하였다. 또한 전통적인 사후보상과 치료를 넘어서서 산업안전예방이 강조되고 있다. 직업재활에 대한 투자와 급여 또한 확대되고 있다.

3) 제도적 특징

가. 산재보험의 제도적 유형[4]

일반 사회보험 통합형

영국의 산재보험은 베버리지 플랜을 통해 통합형 사회보험제도로 발전했다. 이러한 일반 통합형 사회보험제도에서는 직무와 관계가 있든 없든 모든 사고 및 질병에 대해 의료비와 소득손실을 보상해 준다. 따라서 산재보험으로 별도의 보상을 제공하지 않는다. NHS를 실시하고 있는 영연방계통의 국가들 또는 베버리지형의 영향을 받은 일부 사민주의 국가들은 산재의 경우 의료급여는 일반 의료서비스 또는 의료보험에서 받고, 산재장해에 의한 소득보장의 경우에는 별도의 산재급여가 있는 통합형 사회보험 또는 민간보험으로 산재 장해급여를 선택하는 것을 허용하고 있다.

분리형 강제산재보험

독일이나 한국처럼 많은 나라들이 사회보장체계 내에 분리형 강제산재보험을 가지고 있다. 직무상 발생하는 재해와 손실들은 일반적인 상황과 다르기 때문에 특별한 보상이 필요하다는 관점에서 독립된 산재보험을 운영하는 것이다. 즉 산재는 많은 경우 생활터전에서의 사고로 인해 지속적인 노동력상실을 가져온다는 점에서 임금에 상응하는 소득보장이 필요하며, 일의 권리를 회복하기 위해서는 재활서비스라는 특별한 보상도 필요하다.

자발적 산재보험

앞의 산재보험은 국가가 강제하여 고용주의 가입의무와 기여로 운영되는 반면에, 자발적 산재보험은 고용주의 자발적 참여에 의해 민간보험에서의 산재보험에 가입하여 운영되는 경우를 의미한다.

나. 급여의 종류

의료(요양)급여

직무관련 사고 및 질병을 당하는 근로자에게 의료서비스를 제공하는 것이다.

장해급여

산재를 당했을 때에 예상되는 의료비와 임금손실을 보상하는 제도이다. 장해급여는 산재의 수준에 따라 크게 4단계로 나눈다. ① 일시적 장해로 인한 임금손실을 보상하는 휴업급여, ② 일정등급 이상의 근로능력을 상실했을 때의 소득보전을 위한 부분영구장해급여, ③ 노동능력을 영구적으로 상실했을 때의 소득보전을 위한 완전영구장해급여, ④ 사망 시의 유족보상연금이 있다.

간병급여

피부양자에 대한 보충급여 또는 장애의 정도가 심해서 수발인이 필요한 경우에는 간병급여를 제공하기도 한다.

유족급여

산재자가 사망하였을 경우의 급여이다. 남겨진 가족에 대하여 소득보장을 위해 지급하며, 그 기본적 대상은 배우자와 자녀로 되어 있다. 유족급여는 일시금이나 연금의 형태로 지급된다.

재활급여

산재 후 재활치료를 통하여 다시 직장으로 복귀를 할 수 있게 하는 목적으로 지급하는 급여이다. 재활급여는 크게 ① 신체적 능력의 회복을 위한 의료재활급여, ② 직업훈련을 통해 직업능력을 회복시키는 직업재활급여, ③ 그리고 최근에 시작된 것으로서 사회생활의 적응을 돕는 사회재활급여로 나누어 볼 수 있다.

4) 산재보험에서의 주요 이슈

가. 근무지 사고

산재보험의 가장 중요한 조건은 직장에서의 작업 중에 발생하는 사고라는 것이다. 사고의 책임소재와 노동력의 상실에 따른 소득보장이 중요한 제도의 필요성이므로 근무지에서의 사고와 사고원인의 업무수행과 관련 여부이다. 초기에는 공간을 작업장만으로 국한하였지만, 업무의 수행이 제한된 근무지에서만 일어나는 것은 아니다. 따라서 이 조건은 급여의 판정에서 항상 다툼의 여지가 있었다. 많은 경우 일의 시작과 끝, 그리고 쉬는 시간, 출퇴근 과정에서의 사고 등이 주된 다툼의 내용이었다. ILO는 국가들에게 통근의 과정과 업무의 관련성에 대한 관대하고 폭넓은 인정을 권고하고 있다.[5] 일부 국가에서는 직장에서의 봉사활동이나 긴급구조행위, 인정된 노조활동에서의 사고도 산재로 인정하기도 한다.

나. 직업병의 문제

기술의 발전, 생산방식의 다양화에 따라 생산의 기계화에 의한 물리적 재해뿐만 아니라 다양한 공정에서의 다양한 유해물질의 노출, 작업환경, 스트레스 등이 복합적으로 영향을 미치면서 새로운 작업장의 위험(occupational hazards)들이 나타나기 시작하였다. 직업병은 발병의 시기가 즉각적이지 않고 오랜 축적의 결과이며, 원인규명이 어렵다. 따라서, 직업병 판정에서 전문가의 개입의 여부 및 관대성과 엄격성 등이 중요한 정책적 쟁점으로 등장하게 된다. 직업병의 인정과 보장의 범위와 수준은 역시 국가별로 노사관계, 정부의 정치적 이념과 의지, 의료집단의 특성에 따라 다양하다.[6]

다. 산재의 예방과 재활

최근 산재보험제도에서의 개선노력은 예방과 재활에 초점을 두고 있다. 오늘날 모든 국가들이 정책적 차원에서 '산업안전보건예방'이라는 복합적인 용어를 쓴다. 산업안전보건법이 미국은 1970년에, 영국과 일본은 1974년에, 스웨덴은 작업환경법으로 1977년에, 우리나라는 이보다 늦은 1981년에 제정되었다.

산재근로자가 제대로 치료받고, 직업과 사회에 복귀할 수 있도록 재활제도가 확충되고 있다. 독일은 요양과 재활을 위한 급여를 연금급여보다 우선한다고 규정하면서 재활중심의 정책을 추진해 왔다. 재활의 범위는 의료재활에서 직업재활을 거쳐 사회재활로 확대되고 있다. 이를 위해서는 서비스 제공을 위한 양질의 의료와 직업훈련 인프라 구축이 필요하며, 다양한 상담과 복지서비스정책과 긴밀하게 연계가 되어야 한다.

라. 노동시장구조의 다변화에 따른 사각지대 : 특수고용형태의 노동자 증가

1990년대 이후 생산기술의 발전, 세계화의 압력, 신자유주의 사조 등으로 노동시장이 급격히 변화하고 있다. 기본적으로 제조업의 분화와 다양한 서비스산업의 발전에 따라 하청, 파견, 비정규, 시간제 등 다양한 고용형태의 등장으로 임금 및 고용조건들이 다양해지면서 사회보험제도에 적용되기 어려운 특수고용형태의 노동자들이 증가하기 시작하였다.

특히 제4차 산업혁명이라고 불리는 기술들이 생산과정이나 플랫폼 비즈니스모델에 실현되면서 노동시장의 급격한 변화는 더욱 요동을 치고 있다.

5) 한국의 산재보험제도

가. 한국 산재보험제도의 발전과정

한국 산재보험의 제도적 기원은 일제통치기에 일본에서 먼저 발전한 제도들이 식민지 통치를 위해 이식되면서 시작되었다. 한국으로 이식된 노동자재해 보호제도들은 주로 일본인 노동자들에게만 적용되었다. 다만 1938년에 〈조선광업령〉이 개정되고 〈조선광부 부조규칙〉이 제정되면서 한국인 탄광노동자에게 적용되기 시작하였다.[7] 이러한 제도는 일제통치기와 미군정기까지 유지되었다. 1953년에 우리나라의 근대적인 노동관계를 규정한 근로기준법이 제정되면서 이전 제도는 폐지되었다. 새

근로기준법에는 근로자의 규정과 권리를 규정하는 가운데 제8장에 재해보상을 규정함으로써 사업장 내의 사고에 대하여서는 무과실 책임주의 원칙에 의해 재해근로자에게 보상하도록 규정하고 산재에 대한 보호내용을 포함하였다. 그러나 당시 우리사회는 시장경제체제와 법제도들이 제대로 갖추어지지 않은 상태였기 때문에 기업의 부도는 자주 일어났고 재해보상이 제대로 이루어질 수 없었다. 그런 가운데 사업주들 간에 연대하여 책임을 지는 보험제도의 필요성이 제기되기 시작하였지만, 기업들 사이에서도 정부에서도 실질적인 정책의제 설정은 없었다.

1963년 박정희 군사정부는 민간정부로 이양하기 바로 전에 앞으로 경제개발 5개년계획을 추진하면서 군정에서 민정으로 이양하는 정권의 정치적 정당성을 위해 사회보장에 관한 법률을 제정하고 산재보험제도와 의료보험제도의 입법을 추진하였다. 입법과정에서 앞으로 추진할 경제개발계획에 의한 산업화과정에서 노동자들을 보호할 필요성이 우선순위가 되어 의료보험은 임의적 민간보험제도로 입법하고 산재보험법을 실질적인 사회보험제도로서 제정하고 그 다음해 1964년에 바로 실시함으로써 우리의 첫 사회보험제도가 되었다. 산재보험제도는 독일의 제도를 수정하여 만든 일본의 사회보험제도에 기초하여 초기 산업화에 중심이 되는 광업과 제조업 분야에 500인 이상의 대규모 사업체부터 적용을 시작하였다. 기본적으로 치료와 보상위주의 급여 수준으로 시작하면서 이후 연차적으로 규모가 작은 사업장으로 확대해 나갔다.

1971년에 산재보험법을 전면 개정하여 급여에 있어서도 이전의 단순 치료보상에서 장해연금과 유족연금의 도입을 비롯하여 업무상 재해 요건, 관리, 징수, 조직 등 관리 및 행정 부분들이 개선되었다. 그리고 이러한 제도의 정비와 확대로 1981년에는 산재보험의 주무부처가 노동청에서 노동부로 승격되고 산재보험의 관리조직으로서 근로복지공사가 설립되었다. 1981년에 산업안전보건법도 제정되어 산재예방정책이 정부차원에서 실시되었다. 이를 기반으로 산재보험에서도 1986년에 재해예방사업을 산재보험의 목적사업에 추가하였고 재해급여만이 아니라 재해와 관련된 근로자복지사업도 추가됨으로써 산재보험제도는 보호의 범위를 점차 확대해 나갔다.

1980년대 후반 이후 우리 사회는 정치적으로 민주화되면서 한국의 사회복지제도는 그동안 소외되었던 취약한 노동자계층까지 빠른 속도로 보호의 대상을 확대하기 시작하였다. 1987년에 산재 적용사업장의 규모가 자영업을 제외한 5인 사업장까지 확대되었다. 1989년의 법개정에서는 적용범위를 이전에는 근로기준법의 적용을 받는 사업장으로만 한정한 것에서 모든 사업 또는 사업장으로 확대하였다. 1997년 IMF 외환위기를 극복하는 과정에서 1999년 법개정을 통해 1인사업장까지 확장되었다. IMF 외환위기를 계기로 한국의 사회보험제도는 건강보험, 고용보험, 국민연금과 함께 4대 사회보험제도가 보편주의적 사회보험제도로 정착하였다.

나. 한국 산재보험제도의 특징

적용대상

산재보험법이 처음 시행되었을 때에는 광업과 제조업 분야에서 상시근로자 500인 이상 사업장으로 적용대상을 시작하여 이후 점차적으로 사업장규모와 업종규모를 확대하였다. 처음에는 경제개발 5개년계획이 처음 실시되면서, 주력산업인 광업과 제조업 분야부터 실시하였지만, 사업장의 규모뿐만 아니라 점점 업종의 범위도 확대되었다. 〈표 14-1〉은 산재보험 적용규모의 확대과정을 보여준다. 2000년부터 우리의 산재보험은 1인 이상의 사업자와 사업장이 강제가입 대상이 됨으로써 산재보험의 보편주의화를 달성했다고 할 수 있다.

그러나 모든 고용된 직장인들이 산재보험의 가입자에 해당되는 것은 아니다. 원칙적으로는 1인 고용 사업장까지 적용되었지만, 현재의 산재보험제도의 적용 대상은 크게 당연가입과 임의가입자로 나누어지면서 모든 일하는 사람이 가입되는 것은 아니다.〈표 14-2〉는 당연적용 사업장과 적용제외 사업장 목록을 정리하였다. 산재보험 적용대상에서 최근 핵심적 문제가 되는 집단은 '특수형태 근로종사자'들이다. 이들은 한동안 〈근로기준법〉상 근로자로 인정되지 않아 산재보험에 적용제외되어 왔었다. 특수형태 근로종사자란 고용계약을 체결하지 않고 업무위탁계약 등에 의해 노무서비스를 제공하고, 수수료 등의 형태로 대가를 받고 업무를 수행하는 사람들을 말한다. 겉으로는 독립 사업자의 외양을 띠고 있지만, 대부분은 특정 업체에 경제적으로 종속되어 직·간접적 업무 지시와 감독을 받아 직무를 수행하는 노동자다. 특수형태근로종사자라는 용어는 2003년 노사정위원회에 특수형태근로종사자 특별위원회가 만들어지면서 공식적으로 사용되고 있다.

표 14-1 산재보험의 적용규모 확대과정

구분	1964	1965	1966	1967	1968	1972	1973	1982	1987	2000
적용 규모	500인	200인	150인	100인	50인	30인	16인	10인	5인	1인

자료 : 고용노동부(2014). 「산재보험 50년사」.

그림 14-1 산재보험 적용 대상의 추이 (단위 : 사업장 수)

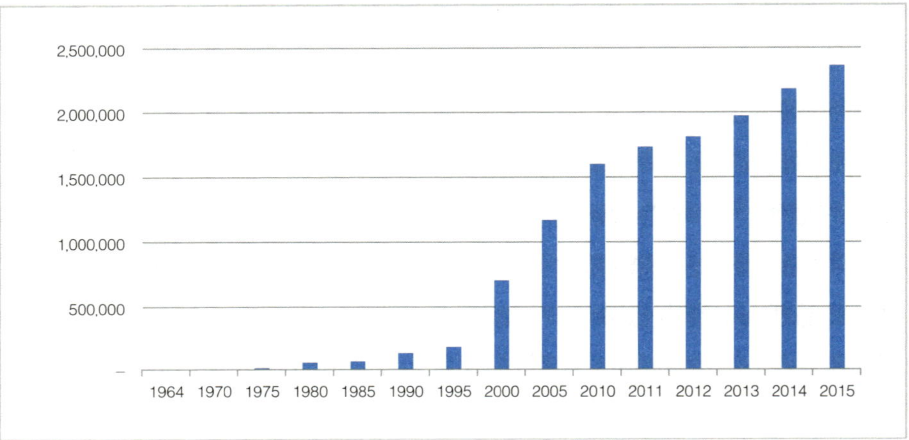

자료 : 고용노동부. 「산재보험 통계」. 각 연도.

표 14-2 당연적용 대상 사업장 종류

사업종류	규모	적용일
금융 · 보험업, 광업, 제조업, 전기 · 가스, 수도사업, 운수, 창고 및 통신업, 기타 사업(수렵업 제외), 벌목업	1인 이상	당연적용에 해당하는 날
임업(벌목업 제외), 어업, 농업, 수렵업	1인 이상 (농업, 임업(벌목업 제외), 어업, 수렵업 중 법인이 아닌 경우 상시근로자 5인 이상)	당연적용에 해당하는 날
건설업	주택건설업자, 건설업자, 전기공사업자, 정보통신공사업자, 소방시설업자, 문화재수리업자가 아닌 자가 시공하는 총 공사금액 2천만 원 미만 건설공사 또는 연면적이 100m^2 이하인 건축물의 대수선에 관한 공사를 제외한 모든 공사	공사착공일

자료 : 고용노동부(2016). 「산재보험 백서」.

그러나 이들의 업무수행 중 사고의 문제가 심각해지면서 최근에 일련의 특례적용에 의해 일부 특수형태 근로종사자도 적용 대상으로 추가되었다. 2003년 노사정위원회의 합의를 거쳐 2008년부터 보험설계사, 콘크리트믹서트럭을 소유한 운전자, 학습지교사, 골프장캐디가 적용 대상이 되었고, 2012년부터는 택배사업의 택배원, 퀵서비스배달원 및 기사까지 적용되기 시작하였다.

임의적용가입은 산재보험법상 당연적용 대상사업이 아닌 사업으로서 사업주의 자유의사에 의해 가입하는 경우를 의미한다. 주로 중소기업 중에 근로자의 성격이 아닌 사람들을 사용하는 경우에 해당된다. 예를 들어, 여객자동차 운송사업, 화물자동차운수사업, 건설기계사업, 퀵서비스, 예술인 등이 해당된다.

급여의 종류와 구조

앞에서 다룬 바와 같이, 한국의 산재보험제도도 ILO에서 권고하는 주요 급여제도들을 갖추었다고 할 수 있다.

다음의 [그림 14-2]는 산재보험의 급여 종류와 구조를 보여준다. 먼저 산재를 당하면 단순치료는 요양급여와 휴업급여로 나누어지고 사망의 경우에는 유족급여와 장의비가 지급된다. 장해의 경우는 등급에 따라 장해보상급여가 일시금 또는 연금의 형태로 지불된다. 간병인이 필요한 경우 간병급여가 지급된다. 그 다음으로 재활이 필요한 경우 재활급여들이 지급된다. 이외에 탄광노동자들에게 지급되는 진폐연금급여가 따로 있다.

관리운영구조

고용노동부가 산재보험 운영의 주무부처이며, 그 밑에 근로복지공단이 산재보험료의 부과 및 급여를 집행하고 있다. 매월 산재보험료는 국민건강보험공단이 징수한다. 심의기구로서 산업재해보상보험 및 예방심위위원회가 보험정책 및 산업안전과 보건 문제의 주요 이슈들을 심의한다. 산재보험시설로 전문의료시설, 요양시설, 연구시설, 복지시설 등이 있다. 우리의 산재보험은 고용주인 기업주가 보험료를 내고, 가입된 기업주의 노동자들이 산재로부터 보호를 받는다. 국가가 운영하는 단일형 독립 산재보험제도의 특성을 가지고 있다.

그림 14-2 산재보험급여의 종류와 구조

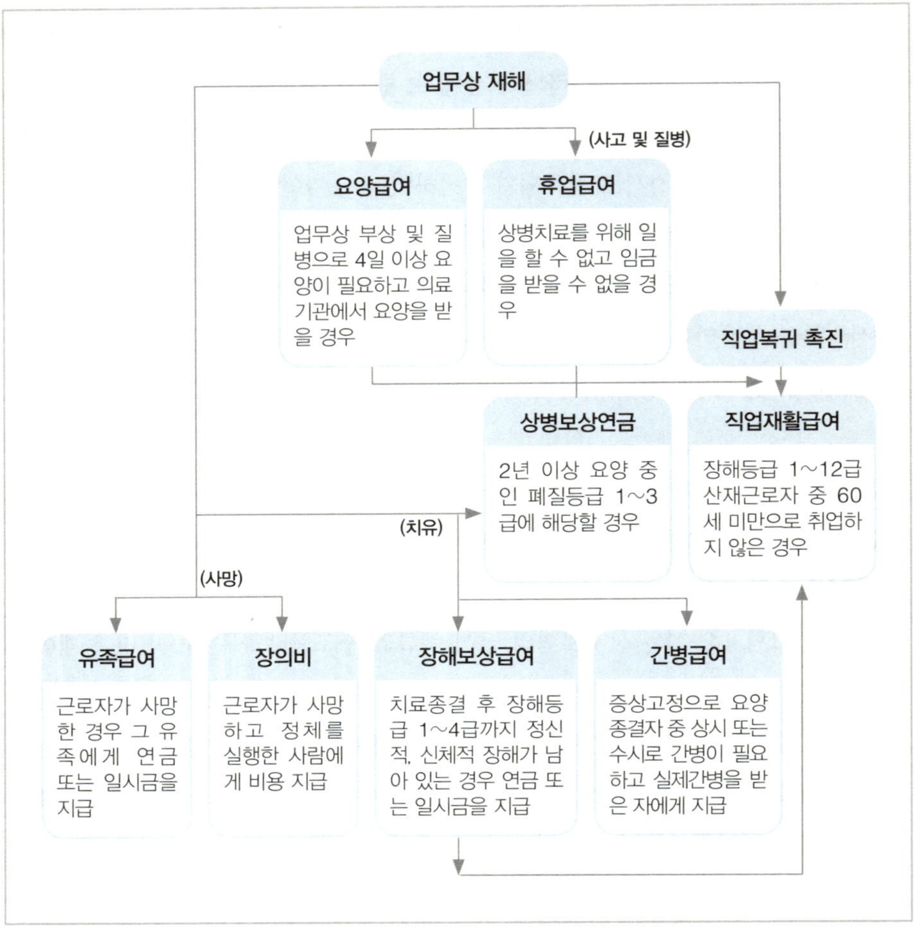

자료 : 고용노동부 · 근로복지공단(2012). 「2011 경제발전경험모듈화사업 : 산재보험제도의 구축과 운영」. p.44.

보험료

산재보험료의 신고 및 납부의무자는 고용주이며 자진신고납부를 원칙으로 한다. 보험료는 업종별 보험료를 기본으로 하고 여기에 개별실적요율제도가 추가된다. 업종별 보험료는 사업장의 보수총액과 정부가 산재의 위험도에 따라 정한 사업장별 산재보험료율을 곱하여 산정된다. 산재보험료의 기본공식은 다음과 같다.

그림 14-3 산재보험의 관리운영체계

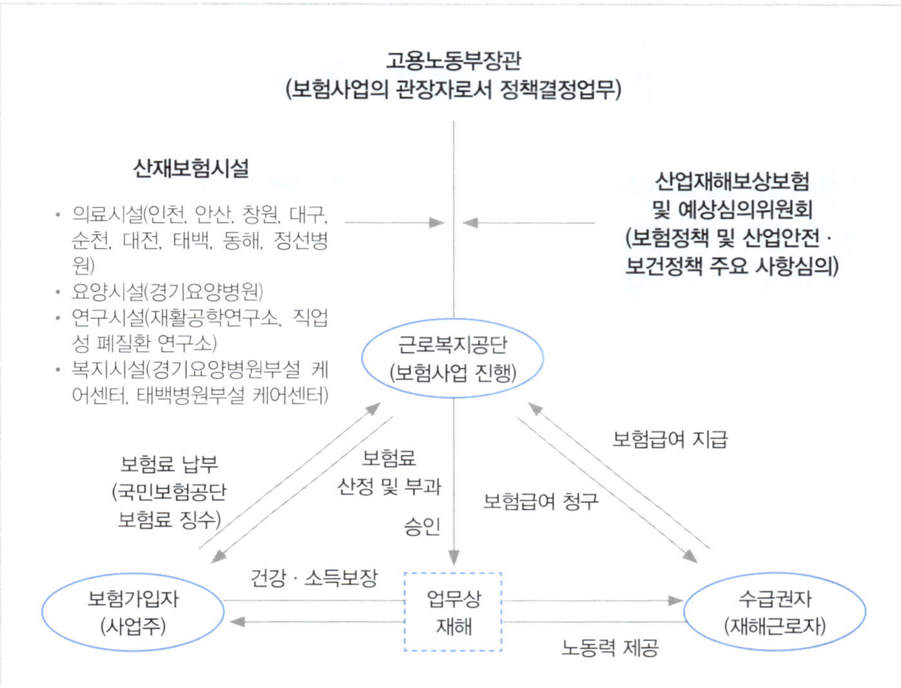

자료 : 송윤아(2010). 「산재보험의 운영체계에 대한 연구」. 보험연구원. p.18.의 그림을 바탕으로 최근 것을 반영하여 수정 보완.

산재보험료 = 보수총액×(사업종류별 산재보험료율 + 출근재해 산재보험료율)

정부는 위의 산재보험료 사업종류별 산재보험료율에 기업별 개별실적요율을 병행하여 사용하고 있다. 개별실적요율은 산재위험도가 유사한 동일사업장이라 할지라도 개별사업장에 따라 재해가 많은 사업장과 적은 사업장이 존재하므로 이에 대한 형평성 유지와 사업장들이 재해율을 낮추는 산업안전노력에 대한 인센티브를 목적으로 만들어졌다. 2014년부터 정부는 사업주의 산재예방활동을 더욱 장려하기 위하여 산재예방요율제도를 도입하였다. 산재발생률이 상대적으로 높은 상시근로자 50명 미만의 제조업 사업장으로 유해, 위험 요인에 대한 위험성 평가와 사업주 재해예방교육 이수 후 산재예방노력에 대한 평가를 통해 산재보험료율을 최대 20%까지 인하해 주는 제도이다.

다. 한국 산재보험의 문제와 개혁과제

산재보험의 사각지대의 문제: 특수고용노동자와 비정규직의 보호

한국의 산재보험은 기본적으로 1인 이상의 근로자를 고용하는 사업체에게 적용을 법제화함으로써 보편주의를 완성했다. 그러나 문제는 정규직 외에 다수의 불안정 노동시장에서 일하고 있는 노동자의 다수가 산재보험으로부터 보호를 받지 못한다는 것이다. 이러한 산재보험의 사각지대에는 산재의 보호망을 벗어나는 세 그룹이 존재한다. 첫 번째 집단은 비정규직, 하청노동자들이다. 이들은 사업주가 의무가입 사업장임에도 불구하고 영세하여 산재보험을 가입하지 않은 경우가 많다. 두 번째 집단은 특수고용직이다. 특수고용노동자들의 산재 미적용의 문제는 오래전부터 제기되었기 때문에 2008년부터 특례조항으로 적용대상이 되었다. 그러나 사업주들이 보험료 50%의 부담을 피하고자 '근로자가 법 적용을 원하지 않으면 제외 신청을 할 수 있다.'는 단서 조항을 악용하고 있다. 이는 영세한 고용주와 저임금을 받는 피고용인들이 보험료 부담을 고려해 제외신청을 하는 유인을 제공하여 여전히 가입하지 않은 특수고용직 집단의 규모가 크다. 세 번째 집단은 자영업자들이다. 자영업의 법적 규정은 고용인이 5인 미만인 영세사업체이다. 여기에는 수익성이 좋은 혁신형 자영업도 포함되지만, 대부분은 생계형 자영업자이다.[8] 이들 중에는 산재에 가입되는 직장도 있지만, 상시근로자 1인 미만 사업장의 대부분의 자영업자들은 산재로부터 보호되지 못하고 있다. 마지막으로 산재적용 대상을 더 추가한다면, 근로자성을 갖지는 않지만 농어민들과 학생집단들, 무급가족종사자들이 있다. 서구 복지국가들은 이들도 포괄적으로 산재보험에 포함하고 있는 추세이다.

급여, 직업병, 재활제도: 제도 성숙의 필요성

산재보험은 한국의 사회보험제도의 역사에서 가장 먼저 시작한 사회보험제도로서, 다른 선진 복지국가와 비교하여 짧은 역사로 많은 성장을 하였다. 그런 가운데, 이제는 보다 세밀한 수준에서 제도의 성숙을 위한 노력들을 해야 할 시점이라고 할 수 있다.[9]

첫째로, 급여의 기준과 수준에서의 개선들이 필요하다. 무엇보다도 중요한 쟁점 중의 하나인 업무상 재해 기준에 대한 개선이 필요하다. 산업구조와 비즈니스 형태의 다양성으로 인한 다양한 업무활동들을 고려하여 기준에 대한 합리성을 제고하고, 급여의 산정과 새로운 급여의 추가, 급여 간의 관계 등 복잡한 문제들을 개선해 나가야 한다. 둘째로, 직업병에 의한 산재발생의 문제가 점점 증가하고 아직까지 보호되지 않는 직업병의 영역과 직업병 환자가 많다는 점이다. 우리의 직업병 규정은 폐쇄적 리스트 방식으로 직업병으로 등록되기가 매우 어렵다. 직업병에 대한 보다 세밀한 정책들이 필요하다. 셋째로, 재활제도를 더욱 성숙시켜야 한다. 우리 산재에서 재활제도가 실시된 지 아직 얼마되지 않으며, 재활병원의 시설, 재활용구, 물리적 재활과 사회적 재활의 연계성 등 재활체제에 대한 정책적 관심이 필요하다. 재활의 영역은 앞으로 고령사회가 되어 가면서 단순히 산재 영역에서의 문제뿐만 아니라 교통사고 등 산재와 직접적 관련이 없는 각종 안전사고의 증가, 그리고 고령사회에서 노인들의 활성화를 위한 재활의 문제 등 중요한 사회문제 해결의 중심영역으로 발전하고 있다.

고령화에 따른 생애주기를 고려한 합리적인 보험급여와 재정안정화

인구 전체의 고령화 현상은 장기 휴업급여 수급자들의 증가를 의미하고 이로 인한 재정안정화의 문제가 대두되고 있다. 한국은 조선 등 중화학공업과 건설업의 비중이 큰 산업구조적 특성 때문에 산재율이 상대적으로 높고 중증의 산재환자가 많다. 안전에 대한 예방정책이 약해 중증의 산재환자가 많아지면 재정 부담이 커지게 된다. 따라서 중증 산재를 예방하는 산재예방정책뿐만 아니라 재활정책의 중요성이 대두된다. 중증 산재를 줄이는 한편, 산재 근로자들의 재활을 통해 직장으로의 복귀율을 높여야 한다. 그리고 급여에서의 중심 급여인 휴업급여, 상병보상연금, 장애급여 간의 합리적 역할분담과 장단기 급여의 기준들과 연계성을 고려하여 노동자들의 생애주기에 따른 급여체계의 개선이 필요하다. 그 외에 건강보험이나 국민연금제도와 같은 다른 사회보험제도와의 중복성과 연계성들을 세밀하게 검토하고 개선하는 것이 필요하다.

3 — 실업(고용)보험제도

1) 제도의 필요성

가. 실업의 구조적 원인: 비자발적 실업의 문제

실업에 대한 제도적 보호가 필요한 이유는 개인의 의지와 관련 없는 해고 등 '비자발적' 실업이 발생하기 때문이다.[10] 각 개인들이 자유의지로 일을 안 하는 것은 자신들의 선택의 문제이다. 그러나 비자발적 실업이란 자본주의 경제체제의 발전과정에서 구조적으로 발생하는 경기순환에 의해 불경기 시에 어쩔 수 없이 기업이 구조조정을 하거나 파산을 하게 되는 경우가 발생함에 따라 노동자 스스로가 원하지 않는 실업이 발생하는 것을 의미한다. 따라서 비자발적 실업은 노동자들의 생계에 직접적인 위협을 가하는 자본주의 시장경제에서 누구나 겪는 보편적인 사회적 위험이 되었다. 따라서 경제구조적 요인에 의한 공동의 사회적 위험에 대비하는 제도로서 실업보험제도가 발전하게 되었다.

나. 실업과 빈곤의 지속

실업은 노동자가 육체적 · 기술적 조건을 갖추어도 불경기가 지속되거나 또는 기업이 경쟁력이 떨어졌을 때 고용조정을 하거나 파산하여 불가피하게 발생한다. 또한 최근 디지털 경제화와 지식경제 서비스 산업화에 따라 노동시장의 불안정성과 일자리 이동성이 매우 높다. 경제변동에 의해 고용조정을 할 경우에는 주로 숙련의 정도가 낮은 사람부터 일자리를 잃게 될 가능성이 높고 이들이 일단 노동시장에서 퇴출이 되면 다시 이전과 같은 수준의 정상적인 일자리로 돌아가는 것이 쉽지 않다. 또한 빈번한 일자리 이동은 단기적 실업을 자주 야기하면서 다른 직업으로의 이동기간 동안에 소득유지와 새로운 일자리를 찾아 새로운 기술을 습득하는 교육훈련 비용이 필요하다. 이와 같은 노동시장의 이행과정에서 충분한 사회적 보호가 뒷받침되지 못하면 숙련이 저하되어 저임금 불안정 노동자가 되거나 장기실업자가 되어 빈곤층으로 전락하게 된다. 따라서 실업은 자본주의 경제체에서 빈곤으로 가는 가장 중요한 원인이 되고, 악화되면 만성실업자를 만들어 빈곤층을 양산시킨다. 따라서 실업급여뿐만 아니라 이들의 능력을 개발하고 재취업을 시키기 위한 직업훈련과 직업소개와 같은 고용서비스 정책이 필요하다.

다. 인간의 기본욕구로서 노동의 권리와 인간 존엄성

인간은 과연 일을 하지 않고 행복하게 살 수 있을까? 복지의 개념을 인간은 일을 통해 자아성취를 하고 자기실현을 하는 자유로운 존재로서 가족, 직장동료, 이웃과 좋은 사회적 관계를 맺어 행복한 삶을 살기 위해 필요한 기본욕구들을 충족시켜 주는 것이라고 정의를 하면, 자신의 의지와 관계없이 자신의 가치를 살리는 일을 할 수 없다는 것은 심각한 인간 존엄의 박탈을 의미한다. 최근 빈곤의 개념이 최저생계비 이하라는 소득기준을 넘어서 주류적 경제 · 사회관계로부터 배제가 되는 '사회적 배제(social exclusion)'의 개념이라든가 센(A. Sen)이나 누스바움(M. Nussbaum)이 주장하는 것처럼 다양한 사회적 맥락에서 개개인이 자신의 선택을 성취하면서 공동체에 기여할 수 있는 '역량(capability)'의 개념, 또는 객관적 · 주관적 차원 모두를 고려하는 총체적인 행복의 개념으로 진화하고 있다. 소득보장으로만 불충분하고 다양한 제도를 통해 인간의 존엄과 자유, 사회적 관계의 회복이 중요하다는 의미이다. 실업으로부터 경제적 활동의 박탈을 해결해 주고 좋은 일자리를 갖게 해 주는 산재 및 실업보호 정책과 적극적 노동시장정책은 이런 의미에서 인간의 존엄을 회복하게 해 줄 수 있는 중요한 정책수단의 하나라고 할 수 있다.

라. 국가의 산업경쟁력과 기업의 숙련노동자의 확보와 유지

실업보험을 통한 소득보장과 적극적 노동시장정책을 비롯하여 노동시장을 규제하는 다양한 노동시장정책이 필요한 이유는 개인적 복지차원에만 있는 것은 아니다. 기업경쟁력을 높이는 개별 기업의 관점에서도 필요하고 궁극적으로 국가의 산업경쟁력을 높이며 경제를 관리하는 국가의 성장전략의 관점에서도 필요하다.

자본주의 경제체제의 중요한 특성인 경기변동은 피할 수 없는 구조적 과정이다. 실업보상제도는 구조조정에 대한 저항을 약화시켜 기업의 경기변동에 대한 대응력을 높여 준다. 그리고 실업급여는 기업(산업)특수적인 기술능력을 갖고 있는 노동력을 보호해 준다. 경기변동에 의해 기업이 불가피하게 해고를 하더라도, 다시 경기가 좋아졌을 때 자기 기업(산업)에서 기업(산업)특수적인 기술을 이미 습득한 노동자들을 다시 고용하는 것이 기업(산업)의 관점에서 더 효율적이다.

노동자의 관점에서도 같은 맥락이다. 불가피한 고용정리에 의해 해고된 노동자가 관대하고 안정적인 실업보험을 통해 생계를 유지한다면, 노동력을 당장의 생계를 위해 아무 곳에나 급하게 직업을 갖기보다는 그동안 자신이 습득한 기업특수적 숙련을 활용할 수 있는 기업으로 재취업을 도모할 시간적 여유를 갖는다. 또 생산기술과 산업구조의 빠른 변화로 노동자들이 새로운 기술을 배워 다른 기업으로 이직하게 되는 경우가 많아진다. 이를 위해 좀 더 높은 수준의 숙련기술의 습득이 필요한바, 교육훈련기간 동안 안정적인 실업급여가 필요하다.

따라서 보편적이면서도 관대한 실업급여와 인적 자원의 적극적 개발을 돕는 효과적인 적극적 노동시장정책의 결합은 국가 차원에서도 인적 자원의 손실을 예방하며 국가의 산업경쟁력을 높이는 중요한 제도이다.

마. 디지털 경제 전환, 코로나-19 팬데믹, 심화된 불안정 노동시장: 실업(고용)보험제도가 직면한 새로운 도전

글로벌 경제의 저성장, 저출산 · 고령화, 지식기반경제의 성장, 그리고 특히 ICT, IOT, AI, 로봇 등 소위 제4차 산업혁명이라고 불리는 첨단 디지털 기술들이 결합된 디지털 경제화로의 전환은 노동시장의 불안정성과 소득불안정을 더욱 심화시키고 있다. 안정적 고용관계에 의한 일자리는 점점 감소하는 반면, 디지털 경제화에 의해 우버, 배달, 다양한 서비스 플랫폼 비즈니스의 성장에 따라 고용관계와 이의 지속성이 불명확한 불안정 노동시장이 빠르게 확대되고 있다. 기존의 일자리에서도 파트타임, 기간제, 임시계약 등 다양한 형태의 비정규직의 규모가 증가하고 있으며, 새로운 일자리들로서 문화예술, 관광, 교육훈련, 건강 및 사회서비스 등 다양한 지식기반 서비스 분야에서 프리랜서, 플랫폼 노동자, 또는 1인 자영업자들이 성장하고 있다. 이러한 비정규직과 독립노동자 형식의 일자리 증가는 고용불안, 임금격차, 장기실업의 문제들을 더욱 심화시키고 있다.

미래에는 과거의 산업사회와 달리 안정된 일자리는 점점 줄어들 수밖에 없고, 평생에 걸쳐서 여러 직장들을 가질 수밖에 없다. 이는 경기불황에 의한 비자발적 실업뿐만 아니라 다양한 직장으로의 이행과정에서 단기적 실업이 불가피하게 증가한다.

그리고 이렇게 급격히 변화하는 노동시장의 변화에 적절히 적응을 못하였을 경우 장기적 · 구조적 실업의 가능성이 높아지고 있다. 더욱이 코로나-19 팬데믹은 예기치 못한 경제활동의 급작스러운 중단으로 대량실업을 초래했다. 그리고 위드코로나 시대로 이행하면서 우리는 기존의 노동시장과 다른 새로운 차원의 노동시장 구조 및 소득불안정성을 안고 살아가고 있다. 따라서 다양한 환경요인에 의한 불가피한 실업과 노동시장의 변화 문제는 기존의 전통적 고용관계에 기반한 실업(고용)보험제도의 보완과 아울러 새로운 사회보호제도의 필요성을 요구하고 있다.

2) 제도의 역사적 발전과정

가. 초기 겐트제도의 발전

자본주의 초기의 실업에 대한 보호제도는 일부 수공업 숙련노동자들의 상호 부조 형식으로 시작되었다. 다음으로 이러한 수공업 숙련노동자들은 노동조합을 조직하면서 동료노동자들의 실업에 대비하기 위하여 자발적으로 상호 부조의 형식으로 실업기금을 만들었다. 그런 가운데 벨기에의 북부 공업도시인 겐트에서 1901년에 시정부가 자발적인 노동조합의 실업기금에 보조금을 주기 시작하면서 소위 겐트(Ghent)제도가 발달되기 시작했다.[11] 정부가 노동자들이 운영하는 자발적 실업기금에 보조금을 주고 규모를 키워 지역의 실업문제를 해결하는 정책이 시작된 것이다.

이와 같은 겐트제도는 벨기에의 이웃도시를 비롯하여 이웃국가들인 네덜란드, 덴마크, 프랑스, 독일, 이탈리아 등의 산업도시들로 확산되어 나갔다. 이어서 도시 수준의 겐트제도들은 1905년부터 1908년 사이에 중앙정부가 노동조합의 실업기금에 보조를 주는 국가 차원의 겐트제도로 발전해 나갔다. 지금은 대부분의 유럽국가들이 정부가 관리하는 실업보험제도가 일반적이지만, 아직도 벨기에, 덴마크, 스웨덴, 핀란드 등 노동조직과 노동운동이 강했던 일부 국가들은 겐트제도의 유산에 따라 노동조합과 정부가 함께 실업보험을 운영하고 있다. 노동조합이 실업보험제도를 운영하는 까닭에 노조가입으로 보다 충분한 실업보상의 유인 때문에 노조가입률이 높은 편이다. 현재는 노조가입을 하지 않아도 실업 때문에 노사정이 비교적 균형적으로 참여하는 조합주의 전통을 강하게 유지하면서 실업보호의 문제와 노동시장의 문제들을 조정해 나가고 있다.

나. 사회보험으로서 실업보험의 시작: 1911년 영국의 실업보험법

실업을 사회보험으로서 보호하는 제도는 1911년에 영국에서 처음 실시되었다. 영국에서 실업보험제도가 발전된 배경은 앞의 겐트제도의 영향을 받은 국가들과 달랐다. 영국은 공적 부조제도의 원조인 구빈법이 발전한 국가이다. 근로능력이 있는 근로자들을 배제하였던 신구빈법으로서는 산업화가 더욱 진전되면서 발생하는 구조적 경기변동으로 인한 대규모의 실업자들을 보호하기가 어려웠다. 이에 따라 영국 정부는 1911년에 실업보험제도를 입법하여 처음으로 보험제도의 형식으로 실업을 보호하기 시작하였다.[12]

초기의 실업보험제도는 몇 가지 특징이 있었다. 첫째로 보호의 대상으로 경기순환에 취약한 업종에게만 제한적으로 실시되었다. 둘째로 노동자와 사용자가 주급단위로 공동으로 기여금을 내고, 정부는 이 둘의 기여금 액수의 3분의 1을 부담함으로써, 사실상, 기업, 노동자, 정부의 3자가 기여금을 내는 방식이었다. 1920년에 영국의 실업보험은 거의 모든 노동자에게 적용되는 보편주의 방식으로 확대되었다.

다. 2차 대전 전까지의 발전 양식: 실업보험의 확대

영국과 달리 유럽대륙의 상당수의 국가들은 겐트제도의 영향을 받아 보조금을 받는 자발적 실업보험제도를 2차 대전 전까지 유지하였다. 일찍이 사회보험제도를 19세기 말부터 발전시킨 독일은 1927년에 겐트제도에서 실업보험제도로 전환하였다.[13] 독일은 실업보험을 실시하면서 연방정부의 노동부의 감독하에 '제국 고용촉진 및 실업보험청(the Imperial Institute for Labor Exchange and Unemployment Insurance)'을 만들어 직업소개와 직업훈련을 조정하는 고용서비스 기능을 강화시키고 실업급여와 긴밀히 연결시켰다. 실업보험의 보험료 기여는 고용주와 노동자의 소득에 연계되어 실시되었고 실업급여는 저임금 노동자에게 더 많은 혜택이 돌아가도록 재분배의 기능을 포함시켰다. 독일의 사례는 실업보험과 노동시장과의 연계에서 중요한 모델을 제공하였다.

영국을 좇아 실업보험제도로 발전한 국가들로는 이탈리아가 1919년에 실시하였고, 1920년대에 거쳐서 일부 유럽 국가들이 실업보험을 실시하기 시작하였다. 그런 가운데, 자유주의 복지국가 중에서는 캐나다와 미국이 경제대공황을 경험하면서 실업보험을 실시하였다. 일부 국가들은 일반조세로 직접 실업자에게 현금급여를 주는 실업부조를 실시하기도 하였다. 1921년에 룩셈부르크가 처음으로 실업부조를 실시하였고, 1938년에 뉴질랜드가 포괄적인 사회보장제도를 실시하면서 소득조사를 통해 실업부조를 실시하였다. 이어서 1944년에 오스트레일리아가 실업부조를 실시하였다.

라. 2차 대전 이후의 실업보험의 발전: 실업보험에서 고용보험과 적극적 노동시장정책으로

2차 대전 이후 1970년대 초까지의 고도성장기에 실업보험의 적용 대상이 보편주의로 제도화 되고 급여는 확대되었다. 전후 서구 경제의 고성장에 따라 실업률이 완전고용에 가까운 수준(대체로 4% 내외)까지 낮아졌기 때문에 실업보험 기금이 많이 축적되어 제도가 안정적으로 발전할 수 있었다.

그러나 1970년대 오일쇼크 이후 1980년대 말까지 경기침체와 저성장 기조가 지속되면서 전체적으로 실업자가 증가하며 실업보험은 재편을 맞이하게 되었다. 생산기술의 발전에 따라 단순숙련을 요구했던 포디즘의 생산체제가 서서히 약화되고 저숙련 노동자들은 노동시장의 변화에 적응하지 못함으로써 장기실업상태에 빠지는 구조적 실업자가 되었다. 장기실업자의 증가로 고성장과 저실업 시기에 축적되었던 실업보험의 기금들은 빠른 속도로 소진되어 갔다. 이에 따라 선진 복지국가들은 실업보험의 재정안정화를 추구하는 동시에 실업자들의 노동시장 재진입을 위한 개혁들을 추진하였다. 실업급여 수급조건들이 엄격하게 강화되고 실업급여에 훈련과 고용서비스의 제공을 연계하는 등 적극적 노동시장정책의 요소들이 추가되면서 명칭을 실업보험에서 고용보험으로 바꾸는 국가들이 증가하기 시작하였다. 독일은 이러한 노동시장 변화에 선제적으로 대비한 사례로서 제일 먼저 1969년에 고용촉진법을 제정하고 기존의 실업보험을 고용보험제도로 부르기 시작하였다. 일본도 1947년에 처음 시작한 실업보험법을 1974년에 고용보험법으로 개정하였다. 이후 일부 나라들이 실업보험의 이름을 고용보험으로 바꾸거나, 이름을 바꾸지 않아도 실업보험 내에 직업훈련과 직업소개 프로그램들을 추가하거나 연계시켜 고용보험의 성격으로 전환하는 나라들이 증가하기 시작하였다.

1990년대 이후 지금까지 세계화와 신자유주의의 확산으로 산업경쟁은 더욱 심화되어 가는 한편, ICT와 로봇기술이 접목된 포스트 포디즘으로의 생산기술의 발전과 정보산업의 발전으로 '고용 없는 성장(jobless growth)'의 시대를 맞게 되었다. 노동시장의 구조는 이전의 내부자와 외부자로 갈리는 이중화(dualization)를 넘어서, 시간제, 임시직, 파견제, 특수고용형태 등 고용형태의 다변화 현상이 심화되었다. 이에 따라 기존의 노동시장정책이나 소득보장정책으로는 보호를 받지 못하는 다수의 취약 노동자계층이 발생하고 있다. 이들을 보호하기 위해 실업급여는 구직활동을 비롯해 다양한 직업훈련의 참여와 연계시키고 적극적 노동시장정책을 활용하는 활성화 전략(activation strategy)이 확산되었다.[14]

최근에는 앞에서 이미 언급된 소위 제4차 산업혁명에 기반한 디지털 경제화와 지구촌의 생태적 위기로서 코로나-19 팬데믹은 노동시장의 불안정성을 더욱 심화시키면서 실업보험의 미래 개혁방향에 새로운 도전을 주고 있는 시점이다.

3) 고용(실업)보험제도의 특징[15]

가. 비자발적 실업

전통적 실업보험에서의 가장 중요한 급여의 기준은 실업의 원인이 자발적인 이직이 아닌 경기변동에 따른 기업들의 폐업이나 고용조정에 의해 본인의 의사와 관계없는 비자발적 실업(involuntary unemployment)이다. 비자발적 실업이 수급자격의 원칙이기 때문에 급여결정을 할 때, 비자발적 실업인지 자발적 실업인지를 증명하고 판단하는 것이 중요하다. 따라서 부정수급자를 어떻게 해석하고 관리할 것인가가 운영의 중심이 되고 있다. 그러나 최근에는 앞에서 언급되었던 것처럼, 비정규직과 독립노동자 등 다양한 형태의 전통적 고용관계에 기반하지 않는 일자리들이 증가하고 있다. 특히 학교를 졸업하고 노동시장에 진입하는 청년층들의 실업과 이직문제가 점점 심각해지고 있다. 이와 같이 단기적 실업이 일상화되는 노동자들의 규모가 증가함에 따라 생계를 위해 다른 직업으로의 이행기간에 대한 자발적 실업에 대한 대책이 점점 요구되고 있는 실정이다.

나. 수급자격기간

대부부의 실업보험제도는 수급의 조건으로서 고용이 된 후에 일정기간의 보험료 납부 기간을 요구한다. 이를 수급자격기간(qualifying period)이라고 한다. 그 기간은 국가별로 다양하지만 일반적으로 6개월에서 1년의 안정적 고용을 통해 보험료를 납부하는 것을 급여의 조건으로 하고 있다. 이 부분이 비정규직이나 불안정 고용에 있는 자들을 실업보험으로 보호하기 어려운 이유이다. 이에 따라 코로나-19 팬데믹으로 일부 국가들은 수급자격기간을 일시적으로 완화하였다.

다. 구직활동

최근에 실업급여를 받는 조건으로 비자발적 실업의 증명 외에도 구직활동과 훈련을 조건으로 실업급여를 지급하는 국가들이 늘어나고 있다. 특히 1990년대 이후, 근로연계복지와 활성화 전략이 강화되면서 실업기금의 재정안정화를 위해서뿐만 아니라 실업 후 빠른 재취업을 유인하기 위해 구직활동의 조건은 보편화되고 있다.

라. 수급기간

수급기간은 실업급여가 지급되는 기간을 의미한다. 실업급여는 다른 사회보험제도와 달리 사회적 위험이 존재한다고 해서 계속 지급되지 않는다. 일반적으로 건강보험은 질병이 발생되었을 때마다 치료가 끝나기까지, 연금은 수급연령 개시 이후 사망까지, 산재의 장애연금도 영구장애의 경우 계속 지급된다. 그러나 실업급여는 실직 후에 재취업하기까지 모든 기간에 급여를 지급하지 않는다. 일반적으로 국가에 따라 짧게는 1년에서 길게는 3년까지 실업급여를 지급한다. 이 수급기간 이후에도 재취업이 되지 않는 경우에는 나라에 따라 실업부조나 공적 부조에서 생계비를 지원받는다.

마. 노동자의 부적절 행위

실업의 조건에서 비자발적 실업 외에 고려되어야 할 점은 부정 및 위법 등 부적절한 행위(misconduct)로 인한 해고 여부이다. 무엇이 부적절한 행위인지를 객관적으로 판단하는 것도 쉽지 않으나, 부적절한 행위로 인한 해고는 비자발적 실업으로 간주하지 않는 것이 국제적 관행이다.

바. 노동쟁의 기간

파업의 경우, 근로자들은 소득상실로 인한 생계문제에 부딪치게 될 수 있다. 그러나 일반적인 국제적 관행은 파업행위에 의한 소득상실에 대해 실업급여를 지급하지 않는다.

사. 노동시장으로의 참여 능력과 의지

국가가 보호하려는 실업은 노동능력이 있으며 일을 하기를 원하는 가운데에 경기변동과 기업사정으로 인한 일자리의 불가피한 상실이다. 따라서 실업의 보호는 일시적인 실업기간의 소득상실에 대한 생계급여뿐만 아니라 재취업을 통하여 일을 할 수 있는 서비스들이 함께 수반될 필요가 있다. 초기 실업보험제도에서도 실업보험급여를 신청할 때, 노동력의 유무를 확인(capable)하고 재취업의 의사(available)를 분명히 표시하며, 고용서비스 사무소의 재취업에 대한 요구를 받아들일 의무(willing to work)를 부과하였다. 실업보험에서의 고용서비스는 실업자에게 적절한 직장(suitability of job)을 소개할 책임이 있고, 실업급여 수급자는 고용서비스에서 제안하는 직장에 대해 일정 횟수 거부권을 행사할 수 있지만, 규정된 횟수를 초과하면 실업급여를 받을 수 없는 규정을 두는 경우가 많다.

4) 급여의 종류

가. 실업(구직)급여

실업보험제도에서 가장 기본적인 급여는 실업급여이다. 실업기간 동안 소득상실이 오기 때문에 실업급여를 지급함으로써 근로자와 가족의 생활안정에 기여한다. 최근의 동향은 근로연계와 활성화(activation) 전략이 강조되면서 실업급여의 조건으로 구직활동을 강조하고 있다. 따라서 고용을 강조하는 입장에서 실업급여를 구직급여라고 부르기도 한다.

나. 고용안정서비스

전통적인 실업보험도 고용상담과 직업소개와 같은 고용안정서비스를 부가적으로 제공하였다. 1990년대 신자유주의 기조가 강화된 이후 근로연계복지 및 활성화 전략에 따라 고용안정서비스는 실업자들의 빠른 재취업을 유인하기 위하여 실업급여와 함께 중심적인 서비스가 되고 있다. 최근 디지털 경제로의 전환과 코로나-19 팬데믹은 불안정 노동자들의 빠른 이직과 실업 후 재취업 등의 수요가 크기 때문에 고용안정서비스 제도의 혁신이 매우 필요한 시점이다.

다. 직업훈련

전통적인 실업보험제도에서 직업훈련은 주로 실업보험제도 밖에서 운영되는 정부의 프로그램이었다. 그러나 2차 대전 이후 적극적 노동시장정책의 개념이 발전하고 실업급여와 연계되는 것이 보편화되었다. 따라서 고용보험에 가입된 근로자들의 고용유지와 숙련향상을 위해서 사내훈련이나 외부의 교육프로그램 이수에 대한 지원 등이 제공된다. 최근 새로운 기술과 비즈니스의 성격에 필요한 직업훈련 프로그램의 혁신과 개발도 위의 고용안정서비스와 함께 매우 중요하다.

5) 실업부조제도

실업부조제도는 자본주의 초기 발전과정에서 실업보험과 함께 실업문제를 해결하는 정책으로 발전해 왔다. 실업부조제도는 가입자의 기여금을 재원으로 가입자중심의 급여를 하는 실업보험과는 달리 국가의 재정으로 소득조사를 통하여 빈곤한 실업자들에게 현금을 주는 제도이다. 실업부조의 주된 급여대상자는 실업보험급여기간이 끝난 장기실업자, 실업보험에 가입하지 못한 실업자, 고용된 적은 없으나 구직활동을 한 경력이 있는 자들이다. 따라서 실업부조제도는 고용에 관계없이 빈곤선 이하 계층에게 생계비를 지급하는 사회부조제도와 함께 넓은 의미에서 공적 부조제도의 하나라고 할 수 있다.

실업보험이 보편적 실업보호제도로 발전해 온 만큼 실업부조는 얼마 전까지는 관심을 크게 받지 못한 주변적 제도였다. 그러나 최근 불안정 노동계층과 근로빈곤층이 증가하면서 실업부조제도가 실업보험의 보완적인 대안으로서 주목을 받기 시작했다. 불안정 노동계층들의 대부분은 실업보험에 가입하기 힘든 비정규직의 단기, 시간제, 하청, 저임금 근로자들이다. 이들은 임금의 수준이나 고용의 안정성이 없기 때문에 실업보험에 가입하기 어렵다. 가입되었더라도 까다로운 수급조건을 맞추기가 어려울 때도 있다. 따라서 실업보험만으로는 이들을 보호하기가 어려워지는 것이 현실이다. 또한 실업보험에 가입한 노동자들도 장기실업자가 되면, 실업급여를 더 이상 받을 수 없게 된다. 더욱이 최근에는 학교 졸업 후 취업기간이 길어지는 청년실업자들이 증가하면서 실업보험을 가입하기 전에도 그리고 잦은 이직으로 실업보험을 가입하기 어려워 생계문제에 부딪치게 된다. 따라서 실업보험과 실업부조의 다양한 결합방식으로 실업자들을 보호하려는 것이 최근 추세이다.[16]

6) 한국의 고용보험제도

가. 한국의 고용보험제도의 발전과정

한국은 압축적 성장이라고 부를 만큼 짧은 기간에 산업화를 성취해 냈다.[17] 이 과정에서 주기적인 경제위기를 경험하면서 실업과 노동시장의 문제를 경험하였다. 이에 따라 1970년대 유신체제하에서 중화학공업화를 추진하면서 노동청 내부에서 대외비 형식으로 실업보험제도의 필요성에 대한 검토들이 있었으나 연금제도처럼 정부의 정책어젠다로 만들어지지 않았다. 전두환 정부는 1981년에 노동청을 노동부로 승격시켰다. 노동부는 당시 경제정책의 주 조정부처인 경제기획원에 실업보험제도 도입의 필요성을 요청하였고, 이에 대한 논의가 제2차 5개년 경제개발계획 수정과정에서 경제기획원과 노동부 사이에 있었다. 그러나 과잉투자된 산업부분의 구조조정과 경제안정화를 위한 긴축재정을 해야 하는 상황에서 실업보험제도에 대한 논의는 다시 수면 밑으로 가라앉았다.

1987년 이후 민주화는 의료보험의 확대, 연금제도의 실시와 함께 고용보험제도도 정치적 의제로 부상시켰다. 민주화 이후 노동운동이 폭발적으로 활성화되면서 한국노총은 1989년 9월 국회에 고용보험도입을 청원하고 노동부에도 건의하였다. 또한 한국노총은 당시의 여당인 민주자유당과 야당인 평화민주당에도 고용보험법 제정을 요청하였다. 노동부는 기존에 내부적으로만 논의해 왔던 고용보험제도를 다시 꺼내서 검토를 시작하였으며, 김영삼 정부 때 1993년에 입법이 되었고 1995년부터 실시하였다.

우리나라 고용보험제도는 후발 복지국가로서 이미 선진 복지국가들의 경험에 대한 학습효과로 처음부터 실업급여와 적극적 노동시장정책을 결합한 형태로 시작하였다. 1997년의 외환위기의 대량 실업 사태를 맞이하여 고용보험제도는 다른 사회보험제도와는 달리 점진적인 확대의 과정을 거치지 않고 바로 1인 고용 사업장까지 적용 대상이 확대되어 전 국민 사회보험제도로 성장하였다.

2000년대 들어 한국의 고용보험제도는 전통적인 실업보험제도와 달리 직업훈련과 고용안정 사업이 결합된 포괄적 노동시장정책으로 발전하기 시작하였다. 비정규직을 포함한 불안정 노동자 층의 증가에 따라 정부는 보험료 매칭 지원정책인 두루누리 사업 등을 통해 고용보험제도의 사각지대를 줄이려는 노력들이 진행되었고, 모성보호제도와 일과 가정 양립정책들이 고용보험기금으로 실시되고 있다.

코로나-19 팬데믹으로 불안정 노동자층에서 일시에 대량으로 실업자들이 발생하면서 정부는 실업급여의 기준을 임시적으로 완화하면서 이들의 소득보장에 힘을 썼다. 그런 가운데, 고용기반 고용보험제도의 한계를 극복하기 위해 학계와 정치계에서는 기본소득 도입논쟁이 제기되었고, 정부는 급격히 변화하는 노동시장의 구조에 대응하여 고용에 관계없이 소득기반에 근거해서 혜택을 받을 수 있는 전국민고용보험제도의 대안을 제시하였다.

나. 한국 고용보험제도의 특징

적용 대상

우리의 사회보험제도들이 처음 만들어질 때 공통적인 접근방법은 보호가 가장 필요한 취약계층을 먼저 보호하기보다는 가능한 국가의 재정적 부담을 적게 하는 가운데 또한 행정적으로 실시가 용이한 적용 대상부터 시작하면서 점차적으로 대상을 확대해 나가는 전략이었다. 고용보험제도의 적용 범위도 같은 맥락에서 시작되었다. 1995년 처음 실시할 때에는 재정의 안정성과 제도 집행의 용이성을 위해 실업급여 대상자는 30인 이상의 근로자를, 고용안정과 직업능력개발 프로그램은 70인 이상을 고용하는 사업장에서 출발하였다. 도입 초기에는 고용상태가 비교적 좋은 편이고 상당수의 근로자가 중소기업체에 고용되어 있어서 수혜자 규모는 매우 적었다. 그러나 외환위기에 따른 급격한 구조조정의 결과로 발생하는 실업자들을 보호하기 위해 적용 대상은 3년 후에 1인 이상 근로자를 고용하는 사업장으로 확대되었다. 〈표 14-3〉은 2000년 IMF 경제위기를 극복하기 위하여 전 고용노동자까지 확대하여 보

표 14-3 고용보험제도의 적용 대상 확대과정

	95.7.1.	97.7.1.	98.1.1.	98.3.1.	98.7.1.	98.10.1.	04.1.1.
실업급여	30인 이상		10인 이상	5인 이상		1인 이상	
고용안정 · 직업능력개발	70인 이상		50인 이상		5인 이상	1인 이상	
건설업의 총 공사금액	40억 원	44억 원	34억 원		3억 4천만 원		2천만 원

자료 : 고용노동부(2022). 「고용보험 백서」. p.58.

편주의적 고용보험제도가 되기까지의 확대과정을 사업장 규모를 기준으로 정리한 것이다.

현재 고용보험은 모든 사업장에 적용되는 것을 원칙으로 하지만, 산재보험과 같이 당연사업장과 임의사업장으로 나뉜다. 당연사업장은 법에 정한 적용요건을 충족하여 사업주 또는 근로자의 의사와 관계없이 자동적으로 고용보험에 가입되는 사업장을 의미한다(〈표 14-3〉 참조). 그러나 사업의 규모 및 산업별 특성을 고려하여 사업장 및 피보험자 관리가 매우 어렵다고 판단되는 일부 사업에 대하여는 적용을 제외하고 있다. 첫째로, 농업 · 임업 · 어업 및 수렵업(한국표준산업분류표상의 대분류) 중 법인이 아닌 자가 상시 4명 이하 근로자를 사용하는 사업장은 제외된다. 둘째로, 건설업체 중 총 공사금액이 2천만 원 미만인 사업장은 제외된다. 셋째로 개인가정에 고용된 각종 가사 담당자의 활동을 의미하는 가사서비스업은 제외된다.

임의가입 사업장은 성격상 고용보험의 당연사업장이 되기는 어렵지만 근로자들이 원하면 자유의사로 임의가입이라는 형식으로 가입하는 사업장을 의미한다. 임의가입 대상의 사업주가 고용보험에 가입하고자 할 경우에는 근로자 과반수 이상의 동의를 얻어야 한다.

고용보험제도도 산재보험과 같이 근로기준법에 의한 근로자의 개념이 중요한 적용기준이 된다. '근로자'의 개념은 사업주(법인의 경우 법인, 개인사업의 경우 자연인인 대표자)의 지휘 · 감독하에서 상시근로를 제공하고 그 대가로 임금형태의 금품을 지급받는 사람을 말한다. 따라서 고용보험제도도 특수고용형태 근로자의 가입문제가 중요한 쟁점으로 등장한다.

코로나-19 팬데믹은 고용보험제도의 사각지대 문제를 다시 전면에 부각시켰다. 사회적 거리두기로 경제가 일시에 멈추자 다수의 비정규직, 특히 여성, 청년, 임시일용직 들이 대거 일자리를 잃었다. 또한 위에서 언급된 다양한 영역의 대면서비스 분야의 프리랜서들이 일시에 일을 멈추게 되었고, 영세자영업자들은 폐업을 하거나 자신의 고용자들을 해고시켜야만 했다. 우리뿐만 아니라 전 세계적으로 1930년대 대공황 이후 가장 충격적인 실업사태가 벌어진 것이다. 코로나-19 팬데믹은 그동안 꾸준히 제기되어 왔던 고용보험제도의 사각지대 문제를 모든 국민들이 깨닫게 되는 계기가 되었다. 그리고 경제구조의 디지털 전환과 함께 미래의 노동시장은 이에 따라 고용보험제도를 고용기반이 아닌 소득기반으로 체계를 바꾸어 다양한 방식으로 일하는 사람들이 모두 불확실한 미래의 노동시장에 대비할 수 있는 전국민 고용보험제도에 대한 대안과 논의가 진행되고 있다. 이를 위해서는 항시적인 소득파악, 저임금 노동의 문제, 부담의 공평성, 제도의 정치적 순응 등 풀어야 할 많은 제도적 장벽이 존재한다.

급여의 종류와 구조, 수급조건

고용보험제도의 특징은 고용보험의 기금으로 실업급여를 비롯하여 적극적 노동시장정책의 핵심인 직업능력개발사업과 고용안정사업을 하고 있으며, 또한 출산휴가, 육아휴직 등 모성보호와 일과 가정의 양립정책사업들도 하고 있다. 그리고 디지털 전환과 코로나-19 팬데믹을 경험하면서 노동시장의 급격한 변화에 따라 새로운 정책과 프로그램이 만들어지면서 급여의 종류는 복잡 다양하게 늘어나고 있다.

다음의 〈표 14-4〉에서 보는 바와 같이 급여는 크게 4개의 종류로 나눌 수 있다. 첫째로, 소득보장의 핵심이 되는 구직급여(실업급여)가 가장 중심이 되는 급여이다. 구직활동에 대한 증명을 해야 급여가 지급된다. 그 외에 노동시장에 적극적으로 재진입을 독려하기 위한 인센티브를 주는 다양한 연장급여와 촉진수당들이 있다. 둘째는 적극적 노동시장정책의 프로그램 중의 하나인 고용안정사업이다. 고용안정사업은 다시 크게 두 가지 프로그램으로 나누어진다. 하나는 개인들이 실업 이후 재취업을 위해 고용안정센터에서 받는 다양한 구직서비스가 있다. 다른 하나는 기업들이 근로자들의 해고를 억제하고 고용유지를 하는 경우 기업에게 재정적으로 지원해 주

표 14-4 한국 고용보험제도의 구조와 급여 · 사업 종류(2022년 현재)

고용보험제도의 구조	급여 종류	
	개인급여	기업급여
실업급여	• 구직급여 • 상병급여 • 연장급여 – 훈련연장급여 – 개별연장급여 – 특별연장급여 • 취업촉진수당 – 조기재취업수당 – 직업능력개발수당 – 광역구직활동비 – 이주비	
고용안정사업 (+고용안정센터 운영)	• 실업급여/구직서비스	• 고용창출장려금 – 일자리 함께하기 – 시간선택제 신규고용 지원 – 국내복귀기업 지원 – 신중년 적합직무 고용지원 – 고용촉진장려금 – 청년채용특별장려금 • 고용유지지원금 – 유급 고용유지 지원금 – 무급 고용유지 지원금 – 고용유지비용 대부 • 고용안정장려금 – 워라밸일자리 장려금 – 정규직전환지원 – 출산육아기 고용안정지원 – 일가정 양립 환경 개선 • 기타고용장려금 – 청년추가고용장려금 – 청년내일채움공제 – 고용장려금융자 – 장년고용안정지원 – 세대 간 상생고용지원 – 직장어린이집 지원

직업능력개발사업	• 국민내일배움카드제(재직자, 실업자)
	• 국가기간 · 전략사업직종훈련
	• K-디지털 기초역량훈련
	• 직업훈련 생계비 대부
	• 공공훈련기관 직업능력개발사업 지원
	  – 한국산업인력공단
	  – 한국폴리텍대학
	  – 한국기술교육대학교
	• 직업방송
		• 사업주 훈련 지원
		• 국가인적개발컨소시엄(중소기업)
		• 중소기업 학습조직화 지원
		• 일학습병행
		• 대한민국산업현장교수 지원

모성보호/일 · 가정양립 프로그램	• 출산전후(유산, 사산)휴가급여
	• 육아휴직 급여
	• 육아기 근로시간 단축
	• 워라밸일자리 장려금(시간선택제)
		• 직장어린이집 설치 지원사업
		  – 직장어린이집 보육교사 인건비, 운영비 지원사업
		  – 직장어린이집 설치비 지원사업
		• 여성새로일하기센터 운영지원
		• 출산육아기 고용안정장려금

자료 : 고용노동부(2022). 「고용보험 백서」 참조 정리.

는 다양한 고용보조금들이다. 셋째는 적극적 노동시장정책의 일환인 직업능력개발사업이다. 최근에 국민내일배움카드제와 같이 실업자들의 직업훈련을 지원하는 프로그램들이 강화되었지만, 주로 사내 직업능력향상 프로그램을 지원한다. 넷째로, 모성보호와 일과 가정양립을 위한 제도들이 고용보험 내에서 운영된다. 이에 따라 출산휴가, 육아휴직, 직장어린이집 지원 등이 중요 급여로 포함되어 있었고, 최근에 일과 가정의 양립을 위해 근로시간 단축이나 시간선택제가 포함되었다.

고용보험은 위와 같이 실업급여에서부터 적극적 노동시장정책들의 급여 등 다양한 급여들이 모여 있기 때문에 개별 급여들의 수급조건과 수급기간들이 다르다.

관리운영구조

고용보험제도의 주무 부처는 고용노동부이다. 고용보험 업무를 수행하는 3개의 집행기관이 있다. [그림 14-4]는 고용보험제도의 관리운용구조와 업무의 흐름도를 한눈에 보여준다.

첫째, 지방 고용센터들이 있다. 고용센터들은 직업소개 및 상담 등 고용안정사업을 수행하면서 실업급여 지급업무를 맡고 있는데 지역별로 2016년 현재 94개소에서

그림 14-4 한국 고용보험제도의 관리운영구조와 업무의 흐름도

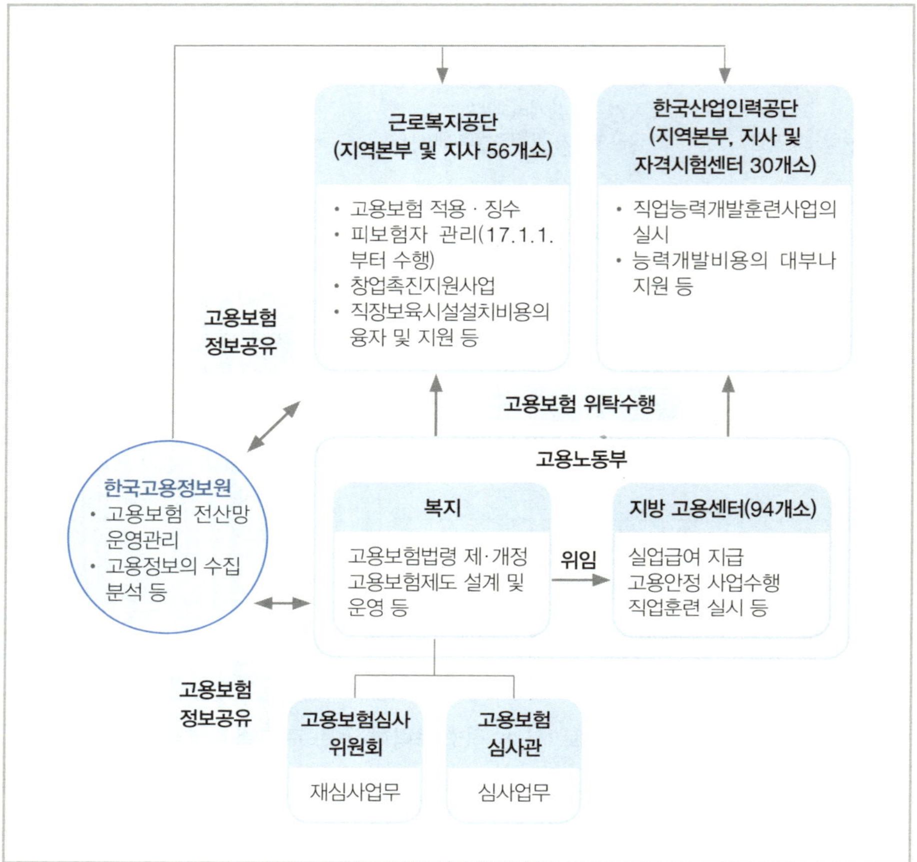

자료 : 고용노동부(2017). 「고용보험 백서」 참조 정리.

운영되고 있다.[18] 둘째, 근로복지공단이 적용, 부과, 피보험자 관리 업무를 맡고 있고, 고용보험료 징수 업무는 국민건강보험공단에 위탁한다. 셋째, 한국산업인력공단이 직업능력개발사업 업무를 맡고 있다. 그리고 노동시장에서의 고용정보의 관리가 매우 중요한데, 이를 위해 한국고용정보원을 두어 고용보험에 관련된 정보들을 수집하고 관리하는 고용보험 전산망을 운영하면서 정부와 집행기관들이 공유, 활용하고 있다. 그 외에 고용보험심사위원회와 고용보험심사관을 두어 여러 가지 관리감독과 고충처리 업무를 맡고 있다.

보험료

우리의 고용보험제도는 적극적 노동시장정책과 함께 운영되고 있기 때문에 적용 대상도 두 집단으로 나뉘어 관리된다. 이에 따라 보험료도 근로자 개인과 사업주 두 집단에게 사업별로 다른 기준으로 부과된다. 실업급여의 경우 1.3%의 보험료를 근로자와 고용주가 공동으로 1/2씩 납부한다. 고용안정사업 및 직업능력개발사업은 사업주만 부담하며, 기업의 규모에 따라 0.25~0.85% 사이에서 차등 부과된다.

표 14-5 한국의 고용보험제도 보험료

구분		근로자	사업주
실업급여		0.8%	0.8%
고용안정사업 및 직업능력개발사업	150인 미만 기업	–	0.25%
	150인 이상 기업(우선지원 대상기업)	–	0.45%
	150인 이상 ~ 1,000인 미만 기업(우선지원 대상기업 제외)	–	0.65%
	1,000인 이상 기업 및 국가, 지방자치단체가 직접 행하는 사업	–	0.85%

자료 : 고용노동부(2022). 「고용보험 백서」, p.69.

다. 한국 고용보험제도의 문제와 개혁과제

고용보험의 사각지대와 낮은 실업급여 : 실업 안전망으로서의 효과성

사회보험제도는 보험료를 납부한 가입자에게만 급여되기 때문에, 법적으로는 가입 대상자이지만 실제로는 여러 가지 요인에 의해 미가입되어 혜택을 누리지 못하는 취약계층이 광범위하게 존재할 수밖에 없다. 실업급여의 사각지대는 다른 사회보험제도의 사각지대 논리와 같이 고용보험의 가입자격으로부터의 배제, 실업급여 수급요건 관대성으로부터의 배제, 실업급여의 수급절차 복잡성으로부터의 배제 등에 의하여 결정된다.

우선 가입자격에 기초한 사각지대는 크게 두 부류로 나뉠 수 있다. 첫째는 규범적으로나 현실적으로 보호될 자격이 있는 집단임에도 불구하고 법의 규정에 의하여 제도적으로 급여로부터 제외되는 집단이다. 이를 제도적 사각지대라고 한다. 둘째는 적용 대상임에도 불구하고 현실적으로 여러 가지 원인에 의해 미가입되어 있어서 제

외되는 집단이다. 이를 실질적 사각지대라고 한다.

〈표 14-6〉은 2021년 경활조사에 의해 추정된 고용보험 사각지대의 규모를 보여준다.

이러한 규모는 지금도 크게 다르지 않다. 이 조사결과에 따르면, 제도적 사각지대는 전체 취업자의 31.8%를 차지한다. 이들은 당연가입자 중에서 예외적용자이거나 임의가입자이다. 그런데 이들 중에 상당수가 취약 근로계층인 자영업자이거나 근로자성에서 문제가 되는 특수고용노동자에 해당된다. 당연적용가입자로서 가입의 의무가 있음에도 불구하고 미가입자의 규모가 12.0%로 추정되고 있다. 과거에 비하여 정부의 노력에 의해 줄어들었다. 이들이 법적 보호기준 내에서의 실질적 사각지대라고 할 수 있다. 이들의 상당수가 중소기업, 비정규직, 하청노동자들에 해당되는 불안정 노동자계층이다. 제도적 사각지대에서 임의가입자, 특수고용노동자, 자영업자의 규모를 줄이는 것이 필요하다.

표 14-6 고용보험 사각지대 현황(2020.8. 현재) (단위 : 천 명, %)

<table>
<tr><th rowspan="2">비임금근로자</th><th colspan="4">임금근로자</th><th rowspan="2">취업자</th></tr>
<tr><th>고용보험
적용제외</th><th>고용보험
미가입</th><th>공무원 등*</th><th>고용보험
가입</th></tr>
<tr><td>6,639
(24.5)</td><td>1,970
(7.3)</td><td>3,247
(12.0)</td><td>1,436
(5.3)</td><td>13,793
(50.9)</td><td>27,085
(100)</td></tr>
<tr><td colspan="2">법적 사각지대</td><td>실질적
사각지대</td><td></td><td></td><td></td></tr>
</table>

주 : 공무원 등은 공무원, 교육, 별정우체국 직원, 고용보험 적용제외는 고용보험에 가입하지 않으면서 5인 미만 농림어업, 가사서비스업, 65세 이상, 주당 평균근로시간이 15시간 미만인 단시간 근로자(3개월 이상 근속한 근로자 제외), 특수형태근로에 종사하는 근로자임.

자료 : 통계청(2020.10.27.). 2020년 8월 부가조사 경제활동인구조사 근로형태별 부가조사결과. 통계청 보도자료. http://kostat.golkr/portal/korea/kor_nw/1/3/2index.board? bmode=read&aSeq=385785에서 2020.12.02. 인출.; 장지연(2021), 고용안전망 강화, 성과와 과제, 제5차 포용국가포럼 발표문에서 재인용.

두 번째 사각지대의 개념은, 실업(구직)급여의 수급요건이 엄격하고 수급기간이 짧기 때문에 급여의 엄격성의 관점에서 발생하는 사각지대문제도 있다.[19] 불안정 노동자들은 비록 고용보험에 가입되어 있다 할지라도 수급조건을 충족시키지 못해서 급여를 받지 못하거나, 구직급여기간이 짧아서 급여기간이 끝나도 실업자로 남아 있을 경우가 높기 때문에 실질적으로 실업급여를 받지 못하는 경우가 발생한다. 또한 이들 불안정 노동자계층은 입직과 이직, 사업장의 개업과 폐업 등이 잦을 경우 가입 및 급여 조건을 충족시키지 못한다. 또한 상당수가 공식적인 근로계약을 하지 않기 때문에 소득파악을 하기 어렵다.

다음의 문제는 실업급여의 낮은 소득대체율이다. 실업급여의 명목 소득대체율은 실직 이전 임금의 50%로 출발했다. 그리고 받을 수 있는 1일 급여 상한액이 6만 원으로 한 달에 받을 수 있는 최대 금액은 최저임금 수준인 157만 원(7,500×209시간)에 불과하다. OECD 국가들과 비교하여 소득대체율이 높지 않은 편이다. 지난 코로나 팬데믹 이후 정부는 소득대체율을 60%로 상향하여 보장수준을 높였다. 〈표 14-7〉은 OECD 국가들의 실업급여 순소득대체율을 비교하였는데, 2015년 실업 후 1년 평균 순소득대체율이 약 25.75%로 주요 OECD 복지국가 중 제일 낮다. 일본과

표 14-7 OECD 국가 실업급여의 순소득대체율(2015, 2022년) (단위 : %)

	실업기간	12개월	60개월	12개월	60개월
복지레짐	국가	2015	2015	2022	2022
사민주의	스웨덴	57	26	63	63
	덴마크	71	29	67	29
	핀란드	70	46	67	44
보수주의	독일	76	42	76	41
	프랑스	75	38	75	39
	벨기에	68	56	66	58
	네덜란드	77	27	76	27
남부유럽	이탈리아	67	26	65	29
	스페인	66	25	66	24
자유주의	영국	38	38	38	38
	미국	25	25	25	25
동아시아	일본	25	25	29	29
	한국	26	26	35	27

주 : 순소득대체율=실업상태의 순소득/취업상태의 순소득×100.
자료 : OECD Tax-Benefit Data base, https://stats.oecd.org/viewhtml.aspx?datasetcode=NPR&lang=en

같은 수준이다. 실업 후 5년 평균 순소득대체율도 약 6%로 OECD 국가 중 가장 낮다.

정부는 고용보험의 사각지대문제 대안으로서 두루누리사업과 같이 보험료의 지원 대상을 확대하여 고용보험제도로의 가입을 확대하는 한편, 고용보험에 가입되지 않은 취약계층과 청년구직자들이 고용상담을 받아 자발적으로 취업에 성공하면 일정 기간 소득보장의 인센티브를 주는 취업성공패키지 프로그램을 실행하고 있다. 두루누리사업은 2012년부터 10인 미만 소규모 사업장에서 고용보험과 국민연금의 보험료 50%를 지원해 줌으로써 적용 대상자의 가입률을 높여 왔다. 최근 코로나-19 팬데믹 사태로 급증하는 실업자들을 위해 정부는 2021년부터 10인 미만 자영업자들의 고용보험료지원율을 80%로 올리고 플랫폼 노동들도 2023년부터 고용보험료지원을 받을 수 있게 하였다. 이 정책으로 인해 일부 취약계층들의 가입률이 점진적으로 늘어나고 있으나 아직 기대한 만큼 미치지 못한 것으로 평가되고 있다. 취업성공패키지 또한 취업률을 올리는 데 일부 성과를 내고 있지만, 고용서비스의 질과 서비스 접근성의 문제, 그리고 취업된 일자리의 질이 낮아서 고용의 기간이 짧아 그 효과가 아직 문제가 있다. 그리고 정부는 코로나 팬데믹 이후 자영업과 비정규직이 모두 가입할 수 있는 전국고용보험제도를 실시하겠다고 발표하였다. 이를 위해서는 고용기반의 고용보험이 아닌 소득기반 보험제도로 전환이 필요한데, 실제로 실시 가능성은 좀 더 지켜봐야 할 것이다.

적극적 노동시장정책의 고용보험기금 의존

적극적 노동시정책의 재원에는 크게 두 가지 방식이 있다. 하나는 조세에 의한 일반재정으로부터 조달하는 방식과 고용보험에 의한 방식이 있다. 이 방식에 따라 누가 혜택을 받는가와 정책의 활용 용도에 차이가 난다.

적극적 노동시장정책의 전형적인 모델인 스웨덴을 비롯한 사민주의 국가들과 자유주의 국가인 영국은 일반재정에서 적극적 노동시장정책의 재원을 조달한다. 이 경우, 재정의 운영이 자유롭기 때문에 고용보험의 가입자와 비가입자를 구별하지 않고 전 국민을 대상으로 적극적 노동시장정책을 보편적인 인적 자원개발 프로그램으로 운영할 수 있다. 대신에 조세 의존도가 높으면, 정부의 재정부담이 크게 된다.

반면에 독일, 오스트리아, 일본, 한국 등 고용보험제도를 실시하고 있는 국가들은 보험기금이 적극적 노동시장정책의 중심 재원이 된다. 보험기금으로 적극적 노동시장정책을 운영할 경우, 기본급여 대상은 가입한 노동자들이기 때문에 프로그램은 주로 보험에 가입된 실업자나 사내 직업훈련제도들이 프로그램의 중심이 된다. 따라서 노동시장 신규진입자, 미가입자, 또는 장기실업으로 인해 고용보험과 연계가 끊어진 자들에게 혜택을 줄 수 있는 정당성이 약하다. 특히 최근의 노동시장의 변화에 따라 선진 국가들도 고용보험의 사각지대가 늘어나고 있어서, 보험중심의 국가들이 딜레마에 빠지게 된다. 이를 보완하는 방법은 고용보험에 일반재정을 투입하여 보험제도 적용의 사각지대에 있는 집단들도 적극적 노동시장서비스들을 받을 수 있게 하는 것이다.

우리의 경우 직업훈련과 고용서비스는 재정적으로 고용보험에 의존도가 높고, 일반재정의 투입이 낮다. 그리고 고용보험 사각지대의 규모가 크다. 따라서 실제로 적극적 노동시장의 혜택으로 자신들의 숙련과 역량을 높이고 더 나은 일자리로 진입을 해야 할 취약계층이 적극적 노동시장정책 내의 다양한 프로그램으로부터 배제된다. 때문에 일반재정의 투입을 높여 고용보험으로부터 배제된 취약계층의 노동자들이 양질의 직업훈련과 고용안정서비스를 받을 수 있는 프로그램들을 만드는 것이 필요하다.

제도의 복잡성과 제도 간 연계성의 미흡

고용보험제도는 실업급여와 적극적 노동시장을 결합시켰기 때문에 고용보험 안에 기본적인 생계지원인 실업급여를 비롯해 고용안정사업, 직업능력개발사업, 취업지원사업, 모성보호사업 등에 다양한 프로그램들이 포함되어 있다. 노동시장의 급격한 변화와 새로운 수요에 따라 문제 해결을 위해 즉흥적으로 신규사업과 급여들이 신설되곤 하였다. 그리고 실제로 취업능력을 키워 줄 수 있는 효과적인 직업훈련 프로그램보다는 다양한 고용보조금제도에 대한 의존도가 높은 것도 문제다. 근로자들의 실질적인 고용능력을 높이기 위해서는 단순한 고용유지 프로그램보다는 정교하고 효과적인 직업능력개발훈련과 취업지원서비스가 더욱 긴밀하게 연결되어야 한다. 이를 위해서는 개인별 수요에 따른 맞춤형 서비스를 제공할 수 있도록 프로그램의 재설계와 이를 관리할 수 있는 행정능력을 갖추어야 한다. 중복성이 강하거나 연계성이 아직 미약한 사업들에 대한 재평가와 재정비가 필요하다.

고용안정서비스 인프라의 문제

서구의 복지국가들은 일찍이 20세기 초 초기의 산업화과정에서 실업보험이 실시되면서 오랜 산업화과정을 통해 실업급여의 서비스들을 직업소개, 직업훈련 프로그램들과 연계시키는 공공 고용안정서비스를 발전시켰다. 반면에 우리의 산업화의 과정은 매우 빨랐고 산업화 이후의 늦은 고용보험의 실시로, 사실상 공공 고용안정서비스의 인프라를 제대로 구축하지 못했다.[20]

우리의 공공 고용안정서비스 체제는 1995년 고용보험의 실시와 1997년 외환위기를 겪으면서 빠른 확장을 할 수 있었다. 외환위기 이후 지난 20년간 고용안정서비스 인프라는 꾸준히 개선되어 왔지만, 아직 고용안정서비스의 인력의 전문성과 이들의 인력관리시스템, 그리고 다양한 고용안정 프로그램들과의 연계성과 체계성이 부족하다. 민간부문의 고용서비스 체제의 발전도 취약했으며, 고용서비스는 대부분 주변적인 서비스산업에 치중되어 있다.

정부는 적용의 확대와 긴급한 프로그램들의 신설과 확장에 더 초점을 두었고, 효과적인 고용안정서비스 인프라의 구축에는 상대적으로 덜 관심을 가져왔다. 고용보험제도와 적극적 노동시장정책이 늘어나는 수요에 효과적으로 대응하기 위해서는 고용서비스의 인프라에 대한 재정투자와 인력관리 및 전달체계를 혁신하는 것이 우선적으로 필요하다.

모성보호사업의 고용보험 의존성

저출산 · 고령화문제, 여성들의 사회참여, 일과 가정의 양립, 양성평등 등 현대사회가 직면한 다양한 경제, 사회문제 해결의 중심에 모성보호를 위한 다양한 사회복지정책이 발전하고 있다.[21] 우리의 경우도 모성보호를 위한 다양한 정책들이 고용보험제도의 틀 안에서 매우 빠르게 발전하고 있다. 모성보호제도들이 고용보험에 지나치게 의존하는 경우, 사각지대에 놓인 많은 취약 노동자들과 자영업자들이 모성보호제도의 혜택을 받을 수가 없게 된다. 따라서 모성보호제도의 혜택이 취약계층에게 실질적으로 제공되고 보다 보편적으로 적용되기 위해서는 일부 서비스는 건강보험제도를 통해 제공되거나 또는 일반재정의 투입을 통해 제공되어 혜택을 받지 못하는 사각지대를 줄이는 노력이 필요하다.

4 — 적극적 노동시장정책

1) 적극적 노동시장정책의 개념과 범위

노동시장정책(labor market policy)이란 실업 및 고용 문제를 해결하기 위하여 노동시장에 정부가 개입하는 다양한 정책을 일컫는다.[22] 자본주의가 발전하면서 노동시장정책은 크게 두 가지의 유형으로 진화하였다. 첫째는 최소한의 노동권 보호, 임금규제, 그리고 실업자들에 대하여 생계보호가 목적이었던 실업급여를 중심으로 한 실업보험제도들을 의미한다. 이를 노동시장에서의 최소한의 규제와 사후적인 소득보장에 초점을 두었기 때문에 소극적(passive) 노동시장정책이라고 한다. 둘째는 정부가 지속적인 성장을 위한 완전고용 및 거시적 경제관리를 위하여 직업훈련과 직업소개 및 다양한 고용안정서비스 프로그램을 중심으로 적극적으로 노동시장의 인력수급을 원활하게 하는 정책이다. 이를 전자와 대비하여 적극적 노동시장정책(Active Labor Market Policy: ALMP)이라고 한다.[23]

OECD에서는 1964년에 적극적 노동시장정책의 중요성을 회원국들에게 강조하기 시작하였다. 특히 1970년대와 80년대에 걸쳐 지속적인 세계경제의 침체와 신자유주의 영향으로 고실업과 노동시장의 불안정성이 심화되면서 1990년대부터 회원국가들에게 적극적 노동시장정책을 권고하고 그 범주로서 ① 노동시장에서 구직자와 구인자 간의 정보를 교환해 줌으로써 적재적소에 인력을 배치하는 고용안정 프로그램, ② 취업 및 재취업, 사내훈련 등 노동시장에 필요한 숙련을 제공해 주는 직업훈련 프로그램, ③ 일시적인 고용창출을 위한 공공부문의 일자리 창출 및 창업지원 프로그램, ④ 기업들의 고용유지를 위한 다양한 형태의 인센티브와 기업보조를 제공해 주는 고용지원 프로그램으로 4가지 범주를 만들었다. 지금까지 적극적 노동시장정책은 이와 같은 프로그램 카테고리하에 다양한 정책수단들이 개발되고 있다.

특히 코로나-19 팬데믹과 디지털 경제화는 노동시장의 불안정에 주는 충격이 매우 커서 적극적 노동시장정책의 역할이 더욱 중요해지고 있다.

2) 제도의 필요성

적극적 노동시장정책의 핵심 프로그램인 직업훈련과 직업소개서비스는 기본적으로 시장의 메커니즘으로 자율적으로 공급되기 어려운 시장실패의 성격을 가진 서비스이다.

직업훈련은 기본적으로 투자비용이 많이 드는 서비스이다. 특히 고도의 기술훈련이나 대규모의 산업단위의 직업훈련이 그렇다. 이런 분야는 민간에서 직업훈련시장에 진입하기 쉽지 않다. 그리고 개인의 관점에서 자신의 능력개발을 위한 직업훈련이 시장에서만 제공된다면, 좋은 직업을 위한 훈련의 질은 개인의 지불능력에 의해 좌우된다. 즉 잠재력이 있는 모든 개인들이 경제적 능력의 차이 때문에 자신에게 적합한 직업훈련의 기회를 가질 수 없게 된다.

기업의 차원에서는 개별 기업들의 기술에 필요한 숙련된 인력을 확보하기 위해서는 기업은 고용된 인력에게 사내 훈련이나 외부 훈련에 장시간 투자를 해야 된다. 그런데 자신이 투자한 숙련된 인력을 다른 기업이 조금 나은 조건을 제시하여 자기 기업으로 데려 간다면 먼저 직업훈련에 투자한 기업은 손해를 보게 된다. 즉 기업은 많은 비용과 노력을 들여 노동자들을 훈련시키는 것보다 같은 산업 내의 다른 기업으로부터 우수한 인력을 조금 나은 조건에 데려오는 것이 더 비용과 노력이 적게 드는 방법이 된다. 우리가 알고 있는 '인력 빼가기(poaching)'라는 무임승차(free-rider) 경쟁이 일어난다. 이러한 행위가 반복되면, 장기적으로 기업 차원의 직업훈련이 충분히 공급되지 않는다. 그리고 기업 간의 인적 자원 확보경쟁에서 소수의 선도기업들에게만 유능한 인적 자원들이 몰리게 되고, 그 경쟁에서 실패한 기업들은 그 산업에서 도태되기 쉽다.

따라서 직업훈련을 시장에서의 직업훈련이나 개별 기업에게만 맡기게 되면, 국가 전체 차원에서 볼 때 시장실패의 요인에 의해 개인뿐만 아니라 다양한 수준들의 기업들에게 필요한 충분한 인적 자원의 개발과 활용이 어렵게 되고, 결국 양극화가 일어난다. 따라서 국가 전체 차원에서 개인노동자들은 시장에서 경쟁력 있는 숙련들을 습득하고 또한 변화에 뒤처지지 않도록 지속적인 능력개발을 할 수 있어야 하고, 동시에 기업들은 적은 비용으로 숙련된 인력을 훈련시키고 확보할 수 있는 공적 직업훈련 체제가 필요하다. 정부는 양질의 기본적 공적 직업훈련기관을 육성하고 또한 개별 기업이 투자한 직업훈련비용을 지원함으로써 기업 차원에서의 인적 개발에 소홀하지 않도록 지원을 해야 한다.

직업소개라는 서비스기능도 시장실패의 특성을 가지는 서비스이다. 정부가 구직과 구인의 정보를 공공재화하고 효과적인 시스템을 구축하여 인적 자원의 교류서비스를 효과적으로 제공할 수 있다면, 구직자인 개인과 구인자인 기업 간에 정보의 비대칭성이 줄어들고 거래비용을 줄일 수 있다. 그러면 사회 전체가 효율적이며 효과적으로 인적 자원을 활용할 수 있게 된다. 반면에 민간기관들 중심으로 직업소개의 기능이 수행되면, 민간 고용서비스 기관들은 재취업이 쉬운 실업자들을 중심으로 서비스를 제공하는 역선택의 문제가 발생하기 쉽다. 또한 개인이나 기업들의 비용지불능력에 따라 서비스가 차등 제공되기 때문에 이용의 불평등으로 인한 사회적 불평등의 문제를 야기할 수 있다.

그러나 국가가 직접 직업훈련과 직업소개 서비스를 제공한다고 무조건 좋은 것은 아니다. 노사 당사자가 적극적으로 참여하지 않고 기업들이 서로 정보와 자원을 공유하고 협력하지 않으면, 공적 인적 자원개발제도는 관료제적이 되며 시대변화에 뒤떨어지는 비효율적인 시스템이 될 수 있다. 선진국의 사례들이 보여주듯이, 적극적 노동시장정책들을 실시하거나 인프라를 구축하는 데 있어서 서로 필요한 인력수급과 숙련에 필요한 정보를 공유하고 이해관계들을 조정하기 위하여 노사정 간의 합의와 파트너십으로 효과적인 공적 시스템을 구축하느냐에 달려 있다.

3) 적극적 노동시장정책의 모델

오늘날 실업문제의 해결과 고용창출은 모든 국가들의 공통된 문제가 되었다. 이에 따라 적극적 노동시장정책은 다양한 정책수단들이 개발되면서 대부분의 선진 복지국가들이 실시하는 보편적인 정책이 되었다. 그런데 국가별로 적극적 노동시장정책을 실시하는 정도와 구체적인 목적과 수단들의 조합은 다양하다. 여기서는 대표적인 두 가지 모델을 다루고자 한다.

가. 스웨덴의 렌-마이드너 모델

스웨덴은 서구 복지국가들 사이에서 적극적 노동시장정책을 제일 먼저 개발하고 가장 체계적이며 적극적으로 실시한 나라로 간주된다. 스웨덴의 적극적 노동시장정책은 1950년대 후반에 스웨덴 중앙노조의 경제학자인 렌(Gösta Rehn)과 마이드너(Rudolph

표 14-8 렌-마이드너 모델과 정책메커니즘

정책목표	중심 정책수단	보완정책
완전고용	← 적극적 노동시장정책	← 재정억제정책 ← 정책기금
공정한 소득분배	← 연대임금정책	← 적극적 노동시장정책 ← 재정억제정책
가격 안정	← 재정억제정책	← 연대임금정책 ← 적극적 노동시장정책
성장	← 정책기금	← 산업구조조정 ← 재정억제정책
대외 경쟁력	← 산업구조조정	← 연대임금정책 ← 정책기금

자료 : Trautwein, Hans-Michael(2011). "From Austrian Economics to the Swedish Welfare State: Wicksellian Views on Money and Income Distribution." *Cahiers d'économie Politique/Papers in Political Economyu*. 2011/2(n° 61). p.77 수정.

Meidner)에 의해 만들어진 스웨덴의 성장전략이며 복지국가의 기본모형이다.[24]

이들은 스웨덴 모델의 목표로서 완전고용, 산업경쟁력 확보, 가격안정, 공정한 소득분배, 지속적인 성장을 설정하였다. 이 목표들을 서로 조화롭게 달성하기 위해 상호 보완성을 갖는 다섯 가지 중요한 정책패키지를 개발하여 체계적으로 실시하였다. 〈표 14-8〉은 렌-마이드너 모델의 목표와 정책패키지 간의 상호 보완관계를 설명해 준다.

정책패키지 중 두 정책이 당시의 혁신적 정책으로 주목 받았다. 하나는 스웨덴 복지제도의 핵심 이념인 평등과 연대를 위한 '연대임금정책(solidarity wage policy)'이다. 이 정책은 '동일노동, 동일임금'의 원칙을 추구함으로써 우선 노동자들 간의 임금격차를 줄이고 공평한 소득분배와 노동자들 간의 연대를 도모한다. 연대임금정책으로 임금이 기업의 지불능력보다는 평균임금 수준에서 결정되자, 같은 업종에서도 경쟁력이 취약한 기업들의 임금은 올라가게 되고 경쟁력 있는 기업들의 임금부담은 낮아지는 결과를 가져왔다. 따라서 연대임금정책은 경쟁력이 취약한 기업들을 시장에서 퇴출시키는 산업구조조정효과를 가져왔다. 두 번째의 혁신적 정책은 적극적 노동시장정책이다. 이 정책은 연대임금정책에 의해 경쟁력이 약한 기업에서 퇴출된 실업자들을 신산업 및 경쟁력 있는 부문의 기업에 재취업시키기 위해 고안되었다. 실업자들에게 직업훈련을 시키고 직업소개 프로그램으로 신산업부분이나 경쟁력 있는 분야의 수요에 맞게 인력을 공급하여 완전고용을 달성하는 역할을 수행한다. 완전고용은 임금상승과 인플레이션을 유발하지만, 원활한 노동력의 공급과 지불능력이 있는 기업에서의 임금억제로 인플레이션을 피할 수 있게 되었다.

이러한 정책패키지가 잘 작동하기 위한 가장 중요한 요인은 노사정 3자가 참여하여 노동시장정책을 운영하는 것이다. 스웨덴은 중앙에서 노사정의 대표가 참여하는 국가노동위원회(National Labor Board)를 통해 적극적 노동시장정책을 기획 · 감독하고 있다. 지방노동위원회에서 지방 수준의 노사정 대표가 참여하여 지역 사정에 맞는 프로그램들을 실시 · 운영한다.

렌-마이드너 모델은 1980년대 초 스웨덴의 정치 및 경제 위기로 초기 모델에서 많이 약화되고 변형되기 시작하였다. 신자유주의 영향, 글로벌경쟁의 심화에 따라 장기 구조적 실업자가 증가하면서 실업문제의 해결이 우선시되면서 거시적 경제정책과 연대임금정책으로서의 역할은 약해지고 실업자들의 빠른 재취업에 초점을 두는 신자유주의적 활성화정책들을 받아들이기 시작하였다. 우선 대량실업자를 재취업시키기 위한 일자리창출정책과 고용유지를 위한 고용보조정책 등이 실시되었다. 그런 과정에서 보수주의 유럽 국가들과 프로그램의 구성에서 차이가 많이 좁혀졌다. 그리고 과거와 달리 지식기반경제에서는 산업화시대의 적극적 노동시장정책만큼의 성과가 나타나지 않고 있다. 실업자들이 훈련을 마치고 재취업을 위해 노력하기보다는 적극적 노동시장정책 프로그램에 머물러 안주하는 구축효과가 나타난다는 비판도 제기된다. 그러나 전반적으로 보았을 때, 스웨덴은 기존의 적극적 노동시장정책의 큰 틀을 유지하면서 스웨덴 경제의 경쟁력과 노동시장의 안정성에 기여하고 있다.

나. 덴마크의 유연안정성 모델 : 황금 삼각형과 학습복지 모델

최근 유럽 국가들의 고실업과 산업경쟁력의 문제에 직면하여 덴마크의 유연안정성 모델에 의한 고용성과가 큰 주목을 받고 있다. 덴마크의 유연안정성 모델은 렌-마이드너 모델이나 네덜란드의 폴더 모델처럼 의도적으로 기획된 것이라기보다 덴마크의 오래된 사회적 대화와 타협의 역사 속에서 덴마크의 독특한 산업구조를 기반으로 변화하는 세계경제의 환경에 점진적으로 적응해서 만들어진 산물이다.[25]

그림 14-5 덴마크의 유연안정성 모델

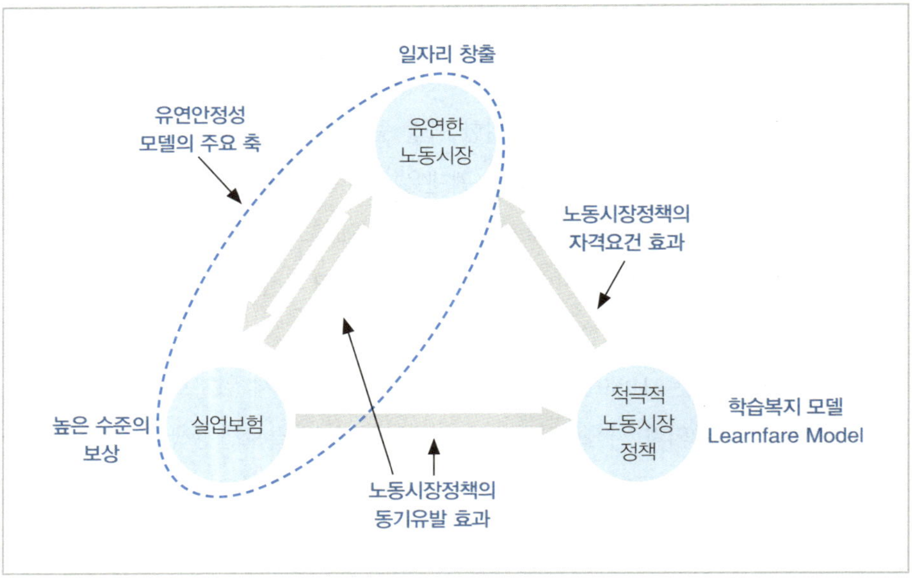

자료 : Madsen, Per Kongshøj(2009). "Flexicurity in Danish: A New Model for Labour Market Reform?" Background Paper for the Norewel Conference Labour Markets and Welfare States. Stockholm.

덴마크의 유연안정성 모델의 특징은 [그림 14-5]에서 보는 바와 같이, 세 개의 제도 축으로 이루어져 있다. 첫째로 유연한 노동시장이다. 덴마크는 중소기업 위주의 산업구조를 갖고 있는바, 시장변화에 능동적으로 유연하게 대응할 수 있는 노동시장을 형성하고 있다. 유럽국가 중에서 고용안정성이 영 · 미 수준으로 낮은 유일한 국가라 할 수 있다. 둘째로, 관대한 사회보장(실업보험)제도로 유연한 노동시장에서 불안할 수밖에 없는 근로자들의 소득을 보장해 주고 있다. 셋째로, 질적으로 높은 수준의 적극적 노동시장정책이 결합되어 고용안정을 이룬다. 그 결과 높은 사회보호와 낮은 실업률, 그리고 높은 고용률을 유지하면서 좋은 경제적 성과를 보이고 있다. 이런 세 가지 축의 정책의 결합을 황금 삼각형(Golden Triangle)이라고 부르기도 한다.

그러나 덴마크와 같이 양질의 적극적 노동시장정책을 실시하지 않는 일반적인 유연한 노동시장은 기본적으로 숙련도가 약한 취약계층에게 불리하게 작동한다. 고급 기술인력은 내부노동시장에 편입되거나, 고용주가 인력을 보유하기 위한 인적 자원

유연안정성의 다차원적 개념[26]

최근의 노동시장 및 복지국가 논의에서 유연안정성(flexicurity)은 중요한 정책목표로 보편화되었다. 그러나 여러 제도들이나 사례들에서 제시되고 있는 유연안정성의 개념을 제대로 이해하기 위해서는 유연안정성의 다차원적 개념과 그 상호 관계를 이해할 필요가 있다.

유연안정성의 개념은 노동시장의 유연성의 개념과 사회복지정책의 안정성을 결합시킨 개념이다. 먼저 유연성(flexibility)의 개념은 기업 차원에서 볼 때, ① 외부적 · 수량적 유연성: 고용과 해고를 통해 노동의 수요를 조정, ② 근무시간 유연성: 내부적 · 수량적 유연화로서 근무시간의 조정을 통해 노동의 수요를 조정, ③ 기능적 유연성: 다기능화를 통해 기능적 작업을 재배치하여 노동의 수요를 조정, ④ 임금 유연성: 임금조정을 통해 총 노동의 수요를 조정 등 네 가지 유연성의 개념에서 나온다.

다음으로, 안정성의 개념은 ① 직업안정성(job security): 동일한 일자리를 유지할 수 있는 안정성을 의미한다. 이는 고용보호, 동일 직장에서의 재직기간이 중요한 지표가 된다. ② 고용안정성(employment security): 동일한 일자리는 아니더라도 고용을 지속할 수 있는 안정성을 의미한다. 이는 일반적인 고용상황, 활발한 노동시장, 훈련 및 교육정책이 중요한 역할을 수행한다. ③ 소득안정성(income security): 실업, 질병, 사고 등의 상황에서도 안정된 급여를 확보하는 것을 의미한다. 실업급여와 각종 현금급여 제도 등과 같은 공적 이전 임금체계가 잘 되어 있는 상황을 의미 한다. ④ 일과 개인 삶의 양립 안정성(combination security): 퇴직제도, 출산휴가, 자원봉사 부분의 무급근로를 통해 일과 개인의 삶을 조합할 수 있는 다양한 제도들을 의미한다.

따라서 각각의 네 차원들을 조합하면 16가지의 유연안정성 모델이 나오지만, 현실적으로 모든 결합이 성립되는 것은 아니다. 그중에서 상호 보완성을 가질 수 있는 유연안정성 모델로 네 가지를 추려낼 수 있다.

첫째, 직업안정성과 기능적 유연성의 결합이다. 안정된 직장은 근로자로 하여금 직장에 대한 헌신을, 고용주는 근로자에 대한 인적 자원 투자를 유도하여 기업 내의 기능적 유연성을 유지한다.

둘째, 고용안정성과 수량적 유연성의 결합이다. 수량적 유연성은 기업의 구조변화를 활성화하여 일자리 증가와 적극적 노동시장정책은 고용능력의 확대로 고용안정성을 확보한다.

셋째, 임금안정성의 확대는 근로자의 이·전직에 따른 위험을 줄임으로써 수량적 유연성을 가능하게 한다.

넷째, 일과 삶의 양립 안정성은 여성들의 노동시장의 진입 수량적 유연성을 가능하게 한다.

개발의 투자에 혜택을 받기 쉽다. 그리고 다른 기업으로 이직할 때에도 협상력을 가질 수 있다. 그러나 주변부 노동시장 저숙련 노동자들이나 또는 외부 노동시장 노동자들의 경우 노동력 대체가 용이하여 직업안정성 및 고용안정성이 낮고, 수량적 유연성에서 제일 먼저 희생이 된다. 그리고 이들은 이전보다 나은 일자리를 얻기 위해서는 장시간의 교육이나 훈련이 필요한데, 보호의 수준이 낮거나 이직이 잦게 되면 이들로부터 충분한 숙련형성을 기대하기 어렵다.

덴마크는 오랜 노사정 합의주의의 결과로 이러한 부작용을 막는 장치들이 비교적 잘 작동되고 있다. 덴마크는 내부자를 보호하는 전략보다는 정규직의 고용보호 수준을 낮추고 대신에 기업들의 비정규직 사용 인센티브를 제거하는 전략을 취하였다. 즉 덴마크의 고용주들은 정규직의 해고가 용이하기 때문에 임시직, 시간제, 파견노동자들을 고용할 인센티브를 적게 만들었다. 따라서 덴마크의 비정규직 고용률이 OECD 평균에 못 미친다. 또한 비교적 생활안정을 유지할 수 있는 관대한 사회보장제도와 정규직, 비정규직 모두 동등한 질의 직업훈련과 고용안정서비스에 접근할 수 있도록 양질의 적극적 노동시장정책이 제도화됨에 따라 누구든지 실업이 되거나 직업을 바꾸기 원하면 일정 수준의 소득보장을 받고 직업훈련을 받을 수 있는 기회를 가질 수 있다.

이와 같이 덴마크의 유연안정성 모델에서 특히 주목받는 제도적 특징은 평생교육체제의 개념에 기초한 양질의 적극적 노동시장정책이다. 이를 근로연계복지(workfare)와 대비되는 개념으로 학습복지(learnfare)로 개념화하기도 한다. 근로연계복지의 개념에서의 적극적 노동시장정책은 우선적으로 실업률을 줄이고 고용률을 높이는 관점에서 실업자들의 재취업이나 주변부 노동자들의 빠른 노동시장 진입에만 초점을 둔다. 직업훈련의 수준도 빠른 재취업을 위해 단기적으로 간단한 능력향상에 초점을 둔다. 반면에 학습복지의 개념에서의 적극적 노동시장정책은 국민 개개인의 숙련수준과 고용의 질을 높여 삶의 질을 향상시키고, 국가 전체의 혁신역량과 성장동력을 강화시키는 목적으로 개개인이 필요할 때 필요한 학습과 훈련을 받을 수 있는 기회를 제공한다는 의미이다. 특히 취약계층에게도 양질의 장기적인 직업훈련 및 교육서비스가 제공된다. 따라서 학습복지가 제대로 실현되기 위해서는 일정 수준의 소득보장 또는 실업급여와 함께 직업훈련체제와 평생학습체제가 잘 연계되도록 구축되어야 한다. 이런 맥락에서 최근 학습복지는 취약계층의 사회적 이동성을 높여 줌으로써 사회통합의 중요한 기제로서 간주된다. 덴마크의 유연안정성은 적극적 노동시장정책에 이러한 학습복지 성격을 갖추었다고 간주되고 있는 것이다.

4) 목적과 기능에 따른 유형

보놀리(G. Bonoli)는 최근 서구 복지국가 전체로 확대되고 있는 적극적 노동시장정책의 다양성과 발전의 방향을 이해하기 위하여 적극적 노동시장정책이 추구하는 목적과 기능을 중심으로 2가지 기준으로 나누어 재유형화하였다.[27] 하나는 인적 자원의 개발에 투자의 정도를 크게 강함, 약함, 없음 세 단계로 나누었다. 다른 하나는 신자유주의 영향으로 빠른 재고용의 목적을 우선으로 하는 친시장적 고용지향이다. 이를 강함, 약함 두 단계로 나누었다. 이와 같은 기준과 기준의 정도의 차이로 〈표 14-9〉와 같이 유형에 따르는 네 개의 적극적 노동시장정책 모델을 만들었다.

표 14-9 목적과 기능에 따른 적극적 노동시장정책 유형

		인적 자원 투자		
		없음	약함	강함
친시장적 고용지향	약함	(소극적 급여) 공급축소, 조기퇴직	③ **일자리 창출** **(occupation)** · 공공부문에 단순 공공근로 일자리 창출 · 고용과 직접적 관련 없는 교육 또는 훈련 프로그램	기본교육제도 (basic education)
	강함	① **인센티브 강화** **(incentive reinforcement)** · 소득공제 · 수급기간의 제한 · 급여축소 · 급여의 조건 강화 · 제제	② **고용지원** **(employment assistance)** · 직업소개서비스 · 직업탐석지원 · 고용유지지원금 · 고용상담	④ **숙련향상** **(upskilling)** · 직업훈련제도 · 평생교육제도*

주 : *평생교육제도도 프로그램에 따라 적극적 노동시장정책에 포함될 수 있음. 여기에서 추가하였음.
자료 : Bonoli, Giuliano(2010). "The Political Economy of Active Labor-Market Policy." *Politics & Society*, 38(4), p.441.

첫째 유형은 인센티브 강화(incentive reinforcement) 유형이다. 실업급여의 급여조건들을 다양화시키거나 강화시켜 재취업을 위한 구직활동을 유인하는 프로그램들로 구성되어 있다. 따라서 친시장고용기능이 강하고 인적 자본 향상의 기능은 없다. 신자유주의 영향으로 개발된 다양한 근로연계 프로그램들이라고 할 수 있다. 기본적으

로 자유주의형 모델에서 강조하는 프로그램들이다. 그러나 이 유형은 1980년대 이후 서구 유럽 국가들 사이에서 증가하는 취약계층의 실업자 및 장기실업자들의 빠른 재취업이 중요한 과제가 되기 시작했다. 이에 따라 1990년대부터 정부의 재정부담과 신자유주의 영향에 따라 우선적으로 실업자들의 노동시장 참여율을 높인다는 목적으로 활성화전략이 유럽에 확산되었다. 실업자들의 숙련을 높이는 장기적 프로그램보다는 빠른 재취업을 할 수 있도록 다양한 금전적 · 규제적 인센티브 프로그램들을 적극적 노동시장정책에 적용하여 실업률을 낮추는 유형이다.

둘째 유형은 고용지원(employment assistance) 유형이다. 기업들에게 지원금을 제공하여 해고를 억제하거나 신규고용을 유인함으로써 전반적으로 고용유지를 하는 것이 목적이다. 이는 유럽대륙의 보수주의 모델에서 많이 사용했던 유형이다. 적극적인 직업소개 프로그램을 통해서 신규고용이나 재취업을 강조한다는 의미에서 친시장적 고용기능이 강한 가운데, 가능한 노동자들이 해고되지 않고 현직에 머물러 있으면서 자신의 숙련을 유지하고 사내 직업훈련에 참여하여 숙련을 높임으로써 인적 자원개발에 도움을 준다. 고실업과 신자유주의 영향에 따라 사민주의와 보수주의 국가들이 이러한 유형의 적극적 노동시장정책을 실시하고 있다.

셋째 유형은 일자리 창출(occupation) 유형이다. 고실업이 지속되면서 장기실업자들이 증가하고 있는 가운데, 때로는 경제위기 시에 실업자들이 대량으로 발생하는 경우, 정부는 공공부문이나 비영리부문에 일자리를 창출하여 실업자들이 우선적으로 고용상태에 있도록 하는 정책들을 실시하기 시작하였다. 그리고 일자리 창출과 함께 때로는 단기 직업교육 프로그램들을 곁들인다. 이는 실업 전의 직장과 직접적인 관련이 없는 직장이라도 장기실업으로 인한 탈숙련을 방지하고 일부 소득보장을 해 주면서 빨리 재취업을 할 수 있도록 하는 것을 목적으로 한다. 공공부문에 일자리를 창출하여 임시로 머무르게 하기 때문에 친시장적 기능은 약하고, 탈숙련을 방지하는 기능을 목적으로 하기 때문에 약한 인적 자원개발 기능을 가지고 있다. 1980~90년대 유럽대륙 국가들이 많이 사용했던 유형이다.

넷째 유형은 숙련향상(upskilling) 유형이다. 실업자들의 숙련을 향상시켜 이전 수준의 직장이나 다른 직종으로 이직을 할 수 있는 수준의 다양한 직업훈련 프로그램들을 제공하는 유형이다. 즉 직업능력을 향상시켜서 좋은 일자리로의 노동시장 진입을 쉽게 한다는 의미이다. 따라서 인적 자본의 투자성격이 강하면서 동시에 친고용적 기능을 함께 가지고 있다. 인적 자원 투자의 기능은 사민주의 모형에서 제일 지향하는 기능이고, 다음으로 유럽의 대륙국가들도 강조하고 있다. 그리고 미래의 사회투자적 복지국가를 지향한다면, 적극적 노동시장정책에 네 번째의 기능이 강화되어야 하며 적극적 노동시장정책과 평생교육제도가 유기적으로 연계되는 것이 필요하다. 고숙련의 산업구조로 변화하는 시점에서 필요하다고 할 수 있다.

이와 같이 네 가지 적극적 노동시장정책의 유형은 오늘날 대부분의 국가들이 정도의 차이는 있지만 네 가지 유형의 적극적 노동시장정책을 다양한 방식으로 결합하여 실시하고 있다.

5) 한국의 적극적 노동시장정책의 현황과 개혁방향

앞에서 살펴본 바와 같이, 적극적 노동시장정책은 복지국가 유형별로, 개별 국가별로, 또는 시대에 따라, 거시적으로는 산업구조조정과 경쟁력 강화에서부터 유연안정성의 실현, 그리고 단기적으로는 당장 실업자들의 재취업을 촉진시켜 실업률을 낮추거나 고용률을 높이는 목표에 이르기까지 다양한 역할들을 수행하면서 노동시장정책의 중심제도로 발전해 왔다.

이러한 다양한 발전 양식 가운데, 한국의 적극적 노동시장정책은 고용보험제도 내에서 운영되는 방식으로 발전하였다. 그리고 이에 따른 우리의 제도적 특징은 앞에서 다루었다. 여기에서는 한국의 적극적 노동시장정책의 특징을 OECD 국가들과 비교하고, 장기적 관점에서 우리의 적극적 노동시장정책의 역할이 어떤 방향으로 발전해야 할지를 알아본다.

첫째로, 다음의 [그림 14-6]에서 볼 수 있듯이, 한국의 적극적 노동시장정책의 정부투자 수준은 다른 OECD 국가와 비교해 매우 낮은 편이다. 오늘날 적극적 노동시장정책은 대부분의 OECD 국가들 사이에 중요한 노동시장정책의 하나로 성장해 온 가운데, 복지레짐 간의 차별성이 많이 희석되어 신자유주의 영향으로 근로연계복지를 강조하는 방향으로 수렴해 가고 있는 경향을 보인다. 그럼에도 불구하고, 적극적 노동시장정책의 지출규모나 강조되는 성격을 보면, 여전히 복지국가 레짐별로 차이가 난다. 시기별로 굴곡이 있지만, 사민주의 국가들이 가장 많이 지출하고 있다. 그

그림 14-6 OECD 주요 복지국가 적극적 노동시장정책의 지출 변화 (단위 : GDP%)

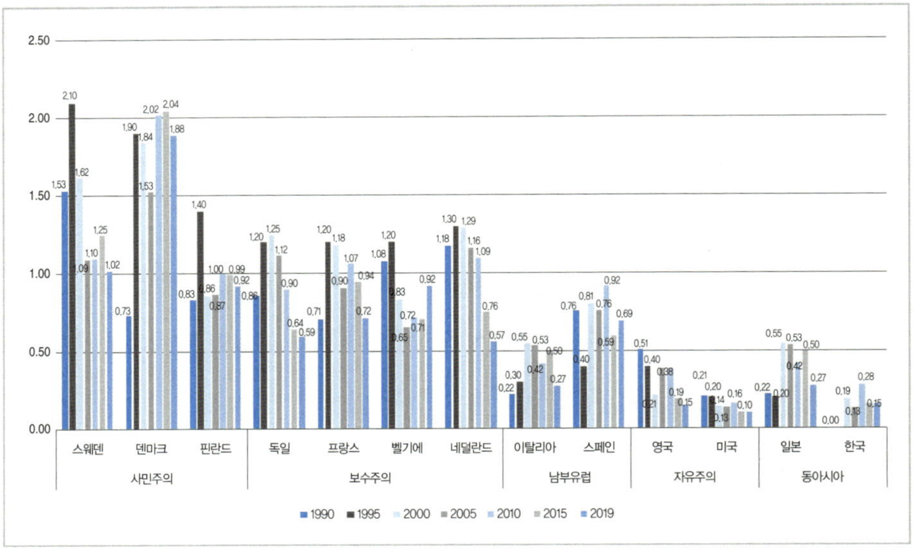

자료 : OECD SOCX Data Base.

다음으로 북부유럽 국가들 중심의 보수주의가 큰 격차를 두고 지출하고 있다. 다음으로 자유주의, 남부유럽 국가들이다. 한국과 일본을 포함하는 동아시아 복지레짐이 제일 낮은 수준이고, 한국이 일본보다 조금 더 지출한다. 우리의 적극적 노동시장정책은 재원과 프로그램이 고용보험제도 중심으로 연계되어 있고 일반재정에서 투입되어 고용보험제도 밖에서 운영되는 프로그램이 적은 편이다.

둘째로, 우리 정부는 소극적 노동시장책인 실업급여보다 적극적 노동시장정책에 더 많이 투자하는 패턴을 보인다. 다음의 [그림 14-7]을 보면, 사민주의 국가들과 한국이 소극적 노동시장정책인 실업급여보다 적극적 노동시장정책에 더 많은 지출을 하고 있다. 반면에 유럽대륙의 보수주의 국가들은 전통적인 실업급여에 더 많은 지출을 하고 있음을 알 수 있다. 그만큼 사민주의 국가들은 적극적 노동시장정책을 중심 노동시장정책으로 활용하고 있다는 의미이다. 한국의 지출성향도 사민주의 국가들과 유사해 보이지만, 실업급여에 의한 소득보장 수준이 상대적으로 낮은 것에 기인한다고 할 수 있다.

셋째로, 〈표 14-8〉에서 볼 수 있듯이, 적극적 노동시장정책의 세부 프로그램들

그림 14-7 실업급여와 적극적 노동시장정책의 지출 비교(2015년) (단위 : GDP%)

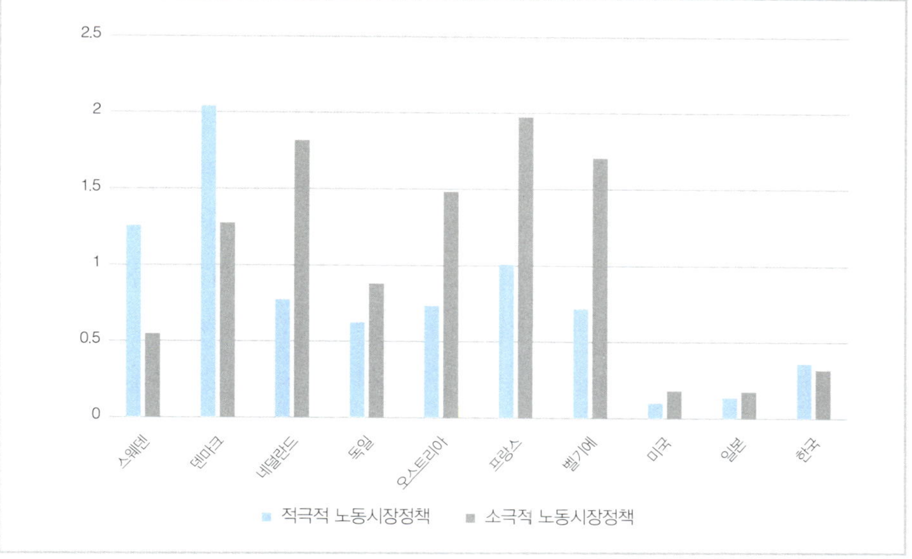

자료 : OECD Labor Market Data Base.

표 14-8 적극적 노동시장정책의 세부 프로그램별 지출규모 비교(2020년) (단위 : GDP%)

	사민주의			보수주의				남부유럽		자유주의	동아시아	
	스웨덴	덴마크	핀란드	독일	프랑스	벨기에	네덜란드	이탈리아	스페인	미국	일본	한국
공적 구직 서비스 및 행정	0.26	0.37	0.16	0.33	0.25	0.36	0.15	0.12	0.15	0.02	0.07	0.06
직업 훈련	0.06	0.31	0.36	0.19	0.30	0.21	0.06	0.12	0.11	0.07	0.01	0.08
고용인센티브	0.39	0.12	0.05	0.03	0.02	0.19	1.67	0.09	0.56	1.25	0.65	0.27
고용보조 및 재활	0.24	0.98	0.15	0.02	0.09	0.14	0.32	0.01	0.14	0.03	0.01	0.03
직접 일자리 창출	0.00	0.00	0.13	0.03	0.06	0.04	0.01	0.00	0.11	0.00	0.00	0.21
창업 지원	0.00	0.00	0.01	0.01	0.04	0.00	0.00	0.00	0.12	0.00	0.00	0.04
합계	0.95	1.78	0.86	0.61	0.76	0.94	2.21	0.34	1.19	1.37	0.74	0.69

자료 : OECD SOCX Data Base.

간의 지출 비중을 비교해 보면, 한국 정부는 고용서비스와 직업훈련보다는 실업률을 단기적으로 줄이기 위한 고용인센티브, 일시적인 일자리 창출, 기업의 고용유지 지원 등 고용지원 부분에 더 많은 지출을 하고 있다. 반면에 적극적 노동시장정책의 원래의 주된 기능인 양질의 직업훈련과 고용서비스를 통한 숙련향상(upskilling)과 사회투자의 기능에 대한 투자가 사민주의나 보수주의 국가들보다 매우 낮다. 우리의 적극적 노동시장정책은 일자리 창출과 재취업을 유인하는 단기적인 활성화정책과 고용유지정책을 강조하고, 실업급여의 부담을 줄이는 데 우선순위를 둔다는 것을 다시 한번 보여준다. 즉 전반적으로 한국의 적극적 노동시장정책의 지출이 영국, 미국의 자유주의보다 높고, 또한 일본보다 높아 정부의 적극적 노동시장정책에 대한 의지를 보여주지만, 아직까지는 양질의 인적 자원의 역량을 높이는 사회투자와는 거리가 있다고 할 수 있다.

넷째로, 아직까지 생애주기별 및 계층별로 특화된 직업훈련체계가 미흡하다. 한국의 노동시장구조는 심각하게 이중화되어 있고, 집단별 고용문제들이 심각하다. 이에 따라 정부는 대상별 프로그램들을 개발하여 실시하고 있지만, 빠른 재취업을 강조하는 단기적 프로그램에 집중되어 있다. 그리고 주로 고용보험제도의 틀에서 운영되고 있기 때문에 훈련이 재직자중심이다. 따라서 고용보험에 가입되어 있지 않은 중소기업 근로자, 비정규직, 자영업자, 청년들에게 훈련기회를 제공하기가 쉽지 않다.

위에서 지적한 문제들을 해결하기 위해서는 사회투자의 관점에서 적극적 노동시장정책에 대한 투자를 강화하고, 단기적인 고용보조금 정책보다는 직업훈련체제의 질적 개선과 함께 고용서비스의 접근성과 상담의 질 개선이 필요하다. 이를 위해 고용안정센터라는 기본 인프라가 확충되어야 한다. 그리고 노사정의 협력체계 구축도 필요하다. 앞에서 언급했듯이, 직업훈련과 고용서비스는 시장에서는 과소 공급과 양질의 서비스를 제공할 수 없는 시장실패가 높은 재화이다. 또한 국가가 일방적으로 공급을 하여도 다양한 인력의 수요와 공급을 맞출 수 없는 정부의 실패를 가져올 가능성이 높다. 더욱이 노동시장정책은 가장 대립적인 노사를 비롯해 다양한 이해관계자들(stakeholders)의 이해관계와 복잡한 문제들이 얽혀 있는 영역이다. 경쟁적 인력빼가기를 통해 초래하는 임금격차를 방지하는 임금조정, 기업의 숙련의 수요를 공유하고 공급을 맞추는 숙련의 공급과 수요조정, 시장의 유인에서 발생하는 대상자 선정의 역선택의 방지, 취약계층이나 숙련향상의 동기가 강한 사람들에게 공정한 기회를 제공, 규모의 경제문제나 투자유인의 약화로 인해 양질의 훈련서비스나 고용서비스가 진입하지 못하는 문제 등등, 노사정이 정보와 수요의 공유를 통해 정치적 협상과 합의로 조정해 주는 기제가 중요한 성공의 관건인 것이다.

5 — 결론

최근의 환경변화는 더욱 빠르고 역동적이며, 미래의 환경은 더욱 낙관적이지 않다. 세계경제와 노동시장은 여전히 지속적인 저성장과 고실업 국면을 유지하고 있고, 노동시장에서의 이중화의 심화와 실업 및 고용형태의 다양화에 따른 불평등문제가 소득 및 삶의 양식에서의 양극화 불평등의 주요 원인이 되고 있다. 또한 기술의 발전에 의해 디지털 경제가 기반이 되는 제4차 산업혁명이 예고되면서 노동시장의 문제는 보다 근본적으로 변화될 것으로 예견되고 있다. 지금 빠르게 성장하고 있는 플랫폼 비즈니스와 플랫폼 노동자들에서 볼 수 있듯이, 디지털 경제시대는 쉽게 예측할 수 없을 만큼 생산방식과 노동시장이 빠르게 변화할 것이다.

따라서 우리의 노동시장과 관련된 정책들도 미래의 환경변화와 복지국가의 패러다임 변화에 맞추어 개혁해 나가야 한다. 노동시장정책의 개혁은 우리 경제를 디지털 경제시대에 대응할 수 있는 산업구조조정과 경쟁력의 강화를 가능하게 해야 한다. 이 과정에서 근로자를 보호하고 상향적 사회이동도 가능해야 할 것이다. 인적 자원의 잠재적 역량을 개발하는 사회투자와 사회적 보호가 양립할 수 있도록 노동시장정책을 기획하고 설계할 수 있는 지혜를 모아야 할 것이다.

1 19세기 자본주의 초기에는 수공업 길드제에서 훈련된 숙련노동자들과 농업생산의 혁명에 따라 농촌에서 토지를 잃고 도시로 이주한 다수의 농민들이 임금노동자들이 되었다.

2 영미법과 유럽의 대륙법 간에 사용자 책임규명에 차이가 있었으나, 대륙법이 좀 더 엄격하게 사용자의 책임을 물었다.

3 Gordon, Margaret S.(1988). *Social Security Policies in Industrial Countries: A Comparative Analysis*. Cambridge: Cambridge University Press. pp.138-139.

4 산재보험의 제도적 특징에 대하여는 ILO(1984). *Introduction to Social Security*. Geneva.; Gordon, Margaret S.(1988). *Ibid.*; 박찬임(2003). 「한국 산재보험제도의 국제비교 연구」. 한국노동연구원.; 이현주 외(2003). 「주요국의 산재보험 급여체계 비교연구」. 한국노동연구원.; 이현주 외(2004). 「외국의 산재보험제도 연구: 선보장 · 후정산제도를 중심으로」. 한국노동연구원 참조.

5 최근의 우리의 사례에도 출근길에 또는 퇴근길에 자녀를 어린이집에 데려다 주거나, 마트에서 장을 보다가 교통사고를 당한 경우 산재로 보상을 받을 수 있다는 사례가 나왔다. 대신에 통상적인 출퇴근 경로를 이탈한 경우를 제외한다고 규정하고 있다(경향신문, 2018.3.12. http://news.khan.co.kr/kh_news/khan_art_view.html?artid=201803121200001&code=940702)

6 Kelman, Steven(1981). *Regulating America, Regulating Sweden: A Comparative Study of Occupational Safety and Health Policy*. Cambridge: MIT Press.

7 고용노동부(2014). 「산재보험 50년사」.; 윤조덕(2010). 「산재보험제도 현황 및 발전방향」. 정년퇴임기념세미나 자료집.

8 자영업의 문제는 우리의 노동시장에서 가장 심각한 문제 중의 하나이다. 우리나라 자영업의 규모가 다른 어떤 선진국가들보다 크고, 대부분이 생계형 자영업자들이기 때문에 사업의 불안정성이 높고, 복지의 사각지대에 있기 때문이다. 자영업의 사회적 보호문제는 이병희 외(2016). 「자영업자 문제와 사회적 보호」. 한국노동연구원.; 김도균 외(2017). 「자신에게 고용된 사람들: 한국의 자영업자 보고서」. 서울: 후마니타스.

9 산재보험의 개선방안에 대한 다양한 정책보고서가 있다. 그중에 가장 포괄적인 것으로 박종희(2012). 「산재보험제도의 지속가능한 발전을 위한 정책과제연구」. 고용노동부.; 이승욱(2015). 「산재보험제도의 선진화를 위한 정책방안 연구」. 고용노동부 참조.

10 ILO는 실업보험의 정당성을 구체적으로 비자발적 실업(involuntary unemployment)으로 규정했다. ILO(1984). *Introduction to Social Security*. Geneva.

11 Gordon, Margaret S.(1988). *Op.cit*.

12 영국에서 건강보험제도의 창시자가 로이드 조지 경이었다면, 실업보험의 창시자는 당시 상무성장관을 하고 있었던 윈스턴 처칠이었다. Gordon, Margaret S.(1988). *Op.cit*.

13 Gordon, Margaret S.(1988). *Op.cit*.

14 최근 실업보험제도의 변화에 대하여는 유길상 · 홍성호(1999). 「주요국의 고용보험제도 연구」. 한국노동연구원.; 장지연(2015). 「실업보험 제도개편 및 역할변화 국제비교」. 한국노동연구원.

15 ILO(1984). *Op.cit*.

16 실업부조의 최근 동향에 대하여는 이병희 외(2013). 「한국형 실업부조 도입 방안」. 한국노동연구원을 참조.

17 고용노동부(2016). 「고용보험 20년사」. pp.59-83.

18 2014년부터 고용과 복지서비스를 통합시킨다는 의미에서 기존의 고용센터의 실업급여, 고용상담, 직업훈련상담, 직업소개 업무, 육아휴직급여, 복지종합상담, 복지급여신청, 희망케어센터, 사례관리 등 주요 복지서비스 업무, 그리고 서민금융업무를 공간적으로 고용센터에 통합시켜서 원스톱서비스를 제공한다는 취지로 고용복지플러스센터를 만들기 시작하였다.

19 최석현 외(2017). 「한국의 사회보험: 쟁점과 전망」. 서울: 한울. p.203.

20 고용안정서비스에 관한 평가와 개선방안에 대하여 참조.

21 모성보호제도에 대한 구체적인 내용은 제15장에서 다루게 된다.

22 정무권(1998). "적극적 노동시장정책의 정치경제 : 한국에서의 제도적 정착을 위한 모색." 「한국정책학회보」. 7(3). pp.121-157.; Bonoli, Giuliano(2010). "The Political Economy of Active Labor-Market Policy." *Politics & Society*. 38(4). pp.435-457.; Bonoli, Giuliano(2012). "Active Labour Market Policy and Social Investment: A Changing Relationship." in Noel, Nathalie Bruno Palier, and Joakim Palme(eds.). *Social Investment Welfare State: Ideas, Policies and Challenges*. London: Polity Press.

23 Gordon, Margaret S.(1988). *Social Security Policies in Industrial Countries: A Comparative Analysis*. Cambridge: Cambridge University Press.; Ginsburg, Helen(1983). *Full Employment and Public Policy: The United States and Sweden*. Lexington, MA: Lexington Books.; Britton, A.(1997). "Full Employment in the Industrialized Countries." *International Labour Review*. 136. pp.293-314.

24 렌-마이드너 모델에 관한 설명으로는 Ginsburg, N.(1983). *Op.cit.*; Lundberg, Erik(1985). "The Rise and Fall of the Swedish Model." *Journal of Economic Literature*. 23. pp.1-36.; Esping-Andersen, Gösta(1985). *Politics Against Market: The Social Democratic Road to Power*. Princeton: Princeton University Press 참조.

25 조돈문(2014). "유연안정성 모델의 두 유형: 덴마크와 네덜란드의 유연안정성 모델 비교." 「스칸디나비아연구」. 15. pp.31-62.

26 덴마크의 유연안정성 모델에 대하여는 Madsen, Per Kongshøj(2009). "Flexicurity in Danish: A New Model for Labour Market Reform?" Background Paper for the NoreWel Conference Labour Markets and Welfare States. Stockholm. pp.13-14를 참조.

27 Bonoli, Giuliano(2010). *Op.cit.*

15

사회서비스 및 가족정책

사회서비스와 관련된 정책 영역은 넓은 의미에서 보면 보건의료, 교육, 노동시장, 주택, 사회복지 서비스 등 다양한 영역들이 있고, 각각의 영역들이 전문정책 영역으로 발전하였다. 특히, 사회복지서비스의 영역 내에서도 노인복지, 아동복지, 장애인복지 등 개개의 영역들에서 고유한 문제해결과 치료를 위한 전문적 지식과 전달체계가 결합되어 각각 독립적인 학문과 정책 영역으로 발전하였다. 따라서 이 장에서는 다양한 영역의 사회서비스정책들을 모두 깊이 다룰 수 없다. 대신에 여기에서는 다양한 사회서비스 정책들 사이에 공통되는 제도적 차원에서 사회서비스의 개념과 특징을 먼저 다룬다. 다음으로 다양한 사회서비스제도와 긴밀히 연계되는 한편, 최근 사회변동으로 인해 중요한 정책영역으로 떠오르는 가족정책을 다룬다. 그리고 우리 사회가 빠른 고령화 사회로 진입하면서 최근 중요한 정책문제가 되고 있는 노인장기요양서비스를 다룬다. 마지막으로, 넓은 의미의 사회서비스로서 신사회적 위험에 포괄적으로 대응하고, 미래지향적인 사회투자국가로의 발전의 필요성에 비추어 교육서비스를 문제제기 수준에서 다룬다.

1 — 사회서비스제도

1) 사회서비스의 개념과 의의

사회서비스는 단일하게 합의된 정의에 따라 개념화하기가 어렵다. 자세히 보면, 각 사회에서 역사적 · 사회적 맥락에 따라, 또는 학자나 문헌에 따라 사회서비스, 사회복지서비스, 대인서비스, 돌봄서비스 등 유사하면서도 조금씩 다른 용어들로 사용되고 있고, 그 정의와 범위도 조금씩 다르게 이해되거나 사용되고 있다. 지금까지의 다양한 개념적 정의와 범주의 논의를 바탕으로 다음과 같이 세 가지 수준으로 정리해 볼 수 있다.[1]

첫째, 넓은 의미의 개념화로서 다양한 사회서비스 영역들을 포괄하여 사회정책의 한 영역으로 개념화하는 것이다. 이는 사회보험이나 공공부조와 같은 소득보장제도를 제외한 서비스중심으로 제공되는 사회정책 영역을 의미하는 것으로서 교육서비스, 보건의료서비스, 직업훈련 및 고용서비스, 주거서비스, 문화서비스, 사회복지서비스 등을 포괄하는 개념이다. 그러므로 넓은 의미에서 사회서비스는 '인간의 보편적 사회적 욕구(social needs)'를 충족시키기 위하여 포괄적으로 정부가 제공하는 공공서비스(public service)를 말한다. 넓은 의미의 사회서비스는 사회정책의 영역에서 소득보장을 위한 현금이전과 대비되어 행정서비스, 시설서비스, 휴먼서비스 등을 포괄하는 개념이다.

둘째, 사회서비스는 다양한 대상 집단의 고유한 '복지욕구'를 충족시키기 위해 제공되는 시설 및 인적 서비스를 의미한다. 이 경우 주로 사회적으로 취약한 집단인 노인, 아동, 장애인, 여성, 소수집단 등 특정 집단의 고유한 욕구충족을 통해 그들의 정상적인 생활을 도와주는 것을 목적으로 삼기 때문에 '사회복지서비스'라고 한다. 사회복지서비스의 경우 서비스 제공의 구체적 수단들은 상담, 재활, 돌봄, 정보제공, 역량개발, 사회참여 등으로서 대상 집단의 고유한 욕구를 충족 또는 치유 목적으로 제공되는 대인서비스가 중심이 된다. 사람에 의한 서비스가 주가 되므로 이를 대인서비스(personal social service) 또는 휴먼서비스(human service)라고 한다. 이런 맥락에서 사회복지서비스는 넓은 의미의 사회서비스의 한 영역이 될 수 있다.

셋째, 가족의 역할로 간주되었던 돌봄의 탈가족화를 목적으로 노인, 아동, 장애인 등 특정 집단의 돌봄 기능에 초점을 두고, 사회서비스의 중요 영역으로 돌봄서비스(care service)를 개념화하는 것으로 사회적 돌봄서비스(social care service)라고 부르기도 한다. 돌봄서비스와 사회복지서비스의 개념은 대인서비스를 중심으로 삼고 있고 서비스의 대상과 특성에서 거의 중첩된다. 사회복지서비스의 경우, 과거에는 주로 취약계층집단을 중심으로 잔여주의적 또는 자선적 개념에서 출발하여 최근에 보편주의적 관점으로 이행하면서 넓은 의미의 사회서비스 개념과 유사해져 가고 있다면, 돌봄서비스의 개념은 최근의 신사회적 위험, 양성평등, 또는 여성주의 관점에서 사용되면서 젠더평등의 문제와 사회의 보편적 욕구로서 강조되고 있다. 최근에는 돌봄(care)의 개념을 더욱 확장하여 사회서비스제도의 한 분야로서만 보는 것이 아니라 인간사회의 공동체적 관점에서 인간 삶의 생애주기, 사회구조적 맥락에서 돌봄은 보편적이며 필연적인 것으로서 공식적 제도와 비공식적 사회관계를 망라해서 돌봄체제가 제도화되어야 한다는 관점에서 돌봄사회 또는 돌봄국가의 개념들이 제기되고 있다.

우리나라에서 초기의 사회서비스는 잔여주의 관점에서 사회취약계층의 최소한의 보호차원에서 공공부조의 일환으로 간주되었다. 그러나 산업화의 성공 이후 사회서비스의 수요가 빠르게 증가하고, 민주화는 사회서비스의 보편성에 대한 요구를 강화시켰다. 최근에는 사회서비스의 영역을 일자리 창출의 중요한 수단으로, 또한 지식기반 경제에 대비하는 중요한 사회투자정책으로서, 성장과 복지의 선순환을 강조하는 제도적 영역으로서 중요하다는 인식이 확대되고 있다. 이런 맥락에서 2010년에 제정된 사회보장기본법에서는 '사회서비스'란 "국가 · 지방자치단체 및 민간부문의 도움이 필요한 모든 국민에게 복지, 보건의료, 교육, 고용, 주거, 문화, 환경 등의 분야에서 인간다운 생활을 보장하고 상담, 재활, 돌봄, 정보의 제공, 관련 시설의 이용, 역량 개발, 사회참여 지원 등을 통하여 삶의 질이 향상되도록 지원하는 제도를 말한다."(사회보장기본법, 제3조 4항)와 같이 넓은 의미로서 포괄적으로 정의하였다. 잔여주의적 관점에서의 사회복지서비스의 개념화에 익숙한 우리 사회에서 이와 같이 법제도상의 공식적인 용어로 사회서비스를 새롭게 사용하고 개념화한 것은 한국의 복지국가 발전과정에 매우 큰 전환점이라고 할 수 있다. 특히, 정부가 사회서비스의 개념을 공식적으로 사용하고 이를 보편주의적 관점에서 인지하려고 하는 정책적 변화를 보여주고 있다는 점에서 큰 의미가 있다. 그럼에도 불구하고, 현실 제도적 차원에서는 사회서비스를 일자리 창출, 출산율 증가, 여성의 노동시장 참여 등 특정 정책목적의 도구로 간주하는 관점에서 정책 제안과 설계가 이루어지고 있다고 할 수 있다.

2) 사회서비스의 특징과 필요성 : 왜 사회서비스는 공적 재화로서 정부의 개입이 필요한가?

사회서비스를 정부가 직접 제공하거나 또는 다른 공급주체를 통해 제공하는 경우 정부의 개입을 통해 공공성을 확보해야 하는 것은 다음과 같은 이유들 때문이다.

가. 사회서비스 공적 제공의 경제학적 관점 : 긍정적 외부성과 정보의 비대칭

사회서비스는 엄격히 말하면 경제학에서 공공재로 판단하는 두 가지 조건, 즉 비경합성(non-rivalry)과 비배제성(non-excludability)을 지닌 재화는 아니다. 대인서비스가 주가 되는 사회서비스는 서비스 제공자가 제공할 수 있는 서비스의 양에 한계가 있고, 특정 공간에서 서비스 제공이 가능하기 때문에 시장에서 공급될 수 있다. 그러나 사회서비스는 외부성과 정보의 비대칭성을 지닌 재화이기 때문에 시장에서 충분한 공급이 어렵고 또한 서비스 구매에서 소비자의 합리적인 선택이 어려워서 시장실패의 가능성이 높은 재화이다.

첫째로, 사회서비스는 외부성이 높은 공적 재화로서 가치재(merit goods)로서의 성격이 강하다. 따라서 보편적으로 제공되었을 때 시장의 모든 행위자에게 편익이 돌아가고 시장의 작동을 이롭게 한다. 예를 들어, 보건의료서비스, 교육서비스, 복지서비스, 고용서비스 등의 사회서비스들은 개별 기업이 공급하기에는 비용이 많이 들어가기 때문에 시장에서는 과소투자되기 쉽다. 그러나 시장에서 과소투자되는 다양한 서비스를 정부가 좀 더 양질의 서비스로 보편적으로 공급한다면 개인은 다양한 자신의 문제들을 쉽게 해결할 수 있고 개인의 역량이 높아지고 삶의 질을 높일 수 있다. 또한 기업이나 산업 차원에서는 기업의 인적 자원 투자 비용을 덜어주고 양질의 인적 자원을 두루 공급받을 수 있기 때문에 기업 및 산업의 경쟁력을 높일 수 있다. 따라서 양질의 보편적 사회서비스는 양질의 인적 자원들이 사회에 축적이 되기 때문에 모두에게 이로운 공공재 또는 가치재가 되는 것이다.

둘째로, 사회서비스의 중심인 대인서비스에서 많은 서비스들은 수요자의 선택보다는 서비스를 제공하는 전문가의 임상적 판단에 의한 재량적 판단이 사회서비스의 양과 질을 결정하기 때문에 서비스 공급에서 공급자와 수요자 간의 정보 비대칭성이 존재한다. 수요자가 자신에게 필요한 서비스의 양과 질을 공급자와 동등하게 결정하기 쉽지 않기 때문이다. 또한 재화에 대한 정보의 비대칭성과 소비자의 정보부족은 소비자에게 선택이 주어져도 자신에게 맞는 서비스를 찾기 위한 시간과 노력이 필요하기 때문에 이로 인한 거래비용(transaction cost)을 증가시킨다. 따라서 이러한 시장실패문제와 거래비용 증가문제를 해결하기 위해서는 수요자인 시민들을 위한 정부의 규제 또는 서비스 공급이 필요하다.

나. 사회서비스 공적 제공의 정치 · 사회적 관점 : 인간의 관계성 충족, 사회적 권리, 젠더평등

사회서비스가 정부가 중심이 되어 공적으로 또는 사회적으로 제공되어야 하는 중요한 이유로 재화 생산의 시장적 논리를 넘어서 인간사회에서 돌봄이 가지는 사회적 논리가 있다. 돌봄의 사회서비스는 사적인 가족의 영역을 넘어서 사회적 인간으로서 상호 인간관계를 만들어 주고, 공동체 구성원으로서 정체성과 공공선을 이루는 인간 삶의 궁극적인 목적을 이루게 해 준다. 즉 사회서비스는 시장에서 효용에 따라 사고 팔리는 재화가 아닌 정치사회적으로 사회적 존재로서 인간의 상호 간 관계를 유지시켜 주는 관계재(relational goods)를 생산하는 역할을 한다.[2] 사회서비스의 주요 영역들은 인간으로서의 기본 관계들을 유지하는 것이 실패할 때 그 관계성을 회복, 유지할 수 있게 해 주는 사회적 제도가 되어야 한다. 이와 같은 관계재로서 사회서비스의 정당성은 정치사회적 관점에서 공동체와 연대를 강조하는 공공성 개념을 정당화시켜 줄 수 있다.

2차 대전 이후 서구 복지국가들에서는 사회서비스의 영역에서 건강, 교육, 주거서비스가 점점 사회권의 영역으로 인정되기 시작하였다. 하지만 돌봄서비스는 가족, 지역사회의 비영리조직들에 의해 충족되는 사적 영역이고 자발적 수준에서 제공되는 경우가 더 많았었다. 그러나 최근의 신사회적 위험의 등장은 가족관계, 젠더이슈와 양성평등 운동과 함께 돌봄의 사회화, 일과 가정의 양립 등에 대한 사회적 요구를 증대시켜 다양한 사회복지서비스의 영역들이 보편주의 복지로 인식되기 시작하였다. 특히 사회투자국가로의 복지패러다임이 변화하면서 양질의 사회서비스의 보편적 공급은 더욱 중요한 복지제도의 영역으로 성장하기 시작하였다.

다. 포스트코로나 시대의 돌봄문제

앞에서 언급했듯이, 저출산 · 고령화, 서비스 경제 시대에 그리고 젠더평등을 위해서 돌봄의 사회화는 필수적인 조건이 되었고 신사회위험으로서 복지국가의 중심 정책과제가 되었다. 그러나 코로나-19 팬데믹이 우리에게 준 교훈은 돌봄문제가 지금까지 논의되었던 신사회위험이라는 기능적 문제를 넘어선 우리 인간사회의 본질적 문제라는 것을 깨우쳐 주었다. 지금까지 정부의 돌봄서비스 및 사회서비스의 정책적 관점은 저출산 · 고령화에 대비하고 여성들의 경제참여를 독려함으로써 경제성장에 기여하는 것이었다. 돌봄을 인구구조와 경제구조의 변화에 따라 지속적 경제성장을 위한 경제 기능적 · 도구적 수단으로 보는 성격이 강했다.

무엇보다 코로나-19 팬데믹과 같은 감염병 위기는 돌봄서비스 제공자들이 우리의 일상을 위해 없어서는 안 되는 필수노동자라는 인식을 하게 된 중요한 계기가 되었다. 그리고 돌봄서비스 제공 노동자들의 저임금, 열악한 환경의 문제가 여실히 드러나면서 수요자와 공급자의 관계적 문제가 돌봄서비스의 질과 돌봄의 본질적인 목적에 문제제기를 했다. 사회적 돌봄이 제대로 작동되기 위해서는 돌봄대상자, 돌봄서비스 제공자, 가족들 간의 협력적이며 친밀한 관계가 얼마나 중요한지 깨닫게 해주었다. 돌봄이 단순히 정부의 재정적 보조에 의존한 준시장적 민간 공급자에 의해 단순히 가족의 돌봄부담을 덜어주는 기능적 · 도구적 차원으로 되어서는 한계가 있다는 것을 절실히 보여주었다.

이에 따라 포스트 코로나 시대에는 돌봄의 개념이 바뀌어야 한다. 돌봄은 가족, 돌봄서비스 제공자 어느 한편이 전적으로 기능적으로 떠맡는 것이 아니라 서로 젠더 간, 세대 간, 그리고 생애주기적으로 사회적 구성원 모두가 상호적으로 돌보는 가운데 개개인의 독립적인 삶이 공존하면서 행복한 삶을 누리게 하는 역할로서 인식되어야 한다. 이를 위해 국가는 돌봄국가로서의 구성원들의 최소한의 돌봄을 보장하는 역할을 해야 하고, 더 넓게는 미래사회에서는 사회구성원 모두가 생애주기에 따라 돌봄을 받고 돌봐야 하는 돌봄사회로서의 인식이 보편화되고 정부의 정책과 사회제도가 이에 맞추어 나가야 한다는 것이다. 다시 말하면, 돌봄은 인간 삶에서 원초적 · 상호적 관계로 존재하는 것으로서 개인과 사회의 행복한 삶을 위해서는 돌봄의 문제를 일상의 문제로 인식하고 사회의 상호적 · 공동체적 인간관계차원을 정상화하는 것이라는 인식하에 돌봄의 제도개선이 필요하다.

3) 사회서비스의 복지혼합과 공급 모델

일반적으로 사회서비스는 복지체제 유형화 논의에서 주된 기준이 되지 못했다. 가장 보편적으로 사용되고 있는 에스핑-앤더슨의 유형론에서도 이론적인 개념에서는 사회서비스를 고려하지 않은 것은 아니지만, 유형론의 기준인 탈상품화와 계층화의 측정을 위해서 소득보장제도중심으로 지표를 개발하고 측정하여 복지체제를 분류하였다. 그러나 사회서비스도 가계의 비용의 관점에서 보면 탈상품화에 크게 기여한다. 사회서비스의 접근과 이용에 부담이 없는 경우 사회적 임금의 역할을 수행하기 때문이다. 에스핑-앤더슨도 사민주의 모델에서 국가가 무료로 제공하는 사회서비스는 탈상품화에 기여함을 강조하였다.[3] 반면에, 여성의 관점에서 보면, 돌봄서비스의 사회적 제공은 여성의 노동시장 참여를 가능케 하기 때문에 여성 노동의 상품화에 기여한다고 할 수 있다. 그러나 한 단계 더 나아가 여성의 노동시장 참여에 따라 돌봄의 사회화가 필요한 시점에서 사회서비스의 공적 공급은 가계의 탈상품화에 기여한다.

그런데 사회서비스제도를 중심으로 복지혼합의 관점에서 공급체계의 제도적 특징을 유형화해 보면, 에스핑-앤더슨의 세 가지 유형보다 더 다양하게 나타난다. 전통적으로 돌봄의 문제는 가족과 지역사회를 중심으로 다양한 제도들이 담당해 왔고, 공적인 것(the public)이라기보다는 사적인 것(the private)으로 간주되어 왔기 때문이다. 이러한 문제의식을 바탕으로 사회서비스제도 유형화에 대한 논의가 일찍이 있었다.[4] 이를테면, 사회서비스 공급자의 다원적 결합을 복지혼합(welfare mix)으로 개념화하고 크게 정부, 시장, 제3섹터(비영리), 가족의 네 영역이 담당하는 역할의 혼합을 구분한다.[5] 실제로 서구에서 사회서비스제도의 발전과정은 자본주의 체제의 정치경제적 요인도 있지만, 가족을 중심으로 지역사회, 교회, 그리고 이들과 국가와의 관계 등 정치문화와 사회문화적인 요인도 함께 상호 작용하면서 중요한 역할을 하였다.[6]

복지혼합의 관점에서 먼데이(B. Munday)는 복지체제 모델과 연계시켜 사회서비스 제도를 네 가지 유형으로 나누었다.[7] 첫째는 스웨덴, 덴마크, 노르웨이 등 사민주의 모델처럼 국가가 사회서비스의 대부분을 공급하는 '공공서비스 모델'이다. 둘째는 이탈리아, 스페인, 그리스 등 가족중심의 돌봄을 강조하는 지중해연안 남부유럽 국가들의 '가족주의 모델'이다. 셋째는 독일, 네덜란드, 오스트리아 등 북부유럽대륙 국가들로서 가족을 포함하여 지역사회의 교회와 연계된 비영리조직이 중심이 되는 '보족주의 모델'이다.[8] 넷째는 영국, 아이슬란드, 미국 등 영미자유주의 국가들로서 비영리부문과 함께 시장부문에서 상당한 서비스를 제공하고 자산조사를 통해 표적집단중심으로 서비스를 제공하는 '자산조사–시장주의 모델'이다.

그런데 바알레(Thomas Bahle)는 북부유럽대륙 국가들을 보족주의 모델 하나로 유형화하는 것은 문제가 있음을 제기하였다. 북부유럽대륙 국가들 중에서도 특히 프랑스와 벨기에는 아동복지 및 가족정책 분야에서 나머지 국가들과 다르게 국가의 역할이 크고 그 효과가 다름을 강조하였다. 그는 프랑스와 벨기에를 다른 북부유럽의 보족주의 국가들과 분리시켜 두 개의 유형으로 구분하였다. 여기에서는 바알레의 주장을 받아들여, 유럽대륙의 보족주의 모델에서 하위 유형으로 프랑스와 벨기에는 사회서비스 부문에서 정부의 공급이 많음을 의미하여 '준공공서비스'의 모델로,[9] 나머지 독일, 네덜란드, 오스트리아 등 보족주의 모델을 '전통적 보족주의'로 나눈다. 그리고 서구 유럽과 비교론적인 관점에서 우리의 특징을 이해하기 위하여 한국, 일본, 대만 등 동아시아 국가들을 동아시아 모델로 추가한다. 이와 같이 총 6개의 사회서비스 유형화를 시도하고, 각 유형들의 특징을 최근의 변화 양상과 함께 정리한 것이 〈표 15–1〉이다. 그리고 〈표 15–2〉는 OECD 주요 국가들의 복지국가 유형에 따라 사회서비스 지출의 규모를 90년대부터 최근까지 5년 단위로 변화추세를 정리하였다.

표 15-1 OECD 국가들의 사회서비스제도의 유형과 특징

복지체제/ 사회서비스 모델	스칸디나비아 사민주의/ 공공서비스 모델 (1)	유럽 보수주의/ 북부유럽 보족주의형 (2)		유럽 보수주의/ 남부유럽 가족주의 모델 (3)	자유주의/ 자산조사- 시장의존 모델 (4)	동아시아 모델 (5)
		준공공 서비스 모델	전통적 보족주의 모델			
대표국가	스웨덴, 덴마크	프랑스, 벨기에	독일, 네덜란드 오스트리아	스페인, 이탈리아	영국, 아일랜드	일본, 한국
복지혼합	공공부문 압도적 우위	공공부문+ 비영리	비영리부문 우위	가족책임 → 비영리, 정부	영리부문 우위	가족→ 유사비영리, 준시장
공여원칙	보편주의	보편주의+ 보족주의	보족주의	선별주의	선별주의	보편주의+ 선별주의
중앙- 지방정부 관계	지방정부가 주된 서비스 기획 · 제공자	강한 중앙 집중성 → 80년대 이후 분권화	네덜란드: 중앙집중, 독일 : 분권화	최근 분권화	중앙-지방 이중체계	중앙정부→ 계획수립 지방정부→ 세부계획수립 · 실행
재원조달 중 조세비중	매우 높음	높음	중간	낮음	낮음	아동 : 높음(조세) 노인 : 장기노인 요양보험
아동/노인 정책(조세) 우선	아동	아동	노인	노인	노인	일본 : 노인 한국 : 아동
일-가족 양립 가능성	높음	높음	낮음 → 중간 노력 중	낮음	낮음	낮음
사회서비스 계층화	낮음 (보편주의)	아동 : 낮음, 노인 : 높음	높음	높음	높음	낮음

자료 : 정경희 외(2006). 「한국의 사회서비스 쟁점 및 발전전략」. 한국보건사회연구원.; 김영순 외(2007). "복지국가유형별 사회서비스의 발전과정과 시사점." 「보건복지포럼」. 3월. pp.37-61에서 보완 수정.

표 15-2 OECD 국가들의 사회서비스 지출규모의 변화

복지레짐	국가	1990	1995	2000	2005	2010	2015	2019
사민주의	스웨덴	4.8	5.1	6.7	6.0	6.4	6.8	7.8
	덴마크	5.4	5.6	6.0	5.7	5.9	7.6	7.0
	핀란드	2.8	3.3	3.6	3.2	3.6	4.7	5.8

보수주의	준공공서비스	프랑스	2.3	2.3	2.7	2.7	2.5	2.7	2.9
		벨기에	0.3	0.3	1.3	1.5	1.9	2.2	3.0
	전통보족주의	독일	1.1	1.3	1.8	1.7	2.1	2.3	2.8
		네덜란드	1.3	1.2	1.3	1.9	2.5	2.4	3.0
	남부유럽 가족주의	이탈리아	0.3	0.3	0.3	0.8	0.9	1.0	1.0
		스페인	0.5	0.5	0.8	1.2	1.6	2.1	1.6
자유주의		영국	1.8	2.1	2.5	2.6	3.0	4.0	3.2
		미국	0.9	0.9	1.0	1.2	1.2	1.5	1.3
동아시아		일본	0.4	0.4	0.7	1.5	1.8	1.2	1.7
		한국	0.2	0.1	0.2	0.3	1.3	1.1	1.6

자료 : OECD SOCX Data Base.

가. 공공사회서비스 모델(public social service)

이 모델은 사회서비스의 공급, 전달체계, 규제, 재정 등 모든 분야에서 정부가 주도적 역할을 수행하는 모델이다. 에스핑-앤더슨의 사민주의 모델과 일치하며, 스웨덴, 덴마크, 노르웨이, 핀란드 등이 해당된다. 핀란드를 제외한 스칸디나비아 사민주의 국가들은 일찍이 1930년대 사민당이 집권하면서부터 평등의 이념 아래 양성평등을 실현하고 여성들의 노동시장 참여를 촉진시키는 데 크게 기여하였다. 사민주의 복지국가 발전의 정점을 이룬 1980년대부터 GDP 대비 사회서비스 지출비율이 제일 높다. 따라서 이들 국가들에서는 사회복지서비스 영역에서의 비영리나 영리의 규모는 작다. 대신에 비영리와 NGO 부문은 주로 문화, 체육, 환경분야 등 시민운동 분야에 발달되어 있다.[10]

공공사회서비스가 스칸디나비아 국가들에서 발전하게 된 데에는 정치적으로 사민주의 이념뿐만 아니라 종교적 차원에서도 영향을 미쳤다. 사민주의 국가들의 맥락에서 독특하게 발전한 루터교회는 강한 국가지향적 전통을 가지면서 사민주의와 복지국가의 발전에 유럽대륙과는 달리 긍정적으로 기여하였다. 사민주의 국가들은 중앙집권적 단일정부이면서도 분권화되어 지방정부가 다양한 사회서비스를 책임지는 방식으로 발전하였다.

1990년대 이후부터 국가재정의 한계와 신자유주의 신공공관리의 영향으로 사민주의 국가에서도 사회서비스 제공에서 민간부문의 공급자들을 허용하는 민영화가 이루어지기 시작하였다.[11] 물론 민영화의 도입에도 불구하고 공공서비스의 우위를 바꾼 것은 아니다. 그리고 정부는 새롭게 민영화된 서비스기관에 재정적 지원, 규제, 감독기능을 수행하면서 사회서비스의 공공성을 유지하려고 하고 있다. 그런 가운데, 보육부문에서는 민영화가 시장화가 아닌 제3섹터의 영역에서 부모가 참여하는 보육협동조합형식이 빠른 속도로 증가하고 있다.

사회서비스 제공방식의 조정에도 불구하고, 사민주의 국가들의 GDP 대비 사회서비스의 공적 지출은 2000년대에 들어와서도 계속 증가하였다. 다른 복지레짐들은 1~2%대에 분포되어 있는 반면에 사민주의 국가들은 6%를 넘는 수준으로 여전히 높다. 사민주의 국가들은 일찍이 이념적으로도 사회서비스의 사회투자의 개념을 염두에 두고 사회서비스제도를 발전시켰기 때문에 다른 복지국가들과 비교해 최근의 신사회적 위험에 비교적 잘 적응을 하고 있는 편이다. 그럼에도 불구하고, 사회서비스 분야에 대한 수요 증가로 인해 다양한 사회서비스 공급의 보편성과 서비스 질을 어떻게 담보할 것인가가 중요한 과제가 되고 있다.

나. 북부유럽 보족주의 모델(subsidiarity model)

북부유럽 전통적 보족주의 모델

유럽대륙 국가의 복지체제를 에스핑-앤더슨은 보수적 조합주의로 규정하였다. 대표적으로 독일, 오스트리아, 네덜란드가 여기에 속한다. 이들 유럽대륙 국가에서는 가톨릭과 전통적인 조합주의 영향으로 정치지배 및 복지 분배의 중요한 원칙으로 계층의 하위 단위에서 스스로 충족되지 못하는 부분을 상위 단위에서 개입한다는 보족성 원칙(the principle of subsidiarity)이 문화적으로 뿌리를 내렸다. 돌봄과 사회서비스 분야에서의 보족성 원칙은 우선적으로 가족의 책임을 강조하는 가족주의에서 시작한다. 그 다음에는 지역사회의 교회와 연계된 비영리조직이 주로 담당하고, 국가는 재정적 · 행정적 지원을 통해 최종적으로 돌봄이 가족과 지역사회에서 자율적으로 이루어지도록 영향을 미쳤다. 독일은 1924년에 연방차원에서의 사회법에 이러한 보족성의 원칙을 담았다. 그리고 분권화된 연방체제하에 교회를 중심으로 조직된 다양한 비영리조직들이 6개 연방차원의 민간 사회복지사업단 연합체를 구성하여 지방정부와 조합주의적 '동반자 관계(corporatist partnership)'를 형성하였다.[12] 반면에, 네덜란드는 중앙집권적 정부하에서 규모가 작은 다수의 비영리조직들이 정부의 규제와 지원하에 하나의 시스템 형식으로 서비스를 공급하는 방식으로 발전하였다.

그러나 1990년대부터 독일을 비롯한 북부유럽의 보족주의 사회서비스 국가들은 신사회적 위험의 등장에 따라 전통적인 보족성의 원칙이 조금씩 약화되고 사회서비스에 대한 정부의 개입과 지원이 점점 늘어나고 있다. 그중 독일과 네덜란드의 변화가 뚜렷한데(〈표 15-2〉 참조), 이는 정부가 사회서비스 및 가족정책을 보다 적극적으로 강조하기 시작했다는 것을 보여준다.

북부유럽 준공공서비스 모델

프랑스와 벨기에(특히 플랑드르 지방)는 북부유럽대륙 국가로서 정치문화적으로 보족주의 원칙을 공유하지만, 아동사회서비스 제공에서 공공부문이 비영리부문보다 더 발전하였다. 바알레(T. Bahle)에 따르면, 프랑스와 벨기에의 노인서비스는 여전히 비영리부문의 역할이 강하지만, 아동보육서비스에서는 발달된 공공서비스 인프라와 여성의 사회 참여를 지원하는 가족정책 때문에 전통적 보족주의 모델과 구분되어야 한다고 주장한다. 〈표 15-2〉에서 보여주듯이, 사회서비스의 정부지출을 보면 특히 프랑스의 아동정책과 가족정책은 가톨릭 가족주의가 강하면서도 프랑스의 강한 국가부장주의 때문에 국가가 가족을 책임지는 정책이 일찍 발전할 수 있었다. 특히 프랑스는 1990년에 이웃 보족주의 국가들보다 사회서비스 지출이 높았다. 그러나 2000년을 넘어서면서 신사회위험의 증가와 여성의 경제활동이 보수주의 국가들 사이에서도 중요해지면서 사실상 준공공모델과 전통적 보수주의 모델의 차이는 그 의미가 없어졌다. 2000년대, 특히 2010년을 넘어서면서 독일이나 네덜란드와 큰 차이를 보이지 않는다. 신사회적 위험의 등장 이후, 정부의 사회서비스 영역에 대한 관심과 개입이 전반적으로 강조되고 있음을 보여주고 있다. 최근에는 다양한 형태의 협동조합, 사회적 기업, 비영리조직들의 집합체인 사회적 경제조직들 사이에서 사회서비스 공급자로서 역할이 증가하고 있다. 전통적으로 국가가 제공하는 사회서비스가 부족한 가운데, 지역사회의 순수한 비영리조직들이 사회서비스 공급의 역할을 맡아 왔지만 점점 재정적인 한계와 혁신적 역량이 약화되면서 전통적으로 협동조합운동과 상호부조조직들이 강했던 유럽대륙 국가들에서는 혁신적인 사회적 기업의 형태로 장기실업자, 취약한 노인, 장애인, 여성 등 국가복지의 보호에서 소외된 집단들에게 사회서비스를 제공하는 사회적 경제조직들이 빠르게 증가하고 있다. 유럽의 정부들과 EU 또는 OECD 차원에서 현재의 복지국가들의 한계를 보완하기 위해서 다양한 혁신적 형태의 사회경제조직들의 성장을 지원하고 있다.[13]

다. 남부유럽형 가족주의 모델(family care model)

유럽의 보수주의 국가들 중에서도 주로 라틴문화와 가톨릭이 강한 스페인, 그리스, 포르투갈, 이탈리아 등 지중해를 끼고 있는 남부유럽 국가들을 가족주의 모델로 부른다. 이들 나라의 경우 가족주의 문화가 강한 라틴문화와 가톨릭의 종교적 전통이 결합되어 돌봄의 책임을 주로 가족이 담당해 왔기 때문에 공적인 사회서비스 기관들이 발전하지 못했다. 〈표 15-2〉에서 볼 수 있듯이, 남부유럽 4개 국가 모두 GDP 대비 사회서비스 지출비율이 제일 낮다. 2000년대에 와서는 유교적 가족주의가 강하다고 간주되는 동아시아 모델인 한국과 일본보다도 낮은 수준이다. 이들 남부유럽의 복지국가들은 연금을 중심으로 현금급여는 매우 높으나 가족주의 전통 때문에 사회서비스 지출이 낮다. 기본적으로 공공사회서비스 전달체계가 저발전되어 있고, 지역사회에서는 교회중심으로 복지서비스기관들이 있지만 역시 파편화되어 있어서 지역사회의 다양한 사회복지서비스 수요들을 다 수용하지 못한다. 돌봄에 대한 가족의 의무를 강조하는 가톨릭의 전통에 따라 어린이, 노인, 장애인에 대한 돌봄의 일차적 책임을 가족에 두고 대부분 여성들이 담당한다. 같은 기독교 문화권이지만, 북부유럽의 교회중심의 대규모화되고 조직화된 비영리조직이 발전한 것과 대조된다.

그러나 최근 남부유럽 국가들 중에서 특히 스페인의 사회서비스 지출 수준의 증가가 눈에 띈다. 스페인은 남부유럽 가족주의 국가들 중에서도 사회서비스 지출이 높았지만, 2000년대에 들어와서는 이웃국가들의 수준을 넘어서 자유주의 미국을 추월하고 북부유럽의 보수주의 국가인 오스트리아와 같은 수준으로 지출이 증가하였다. 한편, 이탈리아는 사회서비스 지출이 여전히 낮은 편이지만, 신사회적 위험의 압력을 피할 수 없었고, 2000년에 정부는 사회서비스 개혁을 추진하여 지역사회의 부족한 사회서비스를 공급하고자 노력하고 있다.[14] 특별히, 이탈리아 정부는 1991년에 지역사회의 다양한 사회서비스를 공급하는 협동조합 형태의 사회적 협동조합법을 통과시켜 협동조합 형식의 혁신적인 사회서비스 조직이 복지혼합에서 새로운 공급자로 성장하기 시작하였다.

라. 영미 자유주의 자산조사 – 시장의존 모델(means-tested model)

이 모델은 복지체제의 영미 자유주의 모델로서 영국, 아일랜드, 미국이 여기에 속한다. 이념과 문화적으로 자유주의적 개인주의 특성 때문에 돌봄은 일반적으로 개인의 문제이며, 국가는 스스로 돌봄의 문제를 해결할 수 없는 빈곤층들과 같은 집단들에게 선별주의적 서비스를 제공한다. 경제능력이 있는 일반 중산층들은 시장에서 서비스를 구매한다. 비영리조직들이 자유주의적인 자발주의 문화에 의해 발전되었지만, 이들의 서비스 대상은 중산층보다는 지역사회에서의 취약계층중심이다.

영국은 일찍이 자유주의 전통에 의해 자발적 비영리조직이 발전하였지만, 전후 베버리지 복지국가 모델에 의해 지방정부가 주도하는 사회서비스들이 발전하기 시작하였다. 그러나 공공서비스의 주요 대상은 여전히 취약계층중심이었다. 그리고 영국의 국교인 성공회는 유럽대륙 국가들과 달리 지역사회의 사회서비스 공급에 적극적이지 않았다. 단일정부인 영국의 중앙-지방정부의 관계는 사회복지에 대하여 중앙정부와 지방정부가 역할을 분담하는 이중화 모델에서 중앙정부로 점점 집중화되어가는 경향이 있었으나, 80년대 신보수주의 대처 정부가 집권하면서 복지국가의 해체와 민영화의 정책으로 사회서비스의 권한이 지방정부로 이양되었다.

영국도 최근에 다양한 형태의 사회적 기업, 사회적 경제조직들이 지역사회에서 다양한 사회서비스를 담당하는 역할로 성장하고 있다.

미국의 사회서비스는 분권화된 국가체제하에서 비영리부문과 시장에 의해 사회서비스가 제공되어 왔다.[15] 영국이 집권화된 국가와 베버리지 복지국가 모델에 의해 일정 수준 국가의 복지책임이 강조되었던 것과 비교하면 미국은 더 강한 자유주의 사례라고 할 수 있다. 그리고 정부를 대신하여 서비스를 공급하는 비영리조직의 확산을 위해 정부는 세금면제와 운영비용을 지원하는 재정적 지원전략을 선택하였다. 비영리조직은 정부의 재정지원과 지역사회에서의 모금 그리고 사용자비용 부담 등을 통해 주로 운영되었다. 지방정부의 사회서비스 재정은 연방정부의 포괄보조금(block grant)에 의한 지원과 자체 재원에 의해 충당하는데 지방정부의 자율성이 높다. 그리고 1970년대 신자유주의 영향으로 복지다원주의가 강조된 이후, 아동보육 및 노인시설 서비스에서 영리부문도 빠르게 성장하였다.

자유주의 국가들도 1990년대에 들어와서 신사회적 위험에 대처하기 시작하였다. 특히 영국의 경우가 대표적인 사례가 된다. 대처 정부에 의한 신자유주의 정책과 민영화는 영리부문의 노인서비스와 보육서비스를 빠른 속도로 증가시켰고, 90년대 중반까지 공공보육서비스는 유럽의 최하위 수준이 되었다. 그러나 대처 정부의 19년 장기집권이 영국 사회의 불평등을 심화시키면서 1997년 노동당 블레어 정부가 집권하게 되었다. 블레어 정부는 기든스의 제3의 길 이념에 의해 사회투자정책을 강조하면서 사회서비스 분야에 큰 전환이 일어났다. 신사회적 위험에 대한 강한 문제인식을 통해 소득이전 급여를 줄이는 대신에 뉴딜(New Deal)로 불리는 다양한 인적 자원 서비스 프로그램이 실시되었다. 이에 따라 실업자들과 숙련 수준이 낮은 취약노동계층을 중심으로 적극적 노동시장정책이 강화되었다. 이와 더불어 한편으로는 정부지출의 증가를 통해 공보육을 대대적으로 확충하고, 다른 한편으로는 시장으로부터 민간보육시설 투자들을 유인하여 아동들의 보육참여율을 높였다. 그러나 영국의 노동시장의 활성화 전략을 비롯한 사회투자전략은 여전히 그동안 부족했던 취약계층에 집중되었고, 특히 서비스 전달체계의 질이 취약한 수준이어서 사민주의에서와 같은 전통적 사회투자와는 거리가 있었다.

마. 동아시아 모델(East Asian model)

동아시아 모델은 한국과 일본 등 동아시아 후발 산업화 국가 또는 발전주의 국가들로 구성된다.[16] 이들 국가들은 유럽의 보수주의 복지국가들처럼 사회보험중심으로 복지체제를 발전시켰고, 공공사회서비스 분야는 규모가 작고 취약계층 보호중심의 잔여주의적 특성을 지녔다. 주된 사회서비스 공급은 정부가 규제하는 민간부문 공급자들이 주로 담당한다. 문화적으로는 남부유럽 국가들처럼 가족주의가 강하나, 가톨릭과 같은 종교 대신에 유교주의적 가족주의이다. 따라서 종교집단에 의한 지역의 사회서비스 공급이 약하다. 대신에 국가의 재정적 지원과 규제를 통해 국가의 재정적 의존성과 통제성이 강한 독특한 비영리 부문과 시장 부문이 발전한다. 국가의 개입 정도와 방식은 발전주의 국가의 강성의 정도에 따라 조금씩 다르다.

일본은 한국보다 일찍 저출산 · 고령화를 경험하면서 이에 대응하는 사회서비스제도를 발전시켜 나갔다. 고령화에 대한 대응으로 노인문제에는 골드플랜(1989), 신골드플랜(1994)을, 저출산에 대한 대응에는 엔젤플렌(1995), 신엔젤플랜(1999), 어린이육아응원플랜(2004) 등을 수립하면서 아동과 노인에 대한 사회서비스 지원체제를 발전시켰다. 민간복지 공급을 이용한 지방정부중심의 사회서비스 체계를 구축하고 대체로 아동보다는 노인의 문제에 더 정책적 강조를 하였다. 이에 따라 2000년에 개호보험을 실시하였고 한국의 장기노인요양보험제도의 모델이 되었다. 독일과 달리 개호보험에서 현물서비스를 강조함으로써 돌봄서비스의 탈가족화, 지역화를 추진하였다. 일본의 사회서비스 지출을 보면, 2000년대 개호보험이 실시되면서 빠른 속도로 증가하여 2013년에는 GDP 대비 사회서비스 지출비율이 북부유럽대륙 국가와 유사한 수준으로 증가하였음을 알 수 있다.

한국의 경우, 사회서비스에 대한 본격적인 관심은 외환위기 이후 2000년대에 들어서면서 매우 늦게 시작되었으나 발전 속도는 매우 빨랐다. 2000년대 이후 정부는 한국 사회도 저출산 · 고령사회로 빠르게 진입하고 있다고 인식하는 동시에 사회서비스를 일자리 창출의 주요 수단으로 간주하면서, 사회서비스 분야는 매우 빠르게 성장하기 시작하였다. 2008년에 노인장기요양보험제도가 실시되고, 보육서비스를 바우처형식으로 공급하면서 준시장의 형태로 시장의 민간 공급자를 성장시켜 한국의 사회서비스는 노인요양서비스와 보육서비스의 보편화를 이루었다.

〈표 15-2〉에서 보듯이, 2000년대 이후 일본과 한국의 사회서비스 지출의 증가속도는 그 어느 나라들보다 빠름을 알 수 있다. 따라서 동아시아 사회서비스 모델은 후발 산업화 발전주의 국가 모델의 발전양식과 유사한 맥락이다. 즉 이 두 국가는 산업화의 시기는 서로 다르지만 국가주도의 급속한 산업화의 결과로 저출산 · 고령화가 매우 빠르게 진행됨에 따라, 급격히 증가하는 사회서비스의 수요를 국가가 직접 공급하는 대신에 민간부문의 공급을 국가 규제를 활용하여 사회서비스 부문을 빠르게 성장시켰다. 동아시아 모델의 특징은 국가가 직접 제공하는 사회서비스의 규모는 작고 주로 규제된 민간공급자들의 다양한 복지혼합을 통해 준시장형태의 민간공급자

를 성장시켜 공급하는 것이다.

4) 한국의 사회서비스제도의 특징과 정책과제

2000년대 이후 한국의 사회서비스제도는 큰 변화를 겪었다. IMF 경제위기를 계기로 복지제도를 재정비하는 과정에서 정부는 한국 사회가 급격하게 저출산 · 고령사회로 진입하게 된다는 것을 뒤늦게 인지하면서 관련된 사회서비스 분야를 빠르게 확대시켜 나갔다. 먼저 2003년 노무현 정부하에서 출산율의 증가와 여성의 노동시장 참여를 위한 보육서비스의 보편적인 확대를 시작하였다. 다음으로 2008년에 노인장기요양보험제도를 실시하였다. 그 외 다양한 사회서비스들도 바우처 방식으로 공급을 확대하면서 한국의 사회서비스 제도는 이전의 잔여주의 방식에서 보편주의 방향으로 전환되었다고 할 수 있다. 대신에 확대방식은 정부가 직접 서비스를 공급하는 것이 아니라, 바우처 방식의 현금지원으로 소비자의 선택권을 주면서 정부의 규제된 민간부문의 공급을 유인하는 준시장(quasi-market)기제를 활용하였다. 정부의 사회서비스에 대한 대폭적인 투자는 복지 차원만이 아니라 경제적 사회서비스의 산업화와 일자리 창출의 수단으로서도 활용되었다. 이러한 복합적인 전략은 외형적으로 빠른 사회서비스제도의 보편주의를 가능하게 하였다. 그러나 준시장 형성을 활용한 사회서비스 제공방식은 다음과 같은 우리 사회서비스제도의 제도적 특징을 만들어 내면서 많은 문제점들을 발생시켰다.[17]

가. 규제된 민간 공급자중심의 사회서비스제도 : 유사비영리와 준시장의 이중화 구조

한국의 사회서비스 공급자 구조는 선진국의 모델과 비교해서 매우 독특하다. 국가는 서비스를 직접 제공하지 않고 재정적 지원과 규제를 통해 민간기관이 공급하도록 하는 구조이다. 이러한 구조는 사회서비스 전달체계가 전통적인 자발적 비영리를 중심으로 발전한 미국과 같은 자유주의 모델과도 다르다. 물론 오늘날 미국을 비롯해 복지분야의 많은 비영리 조직들은 조세감면이나 보조금 형식으로 직·간접으로 정부의 재정적 지원을 받는다. 우리의 민간부문에서 많은 비영리 공급자들은 법적으로는 영리를 목적으로 하지 않는 비영리조직이지만, 설립자의 재정의 투입과 운영에서 자발성과 자율성이 강한 순수한 비영리가 아닌 정부의 재정적 지원과 규제에 의존적이며 수익에 의해 운영을 해야 하는 유사비영리 형태를 가지고 있다. 영리적 시장의 공급자도 상당 부분은 순수한 시장의 기제가 아닌 정부의 규제를 받는다. 즉 정부의 재정적 지원과 연계된 정부의 규제를 받는 비영리와 시장의 공급자들이 사회서비스 전달체계의 주를 이루고 있는 준시장의 성격을 가지고 있다. 그 역할은 자발적 민간공급자라기보다는 정부가 제공해야 할 서비스를 대신 제공하는 정부의 '종속적' 대행자의 역할을 해 왔다고 할 수 있다.[18] 이러한 구조는 역사적으로 1950년대부터 형성된 것으로 한국의 사회서비스 전달체계의 중요한 특징을 가지고 있다.

나. 현금급여/바우처중심의 급여체계

정부는 기존에 정부가 직접 제공하는 공공사회서비스가 매우 부족한 상황에서 바우처제도와 민간공급자의 준시장의 형식으로 일정 수준의 재정투입과 규제로 부족한 사회서비스 공급의 총량을 빠르게 늘릴 수 있었다.[19] 반면에 공급자의 서비스 질을 통제하려는 정부의 노력은 상대적으로 적었다. 이러한 전략은 사회서비스 분야에 바우처제도와 준시장의 형성을 통해 소비자에게 선택을 주고 공급자에게 경쟁을 시켜 서비스의 품질을 높인다는 당시에 지배적이었던 신자유주의 논리에 크게 영향을 받은 것이다. 그런데 정부가 시민들에게 보편적으로 제공하는 바우처 시스템은 다수의 수요자가 바우처 가격으로 서비스를 받게 되기 때문에 바우처를 통한 현금급여의 수준은 사회서비스 공급자에게 서비스의 가격규제와 가격형성 기능을 가지고 있다. 대신에 제한된 가격에서 최대한의 질적 서비스를 공급하기 위해서는 정부의 공급자의 서비스에 대한 질적 통제가 매우 중요하다. 그렇지 않으면, 민간부문의 유사비영리, 준시장 공급자는 낮은 바우처 가격에 수익을 내기 위해 서비스 질의 저하를 가져올 가능성이 높다. 특히 영세한 공급자는 수익을 위해 운영비용을 절감해야 하고, 그 결과 사회서비스 조직의 근로자의 임금과 근로조건이 취약해진다. 더욱이 사회서비스의 일자리들을 대부분 여성노동자들이 차지하게 되면서 여성집단의 저임금과 근로조건 등 노동권과 젠더평등의 문제와 같은 또 다른 사회문제를 낳게 된다. 따라서 정부가 저출산 · 고령화에 대한 대비를 위해 사회서비스의 빠른 공급과 양질의 사회적 일자리 창출이 정책목적이라면, 적절한 수준의 바우처 가격과 민간부문의 서비스 공급자의 진입동기 및 질적 통제가 매우 중요하다. 이를 위해서는 일정 수준의 양질의 공공부문의 공급이 필요하다. 공공부문은 민간부분이 감당을 못하는 취약계층을 보호하는 한편 질적으로 표준화된 수준으로 서비스를 공급해 줌으로써 민간부문의 공급자들의 서비스 수준을 통제하는 대신에 민간부문 공급자의 진입을 영리목적의 시장부문보다는 사회적 목적의 동기가 강한 비영리와 사회적 경제부문의 공급자 비중을 늘리는 공공성이 강한 복지혼합 전략이 필요하다.

다. 중앙정부와 지방정부 간의 관계 : 칸막이 효과와 깔때기 효과

한국의 사회서비스정책은 주로 중앙정부의 주도하에 정책결정이 이루어지고, 중앙정부의 주된 재정 부담으로 집행이 된다. 유럽의 복지국가들의 사회서비스는 주로 지방정부중심의 재정과 지방정부주도로 사회서비스 정책들이 만들어지고 집행된다. 그러나 우리나라는 강한 중앙집권화된 정부로서 중앙정부가 사회서비스의 정책기획을 주도하고 재정 부담을 주로 담당한다. 이에 따라 사회서비스의 정책 운영이 지역의 특성에 맞게 운영되기보다는 중앙정부의 획일적인 정책기획에 따라 운영되고 정부의 재정통제로 복지재정의 급격한 증가를 억제하고 중앙정부가 지방정부에게 주는 보조금을 통해 지방정부의 사회서비스 집행을 지도 · 감독한다. 지방정부의 자율적인 사회서비스 정책들은 지방정부의 재정으로 지방자치단체장의 정책적 관심과 역량에 따라 차이가 있지만, 기본적으로 지방정부의 재정이 취약하기 때문에 중앙정부의 정책이 사회서비스 수준을 결정한다고 할 수 있다.

이러한 국가구조의 특성 때문에 우리나라의 사회서비스제도의 특성과 문제로서 다양한 중앙부처들이 시행하는 파편화된 프로그램으로 인한 칸막이 효과(silo effect)와 깔때기 효과를 꼽을 수 있다. 첫째로 칸막이 효과이다. 중앙정부 내에서 사회서비스를 담당하는 주무부처는 보건복지부이지만, 이외에 다양한 중앙부처들이 자신들의 영역에서 사회서비스 프로그램을 제공하고 있다. 고용노동부, 여성가족부, 국토해양부, 재정경제부, 교육과학부 등 다양한 중앙부처들이 자신들의 사회서비스 프로그램들을 자신들의 지방조직을 통하여 집행하고 있다. 보건복지부의 공공부조, 보건, 사회서비스 프로그램들이 지방정부의 사회복지 전달체계를 통해 주로 집행된다. 또한 고용영역의 일부는 보건복지부, 여성가족부, 교육과학기술부 등 다양한 부처들이 따로 분리되어 집행을 하고 있다. 따라서 부처 간의 프로그램들이 유사한 목적과 대상에 대해 서로 경쟁적으로 중복 시행되고, 이들 간의 수혜자 및 혜택의 중복에 대한 조정이 어려워서 이를 사일로에 빗대어 칸막이 효과라고 부른다. 둘째로 보건복지부의 다양한 프로그램들과 다른 중앙부처의 일부 프로그램들이 지방정부의 일선 집행부서에 한꺼번에 몰려 지침에 따라 집행되어야 하기 때문에 일선에서는 지역의 상황에 따라 자율적으로 집행할 수 없어 효과성이 떨어지고 있는 실정이다. 이를 깔때기 효과라고 부르기도 한다.

라. 사회서비스의 산업화와 시장화 전략과 보편주의화와의 충돌

우리나라는 바우처와 준시장제도를 활용하여 빠르게 사회서비스를 보편적으로 확대할 수 있었다. 그러나 이러한 전략이 의도하는 성과를 내었는가는 또 다른 문제가 되었다.[20] 우선 서비스 질의 문제이다. 적절한 수준의 질적 서비스를 제공하기에 충분치 않은 바우처 가격과 적절한 진입규제와 질적 통제가 없는 준시장화 전략은 공급자의 과당경쟁으로 소비자를 유인하기 위한 편법의 동원, 서비스 노동자들의 임금과 작업환경의 문제를 남겼다. 두 번째는 사회서비스의 공급의 지역 및 집단 간의 형평성 또는 불균형의 문제이다. 모든 수요자에게 바우처를 통해 보편적인 서비스 사용권이 주어지지만, 서비스의 공급자가 수요와 공급의 시장논리에 의해 결정된다면, 문제가 되는 대상집단의 실질적인 욕구를 충족하지 못할 수 있다. 형식은 보편주의지만 실질적 수요의 충족은 그렇지 못한 결과를 초래한다. 공급기관이 시장의 논리에 따라 공급되면, 농어촌 지역과 대도시 지역 간의 공급 불평등이 발생한다. 또한 서비스를 받아야 할 대상보다는 시장에서 공급자가 선호하는 서비스가 더 공급되고 추가 지불능력이 있는 대상자가 더 좋은 서비스를 받게 된다. 그리고 시장화를 통한 공급체계가 형성되다 보니, 다양한 서비스의 통합과 연계가 잘 이루어지지 않아 서비스 공급체계가 파편화되고 분절화된다. 이는 사회서비스 전달체계의 일반적 구성원리와도 상충된다. 따라서 사회서비스의 공급구조와 전달체계의 적절한 공적 공급과 민간공급자에 대한 규제가 필요하다.

2 — 가족정책

앞에서 살펴본 바와 같이, 최근의 환경변화로 사회서비스와 함께 가족정책은 미래 복지국가의 중요한 정책 영역으로 부상하고 있다. 가족정책의 상당부분은 노인, 아동의 돌봄과 같은 사회서비스와 서로 중첩되는 정책의 영역이 많다. 그러나 가족정책은 보다 복합적으로 아동, 노인 등 가족구성원의 돌봄서비스 이외에 가족수당, 아동수당, 육아수당과 같은 현금지원 및 여성의 노동시장 참여에 따른 일과 가정의 양립을 가능하게 하는 출산휴가, 육아휴가와 같이 시간을 규제하는 정책 등 다양한 정책들을 포함하고 있다. 그리고 가족정책은 빈곤, 인구, 출산과 돌봄, 건강, 교육, 젠더 등의 사회문제들과 연계되어 사회적 재생산, 사회통합, 권리와 평등 등 다양한 경제 · 사회 · 정치문제의 출발이자 귀결로 상호 연결되어 있다. 이런 맥락에서 가족정책을 사회서비스와 분리하여 통합적인 정책 영역으로 따로 다룰 필요가 있다.

1) 가족정책의 필요성

가족은 남녀 개인이 만나 결혼을 통해 가정을 이루고 자녀를 출산 · 양육하여 인간사회를 인구학적으로 재생산하는 기본 단위이다. 가족은 경제에서도 생산인력을 배출하고 소비를 하는 경제활동의 기본 단위이다. 또한 가족은 가족구성원으로서 개인 간, 세대 간에 현금, 현물, 서비스, 시간 등의 다양한 자원을 재분배하는 사회적 단위가 된다. 동시에 가족을 통해 개인은 사회화되어 정서적 · 사회적 · 정치적으로 정상적인 개인으로 성장함으로써 인간다운 삶, 행복한 삶을 유지할 수 있다. 즉 가족은 정치, 경제, 사회적으로 사회를 재생산하는 중요한 사회적 제도인 것이다. 이러한 가족제도가 최근 환경변화와 함께 급격하게 변화하고 기능이 약화되면서 사회의 재생산 위기를 맞고 있다. 그 변화의 양상과 문제점들은 아래와 같다.

가. 가족구조의 변화문제

출산율의 저하

[그림 15-1]에서 볼 수 있듯이, 선진국들은 대부분 지난 30년간 출산율 저하현상을 경험하고 있다. 오늘날 거의 모든 OECD 국가들의 합계출산율은 인구대체율(여

성 1인당 자녀 두 명, 출산율 2.12)을 밑돌고 있다. 그 결과 평균 가족의 규모가 감소하며, 이미 생산가능인구의 급격한 감소를 경험하고 있다. 저출산에 의한 인구감소는 경제성장의 지속가능성의 문제와 노인부양의 문제, 그리고 가족구조의 변화와 가족 기능에 지대한 영향을 미친다.

그림 15-1 OECD 국가들의 출산율 변화

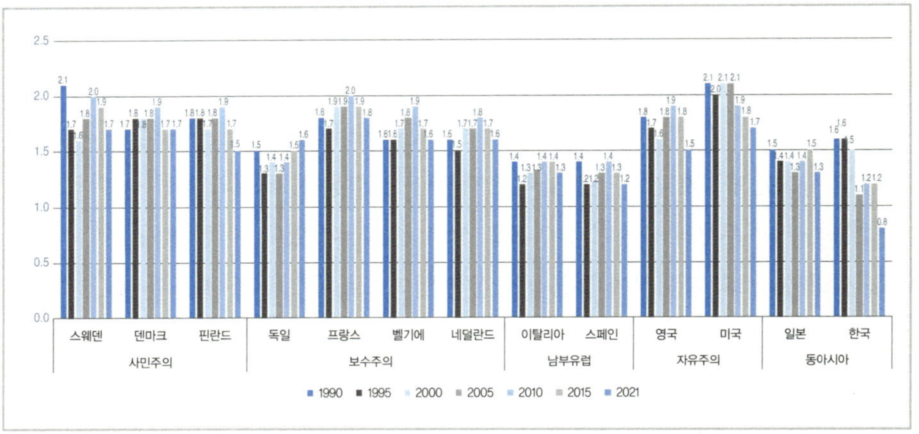

자료 : OECD Family Data Base.

이러한 전반적인 추세에서도 국가마다 합계출산율의 감소는 다르게 나타나고 있다. 2차 대전 이후 보편주의적 사회서비스와 가족정책을 일찍 시작한 스칸디나비아 국가들의 경우 합계출산율이 제일 높은 국가들이 되었다. 조금씩 줄어들고 있지만, 2021년 스웨덴과 덴마크는 1.7, 핀란드는 1.5를 유지하고 있고, 보수주의 국가들도 사민주의 국가들보다 약간 낮은 수준인 가운데, 아동정책이 일찍 발전한 프랑스의 경우 상대적으로 사민주의 국가 수준으로 높다. 반면에 대표적인 가족주의 모델이라고 할 수 있는 이탈리아, 스페인, 그리스 남유럽 국가들과 한국, 일본 등 산업화된 동아시아 국가들의 합계출산율이 낮다. 자유주의 국가들은 남부유럽 국가나 동아시아 국가보다 높은 편이다. 특히 주목할 것은 우리나라의 합계출산율 저하가 매우 심각하다는 것이다. 1970년대에는 합계출산율이 4명을 넘었었으나, 지금은 OECD 국가 중에서 0.8로 일본보다 낮아서 가장 낮은 출산율을 보이고 있다.

이와 같은 출산율의 감소는 여러 가지 원인의 결과로 추정되고 있다. 우선은 가족 구성의 지연, 즉 여성들의 교육 수준의 향상, 사회 참여의 증가에 따른 결혼의 시기가 늦어지고 있다. 이에 따라 소가족화와 무자녀 결정 등과 같은 가족에 대한 가치적인 변화도 함께한다. 최근에는 결혼을 원치 않는 비혼도 빠르게 증가하고 있다. 그리고 경제적으로도 아동의 양육비용의 증가(교육과 주택)와 같은 직접적인 비용과 여성의 노동시장 참여의 포기와 같은 간접비용도 있다. 이러한 요인들은 출산율 변화에 결정론적인 것이 아니라 개별 가정의 교육 수준과 숙련 수준, 그리고 정부의 정책에 따라 다르게 나타난다.

가족구조의 변화: 빈곤과 아동복지 및 발달의 문제

출산율의 저하와 함께 가족의 규모가 감소하고 있고, 결혼 및 가족에 대한 인식과 문화가 바뀌어 감에 따라 가족의 형태가 다양화되고 있다. 여성들의 노동시장 참여와 주택 마련을 우선시하는 상황에서 성인들은 결혼의 시기와 출산의 시기를 늦추게 된다. OECD 국가들에서 첫 자녀를 갖는 평균연령은 1970년대 24세에서 2008년 28세로 증가하였다.[21] 이와 더불어 무자녀 가구도 점점 증가하게 되었다. 후기 산업사회로의 변화와 '개인화(individualization)'라는 개념에 기초한 후기 근대주의로의 문화적 변동은 결혼과 가족에 대한 개념을 변화시켰다. 결혼의 시기를 늦춘 혼인율의 감소와 이혼율의 상승으로 한부모 가정이 증가하게 되었고, 이혼과 재혼 가정에서 자라는 아이들의 수도 늘어나고 있다. 특히, 한브모 가정은 경제적으로 높은 빈곤률을 보여 아동의 빈곤률에 영향을 주며, 아동의 복지 수준과 발달 수준에도 영향을 준다. 또한 법적으로 결혼을 하지 않은 동반자 관계 및 동성 간의 결혼 등 비전통적인 가족형태가 점점 증가하기 시작한다.

또 하나의 가족구조 변화로서 주목해야 할 현상은 '선택된 결혼' 또는 '동질혼인(marital homogamy)'이다. 최근의 결혼패턴은 대부분의 남성과 여성들이 본인과 비슷한 수준의 교육을 받거나 비슷한 계층의 배우자를 선택한다는 것이다. 부모의 사회경제적 배경은 자녀의 교육, 소득 및 임금성과에 영향을 미친다. 최근 우리 사회의 '금수저론'과 유사한 맥락이다. 저소득 계층의 동질혼인 가정일수록 이혼율도 높고, 자녀에 대한 관심과 인적 개발 투자의 저하를 가져와 빈곤의 대물림 현상이 심각해

지고 있다. 이 같은 사회적 이동성의 약화는 사회통합을 저해하고 경제적 위기와 정치적 위기의 구조적 원인이 된다. 이 문제는 에스핑-앤더슨의 양성평등의 '미완성 혁명(incomplete revolution)'이라는 명제에서도 지적되고 있다.[22] 후기 산업사회에서 여성들이 노동시장에 참여하고, 탈가족화도 진행이 되는 혁명적인 변화가 일어나고 있지만, 남성이 양육과 가사에 동등하게 참여하지 않는 불완전한(미완성) 젠더평등은 노동과 돌봄의 이중 의무를 동시에 져야 하는 저소득층 여성에게 더욱 불리하다는 것이다.

궁극적으로 가족구조의 변화와 양성불평등은 아동들의 복지(well-being)와도 연관이 있다. 여기에서 아동의 복지는 사회투자의 개념에서 강조된 것보다 폭넓은 의미에서 생각해 볼 필요가 있다. 아동복지의 필요성은 미래 사회의 인적 자원으로서 개인의 능력개발을 통한 경제적 기여의 필요성도 있지만, 미래의 시민으로서 건강한 삶과 자아성취를 통해 자유와 행복의 추구 조건으로서의 의미를 지닌다. 즉 미래의 지식기반 경제체제에서 여성들의 노동시장 참여와 미래 세대의 경제적 경쟁력도 중요하지만, 더 나아가서 공동체에 기여하는 미래의 시민으로서의 역량개발을 위해 아동들의 발달이 중요한 조건이라는 점이다. 이를 위해서는 보다 보편적이며 적극적인 양성평등을 가져오는 가족정책을 실시해야 한다.

나. 일과 가정의 양립문제 : 여성의 노동시장 참여와 불평등, 탈가족화와 가족화를 위한 양성평등의 문제

산업구조가 서비스 경제 또는 지식기반 경제로 변화함에 따라 여성들의 일자리가 증가하고 여성들의 인적 자원이 경제성장에 점점 중요해지고 있다. 그뿐만 아니라 여성들의 교육 수준 증가와 경제활동을 통한 자아실현 욕구는 양성평등의 관점에서 여성들의 노동시장의 참여가 중요하다. [그림 15-2]에서 간접적으로 확인할 수 있듯이, 일찍이 산업화 시대에서부터 양성평등을 강조하면서 공공사회서비스를 확대시킨 스칸디나비아 국가들이 높은 여성고용률을 보여준다. 그 다음으로, 여성의 권리의식의 증가와 서비스 경제로의 빠른 진입과 노동시장의 유연화가 강조된 영미계통의 자유주의 국가들이 여성고용률이 높다. 반면에 제조업중심의 산업구조가 강하고 가족주의 문화가 강한 유럽대륙 국가들은 상대적으로 여성들의 노동시장 참여가

그림 15-2 OECD 국가 여성고용률의 변화 (단위: 노동인구 %)

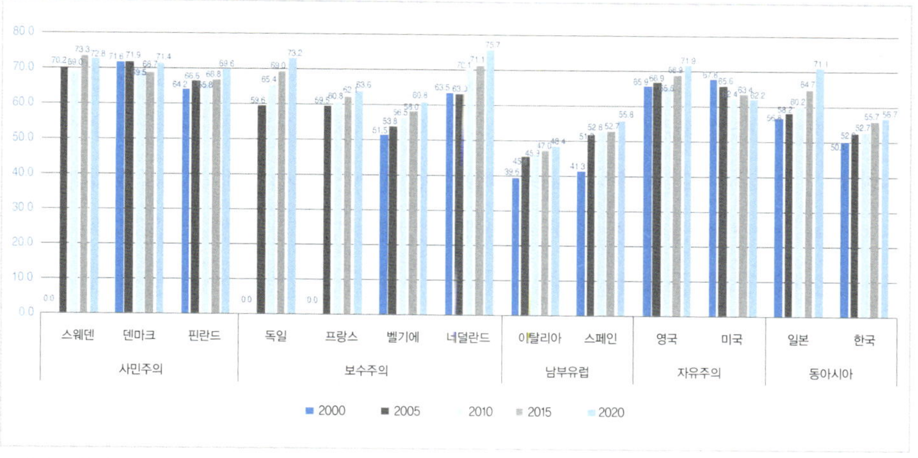

자료 : OECD Labour Market Statistics.

늦게 시작되었다. 우리나라도 OECD 국가들 중에 평균에 못 미치는 낮은 여성고용률을 가진 국가군에 속한다.

그런데 여성의 노동시장 참여의 증가와 필요성에도 불구하고 남성과 여성 노동자의 차별은 여전히 존재한다. 우선 고용률에 있어서 국가 간의 차이가 있지만, 여전히 남성의 노동시장 참여가 여성보다 높다. 문제는 노동시장에서 여성들이 남성보다 비정규직으로 더 많이 고용되어 있고 임금격차가 크다는 것이다. OECD 평균으로 여성은 21.7% 정도가 비정규직으로 고용되어 있고, 남성들은 4.4% 정도이다.[23] 여성들에 대한 노동시장 환경이 점진적으로 개선되었음에도 여전히 노동시장에서 젠더 간의 차별이 매우 크며, 특히 노동시장에서의 성차별은 일본과 한국 등 동아시아 국가들이 더 심하다.

그런데 여성들의 노동시장 참여율은 출산한 여성들이 출산과 초기 양육을 위해 노동시장에 잠시 나와 있다가 재진입할 수 있는 정도와 이후 지속적인 일과 가정의 양립문제가 중요한 조건이다. 즉 여성들의 노동시장 참여는 대체로 출산과 연관하여 출산휴직, 육아휴직을 통한 고용보장과 일과 가정의 양립정책과 밀접한 관련을 갖는다. 이 문제를 해결하기 위해서는 기존에 가족이, 가족 내에서 여성이 담당했던 돌봄의 사회화가 필요하다. 돌봄의 사회화가 부재하면 돌봄 시간 부족으로 아동문제와 동시에 여성의 양성평등의 문제가 발생하게 된다. 이러한 돌봄의 사회화를 탈가족화(defamilialization)로 개념화한다. 그러나 단순한 돌봄의 탈가족화가 가족문제의 진정한 해결은 아니다. 가족의 재생산과 아동문제해결의 기저에는 양성평등이라는 젠더 문제가 있다. 국가별로 산업구조의 특성에 따라 여성의 노동시장의 참여가 항상 가능한 것도 아니며, 모든 여성이 노동시장에 참여하거나, 돌봄의 문제를 담당하는 것도 아니다. 궁극적으로 노동(사회 참여)과 돌봄에서 남성과 여성이 공유하는 양성평등이 문제해결의 중요한 방향이 된다. 이러한 양성평등의 방향을 탈성별화(degenderization)로 개념화한다.

2) 가족정책의 정의와 범위

가장 전통적인 가족정책은 근대국가가 형성되면서 시작했다고 할 수 있다. 근대국가 형성과정에서 국가는 가족의 공식적 · 법적 정의, 가족구성원들의 서로에 대한 의무와 책임, 결혼과 이혼, 부부관계, 세대 간의 관계 등을 민법이나 가족법 등 법제도 형식으로 가족을 사회제도로서 규율한다. 다른 한편으로, 근대사회의 형성은 사회 전체를 공적 영역과 사적 영역으로 나누면서, 가족을 사적 영역의 하나로 규정하고 앞의 기본적인 가족제도의 법제도적 규율 외에 나머지 돌봄이나 양육의 문제 등 가족문제에는 국가가 개입하지 않는 사적인 문제로 간주했다. 그러나 신사회적 위험의 등장과 같은 환경변화에 따라 가족의 문제는 점점 사적 문제가 아닌 공적 문제, 공적 영역으로 확대되기 시작한 것이다. 이에 따라, 복지정책으로서의 가족정책은 근대사회의 기본적 사회제도로서 가족에 대한 국가의 법 제도적 규율이 아니라 사회적으로 바람직한 가족의 기능을 유지하기 위한 다양한 사회 문제해결형 정책들의 집합을 의미한다.

가족과 관련된 정부정책들이 증가하면서 독립적인 정책으로서 가족정책의 구체적인 정의와 범위의 문제가 제기된다. 넓은 의미의 가족정책에 대한 정의로는 캐머만(S. Kamerman)과 칸(A. J. Kahn)에 의한 "정부가 가족에 대해서, 가족을 위해 하는 모든 정책" 혹은 "정부가 가족에게 직·간접적으로 영향을 미치는 모든 정책"이 있다.[24] 그러나 이 정의는 너무 넓어서 사실 너무나 많은 정책들이 가족정책이 될 수 있고, 따라서 가족정책에 특정 정책목적이나 기능을 부여하기 어렵다.[25] 그러므로 캐머만과 칸은 두 가지 차원에서 가족정책을 정의한다. 첫째, 넓은 의미의 가족정책을 '명시적 가족정책(explicit family policy)'과 '묵시적 가족정책(implicit family policy)'으로 나눌 것을 제안한다.[26] 명시적 가족정책은 가족 내에서의 개인의 역할이나 가족 전체를 위한 특정 목적이나 기능을 실현하는 목적을 명시한 정책들을 의미한다. 묵시적 가족정책은 가족과 관련된 목적들과 직접적인 연계는 없지만 아동, 모성 등 가족구성원 또는 가족에게 중요한 영향(효과)을 주는 정책을 의미한다. 예를 들어, 프랑스나 벨기에는 정부가 일찍부터 가족의 출산과 여성의 사회 참여를 장려하면서 의도된 가족의 기능을 유지하기 위하여 명시적 가족정책을 실시하였던 반면에, 영미계통의 국가들은 명시적으로 가족정책으로 의도하지 않은 묵시적 가족정책들이 있어 왔다. 따라서 좁은 의미의 가족정책은 명시적 가족정책을 일컫는 것이 일반적이다. 그러나 이제는 가족문제가 심각해짐에 따라 많은 국가들이 이전의 묵시적 정책을 명시적 정책으로 전환하기 시작하였다. 기존의 묵시적 정책들을 가족정책으로 명시하고, 부모육아휴직 등 새로운 명시적 가족정책들을 실시하고 있는 추세이다.

둘째, 가족정책의 대상의 문제이다. 여기에서 두 가지의 이슈가 나온다. 하나는 가족정책을 가족 전체를 하나의 단위로 삼고 문제를 해결하는 정책인가, 아니면 가족구성원들의 개별 욕구의 문제들을 해결하는 정책인가의 문제이다. 예를 들면, 보육정책이 어머니를 위한 정책인가, 아동을 위한 정책인가, 아니면 가족을 위한 정책인가의 이슈이다. 또 다른 하나는 특정한 형태의 가족의 단위를 목적으로 두는가 아니면 다양한 형태의 가족들을 포괄하는 것인가의 문제이다. 예를 들어, 현대 산업사회의 정상가족의 개념은 결혼한 부부와 자녀로 이루어진 핵가족을 의미해 왔다. 따라서 가족정책은 이러한 규범적 가족형태를 유지하는 것을 목적과 대상으로 하는가, 아니면 최근에 이혼의 증가, 동거, 비혼출산, 동성애 가족 등 과거의 전통적인 법적 · 문화적 정상가족의 범위를 넘어서는 다양한 형태의 가족까지 성장하고 있는데, 이러한 새로운 다양한 가족형태들을 인정하고 가족으로서의 기능과 구성원의 욕구를 해결해 주는 정책까지를 의미하는가의 문제이다. 즉 어디까지 가족으로 포괄하는가의 문제이다. 이 경우, 젠더문제를 비롯해 인권문제 등 다양한 사회적 이슈들이 가족문제와 연계되어 가족정책의 대상으로 포함된다.

이와 같이, 가족정책 범위의 기준들에 대한 논쟁은 가족정책을 1) 명시적 vs. 묵시적, 2) 가족 vs. 가족구성원, 3) 단일가족 vs. 다양한 형태의 가족으로 나누어 봄으로써 개별국가들이 가지고 있는 정치경제적 · 사회문화적 · 이념적 특성에 따라 가족정책의 범위와 목적들의 다양성을 이해할 수 있다. 따라서 최근에 급성장한 가족정책은 이러한 새로운 가족문제들이 나타남에 따라 계속 진화하고 확대되며 변화하는 과정에 있다고 할 수 있다.

가족정책이 사회정책으로서의 의미를 가지기 위해서는 앞에서 논의되었던 기준들을 포괄하는 통합적인 방향으로 정의될 필요가 있다. 특히 가족정책은 사회보험, 공공부조처럼 특정 수단을 전제로 하지 않고, 목적성에 맞추어 다양한 수단들이 포함될 수 있다. 그리고 가족정책의 정의와 범위는 그 사회 또는 정부의 이념적 · 가치적 규범이 중요한 역할을 한다. 최근의 경향은 명시적 가족정책의 방향으로 나아가고 있으며, 다양한 가족구성원의 욕구들을 충족시켜 주고, 또한 가족의 형태들이 다양하게 변화하는 환경에 대응하여 가족이 가지는 본질적 사회적 · 경제적 · 정치적 기능들과 역할을 수행할 수 있도록 가족정책이 발전해야 할 것이다. 가족정책은 정형화되지 않는 포괄적 정책의 특성을 가지면서 다른 관련된 정책들을 목적에 따라 포함시키거나 새로운 기능을 가진 정책을 결합하게 된다.

3) 가족정책의 종류와 수단

가족정책은 어떤 것들이 있는가? 가족정책의 범주와 종류는 앞에서 논의했던 것처럼 가족정책의 목표와 이념에 따라 달라질 수 있다. 일반적으로 가족은 사회적 제도로서 결혼, 출산, 양육, 교육 및 사회화, 노년기 돌봄 등 개인 생애주기의 전 과정의 욕구들이 포함된다. 가족정책의 범주는 크게 3가지로 나눌 수 있다.

첫째로, 서비스정책이다. 아동을 위한 돌봄서비스로는 보육서비스, 방과 후 프로그램이 있을 수 있고, 노인을 위한 돌봄프로그램과 장기요양서비스가 있다. 가족정책으로서의 목표는 아동, 노인에게 가족친화적이면서 안정되고 적절한 돌봄이 된다.

둘째로, 현금급여정책이다. 양육에 필요한 비용을 보장하거나 돌봄의 무급노동에 대한 보상이 된다. 이에는 전통적인 아동수당에서부터 양육수당, 소득공제 또는 세액공제를 통한 조세지출, 그리고 출산 또는 육아 휴직 기간 동안의 소득보장을 위한 휴가(휴직)급여, 양육(연금)크레딧제도들이 있을 수 있다.

셋째로, 시간정책이다. 이것은 노동시간을 규제하는 정책이다. 정부가 노동시간을 규제하여 여성들의 일과 가정의 양립을 지원하는 정책이다. 지금까지는 대부분이 여성중심으로 시간정책이 시행되었으나, 최근에는 남성들도 육아휴직이 허용된다. 특히 노동시장의 특성상 남성들의 육아휴직 사용이 낮으므로 양성평등의 관점에서 남성들에게도 육아휴직을 강제하는 아버지 할당제가 실시되고 있다.

이와 같은 세 가지 정책범주에서 국가별로 정책목적과 정책수단의 확보 가능성에 따라 다양하게 변형된 정책들이 개발되고 실시될 수 있다. OECD는 기능적 사회지출 분류에서 가족정책을 가족수당(아동수당), 육아휴직수당, 육아휴직 중 소득보전, 아동가정 소득보전, 임신수당, 보육서비스, 학교급식, 개인 · 가족에의 지원 등으로 나누었다.

4) 가족정책의 기능

가족정책은 출산과 양육이라는 가족의 기본적인 기능 차원을 넘어서서 가족구성원의 노동권과 돌봄권 또는 부 · 모권에 관련된 다양한 정책들을 가족정책의 범주로 넣는 추세이다. 즉 가족정책은 가족구성원의 돌봄과 일과 가정의 양립을 중심으로 탈가족화와 가족화, 탈상품화와 상품화, 또는 탈성별화와 성별화에 영향을 미친다고 볼 수 있다.[27]

가. 탈상품화

탈상품화는 이미 자본주의 체제에서 모든 것을 상품화시키는 구조적인 문제의 맥락에서 그중에서도 노동의 상품화 문제를 해결하는 복지국가의 역할을 잘 설명해 주는 개념으로서 에스핑-앤더슨의 복지유형론의 가장 핵심적인 기준이 되고 있다. 탈상품화의 개념은 이미 주지하다시피, "개인이 시장에 의존하지 않은 채로 최소한의 삶을 유지할 수 있을 때"를 의미한다.[28] 이를 가족정책에 적용을 하면, 출산휴가, 육아휴직, 양육과 관련하여 일정 수준의 소득을 보장 받으면, 부 · 모가 일정 기간 양육을 위해 노동으로부터 벗어날 수 있는 선택을 할 수 있는 조건을 만들어 주는 것을 의미한다. 이것이 권리로 되면 사회권이고 부 · 모권이 되는 것이다. 따라서 최근에는 가족정책에서 탈가족화가 중요한 정책기준이 되지만, 탈상품화는 여전히 가족정책에서도 기본적으로 필요한 조건이다. 다만, 에스핑-앤더슨의 초기 복지국가 유형화에서는 남성부양자모델을 전제로 탈상품화를 강조하였기 때문에 여성의 가사와 돌봄의 무급노동을 고려하지 않았다는 많은 비판을 받았다. 그러나 여성의 노동시장 참여는 무보수 노동으로부터 벗어나 탈가족화를 통한 여성노동의 상품화를 의미하는 동전의 양면과 같은 이중적 성격을 갖게 된다. 그런데 여성들이 노동시장에 참여하게 되면 다수의 여성노동자들은 저임금과 장시간 노동 등 노동의 상품화에 더욱 압력을 받는다. 따라서 일반 노동자로서의 탈상품화가 필요할 뿐만 아니라 출산과 육아에 관련된 소득보장정책과 서비스정책, 그리고 출산 및 육아휴직과 같은 시간정책을 통한 탈상품화가 중요하다.

나. 탈가족화

가족정책의 유형화에서 중요한 기준의 하나로 탈가족화가 제기되어 왔다. 그런데 탈가족화는 여러 차원의 관점들이 있다. 그리고 각각은 가족정책에 중요한 의미를 부여하고 있다.

에스핑-앤더슨은 자신의 복지국가 유형론에서 후기 산업사회 맥락에서 이전의 탈상품화와 계층화라는 두 개의 기준에서 탈가족화를 추가하면서 탈가족화의 개념은 "가구(households)의 복지와 돌봄의 책임이 국가복지나 시장을 통하여 완화되는 정도를 의미"하는 것으로 정의하였다.[29] 그리고 탈가족 레짐(defamilializing regime)이란 "가구의 경제적 부담을 덜어 주고 개인의 복지가 친족에 의존하는 것을 줄여주는 복지레짐"으로 정의한다.

올로프(A. Orloff), 리스터(R. Lister) 등 여성주의자들은 좀 더 구체적으로 탈가족화의 개념을 남성생계부양자에 대한 여성의 경제적 의존을 완화시키고 자율성을 증가시키는 것으로 정의한다. 이 개념은 여성 개인의 관점에서 혼인에 의존하지 않아도 되는 독립적인 경제적 자율성을 의미한다. 따라서 탈가족화의 개념에 탈상품화도 함께 내재되어 있는 개념이라고 할 수 있다.

따라서 가족정책의 관점에서나 여성주의 관점에서 탈가족화와 탈상품화는 서로 배타적으로 분리되는 독립된 개념이라기보다 함께 포함된 개념이라고 볼 수도 있다.

자칫 잘못하면 탈가족화는 여성이 노동시장에 참여를 하게 되면, 탈상품화정책이 반드시 필요하게 되고, 여성이 노동시장에 참여하지 않더라도 가족을 이루면 다양한 가족정책의 지원은 내부적으로 여성의 가사 및 돌봄 노동을 현실화하는 개념이 될 수도 있다. 이전에는 사적 영역이었기 때문에 가사노동과 돌봄노동은 노동가치 창출로 인정하지 않았다. 이런 맥락에서 적극적인 가족정책은 그동안 가정에서 여성의 숨겨진 무급노동을 외재화시키는 것이다. 그리고 돌봄 그 자체가 시민권으로서 부·모권이라는 것이다. 현실적으로 오늘날의 산업구조는 모든 여성이 노동시장에 참여할 수도 없다. 그리고 노동시장의 참여보다는 적극적으로 돌봄을 선호하는 여성이 존재할 수도 있고 그것은 노동이고 보상을 받아야 하는 권리라는 것이다. 모두가 여성의 선택권리이다. 육아휴직, 육아수당 등의 현금급여는 이런 형태의 탈가족화를 지원하는 정책이 될 수 있다.

다. 탈성별(젠더)화

탈성별(젠더)화란 가족 내 불평등한 성별분업 구조가 가족정책에 의해서 해소되는 정도를 의미한다.[30] 남성의 돌봄자 역할을 제도적으로 지원함으로써, 남성과 여성 모두가 돌봄노동의 주체가 될 수 있도록 하는 것이다. 즉 돌봄의 성차별화를 없애는 것이다. 즉 돌봄노동이 남성과 여성 모두가 수행해야 하는 의무이자 권리가 될 수 있도록 촉진한다. 이는 남성의 돌봄권으로서 남성의 돌봄을 가족화하는 전략이다. 이

표 15-3 가족정책의 목적과 정책수단

목적/차원	목표	대표적인 정책수단
탈상품화	• 아동이 있는 가족의 소득보충	아동수당
탈상품화-탈가족화	• 노동자가 가족생활을 병행할 수 있도록 시간보장 • 소득대체(탈상품적 기능) • 여성노동자의 노동경력 연속성 보장(탈가족적 지위유지)	육아휴직
탈가족화	• 아동 돌봄노동의 사회화 • 여성노동시장 통합	보육서비스
탈성별화	• 남성의 육아참여	아버지의 달

자료 : 김수정(2006). "스웨덴 가족정책의 삼중동학: 탈상품화, 탈가족화, 탈젠더화."「가족과 문화」. 18(40). p.10.

러한 정책의 대표적인 예는 스웨덴의 아버지의 달 정책이라든가, 아버지의 육아휴직을 의무로 강제화시키는 정책이다.

위에서 살펴본 세 가지 기준을 가족정책의 정책수단과 관련하여 정리하면 앞의 〈표 15-3〉과 같다.

5) 한국의 가족정책의 특징과 문제점

한국에서 가족정책이 주요 정책 어젠다로 등장한 시기는 저출산 · 고령화문제가 우리 사회에 본격적으로 제기되었던 2000년대 초반부터라고 할 수 있다. 저출산 · 고령화문제를 비롯하여 불평등과 노동시장의 문제, 교육문제, 이혼율의 증가, 여성가구의 증가 등의 가족해체 현상이 등장하면서 가족정책은 주요 정책 어젠다로 부상하였다.

IMF 경제위기 때 집권했던 김대중 정권은 여성문제를 직접 담당할 여성부를 신설하였다. 이후 여성부는 여성가족부로 탈바꿈했고 정부의 가족정책을 담당하는 주무부처가 되면서 정부는 가족정책을 더욱 적극적으로 선도하기 시작하였다. 물론 앞에서 다룬 다양한 가족정책들이 부분적으로 실시되어 오고 있었지만, 명시적인 가족정책으로서의 의도보다는 개별집단의 욕구들을 잔여주의 차원에서 부분적으로 대응해왔다고 할 수 있다. 그런 가운데, 2004년에 건강가정기본법이 제정되면서 우리 정부의 가족정책의 체계를 만드는 중요한 기반이 되었다. 비슷한 시기에 여성의 노동시장 참여와 저출산문제 대비를 위한 아동보육정책이 적극적으로 실시되기 시작하였고, 모성보호를 위한 육아휴직제도도 고용보험제도에서 실시되어 여성들의 고용과 연계를 시켰다. 또한 노인장기요양보험의 실시를 통해 가족 내 노인돌봄문제 해결에 기여하기 시작하였다. 이와 같이 가족정책의 핵심 정책인 돌봄과 일과 가정의 양립 정책들이 먼저 실시되는 가운데, 최근에는 보육수당 및 육아수당, 아동수당 등 현금급여정책들도 실시되기 시작하였다.

이와 같은 2000년대 이후 정부의 일련의 적극적인 가족정책의 추진들은 정부지출의 비교에서도 잘 드러난다. [그림 15-3]에서 볼 수 있듯이, 2000년대 초 우리의 가족정책의 지출 수준은 OECD 국가들 중에서 가장 낮았다. 그러나 2000년대 중반으로 들어서면서 보육, 다양한 가족중심의 사회서비스, 노인장기요양보험제도 등의 실

그림 15-3 OECD 국가들의 가족정책 지출비교 (단위 : GDP %)

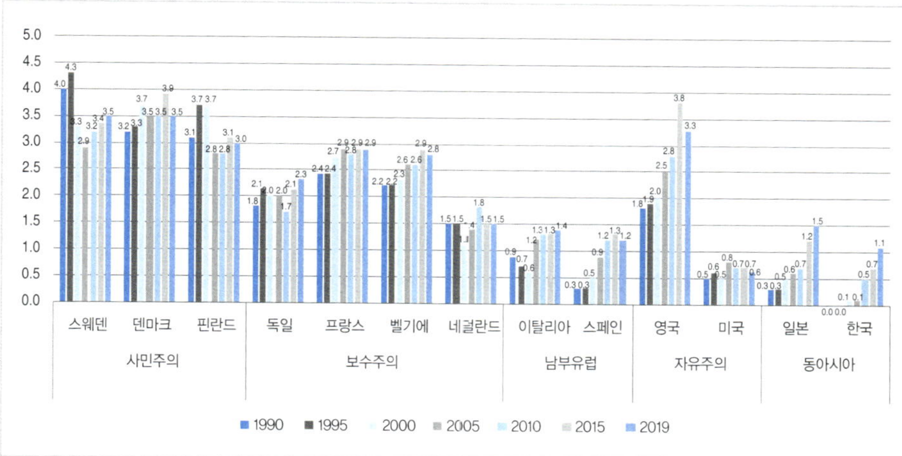

자료 : OECD Family Data Base.

시로 정부의 지출속도는 매우 빠르게 증가하고 있다. 2013년 OECD의 비교통계를 보면, 한국의 가족복지정책의 지출 수준은 미국을 앞질렀고, 남부유럽의 가족주의 국가들 수준에까지 이르렀다.

그러나 우리의 가족정책은 적어도 형식적으로 이렇게 빠르게 성장하는 속도에 비해 몇 가지 중요한 문제점들을 보여주고 있다. 첫째로, 우리의 가족정책 체계의 근간이 되는 건강가정기본법이 전제하고 있는 가족의 개념이나 가족정책에 대한 목적과 가치들이 변화하는 가족구조의 다양성에 대응하는 개념들과 정책방향을 보여주지 못하고, 전형적인 핵가족형태의 규범가정을 모델로 체계화되어 있다는 점이다. 그러나 우리 사회의 가족구조와 가족에 대한 개념은 매우 빠르게 변화하고 있다. 그런데 건강가정기본법은 빠르게 변화하는 다양한 가족형태에서 발생하는 다양한 복지수요들을 충족시키지 못하고 있다. 가족문제와 관련된 다른 파편화된 주변적 법들은 여전히 변화하지 않고 잔여주의적 접근에 머물러 있다. 변화하는 가족형태에 대응하는 보다 적극적인 가족정책이 필요하다.

둘째로, 사회서비스 체계의 문제이다. 예를 들어, 보육서비스는 빠른 속도로 보편화되었으나, 그 방식이 바우처시스템을 통한 준시장화 전략이었다. 보육서비스는 탈가족화의 핵심정책이지만, 보육정책 확산이 여성들의 탈가족화에 얼마나 기여할 수 있는가에 의문이 제기된다. 이러한 상황은 장기노인요양보험제도도 마찬가지이다. 사회서비스의 공급과 인프라가 준시장화 전략으로 확대됨에 따라 인프라와 공급이 시장의 논리에 따라 공급되고 선택되면서 지역 간, 계층 간 수요 대비 공급의 불균형과 서비스의 질이 문제가 되고 있다.

셋째로, 가족정책은 가족을 중심으로 다양한 정책수단으로 집행되기 때문에 여러 부처에서 정책을 실시한다. 여성가족부가 전체적인 가족정책의 주무부처이나, 가족정책의 핵심인 돌봄서비스는 보건복지부가 담당하고 있으며, 육아휴직과 같은 일과 가정 양립은 고용노동부에서 실시를 한다. 정책수단들이 다양한 부처에 흩어져 있음으로 인해 다양한 정책수단들이 서로 연계되어 통합적으로 기획되고 조정되면서 집행될 수 있는 정책추진체계가 필요하다.

넷째로, 실질적인 전달체계의 문제이다. 다양한 가족정책의 담당부처들이 경합하는 조정이 잘 안 되는 가운데, 전달체계도 부처 간에 난립되어 있고 상호 조정이 안 되고 있다. 보건복지부의 사회복지기관, 여성가족부의 건강가정지원센터, 지방정부의 전달체계 등이 서로 연계성이 없이 파편화된 서비스 전달체계를 이루고 있다.

마지막으로, 가족정책의 전반적인 방향성이다. 정부의 가족정책은 아직 뚜렷한 방향성과 일관성을 보여주고 있지 못하다. 초기의 가족정책은 출산과 여성의 노동시장 참여라는 기능적인 목적에 초점을 두었다. 일과 가정의 양립은 아직 여성지향성, 여성들의 노동시장 참여가 주 목적이 되었다. 양육을 책임지고 있는 여성들을 위한 정책지원, '모성보호'와 '여성친화적 정책'이 강조되었다. 최근에 와서 아버지의 돌봄의 역할에 점차로 관심을 갖게 되었다. 보육서비스보다 휴가휴직정책의 보편화와 활용 제고를 위한 논의가 주를 이루었다. 이 단계는 노동권에 이어 부 · 모권이 강조되기 시작했다는 의미이다. 이는 점차적인 양성평등으로의 지향성을 보인다는 것이다. 그러나 가족구조의 다양한 형태로 변화하는 것에 대한 관심과 대응은 여전히 부족하고. 그리고 여전히 가족정책들 사이에 부처 간, 프로그램 간 파편화되고 통합적 조정이 없이 시행되고 있는 실정이다. 우리 사회의 사회변동과 가족구조와 욕구의 변화와 다양성, 그리고 미래 지향적인 관점에서 탈상품화, 탈가족화, 탈성별화를 고려한 가족정책이 추진되어야 한다.

3 — 노인장기요양서비스 : 노인장기요양보험

1) 노인장기요양보호(elderly long-term care)의 개념

노인장기요양서비스는 고령이나 만성적 · 기능적 장애로 일상생활을 수행하는 데 어려움을 겪는 노인들에게 장기적으로 수발 및 요양서비스를 제공하는 것이다. 장기요양서비스는 특정 질환의 의료서비스와 구별하여 치유의 개념이 아니라, 회복불가능한 장애에 대한 일상적인 기능을 위한 돌봄의 의미가 강하다. 따라서 장기요양보호의 대상을 평가할 때, 목욕, 식사, 옷 입기, 대소변 보기와 같은 기본적 일상생활활동(Basic Activities of Daily Living: basic ADL)과 요리, 청소, 쇼핑 등 도구적 일상생활활동(Instrumental ADL)의 기준이 중요하다. OECD의 최근 보고서에는 장기요양보호를 "기본적인 일상생활활동(basic ADL)을 위해 도움을 필요로 하는 자에게 제공되는 일련의 서비스"로 정의하고 있다.[31]

서구 선진복지국가들의 노인장기요양서비스는, 중앙정부는 포괄적인 국가차원에서 정책기획을 하고 일부 재정적 지원을 하며 주로 지방정부가 자신의 재원과 지역사회의 수요에 맞게 공적 서비스 공급 및 전달체계를 주도하는 사회서비스 형식으로 발전하였다. 따라서 주요 재원조달 방식은 중앙 또는 지방정부의 조세에 의존한다. 그러나 후발로 노인장기요양서비스를 확대하는 국가들은 사회보험의 형식으로 재원을 조달하는 동시에 공공서비스기관을 구축하는 것보다 민간부문의 다양한 서비스 공급자들을 요양서비스 공급시장에 진입시켜 공급 인프라를 구축하는 방식으로 요양서비스를 보편적으로 제공하였다. 따라서 노인장기요양은 기본적으로 사회서비스의 중요한 영역이지만, 재원조달을 사회보험방식으로도 할 수 있다.

2) 노인장기요양서비스의 필요성

노인장기요양서비스가 필요하게 된 배경에는 크게 두 가지의 사회변화가 있다. 첫째는 고령화 사회로의 진입이다. 고령화 사회로의 진입은 노인성 질환의 증가로 인한 의료비 부담이 커진다. 동시에 고령화 사회가 되어 감으로써 점점 일상생활에서 기능장애를 겪는 노인들이 증가한다. 특별한 질병이 없더라도 나이가 듦에 따라 일상생활의 수행이 어렵게 되며 수발과 요양을 필요로 한다. 따라서 노인장기요양서비스가 필요하게 된 이유는 일부 의료서비스와 겹치는 영역이 있으나 기본적으로 의료서비스와 분리하여 수발과 요양에 전문적인 서비스를 통하여 고령화 사회에 증가하는 의료비용을 절약하는 동시에 노인들의 삶의 질을 개선하는 데 도움을 줄 수 있다.

둘째는 산업구조와 가족구조 변화이다. 이미 앞에서 새로운 사회적 위험의 등장과 사회서비스 역할의 중요성에서 논의했듯이, 특히 여성의 경제활동의 참여가 증가됨에 따라 돌봄 기능의 탈가족화가 필연적이기 때문이다. 과거에는 가족이, 그중에서도 여성이 돌봄 기능을 주로 담당했으나, 후기 산업사회로의 진입은 여성들의 노동시장 참여를 요구하고, 또한 젠더문제는 여성의 무급노동의 문제와 젠더평등을 해결해야 한다. 돌봄의 사회화는 노인들의 삶의 질뿐만 아니라 가족의 삶의 질도 문제가 된다. 장기노인요양을 사회화함으로써 노인의 삶의 질 향상과 가족의 심리적 · 사회적 · 경제적 부담을 경감시키고 국민 전체의 삶의 질을 향상시키는 효과를 기대할 수 있다.

3) 한국의 노인장기요양서비스의 특징과 구조

가. 사회보험방식

노인장기요양서비스는 초기에는 중앙정부 또는 지방정부가 직접 서비스를 제공하는 방식으로 출발했다. 일찍이 공공사회서비스를 시작한 스웨덴, 노르웨이와 같은 사민주의 국가, 영국의 베버리지 모델을 따른 영국, 오스트레일리아, 뉴질랜드, 캐나다, 유럽대륙 국가 중에서는 오스트리아, 스페인 등이 조세방식으로 노인장기요양서비스를 제공하였다. 반면에 아직은 소수이지만 독일, 일본, 네덜란드 등 사회보험제도가 강한 국가들 사이에서 또는 노인장기요양서비스를 늦게 시작한 국가들 사이에서 사회보험방식으로 노인장기요양서비스제도를 만드는 국가들이 증가하고 있다.

조세방식으로 정부가 직접 서비스를 공급하는 국가들 중에서도 높은 조세부담을 통해 보편주의적 서비스를 제공하는 사민주의 국가들을 제외하면 대부분은 재정적 제한 때문에 주로 저소득층을 대상으로 정부가 노인장기요양서비스를 제공하고 있다. 그러나 노인장기요양서비스는 고령화 사회에서의 보편적 신사회적 위험의 성격을 가지고 있기 때문에 소득 수준과 상관없이 노인이 되면 기능 상태에 따라 장기요양서비스가 보편적으로 제공될 수 있어야 한다. 그러므로 이미 조세방식으로 노인장기요양서비스를 공급한 나라가 아니라면, 새로 구축하는 국가들은 사회보험방식을 더 선호하고 있다.

한국은 2008년 7월부터 사회보험방식으로 노인장기요양보험을 도입하였다. 노인장기요양보험제도의 실시는 이전의 노인요양서비스가 매우 잔여적인 제도였는데, 이를 전 국민이 자격이 되면 서비스를 받을 수 있도록 급여를 보편주의화했다는 데에 큰 의미가 있다. 노인장기요양보험제도가 실시된 이후 수급자 비율은 2008년에는 노인인구 대비 2.5%에서 2016년 말 현재 7.5%까지 증가하였다. 뒤에서 논의하겠지만, 노인장기요양보험제도는 아직 여러 가지 문제들을 노출하고 있으나, 고령화에 대비하여 선제적으로 실시함으로써 노인들의 수발과 가족들의 노인돌봄문제에 큰 도움을 주고 있다.

나. 체계와 운영구조

국가별로 노인장기요양보험제도의 구체적인 구조와 운영방식은 조금씩 다르다. 한국의 경우 [그림 15-4]와 같이 정리될 수 있다. 우리의 노인장기요양보험제도는 건강보험과 함께 국민건강보험공단에서 운영을 하고 있기 때문에 건강보험제도의 관리구조와 유사하다. 건강보험가입자는 당연 노인장기요양보험가입자가 된다. 중앙정부에서 보건복지부가 보험재정을 관리운영하고 있으며, 국민건강보험공단이 보험자로서 보험료의 징수와 급여를 담당한다. 제3자인 공공 또는 민간 요양서비스 기관이 서비스를 제공하고 그 비용을 서비스 사용자의 본인부담금과 보험자인 국민건강보험공단으로부터 받는다. 서비스를 받기 위해서는 장애의 등급을 판정받기 위한 심사신청을 하고 등급을 판정 받은 후에 등급에 해당되는 서비스를 받을 수 있는 자격이 주어진다. 중앙정부는 제도운영에 관한 전반적인 관리와 책임을 지고, 보험료의 책정, 제도의 개혁 등을 담당한다. 지방자치단체의 주요 기능은 서비스 공급자(재가서비스, 시설서비스)를 인·허가해 주는 권한을 갖고 있고, 빈곤층인 국민기초생활보장 수급권자에게는 공적 부조제도의 일환으로 장기요양비용을 부담하고 있다.

그림 15-4 노인장기요양보험의 체계와 운영구조

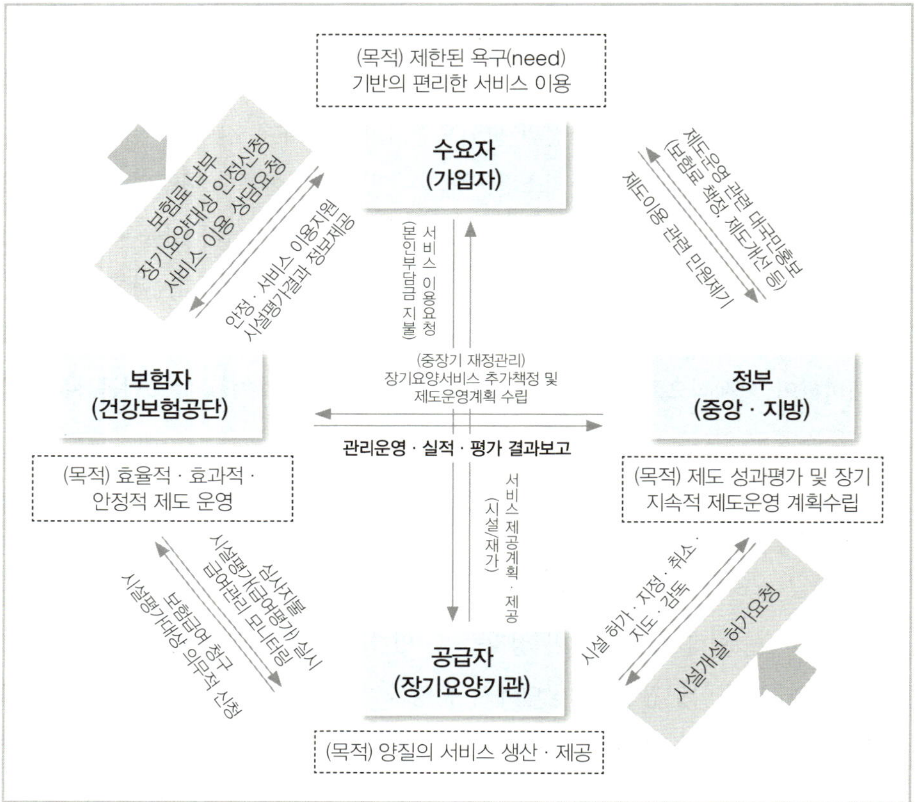

자료 : 선우덕 외(2016). 「노인장기요양보험의 운영 성과 평가 및 제도 모형 재설계 방안」. 한국보건사회연구원. p.58.

다. 급여대상과 인정체계

노인장기요양서비스의 급여대상자는 국가별로 수급권자의 나이나 장애의 조건기준에 따라 다양하다. 우리의 경우 건강보험에 가입됨으로써 노인장기요양보험제도도 동시에 가입된다. 노인장기요양보험의 급여대상은 65세 이상의 노인 또는 65세 미만으로서 치매, 뇌혈관질환 등 대통령령으로 정한 노인성 질병을 가진 자가 신청할 수 있다. 서비스를 원하면 등급 신청을 해야 하고, 〈표 15-4〉에서 보는 것처럼 장애의 수준에 따라 1등급에서 5등급으로 나누어져 등급에 따라 제공되는 급여(서비스)를 받을 수 있다. 등급은 2007년 제도를 실시할 때에는 간단하게 3등급으로 시작하여 수급에 문제가 제기되었으나, 2017년 7월부터는 5등급으로 나누어서 급여를

표 15-4 장기요양등급별 인정점수 및 기능상태

등급	심신의 기능상태	장기요양 인정점수
1등급	일상생활에서 전적으로 다른 사람의 도움이 필요한 상태	95점 이상
2등급	일상생활에서 상당 부분 다른 사람의 도움이 필요한 상태	75점 이상 95점 미만
3등급	일상생활에서 부분적으로 다른 사람의 도움이 필요한 상태	60점 이상 75점 미만
4등급	심신의 기능상태 장애로 일상생활에서 일정부분 다른 사람의 도움이 필요한 상태	51점 이상 60점 미만
5등급	치매(제2조에 따른 노인성질병으로 한정한다.)환자	45점 이상 51점 미만

자료 : 보건복지부 홈페이지.

제공하고 있다.

라. 급여의 종류

노인장기요양보호의 급여형태는 현물급여와 현금급여가 있다. 현물급여는 요양시설서비스(시설급여: 노인요양공동생활가정, 노인요양시설)와 재가서비스(방문요양, 방문목욕, 주·야간보호, 단기보호, 복지용구구입)처럼 서비스의 형태로 제공한다. 그리고 현금급여는 가족요양비, 특례요양비, 요양병원간병비와 같이 특수한 경우에 예외적으로 지급한다. 현물급여와 현금급여는 장기요양등급에 따라 급여의 월 한도액을 설정하고 있다. 노인장기요양보험의 급여 종류는 사회보험방식을 취하고 있는 독일이나 일본과 비교해 보면 그 종류가 많지 않다. 따라서 우리도 앞으로 급여의 종류를 더 개발해야 할 필요가 있다.

마. 보험료와 재정

한국의 노인장기요양보험의 재정은 기본적으로 보험료와 국가 및 지방정부의 지원으로 운영된다. 보험료는 건강보험공단이 건강보험료와 통합하여 징수한다. 건강보험료액에 장기요양보험료율 7.38%(2018년 기준)를 곱한다. 국가는 매년 예산의 범위 안에서 당해 연도 장기요양보험료 예상수입액의 20%에 상당하는 금액을 공단에 지원한다. 국가와 지방자치단체는 의료급여 수급권자의 장기요양급여 비용 중 공단이 부담하여야 할 비용과 관리운영비의 전액을 대통령령이 정하는 바에 따라 부담한다. 재정안정화와 서비스 남용방지를 위해서 본인부담제가 있다. 수급자가 시설에 입소하면 총비용의 20%를, 가정에서 재가서비스를 받으면 15%를 본인이 부담한다. 그리고 저소득층에 대하여 본인 부담을 일부 감면해 주는 제도를 두고 있다.

바. 노인장기요양서비스의 인프라와 공급자 현황

노인장기요양은 사회서비스이기 때문에 서비스의 인프라 구축이 중요하다. 조세방식은 정부가 직접 공적 서비스 기관과 인력을 구축하여 제공하지만, 사회보험방식은 정부가 재정과 서비스 가격을 통제하는 규제방식의 서비스 제공이다. 서비스 공급은 정부뿐만 아니라 민간부문의 영리와 비영리를 포함하는 복지혼합을 통해 이루어진다. 그리고 정부는 서비스 가격과 진입 규제를 시행하고 준시장(quasi-market) 기제를 활용하여 장기요양서비스 인프라를 구축하였다. 특별히, 정부는 빠른 시간 내에 장기요양 인프라를 구축하기 위하여 민간부문에서 서비스 공급자들의 시장진입 장벽과 규제를 최대한 낮추는 전략을 취했다. 또한 요양보호사를 양성하기 위하여 단기과정으로 자격증을 취득할 수 있도록 하였고, 공급기관들도 최소한의 기준으로 허가를 해 주었다. 도입 초기에 인프라가 절대적으로 부족했기 때문에 취한 전략이었지만, 일시에 지나치게 민간부문의 공급자, 그중에서도 영리부문의 공급자가 증가하여 서비스의 질을 유지하는 데 어려움이 있었다. 〈표 15-5〉에서 볼 수 있듯이,

표 15-5 설립구분별 장기요양기관(공공/민간)(2021년)

설립구분별 장기요양기관 (공공/민간) (2021)						
설립구분별		재가	시설	통합	계
				통합재가서비스	
		기관수(개)	기관수(개)	기관수(개)	기관수(개)
공공	지방자치단체	131	115	0	246
민간	법인	2,586	1,354	1	3,940
	개인	17,774	4,503	10	22,277
	기타	68	16	0	84
계		20,559	5,988	11	26,547

자료 : 통계청, https://kosis.kr/statHtml/statHtml.do?orgId=350&tblId=DT_35006_N020

2021년 현재 지방자치단체가 운영하는 공공재가시설은 131개소로 전체의 0.6% 정도로 매우 극소수이다. 재가요양기관은 거의 민간이 담당한다고 봐야 한다. 요양시설은 115개소로 1.9% 수준이고 나머지는 민간공급자들이다. 이와 같이 장기노인요양보호 공급자 구조에서 민간이 대다수를 차지함으로써 노인요양서비스의 질과 요양사 등 종사자들의 처우가 심각한 문제로 제기되고 있다.

4) 한국의 노인장기요양보험의 문제와 개선방향

가. 대상자 및 급여 수준의 문제 : 등급판정의 공정성, 접근과 이용의 형평성

한국의 노인장기요양보험은 고용보험의 도입 때처럼 고령화 사회에 대비하는 선제적인 측면이 있다. 2000년대 초에 고령화저출산 문제가 제기되면서 상당히 신속하게 2007년에 법이 제정되고 2008년에 실시된 지 15년이 지나면서 당장 필요한 수발과 요양노인들의 수요를 충족시키는 데에 크게 기여하고 있다. 그런 가운데에도 여전히 서비스 대상자 인정판정과정에서 엄격성이 강해 인정률이 낮아 수혜대상자가 탈락되는 경우가 많고, 저소득층의 경우 본인부담률 수준이 높다는 문제 등 여러 문제들이 제기되고 있다.

노인장기요양보험의 가입은 건강보험제도와 연동되어 실질적으로 전 국민이 가입되는 보편주의적 제도이다. 수급자격은 65세 이상으로 한정되어 있고, 65세 미만의 연령층인 경우는 치매나 중풍 등 노인성 질환으로 일상생활에서 기능장애인 경우에 한해 혜택을 받을 수 있다. 문제는 일반 장애인도 포함되는가이다. 다른 선진 국가들은 장기요양보험의 수혜자로서 나이와 관련 없이 장애인들을 포함하고 있다. 따라서 장애인을 배제하는 것이 문제점으로 지적되고 있다.

다음으로는 요양등급 인정절차가 매우 까다롭다. 인정률이 낮고 실제로 노인인구 대비 급여율이 낮은 편이다. 예를 들어, 중증장애인 1등급과 2등급을 도입 초기와 2015년 현재를 비교해 볼 때 1등급은 인정률이 26.8%에서 2015년에 8%, 2등급은 27.2%에서 15.2%로 낮아졌다. 또한 이미 제도의 초기 시행 때 재정안정화를 위해 장애의 정도가 매우 높은 최중증 또는 중증인 경우에 엄격히 인정판정을 하였다. 지금은 3등급에서 5등급으로 늘어나고 치매도 포함되어 완화되었지만, 여전히 노인인구 대비 이용률을 비교하면 독일의 14.5%, 일본의 18.5%에 비하여 우리는 7.1% 수준에 머무르고 있다. 또한 재정지출 수준도 GDP 대비 0.27%로서 독일 2.0%, 네덜란드 3.7%에 비하여 매우 낮다. 다시 말해서 정부가 재정안정화의 문제를 고려해서 의도적으로 수급률을 낮게 설계·운영하고 있다. 그리고 장애인도 나이에 관계없이 장기요양인정자에 포함하여 노인장기요양보험을 확대할 필요가 있다. 그리고 본인부담률 시설 20%, 재가 15%가 장기요양서비스에 대한 저소득층의 접근성을 떨어뜨리지 않도록 소득 수준을 반영한 본인부담률 개선이 필요하다.

나. 서비스의 질 및 공공성의 문제 : 공급자의 준시장의 문제

한국의 노인장기요양보험제도는 일본을 좇아 현물급여중심으로 설계되었다. 독일은 현물급여뿐만 아니라 현금급여를 통해 가족들이 돌봄에도 기여할 수 있게 한다. 급여가 현물급여중심으로 설계되어 있을 때 서비스의 질과 효과는 서비스 인프라의 구축, 즉 양질의 서비스 전달체계를 만드는 것이 중요하다. 정부가 추진한 준시장화를 통한 서비스 공급전략은 수요자의 선택과 공급자의 경쟁으로 양질의 서비스가 공급될 것으로 이론적으로는 제기되고 있지만 현실은 그렇지 못하다. 우리의 노인장기요양서비스 공급체계는 기본적으로 준시장이 제대로 작동될 수 있는 만큼의 시장의 공급자를 통제할 수 있는 양질의 공공요양시설이 절대적으로 부족하다. 우리의 장기노인요양서비스의 인프라 구조는 소수의 공공요양시설과 다수의 영리 서비스 기관으로 공급되고 있다. 더욱이 정부는 재정의 안정화와 가입자의 보험료 부담을 줄이기 위하여 실제 생산가격에 못 미치는 낮은 수가의 가격규제를 통해 서비스 공급시장을 규제하고 있고, 공급자의 시장진입에 대한 질적 통제가 약할 뿐만 아니라, 진입한 공급자들의 서비스 질에 대한 평가기준이나 집행이 제대로 되고 있지 못하다. 따라서 민간서비스 공급자는 수익을 남기기 위하여 요양사의 낮은 임금과 낮은 비용으로 서비스를 제공해야 하는 바닥으로의 경쟁에 내몰리고 있다.

다수의 민간 공급자들이 활동하는 준시장에서 서비스의 질과 공급의 형평성, 그리고 서비스가 추구하는 인간관계의 관계성 회복, 연대와 공동체 등이 담보되어야 한다. 노인장기요양서비스의 질과 공공성을 확보하는 문제는 공공조직이 서비스를 제공하는 것의 문제라기보다는 다양한 공급자들의 복지혼합을 통해 서비스의 질과 공공성을 높이기 위한 제도설계를 어떻게 할 것인가의 문제이다.

다. 요양서비스 종사자 근로조건의 문제

노인장기요양서비스에서 낮은 요양서비스 수가에서 민간시장의 영리 공급자의 진입은 수익성을 낮추는 요인으로 작용한다. 이에 따라 영리 공급자들은 비용절감을 목적으로 요양보호사의 임금을 낮추고 근로조건을 악화시킬 수 있으며, 그 결과 서비스의 질이 낮아질 수 있다.[32] 노인장기요양서비스뿐만 아니라 돌봄서비스의 전반적인 시장에서 서비스 노동자들의 근로환경과 임금의 문제는 이제는 글로벌 차원의 문제로 등장했다. 특히 돌봄서비스 종사자의 경우 여성노동자가 많기 때문에 젠더의 문제가 되었고, 또한 선진국에서도 주로 이민여성노동자들이 저임금의 비공식 노동시장에서 일을 하고 있다. 우리의 경우 노인장기요양서비스의 공식 시장에는 외국인 노동자나 이민자들이 진입하기는 어렵지만, 그 외에 가정과 병원에서의 비공식 요양시장에는 많은 외국인 노동자들이 진입해 있다. 따라서 요양서비스 종사자 근로조건의 문제는 서비스의 질만의 문제가 아니라 노동시장, 인권 등 다양한 정치경제, 정치사회적 문제들이 연계되어 있다.

라. 관리체계의 개선 : 케어매니지먼트의 필요성

대인사회서비스 전달체계에서 수요자를 잘 관리하고 서비스의 질과 효과를 높이기 위해서는 수급자의 수요를 전문적으로 판단하고 관리하는 케어관리자를 두는 것이 원칙이다. 일본과 독일의 노인장기요양보험제도에서도 지방정부의 역할하에 케어매니지먼트 시스템을 운영하고 있다. 케어매니지먼트의 중요성은 사회서비스 시장에서의 중요한 시장실패의 문제인 수요자와 공급자의 정보 불균형의 문제를 해결해 주는 제도이기도 하다. 우리의 경우, 케어매니지먼트 시스템이 없기 때문에 서비스 정보의 부족에 놓이는 소비자는 자신이 원하는 서비스 조직을 찾아 많은 거래비용을 부담해야 한다. 또한 서비스 공급조직이나 서비스 노동자들의 부당한 행위, 과잉경쟁, 과잉공급을 통제하기가 어렵다. 물론 케어매니지먼트 시스템을 도입할 때에도 이들의 전문성을 확보하고 전문가로서의 권력을 통제할 수 있도록 해야 한다.

마. 재가서비스 및 커뮤니티 케어의 확대와 비공식 수발자 지원

여성의 노동시장의 참여와 젠더평등을 강조하는 신사회적 위험이나 사회투자의 관점을 고려하면 개혁의 방향은 공공성 강화전략을 통해 노인에게는 좋은 돌봄을, 종사자에게는 괜찮은 일자리를 제공하는 것이다. 그리고 노인의 삶의 질의 관점에서 노인장기요양서비스의 최근의 경향은 '노인이 살던 지역사회에서 나이 들어가기(aging in place)'라는 개념으로 노인들을 시설에서 요양하기보다는 가능한 가족, 이웃, 지역공동체 내에서 비공식 돌봄과 공식 돌봄의 조화를 지향하고 있다. 이를 위해서는 다양한 서비스의 통합화, 연계, 연속성 보장, 예방서비스가 가능하도록 정밀한 커뮤니티 케어의 설계가 필요하다. 또한 탈가족화의 의미가 돌봄이 공식적인 기관이나 제도에서만 이루어지고 가정을 벗어나는 것만은 아니다. 돌봄은 인간과 인간의 정서와 관계성을 유지해야 한다. 따라서 최근의 추세는 탈시설에서 지역으로 가정으로 돌봄의 시스템을 복원시키는 것이다. 독일은 가족에 의한 돌봄서비스에 대해 현금지원을 하고 있다. 이러한 방향이 궁극적으로 고령화 시대에 노인돌봄의 고비용을 줄이고 인간다운 돌봄 사회를 만들어 가는 과정일 것이다.

4 — 교육서비스 : 평생학습사회의 구축을 위하여[33]

세계화, 후기 산업사회, 지식기반사회 등으로 불리는 21세기는 과거 우리가 살아왔던 농경사회나 산업사회와 크게 다르다. 오늘날 인간의 생애주기는 지난 시대처럼 '단순'하고 '표준화'되어 있지 않다. 인생여정이 훨씬 복잡하고, 변화무쌍하고, 가변적이다. 노동시장의 유동화로 인해 일자리 창출과 소멸이 일상화되는가 하면, 직장 간, 직업 간 이동이 빈번하다. 그런가 하면 '일자리 없는 성장(jobless growth)'이 대세이다. 이러한 냉혹하고, 숨 가쁜 고용시장에서 지식기반사회의 새로운 사회적 위험들, 즉 저지식 · 저숙련을 극복하고, '지속적 고용능력'을 유지하기 위해서는 개별 노동주체가 전 생애주기에 걸쳐 계속적인 능력개발을 하지 않으면 안 된다. 최근에 평생학습 내지 학습복지(learnfare)가 각광을 받는 것도 바로 그 때문이다.

이러한 관점에서 볼 때 사회투자국가(social investment state)의 개념에 기초한 사회투자적 접근은 우리에게 많은 시사점을 제공한다. 이 접근은 기본적으로 경제적 생산성과 사회적 형평성의 조화를 추구한다. 그러한 관점에서 사회투자적 접근은 지식

기반사회의 새로운 위험들(경력단절, 저숙련 등)을 극복할 수 있는 인적 자원에 대한 적극적 투자들, 즉 '지속적 고용능력'의 제고에 큰 비중을 두며, 아울러 사회적 · 교육적 취약자에 대한 교육기회의 확대와 교육복지서비스의 제고에도 매우 적극적이다. 생애주기별로 유아기, 학교교육기, 그리고 근로기로 나누고 생애주기에 따라 중점 교육 내용을 살펴보면 아래와 같다.

1) 유아교육

사회투자적 정책의 관점에서 볼 때, 생애주기별 배열의 첫 단계인 취학 전 아동의 학습능력 배양에 높은 우선순위가 부여되어야 한다. '미래의 시민'인 영 · 유아의 공공보육 및 교육의 강화와 질적 제고는 유아단계 교육투자의 탁월한 효과성, 출발선에서의 교육평등의 실현, 저출산 완화 및 여성근로 촉진 등 실로 다양한 맥락에서 그 사회투자정책적 중요성이 크게 인정된다. 많은 연구에 따르면, 유아기 아동의 학습능력은 가정의 소득 수준과 문화 수준에 크게 영향을 받는다. 따라서 빈곤의 대물림과 사회적 이동성의 고착화를 막기 위해서는 저소득 가정의 아동에게 취학 전 적정 수준의 보육과 교육을 제공할 필요성이 매우 높다.

선진 여러 나라들은 대체로 3세 미만의 영아를 위해서는 양질의 탁아를 제공하고, 3~5세의 유아를 위해서는 공교육체계 안에서 교육과 보육 서비스를 통합하여 제공하고 있다. 우리나라에서는 유아교육이 오랫동안 교육정책의 우선순위에서 밀렸다가, 1995년 5 · 31 교육개혁으로 유아교육의 공교육체제 구축 필요성이 제기되면서, 유아교육의 내실화와 무상교육의 단계적 추진 노력이 가시화되기 시작했다. 그러나 우리의 경우, 교육 및 보육 체제가 유치원과 보육시설(어린이집)로 이원화되어 있고, 각각 교육부와 보건복지부에 의해 관장되어 정책추진의 비효율성과 서비스 질의 차이, 부모 부담 및 재정지원의 차이 등의 문제를 낳고 있다.

2012년 유치원과 어린이집에 다니는 만 3~5세 어린이들의 공평한 교육과 보육 기회보장을 위해 〈누리과정〉이라는 표준 교육내용이 마련되었다. 그러나 어린이집 누리과정 비용 부담을 둘러싸고 중앙정부와 각 시도교육청 사이에 갈등이 계속 빚어졌다. 그러던 중 2017년 5월 문재인 대통령이 2018년 이후 어린이집 누리과정 예산 전액을 중앙정부 예산으로 지원하겠다고 밝히면서 갈등은 일단락되었다. 그러나 이

문제의 궁극적 해결을 위해서는 유아교육과 보육과정을 통합하여 누리과정의 행정 사무를 일원화하고, 이를 바탕으로 국가 차원의 질 관리에 나서야 할 것이다.

2) 학교교육

초·중등교육은 국민교육의 근간이며, 따라서 많은 선진 복지국가의 경우 초·중등 교육은 국가가 책임을 지며 무상으로 제공한다. 최근 우리나라를 비롯해 많은 선진 국가에서 해마다 중산층의 비율이 줄어들고, 빈부의 격차는 더욱 벌어지고 있다. 이 같은 사회양극화는 지식기반경제의 심화와 지속적인 글로벌화로 심화되고 있다. 소득과 부의 양극화 현상은 곧바로 계층 간 경제력의 차이에 의한 교육비 부담능력의 불평등으로 이어지고, 이것이 다시 사회적 불평등을 심화시키는 경향을 보이고 있다. 이러한 맥락에서 '사회적 불평등–교육 불평등–사회적 불평등'의 악순환의 고리를 끊을 수 있는 거시적 · 종합적 · 정책적 대응이 필요하다.

그렇다면 우리가 경쟁력 제고를 통해 세계경쟁, 지식기반경제의 큰 흐름에 부응하고 아울러 사회통합과 사회적 형평을 이루기 위해서 학교교육을 어떻게 개혁해야 할 것인가? 교육개혁의 규범적 · 정책적 기조를 논의할 때 자주 등장하는 개념이 수월성과 형평성이다. 수월성은 능력 신장과 경쟁력 강화에 주안점을 두며, 따라서 경제적 효율성과 생산성을 크게 강조한다. 그러므로 엘리트주의적 속성이 강하며, 주로 자유시장주의자들의 지지를 받는다. 이에 반해 형평성은 교육기회의 평등과 뒤진 이에 대한 배려를 중시하며, 교육소외의 극복과 사회적 연대를 지향한다. 그 때문에 민중주의적 속성이 두드러진다. 따라서 보수정권은 수월성 위주의 교육정책을 추구하는 경향이 강하며, 진보정권은 상대적으로 형평성을 중시하는 정책을 표방하는 경우가 많다.

수월성과 형평성의 이러한 대조적 성격 때문에 많은 이가 양자의 관계를 이분법적으로 이해하고, 이를 양자택일의 문제로 보는 경향이 강하다. 그러나 수월성과 형평성은 어느 하나도 소홀히 할 수 없는 소중한 교육적 가치이며, 따라서 양자의 관계는 양자택일이 아니라 균형과 조화의 문제로 이해해야 한다.

수월성과 형평성의 조화와 균형을 추구한다 하더라도 그 상대적 비중과 실천전략은 교육단계별로 달리할 필요가 있다. 바람직하기는 유치원과 초등학교에서는 경쟁

교육보다는 인성교육에 더 큰 비중을 두고, 이에 더하여 창의성의 씨앗을 뿌리는 데 역점을 두어야 한다. 그러므로 기존의 암기식 지식교육과 시험을 통한 줄 세우기 식의 경쟁교육은 가능한 한 축소할 필요가 있다. 이러한 맥락에서 초등학교까지의 학교교육은 수월성보다는 형평성에 역점을 두는 방향으로 이루어져야 할 것이다. 한편 보다 상급학교인 중·고등학교에서는 인성교육에 대한 비중을 조금씩 줄이면서, 창의성 계발과 연계하여 지식교육의 강도를 높여 형평성과 수월성을 보다 조화롭게 배합하는 것이 바람직하다. 마지막으로는 대학교육에서는 수월성에 우선적 가치를 둘 필요가 있다. 다시 말하면, 유치원 및 초등교육 과정에서는 인격의 기본을 세우고 창의성의 샘을 찾아내는 데 힘쓰고, 중등교육과정브터는 보편적 교육의 틀 안에서 지적 · 정서적 능력계발에 힘쓰다가, 대학교육과정을 거치면서 전문적 능력을 크게 제고하여 학습자 개인의 총체적 능력이 최고조에 달할 수 있도록 교육제도를 설계하고, 이를 정책적으로 지원해야 한다.

교육생태계의 제반문제 해결의 주요한 고리가 바로 대학이다. 대학입시정책에 따라 초·중등교육 현장이 크게 개선될 수 있으며, 정부와 대학의 노력 여하에 따라 교육과 연구의 특성화와 함께 국가역량 강화가 이루어질 수 있다. 이와 연관하여 우리나라에서는 소수 명문대를 정점으로 하는 고착화된 대학의 서열구조를 타파하는 문제가 시급하다. 이를 위하여 학부교육에 중점을 두면서 폭넓은 교양교육과 함께 교육내용이 질 높은 취업과 연계될 수 있는 특성화된 교육중심 대학을 집중 육성할 필요가 있다. 여기에는 무엇보다 정부의 일관된 정책과 지속적인 투자가 필수적이다.

우리나라에서 소위 명문대를 가기 위해 이루어지는 사교육에 대한 과잉투자는 지위경쟁에서 패배했을 때 감수해야 하는 상대적 손해가 너무 크기 때문이다. 공부전쟁에서 지더라도 '미생'으로 전락하지 않을 고용정책과 사회보장정책이 뒷받침된다면, 지위경쟁의 강도는 훨씬 약화될 것이다. 전문계 고교-전문대-중소기업으로 연결되는 생애경로가 명문대 졸업자의 삶의 질과 비교하여 크게 차이가 없다면, 지위경쟁 나아가 우리나라의 사교육 열풍은 크게 줄어들 것이다.

서구 여러 나라의 경우 지위경쟁이 치열하지 않고 다수의 청년들이 대학에 가기보다는 20대 초에 입직을 한다. 그러나 거기서 학습의 끈을 놓지 않는다. 일부는 뒤늦게 대학에 진학하기도 하지만, 대다수는 사내대학, 개방대학, 방송통신대학, 학점은 행제 혹은 다양한 형태의 회귀교육(recurrent education)을 통해 계속교육 내지 평생교육과정을 밟으며, 늦은 나이까지 자신의 직업능력을 제고하고 있다.

3) 근로기 평생교육

평생학습(lifelong learning)은 개인적 · 시민적 · 사회적 혹은 고용연관적 관점에서 지식, 기술 및 능력을 증진할 목적으로 평생에 걸쳐 적극적으로 추구하는 모든 학습을 뜻한다. 평생학습은 사회적 포용, 적극적 시민성과 개인적 발전을 증진하고 경쟁력과 고용지속성을 제고한다는 면에서 현대인의 삶에서 필수불가결한 요소가 되고 있다.

평생학습사회는 이러한 지속적 · 자발적 학습이 생애의 전 과정에서 일상화되고, 삶의 모든 장면에서 광범위하게 이루어지는 새로운 사회의 도래를 말한다. 최근으로 올수록 평생학습사회를 강조하는 이유는 지식정보화 사회의 도래로 지식의 생명주기가 짧아지기 때문에 지속적으로 개인과 국가의 경쟁력을 확보하기 위해서는 학습과 교육이 학령기에 국한될 것이 아니라 생애 전체에 걸쳐서 이루어져야 한다는 인식 때문이다. 이는 곧 학습이 학교라는 독립적 · 폐쇄적 제도의 울타리를 넘어 사회 각 분야에서 보편화되는 것을 의미한다. 그러므로 개방형 평생학습지원체제가 바르게 구축되기 위해서는 학교의 운영시스템이 폐쇄형 · 종점형 모형에서 개방형 · 연계형 모형으로 변화하여야 하며, 동시에 평생학습이 전 생애주기에 확산될 수 있도록 학교와 가정, 직장, 지역사회와의 파트너십이 형성되어야 한다. 그러나 우리의 경우, 학교교육과 평생교육 간의 관계를 살펴보면, 아직도 폐쇄형 · 종점형 모형에 기반을 둔 전통적 학습모형이 주종을 이루고 있고, 평생학습은 잔여적 형태로 그 주변에 머물고 있는 형국이다.

특히 테크놀로지의 발전과 더불어 평생학습은 새로운 지평을 열고 있다. e-러닝의 활성화를 통해서 '언제, 어디서나' '일과 학습'을 연계할 수 있는 다양한 온라인 코스가 개발되고 있으며, 최근에는 '무크(the massive open online courses: MOOC)'의 등장으로 무상 혹은 염가로 수요에 따라 높은 수준의 비공식적 자율학습도 일상화되기에 이르고 있다.

사회투자적 접근에 입각할 때, 무엇보다 생애주기에서 한창 고용상태에 있는 청년 및 근로세대에게 지속가능한 고용능력을 보장하는 일은 매우 중요하다. 그런데 이를 위해서는 평생학습 지향의 교육정책만으로는 충분치 않다. 여기서 교육정책이 노동시장정책, 사회복지정책과 연계되어 포괄적 · 유기적으로 관리되는 것이 바람직하다. 이러한 맥락에서 최근 덴마크를 비롯한 서구 여러 나라들이 평생학습체제와 '유연안정성(flexicurity)'의 결합을 시도하는 노력이 돋보인다. 여기서 유연안정성은 노동시장의 유연성 + 적극적 노동시장정책(active labor market policy) + 사회보장을 포괄하는 개념이다. 이러한 통합적 연계정책을 풀어서 설명하면, 경제활성화를 위해 노동시장의 유연화는 불가피하다고 본다. 그러나 그 경우라도, 평생학습지원체제가 제구실을 하고, 적극적 노동시장정책을 통해 다양한 형태의 교육과 직업훈련, 고용관련 정보 및 서비스 제공, 취업알선 등 적극적이고 예방적인 고용창출 노력을 계속하며, 아울러 사회보험 등을 통해 적정 수준의 사회보장을 뒷받침하는 경우, 지속가능한 고용이 가능하다는 것이다.

우리나라에서는 평생교육이 1995년 5 · 31 교육개혁에 의해 조명을 받기 시작하여 1999년에 종전의 〈사회교육법〉을 대체하여 〈평생교육법〉이 새로 입법되었고, 국가 수준의 '평생교육 기반구축과 제도운영'을 위해 2007년에 교육부 산하에 〈국가평생교육진흥원(National Institute for Lifelong Education: NILE)이 수립되었다. 아울러 지역 평생교육 활성화를 위해 지방자치단체의 지원 아래 평생교육진흥원(시도), 평생학습도시(군구), 평생학습센터(읍면동)로 이어지는 평생교육체계가 구축되어 있다. 우리나라 성인(25세 이상~65세 미만)의 평생교육 참여율은 2009년 28.0%에서 2013년 30.4%로, 그리고 2016년 35.7%로 꾸준히 증가해 왔다. 그러나 이는 OECD 18개국 중 12위이며, 특히 학력이 인정되는 형식교육 참여율은 17위로 최하위권에 머물고 있다.

앞으로 대학평생교육이 보다 활성화되기 위해서는 성인학습자의 학습기회 확대를 위한 보다 유연하고 다양한 입학제도와 학사운영의 시행과 더불어 학습자의 요구에 부응하는 현장중심의 질 위주 교육과정을 계발할 필요가 있다. 아울러 전문대와의 연계 등을 통하여 취약계층 성인학습자의 고등교육 기회를 넓히는 데도 앞장서야 할 것이다. 아울러 대학이 대학-노동시장-지역 간의 유기적인 네트워크 구축과 상호협력을 통하여 산-학 혁신과 지역혁신에도 기여해야 할 것이다.

100세 시대(homo hundred)를 맞이하여 노인에 대해서도 사회투자적 관점에서 고용가능성 증가를 위해 평생교육이 필요하다. 우리의 경우, 2026년에 만 65세 이상의 노인인구가 총인구의 20%를 넘어서는 초고령 사회에 진입하게 된다. 저출산, 고령화가 더 진전되면, 노동공급의 절대 수준이 감소하고, 특히 생산가능인구(15~64세), 핵심생산인구(25~49세)의 수가 줄어들 수밖에 없다. 생산가능인구가 점차 줄어드는데, 노인의 노동시장 참여 없이는 지속적인 경제성장은 기대하기 어렵다. 따라서 앞으로 가용인력을 최대한 효율적으로 활용하는 데 보다 치열한 정책적 관심을 기울여 '유실'되는 인적 자원을 최소화하는 데 만전을 기해야 할 것이다. 이를 위해 고령자 직업교육, 훈련 및 고용촉진, 공적 연금개혁, 예방적 건강서비스, 장기요양서비스, 기초소득보장연금 등이 연계되어 통합적으로 관리될 필요가 있다. 아울러 저소득층, 다문화 가정, 새터민 및 장애학생 등에 대한 교육 및 사회복지 차원의 지원 대책이 절실히 요구된다.

4) 교육투자 패턴의 재구성

우리 교육이 사회투자형 평생학습사회를 구축하기 위해서는 교육재정시스템도 보다 미래지향적으로 바뀌지 않으면 안 된다. 기존의 우리나라 교육투자의 패턴은 초·중등 교육의 비중이 크고, 처음과 끝의 여타 교육부문이 상대적으로 작은 이른바 '다이아몬드' 형이다. 한국인의 교육열은 가히 전설적이다. 따라서 공교육비 외에 엄청난 사교육비를 투입한다. 따라서 사교육비문제는 가정적 · 사회적으로 큰 부담을 안겨 주고 사교육비 경감문제는 첨예한 사회적 쟁점이 되고 있다. 그런가 하면 고교졸업생들의 대학 진학률이 70%에 달하고 있어 50%+의 미국이나 일본, 30~40%의 서구에 비해 지나치게 높은 편이다. 이러한 학력과잉은 그간 질 관리를 소홀히 하고, 산업계 수요를 제대로 수용하는 데 실패한 대학교육의 문제점과 맞물려 엄청난 수의 청년실업(대졸 비경제활동인구 300만)과 하향취업(4명 중 1명) 현상을 낳고 있다. 그런데도 단순생산인력은 외국인 노동자로 채워지고, 중소기업의 인력부족률이 10%에 이르는 기현상이 연출되고 있다. 이러한 '다이아몬드'형 교육투자 패턴이 나타난 가장 근본적인 원인은 초·중등 교육만을 국가의 기본적 책무로 설정하고 나머지 영역은 민간이 책임질 영역으로 설정한 데서 기인한다고 할 수 있다. 그러나 최근 들어

누리과정을 비롯한 유아교육단계에 대한 투자 증대, '반값 등록금 논쟁'에서 비롯된 고등교육단계에 대한 투자 확대, 그리고 평생 · 직업교육의 중요성 증가는 정부 역할의 확대를 요구하는 변화라고 할 수 있다. 사회투자적 정책관점에서 볼 때, 이들 세 영역에 대한 재정투자는 대폭 확대할 필요가 있다. 그러나 앞으로 교육재정이 획기적으로 증가할 가능성은 높지 않다. 따라서 총량의 증가 못지않게 배분적 효율성과 운영적 효율성을 제고하는 데 관심을 쏟아야 할 것이다.

1 특히 우리 정부가 고령화 · 저출산 문제해결과 일자리 창출을 위해 사회서비스정책을 강조하는 가운데 다양한 정책들을 실시하면서, 국내 학계에서는 사회서비스의 개념화와 범주에 대한 논쟁들이 진행되고 있다. 예를 들어, 정부가 장기노인요양보험제도를 실시하고, 사회보장기본법에서 사회서비스의 개념과 범주를 법적으로 정의하는 한편, 각종 사회서비스 프로그램들을 바우처방식으로 확대하면서 다양한 영리 및 비영리 공급자들이 서비스 공급시장에 진입하게 되어 사회서비스의 시장화가 활발하게 진행이 되었다, 또 다른 한편으로 IMF 경제위기 이후 실업문제해결을 목적으로 다양한 사회적 일자리를 창출하는 목적으로 사회적 기업진흥법을 제정하는 등 사회서비스 분야에 일자리 창출이 강조되었고, 사회서비스라는 개념이 여러 가지 목적으로 또는 정책수단으로 사용되어지기 시작하면서 학계나 현장에서의 혼돈이 일어나고 있다. 이에 관한 문헌으로서 남찬섭(2009). "최근 사회복지서비스 변화의 함의와 전망: 지방이양, 바우처, 노인장기요양보험으로 인한 변화를 중심으로 한 탐색적 고찰."「비판사회정책」. 28. pp.7-49.; 김보영(2012). "사회서비스, 정의와 정책방향." 사회보장기본법 개정에 따른 사회(복지)서비스 정책 쟁점과 과제 정책토론회 토론문. 2012.3.16. 서울상공회의소.; 최영준 외(2013).「돌봄기능관련 복지사업 심층분석」. 보건복지부 보고서.; 강혜규 외(2007).「사회서비스 공급의 역할분담 모형개발과 정책과제: 국가 · 시장 · 비영리민간의 재정분담 및 공급참여 방식」. 보건사회연구원.; 김영순 외(2007). "복지국가유형별 사회서비스의 발전과정과 시사점."「보건복지포럼」. 3월. pp.37-61.; 석재은 외(2015).「장기요양보험의 공공성 강화 방안」. 보건복지부.; 양난주(2014). "한국의 사회서비스: 민간의존적 공급의 한계와 과제."「동향과 전망」. 10. pp.93-128 참조.

2 관계재에 대한 소개와 논쟁은 철학분야에서 Nussbaum, Martha(2001). *The Fragility of Goodness: Luck and Ethics in Greek Tragedy and Philosophy*. Revised Ed. Cambridge: Cambridge University Press, 사회학 분야에서 Donati, Pierpaolo(2014). "Relational Goods and Their Subjects: The Ferment of a New Civil Society and Civil Democracy." *Recerca*. 14. pp.19-46, 경제학에서는 Gui, Genedetto(2005). "From Transactions to Encounters: The Joint Generation of Relational Goods and Conventional Values. In Gui, Genedetto and Robert Sugden(eds.).*Economics and Social Interaction: Accounting for Interpersonal Relations*. Cambridge: Cambridge University Press.; Uhlaner, Crole(1989). "Relational Goods and Participation: Incorporating Sociality into a Theory of Relational Action." *Public Choice*. 62. pp.253-285에서 시작되어 최근에 가족정책, 복지, 행복, 지역공동체, 결사체 민주주의(associative democracy), 사회적 자본, 공유재(common goods)와 공공선(the public) 등 다양한 사회문제와 관련하여 활발히 논의가 되고 있다. Bruni, Luigino(2013). "Relational Goods: A New Tool for an Old Issue. ECOS. 3(2). pp.173-178 참조. 관계재란 경제학적인 관점에서는 기본적으로 개인이 개별적으로 소비하는 재화가 아닌 개인과 개인의 상호 관계에 연계된 재화라는 개념에서 정의를 내리는 반면에, 정치철학적 관점에서는 사람들의 상호 간의 관계의 경험 속에서 생성되고 소멸되는 비물질적 재화로서 우정(friendship), 상호적인 사랑(reciprocal love), 개인들의 시민사회의 연계와 참여(civic engagement)를 대표적인 예

로서 정의한다. 다양한 관계재의 정의와 관점에서 공통적인 것은 공동체에서의 사람과 사람과의 관계에서 오는 상호성(reciprocity)이라는 것이다. 사회서비스는 이러한 인간사회에서의 기본적 필요욕구로서 상호적 관계를 만들어 주고 정상화시켜 주는 역할을 한다는 것이다. Bahle, Thomas(2003). "The Changing Institutionalization of Social Services in England and Wales, France and Germany: Is the Welfare State on the Retreat?" *Journal of European Social Policy*. 13(1). pp.5-20은 사회서비스에서 이런 관계성의 문제제기를 했으며, 우리 학계에서는 사회서비스의 공급자 간의 관계의 관점에서 관계재를 분석한 양난주(2010). "한국 사회복지서비스의 변화: 행위자간 관계의 분석."「한국사회복지학」. 62(4). pp.79-102를 참조.

3 Esping-Andersen, Gösta(2009). *The Incomplete Revolution: Adapting to Women's New Roles*. Cambridge: Polity Press.

4 사회서비스의 유형화의 논쟁은 Anttonen, Anneli and Jorma Sipilä(1996). "European Social Care Services: Is it Possible to Identify Models?" *Journal of European Social Policy*. 6(2). pp.87-100.; Alber, J.(1995). "A Framework for the Comparative Study of Social Services." *Journal of European Social Policy*. 5(2). pp.131-14.; Daly, Mary and Jane Lewis(2000). "The Concept of Social Care and the Analysis of Contemporary Welfare States."*British Journal of Sociology*. 51(2). pp.281-298.; Bahle, Thomas(2003).; Munday, Brian(2003). "European Social Services: A Map of Characteristics and Trends." Report. Council of Europe. 여기에서는 사회서비스제도 발전의 다양한 양식과 경로를 이해하기 위해서 지금까지 제기된 유형론들을 검토 사회서비스 공급자들의 복지혼합의 특성에 기초해 Alber, J.(1995). *Op. cit.*; Anttonen, Anneli and Jorma Sipilä(1996). *Op. cit.*; Bahle, Thomas(2003). *Op. cit.*; Munday, Brian(2004). *Op. cit.*와 기존의 연구들을 바탕으로 정경희 외(2006).「한국의 사회서비스 쟁점 및 발전전략」. 한국보건사회연구원.; 김영순 외(2007)에서 정리가 잘 되어 있다.

5 복지혼합의 자세한 내용은 본 책의 제10장 참조.

6 Alber와 Bahle는 서구 유럽 복지국가들의 사회서비스제도의 발전과정에서 교회의 역할, 특히 교회와 국가의 관계가 사회서비스 발전에 중요한 영향을 주었다고 강조하고 있다.

7 Munday, Brian(2003). *Op. cit.*

8 subsidiarity는 보족주의 또는 보충주의로 번역되고 있다. 그런데 소위 보족성의 개념과 보충성의 개념은 약간 의미의 차이가 있어 보인다. 보족성은 계층적 개념에서 하층에 있는 집단이 자조적으로 하지 못하는 문제를 상위층이 충족시켜 주는 개념이라면, 보충성의 개념은 단지 부족한 부분을 더하여 채워 주는 의미로 해석이 될 수 있다. 이런 맥락에서 보충성보다는 보족성으로 번역을 해 보았다.

9 정경희 외(2006). 상게서.; 김영순 외(2007). 상게서.

10 Pestoff, Victor(2008). *A Democratic Architecture for the Welfare State*. London: Routledge.; Salamon, Lester M. and Helmut Anheier(1998). *Voluntas: International Journal of Voluntary and Nonprofit Organizations*. 9(3). pp.213-248.; Evers, Adalbert and Jean-

Louis Laville(2004). *The Third Sector in Europe*. Cheltenham: Edward Elgar.

11 Palme, Joakim *et al.*(2002). "Welfare Trends in Sweden: Balancing the Books for the 1990s." *Journal of European Social Policy*. 12(4). pp.329-346.; Huber, Evelyne and John D. Stephens(2005). "Combating Old and New Social Risks." The Paper Presented in the 14th International Conference of Europeanists, Palme House Hilton, March 11-13, 2004.; Blomquvist, Paula(2004). "The Choice Revolution: Privatization of Swedish Welfare Services in the 1990s." *Social Policy & Administration*. 38(2). pp.139-155.; Pestoff, V.(2008). *Op. cit.*

12 6개의 민간 사회복지사업단 연합체에 속하는 조직들은 노동자복지단체, 독일카리타스(가톨릭 복지사업기구), 독일평등복지연합, 독일적십자, 독일디아코니(개신교 복지사업기구)를 의미한다. 박수지(2009). "복지국가의 사회서비스 제도화 및 재구조화에 대한 고찰: 독일의 사례를 중심으로."「한국사회복지학」. 61(3). pp.155-177.

13 정무권(2020). "복지국가의 미래와 사회적 경제의 새로운 역할: 지역공동체 복지레짐의 형성."「지역발전연구」. 29(3). pp.191-249.

14 정경희 외(2006). 상게서.

15 복지부분의 미국을 비롯한 다양한 서구 국가들의 비영리의 비교는 Salamon, Lester M. and Helmut Anheier(1998). *Op. cit.* 참조.

16 동아시아 모델에 대한 설명은 정경희 외(2006). 상게서.; 김영순 외(2007). 상게서를 참조.

17 한국의 사회서비스제도의 역사적 발전과정과 제도적 특징에 대하여는 백종만(1996). "해방 50년과 남한의 민간복지."「상황과 복지」. 창간호. pp.39-62.; 이혜경(1998). "민간 사회복지부분의 역사와 구조적 특성."「동서연구」. 10(2). pp.41-75.; 김영종(2003). "한국 사회복지조직의 형성 과정에 관한 역사적 연구: 1950-70년대 부산지역을 중심으로."「한국사회복지행정학」. 10. pp.31-62.; 김영종(2012). "한국 사회서비스 공급체계의 역사적 경로와 쟁점, 개선방향."「보건사회연구」. 32(2). pp.41-76.; 이봉주 · 김문근(2007). "한국 사회복지서비스 공급체계의 현황과 전망." 2007년 한국사회복지정책학회 추계학술대회 및 Workshop 발표자료.; 양난주(2010). "한국 사회복지서비스의 변화: 행위자간 관계의 분석."「한국사회복지학」. 62(4). pp.79-102.; 양난주(2014). "한국의 사회서비스: 민간의존적 공급의 한계와 과제."「동향과 전망」. 10. pp.93-128.; 정무권(2015). "미래한국사회와 사회(복지)서비스 전달체계의 공공성과 적실성: 새로운 복지혼합과 지역공동체 중심의 사회(복지)서비스 거버넌스." 한국행정학회 기획세미나 발표자료. 제5차 좋은 행정 구현을 위한 기획세미나: 공공성의 도전과 기회: 보건의료와 사회복지의 Quo vadis?. 2015년 10월 30일 참조.

18 이혜경(1998). 상게서.

19 남찬섭(2009). 상게서.

20 김보영(2017). "지역사회서비스 10년의 제도화와 보편화, 그리고 문재인 정부의 과제."「복지동향」. 9월호.

21 OECD(2011). Doing Better for Families. OECD Publishing.

22 Esping-Andersen, Gösta(2009). *Op. cit.*

23 OECD(2011). *Op. cit.*

24 Kamerman, Sheila B. and Alfred J. Kahn(eds.)(1978). *Family Policy: Government and Families in Fourteen Countries*. New York: Columbia University Press.

25 예를 들어, 주택정책은 일반적으로 가족정책의 범위에 들어가지 않는다. 그러나 안정적인 가족을 유지하기 위해서 중요한 재화가 된다.

26 Kamerman, Sheila B. and Alfred J. Kahn(eds.)(1978). *Op. cit.*

27 유럽의 여성주의 학자들이 주로 이 관점을 가지고 있고, 국내에서는 윤홍식(2005). "가족정책의 성 통합적 재구조화: 노동 주체의 관점에 근거한 일과 가족의 양립을 중심으로." 「한국사회복지학」. 57(4). pp.291-319.; 윤홍식(2012). "가족주의와 가족정책 재유형화를 위한 이론적 논의." 「한국사회복지학」. 64(4). pp.261-284.; 송다영 · 정선영(2013). "통합적 가족정책으로의 패러다임 전환을 위한 과제." 「비판사회정책」. 39. pp.145-189 참조.

28 Esping-Andersen, Gösta(1990). *The Three Worlds of Welfare Capitalism*. Cambridge: Polity. p.22.

29 Esping-Andersen, Gösta(1999). *Social Foundations of Post-industrial Economies*. Oxford: Oxford University Press. p.51.

30 Steven(2013). "From Defamilialization to Degenerization: Toward a New Welfare Typology." *Social Policy & Administration*. 47(1). pp.26-49.; 김수정(2004). "복지국가 가족지원정책의 젠더적 차원과 유형." 「한국사회학」. 35(5). pp.209-233 참조.

31 OECD(2005). *Op. cit.*

32 2015년 기준으로 노인요양시설에 근무하는 요양보호사는 월 188시간 근무할 경우 115만 원으로, 재가시설 요양보호사는 월 88시간 근무에 평균 64만 원을 받는 것으로 조사보고되고 있다. 이건복(2017). "요양보호사가 본 노인장기요양보험 10년 평가와 개선요구." 국회토론회 자료집.

33 이 글의 많은 부분은 안병영 · 하연섭(2015). 「5 · 31 교육개혁 그리고 20년: 한국교육 패러다임의 전환」. 서울: 다산출판사.; 안병영(2015). "21세기 새로운 한국, 교육에서 길을 찾자." 〈무한경쟁에서 개성존중의 시대로〉. 동아일보 교육 심포지움. 2015.2.10.에서 발췌한 것이다.

16

공공부조

1 — 빈곤과 국민생활최저선

1) 빈곤이란 무엇인가?

빈곤(poverty)은 한 사회에서 개인 혹은 집단의 소득 수준이 낮아 경제적으로 열악한 처지에 놓여 있는 상태를 설명하기 위해 사용되는 개념이다. 그런데 빈곤 상태, 즉 경제적으로 열악한 처지가 구체적으로 어느 정도 소득을 말하는지는 시대와 나라에 따라 다르고, 빈곤을 연구하는 학자들 사이에서도 다양하게 사용된다. 여기에서는 국가가 빈곤을 예방하고 완화하는 노력을 기울일 때 사용하는 빈곤에 관한 정의를 좇아 절대적 빈곤(absolute poverty), 상대적 빈곤(relative poverty), 주관적 빈곤(subjective poverty) 개념으로 나누어 살펴보고자 한다.

절대적 빈곤은 인간의 생존(subsistence)을 위해 필요한 자원의 보유 여부를 빈곤의 기준으로 삼는다.[1] 인간 생활의 최소욕구(minimum needs of life)를 충족하는 데 필요한 물품의 비용을 나타내는 빈곤선(poverty line)을 정한 후, 가구소득이 빈곤선 이하인 가구를 절대적 빈곤가구로 정의한다. 최소한의 생존 수준은 생리적 차원의 생존이나 기본적 노동력의 보존을 위해 필요한 의 · 식 · 주에 소요되는 비용을 의미하며, 전문가들에 의해 그 수준이 정해지기 때문에 전문가예산(expert budget)이라고도 부른다. 절대적 빈곤 수준을 나타내는 빈곤선은 이해하기 쉽고, 정책을 수립하고 결정하는 데 활용하기 용이하다. 또한 객관적인 과학적 방법에 기초하여 최소한의 생계 수준(최저생계비)을 정한다는 점에서 선호된다. 그러나 절대적 빈곤은 빈곤하지 않은 사람의 소비지출 수준을 참고하여 빈곤선을 정하기 때문에 빈곤한 사람의 실질적 욕구를 반영하지 못한다는 비판을 받는다. 또 사람에 따라, 지역에 따라 최저생활에 필요한 자원의 차이를 반영하기 어렵다. 그리고 빈곤선이 생활에 필요한 물품(서비스 포함)을 모두 물량으로 표시하여 이들의 구입가격을 합산하는 전물량(market-basket) 방식과 반물량 방식(식료품에 대해서만 물량방식을 사용하고, 다른 부문, 즉 주거, 광열, 피복, 오락비 등은 엥겔계수에 의해 산출하는 방식)을 통해 객관적인 과학적 방법에 기초해 정해지는 것처럼 보이지만, 실상은 사회계급 관계와 저소득층의 영향력, 사회적 가치, 정부 재정 등을 고려하여 빈곤선이 결정되는 정치과정의 산물임을 부정할 수 없다.

한편, 제2차 세계대전 이후 1950, 60년대 동안 자본주의 황금기를 경험하며 서구 국가들이 앞다퉈 복지국가를 발전시켜 옴에 따라 일반 시민의 소득 수준이 높아지고 삶의 질도 크게 향상되어 빈곤이 사라진 것처럼 보였다. 그러나 몇몇 학자들은 생존에 필요한 자원의 보유 여부만으로 빈곤한지 아닌지를 판단할 수 없다고 주장하며 절대적 빈곤 개념을 비판하고, 대신에 상대적 빈곤 개념을 제시하였다. 이들은 실제로 사람들이 직업, 나이, 지역 등에 따라 필요한 의 · 식 · 주의 종류와 가격이 다르기 때문에 절대적 빈곤선의 설정에서 보는 바와 같이 전문가가 최소한의 생계 수준을 자의적으로 정하는 것은 빈곤의 현실을 제대로 포착할 수 없다고 비판한다. 인간은 사회적 존재이므로 빈곤 상태는 전문가의 지출 계산에 따른 절대적 기준으로 정의될 수 없으며, 사회문화적 차이에 따라 다르게 정의되는 주관적이며 상대적인 속성을 지닌다고 본다. 빈곤은 사회의 평균적 삶의 수준을 고려하여 상대적으로 판단되기 때문에 상대적 빈곤선은 사회 내 빈곤한 사람과 빈곤하지 않은 사람을 비교하여 정의되어야 한다.

상대적 빈곤을 주장하는 학자들 가운데 대표적 학자로 타운센드(P. Townsend)를 꼽을 수 있다.[2] 그는 경제적 풍요와 함께 절대 빈곤에 놓인 인구 규모가 크게 감소하였음에도 여전히 빈곤으로 인해 사회 활동에 참여하지 못하는 사람들이 다수 존재하는 데 주목하고, 빈곤을 사회적 차원에서 상대적 박탈(relative deprivation)로 이해하는 것이 타당하다고 주장하였다. 빈곤은 "개인과 가족, 집단이 적절한 식사를 하고 사회활동에 참여하며, 그들이 속한 사회에서 관습적이거나 적어도 광범하게 장려되고 인정되는 생활 수준과 편의시설을 누리는 데 필요한 자원이 결여된 상태"를 의미한다고 보았다. 상대적 빈곤은 빈곤이 개인적 생존의 문제일 뿐 아니라 개인이 생활하는 사회적 차원에서 경험하는 상대적 박탈의 문제라는 점을 일깨워 준다는 점에서 의의가 있다. 그러나 상대적 빈곤은 빈곤을 자의적이고 주관적인 문제로 파악한다고 비판할 수 있다. 예를 들면, '힐러리에게 암소를'이라고 잘 알려진 일화에서 방글라데시의 한 가난한 여인이 그라민은행을 통해 무담보 소액대출을 받아 암소와 닭을 사서 키우면서 그녀를 방문한 미국 영부인 힐러리에게 한 말은 상대적 빈곤의 한계를 보여준다. "힐러리 부인은 암소도 없고, 자기 소득도 없고, 아이도 딸아이 하나뿐이라는군. 안 됐어."라고 혀를 차며 힐러리의 상대적 박탈을 불쌍히 여긴다. 그러므로 국제기구에서는 상대적 빈곤의 주관적 한계를 감안하여 한 사회에서 관습적 또는 표준적인 것으로 간주되는 재화와 서비스에 접근할 수 있는 능력 정도를 나타내는 개념으로 상대적 빈곤을 사용하고자 한다. 가장 일반적 방식은 사회 전체의 중위소득 혹은 평균소득과 대비하여 상대적 빈곤선을 설정하는 것이다. 예를 들어, OECD에서는 중위소득 혹은 평균소득의 50% 미만을 상대적 빈곤선으로 설정하는 방식을 활용한다. 상대적 빈곤 방식은 국가 간 또는 지역 간 빈곤 범위를 비교하는 데 광범하게 사용된다.

주관적 빈곤을 주장하는 사람들은 절대적 빈곤과 상대적 빈곤이 소수 전문가와 관료들의 손에 의해 결정된다고 비판하면서 민주주의 원리에 따라 빈곤이 정의되어야 한다고 주장한다. 피어초드(D. Piachaud)는 절대적 빈곤과 상대적 빈곤에서 보는 것처럼 객관적이고 과학적인 빈곤 측정이 불가능하다면, 일부 전문가들이 빈곤선을 설정하는 것은 바람직하지 않다고 비판한다.[3] 대신에 지역주민 또는 빈곤한 사람이 스스로 인간다운 생활을 위해 필요하다고 생각하는 최소한의 필수품 목록과 그것을 위해 필요한 소득 수준을 정의하도록 하여 빈곤선을 설정하는 것이 바람직하다고 주장한다. 따라서 주관적 빈곤의 개념은 민주주의와 참여의 이념을 내재하고 있다. 그러나 지역주민 또는 빈민의 의견을 구하여 주관적 빈곤선을 정의한다는 구상은 현실성이 떨어진다. 조사과정에서 많은 시간과 큰 비용이 소요될 뿐 아니라 여론조사에 기초한 빈곤선의 측정은 커다란 편차가 존재할 수 있다. 따라서 주관적 빈곤 개념은 빈곤정책과정에서 절대적 빈곤과 상대적 빈곤 개념에 근거한 공식적 빈곤선이 다루지 못하는 일반 국민과 빈곤층의 목소리를 반영하기 위해 보완적으로 활용할 수 있을 것이다.

절대적 빈곤, 상대적 빈곤, 주관적 빈곤의 구분에도 불구하고 이들은 모두 소득의 불충분을 의미하는 경제적 · 금전적 측면을 다룬다는 공통점이 있다. 적정한 소득의 확보는 인간다운 삶을 유지하는 데 전제가 된다는 것을 고려한다면, 소득의 불충분은 빈곤의 개념을 이해하는 중요한 출발이 된다고 할 수 있다. 그러나 인도 출신 경제학자로 노벨상을 수상한 센(A. Sen)은 빈곤 개념을 소득이 불충분한 상태로 단순하게 보는 것이 아니라 최소한의 인간다운 생활을 영위할 수 있는 능력이 결핍된 상태(the lack of the capability to live a minimally decent life)로 정의할 것을 주장한다.[4] 이때, 능력이란 사람이 할 수 있는 것과 될 수 있는 것, 즉 가능성과 기회를 포함한다. 최소한의 인간다운 생활을 위한 능력을 구성하는 요소는 다차원적이며, 최소한의 인간다운 생활을 누리는 데 필요한 능력이 결핍된 상태를 사회적 배제(social exclusion)라는 개념을 통하여 정의한다. 사회적 배제는 다음과 같은 특징을 지닌다.

첫째, 최소한의 인간다운 생활은 사회적 관계로부터 배제되지 않은 상태에서 가능하다. 즉, 최소한의 인간다운 생활을 영위하기 위해서 사회공동체 생활에 자유롭게 참여할 수 있어야 한다. 일찍이 애덤 스미스(Adam Smith)는 "공중 앞에 나서기에 부끄러운 상태(inability to appear in public without shame)"를 박탈(deprivation)로 정의하며, 박탈에서 벗어나 자유롭게 다른 사람들과 교류하며 사회적 관계를 형성하기 위해 필요한 재화를 필수재(necessities)로 정의하였다. 사회적 배제는 최소한의 인간다운 생활을 위해 필요한 요소들이 결여되어 사회공동체 생활에 자유롭게 참여하여 사회적 관계를 맺지 못하는 능력결핍(capability deprivation) 상태이다.

둘째, 능력결핍 상태에 놓인 개인은 삶의 기회나 사회 활동에서 제약을 받아 다른 종류의 배제를 경험하고 빈곤에 빠질 수 있다. 예컨대, 고용 기회나 대출 기회로부터 배제된 사람은 인간다운 생활을 영위하는 데 필요한 다른 요소들도 결여될 수 있다. 특정 영역에서 경험하는 배제는 능력결핍의 일부분을 구성하며, 동시에 다른 영역에서 능력실패(capability failure)를 초래하는 원인이 될 수 있다. 이같이 사회적 배제는 빈곤의 관계적 성격을 보여준다.

위의 두 가지의 특징을 고려하여, 센은 "사회적 배제란 주류 사회적 관계로부터 소외되거나 편입되지 못하여 경제적 · 사회적 · 문화적 생활 등에 효과적으로 참여할 수 없는 상황"을 의미하는 것으로 개념화한다. 개인 혹은 가구에 초점을 두는 빈곤이나 실업 등의 문제와 달리, 사회적 배제는 개인과 사회와의 관계, 그리고 그 관계의 역동성 등에 관심을 기울인다. 따라서 빈곤 개념이 정태적 · 결과적 · 일면적 성격을 지닌다면, 사회적 배제 개념은 동태적 · 과정적 · 다차원적 성격을 강조한다. 센에 따르면, 빈곤과 사회적 배제가 사회문제를 이해하는 데 상호 보완적 개념으로 이해되어야 한다. 왜냐하면, 빈곤이 경제적 · 금전적 측면에서 이루어진 배제에 초점을 둔다면, 사회적 배제는 경제적 · 금전적 측면을 포함한 다차원적 요소에서 이루어지는 배제에 초점을 두고 있기 때문이다. 또, 한 사회에서 빈곤 문제의 심각성을 총체적으로 이해하고, 이에 대한 대책을 수립하기 위해서는 빈곤의 정태적 · 결과적 현상뿐만 아니라 빈곤에 도달하는 동태적 · 관계적 성격을 파악해야 되기 때문이다.

그렇다면 빈곤과 사회적 배제는 정부의 정책적 대응이라는 측면에서 볼 때 어떠한 차이를 가져올 수 있을까? 사회적 배제에 관한 접근은 최소한의 인간다운 생활을 영위할 수 있는 능력이 결핍된 상태에 관심을 두고 빈곤의 원인에 관한 다차원적 설명을 제공할 수 있다. 사회적 배제의 관점에서 빈곤정책을 수립하는 경우에 정책의제가 다양한 영역에 걸쳐 나타나게 된다. 예컨대, 기존의 빈곤정책이 경제적 결핍에 초점을 두고 소득이전 위주의 소득보장정책을 중요하게 다루었다면, 사회적 배제 접근에 따른 빈곤정책은 경제적 결핍뿐만 아니라 정치적 · 사회적 · 문화적 측면의 배제에도 관심을 둔다. 빈곤의 원인과 빈곤과정 등에 관심을 두며, 소득보장정책과 함께 빈곤을 사전에 방지하기 위한 예방적 성격의 정책을 다양한 영역에 걸쳐 시행할 것을 강조한다. 그러므로 정부는 빈곤과 소득불평등 문제뿐만 아니라 노동시장의 배제, 대출시장의 배제, 젠더 배제와 불평등, 의료 배제, 교육기회 배제, 문화적 배제, 정치적 배제 등의 다양한 사회문제에 대응하게 된다.

2) 국민최저선

절대적 빈곤의 사회문제에 대한 국가의 정책목표는 국민생활최저선(National Minimum)을 확립하는 것이다. 국민생활최저선의 개념은 19세기 말 영국에서 처음으로 제기되었다. 페이비언 사회주의자였던 웹(S. Webb and B. Webb) 부부는 공장근로자의 빈곤을 양산하는 노동착취에 대응하기 위해 국민생활최저선을 제안하였다. 그 당시 웹 부부가 제안한 국민생활최저선은 “공장근로자가 생산자와 시민으로서 능력을 유지하기 위해 필요한 최소한의 생활 수준을 확보”하는 것이었다. 국민생활최저선은 공장근로자의 보호에 초점을 둔 것이며, 근로능력이 없는 장애인, 노인 등 취약계층을 고려한 것은 아니었다. 또 국민생활최저선을 보장하는 주체는 국가가 아니라 근로자를 고용한 기업주라고 보았다. 국가는 고용계약상의 최소 조건을 법률로 정하고, 아동 고용을 규제하여 공장에서 자행되는 착취를 종식시켜야 한다고 주장하였다. 따라서 웹 부부가 제시한 국민생활최저선은 공장근로자가 누려야 할 최소한의 생활 수준이라는 의미로 사용되었다.

그 후 웹(B. Webb)은 1908년 구빈법왕립위원회에 제출한 소수의견보고서에서 국민생활최저선에 대한 국가의 책임을 강조하였다. 빈곤이 개인의 나태와 실패로 인한 결과가 아니라 자본주의체제에서 생성된 구조적 문제이기 때문에 국가가 빈곤한 사람의 최저생활을 보장할 책임이 있음을 주장하였다. 빈곤의 개인 책임을 강조하였던 구빈법(Poor Law)의 폐지와 노역원(workhouse)의 폐쇄가 필요하며, 빈민의 생존권 보장과 빈곤의 예방을 위하여 근로능력에 따라 빈민을 구분하여 서로 다른 방식으로 대응할 것을 주장하였다. 근로능력이 없는 빈민은 중앙정부의 재정지원과 관리하에 지방정부가 책임을 지고 전문가들로 구성된 위원회를 통해 이들의 최저생활을 지원해야 한다. 반면에, 근로능력이 있는 빈민들은 근로를 통해 자립할 수 있도록 정부가 일자리를 제공할 책임이 있다고 보았다. 근로와 자립은 시민의 의무이며, 근로의무를 다하지 못한 사람들은 그렇게 하도록 배워야 한다고 강조하였다.

그러나 빈민의 최저생활을 국가가 보장해야 한다는 구빈법왕립위원회 소수의견보고서는 채택되지 않았고, 선반 위에 처박힌 채 수십 년 동안 먼지만 쌓였다. 국민생활최저선이 다시 빛을 본 것은 배고팠던 1930년대를 지나 제2차 세계대전의 난폭함에 지쳐 있던 시기인 1942년에 발표된 베버리지보고서이다. 복지국가의 '요람에서 무덤까지(from cradle to grave)'라는 청사진을 제시하였다고 찬사를 받는 베버리지보고서에서는 국가재건에서 당면한 다섯 가지 사회악—빈곤, 질병, 무지, 불결, 나태—을 밝히고, 이를 극복하기 위한 대책을 제시하였다. 특히, 빈곤에 대처하기 위해 국가가 전 국민을 대상으로 생존에 필요한 최소소득을 제공함으로써 최저생활을 보장할 것을 제안하였다. 국민생활최저선을 위한 전제 조건으로 국가는 완전고용을 추구하고, 포괄적인 의료 및 재활 서비스를 제공하며, 16세 미만의 모든 아동에게 아동수당을 지급할 것을 주장하였다. 이러한 전제 조건 위에 사회보험에 의해 전 국민 최저생활을 보장하고, 사회보험에 가입하지 못한 빈곤계층을 대상으로 공공부조를 실시할 것을 제안하였다. 공공부조 급여는 최저생활을 유지할 수 있는 수준이어야 하지만 사회보험의 급여 수준보다 낮아야 한다고 보았다.

1944년 노동당의 집권과 함께 베버리지보고서에서 밝힌 국민생활최저선을 확립하기 위한 사회보장제도의 도입이 진행되었다. 국민보험법이 제정되어 실업급여, 질병급여(상병수당), 출산급여, 연금급여, 유족급여, 돌봄자수당, 장제비 등을 지급하게 되었다. 또 형편이 안 돼 국민보험에 가입하지 못한 빈민을 위한 보충적 조치로 국민부조법이 도입되었다. 국민부조법은 '기존 구빈법을 완전히 끝장내려는 법'이라는 부제가 달려 있던 데서 알 수 있는 것처럼 빈곤에 대한 국가의 새로운 대응이었다. 영국에 거주하는 시민은 누구나 최저생활을 국가가 보장한다는 것이었다.

사회보험과 공공부조를 통해 국민생활최저선을 확립하였던 영국의 복지국가 건설은 유럽 국가들에서도 앞다퉈 추진되었다. 사실상, 제2차 세계대전 이후 서구 복지국가의 역사는 빈곤에 대한 투쟁의 역사라고 할 수 있다. 서구 국가들은 빈곤에 대응하고자 국민생활최저선을 설정하고, 전 국민에게 최저생활수준(minimum standard of livelihood)을 보장하기 위해 사회보장제도를 발전시켜 왔기 때문이다. 1950년대 복지국가의 확대기 동안 대부분 서구 국가들은 복지제도의 포괄성, 복지 수혜자의 보편성, 복지급여의 적절성을 확대해 갔다. 전 국민을 위한 최저생활보장을 적극적으로 제도화하였고, 빈곤층이 국가에게 급여를 요구할 수 있는 자격을 부여하여 공공부조 수급의 법적 권리(entitlement rights)를 보장하였다. 사회보장제도는 절대적 빈곤의 해소를 위하여 국민생활최저선을 추구하였던 것에서 한 단계 발전하여 상대적 빈곤을 완화하는 것을 목표로 삼게 되었다. 요컨대, 서구 복지국가들은 사회보험과 공공부조를 긴밀히 연계 · 운영함으로써 국민생활최저선을 달성할 수 있었다. 국가는 전 국민을 대상으로 인간다운 생활을 보장하는 사회복지 제공자의 역할을 담당하게 되었다.

2 — 빈곤 조사

2022년 OECD 발표를 보면, 한국의 노인빈곤율은 43.4%로 OECD 회원국 중 압도적인 1위를 차지한다. 세계 10위권의 경제 대국이라는 한국 사회의 부끄러운 자화상이 아닐 수 없다. 노인빈곤율 1위라는 오명을 접할 때마다, 빈곤을 어떻게 측정할까? 라는 의문이 생긴다. 한 사회에서 빈곤을 측정하는 일은 국가적 차원에서 해결해야 할 사회문제를 명확하게 밝히는 것이며, 국민생활최저선을 확립하기 위해 국가가 얼마의 복지예산을 지출해야 하는지를 가늠할 수 있게 한다. 그러므로 대부분 국가들은 다양한 방법을 통해 빈곤을 측정한다. 빈곤을 측정하는 방법은 나라마다 다르고, 한 나라에서도 시대에 따라 변화한다.

한 사회에서 빈곤의 범위는 '빈곤선(poverty line)'을 기준으로 전체 사회구성원 가운데 이 기준에 미치지 못하는 자산(소득 및 재산)을 가진 인구의 비율, 즉 빈곤율(poverty rate)로 측정한다. 따라서 빈곤율을 측정하려면 빈곤의 기준이 되는 빈곤선을 설정해야 한다. 빈곤선은 앞서 논의한 빈곤 개념, 즉 절대적 빈곤, 상대적 빈곤, 주관적 빈곤에 따라 절대적 방식, 상대적 방식, 주관적 방식으로 다르게 설정할 수 있다. 세 가지 방식은 모두 소득과 재산에 초점을 두고 빈곤을 측정한다.

1) 빈곤의 측정 방식

빈곤 실태를 종합적으로 파악하기 위해서는 빈곤의 범위, 심도, 기간 등을 측정할 수 있어야 한다. 빈곤의 범위가 빈곤 인구의 비율을 말한다면, 빈곤의 심도는 빈곤의 심각성 정도를 통해 확인하고, 빈곤의 기간은 빈곤 상태에 처해 있는 기간을 통해 측정한다. 이들 중에서 일반적으로 사용되는 것은 빈곤의 범위에 관한 측정이다. 전체 사회구성원 가운데 빈곤 인구의 비율을 나타내는 빈곤율을 구하는 측정방식은 절대적 방식, 상대적 방식, 주관적 방식이 있다.

첫째, 절대적 방식은 인간의 생존과 기본욕구 충족에 필요한 소비 수준을 빈곤선으로 정하여 빈곤의 범위를 측정하는 방법이다. 절대적 방식은 전물량 방식과 반물량 방식이 있다. 전물량 방식은 마켓 바스켓(market basket) 방식이라고도 불린다. 시장에서 필요한 물건을 구매하여 장바구니에 담는 것처럼, 인간의 생존과 기본욕구 충족에 필요한 필수품 목록과 물량을 작성해 이들의 시장가격을 계산하여 전체를 합산하는 방식으로 빈곤선을 정한다. 반물량 방식은 1960년대 미국의 경제학자 오샨스키(M. Orshansky)가 고안한 방식으로, 소득 대비 식료품비 지출 비율을 통해 빈곤선을 정한다. 당시 오샨스키는 최소한의 식료품비로 산정된 금액에 3을 곱해 빈곤선을 정했다. 또, 식료품비에 엥겔계수(Engel's coefficient=식료품비/총소비액)의 역수를 곱해 빈곤선을 정하기도 한다. 빈곤선이 최저생계비라는 이름으로 공식적으로 발표되면 가구소득이 최저생계비 이하인 가구를 조사하여 절대빈곤율을 구한다. 한국은 전물량 방식에 따라 3년마다 최저생계비 계측조사를 실시해 빈곤선을 발표해 오다가 2015년 국민기초생활보장제도 맞춤형 급여체계 개편에 맞춰 더 이상 최저생계비 계측조사를 실시하지 않고 있다. 다만, 정부는 매년 발표하는 가구별 기준 중위소득의 60% 수준을 법정 최저생계비로 고시하고 있다.

둘째, 상대적 방식은 사회구성원들이 공통적으로 향유하는 생활 수준을 기준으로 빈곤의 범위을 측정하는 방식이다. 상대적 방식의 측정 기법으로는 타운센드(P. Townsend)가 사용한 박탈지표 방식과 상대적 비율 방식이 있다. 타운센드는 한 사회의 표준적 생활양식을 나타내는 60가지의 박탈지표를 선정하고, 이 중에서 어느 것이라도 결여되면 박탈점수(deprivation index score)를 부여하여 그 합계를 계산한 후, 이 점수를 소득 수준과 비교하여 소득이 하락함에 따라 박탈점수가 급격히 상승하는 특정 소득지점을 찾아내 그 수준을 빈곤선으로 정할 것을 제안하였다. 박탈지표 방식은 한 사회에서 관습적 · 표준적이라고 간주되는 생활양식을 유지하는 데 필요한 소득 수준을 보여주기 때문에 상대적 빈곤 개념을 잘 반영한다. 그러나 타운센드의 후속 연구에서 박탈지표가 77개로 증가했던 것에서 알 수 있는 것처럼 빈곤선이 박탈지표 설정을 둘러싼 연구자의 자의성에 의해 좌우될 수 있다. 그래서 대안으로 개발된 것이 상대적 비율 방식으로 빈곤의 범위를 측정하는 것이다. 대표적으로 상대적 빈곤율(relative poverty rate), 소득 10분위 방식 등이 활용된다. 상대적 빈곤율은 가구별 평균소득 또는 중위소득을 산정한 후 빈곤선을 평균소득 또는 중위소득의 50% 또는 60%로 설정하고, 빈곤선 이하에 속한 가구의 비율을 계산하여 구한다. 한국에서 국민기초생활보장제도의 맞춤형 급여체계는 상대 빈곤선 방식을 따르고 있다. 소득 10분위 방식은 한 사회에서 전체 가구의 소득 수준에 따라 10%씩 10단계로 구분하여 1~10등급으로 나누는 방법인데, 소득분배와 관련된 지표로 '소득 10분위 분배율'과 '소득 10분위 배율'을 계산할 때 사용된다.[5] 두 지표는 명칭이 비슷하지만 서로 다른 의미를 지니므로 해석에 주의를 요한다.

셋째, 주관적 방식은 일반 국민이나 빈곤층 스스로가 생존 또는 최저생활을 위해 필요한 최소한의 수준이라고 여기는 소득 수준을 빈곤선으로 설정한다. 대표적 측정방식으로 합의적 방식과 참여적 방식이 있다. 전자는 일반 국민을 대상으로 최저생활을 위해 반드시 필요한 필수품목 및 물량을 설문조사하여 빈곤선을 정하는 방식이라면, 후자는 빈곤층이 스스로 인간다운 생활을 위해 필요한 필수품목을 지정하도록 하여 빈곤선을 조사하는 방식이다. 주관적 빈곤선이 결정되면, 빈곤선 이하에 속한 가구의 비율을 계산하여 주관적 빈곤율을 구한다.

2) 빈곤 조사의 기준 선택: 단위, 주기, 대상

빈곤의 범위를 측정하기 위한 측정방식이 결정되면, 빈곤을 측정하기 위한 기준이 설정되어야 한다. 빈곤을 측정하는 데 선택할 기준으로 조사 단위, 주기, 대상을 꼽을 수 있다.

첫째, 빈곤의 조사 단위는 빈곤을 개인 단위로 조사할지 또는 가족이나 가구 단위로 조사할지의 문제이다. 국가가 사회구성원 모두에게 기본소득을 제공하는 사회라면 개인 단위에서 빈곤을 조사할 수 있겠지만, 현실적으로 소득은 가족 또는 가구 단위로 공유하기 때문에 가족이나 가구를 빈곤 조사 단위로 삼는다. 이 중에서도 가구, 즉 주거 및 생계를 같이 하는 사람으로 구성된 집단을 조사 단위로 삼는 것이 일반적이다. 왜냐하면, 가족의 범위를 둘러싼 차이가 있을 수 있고, 가족구성원이 거주와 생계를 함께하지 않을 수 있기 때문이다. 가구를 단위로 빈곤을 조사한다고 할 때, 가구원 수에 따라 빈곤선이 다르게 설정되어야 한다. 일반적으로 빈곤선을 설정할 때, 특정한 가구 규모를 기준으로 빈곤선을 설정하고, 각 가구의 규모에 따라 '가구균등화 지수'를 곱하여 가구 규모별 빈곤선을 설정한다. 한국은 4인 가구를 기준으로 기준 중위소득을 정하고, 다른 가구들은 가구원 수에 따른 가구균등화지수를 곱하여 기준 중위소득을 산정한다.

둘째, 빈곤을 조사하는 주기를 결정하여야 한다. 상당수의 빈곤층은 어느 시점에서 빈곤에서 벗어났다가 또 어느 시점에서 어떤 사건을 계기로 다시 빈곤에 빠지는 빈곤의 역동성을 경험한다. 특히, 일자리가 불안한 후기 산업사회에서 빈곤의 역동성이 심화되고 있다. 따라서 빈곤층을 선별하여 지원할 뿐만 아니라 빈곤에 처한 시점에 소득을 적정하게 지원하기 위해서도 빈곤을 조사하는 주기가 적절해야 한다. 빈곤을 조사할 때 가장 일반적인 조사 주기는 1년마다 시행하는 것이다. 가구소득에 영향을 미치는 임금인상, 가구원의 추가 취업, 복지급여 인상, 사적 소득이전 등이 바뀔 수 있기 때문에 빈곤 조사 주기를 1년으로 하는 것이 적절하다. 한국은 공공부조에서 빈곤 조사의 주기를 1년으로 하고 있다.

셋째, 빈곤 조사의 대상은 가구가 보유한 자원 가운데 무엇을 조사하여 자원의 가치를 평가할 것인가의 문제이다. 대표적인 빈곤 조사 대상은 소비, 자산, 소득을 꼽을 수 있다. 이 중에서 소비는 가구가 적절한 생활을 영위하고 있는지를 직접적으로 보여주는 지표가 될 수 있다. 그러나 가구의 소비지출은 소득에 비하여 측정하기 어렵고, 소비는 개인의 선호와 취향에 따라 비합리적으로 이루어지는 경우도 많아서 가구의 경제적 능력을 판단하는 지표로 적절하지 않다. 따라서 빈곤 조사에서 일반적으로 사용되는 조사 대상은 소득이다. 소득은 소비에 비해 측정이 쉽고 신뢰할 만한 자료가 상대적으로 많다. 그리고 소득은 인간의 기본욕구 충족에 필요한 재화와 서비스를 구입하는 데 결정적인 영향을 미친다. 도얄과 고프(L. Doyal and I. Gough)가 제시한 인간욕구 이론에서 식료품, 주거, 의복, 의료, 교육 등은 인간의 기본욕구를 실현하기 위해 반드시 충족되어야 할 중간욕구들인데, 지불가능한 소득이 있으면 이들은 시장에서 언제든지 구입할 수 있다. 소득은 가구구성원의 복지에 결정적인 영향을 미친다고 할 수 있다.[6] 그런데 가구소득은 사회소득(social income) 개념을 통해 확인한 것처럼, 소득의 원천이 다양하며, 세전 소득인 경상소득과 세후 소득인 가처분소득이 차이가 있다. 경상소득은 임금, 사업 및 부업 소득, 재산소득(이자, 임대료)으로 이루어진 1차 소득에 사적 · 공적 이전소득을 합한 것이다. 가처분소득은 경상소득에서 세금과 사회보험료를 제외한 소득이다. 따라서 경상소득과 가처분소득의 빈곤율은 서로 차이를 보이며, 양자 간 차이는 소득재분배정책의 성과를 보여주는 지표가 될 수 있다.

그러나 소득만으로 가구의 자원을 파악하면 사용하지 않은 소득의 축적물이라 할 수 있는 재산을 고려하지 못하는 한계를 지닌다. 특히, 한국과 같이 자가 소유를 중시하는 전통이 강한 사회에서 소득이 없으나 주택을 소유하고 있는 사람이 특별히 노인 중 많다. 부동산, 주식 · 채권 · 저축 등 금융재산, 귀금속 등은 가구소득으로 잡히지 않지만, 필요에 따라 언제든지 현금으로 바꾸어 사용할 수 있는 자원이다. 따라서 빈곤 조사 대상으로 재산을 포함시켜야 한다. 한국은 공공부조에서 빈곤가구를 선정할 때 재산을 소득으로 환산하여 소득과 함께 빈곤 조사 대상에 포함해 평가하고 있다. 재산의 소득환산율은 재산의 유형(부동산, 금융재산, 자동차)과 거주지 등에 따라 달리 설계할 수 있다.

3 — 공공부조의 특성

공공부조는 사회보험, 수당과 함께 사회보장제도를 구성하는 주요 제도이다. 사회보장제도의 청사진이라 불리는 베버리지보고서에 따르면, 사회보험을 1차 사회안전망(primary social safety net)이라 부른다면 공공부조는 2차 사회안전망(secondary social safety net)으로 불린다. 공공부조는 사회보험료를 납부할 만한 소득이 없거나 낮은 빈곤계층을 대상으로 정부가 세금을 재원으로 생계유지를 위한 복지급여를 지급한다. 그러므로 공공부조는 국민생활최저선을 보장하기 위한 최후의 사회적 안전망이라고 할 수 있다. 공공부조는 국가에 따라 매우 다양한 내용과 형식을 갖추고 운영된다.

1) 공공부조의 개념

공공부조(public assistance)는 사적 부조, 즉 민간부문에서 이루어지는 자선활동에 대비되는 용어로 국가에 의한 부조라는 의미를 지닌다. 공공부조는 나라마다 상이하게 지칭되고 있다. 미국에서는 공공부조(public assistance), 영국에서는 국민부조(national assistance), 사회부조(social assistance), 자산조사급여(means-tested benefit), 독일과 프랑스에서는 사회부조(sozial hilfe, aide sociale) 등으로 다양하게 불린다. 한국에서는 1995년 '사회보장기본법'이 제정되면서 공공부조라는 명칭을 공식적으로 사용하고 있다.

한국의 '사회보장기본법'(제3조 3항)에서는 "공공부조란 국가와 지방자치단체의 책임하에 생활 유지 능력이 없거나 생활이 어려운 국민의 최저생활을 보장하고 자립을 지원하는 제도를 말한다."고 정의한다. 이러한 정의는 베버리지보고서에 포함된 정의와 크게 다르지 않다. 베버리지에 따르면, "국민부조는 사회보험에 가입하지 못한 빈곤집단의 최저생활을 보장하기 위하여 급여 수급의 조건을 갖춘 사람들에게 국가재정에서 현금급여를 지급하는 제도"이다. 그리고 UN의 정의에 따르면 "공공부조란 특정 최저기준선으로 볼 때 보호가 필요하고 동시에 개인의 자력이 부족한 사람에게 보험료를 갹출하지 않고 국가재정에서 급여를 지급하는 제도"를 말한다. 베버리지보고서와 UN의 공공부조 정의에 비춰 볼 때, 공공부조는 빈곤계층의 최저생활을 보장하기 위해 국가재원에서 급여를 지급하는 제도를 말한다. 다만, 한국의 공공부조는 빈곤계층의 최저생활보장과 함께 자립 지원을 강조한다.

공공부조는 제도의 특성이나 기능 등에서 무엇을 강조하느냐에 따라 다르게 정의된다. 다양한 정의들 속에서도 공공부조의 핵심적인 특징으로 비기여 · 자산조사 방식의 사회보장을 꼽을 수 있다. 그러므로 공공부조는 "빈곤계층의 최저생활을 보장하기 위해 국가의 재정적 책임하에 비기여를 원칙으로, 자산조사를 통해 선정된 빈곤한 사람에게 급여를 제공하는 사회보장제도"라고 할 수 있다.

2) 공공부조의 기능

사회복지를 위한 국가의 역할 측면에서 보면, 공공부조는 국가가 소득이전자 역할을 수행하는 핵심 수단이다. 국가는 조세체계라는 합법적 강제수단을 통해 시장에서 이루어진 소득배분 구조에 개입하고, 공공부조를 통해 가난한 사람에게 공적 소득이전을 시행함으로써 소득이 높은 계층에서 소득이 낮은 계층으로 소득을 재분배한다.

따라서 공공부조는 적어도 다음과 같은 네 가지의 기능을 수행한다.

첫째, 공공부조는 모든 국민의 최저생활을 보장하는 안전망 기능을 수행한다. 공공부조는 빈곤계층에게 국가가 인간다운 생활을 할 수 있는 최저소득(a decent minimum income)을 보장하는 데 목적이 있다.

둘째, 공공부조는 소득 불평등을 완화하는 재분배 기능을 수행한다. 공공부조 수급자는 간접세인 소비세를 납부하지만 직접세인 소득세를 납부하지 않는 집단에 속하기 때문에 중·상층과 비교해 국가 재원에 덜 기여한다고 볼 수 있다. 따라서 중·상층의 소득이 조세 및 공공부조를 통해서 저소득계층인 공공부조 수급자에게 직접적으로 이전되는 효과를 지닐 수 있다. 공공부조는 고소득계층에서 저소득계층으로 소득을 재분배하는 수직적 재분배효과가 가장 큰 제도이다.

셋째, 공공부조는 계급 간 대립 및 갈등을 완화함으로써 사회 안정에 기여하고 정치체제를 정당화하는 기능을 수행한다. 미국의 공공부조 발달을 연구한 피븐과 클라워드(F. Piven and R. Cloward)에 따르면, 미국에서 재분배정책의 발달은 사회경제적 불안정 시기에 빈민과 실업자에 의해 야기되는 사회 불안과 소요를 방지하고 정치적 안정을 도모하기 위한 수단으로 발전하였다.[7] 한국에서 지난 1997년 말 외환위기를 통해 경험했던 것처럼, 경제위기는 기업의 구조조정을 촉발하고, 구조조정은 근로자의 정리해고를 수반하여 실업자의 증가를 가져온다. 또한 구조조정이 가져온 실업자의 증가는 노숙자, 가정파탄, 빈곤 등 여러 사회문제를 양산할 수 있다. 경제위기에 직면하여 사회적 안전망을 갖추지 못한 사회에서는 사회적 갈등이 증폭되고, 정치·사회적 불안정이 초래되며, 결국 자본투자가 줄어들어 경제회복이 지체될 수밖에 없다.

넷째, 공공부조는 시장경제를 지원하는 기능을 수행한다. 자본주의 사회는 호황과 불황이 주기적으로 반복되는 경기순환의 특성을 지닌다. 주지하는 바와 같이, 전후 복지국가의 발달을 주도했던 케인즈주의는 경기순환에 직면하여 정부의 재정정책의 중요성을 강조한다. 경기가 하락하면 지속적인 경제불황 상태에 빠지지 않기 위해 정부가 유효수요를 유지해 주어야 하며, 이를 위한 사회보장제도의 역할이 중요하다고 한다. 공공부조는 최저생계의 유지를 위한 소득을 지원하기 때문에 유효수요를 유지하기 위한 효과적인 수단으로 작용하여 경제안정화 기능을 수행한다. 예컨대,

공공부조는 저소득층의 소득 및 소비 수준을 높임으로써 경기대책효과를 지닌다. 저소득층은 부유층과 비교하여 한계소비성향이 높고, 소비항목에서 수입물품이 거의 없다. 따라서 기본적인 소비재도 충분히 소비하지 못하는 저소득층은 복지급여 수급으로 소득이 증가하면 대부분을 소비로 지출함에 따라 국내기업의 생산활동에 긍정적 영향을 미칠 수 있다. 복지급여를 제공하여 유효수요를 창출하면 기업들이 생산해 낸 상품이 더 잘 팔리게 되고, 이에 따라 기업의 투자가 이루어지고 일자리가 늘어날 수 있다. 고용증가는 국민 소득 수준 향상으로 이어지고, 소득증대는 다시 소비 수준을 높이는 선순환을 형성하여 거시경제의 안정을 도모하게 된다.

그러나 공공부조의 확대는 정부예산과 국내총생산(GDP)의 배분에 영향을 미쳐 경제성장을 둔화시키고, 개인의 근로동기를 떨어뜨릴 수 있다고 비판된다. 첫째로 거시적 차원에서 보면, 공공부조는 국민생활최저선을 위해 필요하지만, 사회보장제도에서 지나치게 높은 비중을 차지하는 것은 바람직하지 않다. 코르피와 팔메(W. Korpi and J. Palme)에 따르면, 빈곤집단에게 복지급여를 집중할수록 빈곤과 불평등이 줄어들 가능성이 감소하는 역설이 존재한다.[8] 공공부조의 과부하는 사회복지정책 설계 시 사회투자적 · 예방적 사회복지 프로그램에 대한 자원배분을 제한한다. 또한, 공공부조의 확대는 한정된 정부예산을 고려할 때, 복지 증가분만큼 다른 영역에서 지출 감소를 수반할 수 있다. 이때, 기업의 생산활동을 지원하는 경제활동 예산이 축소된다면 경제성장을 둔화시킬 수 있다.

둘째, 미시적 차원에서 보면, 공공부조는 노동력 공급에 부정적 영향을 미친다는 데 이견이 없다. 자산조사를 통해 지급하는 공공부조는 노동시장 진입과 추가 근로동기를 떨어뜨린다. 공공부조에서 생계급여는 선정기준액과 가구소득 간 차액을 급여로 지급하는 보충급여 원칙을 따르기 때문이다. 또한, 근로빈곤층이 포함된 잠재적 빈곤가구가 공공부조 수급가구로 선정되고 나면, 탈수급 · 탈빈곤이 매우 어렵기 때문에 공공부조의 확대에 대하여 신중하게 접근해야 한다.

요컨대, 공공부조는 최저생활의 보장을 통하여 사회적 통합을 촉진하고 사회적 안정성을 제고하여 장기적으로 경제성장에 기여할 수 있다. 다만, 공공부조가 수급자의 복지의존성을 유발하여 경제 성장에 부정적 영향을 미칠 수도 있으므로 근로능력이 있는 수급자와 저소득층의 근로동기를 저해하지 않도록 세심하게 제도를 설계하여야 한다.

3) 공공부조의 유형

자산조사를 통해 수급자를 선정하는 공공부조는 표적급여(targeted benefit)를 제공하지만, 그 방식과 내용은 국가별로 다르다. 예컨대, 영국식 공공부조를 도입한 국가들에서는 자산조사를 통해 수급자를 선정하여 급여를 제공하지만, 남유럽의 대부분 국가에서 공공부조는 사회 내의 특정 집단들, 예컨대 고아, 이민자, 이재민, 걸인 등을 대상으로 시행되고 있다. 이와 같은 공공부조의 다양한 방식을 유형화하기 위하여 에들리 등(T. Eardley, J. Bradshaw, J. Ditch, I. Gough, and P. Whiteford)은 〈표 16-1〉과 같이 세 가지 기준을 적용하고 있다.[9]

첫 번째 기준은 '빈곤 자산조사'와 '일반적 자산조사'의 구분이다. '빈곤 자산조사'는 정부에 의하여 공식적으로 정해진 최저생계비 또는 빈곤선을 기준으로 빈곤선 이하의 가구에게 급여를 제공하기 위해 소득과 재산을 조사한다. 그러므로 빈곤 자산조사는 사회안전망을 제공하기 위한 것이며, 일반적으로 정치적 판단에 따라 빈곤선이 결정된다. 한편, '일반적 자산조사'는 다양한 수준의 소득집단에 대하여 적정한 급여 수준을 제공하기 위하여 소득과 재산을 조사한다. 빈곤 자산조사와 달리, 일반적 자산조사는 급여에 대한 부유한 자의 접근을 막기 위하여 자산조사를 실시한다. 예를 들어, 한국에서 65세 이상 노인 중 소득과 재산이 하위 70%에 속한 사람에게 제공하는 기초연금은 일반적 자산조사를 시행한다. 공공부조의 유형과 관련하여, 일반적 자산조사를 간과하는 경우가 종종 있다. 그런데 공공부조 유형에서 일반적 자산조사를 빼놓으면, 호주의 사회보장체계와 같이 사회보험이 발달하지 않고 거의 모든 사회보장 급여 및 서비스를 조세를 재원으로, 자산조사를 통과한 수급자에게 제공하는 사례를 포함할 수 없다.

두 번째 기준은 '현금 부조'와 '현금 · 서비스연계 부조'의 구분이다. 현금 · 서비스연계 부조는 수급자가 특정 서비스를 자유롭게 이용하거나 혹은 서비스를 이용할 수 있도록 현금급여를 지급한다. 현금 · 서비스연계 부조의 가장 대표적 경우로 공공임대주택과 함께 임대료를 지원하는 주거부조를 꼽을 수 있다.

세 번째 기준은 '일반적 부조(general assistance)'와 '범주적 부조(categorical

assistance)'의 구분이다. 일반적 부조는 국가가 정한 최소한의 소득기준, 즉 빈곤선 이하의 소득을 지닌 모든 사람에게 급여를 제공하는 방식이다. 반면에, 범주적 부조는 자산조사를 통과한 집단 중에서도 특정 집단들, 예컨대 아동, 노인, 장애인, 한부모가정 등을 선별하여 급여를 지급하는 방식이다. 전통적으로 공공부조 프로그램들은 '도움받을 자격이 있는 빈민(deserving poor)'을 정하여 급여를 제공해 왔기 때문에 범주적 부조의 도입에 대한 정치적 합의는 상대적으로 쉽다. 도움받을 자격이 있는 빈민으로 분류되는 근로능력이 없는 노인, 장애자, 아동 등에게 급여를 제공함으로써 범주적 부조는 제도 운영의 효율성을 높일 수 있다. 그러나 범주적 부조는 수혜자들에게 수치심을 유발할 수 있고, 사회적 분리를 조장할 우려가 크고, 특정 범주에 속하지 못한 빈민의 기초생활을 보장하기 어렵다는 문제를 안고 있다.

위에서 밝힌 세 가지 기준에 따라 에들리 등은 〈표 16-1〉에서 보는 바와 같이 공공부조 유형을 8가지로 구분한다. 공공부조의 역사를 살펴보면, 빈곤 자산조사에서 출발해 일반적 자산조사를 포함하게 되었고, 현금 부조에서 현금 · 서비스연계 부조로 그리고 범주적 부조에서 일반적 부조로 발전해 왔다. 한국은 과거 생활보호제도에서 소득과 재산이 일정 수준 이하인 자 가운데 근로능력이 없는 노인, 아동, 장애인 등 특정 범주에 속한 사람들을 생계보호 대상자로 선정하여 현금 · 서비스연계 부조를 지원하였다(4 유형). 그러나 2000년부터 시행된 국민기초생활보장제도는 빈곤 자산조사를 통과한 빈곤층 중에서 부양의무자 기준을 충족시키는 집단을 대상으로 현금 · 서비스 연계부조를 제공함으로써 범주적 부조에서 벗어나 일반적 부조로 변

표 16-1 **공공부조 유형 분류 기준**

구 분		모든 집단	특정 범주 집단
빈곤 자산조사 (poverty-tested)	현금부조	1	2
	현금 + 서비스	3	4
일반적 자산조사 (general means-tested)	현금부조	5	6
	현금 + 서비스	7	8

자료 : Eardley, T., J. Bradshaw, J. Ditch, I. Gough, and P. Whiteford(1996). *Social Assistance Schemes in OECD Countries: Volume I. Synthesis Report*. London: Department of Social Security, p.4.

모하는 전기를 마련하였다. 최근 국민기초생활보장제도는 급여종류별 수급자 선정에서 부양의무자 기준을 단계적으로 폐지해 옴에 따라 점차 일반적 부조로 변모하고 있다.

4 — 공공부조의 제도 개혁

공공부조는 앞서 국민생활최저선 개념에서 논의한 바와 같이 사회경제적 환경과 정치적 상황을 반영하여 지속적으로 변화해 왔다. 오늘날 서구 복지국가에서 진행되고 있는 공공부조 개혁의 특징을 한마디로 요약한다면, '복지수급에서 근로로(from welfare to work)'라는 말로 설명할 수 있다. 근로능력이 있는 수급자가 복지급여에 의존하여 살아가도록 방치하는 것이 아니라 이들이 노동시장에 진입하여 자활할 수 있도록 유도하고자 한다. 그렇다면, 공공부조 개혁이 사회보장제도 개혁의 핵심으로 자리잡게 된 원인은 무엇인가?

1) 공공부조 개혁의 원인

1980년대 초반 이후 서구 복지국가에서 추진해 왔던 사회보장제도의 개혁은 국가별로 정도의 차이는 있지만 사회보험에서 현금급여 수급 조건을 강화하고 급여 수준을 낮추는 조치들을 포함하고 있었다. 세계 경제의 침체기에 추진된 사회보험제도의 개혁으로 말미암아 각국의 사회보장체계에서 공공부조가 담당해 왔던 최후의 사회적 안전망 역할이 더 중요하게 되었다. 공공부조에 의존해 살아가는 사람들의 숫자가 빠르게 늘어났으며, 동시에 공공부조 관련 지출도 크게 증가하였다. 공공부조는 저소득계층의 욕구를 충족시키고 최저생활을 보장하는 데 매우 효과적인 제도임을 입증해 왔다.

그러나 공공부조의 성과는 동시에 공공부조 개혁의 원인으로 작용한다. 공공부조는 사회경제적 측면에서 볼 때 몇 가지의 부정적 결과를 초래한다는 비판을 받아왔다. 가장 대표적인 문제는 공공부조가 수급자들의 근로의욕을 떨어뜨리고 고용에 부정적 영향을 미친다는 것이다. OECD에서 발간한 한 보고서에 따르면, 공공부조는 세 가지 측면, 즉 실업의 덫(unemployment trap), 빈곤의 덫(poverty trap), 그리고 의존의 덫(dependency trap)을 통하여 사회경제적 측면에서 부정적 영향을 미칠 수 있다. 첫째, 공공부조 수급자들은 일반적으로 기술 및 고용 경험이 부족하기 때문에 노동시장에서 받는 임금이 매우 낮다. 따라서 이들은 근로소득보다 공공부조 급여를 선호하여 고용을 기피하는 실업의 덫에 빠질 수 있다. 둘째, 공공부조에서는 수급자의 가구소득이 증가함에 따라 생계급여액이 감소하게 되는 급여액과 근로소득 간 상쇄효과를 지닌다. 따라서 공공부조 수급자는 자신의 근로소득을 높이기 위해 임시직 혹은 시간제직을 찾으려 하지 않으며, 전일제 근로자인 경우에도 소득을 높이고자 노력하지 않기 때문에, 결국 빈곤 상태에서 벗어나지 못하는 빈곤의 덫에 빠질 수 있다. 셋째, 공공부조의 수급자로 선정되면 생계급여뿐 아니라 여러 다른 급여들을 받기 때문에 수급자는 일자리를 찾기보다 계속해서 공공부조의 수급자로 남으려는 의존의 덫에 빠질 수 있다.

위에서 논의한 세 가지 비판은 1980년대 신우파(New Right)들이 주장하는 잔여적 복지국가(residual welfare state)를 향한 재편의 근거이기도 하다. 이들은 한 사회 내에서 하층계급(underclass)의 형성은 개인의 합리적 경제활동에 대한 동기를 약화시키는 의존문화의 결과이며, 이는 국가에 의하여 제공되는 '지나치게 관대한 복지급여', 즉 공공부조로 인해 초래되었다고 주장한다. 이에 더하여 사회복지제도는 기업의 노동비용을 높이기 때문에 기업의 경쟁력 강화에 도움이 되지 못하며, 시장에 대한 국가의 지나친 개입이 가져온 사회경제적 문제와 시장 원리가 시급히 도입되어야 할 영역이 어디인지를 가장 잘 보여준다고 한다.

신우파의 주장이 사회보장제도의 개혁과정에서 기본 이념으로 자리를 잡게 된 것은 1979년 영국에서 대처가 이끄는 보수당 정부의 등장을 통해서다. 18년의 장기 집권 기간에 영국의 보수당 정부는 사회보장제도 개혁을 위해 '복지수급자를 일자리로(getting people into work)'라는 목표를 내세웠다. 공공부조는 개혁의 핵심 대상이 되었으며, 개혁의 내용은 '당근(carrot) — 근로에 대한 유인책 —'과 '채찍(stick) — 복지의존에 대한 억제책 —'을 적절히 결합하는 것이었다. 공공부조를 둘러싼 변화는 영국에 국한되지 않았다. 1970년대 이후 높은 실업률과 복지비 증대로 어려움을 겪던 서구 복지국가들은 공공부조 수급자를 일자리로 이끌기 위한 개혁을 추진하였다. 일할 능력이 있는 사람이 공공부조를 통해 살아가지 않고 노동시장에서 일자리를 통해 자립하도록 근로의무를 먼저 강조하는 근로연계복지(workfare)가 공공부조의 개혁 방향으로 자리를 잡아 갔다. 그 결과, 빈곤과 사회적 배제를 막기 위해 구축해 온 사회권이 조건부 권리로 약화되고 있다.

2) 근로연계복지

공공부조의 개혁을 위해 복지 수급권과 근로를 연계한다는 공통점에도 불구하고, 근로능력이 있는 복지수급자를 노동시장으로 이끌기 위한 방식은 나라별로 다른 다양한 수단들이 활용된다. 여기에서는 시어도어와 펙(N. Theodore and J. Peck)[10]의 분류 방식을 좇아 다양한 사업을 통해 추진되는 근로연계복지를 인적자원개발 접근(human capital development approach)과 취업우선 접근(labour force attachment approach)으로 구분하여 각각의 특징과 장·단점에 대하여 살펴보기로 한다.[11]

첫째, 인적자원개발 접근에 따르면, 공공부조에 의존해 살아가는 근로능력이 있는 수급자를 자립시키기 위한 최선의 방법은 이들의 취업 능력을 배양하여 공공부조에 대한 의존 상태로 되돌아올 가능성을 제거하는 것이다. 교육과 직업훈련을 통해 수급자의 직업능력과 기술 수준을 향상시켜 가족을 부양할 수 있는 임금 수준의, 발전 가능성이 있는, 안정된 일자리를 찾을 수 있도록 도와주어야 한다. 그러므로 인적자원개발 접근은 괜찮은 일자리(decent job)를 얻어야 자활할 수 있다는 관점을 견지한다. 이를 위해 근로능력이 있는 수급자를 대상으로 일반교육, 직업교육 및 훈련, 구직상담 등뿐만 아니라 근로활동을 보조하기 위한 탁아보조, 교통수단 제공 등의 다양한 사업을 진행할 것을 제안한다. 정부가 적극적 노동시장사업(active labour market programs)을 통해 근로능력이 있는 수급자의 직업능력과 기술을 배양하여 괜찮은 일자리를 찾을 수 있도록 도와주어야 한다.

인적자원개발 접근은 수급자의 직업능력 향상에 초점을 두며, 탈수급을 위한 전략으로 교육 및 직업훈련을 통해 비교적 괜찮은 일자리의 취업을 강조하며, 수급자에 대한 통제와 처벌보다 권한부여(empowerment)를 추진한다는 장점을 지닌다. 그러나 인적자원개발 접근에서는 교육과 훈련을 진행하기 위하여 상대적으로 높은 단위비용이 필요하며, 장기간의 교육과 훈련을 강조하기 때문에 단기적 요구에 대응하기 어렵다. 또 수급자에게 과도한 자율성을 부여하며, 취업 능력의 배양을 통해 괜찮은 일자리를 갖는다는 목표를 어느 정도 달성하였는지 평가하기 어렵다. 끝으로, 노동시장의 여건이 좋지 않아서 양질의 일자리가 충분하게 제공되지 못하는 경우에 인적자원개발 접근은 일자리 없이 훈련만을 제공하게 되는 위험이 있다.

둘째, 취업우선 접근은 공공부조 수급자가 단기간 내에 일자리를 갖고 근로를 유지하는 것이 자활의 지름길이라고 본다. 노동시장의 신속한 진입, 즉 취업우선(work-first)전략을 취하며, 수급자에 대한 단기 집중상담, 자긍심 훈련, 구직활동 등에 치중한다. 근로능력이 있는 수급자는 비록 그 일자리가 저임금 단순노동 일이라고 해도, 일을 통해 근로 습관과 기술을 익히고 더 좋은 일자리를 구할 수 있기 때문에 어떤 일이든 일을 하는 것 자체가 중요하다고 본다.

취업우선 접근은 프로그램 목표의 명확성, 관리의 단순성, 상대적으로 저렴한 관리비용, 수급자의 신속한 노동시장 진입 등의 장점으로 인해 정책담당자들에게 선호될 수 있다. 그러나 취업우선 접근은 근로우선을 지나치게 강조하여 수급자 개인의 기술 및 기능 발전 욕구에 둔감하다. 기술과 기능을 갖추지 못한 비숙련 근로자가 노동시장에서 얻을 수 있는 일자리는 기껏해야 저임금 단순 근로직일 뿐이다. 이러한 일자리는 대체로 단기적이고, 불안정하며, 경력발전의 기회를 제공하지 못함에 따라 사회자본 형성에 기여하지 못한다. 오히려 노동시장의 이중화와 사회적 배제를 양산할 개연성이 높다.

이상에서 근로능력이 있는 복지 수급자의 자활을 목적으로 진행되는 공공부조의 개혁을 인적자원개발 접근과 취업우선 접근으로 나누어 살펴보았다. 전자에서는 근로가 수급자의 자율성을 높이고 사회참여의 기회를 확대하는 계기가 된다면, 후자에서는 근로가 통제적 · 처벌적 성격을 지님에 따라 수급자에게 수치심을 유발할 수 있다는 점에서 차이가 있다. 그런데 공공부조의 개혁은 현실적으로 인적자원개발 접근과 취업우선 접근의 두 가지 속성을 모두 지니기 때문에 두 접근은 이념형(ideal type)에 가깝다. 이 두 접근은 공공부조 개혁과정에서 추진되는 근로연계복지의 성격을 파악하는 데 유용하다.

5 — 한국의 공공부조 : 국민기초생활보장제도

국민기초생활보장제도는 생활보호제도를 대체하여 한국의 공공부조에서 획기적 변화를 가져왔다. 1961년에 박정희 군사정부에 의하여 제정된 생활보호법은 수차례 개정을 거쳤지만 빈곤을 개인과 가족의 책임으로 간주하여 잔여적 복지에 머물러 있었다. 시혜적 성격의 생활보호법이 갖는 제도적 한계는 1997년 미증유의 경제위기로 인하여 초래된 대량실업과 빈곤의 증가라는 사회문제에 직면하여 뚜렷하게 드러났다. 친복지적 성격의 김대중 정부는 IMF의 사회안전망 강화 권고를 바탕으로 최저생계비 이하의 저소득층에 대한 기초생활을 보장하고 자활사업 서비스를 제공하기 위해 1999년 9월 '국민기초생활보장법'을 제정하고, 2000년 10월 1일부터 국민기초생활보장제도가 시행되었다.

국민기초생활보장제도는 소득인정액이 최저생계비 이하이고 부양의무자 기준을 충족하는 빈곤 가구에게 연령과 근로능력 유무를 따지지 않고 의 · 식 · 주 · 의료 · 교육 등의 기초생활보장에 필요한 급여를 지원한다는 점에서 기존 생활보호제도와 구분된다. 국민기초생활보장제도의 시행으로 한국의 사회보장제도는 국민생활최저선을 확립하기 위한 제도적 틀을 마련하게 되었다고 할 수 있다. 한국의 사회보장제도가 사회보험을 중심으로 근로자와 그 가족을 보호하고 있으나 고용보험과 국민연금에서 사각지대가 광범하게 존재하는 상황에서 국민기초생활보장제도는 국민생활최저선을 확보하기 위한 2차 사회안전망의 역할을 담당하게 되었다.

그러나 국민기초생활보장제도는 지난 20여 년 동안 수차례에 걸쳐 부양의무자 기준 완화를 통해 수급자 범위를 넓혀 왔으나, 의료급여의 수급자 선정에서 부양의무자 기준을 적용하고 재산의 소득환산율이 높아 기초생활보장의 혜택을 받지 못하는 비수급 빈곤층이 광범위하게 존재한다. 2015년 7월 1일부터 그간 최저생계비 이하의 가구에 대해 모든 급여를 지원하던 통합급여 방식에서 벗어나 상대빈곤선을 도입하여 급여종류별 선정 기준을 다층화하고 욕구별 지원을 위한 급여체계로 개편이 이루어졌다(〈표 16-2〉 참고).

1) 수급자 선정

국민기초생활보장제도에서 보장 단위는 가구이며, 수급가구의 구성원은 모두 수급자가 된다. 기초생활보장의 수급자 선정은 소득인정액 및 부양의무자 기준을 적용하는데, 2022년 현재, 생계 · 주거 · 교육급여는 소득인정액 기준만을 적용하지만, 의료급여는 두 기준을 모두 충족시켜야 한다. 2015년 7월 급여체계 개편 전에는 가구의 소득인정액이 최저생계비보다 낮은 경우에 빈곤 자산조사를 통과한 것으로 하였다면, 개편 후에는 급여 유형별로 가구의 소득인정액이 통계청이 공시한 가구규모별 기준 중위소득의 일정 비율 이하인 경우 빈곤 자산조사를 통과한 가구로 보았다. 그리고 부양의무자 기준의 단계적 완화를 통해 2022년 현재, 생계 · 주거 · 교육급여에서 부양의무자 기준이 폐지되었다.

가구 단위로 진행되는 빈곤 자산조사에서 수급자 선정 기준으로 사용하는 소득인정액은 소득평가액에 재산의 소득환산액을 합산해 산정한다.[12] 소득평가액은 실제 소득(근로소득, 재산소득, 사업소득, 이전소득을 합산한 금액)에서 가구특성별 지출비용

표 16-2 2022년도 가구 규모별 기준 중위소득과 급여종류별 수급자 선정 기준 (단위: 원)

구분	1인가구	2인가구	3인가구	4인가구	5인가구	6인가구	7인가구
기준 중위소득	1,944,812	3,268,500	4,194,701	5,121,080	6,024,515	6,907,004	7,780,592
생계급여 수급자 (기준 중위소득 30% 이하)	583,444	978,026	1,258,410	1,536,324	1,807,355	2,072,102	2,334,178
의료급여 수급자 (기준 중위소득 40% 이하)	777,925	1,304,034	1,677,880	2,048,432	2,409,806	2,762,902	3,112,237
주거급여 수급자 (기준 중위소득 46% 이하)	894,614	1,499,639	1,929,562	2,355,697	2,771,277	3,177,222	3,579,072
교육급여 수급자 (기준 중위소득 50% 이하)	972,406	1,630,043	2,097,351	2,560,540	3,012,258	3,453,502	3,890,296

주 : 8인 이상 가구의 급여별 선정기준은 1인 증가 시마다 7인가구 기준과 6인가구 기준의 차이를 7인가구 기준에 더하여 산정. 부양의무자의 소득 연 1억 원(월소득 834만 원) 또는 일반재산 9억 원을 초과하는 경우 생계급여 대상에서 제외.

자료 : 보건복지부, 2022년 국민기초생활보장사업 안내

을 제외한 금액이다. 재산의 소득환산액은 일반재산, 금융재산, 승용차를 포함한 재산액에서 기본공제액과 부채를 공제한 금액에 소득환산율을 곱하여 계산한다. 기본공제액은 가구 규모와 무관하게 대도시, 중소도시, 농어촌 지역에 따라 차이를 둔다. 그리고 소득환산율은 재산의 종류에 따라, 즉 일반재산, 주거용재산, 금융재산, 승용차에 따라 환산율을 다르게 적용한다. 이처럼 개정된 수급자 선정방식에서는 상대적 빈곤 개념에 따라 〈표 16-2〉에서 보는 바와 같이 급여종류별로 수급자가 될 수 있는 선정기준액을 다르게 매년 정하고 있다.

의료급여에서는 소득인정액 기준과 함께 부양의무자 기준을 충족해야 수급자로 선정된다. 부양의무자 범위는 그동안 수차례 개정을 통해 완화되어 현재, 수급권자와 1촌인 직계혈족(부모, 아들, 딸 등)과 그 배우자(며느리, 사위, 계부, 계모)로 한다. 부양능력 유 · 무의 판정은 부양의무자 가구의 소득, 재산, 가구특성 등을 고려하여 부양능력 있음, 없음, 미약으로 구분한다. 부양의무자 기준을 충족하기 위해서는 부양의무자가 없거나, 부양의무자가 있어도 부양능력이 없거나 부양을 받을 수 없어야 한다. 또 부양의무자가 부양능력이 미약한 경우 수급권자에 대한 부양비 지원을 전제로 부양능력이 없는 것으로 인정한다(부양비=(부양의무자 가구 실제소득－부양의무자가구 기준중위소득 100%)×부양비 부과율).

그런데 국민기초생활보장제도에서는 생계급여 수급자를 근로능력이 있는 조건부 수급자(18세 이상 64세 이하의 수급자로서 근로능력이 없는 수급자에 해당하지 않는 사람)와 근로능력이 없는 일반 수급자로 구분한다. 조건부 수급자는 자활사업 참여 조건을 부과받고 이를 이행한 경우 생계급여를 지급받는다. 자활급여를 통해 우선적으로 생계비를 지원하고, 나머지 부족한 금액은 보충급여 방식으로 지원되는 생계급여를 통해 충당하도록 하였다.

2) 급여

국민기초생활보장제도에서는 생계급여, 의료급여, 주거급여(국토교통부 소관), 교육급여(교육부 소관), 해산급여, 장제급여, 자활급여를 제공한다. 국민기초생활보장법 제3조에서는 급여의 기본원칙으로 두 가지 항목을 포함하였다. 첫째, 수급자가 자신의 생활의 유지 · 향상을 위하여 그의 소득, 재산, 근로능력 등을 활용하여 최대한 노력하는 것을 전제로 이를 보충 · 발전시키는 것을 기본원칙으로 한다. 수급자 선정뿐 아니라 생계급여액 결정에서 소득과 재산을 동시에 고려하며, 근로능력이 있는 조건부 수급자는 조건부과를 통해 자립을 유도하고, 생계급여 지급액은 선정기준액과 소득인정액 간의 차액만큼을 지급하는 보충급여 방식을 택한다. 둘째, 부양의무자의 부양과 다른 법령에 따른 보호는 이 법에 따른 급여에 우선하여 행하여지는 것으로 한다. 이는 수급자 선정에서 부양의무자 기준을 적용하여 가족부양 우선 원칙을 확립하고, 기초생활보장 급여보다 다른 법령에 의한 보호를 우선 적용한다는 것이다.

가. 생계급여

생계급여는 일반 수급자에게 지급되는 생계급여, 조건부 수급자에게 지급되는 조건부 생계급여, 그리고 수급자로 결정되기 이전에 긴급히 생계급여를 지급해야 할 필요가 있는 경우 지급되는 긴급 생계급여로 나뉜다. 생계급여는 가구의 소득인정액이 생계급여 선정기준액보다 낮으면 수급자가 될 수 있다. 2021년 10월부터 생계급여에서 부양의무자 기준을 더 이상 적용하지 않기로 하였으며, 다만 부양의무자의 소득이 연 1억 원(월소득 834만 원) 또는 일반재산이 9억 원을 초과하는 경우 생계급여 대상에서 제외하기로 하였다. 앞의 〈표 16-2〉에서 보는 바와 같이 2022년 생계급여 선정기준액은 기준 중위소득의 30%로 설정하였다. 생계급여 지급액은 선정기준액(급여 기준금액)에서 가구의 소득인정액을 차감한 금액을 보충급여 방식으로 지급하기 때문에 수급 가구의 생계유지 능력을 감안하여 결정된다. 빈곤의 심도가 더 깊은 수급자에게 더 많은 생계급여를 제공함으로써 사회적으로 볼 때 소득의 수직적 재분배 기능을 수행한다. 근로능력이 있는 조건부 수급자는 자활사업 참여 의무를 이행한 경우 생계급여를 받을 수 있다. 이들이 자활사업에 참가한 후에 매 3개월마다 조건 이행 여부를 확인하여 생계급여 지급 여부가 결정된다. 그러므로 조건부 수급자에게 지급되는 생계급여는 조건부 생계급여라고 부른다.

긴급 생계급여는 개인적 사유로 인해 갑자기 생계유지가 어려운 사람에게 기초생활 수급자로 선정되기 이전에 최저생활을 유지하도록 한시적으로 지급된다. 긴급 생계급여의 수급자는 주 소득원의 사망, 질병, 부상, 사고, 사업부도 · 파산 등으로 갑

자기 생계유지가 어려운 경우, 부 또는 모의 가출, 행방불명 등으로 갑자기 생계유지가 어려운 경우, 천재지변이나 화재 등으로 재산, 소득상의 손실이 발생하여 갑자기 생계유지가 어려운 경우, 거주지 외의 지역에서 거주하고 있으나 소득이 없어 생계유지가 어려운 경우, 기타 지자체장이 긴급 생계급여가 필요하다고 인정하는 경우 선정된다. 긴급 생계급여는 가구 규모별 기준 중위소득의 15% 금액을 지원하고, 급여 기간은 1개월로 하나 필요시 1개월에 한하여 연장할 수 있다. 시장 · 군수 · 구청장은 긴급 생계급여를 제공한 후 30일, 부득이한 경우 60일 이내에 수급자의 기초보장 수급 여부를 결정하고, 지급된 긴급 생계급여 금액과 생계급여 금액 간 차액을 정산하여야 한다.

나. 주거급여

주거급여는 맞춤형 급여 개편과 함께 국토교통부에서 운영을 담당한다. 가구의 소득인정액이 기준 중위소득의 46% 이하이면, 부양의무자 기준을 적용하지 않고 주거급여의 수급자로 선정될 수 있다. 주거급여는 임차가구에게 지급하는 임차급여와 자가가구에게 제공하는 수선유지급여로 구분된다. 타인의 주택 등에 거주하는 임차가구에게는 〈표 16-3〉에 제시된 바와 같이 지역별 · 가구규모별 기준임대료를 상한액으로 정하고, 소득 수준에 따라 임차급여를 차등하여 지급한다.

표 16-3 임차급여의 기준임대료(2022년) (단위: 원/월)

구 분	1급지(서울)	2급지(경기 · 인천)	3급지(광역시)	4급지(그 외 지역)
1인 가구	327,000	253,000	201,000	163,000
2인 가구	367,000	283,000	224,000	183,000
3인 가구	437,000	338,000	268,000	218,000
4인 가구	506,000	391,000	310,000	254,000
5인 가구	524,000	404,000	320,000	262,000
6인 가구	621,000	478,000	379,000	310,000

주 : 주거급여 지급액은 가구 소득인정액이 생계급여 선정기준액 미만이면 기준임대료(실제임차료) 전액을 지원하며, 소득인정액이 생계급여 선정기준액을 초과하면, 기준임대료(실제임차료)에서 자기부담분(가구 소득인정액－생계급여 선정기준)×30%)을 제외한 나머지 금액을 지원.
자료 : 국토교통부, 2022년 주거급여 사업안내.

표 16-4 수선유지급여 지급기준(2022년)

구분	경보수	중보수	대보수
수선비용	457만 원	849만 원	1,241만 원
수선주기	3년	5년	7년
수선예시	도배, 장판, 편의시설 교체 등	창호, 단열, 난방공사 등	지붕, 욕실 및 주방 개량 등

주 : 소득인정액이 ① 생계급여 선정 기준 이하인 경우 수선비용의 100%, ② 생계급여 선정 기준 초과~중위소득 35% 이하인 경우 수선비용의 90%, ③ 중위소득 35% 초과~중위소득 46% 이하인 경우 수선비용의 80% 지원.

자료 : 국토교통부, 2022년 주거급여 사업안내.

주택을 소유한 자가가구에게는 주택 개보수 비용을 지원하기 위해 수선유지급여를 지급한다. 〈표 16-4〉에서 보는 바와 같이 개보수 범위별 수선비용 한도액과 수선 주기가 정해져 있으며, 가구의 소득인정액을 고려하여 수선유지급여를 차등 지급한다.

다. 교육급여

교육급여는 맞춤형 급여 개편과 함께 교육부에서 관리를 담당한다. 교육급여는 초·중·고등학교에 재학 중인 자녀가 있는 가구 중 소득인정액이 기준 중위소득의 50% 이하이면 수급할 수 있으며, 부양의무자 기준을 고려하지 않는다. 2022년 현재 교육급여 수급자로 선정되면 연 1회 현금으로 교육활동비를 지원하는데, 초등학생 331,000원, 중학생 466,000원, 고등학생 554,000원을 지급한다. 이에 더해 고등학생이 교육비 지원대상자로 선정되면, 시도 교육청으로부터 입학금, 수업료, 교과서 대금, 방과후 학교 자유수강권, 인터넷 통신비 등을 지원받을 수 있다.

라. 해산급여 및 장제급여

해산급여는 수급자가 조산 및 분만 전·후의 필요한 조치와 보호를 위해서 지원된다. 해산급여는 생계·의료·주거급여 수급자가 출산(출산 예정 포함)하는 경우에 지급한다. 2022년 현재, 가구 소득인정액이 기준 중위소득의 46% 이하이면 수급자로 선정될 수 있다. 수급자 여성이 출산하는 경우 출생영아 1인당 700천 원을 현금으로 지급하고, 쌍둥이 출산 시 1,400천 원을 지급한다.

장제급여는 생계 · 의료 · 주거급여 수급자가 사망한 경우 사체의 검안 · 운반 · 화장 또는 매장 등 기타 장제 조치를 하는 데 필요한 금품을 지급한다. 해산급여와 마찬가지로 2022년 현재 가구 소득인정액이 기준 중위소득의 46% 이하이면 수급자로 선정될 수 있다. 장제급여는 1구당 800천 원을 지급하며, 장제를 직접 시행하는 사람에게 지급하는 것을 원칙으로 한다.

마. 의료급여

의료급여는 '의료급여법'에 따라 생활유지 능력이 없거나 생활이 어려운 저소득 국민의 의료문제를 국가가 보장하는 공공부조로서 건강보험과 함께 국민 의료보장의 주요 수단이다. 1977년부터 의료보호라는 이름으로 시작된 의료급여제도는 그동안 대상자 및 급여 범위를 지속적으로 확대하며 저소득층을 위한 의료보장제도로서 발전을 거듭해 왔다. 의료급여의 수급권자는 국민기초생활보장법에 의한 수급권자와 타법 적용자(이재민, 의상자 및 의사자, 입양아동(18세 미만), 국가유공자, 중요무형문화재 보유자, 북한이탈주민, 5 · 18 민주화운동 관련자, 노숙인 등), 행려환자 등을 포함한다. 이들 중에서 국민기초생활보장법에 의한 수급권자가 되기 위해서는 가구 소득인정액이 기준 중위소득의 40% 이하이고 동시에 부양의무자 기준을 충족해야 한다. 의료급여 대상자는 1종, 2종 수급권자로 구분된다. 1종은 국민기초생활보장법 수급자 중 근로무능력 가구, 희귀난치성질환 · 중증질환(암환자, 중증화상환자만 해당)등록자, 시설수급자와 타법 적용자, 행려환자를 포함하고, 2종은 국민기초생활보장 수급자 중 1종 수급 대상이 아닌 가구, 즉 근로능력 가구를 대상으로 한다.

의료급여는 수급권자에게 국가재정으로 질병이나 부상, 출산 등에 대한 진찰, 검사, 약제 · 치료재료의 지급, 처치 · 수술과 그 밖의 치료, 예방 · 재활, 입원, 간호, 이송, 기타의 의료목적 달성을 위한 조치가 필요한 경우 제공된다. 국가는 법령에서 정한 수급권자의 본인부담금을 제외한 금액의 전액을 지원하는데, 본인부담금은 수급권자의 종별(1종 · 2종) 구분에 따라 달리 적용된다. 1종 수급권자는 외래진료에 대해서만 본인부담금을 부과하고, 입원진료는 식대(20%)를 제외하고는 전액 무료이다. 1종 수급권자의 외래 본인부담금은 1차 의료기관 방문 시 1,000원, 2차 의료기관 방문 시 1,500원, 3차 의료기관 방문 시 2,000원, 약국은 처방전당 500원을 부과한다. 반면, 2종 수급권자는 입원과 외래 모두 본인부담금을 부과하며, 입원 시 총진료비의 10%, 외래의 경우 1차 의료기관 방문 시 1,000원, 2차 또는 3차 의료기관은 총진료비 중 15%, 약국 방문 시에는 500원을 본인이 부담한다. 이와 함께, 의료급여 수급권자들의 본인부담을 완화하기 위해 대지급금제도, 본인부담금 보상금, 본인부담금상한제 등을 운영한다.

바. 자활급여

국민기초생활보장법에서는 생계급여 수급권자의 근로능력 유 · 무를 판정하여 근로능력이 있는 수급자에 대하여 조건 부과 및 유예를 결정하고, 조건부 수급자를 위한 자활사업을 추진하도록 하였다. 자활사업은 조건부 수급자의 근로능력 향상과 자립을 목표로 삼고, 수급자의 근로능력에 따라 Gateway/자활사례관리 → 자활근로/취업지원 → 자활기업/직업알선 · 창업지원 등으로 이어지는 단계적 발전전략을 수립하여 고용 및 복지서비스를 제공한다. 국민기초생활보장제도가 도입되었던 초창기에 자활사업은 조건부 수급자를 대상으로 추진되었지만, 현재는 조건부 수급자뿐 아니라 자활급여특례자(수급자이면서 자활사업 및 취업성공패키지에 참가하여 발생한 소득으로 인하여 소득인정액이 기준 중위소득 40%를 초과한 자)와 자활사업 참여를 희망하는 일반 수급자(근로능력이 없는 생계급여 수급자 및 조건부과 유예자, 의료 · 주거 · 교육급여 수급자) · 특례수급가구(의료급여특례, 이행급여특례 가구)의 가구원 · 차상위자(소득인정액이 기준 중위소득 50% 이하인 사람 중 비수급권자) · 시설수급자 등이 참가하고 다양한 사업들이 추진되고 있다.

조건부 수급자 중 즉시 취업이 곤란한 사람은 보건복지부 주관 자활사업에 참여하고, 즉시 취업이 적합한 사람은 고용노동부 주관 자활사업에 참여하도록 하였다. 전자의 대표적인 사업이 개인별 사례관리와 고용 및 복지 서비스를 지원하는 자활근로사업이고, 후자의 대표적인 사업은 취업성공패키지이다. 취업성공패키지에 참가하는 조건부 수급자는 민간노동시장에서 즉시 취업이 가능한 자활역량을 갖춘 사람으로 지역 고용센터를 통해 취업지원과 직업훈련 서비스를 받고, 참여수당과 함께 취업 후 취업성공수당을 현금으로 지원받는다.

한편, 자활근로사업에 참여하는 조건부 수급자는 근로능력이 있으나 다소 미흡하다고 판정을 받은 수급자이다. 자활근로사업은 자활근로 참여 욕구가 높고 일용직·임시직 등 직업 경험이 있는 자를 위한 업그레이드형(시장진입형, 인턴·도우미형, 사회서비스형)과 노동강도가 낮은 사업에 참여가능한 자와 간병·양육 등 가구 여건상 관내 사업만 가능한 자를 위한 근로유지형이 있다. 근로유지형은 근로능력 및 자활의지를 유지하고 향후 업그레이드형으로 이행하도록 준비하는 것을 목적으로 한다면, 업그레이드형은 민간노동시장에서 취·창업을 통해 탈수급하는 것을 목적으로 한다.

자활근로사업에 참여하는 수급자·차상위자는 참여 대가로 자활급여(자활인건비)를 지급받으며, 사업유형에 따라 〈표 16-5〉에서 보는 바와 같이 급여 수준이 다르다. 근로유지형 급여단가가 사회서비스형과 시장진입형에 비해 낮은 것은 사업의 노동강도가 낮기 때문이기도 하지만 근로유지형 참여자가 상위 사업인 업그레이드형으로 이행하도록 유인하려는 조치라고 할 수 있다.

표 16-5 자활근로사업 유형별 자활급여(자활근로인건비) 기준(2022년)

구 분	시장진입형/기술·자격자	사회서비스형/기술·자격자	근로유지형
지급액(일)	58,660원/62,660원	51,350원/55,350원	30,120원
급여단가(일)	54,660원/58,660원	47,350원/51,350원	26,120원
실비(일)	4,000원	4,000원	4,000원
표준소득액(월)	1,421,160원	1,231,100원	679,120원
비고	1일 8시간, 주 5일 근무		1일 5시간, 주 5일 근무

주 : 복지·자활도우미 인턴형은 시장진입형, 사회복지시설도우미는 사회서비스형 단가 적용.
자료 : 보건복지부, 2022년 자활사업 안내.

한편, 자활근로사업 참여 조건을 부과받은 조건부 수급자는 최소근로시간 이행 기준을 준수해야 한다. 만약, 조건부 수급자가 자활사업에 참여하지 않아 조건불이행 판정을 받게 되면(특별한 사유 없이 주 3회 이상 결근), 조건불이행에 따른 본인의 생계급여 지급이 중단될 수 있다. 이와 함께, 생계급여 사정 시 소득인정액에서 자활소득(자활급여)의 30%를 공제하여 생계급여가 추가 지급되도록 자활근로소득공제가 적용된다. 이러한 조치는 보충급여를 기본원리로 하는 국민기초생활보장제도가 야기할 수 있는 수급자의 근로의욕 감퇴를 예방하기 위한 것이다. 그리고 일하는 생계 · 의료급여 수급 가구와 근로빈곤층을 위한 자산형성지원사업으로 희망키움통장, 내일키움통장, 그리고 생계급여 수급 가구 청년과 근로빈곤 청년층을 위한 청년희망키움통장과 청년저축계좌가 시행되고 있다. 각 사업에서는 매월 일정 금액의 저축액을 본인이 납입하면, 정부가 근로소득장려금을 매칭 적립하는 방식을 통해 자산형성을 지원한다.

3) 전달체계

공공부조 전달체계는 중앙정부의 보건복지부(생계급여, 의료급여, 장제급여, 해산급여, 자활급여), 국토교통부(주택급여), 교육부(교육급여)가 기획기능을 담당하고, 지방자치단체가 집행기능을 담당하는 이원적 구조를 갖고 있다. 공공부조사업과 관련하여 보건복지부, 국토교통부, 교육부에서 사업지침과 예산을 결정하여 지방자치단체에 시달하면, 지방행정조직의 수직적 위계에 따라 시 · 도 → 시 · 군 · 구 → 읍 · 면 · 동을 통하여 공공부조 수급권자에게 급여와 서비스가 전달된다. 한편, 국민기초생활보장법에서는 생활보장사업의 기획 · 조사 · 실시 등에 관한 사항을 심의 · 의결하기 위하여 보건복지부와 시 · 도 및 시 · 군 · 구에 생활보장위원회를 설치하도록 규정하고 있다. 중앙에 설치한 중앙생활보장위원회는 위원장을 포함하여 16명 이내의 위원으로 구성하고 보건복지부 장관이 위원장을 맡는다. 중앙생활보장위원회는 기초생활보장 종합계획의 수립, 소득인정액 산정 방식과 기준 중위소득 결정, 급여의 종류별 수급자 선정 기준과 최저보장 수준의 결정, 급여의 종류별 누락 · 중복, 차상위계층 지원사업 등에 대한 조정 등의 사항을 심의 · 의결한다.

공공부조의 보장기관은 수급자가 실제 거주하는 지역을 관할하는 특별시장, 광역시장, 도지사와 시장-군수-자치구 구청장이다. 그러나 맞춤형 급여체계로 전환하면서 교육급여와 주거급여에서 조사, 보장결정 및 급여지급 업무의 수행 주체가 일부 변화되었다. 급여 전달체계를 구체적으로 살펴보면, 지자체의 읍 · 면 · 동은 잠재수급자에 대한 상담 · 급여 신청안내, 급여 신청 · 접수, 지원이 필요한 가구 발굴, 찾아가는 서비스 기능을 수행한다. 시 · 군 · 구는 통합조사관리팀을 설치하여 급여 신청가구에 대한 자산조사와 자격관리 업무를 일원화하여 수행한다. 그리고 보장팀을 설치하여, 보장결정 및 통지, 급여 지급, 징수 · 이의신청 등의 업무를 수행한다. 단, 교육급여에서 교육급여 수급자의 신청 · 조사(신청조사, 확인조사, 변동사항 관리) 업무는 시장 · 군수 · 구청장이 실시하고, 보장결정을 포함한 이후 급여 지급 업무 등은 시 · 도교육감의 소관이다. 그리고 주택급여는 자산조사와 보장결정 및 급여 지급은 시 · 군 · 구의 통합조사관리팀과 보장팀에서 관리하지만, 자산조사 이후 단계에서 실시하는 임대차계약 조사와 주택상태 확인 등의 주택조사업무는 한국토지주택공사가 수행한다.

자활근로사업에서 업그레이드형은 2022년 현재 전국의 250개 지역자활센터가 사업을 위탁 수행하며, 근로유지형은 지자체의 읍 · 면 · 동에서 직접 사업을 수행한다. 다만, 2014년부터 몇몇 지자체에서 근로유지형 사업을 민간위탁하여 지역자활센터에서 시행하고 있다. 의료급여 전달체계는 의료급여 사업기관인 보건복지부와 지방자치단체, 국민건강보험공단, 건강보험심사평가원이 각각의 역할을 부여받고 있다. 특히 건강보험심사평가원은 진료비 심사 및 급여 적정성 평가를, 국민건강보험공단은 진료비 지급업무, 수급권자 자격 및 개인별 급여내역의 전산관리 등을 각각 위탁받아 업무를 수행한다.

4) 재원

국민기초생활보장제도에서 급여 지급에 필요한 보장비용은 원칙적으로 국가와 지방자치단체가 분담한다. 국민기초생활보장법에 따르면, 국가는 시 · 군 · 구 보장비용의 총액 중 100분의 40 이상 100분의 90 이하를 부담하여야 한다. 광역자치단체인 시 · 도는 시 · 군 · 구 보장비용의 총액에서 국가부담분을 뺀 금액 중 100분의 30 이상 100분의 70 이하를 부담하여야 한다. 그리고 기초자치단체인 시 · 군 · 구는 시 · 군 · 구 보장비용의 총액 중에서 국가와 시 · 도가 부담하는 금액을 뺀 나머지 금액을 부담하도록 규정하였다. 국가는 지방자치단체의 재정자주도와 사회복지비를 고려하여 지방자치단체에 지원하는 국고보조금의 보조율을 결정한다. 서울특별시의 경우, 국가 50% 이하, 시 25% 이상, 구 25% 이하를 부담하고 있다. 그리고 서울특별시를 제외한 지방자치단체에서는 국가 80% 이상, 시 · 도 10% 이상, 시 · 군 · 구가 10% 이하를 분담한다.

5) 국민기초생활보장제도의 발전 방안

국민기초생활보장제도는 모든 국민의 인간다운 생활을 보장하기 위한 '사회적 안전망'의 역할을 담당할 것으로 기대되었으나, 앞서 살펴본 바와 같이 엄격한 수급자 선정 기준으로 인해 기초보장의 사각지대가 상존해 왔다. 또한 기초보장 급여체계에서도 문제를 안고 있다. 생계급여가 보충급여방식으로 결정되기 때문에 수급자의 근로의욕을 떨어뜨린다고 지적되어 왔다. 조건부 수급자의 자립을 목적으로 실시하는 자활사업은 명칭과 달리 자활로 이끄는 데 성공적이지 못하였다. 기초생활보장 전달체계에서는 읍 · 면 · 동 사회복지 담당공무원이 과중한 업무 부담으로 수급권자에 대한 상담 및 사례관리가 어렵고, 과도한 업무 스트레스로 자살이라는 극단적인 선택을 하는 사회복지 공무원이 매년 끊이지 않고 발생하였다. 또한 사회복지 공무원이 복지급여를 빼돌리는 공금 횡령이 간헐적으로 적발되기도 하였고, 기초생활보장 신청자가 수급권자로 선정되기 위해 기망하는(fraud) 사례가 발생하기도 하였다. 신청자 본인의 가구 소득 및 재산뿐 아니라 부양의무자의 소득 및 재산을 축소하고, 수급권자로 선정된 이후에도 소득 및 재산의 변동 상황을 은닉하는 사례가 발생하고 있다. 국민기초생활보장제도의 수급자 선정, 급여체계, 전달체계에서 지닌 문제점들을 해결하기 위해서는 다음에 제시하는 대책들이 필요하다.

가. 기초보장의 사각지대 해소

정부의 지원으로부터 소외된 비수급 빈곤층(가구의 소득인정액이 수급자 선정을 위한 기준 소득액보다 낮지만 부양의무자 기준을 충족하지 못해 수급자로 선정되지 않은 빈곤층), 즉 빈곤 사각지대를 줄이기 위해 그동안 수차례에 걸쳐 수급자 선정 기준을 개편해 왔다. 소득인정액을 구성하는 재산의 소득환산액 계산 방법을 변경하기 위해 재산의 기본공제액과 소득환산율을 조정해 왔고, 부양의무자 기준을 완화하는 조치들이 이어져 왔다. 특히, 부양의무자 기준은 기초보장의 사각지대를 양산하는 결정적인 요인이므로 이에 대한 완화 조치가 공공부조 개혁의 쟁점이 되어 왔다.

국민기초생활보장법 제정 당시 부양의무자 범위는 수급권자의 직계혈족 및 그 배우자, 생계를 같이하는 2촌 이내의 혈족이었다. 그러나 기초보장의 사각지대 문제가 불거지면서 2005년 제16대 국회에서 수급권자의 직계혈족을 1촌의 직계혈족으로 변경하였고, 2007년 제17대 국회에서는 생계를 같이하는 2촌 이내의 혈족 부분을 삭제하여 1촌의 직계혈족 및 그 배우자로 한정하였다. 특히, 2014년 송파 세 모녀 사건을 계기로 제19대 국회에서 국민기초생활보장법을 개정하여 부양의무자 범위를 더 완화하였다. 개정된 법률에서는 1촌의 직계혈족 및 그 배우자 중 자녀가 사망했을 경우 그 사위와 며느리를 부양의무자에서 제외하였고, 교육급여의 수급자 선정에서 부양의무자 기준을 적용하지 않도록 하였다.

그리고 2015년 7월 국민기초생활보장제도의 급여체계 개편으로 인해 생계급여, 의료급여, 주거급여, 교육급여 등 급여 종류별로 수급자 선정기준액을 다르게 적용하면서 기초생활보장 수급자 수가 20여만 명이 증가하였다. 〈표 16-6〉에서 2016년 수급자 현황을 보면, 총수급자 수는 163만여 명(총인구 대비 3.15%)을 기록하여, 기초보장의 사각지대를 상당 부분 줄인 것처럼 보일 수 있다. 하지만 기초보장 수급자의 인간다운 삶을 위해 가장 필요한 생계급여를 지원받는 수급자 수는 124만 명(2.39%)으로 법률 개정 전인 2014년 132만여 명보다 오히려 감소하였다.[14] 생계급여, 의료급여, 주거급여의 수급자 선정에서 부양의무자 기준을 적용하기 때문에 빈곤 사각지대 문제가 해결될 수 없었다.

표 16-6 기초생활보장 급여별 수급자 및 수급가구 현황(2016년) (단위: 명, 가구)

구분	계[1)]	생계급여	의료급여	주거급여	교육급여
수급자 수	1,630,614	1,240,677	1,409,548	1,387,915	3,812,000
가구 수	1,126,510	896,221	977,216	945,348	262,903

주 : 1) 수급자 수 및 가구 수는 시설 수급자 포함, 각 급여별 중복을 제외한 숫자임.
자료 : 보건복지부, 2016년 국민기초생활보장 수급자 현황.

부양의무자 기준을 완화하였음에도 비수급 빈곤층이 상당한 규모로 존재하는 상황에서 문재인 정부는 부양의무자 기준의 단계적 폐지를 시행해 왔다. 2017년 11월부터 수급자 및 부양의무자 가구에 노인(만 65세 이상) 또는 중증장애인(장애등급 1~3등급)이 있는 경우 부양의무자 기준을 적용하지 않았고(부양의무자는 가구 소득인정액 하위 70% 이하로 제한), 2018년 10월부터 주거급여에서 부양의무자 기준을 폐지하였다. 2019년부터는 부양의무자 가구에 장애인연금 수급자(중증 장애인)가 있는 경우 생계 · 의료급여에서 부양의무자 기준을 적용하지 않았고, 기초연금 수급자가 포함되어 있으면 생계급여에서 부양의무자 기준을 폐지하였다. 또한 수급자가 만 30세 미만 한부모가구이거나 시설보호종료 아동인 경우 생계 · 의료급여에서 부양의무자 기준 적용이 제외되었다. 그리고 2021년 10월부터 생계급여에서도 부양의무자 기준을 폐지하고, 예외적으로 부양의무자의 소득 연 1억 원 또는 일반재산 9억 원을 초과하는 경우에 생계급여 대상에서 제외하기로 하였다. 이와 같은 부양의무자 기준의 단계적 폐지로 문재인 정부의 지난 4년간 수급자는 60만 4천 가구, 인원은 77만 8천 명이 증가하여 2022년 1월 현재, 총수급자는 164만 가구, 236만 명으로 기초생활보장제도 시행 이후 최다 인원을 지원하게 되었다(생계급여 28.3만 명, 의료급여 8.8만 명, 주거급여 72.2만 명 추가지원). 부양의무자 기준의 단계적 폐지를 통해 빈곤 사각지대인 비수급 빈곤층의 규모가 상당 부분 감소하였다.

그러나 의료급여에서 여전히 부양의무자 기준을 적용하고 생계급여도 예외적 적용을 유지하기 때문에 비수급 빈곤층이 완전히 해결되지 않았다. 2021년 12월, 국가인권위원회에는 국가가 모든 국민의 최저생활을 보장하기 위해 국민기초생활보장법의 부양의무자 기준의 완전한 폐지를 권고하였다. 부양의무자 기준은 가족 부양을 우선으로 하고 국가의 책임을 후순위로 하는 것이므로, 국가가 저소득 취약계층의 최소한의 인간다운 생활을 보장하기 위해 부양의무자 기준 폐지를 담고 있는 국민기초생활보장법 일부개정법률안을 국회에서 조속히 심의할 것을 의견 표명하였다. 기초생활보장에서 부양의무자 기준의 완전한 폐지를 둘러싼 사회적 논의가 필요하다. 부양의무자 기준의 폐지를 주장하는 사람들은 부양의무자 기준으로 인하여 비수급 빈곤층이 광범위하게 발생함은 물론이거니와 강제적 부양의무 부과가 오히려 가족 간 갈등을 조장할 수 있고, 부양의무자가 부양을 거부 또는 기피하는 경우 수급권자가 소명하여 수급자격을 인정받아야 하므로 가족해체의 원인으로 작용할 수 있다고 주장한다. 반면에, 부양의무자 기준 폐지를 반대하는 사람들은 재정적 부담, 도덕적 해이, 사회문화적 가치의 훼손 등을 이유로 꼽고 있다. 부양의무자 기준을 완전히 폐지하는 경우 수급자 인원의 증가로 의료급여뿐만 아니라 통합문화이용권, 지방세감면, 에너지 바우처 등 50여 개 사업예산이 증가하여 막대한 추가재정 부담을 우려한다. 동시에 기초보장 수급자가 되기 위해 부모가 자녀에게 재산을 사전에 증여하거나 재산 은폐를 시도하는 도덕적 해이가 나타날 수 있다고 지적한다. 이뿐 아니라 부양의무자 기준을 철폐하는 것은 국가가 한국 사회의 전통적 관습이라고 할 수 있는 경로(敬老) 효친(孝親) 사상을 장려하는 것이 아니라 앞장서서 훼손하는 것이라고 비판한다. 국민기초생활보장제도가 모든 국민의 인간다운 생활을 보장하기 위한 사회안전망의 역할을 다할 수 있도록 부양의무자 기준을 폐지하는 것이 필요하지만 이에 따른 추가적 재정 부담과 부작용에 대처할 방안이 마련되어야 한다.

나. 급여체계 개편: 조건부 수급자의 근로유인과 차상위 근로빈곤층 대책

국민기초생활보장제도의 급여체계는 근로능력이 있는 수급자(조건부 수급자)의 근로동기를 높이고 자활로 이끄는 데 여전히 한계를 지닌다. 생계급여를 보충급여 방식으로 제공하는 국민기초생활보장제도에서 근로소득이 증가하는 만큼 생계급여 금액이 감소하면 수급자의 근로동기를 떨어뜨리는 것을 피할 수 없다. 그러므로 자활사업에서 수급자의 근로의욕 감퇴를 예방하기 위해 근로소득의 일정 비율을 산정하여 자활근로소득공제를 적용하고 있다. 자활소득공제는 수급자 가구의 생계급여 산정 시 소득인정액에서 자활소득의 30%를 공제하여 생계급여가 추가 지급되도록 하였다. 자활사업이 조건부 수급자가 자활하는 데 실효적인 정부의 직접일자리사업이 될 수 있도록 고용서비스와 사회서비스를 연계 제공하는 노력을 지속적으로 기울여야 한다.[16]

아울러, 차상위 근로빈곤층이 공공부조 수급자로 전환되는 것을 막기 위해 근로장려금과 적극적 노동시장사업을 포함한 저소득층을 위한 소득지원 및 고용서비스가 확대되어야 한다. 2021년 기준, 기초생활보장 수급가구의 보장기간을 살펴보면, 1년 미만이 24.2%로 가장 많았으며, 다음으로 10년 이상이 21.6%, 1~2년 미만이 14.6%를 차지하였다.[17] 수급가구 중 10년 이상 장기적으로 빈곤 상태를 벗어나지 못하는 집단이 있지만, 수급가구의 38.8%는 보장기간이 2년 미만으로 이들은 수급과 탈수급을 반복할 것으로 예상된다. 수급자의 탈수급뿐만 아니라 차상위 근로빈곤층이 수급자로 진입하는 것을 막기 위해 지원 대책이 필요하다.

다. 사회복지 담당공무원의 확대와 공공부조 전달체계의 책임성 강화

읍 · 면 · 동 사회복지 담당공무원이 집행하는 복지업무가 과중한 상황에서 공공부조 전달체계 개편의 핵심과제는 사회복지 담당공무원을 증원하는 것이다. 사회복지 담당공무원 한 사람이 담당하는 기초보장 수급자 수가 적정해야 상담 및 사례관리 업무가 가능하며, 수급자를 위한 서비스 질이 향상되고 사회복지 담당공무원의 직무만족을 높일 수 있다. 문재인 정부는 사회복지담당공무원 확충에 각별한 노력을 기울여 2018~22년 보건복지인력 1.5만 명 확충과 읍면동 배치를 추진하였다(2017년 사회복지담당공무원 37,207명에서 2019년 41,268명으로 확대). 지역복지 욕구 증대에 맞춰 전달체계 개편 노력과 함께 사회복지담당공무원의 충원 노력을 지속해 나가야 한다. 이와 함께, 공공부조의 사각지대에 놓여 어느 누구로부터도 도움을 받지 못하고 절망 속에서 생을 마감하는 이들이 더 이상 발생하지 않도록 공공부조 사각지대 발굴을 위한 노력을 지속해 나가야 한다. 또한 기초보장 전달체계에서 간헐적으로 발생하는 공급자의 횡령과 수급자의 기망행위는 기초보장제도 전반에 대한 사회적 신뢰를 떨어뜨리므로 이에 대한 대책이 마련되어야 한다. 현재, 사회보장정보시스템(행복e음)의 정비 강화로 과거에 비해 공급자의 횡령, 수급자의 기망행위가 현저하게 감소하였다. 하지만, 여전히 국세청, 건강보험공단, 금융기관 등의 공공 자료를 이용하는 데 소요되는 시차로 부정수급이 발생하므로 통합정보망 정보연계 강화와 공공자료의 업데이트 주기 단축이 필요하다. 끝으로, 정부와 지자체는 자활사업을 위탁받아 추진하는 지역자활센터가 책임성을 확보하도록 지속적인 노력을 기울여야 한다. 지역자활센터가 자활사업 참여자의 이익을 옹호하고 이들에 대해 양질의 고용 및 복지 서비스를 제공하여 자활 의지를 북돋고 취·창업에 성공할 수 있도록 관리 · 감독을 강화해야 한다.

1 빈곤선을 제시하여 절대 빈곤에 대한 연구를 열었던 사람으로 영국의 사회사업가 부스(C. Booth)를 꼽을 수 있다. 1889년 「런던시민의 삶과 노동(*Life and Labour of people of London*)」에서 그는 런던에서 30.7%의 인구가 가구소득이 빈곤선 이하로, 생존을 유지하기에도 어려운 상황에 처해 있음을 밝혔다. 부스의 뒤를 이어 라운트리(S. Rowntree)는 빈곤 연구에 크게 기여하였다. 1899년 요크시를 대상으로 대규모 실태 조사를 실시하여, 전체인구의 27.84%가 빈곤에 처해 있다는 사실을 밝혔다.

2 Townsend, P.(1979). *Poverty in the United Kingdom: A Survey of Household Resources and Standards of Living*. London: Penguin.

3 Piachaud, D.(1987). "Problems in the Definition and Measurement of Poverty." *Journal of Social Policy*. 17(3).

4 Sen, Amartya(2000). "Social Exclusion: Concept, Application, and Scrutiny." Asian Development Bank, Social Development Papers No. 1.

5 '소득 10분위 분배율'은 최하위 40% 계층의 소득을 최상위 20% 계층의 소득으로 나눈 것이다. 10분위 분배율이 커진다는 것은 최하위 40% 계층의 상대적 소득이 증가한 것으로 분배 상태가 개선된 것을 나타낸다. 10분위 분배율은 이론적으로 0에서 2까지의 수치를 가질 수 있지만, 현실적으로 보통 0에서 1 사이의 값으로 나타난다. 한편, '소득 10분위 배율'은 최상위 10% 계층의 소득을 최하위 10% 계층의 소득으로 나눈 것이다. 소득 10분위 배율이 커진다는 것은 분모인 최하위 10% 계층에 비해 분자인 최상위 10% 계층의 상대적 소득이 증가한 것이다. 이 경우 최상위 계층과 최하위 계층의 소득차가 확대됨에 따라 소득 분배가 악화됐다고 해석할 수 있다. 소득 10분위 배율은 양극단 계층의 소득을 비교한 것으로 소득 양극화를 나타내는 지표로 사용되기도 한다. 이와 유사하세 '소득 5분위 배율'은 최상위 20%의 소득을 최하위 20%의 소득으로 나눈 값을 말한다.

6 Doyal, L. and I. Gough(1991). *A Theory of Human Need*. London: Macmillan.

7 Piven, F. and R. Cloward(1972). *Regulating the Poor: The Functions of Public Welfare*. New York: Vintage Books.

8 Korpi, W. and J. Palme(1998). "The Paradox of Redistribution and Strategies of Equality: Welfare State Institutions, Inequality and Poverty in the Western Countries." *American Sociological Review*. 63. pp.661-687.

9 Eardley, T., J. Bradshaw, J. Ditch, I. Gough, and P. Whiteford(1996). *Social Assistance Schemes in OECD Countries: Volume I. Synthesis Report*. London: Department of Social Security.

10 Theodore, N. and J. Peck(2000). "Searching for Best Practice in Welfare-to-Work: The Means, the Method and the Message." *Policy & Politics*. 29(1). pp.81-98.

11 취업우선 접근(labour force attachment approach)은 노동력연결 모델, 노동력부착 모델 등으로 번역되기도 하지만, 인적자원개발 접근과 대응하기 위해 취업우선 모델이 적정한 해석으로 판단된다.

12 2002년 12월 31일까지는 소득평가액 기준과 재산 기준을 동시에 만족해야 수급자로 선정되었다. 이 기준은 급여 수준의 형평성과 대상자의 사각지대문제를 안고 있었다. 이를 해결하기 위해 2003년부터 재산의 소득환산액을 적용하여 소득평가액과 재산의 소득환산액을 합산한 소득인정액 기준이 시행되었다.

13 보건복지부(2012). 「2010 빈곤정책 선진화를 위한 실태조사 결과보고」. 서울: 보건복지부.

14 최병근(2017). "기초생활보장제도의 부양의무자 기준 폐지 논의 및 정책과제." 「이슈와 논점」. 1295. 국회입법조사처.

15 보건복지부(2018). 「제1차 기초생활보장 종합 계획」. 세종: 보건복지부.

16 신동면 · 허남덕(2013). "한국 재정지원 일자리사업의 특성과 발전 방향." 「한국정책학회보」. 22(4). pp.115-140.

17 보건복지부(2022). 「2021년 국민기초생활보장 수급자 현황」. 세종: 보건복지부.

에필로그

복지국가의 등장으로 서구사회의 시민들은 이미 성취한 공민권(civil rights)과 정치권(political rights)에 이어 인간다운 삶을 누릴 수 있는 사회권(social rights)을 보장받게 된다. 그러나 복지국가로의 도정은 어느 나라에서나 그리 평탄한 길이 아니었다. 복지국가의 역사는 나라마다 그 나라 특유의 역사문화적 유산과 사회경제적 형편, 그리고 정치제도적 틀 속에서 어렵사리 한 걸음씩 보다 인간다운 사회를 지향하며 가시밭길을 헤쳐 온 결과이다. 아직 불완전하지만 시나브로 '복지국가'는 우리 곁에 다가와 있다.

현대 복지국가는 한결같이 시장경제와 민주주의의 틀 안에서 경제적 역동성과 사회적 결속을 함께 이루는 데 목적을 두고 있다. 이념적으로 따지자면 자유와 평등의 변증법이라고 할 수 있다. 따라서 혁명적 체제변화를 추구하기보다 점진적, 합의적 개혁을 통하여 시민들의 인간다운 삶을 보장하고 과도한 사회적 불평등을 줄이는 데 역점을 둔다. 성공적 복지국가들은 하나같이 이념적 편향이나 교조에 대한 집착에서 벗어나, 이상을 추구하되 차디찬 현실과 마주하며 민생정치의 관점에서 합의적, 실용주의적으로 문제에 접근했다는 공통점이 있다.

현대 복지국가의 대명사인 스웨덴의 대표적 사민당 이론가인 비그포르스는 복지국가의 길을 "잠정적 유토피아를 향하여 작업가설(working hypothesis)을 세우고 이를 실천 · 검증하는 작업"이라고 명명했다. 이는 우리에게 많은 것을 시사한다. 우리도 한국이라는 시(時)와 공(空)을 바탕으로 우리의 문제해결을 위해 냉철하게 현실을 분석하고 상황에 맞는 작업가설을 세우고 이를 효율적으로 실천 · 검증하며 깊은 성찰 속에 우리의 유토피아를 만들어 나가야 할 것이다. 따라서 교조적 유토피아에 집착하거나 서구 선진국가의 복지국가 시스템이나 정책을 맹목적으로 추종하는 것은 삼가야 할 일이다.

그런데 우리의 형편은 어떠한가. 복지국가나 사회복지정책이 쟁점으로 부상하면 으레 이념적으로 편이 갈리어 결렬한 대결적 양상을 연출하기가 일쑤이다. 그런 과정에서 정제되지 못한 이데올로기를 앞세워, 이슈를 '시장 대 반(反)시장'의 관점으로 환원하거나 심지어는 '체제유지 대 체제변혁'의 문제로 비화하는 경우도 적지 않다. 이러한 이념적 양극화 현상은 한국형 복지국가를 보다 합리적, 사회합의적으로 모색하는 데 결정적 장애요인이 되고 있다. 사회복지정책에서 규범적 고려는 필요하나 그것은 기능적 필요와 경제사회적 여건과 연계되어 논의되어야 한다. 이 책은 복지국가 담론을 좌, 우의 설익은 교조주의에서 해방시켜 논의의 기본적 축을 실용주의적 접근과 정책분석의 차원으로 옮겨 보자는 데 목적이 있었다.

이 책을 집필한 네 명의 필자는 아래의 논점에 대해 관점을 같이한다.

1) 사회복지는 국가, 시장, 가족, 비영리조직 등 다양한 복지제공 주체들이 수행하는 복지활동의 총합이다. 국가가 국민 전체의 복지증진을 위해 가장 큰 책임을 지고 있으나, 복지혼합(welfare mix)의 관점에서 개별 주체 간의 적절한 역할분담에 대한 합리적 논의가 중요하다.
2) 사회복지정책은 경제정책과 밀접히 연관되어 있다. 사회투자적 관점에서 사회복지정책을 합리적으로 설계하면 경제발전과 고용성장에 크게 도움이 될 수 있다. 경제정책과 사회복지정책의 선순환이 가능하므로 경제와 사회의 통합적 인식이 필요하다.

3) 사회복지정책은 실용주의와 점진 개혁에 중심축을 두고 정책혼합(policy mix)을 구성해야 한다. 보편주의 대 선별주의, 공공부문 대 민간부문, 평등 대 효율 간의 날 세운 이념적 논박보다는 개별 정책영역과 전체적 복지지형을 고려하여 실용적이고 지속가능한 사회복지 정책수단을 찾아가야 한다.

4) 한국 복지국가는 발전의 역사가 짧고 아직 내용도 미흡하며, 제도적 기반도 정치적 지지도 취약하다. 그런 가운데 나날이 늘고 있는 사회적 위험과 복지수요에 대응하여 복지국가로의 도정은 앞으로드 계속되어야 할 것이다. 다만 그것이 이념이나 정치적 목적을 위해 추구되어서는 안 되며, 현실의 증거에 기반한 열린 토론과 합리적인 정책분석, 그리고 사회적 합의를 거쳐야 한다.

한국 사회는 이제 1인당 국민소득 3만불 시대를 눈앞에 두고 있다. 그러나 이러한 총체적 경제성과에도 불구하고 그 성장의 뒤안길에는 짙은 그늘이 길게 깔려 있다. 우선 해마다 빈부격차가 벌어지고 있으며 안정적 중산층의 비율이 줄어들고 있다. 이와 더불어 사회적 이동성의 저하로 사회계층구조가 고착화되는 경향이 두드러지고 있다. 이러한 경제적 양극화와 사회적 이동성 저하는 우리 사회의 사회적 갈등을 증폭시키고 사회적 활력을 낮춰 한국 사회의 지속가능한 발전에 저해가 될 뿐만 아니라, 이 나라 국민으로서의 자부심과 행복지수를 크게 떨어뜨린다. 아마도 거시적, 종합적 정책 개혁 없이는 이러한 부정적 추세는 계속될 것으로 보인다.

그렇다면 우선 복지국가와 사회복지정책의 차원에서 우리가 크게 고려할 사항은 무엇인가?

1) 우리 사회는 가속화되는 고령화와 지식사회로의 전이 속에서 신 · 구 사회적 위험 모두에 맞서고 있다. 이러한 상황에서 지속적 고용(sustainable employment)을 유지하는 가운데 국민 복지를 증진하기 위해서는 '유연안정성(flexicurity)'과 평생학습의 개념을 슬기롭게 적용하는 것이 매우 중요하다. 노동시장의 유연성과 적극적 노동시장정책의 결합이 필수적이며, 아울러 견고한 사회보장체제가 이를 강력하게 뒷받침해 줄 필요가 있다. 이와 더불어 생애주기에 걸친 평생학습체제의 구축이 절실하게 요구된다. 하지만 이들 모든 정책 분야에서 본질적

개혁이 이루어지지 못하고 있다. 이 중 사회보장체제, 특히 소득보장 분야만 하더라도 빈틈이 많고 소득대체율이 너무 낮다. 기초보장제도의 사각지대가 광범하게 존재할 뿐만 아니라, 쌍용차 사태 등에서 보듯이 중산층 근로자들조차도 실업과 노령으로 인한 소득상실의 위험에 그대로 노출되어 있다. 따라서 우선 기초보장 사각지대의 해소와 중산층도 의지할 수 있는 탄탄한 소득보장제도를 확립하는 가운데 노동시장의 유연화 조치와 적극적 노동시장정책을 결합해 나가야 한다.

2) 우리 사회의 가속화되는 소득격차와 사회적 이동성의 저하를 막아야 한다. 자본주의 시장경제에서 능력과 성과에 따른 보상과 이에 따른 시장의 불평등은 불가피하다. 그러나 사회경제적 차이 때문에 타고난 능력을 계발하지 못하고 계층의 사다리를 올라가지 못한다면, 그 사회는 부정의하고 지속적 성장을 이룰 수 없다. 따라서 국가는 소득보장의 강화와 더불어 시민들이 변화하는 노동시장의 수요에 부응할 수 있게 성인기 평생교육과 훈련을 제공해 지속적 고용을 위한 직업능력 배양에 힘써야 한다. 인지능력이 형성되고 자아와 성취동기가 발달하는 유아와 초등학교 시기도 매우 중요하다. 특히 저소득계층과 낙후지역의 아동들도 중산층이 누리는 교육기회를 공적으로 제공받을 수 있게 해 출발선의 평준화를 이루어야 한다. 공보육과 공교육의 역할 강화가 절대적으로 필요한 이유다.

3) 사회보장제도의 지속가능성과 효율성 제고를 위해 노력해야 한다. 친복지 진영에서는 보장률만 높이려 하고, 재정적 지속가능성과 효율성에 대한 강조는 우파적 시각 혹은 시장논리로 여기고 터부시하는 경향이 있다. 그러나 사회보장제도의 보장률을 높이게 되면, 이에 부응하는 재원을 확보해야 한다. 퇴직(연)금 시장으로 흘러들어 가는 복지자원을 국민연금의 보장성 강화를 위한 재원으로 활용하고, 정치적 부담이 있더라도 사회보험료 인상 등 증세에 대한 국민적 동의를 구하는 노력을 회피해서는 안 된다. 재정적 지속가능성을 확보해야 사회보장제도에 대한 국민적 신뢰를 얻고 미래 세대의 부담도 덜 수 있다. 그러나 아무리 복지증세를 하더라도 예산 제약은 피할 수 없는 현실이다. 따라서 동일 재원으로 최대의 사회복지 효과를 보도록 사회보장제도를 효율적으로 운영해

야 한다. 특히, 사회복지서비스 전달체계의 비효율성을 최소화하고 지역사회의 특성에 맞는 프로그램을 개발하기 위해 분권화 및 경쟁방식 도입, 민관협력, 복지수급자의 선택권 확대 등을 위해 노력해야 한다. 이와 함께 지역주민에 대한 책임성을 확보하기 위해 주민참여 및 사회복지서비스를 제공하는 민간기관에 대한 내실 있는 관리감독도 필요하다. 이 모든 것들을 통해 안정된 재정적 기반 위에 양질의 서비스가 제공될 수 있을 것이다.

4) 복지국가의 물질적 기반을 튼튼히 하기 위해 경제의 활력과 혁신을 도모해야 한다. 경제와 복지를 상충관계로 보는 경향이 있다. 그러나 경제발전이 복지국가 발전의 충분조건은 아닐지라도, 가장 중요한 필요조건이다. 경제발전 없이는 고용도 복지를 위한 재원확보도 어렵다. 시대에 뒤떨어진 규제를 없애 기업하기 좋은 나라를 만들고, 혁신과 창업이 활발하게 일어나는 생태계를 조성해야 한다. 혁신은 경쟁과 창조적 파괴를 의미한다. 앞서 지적했듯이, 구조조정의 낙오자들에 대한 소득보장과 전직 훈련이 충분하게 공적으로 주어져야 할 것이다. 복지와 경제의 선순환은 혁신과 사회적 안전망의 결합 속에 꽃을 피울 것이다.

한국 복지국가는 발전의 기로에 서 있다. 이제 복지를 좌우의 문제도 이념의 문제도 아닌, 우리 사회의 시급한 문제를 해결하는 유용한 수단의 하나로 바라보자. 작업가설을 세우고, 현실의 증거에 기반해 한국형 유토피아를 만들어 가자. 이 책이 유용한 작업가설을 세우는 데 도움이 되길 바라마지 않는다.

2018년 8월

안병영, 정무권, 신동면, 양재진

참고문헌

강순희(2012). "한국의 공공훈련제도의 현황." 성과와 과제. 한국노동연구원. working paper.

강욱모(2013). "복지국가 축소정치와 뉴질랜드 노령연금개혁."「한국사회정책」. 20(1).

강혜규 외(2007).「사회서비스 공급의 역할분담 모형개발과 정책과제: 국가 · 시장 · 비영리민간의 재정분담 및 공급참여 방식」. 보건사회연구원.

고경환 외(2011).「2009년도 한국의 사회복지지출추계와 OECD국가의 장애인소득보장체계 비교」. 한국보건사회연구원 정책보고서 2011-17.

________(2012).「2011년도 한국의 사회복지지출 추계」. 서울: 보건사회연구원.

고경환 · 장영식 · 강지원 · 정영애(2014).「2013년 기준 한국의 사회복지지출」. 보건사회연구원 정책보고서 2014-83.

고세훈(2011).「영국정치와 국가복지」. 서울: 집문당.

고용노동부(2014).「산재보험 50년사」.

________(2016).「고용보험 20년사」.

________(2017).「고용보험 백서」.

고용노동부 · 근로복지공단(2012).「2011 경제발전경험모듈화사업: 산재보험제도의 구축과 운영」.

구인회 · 양난주 · 이원진(2009). "사회복지 지방분권 개선방안 연구."「사회복지연구」. 40(3).

국민건강보험공단(http://www.nhic.or.kr/alim/notice2/chapter2.pdf).

김교성(2008). "사회투자전략에 기초한 복지국가의 유형과 성과."「사회복지정책」. 35. pp.29-59.

김도균 외(2017).「자신에게 고용된 사람들: 한국의 자영업자 보고서」. 서울: 후마니타스.

김미숙 외(2012). "사회통합 중장기 전략개발 연구." 사회통합위원회/한국보건사회연구원 정책보고서.

김보영(2012). "사회서비스, 정의와 정책방향." 사회보장기본법 개정에 따른 사회(복지)서비스 정책 쟁점과 과제 정책토론회 토론문. 2012.3.16. 서울상공회의소.

______(2017). "지역사회서비스 10년의 제도화와 보편화, 그리고 문재인 정부의 과제."「복지동향」. 9월호.

김소영(2005).「적극적 노동시장정책을 위한 미국 실업보험제도의 변화와 시사점」. 노동정책연구. 5(2).

김수정(2004). "복지국가 가족지원정책의 젠더적 차원과 유형."「한국사회학」. 35(5).

______(2006). "스웨덴 가족정책의 삼중동학: 탈상품화, 탈가족화, 탈젠더화."「가족과 문화」. 18(40).

김승택 · 노상현 · D. Finn(2015).「우리나라의 고용서비스 선진화 어디까지 왔나?」. 노동연구원.

김연명(2002). 「복지국가성격논쟁 1」. 인간과 복지.

______(2008). “변혁기 한국 사회보험의 현황과 과제.”「사회복지」(가을).

김영모(2000). 「사회복지학」. 서울: 고헌출판부.

김영범(2014). “적극적 노동시장정책의 복지국가 유형별 다양성에 대한 분석: 구직서비스 대비 훈련지출을 중심으로.”「한국사회학」. 48(2).

김영순(2012). “복지동맹 문제를 중심으로 본 보편적 복지국가의 발전조건.”「한국정치학회보」. 40(1).

김영순 외(2007). “복지국가유형별 사회서비스의 발전과정과 시사점”. 「보건복지포럼」. 3월.

김영종(1998). 「사회복지행정」. 학지사.

______(2003). “한국 사회복지조직의 형성 과정에 관한 역사적 연구: 1950-70년대 부산지역을 중심으로.”「한국사회복지행정학」. 10.

______(2012). “한국 사회서비스 공급체계의 역사적 경로와 쟁점, 개선방향.”「보건사회연구」. 32(2).

김용득(2011). “사회복지서비스 현황과 정책과제.” 노기성(편). 「사회서비스 정책의 현황과 과제」. KDI.

김원섭 · 남윤철(2011). “이명박 정부 사회정책의 발전: 한국 복지국가 확대의 끝?”「아세아연구」. 54(1).

김원섭 · 양재진 · 이주하(2010). “최근 금융위기에 대한 서구 복지국가들의 사회정책적 대응: 독일 · 영국 · 미국의 비교연구.”「정부학연구」. 16(3).

김윤태 · 서재욱(2013). 「빈곤」. 서울: 한울 아카데미.

김준(2015). 「우리나라 노동시장의 유연성과 안정성: 현황과 과제」. 국회입법조사처.

김진욱(2004). “복지혼합의 모형에 관한 이론적 연구.”「연세사회복지연구」. 11.

______(2007). “한국 사회서비스의 공사역할분담 개혁방안에 관한 연구.”「사회복지정책」. Vol.31.

김태성 · 성경륭(1993). 「복지국가론」 서울: 나남.

____________(2000). 「복지국가론」. 제2판. 서울: 나남.

김태일(2011). “복지에 대한 정부역할 인식의 비교분석.”「사회보장연구」. 27(2).

김태일 · 이주하 · 최영준(2016). “복지국가연구의 과거 현재 그리고 미래.”「정부학연구」. 22(3).

김현아(2013). “사회복지지출(SOCX) 추계에 관한 소고.”「재정포럼」.

김현진(2015) “지역사회복지와 보건 · 복지 연계: 법제 분석을 통한 연계성 연구.”「한국지역사회복지학」. 54.

나영선 · 강순희(2012). 「기술인력 양성을 위한 직업훈련제도」. 고용노동부, 한국직업능력개발원.

남찬섭(2009). “최근 사회복지서비스 변화의 함의와 전망: 지방이양, 바우처, 노인장기요양보험으로 인한 변화를 중심으로 한 탐색적 고찰.”「비판사회정책」. 28.

______(2012). “개전 사회보장기본법의 사회서비스 의미와 개념적 긴장.”「한국사회복지학」. 64(3).

노기성(편)(2011). 「사회서비스 정책의 현황과 과제: 사회복지서비스를 중심으로」. KDI.

노명식(1991). 「자유주의의 원리와 역사」. 서울: 민음사.

다케가와 쇼고(2004). 「일본의 사회정책과 복지국가론」. 서울: 인간과복지.
레이코프, 조지(2004). 「코끼리는 생각하지마」. 유나영 옮김. 와이즈베리.
문진영(2009). 「유럽연합의 사회정책에 관한 연구」. 서울: 집문당.
문진영 · 김윤영(2015). "소득보장과 사회서비스의 교환관계(trade-off) 연구." 「한국사회복지학」. 67(4).
민혜영 · 이정찬(2010). 「진료의뢰 및 회송제도 개선방안」. 의료정책연구소.
박광준(2013). 「사회복지의 사상과 역사」. 서울: 양서원.
박수지(2009). "복지국가의 사회서비스 제도화 및 재구조화에 대한 고찰: 독일의 사례를 중심으로." 「한국사회복지학」. 61(3).
박수지 외(2014). 「사회서비스정책 비교연구: 사회보장정책 비교연구 5차년 과제」. 보건사회연구원.
박영범(2014). "적극적 노동시장정책의 복지국가 유형별 다양성에 대한 분석: 구직서비스 대비 훈련지출 비율을 중심으로." 「한국사회학」. 48(2).
박종희(2012). 「산재보험제도의 지속가능한 발전을 위한 정책과제연구」. 고용노동부.
박준식 · 김영범(2009). "적극적 노동시장 정책의 다양성: 복지국가 유형에 따른 차이를 중심으로." 「경제와 사회」. 봄호.
박찬임(2003). 「한국 산재보험제도의 국제비교 연구」. 한국노동연구원.
박찬임 · 황덕순 · 김기선(2016). 「일자리 형태의 다양화 추세와 산재보험」. 한국노동연구원.
배인명(2015). "2016년 지방재정 주요 정책과제: 국고보조사업의 정비를 중심으로." 「지방정부」(2016년 1월호).
백종만(1996). "해방 50년과 남한의 민간복지." 「상황과 복지」. 창간호.
변형윤(1983). 「배분의 경제학」. 서울: 한길사.
보건복지부(2012). 「2010 빈곤정책 선진화를 위한 실태조사 결과보고」. 서울: 보건복지부.
________(2017). 「2016년 국민기초생활보장 수급자 현황」. 세종: 보건복지부.
________(2018). 「제1차 기초생활보장 종합 계획」. 세종: 보건복지부.
서상선(2002). 「한국직업훈련제도의 발자취: 제도화 과정에 얽힌 뒷 이야기들을 중심으로」. 대한상공회의소.
석재은 외(2015). 「장기요양보험의 공공성 강화 방안」. 보건복지부.
선우덕 외(2013). 「노인장기요양서비스의 질 관리체계 개선방안」. 한국보건사회연구원.
________(2016). 「노인장기요양보험의 운영 성과 평가 및 제도 모형 재설계 방안」. 한국보건사회연구원.
세예르스테드, 프랜시스(2015). 「사회민주주의의 시대: 북유럽 사민주의의 형성과 전개 1905-2000」. 유창훈 옮김. 서울: 글항아리.
송근원(1994). 「사회복지와 정책과정」. 서울: 대영문화사.
송다영 · 정선영(2013). "통합적 가족정책으로의 패러다임 전환을 위한 과제." 「비판사회정책」. 39.
송윤아(2010). 「산재보험의 운영체계에 대한 연구」. 보험연구원.

신동면(2001). “영국 사회보장제도의 개혁: 사회부조를 중심으로.”「한국사회복지학」. 46.
______(2004). “영국의 근로연계복지에 관한 평가: 신노동당정부의 New Deal을 중심으로.”「한국사회복지학」. 56(1).
______(2006). “한국의 생산체제와 복지체제의 선택적 친화성.”「한국정치학회보」. 40(1).
______(2008).「동아시아 국가의 공공부조」. 서울: 집문당.
______(2009). “생산레짐과 복지체제의 선택적 친화성에 관한 이론적 검토.” 정무권(편).「한국복지국가성격논쟁 2」. 서울: 인간과 복지.
신동면 외(2007).「사회양극화 극복을 위한 사회정책 구상」. 서울: 풀빛.
신동면 · 최영준(2012). “복지국가 트릴레마 양상의 변화: 퍼지셋 이상형 분석의 적용.”「한국사회정책」. 19(3).
신동면 · 허남덕(2013). “한국 재정지원 일자리사업의 특성과 발전 방향.”「한국정책학회보」. 22(4).
심창학(2014).「사회보호 활성화 레짐과 복지국가의 재편」. 오름.
안병영(1982). “사회주의국가에 있어서 ‘평등’ 문제.”「연세행정논총」. 9.
______(1983). “산업민주주의와 서독의 의사결정제도.”「연세행정논총」10.
______(1984a). “복지국가의 형성 · 전개 · 위기.”「사회과학논집」. 15.
______(1984b). “복지국가의 태동과정의 비교연구: 독일과 영국의 예를 중심으로.”「한국행정학보」. 18(2).
______(1985). “사회가치와 복지국가.”「민주주의와 한국정치」. 이극찬 교수 회갑기념 논문집. 서울: 법문사.
______(1992a). “신보수주의와 복지국가: 1980년대 대처와 레이건의 정책 비교.”「사회과학논집」. 23.
______(1992b). “복지국가의 스웨덴 모형.”「작은 정부를 위한 관료제」. 소정 이문영 교수 정년기념 논문집.
______(2000). “국민기초생활보장법의 제정과정에 관한 연구.”「행정논총」. 38(1).
______(2013).「왜 오스트리아 모델인가」. 서울: 문학과 지성사.
안병영 · 정무권(2007). “민주주의, 평등, 그리고 행정: 한국행정 연구를 위한 이론적 · 경험적 함의를 찾아서.”「한국행정학보」. 41(3).
안병영 · 하연섭(2015).「5·31 교육개혁 그리고 20년: 한국교육 패러다임의 전환」. 서울: 다산출판사.
안상훈(2007). “세계화 시대, 생산적 보완성이 높은 복지전략에 관한 비교사회정책연구: 사회서비스형 복지국가 전략의 경제적 성과를 중심으로.”「사회복지연구」. 32(0).
안재흥(2013).「복지자본주의 정치경제의 형성과 재편」. 서울: 후마니타스.
양난주(2010). “한국 사회복지서비스의 변화: 행위자간 관계의 분석.”「한국사회복지학」. 62(4).
______(2014). “한국의 사회서비스: 민간의존적 공급의 한계와 과제.”「동향과 전망」. 10.
양봉민(2009).「보건경제학」. 서울: 나남.
양재진(2001). “세계은행과 국제노동기구의 연금개혁전략 비교연구: 한국에의 적용과 대응.”「한국

정책학회보」. 10(3).
______(2004). “한국의 산업화시기 숙련형성과 복지제도의 기원: 생산레짐 시각에서 본 1962-1986년의 재해석.” 「한국정치학회보」. 38(5).
______(2008). “한국복지정책 60년: 발전주의 복지체제의 형성과 전환의 필요성.” 「한국행정학보」. 42(2).
______(2011). “스웨덴 연금제도의 이해와 쟁점 분석.” 「사회과학논집」. 42(1).
______(2014). “제도주의적 권력자원론과 한국의 노동, 자본, 정치가의 복지정책 선호에 관한 실증연구.” 「한국정치학회보」. 48(2).
______(2015). “복지증세, 어떻게 실현할까?” 「현안과정책」. 지식협동조합 좋은나라 이슈페이퍼. 77호.
______(2016). “작은 복지국가 연구: 성과, 한계 그리고 연구방향의 제시.” 「정부학연구」. 22(3).
______(2017). “사회보험의 이론적 논의: 원리, 역사, 그리고 한국.” 경기연구원(편). 「한국의 사회보험: 쟁점과 전망」. 파주: 한울.
양재진 · 민효상(2013). “한국 복지국가의 저부담 조세체제의 기원과 복지 증세에 관한 연구.” 「동향과전망」. 88호.
양재진 · 정의룡(2012). “복지국가의 저발전에 관한 실증 연구: 제도주의적 신권력자원론의 타당성 검토.” 「한국정치학회보」. 46(5).
양재진 · 정형선 · 김혜원 · 이종태(2008). 「사회정책의 제3의 길: 한국형 사회투자정책의 모색」. 백산서당.
여성가족부(2017). 제3차 건강가정기본계획(2016-2020).
여유진 외(2016). 「한국형 복지모형 구축: 복지레짐 비교를 통한 한국복지국가의 현 좌표」. 한국보건사회연구원.
오건호(2016). 「내가 만드는 공적 연금: 고용불안 시대의 노후 대비와 우리 시대의 과제」. 서울: 책세상.
유경준 · 최바울(2014). “사회보험료 지원사업의 성과평가와 개선방안.” 「KDI FOCUS」. 제36호. KDI.
유길상(2005). “고용보험 10년, 평가와 과제.” 「노동리뷰」. 7.
유길상 · 홍성호(1999). 「주요국의 고용보험제도 연구」. 한국노동연구원.
유모토 겐지 · 사토 요시히로(2011). 「스웨덴 패러독스」. 박선영 옮김. 파주: 김영사.
유범상(2012). “영국 산재보험의 형성과 노동정치의 역할에 관한 연구.” 「노동정책연구」. 12(1):
유승흠(1988). 「전국민의료보험제도하에서 의료전달체계와 병원관리」. 대한병원협회지. 158호.
윤강재 외(2014). 「한국의료전달체계의 쟁점과 발전방향」. 한국보건사회연구원.
윤영진 외(2011). 「사회서비스정책론」. 서울: 나눔의 집.
윤자영 · 홍민기 · 김근주(2016). 「일 · 가정 양립제도의 노동시장 효과」. 한국노동연구원.
윤조덕(1996). “사회통합을 위한 산업안전보건산재보험 정책방향.” 「한국사회정책」. 3.
______(2010). 「산재보험제도 현황 및 발전방향」. 정년퇴임기념세미나 자료집.

윤홍식(2005). “가족정책의 성 통합적 재구조화: 노동 주체의 관점에 근거한 일과 가족의 양립을 중심으로.”「한국사회복지학」. 57(4).

______(2012). “가족주의와 가족정책 재유형화를 위한 이론적 논의.”「한국사회복지학」. 64(4).

윤희숙(2014). “실업자 직업훈련 지원정책의 개선방향.”「KDI FOCUS」. 통권 45호.

이건복(2017). “요양보호사가 본 노인장기요양보험 10년 평가와 개선요구.” 국회토론회 자료집.

이만우(2012). “기초보장 급여체계 개편을 통한 비수급 빈곤층 지원.”「이슈와 논점」. 제490호. 국회입법조사처.

이병희 외(2013).「한국형 실업부조 도입 방안」. 한국노동연구원.

________(2016).「자영업자 문제와 사회적 보호」. 한국노동연구원.

이봉주 · 김문근(2007). “한국 사회복지서비스 공급체계의 현황과 전망.” 2007년 한국사회복지정책학회 추계학술대회 및 Workshop 발표자료.

이상이(2002). “한국 보건의료체계의 진단과 과제.”「보건과 사회과학」. 12.

이승욱(2015).「산재보험제도의 선진화를 위한 정책방안 연구」. 고용노동부.

이승윤 · 박고은 · 김윤영(2014) “가족정책의 세 가지 지원유형과 그 조합에 관한 국제비교연구.”「사회복지정책」. 41(1).

이승윤 외(2017).「한국의 불안정 노동자」. 서울: 후마니타스.

이용갑(2010). “공적 의료보장체계에서 사회적 배제와 사회적 포섭.”「한국사회정책」. 17(2).

이용갑 외(2008).「외국의 보건의료체계와 의료보장제도 연구」. 국민건강보험관리공단.

이용하(2011). “다층 연금체계 구축: 내실화 과제를 중심으로.” 한국연금학회 춘계학술대회 발표문.

이주하(2011). “한국의 사회적 위험 관리전략과 거버넌스.”「정부학연구」. 17(2).

이창곤(2014).「복지국가를 만든 사람들」. 서울: 인간과 복지.

이창호(2017). “공무원연금개혁과 국민연금개혁에 관한 언론보도 프레임 연구.” 서울대 행정대학원 석사논문.

이현주 외(2003).「주요국의 산재보험 급여체계 비교연구」. 한국노동연구원.

________(2004).「외국의 산재보험제도 연구: 선보장 · 후정산제도를 중심으로」. 한국노동연구원.

이혜경(1998). “민간 사회복지부분의 역사와 구조적 특성.”「동서연구」. 10(2).

______(2004). “한국 사회안전망의 재점검과 대책: 탈가부장적-복지-다원주의 패러다임을 향하여.”「2004년 한국사회복지학회 심포지엄 ‘사회안전망의 현황과 대책’자료집」.

______(2010). “지구화 시대의 한국 복지국가의 가능성.” 2010년도 제3회 비판과 대안을 위한 보건복지연합학술대회 발표논문.

이호근(2013). “노동시장양극화와 사회통합방안: 사회통합적 법 · 제도와 노동시장정책을 중심으로.”「한국사회정책」. 20(2).

이홍구(1969). “적극적 자유와 소극적 자유: J. S. Mill의 ‘자유론’을 중심으로.”「한국정치학회보」. 3.

장지연(2013).「모성보호 사각지대 해소 및 고용효과 강화를 위한 모성보호제도 재설계방안 연구」. 한국노동연구원.

______(2015).「실업보험 제도개편 및 역할변화 국제비교」. 한국노동연구원.

______(2017). “프레카리아트의 확산과 사회보험의 미래: 디지털 플랫폼 노동을 중심으로.” 한국사회정책연합학술대회 발표문. 2017.10.14.

전광석(2000). “산재보험의 국제기준과 국제적 보장.”「강원법학」. 12.

전병유 외(2007).「미래 한국의 경제사회정책 패러다임 연구」. 서울: 노동연구원.

전용호(2017). “노인장기요양보험.”최석현 외.「한국의 사회보험: 쟁점과 전망」. 서울: 한울.

정경희 외(2006).「한국의 사회서비스 쟁점 및 발전전략」. 한국보건사회연구원.

정무권(1992). “서구 복지국가 이론들의 비판과 한국적 적용을 위한 전제.”「현대사회와 행정」. 3.

______(1993). “국가자율성, 국가능력, 사회보장정책: 유신체제의 연금제도와 의료보험정책을 중심으로.”「한국행정학보」. 27(2).

______(1994). “미국의 사회복지정책: 시장과 분배정치의 부조화.” 서정갑 외.「미국정치의 과정과 정책」. 서울: 나남.

______(1996). “한국 사회복지제도의 초기형성에 관한 연구.”「한국사회정책」. 3.

______(1998). “적극적 노동시장정책의 정치경제: 한국에서의 제도적 정착을 위한 모색.”「한국정책학회보」. 7(3).

______(2007a). “복지국가연구의 최근동향과 쟁점: 자본주의 다양성 이론과 복지국가 재편 논쟁.”「현대 정치학 이론의 발전」. 서울: 인간사랑.

______(2007b). “한국 발전주의 생산레짐과 복지체제의 형성.”「한국사회정책」. 14(1).

______(2007c). “세계화, 민주화, 한국의 발전주의 생산레짐과 복지체제의 재편.”「한국사회정책」. 14(2).

______(2009).「복지국가성격논쟁 2」. 인간과 복지.

______(2015). “미래한국사회와 사회(복지)서비스 전달체계의 공공성과 적실성: 새로운 복지혼합과 지역공동체 중심의 사회(복지)서비스 거버넌스.” 한국행정학회 기획세미나 발표자료. 제5차 좋은 행정 구현을 위한 기획세미나: 공공성의 도전과 기회: 보건의료와 사회복지의 Quo vadis?. 2015년 10월 30일.

______(2017). “디지털 자본주의로의 이행을 위한 제도와 거버넌스 혁신.”「한국의 경제사회 발전과 ICT 산업의 진화」. 서울: 한울.

정무권 외(2006).「사회보험 발전전략」. 저출산고령사회위원회.

정문길(1978).「소외론연구」. 서울: 문학과 지성사.

정용덕(1984). “배분적 정의와 복지정책.”「한국공공정책론」. 대왕사.

정택수(2008).「직업능력개발제도 변천사」. 한국직업능력개발원.

정홍익(1987). “복지행정.” 조석준 외.「한국행정의 역사적 분석(1968~1984)」. 제18장. 서울: 서울대학교출판부.

조돈문(2014). “유연안정성 모델의 두 유형: 덴마크와 네덜란드의 유연안정성 모델 비교.”「스칸디나비아연구」. 15.

조병희(1999).「의료문제의 사회학: 한국 의료체계의 모순과 개혁」. 태일사.

조성한 외(2006).「사회복지정책론」. 서울: 법문사.

주재현 · 신동석(2014). "공공서비스 중복에 대한 정부의 대응방식 연구: 방과후 돌봄서비스 사례를 중심으로."「국가정책연구」. 28(1).
차기벽(1980).「민주주의의 이념과 역사」. 서울: 한길사.
최병근(2017). "기초생활보장제도의 부양의무자 기준 폐지 논의 및 정책과제."「이슈와 논점」. 1295. 국회입법조사처.
최석현 외(2017).「한국의 사회보험: 쟁점과 전망」. 서울: 한울.
최영준(2011). "위험 관리자로서의 복지국가: 사회적 위험에 대한 이론적 이해."「정부학연구」. 17(2).
최영준 외(2013).「돌봄기능관련 복지사업 심층분석」. 보건복지부 보고서.
최은영 외(2005).「OECD 국가의 노인장기요양서비스 체계 비교와 정책적 함의」. 한국보건사회연구원.
하연섭(2010). "정책아이디어, 틀 짓기, 사회적 담론 형성의 관계에 대한 연구: 교육정책을 중심으로."「행정논총」. 48(2).
하일브로너, 로버트 · 레스터 서로(1994).「경제를 어떻게 이해할 것인가」. 조윤수 역. 서울: 까치.
한정수(2015).「부문별 사회복지지출 수준 국제비교평가」 국회예산정책처 사업평가 15-02(통권 337호).
홍경준(1999). "복지국가의 유형에 관한 질적 비교분석."「한국사회복지학」. 38. pp.309-335.
홍석철(2017). "효율적 복지정책을 위한 중앙과 지방의 역할 분담." 한국지방자치학회 동계학술대회 발표논문(명지대, 2017.2.3.~4.).

Aberbach, J., R. Putnam, and B. Rockman(1981). *Bureaucrats and Politicians in Western Democracies*. Harvard University Press.
Abrahamson, P.(2010). "European Welfare State Beyond Neoliberalism: Towards the Social Investment State." *Development and Society*. 39(1).
Adamany, David(1972). "The Political Science of E. E. Schattschneider: A Review Essay." *The American Political Science Review*. 66.
Alber, J.(1995). "A Framework for the Comparative Study of Social Services." *Journal of European Social Policy*. 5(2).
Alcock, P.(1993). *Understanding Poverty*. London: The Macmillan Press.
________(1996). *Social Policy in Britain: Themes and Issues*. Basingstoke: The Macmillan Press.
________(1997). *Understanding Poverty*. Second Edition. Basingstoke and London: Macmillan.
________ ***et al.*(eds.)**(2012). *The Student's Companion to Social Policy*. Forth Edition. London: Willy-Blackwell.
Andersen, J. G.(2012). "Universalization and De-universalization of Unemployment

Protection in Denmark and Sweden." in Anttonen, A., L. Häikiö, and K. Stefánsson. *Welfare State, Universalism and Diversity*. Cheltenham: Edward Elgar.

Anttonen, A. and J. Sipilä(1996). "European Social Care Services: Is it Possible to Identify Models?" *Journal of European Social Policy*. 6(2).

Anttonen, A., L. Häikiö, and K. Stefánsson(2012). *Welfare State, Universalism and Diversity*. Cheltenham: Edward Elgar.

Bachrach, P. and Morton S. Baratz(1962). "Two Faces of Power." *The American Political Science Review*. 56(4).

____________________(1970). *Power and Poverty: Theory and Practice*. Oxford University Press.

Bahle, Thomas(2003). "The Changing Institutionalization of Social Services in England and Wales, France and Germany: Is the Welfare State on the Retreat?" *Journal of European Social Policy*. 13(1).

Barber, B.(1971). *Superman and Common Man*. New York: Praeger.

Barr, N.(2001). *The Welfare State as Piggy Bank: Information, Risk, Uncertainty and the Role of the State*. Oxford: Oxford University Press.

_______(2012). *The Economics of the Welfare State*. Oxford: Oxford University Press.

Bay, C.(1958). *The Structure of Freedom*. Stanford: Stanford University Press.

Beattie, Roger and Warren McGillivray(1995). "A Risky Strategy : Reflections on the World Bank Report, Averting the Old Age Crisis." *International Social Security Review*. 48.

Bell, D.(1960). *The End of Ideology: On the Exhaustion of Political Ideas in the Fifties*. New York: The Free Press.

Berlin, I.(1969). *Four Essays on Liberty*. Oxford: Clarendon Press.

Bery, David(2000). "Agenda Setting and Problem Definition." *Policy Studies*. 21(1).

Beveridge, W.(1942). *Social Insurance and Allied Services*(Cm.6404). London: HMSO.

Blank, Rebecca M. and Richard B. Freeman(1994). "Evaluating the Connection Between Social Protection and Economic Flexibility." in Blank, Robert and Richard B. Freeman(eds.). *Social Protection versus Economic Flexibility: Is There a Trade-off?* Chicago: The University of Chicago Press.

Blomquvist, Paula(2004). "The Choice Revolution: Privatization of Swedish Welfare Services in the 1990s." *Social Policy & Administration*. 38(2).

Blyth, Mark(2012). *The Great Transformations: Economic Ideas and Institutional Change in the Twentieth Century*. Cambridge University Press.

Bonoli, G.(2010). "The Political Economy of Active Labor-Market Policy." *Politics & Society*. 38(4).

________(2012). "Active Labour Market Policy and Social Investment: A Changing

Relationship." in Noel, Nathalie Bruno Palier, and Joakim Palme(eds.). *Social Investment Welfare State: Ideas, Policies and Challenges*. London: Polity Press.

Bonoli, G. and Martin, P.(2004). "One Third Way or Several?" in Lewis, J. and Surrender, R.(eds.). *Welfare State Change*. Oxford: Oxford University Press.

Bradshaw, J.(1972). "A Taxonomy of Social Need." *New Society*. 496.

Britton, A.(1997). "Full Employment in the Industrialized Countries." *International Labour Review*. 136.

Bruni, Luigino(2013). "Relational Goods: A New Tool for an Old Issue. *ECOS*. 3(2).

Burchardt, T., J. Hills, and C. Propper(1999). *Private Welfare and Public Policy*. York: Joseph Rowntree Foundation.

Cahill, M.(2012). "The Green Perspective." in Alcock, P. *et.al.*(eds.). *The Student's Companion to Social Policy*. Forth Edition. Oxford: Blackwell.

Cameron, D. R.(1978). "The Expansion of the Public Economy: A Comparative Analysis." *The American Political Science Review*. 72(4).

Campbell, John L.(2004). *Institutional Change and Globalization*. Princeton University Press.

Castles, F. G. and R. D. Mckinlay(1979). "Public Welfare Provision in Scandinavia: The Sheer Futility of the Sociological Approach to Politics." *British Journal of Political Science*. 9.

____________________(1982). "The Impact of Parties on Public Expenditures." In Castles, F. G.(ed.) *The Impact of Parties*. Beverly Hills: Sage.

Cawson, A.(1982) *Corporatism and Welfare: State Intervention and Social Policy in Britain*. London: Heinemann.

Chambers, D. E. and J. F. Bonk(2012). *Social Policy and Social Programs: A Method for the Practical Public Policy Analyst*. Sixth Edition. Boston: Person, Allyn and Bacon.

Chung, Moo-Kwon(2014). "The Development of Transformative Social Policy in South Korea: Lessons from the Korean Experiences." in Yi ilcheong and Thandika Mkwandawire. *Learning from the South Korean Developmental Success: Effective Developmental Cooperation and Synergistic institutions and Policies*. London: Palgrave.

Clarke, J.(2012). "Managing and Delivering Welfare." in Alcock, P., M. May, and S. Wright(eds.). *The Student's Companion to Social Policy*. Forth Edition. Oxford: Wiley-Blackwell.

Clasen, J.(2005). *Reforming European Welfare State: Germany and the United Kingdom Compared*. Oxford: Oxford University Press.

Clasen, J. and D. Clegg(2011). *Regulating the Risk of Unemployment: National Adaptation to Post-Industrial Labour Market in Europe*. Oxford: Oxford University Press.

Cobb, Roger and Charles D. Elder(1983). *Participation in American Politics: The Dynamics of Agenda-Building*. Johns Hopkins University Press.

Cobb, Roger, Jennei-Keith Ross, and Marc Howard Ross(1976). "Agenda Building as a Comparative Political Process." *American Political Science Review*. 70(1).

Cohen, S. S. and J. Zysman(1987). *Manufacturing Matters: The Myth of the Post-Industrial Economy*. New York: Basic Books.

Collard, D.(1971). "The Case for Universal Benefits." in D. Bull(ed.). *Family Poverty*. London: Duckworth.

Crosland, C. A. R.(1956). *The Future of Socialism*. London: Jonathan Cape.

Crozier, M., S. P. Huntington and J. Watanuki(1975). *The Crisis of Democracy*. N.Y.: New York University Press.

Cutright, P.(1965). "Political Structure, Economic Development, and National Social Security Adoption." *American Political Science Review*. 69.

Dahl, Robert A.(1961). *Who Governs?: Democracy and Power in an American City*. Yale University.

Dahrendorf, R.(1965). *Gesellschaft und Demokratie*. Muechen: Piper.

Daly, Mary and Jane Lewis(2000). "The Concept of Social Care and the Analysis of Contemporary Welfare States." *British Journal of Sociology*. 51(2).

Dean, H. and P. Taylor-Gooby(1992). *Dependency Culture: The Explosion of a Myth*. London: Routledge.

Dearlove, J. and P. Saunders(2000). *Introduction to British Politics*. Third Edition. Cambridge: Polity Press.

Donati, Pierpaolo(2014). "Relational Goods and Their Subjects: The Ferment of a New Civil Society and Civil Democracy." *Recerca*. 14.

_______________(2016). "The Family as a Source of Relational Goods (and Evils) for Itself and for the Community." *Italian Journal of Sociology of Education*. 8(3).

Doyal, L. and I. Gough(1991). *A Theory of Human Need*. London: Macmillan.

Dye, Thomas R.(1987). *Understanding Public Policy*. New York: Prentice Hall.

Eardley, T., J. Bradshaw, J. Ditch, I. Gough, and P. Whiteford(1996). *Social Assistance Schemes in OECD Countries: Volume I. Synthesis Report*. London: Department of Social Security.

Easton, D.(1965). *A Framework for the Analysis of Political Analysis*. Englewood Cliffs: Prentice Hall.

Ebbinghaus, B. and P. Manow(2001). "Introduction: Studying Varieties of Welfare Capitalism." in Ebbinghaus, B. and P. Manow(eds.). *Comparing Welfare Capitalism: Social Policy and Political Economy in Europe, Japan and the USA*. London and New York:

Routledge.

Elmore, Richard F.(1970-1980). "Backward Mapping: Implementation Research and Policy Decisions." *Political Science Quarterly*. 94(4).

Emmeneger, P., Silja Häusermann, Bruno Palier, and M. Seeleib-Kaiser(2012). *The Age of Dualization: The Changing Face of Inequality in Deindustrialization*. Oxford: Oxford University Press.

Esping-Andersen, G.(1985). *Politics Against Market: The Social Democratic Road to Power*. Princeton: Princeton University Press.

________________(1990). *The Three Worlds of Welfare Capitalism*. Cambridge: Polity.

________________(1999). *Social Foundations of Post-industrial Economies*. Oxford: Oxford University Press.

________________(2009). *The Incomplete Revolution: Adapting to Women's New Roles*. Cambridge: Polity Press.

________________**(ed.)**(1996). *Welfare States in Transition: National Adaptations in Global Economies*. London: Sage.

________________**(ed.)**(2002). *Why We Need a New Welfare State*. Oxford: Oxford University Press.

Esping-Andersen, G. and J. Myles(2007). "The Welfare State and Redistribution." In https://www.researchgate.net/publication/255583959_The_Welfare_State_and_ Redistribution.

Esping-Andersen, G., D. Ballie, A. Hemerijck, and J. Myles(eds.)(2002). *Why We Need a New Welfare State*. Oxford: Oxford University Press.

Esping-Andersen, G., G. Duncan, A. Hemerijck, and J. Myles(2002). *Why We Need a New Welfare State*. New York: Oxford University Press.

Estevez-Abe, M., T. Iversen, and D. Soskice(2001). "Social Protection and the Formation of Skills: A Reinterpretation of the Welfare State." in Hall, P. A. and D. Sockice(eds.). *Varieties of Capitalism: The Institutional Foundations of Comprative Adventage*. Oxford: Oxford University Press.

Evans, P., D. Rueschemeyer, and T. Skocpol(1985). *Bringing in the State Back in*. Cambridge: Harvard University Press.

Evers, Adalbert and Jean-Louis Laville(2004). *The Third Sector in Europe*. Cheltenham: Edward Elgar.

Fabricant, M. B. and S. Burghardt(1992). *The Welfare State Crisis and the Transformation of Social Service Work*. New York: M. E. Sharpe.

Ferrarini, Tommy(2006). *Families, States and Labour Markets: Institutions, Causes and Consequences of Family Policy in Post-War Welfare States*. Cheltenham: Edward Elgar.

Ferrera, M. and A. Hemerijck(2003). "Recalibrating Europe's Welfare Regimes. in Zeitlin, J.

and D. Trubeck(eds.). *Governing Work and Welfare in a New Economy: European and American Experiments*. Oxford: Oxford University Press.

Fertig, M., C. M. Schmidt, and Hilmar Schneider(2006). "Active Labor Market Policy in Germany: Is There a Successful Policy Strategy?" IZA. *Regional Science and Urban Economics*. 36.

Finn, Dan and Jo Goodship(2014). "Take-up of Benefits and Poverty: An Evidence and Policy Review." London: Centre for Economic & Social Inclusion.

Flora, P.(1982). "Krisenbewaeltigung oder Krisenerzeugung? Der Wohlfahrtsstaat in historischer Perspektive." in Mommsen, W. and W. Mock(Hrsg.)(1982). *Die Entstehung des Wohlfahrtsstaates in Grossbritanien und Deutschland 1850-1959*. Stuttgart: Klett-Cotta.

Flora, P. and A. J. Heidenheimer(1981). "The Historical Core and Changing Boundaries in the Welfare State." in Flora, P. and A. J. Heidenheimer(eds.). *The Development of Welfare States in Europe and America*. New Brunswick: Transaction.

Flora, P. and J. Alber(1981). "Modernization, Democratization and the Development of Welfare States." in Flora, P. and A. Heidenheimer(eds.). *The Development of Welfare States in Europe and America*. New Brunswick: Transaction.

__________***et. al.***(1983). *State, Economy, and Society in Western Europe 1815-1975*. Vol. I. Frankfurt: Campus Verlag.

Fraser, Nancy(1994). "After the Family Wage: Gender Equity and the Welfare State." *Political Theory*. 22(4).

Friedman, M.(1962). *Capitalism and Freedom*. Chicago: Chicago University Press.

Furniss, N. and T. Tilton(1977). *The Case for the Welfare State: From Social Security to Social Equality*. Bloomington: Indiana University Press.

Galbraith, J. K.(1965). *The Affluent Society*. Middlesex: The Pelican Books.

Gauther, A.(2011). *The State and the Family: A Comparative Analysis of Family Policies in Industrialized Countries*. Cambridge: Oxford University Press.

Genschel, P.(2009). *Die Globalisierung und der Wohlfahrtsstaat. Ein Literaturrueckblick*. MPIFG Working Paper 03/5.

George, V. and P. Wilding(1976). *Ideology and Social Welfare*. London: Routledge and Kegan Paul.

______________________(1994). *Welfare and Ideology*. Revised Edition. Prentice-Hall.

Giddens, A.(1981). *A Contemporary Critique of Historical Materialism*. London: Macmillan.

__________(1991). *Modernity and Self-Identity: Self and Society in the Late Modern Age*. Cambridge: Polity.

__________(1998). *The Third Way: The Renewal of Social Democracy*. Cambridge:

Cambridge Policy Press.

Gilbert, N.(1983). *Capitalism and Welfare State*. New Haven and London: Yale University Press.

__________(2002). *Transformation of the Welfare State: The Silent surrender of Public Responsibility*. Oxford: Oxford University Press.

__________(2004). *Transformation of the Welfare State: The Silent Surrender of Public Responsibility*. New York: Oxford University Press.

Gilbert, N. and P. Terrell(2005). *Dimensions of Social Welfare Policy*. Sixth Edition. Boston: Person, Allyn and Bacon.

____________________(2013). *Dimensions of Social Welfare Policy*. Eighth Edition. Boston: Person, Allyn and Bacon.

Gillion, Colin(2000). "The Development and Reform of Social Security Pensions : The Approach of the International Labour Office." *International Social Security Review*. 53(January).

Ginsburg, H.(1983). *Full Employment and Public Policy: The United States and Sweden*. Lexington, MA: Lexington Books.

Ginsburg, N.(2012). "The Socialist Perspective." in Alcock, P. *et.al.*(eds.). *The Student's Companion to Social Policy*. Forth Edition. Oxford: Blackwell.

Goodin, R. E.(1982). "Freedom and the Welfare State: Theoretical Foundations." *Journal of Social Policy*. 11(2).

Gordon, Margaret S.(1988). *Social Security Policies in Industrial Countries: A Comparative Analysis*. Cambridge: Cambridge University Press.

Gornick, Janet C. and Marcia K. Meyers(2004). "Welfare Regimes in Relation to Paid Work and Care." Ch.3. in Giele, Janet Zollinger and Elke Holst(eds.). *Changing Life Patterns in Western Industrial Societies*. Elservier Science Press.

Gough, I.(1979). *The Political Economy of the Welfare State*. London: Macmillan.

________(2000) *Global Capital, Human Needs and Social Policies*. Basingstoke and New York: Palgrave.

Green, David. G.(2012). "The Neo-liberal Perspective." in Alcock, P. *et.al.*(eds.). *The Student's Companion to Social Policy*. Forth Edition. Oxford: Blackwell.

Gui, Genedetto(2005). "From Transactions to Encounters: The Joint Generation of Relational Goods and Conventional Values. in Gui, Genedetto and Robert Sugden(eds.). *Economics and Social Interaction: Accounting for Interpersonal Relations*. Cambridge: Cambridge University Press.

Gulland, J.(2012). "Accountability for Welfare." in Alcock, P., M. May, and S. Wright(eds.). *The Student's Companion to Social Policy*. Forth Edition. Oxford: Wiley-Blackwell.

Habermas, J.(1989). *The Structural Transformation of the Public Sphere: An Inquiry into a Category of Bourgeois Society*. MIT Press.

Hague, Rod, Martin Harrop, and John McCormik(2016). *Comparative Government and Politics: An Introduction*. Palgrave.

Hall, P. A.(1989). *The Political Power of Economic Ideas: Keynesianism Across Nations*. Princeton University Press.

__________(1993). "Policy Paradigms, Social Learning, and the State: The Case of Economic Policymaking in Britain." *Comparative Politics*. April 1993.

Hall, P. A. and D. Soskice(2001). *Varieties of Capitalism: The Institutional Foundation of Comparative Advantage*. Oxford: Oxford University Press.

Ham, C. and M. Hill(1993). *The Policy Process in the Modern Capitalist State*. New York: Harvester Wheatsheaf.

Hantrais, Linda(2004). *Family Policy Matters: Responding to Family Change in Europe*. Britol, UK: The Polity Press.

Hausermann, Silja(2010). *The Politics of Welfare State Reform in Continental Europe: Modernization in Hard Times*. Cambridge University Press.

Hayek, F. A.(1944). *The Road to Serfdom*. Chicago: Chicago University Press.

Heclo, H.(1974). *Modern Social Policies in Britain and Sweden: From Relief to Income Maintenance*. New Haven: Yale University Press.

_________(1978). "Issue Networks and the Executive Establishment." in Anthony King(ed.). *The New American political System*.

_________(1981). "Towards a New Welfare State?" in Flora, P. and A. J. Heidenheimer(eds.). *The Development of Welfare States in Europe and America*. New Brunswick and London: Transaction Books.

Heidenheimer, A. J. *et.al.*(1975). *Comparative Public Policy: The Politics of Social Choice in Euroope and America*. New York: St. Martins' Press.

Heidenheimer, A. J., H. Heclo and C. T. Adams(1990). *Comparative Public Policy: The Politics of Social Choice in America, Europe, and Japan*. Third Edition. New York: St. Martin's Press.

Hemerijck, A. C.(2004). "Beyond the Double Bind of Social Europe." in Magnusson, L. and B. Strath(eds.). *A European Social Cititzenship*. Brussels: P. I. E. Lang.

______________(2006). *Recalibrating Europe's Semi-Sovereign Welfare States*. Wissenschaftszentrum Berlin fuer Sozialforschung(WZB) Order-Nr.: SP 2006-103.

______________(2013). "The Adaptive Capacities of Welfare States." *Changing Welfare States*. Oxford: Oxford University Press.

Hemerijck, A. C. and F. Vandenroucke(2012). "Social Investment and the Euro Crisis: The

Necessity of a Unifying Policy Concept." *Intereconomics*. 47(4).

Hill, M.(1980). *Understanding Social Policy*. Oxford: Basil Blackwell.

_______(2009). *The Public Policy Process*. 5th ed. Pearson.

Hills, J.(2004). *Enequality and the State*. Oxford: Oxford University Press.

Hills, John, Jilian Le Grand, and David Piachaud(2002). *Understanding Social Exclusion*. Oxford: Oxford University Press.

Hills, M.(2006). *Social Policy in the Modern World: A Comparative Text*. Oxford: Wiley-Blackwell.

Hobbes, T.(1965). *Leviathan*. Oxford: Basil Blackwell.

Huber, Evelyne and John D. Stephens(2005). "Combating Old and New Social Risks." The Paper Presented in the 14th International Conference of Europeanists, Palme House Hilton, March 11-13, 2004.

ILO(1984). *Introduction to Social Security*. Geneva.

Immergut, E.(1990). "Institutions, Veto Points, and Policy Results: A Comparative Analysis of Health Care." *Journal of Public Policy*. 10.

Iversen, T. and A. Wren(1998). "Equality, Employment, and Budgetary Restraint: The Trilemma of the Service Economy." *World Politics*. 50.

Jæger, M. M. and J. Kvist(2003). "Pressures on State Welfare in Post-industrial Societies: Is More or Less Better?" *Social Policy and Administration*. 37(6).

Janoski, T.(1994). "Direct State Intervention in the Labor Market: the Explanation of Active Labor Market Policy from 1950s to 1988 in Social Democratic, Conservative, and Liberal Regimes." in Janoski, T. and Alexander M. Hicks. *The Comparative Political Economy of the Welfare State*. Cambridge: Cambridge University Press.

Janoski, T. and Alexander M. Hicks(1994). *The Comparative Political Economy of the Welfare State*. Cambridge: Cambridge University Press.

Jenck, C.(1992). *Rethinking Social Policy: Race, Poverty, and Underclass*. Cambridge, Mass.: Harvard University Press.

Jenkins, W. L.(1978). *Policy Analysis: A Political and Organizational Perspective*. Palgrave.

Jessop, B.(1991). "The Welfare State in the Transition from Fordism to Post-Fordism. in Pierson, B. *et.al.*(eds.). *The Politics of Flexibility: Restructuring State and Industry in Britain, Germany and Scandinavia*. Aldershot.

_________(1993). "Towards a Schumpeterian Workfare State? Preliminary Remarks on Post-Fordist Political Economy?" *Studies in Political Economy*. 40(Spring 1993).

_________(2002). *The Future of the Capitalist State*. Cambridge: Polity Press.

Johnson, Norman(1987). *The Welfare State in Transition: The Theory and Practice of Welfare Pluralism*. Cambridge: MIT Press.

Jordan, B.(1976). *Freedom and the Welfare State*. London: Routledge & Kegan Paul.

Kamerman, Sheila B., and Alfred J. Kahn(eds.)(1978). *Family Policy: Government and Families in Fourteen Countries*. New York: Columbia University Press.

Kangas, O. and J. Palme(2005). "Coming Late-catching up: The Formation of the Nordic Model." in Kangas, O. and L. Palme(eds.). *Social Policy and Economic Development in the Nordic Countries*. Houndsmills & New York: Palgrave Macmillan/UNRISD.

Kato, Junko(2003). *Regressive Taxation and the Welfare State: Path Dependence and Policy Diffusion*. Cambridge: Cambridge University Press.

Katzenstein, P. J.(1985). *Small States in World Markets: Industrial Policy in Europe*. Ithaca, NY: Cornell University Press.

______________(2003). "Small States and Small States Revisited." *New Political Economy*. 8(1).

Kelman, S.(1981). *Regulating America, Regulating Sweden: A Comparative Study of Occupational Safety and Health Policy*. Cambridge: MIT Press.

Kenneth, Arrow(1971). *Aspects of the Theory of Risk-Bearing*. Chicago: Markham.

Kersbergen, K. van and B. Vis(2013). *Comparative Welfare State Politics: Development, Opportunities, and Reform*. Cambridge: Cambridge University Press.

Kingdon, John W.(2003). *Agendas, Alternatives, and Public Policies*. 2nd edition. Longman.

Knijn, Trundle and Monique Kremer(1997). "Gender and the Caring Dimension of Welfare States: Toward Inclusive Citizenship." *Social Politics*. 4(3).

Korpi, W.(1984). *The Democratic Class Struggle*. London: Routledge & Kegan Paul.

________(1989). "Power, Politics, and State Autonomy in the Development of Social Citizenship: Social Rights during Sickness in 18 OECD Countries since 1930." *American Sociological Review*. 54.

________(2000). "Faces of Inequality: Gender, Class and Patterns of Inequalities in Different Types of Welfare States." LIS Working Paper Series, No.224, Luxembourg Income Study(LIS), Luxembourg.

Korpi, W. and J. Palme(1998). "The Paradox of Redistribution and Strategies of Equality: Welfare State Institutions, Inequality and Poverty in the Western Countries." *American Sociological Review*. 63.

Krugman, P.(1944). "Competitiveness: A Dangerous Obsession." *Foreign Affairs*. March/April.

Kumlin S. and B. Rothstein(2005). "Making and Breaking Social Capital, The Impact of Welfare-State Institutions." *Comparative Political Studies*. 38(4).

Lasswell, H. D.(1936). *Politics: Who, Gets, What, When, How*. New York: Whittlesey House.

______(1958). *Politics; Who Gets What, When How*. New York: Meridian Books.

______(1971). *A Pre-View of Policy Sciences*. New York: American Elsevier Publishing.

Lee, P. and C. Raban(1990). "Welfare and Ideology." in Loney, M. *et al.*(eds.). *Social Policy & Social Welfare*. Buckingham: Open University Press.

Leibfried, S. and S. Mau(eds.)(2008). *Welfare States: Construction, Deconstruction, Reconstruction*. Vol. I. Chaltenhem, UK: Edward Elgar Pub.

Leoni, T.(2015). *Welfare State Adjustment to New Social Risks in the Post-Crisis Scenario. A Review with Focus on the Social Investment Perspective*. Work Package 102, Working Paper no 89. www.foreurope.eu.

Levitas, R.(1998) *The Inclusive Society? Social Exclusion and New Labour*. London: Macmillan.

Levy, J. D.(2010). "Welfare Retrenchment." in Castles, F. G. *et. al.*(eds.). *The Oxford Handbook of the Welfare State*. Oxford: Oxford University Press.

Lewis, J.(1992). "Gender and the Development of Welfare Regimes."*Journal of European Social Policy*. 2(3).

______(2004). "What is New Labour? Can it Deliver on Social Policy?" in Lewis, J. and R. Surender. *Welfare State Change*. Oxford: Oxford University Press.

______(2012). "Feminist Perspectives." in Alcock, P. *et.al.*(eds.). *The Student's Companion to Social Policy*. Forth Edition. Oxford: Blackwell.

Liddiard, M. and L. Mitton(2012). *Social Policy*. Online Resource Centre. Oxford: Oxford University Press.

Lijphart, Arend(1977). *Democracy in Plural Societies: A Comparative Exploration*. Yale University Press.

Lindblom, Charles E.(1977). *Politics and Markets: The World's Political-economic Systems*. Basic Books.

Lipset, S. M.(1960). *Political Man: The Social Bases of Politics*. Garden City. N.Y: Doubleday.

Lipsky, M.(2010[1980]). *Street-Level Bureacuracy: Dilemmas of the Individual in the Public Services*. New York: Russel Sage Foundation.

Lister, R.(1994). "She Has Other Duties: Women, Citizenship and Social Security." in Baldwin, Sally and Jane Falkingham(eds.). *Social Security and Social Change: New Challenges*. Hempstead: Harvester Wheatsheaf.

______(2004). "The Third Way's Social Investment State." in Lewis, J. and R. Surender. *Welfare State Change*. Oxford: Oxford University Press.

Lundberg, E.(1985). "The Rise and Fall of the Swedish Model." *Journal of Economic*

Literature. 23.

Manning, N.(2012). "Social Needs, Social Problems, and Social Welfare and Well-being." in Alcock, P.(eds.)(2012). *The Student's Companion to Social Policy*. Forth Edition. London: Willy-Blackwell.

MacCallum, G.(1967). "Negative and Positive Freedom." *Philosophical Review*. 76(3).

Madsen, Per K.(2009). "Flexicurity in Danish: A New Model for Labour Market Reform?" Background Paper for the NoreWel Conference Labour Markets and Welfare States. Stockholm.

Mares, I.(2003). *The Politics of Social Risk: Business and Welfare State Development*. Cambridge: Cambridge University Press.

Marshall, T. H.(1950). *Citizenship and Social Class and Other Essays*. Cambridge: Cambridge University Press.

________________(1963). *Class, Citizenship, and Social Development*. Chicago: Chicago University Press.

Martin, A.(1975). "Is Democratic Control of Capitalist Economy Possible?" in Linderg, L. N. *et.al. Stress and Contradiction in Modern Capitalism*. Lexington: Lexington Books.

McHale, J. and M. C. McHale(1977). *Basic Human Needs: A Framework for Action*. New Brunswick, New Jersey: Transaction Books.

Meenaghan, T. and R. O. Washington(1980). *Social Policy and Social Welfare: Structure and Applications*. Newyork: The Free Press.

Midgley, J.(1992). "Society, Social Policy and the Ideology of Reaganism." *Journal of Sociology & Social Welfare*. 19.

Milner, H.(1990). *Sweden: Social Democracy in Practice*. Oxford: Oxford University Press.

Mishra, R.(1973). "Welfare and Industrial Man: A Study of Welfare in Western Industrial Societies in Relation to a Hypothesis of Convergence." *Sociological Review*. 21.

_________(1977). *Society and Social Policy: Theoretical Perspective on Welfare*. London: Macmillan.

_________(1984). *The Welfare State in Crisis: Social thought and Social Change*. Sussex, UK: Harvester Wheatsheaf.

_________(1990). *The Welfare State in Capitalist Society: Policies of Retrenchment and Maintenance in Europe, North america and Australia*. University of Toronto Press.

Morel, N., B. Palier, and J. Palme(2012). *Towards a Social Investment Welfare State?: Ideas, Policies, and Challenges*. Bristol: Policy Press.

Munday, Brian(2003). "European Social Services: A Map of Characteristics and Trends." Report. Council of Europe.

Murray, C.(1984). *Losing Ground: American Social Policy, 1950-1980*. New York: Basic

Books.

Musgrave, R.(1959). *The Theory of Public Finance and Practice*. New York: McGraw–Hill.

Myles, J. and J. Quadagno(2002). "Political Theories of the Welfare State." *Social Service Review*. 76(1).

Myles, J. and P. Pierson(2001). "The Comparative Political Economy of Pension Reform." in Pierson, P.(ed.). *The New Politics of the Welfare State*. Oxford: Oxford University Press.

Nozick, R.(1974). *Anarchy, State and Utopia*. New York: Basic Books.

Nussbaum, Martha(2001). *The Fragility of Goodness: Luck and Ethics in Greek Tragedy and Philosophy*. Revised Edition. Cambridge: Cambridge University Press.

O'Connor, J.(1973). *The Fiscal Crisis of the State*. New York: St. Martins Press.

O'Donnell, G.(1973). *Modernization and Bureaucratic Authoritarianism: Studies in South American Politics*. Berkeley: University of California Press.

OECD(1964). Recommendation of the Council on Manpower policy As a Means for the Promotion of Economic Growth.

______(1996). *The OECD Jobs Strategy: Enhancing the Effectiveness of Active Labour Market Policies*.

______(2007). *Babies and Bosses Reconciliating Work and Family Life: A Synthesis of Findings for OECD Countries*. OECD Publishing.

______(2010). Health Care Reform in Korea. Economics Department Working Papers. No. 797.

______(2011a). *Doing Better for Families*. OECD Publishing.

______(2011b). *Value for Money in Health Spending*.

______(2014). Social Expenditure Update.

______(2016). Pensions at a Glance 2015.

______(2018). *Towards Better Social and Employment Security in Korea*.

Offe, C.(1984). *Contradictions of the Welfare State*. Cambridge: MIT Press.

Okun, A. M.(1975). *Equality and Efficiency: The Big Trade off*. Washington D.C.: The Brookings Institution.

Oppenheim, F. E.(1955). "Interpersonal Freedom and Freedom of Action." *American Political Science Review*. XLIX. 49(2).

Orloff, A. S.(1993). "Gender and the Social Rights of Citizenship: The Comparative Analysis of Gender Relations and Welfare States."*American Sociological Review*. 58(3).

__________(2006). "From Paternalism to "Employment for All": State politics to Promote Women's Employment across the Affluent Democracies." in Levy, J. D.(ed). *The State After Statism: New State Activities in the Age of Liberalism*. Cambridge, MA: Harvard University Press.

_______(2009). "Gendering the Comparative Analysis of Welfare States: An Unfinished Agenda." *Sociological Theory*. 27(3).

Orloff, A. S. and T. Skocpol(1984). "Why Not Equal Protection? Explaining the Politics of Public Social Spending in Britain, 1900-1911, and the United States, 1880s-1920." *American Sociological Review*. 49(6).

Palier, B. and C. Martin(2008). "From 'A Frozen Landscape' to Structural Reforms: The Sequential Transformation of Bismarkian Welfare Systems." in Palier, B.(eds.). *Reforming Bismarkian Welfare Systems*. Wiley-Blackwell.

Palme, Joakim et al.(2002). "Welfare Trends in Sweden: Balancing the Books for the 1990s." *Journal of European Social Policy*. 12(4).

Palumbo, D. and Donald J. Calista(eds.)(1990). *Implementation and the Policy Process*. New York: Greenwood Press.

Pennock, J. R.(1979). *Democratic Political Theory*. New Jersey: Princeton University Press.

Perkins, D., N. Lucy, and S. Paul(2005). "Beyond Neo-liberalism: The Social Investment State?" *Just Policy: A Journal of Australian Social Policy*. 38.

Pestoff, Victor(2008). *A Democratic Architecture for the Welfare State*. London: Routledge.

Peters, Guy(1991). *The Politics of Taxation: A Comparative Perspective*. Cambridge MA: Blackwell.

Pfaller, A., Ian Gough, and Göran Therborn(1981). *Can the Welfare State Compete?: A Comparative Study of Five Advanced Countries*. New York: MacMillan.

Piachaud, D.(1987). "Problems in the Definition and Measurement of Poverty." *Journal of Social Policy*. 17(3).

Pierson, C.(2006). *Beyond the Welfare State: The New Political Economy of Welfare*. Third Edition. Cambridge: Polity.

Pierson, P.(1993). "When Effect Becomes Cause: Policy Feedback and Political Change." *World Politics*. 45(July).

_______(1994). *Dismantling the Welfare State? Reagan, Thatcher, and the Politics of Retrenchment*. Cambridge: Cambridge University Press.

_______(1996). "The New Politics of the Welfare State." *World Politics*. 48(2).

_______(2001a). "Coping with Permanent Austerity: Welfare State Restructuring in Affluent Democracies." in Pierson, P.(ed.). *The New Politics of the Welfare State*. Oxford: Oxford University Press.

_______(2001b). "Post-Industrial Pressures on the Mature Welfare States." in Pierson, P.(ed.). *The New Politics of the Welfare State*. Oxford: Oxford University Press.

_______(2004). *Politics in Time: History, Institutions, and Social Analysis*. Princeton University Press.

Pinker, R.(2012). "The Conservative Tradition of Social Welfare." in Alcock P. *et.al.*(eds.). *The Student's Companion to Social Policy*. Forth Edition. Oxford: Blackwell.

Piven, F. F. and R. Cloward(1984). *Regulating the Poor: The Functions of Public Welfare*. New York: Random House.

Plant, R., H. Lesser, and P. Taylor-Gooby(1980). *Political Philosophy and Social Welfare: Essays on the Normative Basis of Welfare Provision*. London: Routledge & Kegan Paul.

Poulantzas, N.(1980). *State, Power, and Socialism*. London: Verso.

Pratt, A.(2001). "Universalism and Selectivism: The Provision of Services in the Modern Welfare State?" in Lavalette, M. and A. Pratt(eds.). *Social Policy: A Conceptual and Theoretical Introduction*. Second Edition. London: Sage.

Pressman, Jeffrey L. and A. Wildavsky(1973). *Implementation: How Great Expectations in Washington are Dashed in Oakland*. Berkeley: University of California Press.

Randall, Vicky(2002). "Child Care in Britain, or How Do You Restructure Nothing?" in Michel, Sonya and Rianne Mahon(eds.). *Child Care Policy at the Crossroads*. London: Routledge.

Rawls, J.(1971). *A Theory of Justice*. Cambridge: Harvard University Press.

________(1999). *A Theory of Justice*. Revised Edition. Harvard University Press.

Rimlinger, G. V.(1971). *Welfare Policy and Industrialization in Europe, America and Russia*. New York: John Willey.

Rodgers, Gerry, Charles Gore, and Jose B. Figueiredo(1995). *Social Exclusion: Rhetoric, Reality, Responses*. International Institute for Labour Studies, Geneva: ILO.

Rodrik, D.(1998). "Why Do Open Economies Have Bigger Governments?" *Journal of Political Economy*. 106(5).

Roemer, Milton I.(1991). *National Health Systems of the World: Volume 1: Countries*. Oxford: Oxford University.

Rose, R. and R. Shiratori(1986). "Introduction?" in Rose, R. and R. Shiratori. *The Welfare State East and West*. Oxford: Oxford University Press.

Rothstein, Bo(2011). *The Quality of Government: Corruption, Social Trust, and Inequality in International Perspective*. Chicago: University of Chicago Press.

Ryan, W.(1971). *Blaming the Victims*. New York: Basic Books.

Ryner, M.(1999). "Neoliberal Globalization and the Crisis of Swedish Social Democracy." *Economic and Industrial Democracy*. 20.

Sabatier, P. and D. Mazmanian(1980). "The Implementation of Public Policy: A Framework of Analysis." *Policy Studies Journal*. 8(4).

Sainsbury, Diane(1996). *Gender Equality and Welfare States*. Cambridge: Cambridge University Press.

_______________(1999). *Gender and Welfare State Regimes*. Oxford: Oxford University Press.

Salamon, L. M.(1987). "Of Market Failure, Voluntary Failure and Third-Party Government: Towards a Theory of Government-Nonprofit Relations in the Modern Welfare State." *Nonprofit and Voluntary Sector Quarterly*. 16(29).

Salamon, L. M. and Helmut Anheier(1998). "Social Origins of Civil Society: Explaining the Nonprofit Sector Cross-nationally." *Voluntas: International Journal of Voluntary and Nonprofit Organizations*. 9(3).

Savas. E. S.(1990). "A Taxonomy of Privatization Strategies." *Policy Studies Journal*. 18(2).

__________(2000). *Privatization and Public-Private Partnerships*. New York: CQ Press.

Saxonberg, Steven(2013). "From Defamilialization to Degenerization: Toward a New Welfare Typology." *Social Policy & Administration*. 47(1)

Schattschneider, Elmer E.(1960). *The Semisovereign People: A Realist's View of Democracy in America*. Holt, Rinehart and Winsoton.

Schmid, J.(2010). *Wohlfahrtsstaaten im Vergleich. VS Verlag*.

Schmidt, G.(1998). Transitional Labour Markets: A New European Employment Strategy. Discussion Paper FS I 98-206. Wissenschaftszentrum Berlin für Sozialforschung.

__________(2009). Transitional Labour Markets, from theory to policy application. Transitional Labour markets and Flexicurity: Managing Social Risks over the Lifecourse. Documents de travail du Centure d'Economie de la Sorbonne 2009.75-ISSN : 1955-611X. 2009. <halshs-00435255.

Schmidt, Vivian A.(2008). "Discursive Institutionalism: The Explanatory Power of Ideas and Discourse." *Annual Review of Political Science*. 11.

Schmitter, P.(1979). "Still the Centry of Corporatism?" in Schmitter, P. and G. Lehmbruch(eds.). *Trends Toward Corporatist Intermediation*. Beverly Hills: Sage Publications.

Schmitter, P. and G. Lehmbruch(eds.)(1979). *Trends Toward Corporatist Intermediation*. Sage Publication.

Sefton, T.(2002). *Recent Changes in the Distribution of the Social Wage*. London: London School of Economics.

Sen, A.(1999). *Development as Freedom*. New York: Oxford University Press.

______(2000). "Social Exclusion: Concept, Application, and Scrutiny." Asian Development Bank, Social Development Papers No. 1.

Shin, Dong-Myeon(2003). *Social and Economic Policies in Korea: Ideas, Networks and Linkages*. London and New York: Routledge Curzon.

Shonfield, Andrew(1969). *Modern Capitalism: Changing Balance of Public and Private Power*. New York: Oxford University Press.

Skocpol, T.(1979). *States and Social Revolutions: A Comparative Analysis of France, Russia, and China*. Cambridge: Cambridge University Press.

_________(1985). "Bringing the State Back In: Strategies of Analysis in Current Research." in Evans, P. B., D. Rueschemeyer, and T. Skocpol(eds.). *Bringing the State Back In*. Cambridge: Cambridge University Press.

_________(1991). "Targeting within Universalism: Politically Viable Policies to Combat Poverty in the United States." in Jencks, C. and P. E. Peteson(eds.). *The Urban Underclass*. Washington: The Brookings Institution.

_________(1992). *Protecting Soldiers and Mothers: The Political Origins of Social Policy in the United States*. Cambridge: Harvard University Press.

Soskice, D. and P. Hall(2001). *Varieties of Capitalism: The Institutional Foundations of Comparative Advantage*. Oxford: Oxford University Press.

Spicker, P.(2018). Introduction to Social Policy. http://www.spicker.uk/social-policy/socpol.htm.

Spicker, P.(eds.)(2008). *Social Policy: Themes and Approaches*. London: Policy Press.

Standing, G.(2010). *The Precariat: The New Dangerous Class*. London: Bloomsbury.

Starr, Paul(1982). *The Social Transformation of American Medicine: The Rise of A Sovereign Profession and the Making of A Vast Industry*. New York: Basic Book.

Steinmo, Sven.(1993). *Taxation and Democracy: Swedish, British and American Approaches to Financing the Modern State*. New Haven: Yale University Press.

Stepan, A.(1978). *The State and Society: Peru in Comparative Perspective*. Princeton: Princeton University Press.

Stephens, J.(1979). *The Transition from Capitalism to Socialism*. London: Macmillan.

Streeck, W.(1992). *Social Institutions and Economic Performance: Studies of Industrial Relations in Advanced Capitalist Economies*. Londong: Sage Publication.

Streeck, W. and K. Thelen(eds.)(2005). *Beyond Continuity: Institutional Change in Advanced Political Economies*. Oxford University Press.

Sullivan, M.(2012). "The Social Democratic Perspective." in Alcock, P. *et.al.*(eds.). *The Student's Companion to Social Policy*. Forth Edition. Oxford: Blackwell.

Surrender, R.(2004). "Modern Changes to the Welfare State and the Antecedents of the Third Way." in Lewis, J. and R. Surrender(eds.). *Welfare State Change Towards a Third Way?* Oxford: Oxford University Press.

Tawney, R. H.(1964). *Equality*. London: Unwin.

Taylor-Gooby, P.(2001). "Sustaining State Welfare in Hard Times: Who Will Foot the Bill?" *Journal of European Social Policy*. 11(2).

_____________(2002). "The Silver Age of the Welfare State. Perspectives on Resilience."

Journal of Social Policy. 31(4).

______________(2004). "New Risks and Social Changes." in Peter Taylor-Gooby(ed.). *New Risks, New Welfare: The Transformation of the European Welfare State*. Oxford: Oxford University Press.

______________(2006). "European Welfare Reforms: The Social Investment Welfare State." www.kent.ac.uk/Scarr

______________(2012). "Equality, Rights, and Social Justice." in Alcock, P. *et.al.*(eds.). *The Student's Companion to Social Policy*. Forth Edition. Oxford: Blackwell.

Taylor-Gooby, P.(ed.)(2004). *New Risks, New Welfare: The Trnasformation of the European Welfare State*. Oxford: Oxford University Press.

Thelen, K.(2014). *Varieties of Liberalization and the New Politics of Social Solidarity*. Cambridge: Cambridge University Press.

Theodore, N. and J. Peck(2000). "Searching for Best Practice in Welfare-to-Work: The Means, the Method and the Message." *Policy & Politics*. 29(1).

Therborn, G.(1995). *European Modernity and Beyond: The Trajectory of European Societies 1945-2000*. London: Sage Publications.

Thompson, Lawrence H.(1998). *Older and Wiser: The Economics of Public Pensions*. Washington D.C.: Urban Institute.

Thompson, S. and P. Hoggett(1996). "Universalism, Selectivism and Particularism, Towards a Postmodern Social Policy." *Critical Social Policy*. 16(1).

Tilton, Tim(1992). *The Political Theory of Swedish Social Democracy: Through the Welfare State to Socialism*. Oxford University Press.

Titmuss, R. M.(1950). *Problems of Social Policy*. London: HMSO.

____________(1958). *Essays on "The Welfare State"*. London: Allen and Unwin.

____________(1968). *Commitment to Welfare*. London: George Allen & Unwin.

____________(1976). *Commitment to Welfare*. London George Allen and Unwin(first published 1968).

Townsend, P.(1979). *Poverty in the United Kingdom: A Survey of Household Resources and Standards of Living*. London: Penguin.

Townsend, P. and Nick Davidson(1982). *Inequalities in Health: the Black Report*. London: Penguin.

Trautwein, Hans-Michael(2011). "From Austrian Economics to the Swedish Welfare State: Wicksellian Views on Money and Income Distribution." *Cahiers de conomie Politique/ Papers in Political Economy*. 2011/2(n°61).

Uhlaner, Crole(1989). "Relational Goods and Participation: Incorporating Sociality into a Theory of Relational Action." *Public Choice*. 62.

UN(2009). *Rethinking Poverty*. Report on the World Social Situation, 2010. United Nations.

Visser, J. and A. Hemerijck(1997). *A Dutch Miracle: Job Growth, Welfare Reform and Corporatism in the Netherlands*. Amsterdam: Amsterdam University Press.

Weale, A.(1978). *Equality and Social Policy*. London: Routledge & Kagan Paul.

Weddenburn, D.(ed.)(1974). *Poverty and Inequality and Class Structure*. Cambridge: Cambridge University Press.

Weir, M. and T. Skocpol(1985). "State Structures and the Possibilities for 'Keynesian' Responses to the Great Depression in Sweden, Britain, and the United States." in Evans, P., D. Rueschemeyer, and T. Skocpol(eds.). *Bringing the State Back In*. Cambridge: Cambridge University Press.

White, S.(2004). "Welfare Philosophy and the Third Way." in Lewis, J. and R. Surrender. *Welfare State Change*. Oxford: Oxford University Press.

Wiarda, Howard J.(1996). *Corporatism and Comparative Politics: The Other Great "Ism"*. M.E. Sharpe.

Wilensky, H.(1975). *The Welfare State and Equality: Structural and Ideological Roots of Public Expenditures*. Berkeley: University of California Press.

Wilensky, H. and C. N. Lebeaux(1965). *Industrial Society and Social Welfare*. London: George Allen & Unwin.

Wilford, David(1991). *Doctors and the State: The Politics of Health Care in France and the United States*. Duke Press.

Wilkinson, R. G. and K. Pickett(2009). *The Spirit Level: Why More Equal Societies Almost Do Better*. London: Allen Lane.

Yang, Jae-jin(2013). "Parochial Welfare Politics and the Small Welfare State in South Korea." *Comparative Politics*. 45(4).

___________(2017). *The Political Economy of the Small Welfare State in South Korea*. New York: Cambridge University Press.

Zimmerman, Shirley(1995). *Family Policy: Constructed Solutions to Family Problems*. New York: Sage Publications.

Zöllner, M., M. Fritsch, and M. Wyrwich(2016). An Evaluation of German Active Labor Market Policies and its Entrepreneurship Promotion. Discussion Paper. FIRES.

찾아보기

ㄹ

ㅁ

ㅂ

ㅅ

ㅇ

ㅈ

ㅊ

저자약력

안병영

오스트리아 빈(Wien) 대학교에서 정치학 박사학위를 받았다. 한국외국어대학교를 거쳐 연세대학교 행정학과(1975~2007)에서 교수로 재직했고, 한국행정학회장, 한국사회과학연구협의회장을 역임했다. 교육부 장관(1995~1997)과 부총리 겸 교육인적자원부 장관(2003~2005)으로 국정에 참여했다. 저서로 「현대 공산주의 연구」, 「자유민주주의를 위한 변론」, 「자유와 평등의 변증법」, 「왜 오스트리아 모델인가」를 비롯해, 공저로 「한국정치론」, 「한국의 공공부문」, 「교육복지정책론」 등이 있다. 한국 교육에 대한 공헌을 인정받아 2014년에는 '인촌상'(교육부문)을 수상하였다.

정무권

정무권은 연세대학교 행정학과에서 학사와 석사, 미국 인디애나대학(Indiana University)에서 정치학 박사학위를 받았다. 현재 연세대학교 원주캠퍼스 글로벌행정학과에 교수로 재직하고 있으며, 한국사회정책학회회장과 한국행정이론학회장을 역임하였다. 저서로는 「한국공공부문: 이론, 규모와 성격, 개혁과제」(공저), 「한국복지국가성격논쟁 2」(편저), 「한국행정연구: 도전과 과제」(편저), 「외환위기 이후 한국사회의 변화」(공저) 등이 있다.

신동면

신동면은 연세대학교 행정학과에서 학사, 석사, 박사학위를 취득하고 영국 바스(Bath) 대학교에서 사회정책학 박사학위를 받았다. 경희대학교 행정학과에서 교수로 재직하고 있으며(2001~현재), 한국사회정책학회 부회장(2014), 한국행정이론학회 회장(2018)을 역임했다. 저서로 「국가와 산업구조조정」, *Social and Economic Policies in Korea: Ideas, networks and linkages*, 「동아시아 국가의 공공부조」를 비롯해, 공저로 「사회양극화 극복을 위한 사회정책 구상」 등이 있다.

양재진

미국 Rutgers 대학에서 정치학박사를 취득하고, 현재 연세대학교 행정학과 교수로 재직하고 있다. 연세대학교 행정학과장, 행정대학원 부원장, 대통령자문정책기획위원 등을 역임하였고 연세대 복지국가연구센터 소장과 한국연구재단이 지원하는 SSK [저발전복지국가연구] 사업단장을 맡고 있다. 저서로 *The Political Economy of the Small Welfare State in South Korea*(Cambridge University Press, 2017)와 공저로 「복지국가의 조세와 정치」, 「한국 복지정책의 결정과정: 역사와 자료」, 「사회정책의 제3의 길: 한국형 사회투자정책의 모색」 등이 있다. 연세대학교 우수업적교수상을 네 차례 수상하였고, 2013년에는 정치학회 학술상(논문분야), 2017년에는 인재저술상을 수상하였다.

제2판

복지국가와 사회복지정책

2018년 8월 25일 제1판 1쇄 발행
2023년 8월 25일 제2판 1쇄 인쇄
2023년 8월 30일 제2판 1쇄 발행

저 자 안병영 · 정무권 · 신동면 · 양재진
발행인 강 희 일 · 박 은 자

발행처 **다 산 출 판 사**

서울특별시 마포구 대흥로 6길 8
등 록 1979. 6. 5. 제 3-86 호(윤)
전 화 717-3661~2
F A X 716-9945

정가 36,000원 파본은 바꾸어 드립니다.

http://www.dasanbooks.co.kr
ISBN 978-89-7110-649-5 93330